U0059099

國立臺灣師範大學 專刊（42）

歷 史 學 系

殤魂何歸
——明代的建文朝歷史記憶

何幸真　著

本書承蒙
郭廷以先生獎學金補助出版
特此致謝

▊ 出版緣起

　　本系出版「國立臺灣師範大學歷史研究所專刊」，迄今已有三十七種。一九七七年二月，張朋園教授接掌所務，為鼓勵研究生撰寫優良史學論文，特擬訂學位論文出版計畫。當時，亦將本系碩士論文榮獲「嘉新水泥文化基金會」、「中國學術著作獎助委員會」等機構獎助出版者列入，即「專刊」第（1）、第（3）、第（5）等三種。迨「郭廷以先生獎學金」成立，由獎學金監督委員會研議辦法，作為補助出版學位論文之用，「專刊」遂得持續出版。

　　郭廷以先生，字量宇，一九〇四年生，一九二六年畢業於東南大學文理科歷史系，曾在國內、外知名大學講學；自一九四九年起，至本系執教。一九五五年至一九七一年，擔任中央研究院近代史研究所籌備處主任及所長，並於一九五九年至一九六二年，兼任本校文學院院長。一九六八年，當選中央研究院院士，是深具國際學術影響力的學者。

　　一九七五年九月，　先生在美病逝。李國祁教授感念　先生的學術貢獻，邀集本校史地系系友籌組基金，在本系設置「郭廷以先生獎學金」，於一九七七年十月開始頒授獎學金。獎學金設監督委員會，由中央研究院近代史研究所研究員和本系教師共同組成，每年遴選優秀學位論文，補助印製「專刊」經費。三十多年來，本系研究生無不以獲得「郭廷以先生獎學金」獎勵，並以「專刊」名義出版畢業論文，為最高榮譽。

　　「專刊」向由本系刊行，寄贈國內、外學術機構和圖書館，頗受學界肯定，惟印刷數量有限，坊間不易得見，殊為可惜。經本屆獎學

金監督委員會議決，商請秀威資訊科技公司印製發行，以廣流傳，期能為促進學術交流略盡棉薄之力。

今年，適值郭廷以先生逝世四十周年，「專刊」以新的型態再出發，可謂別具意義。謹識緣起，以資紀念。

國立臺灣師範大學歷史學系

二〇一五年九月

▌序

　　明代「靖難」事變後，建文的年號被革除，歷史被竄改、汙衊，朱棣的做法使得建文朝的歷史書寫成為政治禁忌，造成建文無史的現象。直到明中葉才出現記載建文的著述，萬曆朝雖進而恢復建文年號，亦有建文朝歷史的專著，然囿於「靖難是而革除非」，唯恐影響到已被尊為成祖的歷史地位，官方始終不敢碰觸建文朝的歷史。建文的歷史是在政權被篡奪後長期不斷書寫出來的，這是國史僅見的現象。因而要處理建文歷史相關問題，是相當棘手的學術課題。

　　本書是作者何幸真據碩士學位論文〈明代的建文朝歷史記憶〉修訂而成，係由政治史、文化史、史學史的角度探討有明一代對於建文朝相關歷史的態度。幸真檢視明代相關說法之形成，並分析其形成原因與意義。在她看來，建文帝本人在建文四年南京城破的那一刻，便已退下了歷史的舞臺，之後代替他影響往後歷史的，其實是後世想像與記憶的產物。而這些想像與記憶，固然是對建文朝諸多歷史謎團的回應，但更多是被賦予特定象徵意義，而成為一種「名目」或「話題」，為當代人建構特定論述、謀求特定目的、滿足現實需求的行為提供依據。正如本書所言，建文朝歷史記憶在明代的發展，與明人試圖解決靖難之役、壬午殉難遺留之歷史問題、撫平歷史傷痕的努力有關。也正因此類後遺症與傷口難以忽視，方使建文朝相關議題受到關注，而有了成為「名目」或「話題」的可能。這與我認為明朝人面對國有大疑，要藉修史還給建文君臣公道的看法不謀而合。

　　明代關於建文朝的材料數量相當驚人，而且內容龐雜、偽誤之處甚多，幸真在史料的挖掘與解讀方面頗下苦功，故能呈現建文朝歷史

記憶的豐富面向並提出獨到見解，流暢的文筆也使其論文具可讀性。欣聞本書即將出版，忝為論文指導教授，以歡欣之情為序推介本書。唯建文歷史記憶書寫，明朝只是開端，一個初期的階段，是故事的上篇。入清以後，跳脫明朝的禁忌，有更重要的發展，「重構」建文歷史的工作至乾隆《明史》的纂修大致完成。清代建文朝歷史記憶有與明代迥然不同的內涵與意義，值得深入研探。期許幸真能以研究建文自任，完成下篇，為建文歷史的研究畫下圓滿的句點。

朱鴻　序於臺北文山
民國107年6月22日

目次 contents

【圖次】

【表次】

▌緒論

一、研究緣起

洪武三十一年（1398），明太祖朱元璋（1328-1398，1368-1398在位）去世，傳位予二十二歲的皇太孫朱允炆（1377-1402，1398-1402在位）。年輕的新君改年號為「建文」，與「洪武」相對，象徵明初重武之風的終結與文治之政的正式開啟。[1]但建文帝繼位後隨即面臨皇權危機，這些威脅來自在外坐擁重兵、以叔父之尊多有不遜的諸位藩王。為除此心腹之患，他採用兵部尚書齊泰（?-1402）及太常卿黃子澄（名湜，以字行，1350-1402）之策，施行削藩。然而當時身為強藩之首的燕王朱棣（1360-1424）不甘失去權柄，加上早對皇位抱持覬覦之心，遂以「誅討奸臣」為名，[2]誓師「靖難」，最後於建文四年（1402）攻陷南京，如願終結了建文朝的統治，登上皇位，改年號為永樂，成為日後的明成祖（1402-1424在位）。[3]

即使建文政權在這場國初內戰中淪為失敗的一方，黯然退下歷史舞臺，但無論就明代歷史，或整個中國歷史的發展過程來看，建文朝

---

[1] 朱鴻，〈明惠帝的用人與政策〉，《師大歷史學報》，13（臺北，1985.6），頁69。

[2] 據《姜氏秘史》所載燕王檄書，朱棣於建文元年十一月初九移檄天下，暗示太祖遭奸臣謀害，並稱奸臣蠱惑新君敗德亂政、戕害諸王，為報父皇與兄弟之仇，遂「欽遵《皇明祖訓》」，「誅討左班文臣，獻俘於祖宗神廟」，以正國君、安軍民。參見〔明〕姜清，《姜氏秘史》（《中國野史集成正編》，第23冊，成都：巴蜀書社，據清光緒二十一年豫章叢書本影印，1993），卷2，頁71b-72a。

[3] 明成祖廟號原為「太宗」，「成祖」為嘉靖十七年所加。為維持敘述連貫，以下皆稱「成祖」。

（1399-1402）都是個相當特殊的時期，雖只有短短四年，並由於政治因素而缺載於國史，卻一直不曾被遺忘。靖難之役結束了建文政權的統治，也徹底扭轉了大明帝國往後的發展方向，其於明代政權演變過程中扮演的微妙角色，使建文朝相關議題成為一種禁忌，如同一縷幽魂徘徊不去，不僅持續困擾著身為成祖子孫的歷任統治者及其臣民，也深刻影響明代政治、社會、文化等層面的運作和發展。此一禁忌更對明代國史修纂帶來不少困難與限制，導致官史不彰、謬誤甚多的問題。可以說，靖難戰爭引發的一連串政治與歷史論述問題，成為形塑明代性格與特質的因素之一，並影響了當時和後世對該時代的觀察和評價。

微妙的是，即使建文朝終明一代都沒能完全擺脫「政治禁忌」的陰影，但對此類議題的討論與書寫活動，卻歷經一個限制逐步放寬的過程，由潛流慢慢浮上檯面。藉靖難戰爭奪得政權的明成祖，一直嘗試以政治力量消除人們對於建文朝的記憶與懷念，努力粉飾、合理化其得位和統治，並且大肆詆毀建文君臣。然而，隨著時間流逝，人們對建文朝和靖難之役的記憶，卻轉往與成祖預期截然不同的方向，不僅給予建文君臣較多同情和較正面的評價，也始終牢記成祖以叔代姪及殘酷整肅建文忠臣的惡行。另一方面，作為可能動搖統治者政權合法性的禁忌，建文朝歷史地位的評定，及其於記載上的模糊與空白之處，反而成為許多人關切或深感興趣的議題：作為政治問題，如何評價建文君臣曾在朝中引起不少辯論，許多士大夫也在私人著述中寫下相關評述；作為歷史謎團，民間對建文帝朱允炆結局之臆測、探討、想像與辯論亦從未停止，因此不但出現大量相關私纂史籍及文學作品，各種衍生傳說更廣泛為後世所流傳、討論。這些論述、著作和傳說，在相互影響、競爭、調和的過程中，逐漸匯合成一個有系統的架構，並在往後持續發揮影響。對建文帝結局的研究，歷經明、清兩代直至民國，始終不衰。近年來，中國許多地區都開始出現探討建文帝出亡路線和避居地點的熱潮，此類探討的產生及其所依據的資料，也多源自明代對建文朝歷史的認知和記憶。

目前在臺灣，記憶研究仍是一個頗受矚目、方興未艾的議題。跨越諸多領域的特色，使其自1990年代開展以來，累積了豐碩且多元的研究成果。[4]此類研究使用的「歷史記憶」一詞，主要是historical memory的中譯，這也反映國內研究與英文、英譯著作的密切關係。相關研究的開展，始自法國社會學家哈布瓦赫（Maurice Halbwachs）在1920年代提出的「集體記憶」（mémoire colletive）課題。他強調記憶的集體性質及社會框架對個人記憶的影響，認為集體記憶不是一個既定的概念，而是一個社會建構的概念，且必須透過書寫、紀念活動、法定紀念日等媒介維持存續。換言之，人們並非直接回憶歷史事件，而是透過閱讀、他人講述或紀念活動和節日的場合，以不斷回憶

---

[4] 目前臺灣學界於人類學、歷史學、社會學和文學等領域，都已累積不少相關成果。受國外研究趨向和國內政治背景影響，1990年代臺灣興起的歷史記憶研究潮流，主要致力於近現代「歷史記憶」、「家國想像」、「國族建構」、「族群認同」的探討，近年對二二八事件與白色恐怖時期的研究，亦是熱門課題。

在明清研究的社群方面，2000年以降中央研究院由文哲所、歷史所、近史所成員組成的「明清研究推動委員會」和近史所的「記憶與認同研究群」，皆努力推展記憶研究，舉辦過多次相關主題的讀書會和研討會，探討記憶與物質、認同、日常生活等層面的關係。中央大學由中文、法文、歷史等系所成員組成的「記憶與文化」研究團隊，對此議題亦已耕耘多年。參見黃瓊慧，《世變中的記憶與編寫——以丁耀亢為例的考察》（臺北：大安出版社，2009），頁21。該書中還整理了臺灣學界至2009年9月為止有關歷史記憶的研究（頁291-331），可參看。

明清文學的相關研究，則頗受歐美學界對二戰期間猶太人屠殺記憶研究的啟發，致力於探討鼎革之際的文人境遇與戰爭記憶，以及作家在特定時代背景下形成的歷史觀，如嚴志雄對遺民詩作的研究、王璦玲對清初歷史劇和劇作家的研究。而胡曉真討論杭州記事文學中的戰爭記憶，除了明末清初的文本，還談及晚清記述太平天國戰亂的作品。參見嚴志雄，〈體物、記憶與遺民情境——屈大均一六五九年詠梅詩探究〉，《中國文哲研究集刊》，21（臺北，2002.9），頁43-87；王璦玲，〈記憶與敘事：清初劇作家之前朝意識與其易代感懷之戲劇轉化〉，《中國文哲研究集刊》，24（臺北，2004.4），頁39-103；〈明末清初歷史劇之歷史意識與視界呈現〉，收入氏著，《晚明清初戲曲之審美構思與其藝術呈現》（臺北：中央研究院中國文哲研究所，2005），頁169-285；胡曉真，〈離亂杭州——戰爭記憶與杭州記事文學〉，《中國文哲研究集刊》，36（臺北，2010.3），頁45-78。

值得注意的是，明清史學界的相關研究，除了歷史書寫、人物形象和文人文化等層面的討論，亦已擴及對地方社會、國家統治等議題的探討。隨著華南學派與歷史人類學研究的興起，學界越發注意到形塑家族記憶、在地歷史作為地方社會生存與發展策略的普遍性，並將之置於時代背景或「國家與地方社會互動」的脈絡下分析。目前此類研究多出自中國學者，但臺灣學界在相關訓練與學風薰陶下，亦已漸具成果，如廖小菁，〈何仙姑與七郎婆——廣東何氏宗族的女性祖先崇拜與歷史敘事〉，《新史學》，26：4（臺北，2015.12），頁127-183。

的方式來凝聚群體內部的認同感。[5]1980年代以降，揚・阿斯曼（Jan Assmann）和阿萊達・阿斯曼（Aleida Assmann）夫婦又提出「文化記憶」（kulturelle gedächtnis）的概念，探究文字、圖像、儀式等文化產品如何使人類記憶突破時間限制，於世代之間延續、傳遞，形塑群體認同。其中阿萊達・阿斯曼特別強調「記憶」與「遺忘」之間的一體兩面、不可分割，此種關係不只體現在記憶之中往往包含遺忘成分的傾向，也體現在「檔案」與「廢棄物」之間界定的可變動性，甚至還有一種可稱作「保存式遺忘」（verwahrensvergessens）的記憶，例如遺跡、殘留物、一個過去時代的積澱，雖殘留下來卻在當代失去意義而陷入沉潛狀態，但亦可能在後來的時代被重新發現、闡釋而「起死回生」。[6]以上討論也反映，人們對「過去」的記憶同時存在兩種傾向，既受到社會建構與現實需求的影響，卻也具有一定程度的歷史延續性。

一直以來，「集體記憶」和「文化記憶」皆非在內涵上毫無爭議的概念，相關研究發展至今，許多學者都由一己視野出發，帶著各自不同的理論背景參與其中，雖然擴大了此類概念涵蓋的範疇，但也容易造成論述上的歧異與矛盾。[7]就現有研究成果來看，臺灣學界對「歷

---

[5] Maurice Halbwachs, *La Mémoire Colletive* (Paris: Universitaires da France, 1968). 中譯本可見莫里斯・哈布瓦赫著，畢然、郭金華譯，《論集體記憶》（上海：上海人民出版社，2002）。中文「集體記憶」一詞，係由該詞英譯collective memory翻譯而來。

[6] 揚・阿斯曼著，金壽福、黃曉晨譯，《文化記憶：早期高級文化中的文字、回憶和政治身分》（北京：北京大學出版社，2015）；阿萊達・阿斯曼著，潘璐譯，《回憶空間：文化記憶的形式和變遷》（北京：北京大學出版社，2016）。二書德文原版分別出版於1992年和1999年。據揚・阿斯曼在其書導論（頁13）所言，「文化記憶」的概念是他與阿萊達・阿斯曼於1988年共同撰文提出的。中文「文化記憶」一詞譯自英譯cultural memory。

[7] 阿斯特莉特・埃爾、馮亞琳主編，余傳玲等譯，《文化記憶理論讀本》（北京：北京大學出版社，2012），〈前言〉，頁1-2；廖宜方，《唐代的歷史記憶》（臺北：國立臺灣大學出版中心，2011），頁5-6。馮亞琳和埃爾所指出的「歧異」與「矛盾」，雖是針對現階段對「文化記憶」的研究，但目前有關「歷史記憶」的研究，也存在同樣的情況。至於「集體記憶」概念涉及的一些爭議，可參見蕭阿勤，《回歸現實：臺灣一九七○年代的戰後世代與文化政治變遷》（臺北：中央研究院社會學研究所，2010），頁51-54。

史記憶」一詞的理解，主要包括人們對歷史的認知、印象和感覺，既涉及「知識」的範疇，亦涵蓋認同、好惡等「情感」層面，而相關研究對此概念的運用，又頗近似日本學界使用的「歷史認識」（れきしにんしき）一詞，後者是指對歷史現象的理解和解釋，但不像historical memory具有特定的學術脈絡。[8]

　　歷史記憶是時代的產物，反映了該時代所重視的價值和關切的議題，因此歷史記憶研究等於提供了另一個檢視朝代史的角度和方法。明代建文朝歷史記憶能為研究者揭示的，除了明代不同時期人們如何認知或評價該段歷史，探討影響上述認知或評價的因素，亦能加深對明代政治、社會、文化等層面的瞭解。另一方面，正因今人對建文朝和靖難歷史的認知在明代就已大致形成，故研究明代的建文朝歷史記憶，既有助於瞭解其在明代發展和變遷的過程中，如何影響進而形塑該時代的性格與特質，也能釐清人們今日對相關史事的認知是如何產生，那些被「記住」與「遺忘」的內容又是如何決定的。

　　本書試圖探討明人對於建文朝的歷史記憶，在明代歷史進程中如何被形塑、操縱、延續、遺忘，從而呈現出什麼樣的面貌，及其隨時間移轉產生了哪些演變。明成祖雖在終結建文朝之後掌握了歷史的解釋權，並積極運用自身權力，企圖將「過去」從真實歷史及人們記憶的那方「搶奪」過來，但時至今日大眾對相關歷史的認知卻明顯偏向對其不利的一方，這顯示相關歷史記憶的演變並未完全為政治力量所操控。那麼，明人對建文朝的歷史記憶究竟經過怎樣的發展和變遷？有哪些力量作用於其中？此種發展與變遷又反映怎樣的時代特色？這些都是筆者試圖在本書中釐清的。

---

[8]　廖宜方，《唐代的歷史記憶》，頁5-6。

二、研究回顧

　　建文朝留下的諸多歷史謎團和記述空白，自明代開始就吸引許多人投入研究和創作，進而產生不少以之為主題的私纂史籍和文學作品。民國以降，有關建文朝歷史的研究與討論仍持續不輟。[9]雖然在永樂年間厲行的革除與禁燬措施下，現存史料多為後人根據傳說及零星的檔案、文獻編撰而成，難以還原建文朝湮沒許久的歷史真相，但這些文本不僅是從事建文朝和靖難歷史研究時最主要的材料，也是最能反映當時相關記憶的資料。它們可能是立論的根據，可能是參照的對象，甚至可能就是研究的主體。

　　早期相關研究以史實考據為主，主要有兩大方向：一是對建文帝結局的考察，二是對建文朝史事的挖掘與重建。建文帝出亡傳說在明代中晚期不僅流行，且已有地方化的傾向，許多地區都留有建文帝的隱遁故事，彼此之間還可能相互矛盾，故當時相關討論多僅止於建文帝出亡與否的層面，或考察此類傳說的發展。大體而言，多數學者均支持建文帝出亡一說，其討論也對往後研究影響甚深。[10]如孟森〈建文遜國事考〉主要根據明末清初學者錢謙益（1582-1644）的考證，認為胡濙（1375-1463）、鄭和（1371-1433）等人訪求建文帝和僧人溥洽（1346-1426）為帝剃度的說法應屬可信，而部分地區留存的遺跡，

9　日人川越泰博在其《明代建文朝史の研究》一書中，整理出建文朝歷史由民初至1997年的研究成果清單，頗為詳盡，極具參考價值。參見川越泰博，《明代建文朝史の研究》（東京：汲古書院，1997），頁32-42。

10　如商傳出版於1989年的《永樂皇帝》一書，曾將「建文疑蹤」列為專題討論，書中雖認為《致身錄》所記建文出亡故事不實，但仍沿襲孟森等人論點，採取相信出亡說的立場。他在2004年發表的〈《讓氏家譜》與建文帝出亡考〉中，也表示如今明史學界多數學者都已贊同建文帝出亡一說，而少有堅持自焚說者。而晁中辰〈建文帝「遜國」新證〉主要是由諸多史事細節和江南地區的建文帝隱遁遺跡，推論其並未闔宮自焚，而是選擇出亡，但文中對胡濙、鄭和訪求建文帝等說的採信，或許也受到孟森的影響。參見商傳，《永樂皇帝》（北京：北京出版社，1989），頁131-139；〈《讓氏家譜》與建文帝出亡考〉，收入《第十屆明史國際學術討論會論文集》（北京：人民日報出版社，2005），頁534；晁中辰〈建文帝「遜國」新證〉，《安徽史學》，1995：1，頁16-19。

也顯示出亡之說非皆虛言，惟「士大夫所傳有首尾之紀錄，則無一可信者而已」。[11]倫明〈建文遜國考疑〉則羅列大量相關記載，認為諸書所述雖參差不一，但和而觀之，實可互相證明。[12]陳萬鼐《明惠帝出亡考證》一書甚至利用了1945年編成的《讓氏家譜》，認為該書可做為討論建文帝下落的線索。[13]在此類研究中，辨別史料記載真偽是最難處理的問題，而建文朝史事於明代因涉及禁忌而常有所隱晦的情況，也會影響學者對史料的判斷，甚至使之作出過於大膽的解讀。[14]相形之下，有關建文帝出亡傳說形成或發展的研究，就比較沒有這樣的問題。胡適〈建文遜國傳說的演變─跋崇禎本遜國逸書殘本〉是此一領域中較早的討論，該文比對明末盛行的《致身錄》和《從亡隨筆》二書，指出後者的情節變動，凸顯兩者皆屬偽造的事實。[15]王崇武《明靖難史事考證稿》則以專章討論建文帝相關傳說在明代的發展，並透過對此類故事的分析，指出其形成實是源自民間對成祖靖難奪位、醜化建文政權的不滿和反抗。[16]日本學者鈴木正〈建文帝出亡說考証〉先以胡濙訪求建文帝的故事和正統年間楊行祥假冒建文帝案為中心，梳理相關傳說與記載的形成，[17]隨後又發表〈續建文帝出亡說考証〉

---

[11] 孟森，〈建文遜國事考〉，《北平圖書館館刊》，5：6（北平，1931.12），頁1-11。

[12] 倫明，〈建文遜國考疑〉，《輔仁學誌》，3：2（北平，1932.7），頁1-61。

[13] 陳萬鼐，《明惠帝出亡考證》（高雄：百成書店，1960）。

[14] 如倫明便將目前學者公認為偽書的《致身錄》、《從亡隨筆》視為可信史料，甚至在文中針對明末清初眾學者考證《致身錄》、《從亡隨筆》為偽之論一一駁斥。他認為明中葉時人為《致身錄》偽託作者史仲彬所撰行狀、墓表中對其年輕時「任俠行權，喜趨人之急」性格的描述，即是在影射從亡之事，但目前此推論尚缺乏史料依據及可供支持的佐證。另外，陳萬鼐所採信的《讓氏家譜》聲稱建文帝為其先祖的記載，也存在偽造的可能性，如樸人便曾撰文針對《讓氏家譜》的種種疑點進行駁斥。參見倫明，〈建文遜國考疑〉，頁27；樸人，〈明惠帝為讓姓始祖考疑〉，《大陸雜誌》，22：12（臺北，1961.6），頁8轉23。

[15] 胡適，〈建文遜國傳說的演變──跋崇禎本遜國逸書殘本〉，《中央研究院歷史語言研究所集刊》，1：1（廣州，1928.10），頁19-23。

[16] 王崇武，《明靖難史事考證稿》（臺北：臺聯國風出版社，1975），第3章，〈惠帝史事之傳說〉，頁28-42。該書最早於1948年由上海商務印書館出版，後在1975年與另二著作《奉天靖難記注》、《明本紀校注》合刊，作為中央研究院歷史語言研究所集刊第二十七本，由臺聯國風出版社重新出版。

[17] 鈴木正，〈建文帝出亡說考証〉，《史観》，65/66/67（東京，1962.12），頁160-181。

一文，探討明太祖遺匣、溥洽為建文帝祝髮等著名傳說的形成，並談及明清時期一些建文帝隱遁地點的遺物與遺蹟。[18]

　　而在建文朝史事挖掘與重建方面貢獻最大者，是透過比對史料釐清相關史實的王崇武、黃彰健，和點出建文帝歷史地位問題並加以梳理的吳緝華，三人的論著至今仍是從事相關研究者的必讀書目，影響深遠。王崇武《奉天靖難記注》、《明靖難史事考證稿》二書，透過各種史料的交叉比對，不僅指出許多明成祖對歷史的篡改之處，也相當程度地重建了建文朝政治、靖難之役、成祖繼統等方面的史實。黃彰健長年致力於中研院史語所的《明實錄》校勘工作，其〈讀明刊《毓慶勳懿集》所載明太祖與武定侯郭英敕書〉一文利用新取得的史料與實錄等文本進行比對，指出明成祖篡改相關文獻以建立「太祖欲傳位於己」的論述，在王崇武研究的基礎上提供了進一步的補充與實例。[19]吳緝華〈明代建文帝在傳統皇位上的問題〉，則是討論建文地位問題及其恢復過程的最早著作，整理出官方的相關爭議和處置，並進行簡要分析。[20]大體而言，上述著作在史料多所侷限的情況下，對建文朝政治及其歷史地位、靖難戰爭與成祖篡改史實等問題，建立了大致的架構，後續研究多只能依循此架構作細部發揮，很難再於大方向上突破或創新，這也間接導致往後相關研究方向的轉變。

　　在建文朝政治的研究中，最受關注的問題就是各項改革政策的意義，以及這些政策與靖難之役的關係。這些問題因涉及明代在永樂朝以後的歷史轉向，而在史實架構已大致重建的基礎上，成為學界討論的焦點。目前學者多認為建文帝的改革確有其必要性，而成祖對其「變亂舊制」的指控，不過只是興兵的藉口。如阪倉篤秀〈建文帝の政策〉首先強調建文朝政策的重要性和必要性，並以談遷（1593-

---

[18] 鈴木正，〈続建文帝出亡説考証〉，《史観》，68（東京，1963.3），頁50-69。

[19] 黃彰健，〈讀明刊《毓慶勳懿集》所載明太祖與武定侯郭英敕書〉，《中央研究院歷史語言研究所集刊》，34下（臺北，1963.12），頁617-625。

[20] 吳緝華，〈明代建文帝在傳統皇位上的問題〉，《大陸雜誌》，19：1（臺北，1959.7），頁14-17。

1627）《國榷》一書為中心，結合《明史》、《明太宗實錄》等文本，檢視建文朝重要政策的施行及其目的。阪倉氏認為，建文帝的施政走向與其繼位後面臨的皇權危機密切相關，對此類危機的意識使他無法只依循洪武體制，而必須以確立其「政權基盤」為目的展開改革。建文帝削藩亦非對太祖諸王分封制的否定，而是為應對諸王威脅、確保自身政權方採取的措施。至於官制改革，雖然確有「復古」的成分，卻也蘊含因應當時社會狀況的立意。[21] 毛佩琦〈建文新政和永樂「繼統」〉由藩封、刑法、田賦、官制四方面對比建文與永樂時政，凸顯建文改制的必要性，強調建文新政是為修正太祖舊制中的諸多矛盾與弊病。該文亦談到新政中的政治理想，和成為靖難戰時建文政權敗因之一的負面影響——文武之爭，對靖難戰爭造成的諸多後患也有所論述。[22] 朱鴻〈明惠帝的用人與政策〉則透過檢視建文統治時期的施政內容，對燕王批評建文帝違反祖訓之論提出質疑，認為其施政並非真如燕王所言，有擅改祖制之處，部分措施甚至在洪武年間便已獲得太祖的肯定，而「洪武」到「建文」的統治原本將終結國初重武之風，使明帝國正式邁入文治時代，以實現太祖理想中的「法周」政治，卻因為成祖興兵奪位而中斷。[23] 而在1988年出版的《劍橋中國明代史》中，負責撰寫建文至宣德年間章節的陳學霖，對建文朝歷史的敘述已相當全面，建文帝繼位的背景、在位期間的改革、靖難戰爭的過程、民間相關傳說的形成、南明政權對其地位的恢復等層面都有論及，在永樂朝的段落也提到成祖對建文朝歷史的竄改。就陳氏看來，建文新政實大大背離太祖的安排，雖非永樂政權所聲稱的「任意變更」，而是企圖強化文官政治、削減武將和宗室權力的改革，但仍給予燕王起兵的口實；而齊泰、黃子澄、方孝孺（1357-1402）等由於改

---

[21] 阪倉篤秀，〈建文帝の政策〉，《人文論究》，27：3/4（大阪，1978.3），頁1-21。
[22] 毛佩琦，〈建文新政和永樂「繼統」〉，《中國史研究》，1982：2，頁36-49。
[23] 朱鴻，〈明惠帝的用人與政策〉，頁67-91。

革而掌握朝中大權的重臣，對靖難戰爭的爆發也負有責任。[24]同樣對燕王指控建文帝「違反舊制」的論述採質疑立場，日本學者川越泰博《明代建文朝史の研究》一書，在反省前人研究成果的同時，亦嘗試由制度、數據等資訊切入，來釐清靖難之役的根本性質。他認為建文朝削藩政策的目的只有一個，就是藉此除去燕王，與藩王制度、藩王軍力等問題並無太大關聯；而燕王引用《皇明祖訓》指控建文帝違反舊制，多只是斷章取義，並蓄意曲解建文朝廷發布的文告內容，再套上違反祖訓的說詞，以正當化自身的行為。

晚近的研究，則逐漸脫離以政治史為主的考證，轉向地方研究和史學史的層面。其中較熱門的兩大研究方向，分別是對建文帝出亡蹤跡的探討，以及檢視建文朝相關史籍的書寫和修纂。如前所述，有關建文帝出亡的傳說、其行經路線和終老之所的討論，自明代中葉起便持續不斷，民國以後仍備受學者關注。早期研究偏向對此類傳聞的整理和考證，研究者雖多採信出亡說，但對史料的運用相對謹慎，面對眾說紛紜的文獻記載，亦不會輕易斷言建文帝的終老之處。然而近年不少相關研究都著重於後一問題，投入其中的研究者未必受過專業史學訓練，也常忽略前人的成果，為支持自己的論點，甚至可能刻意揀選特定史料，卻又對其缺乏鑑別，所引史籍、方志、族譜資料多為清代所出，受明中葉以降建文出亡傳說地方化的影響甚深，導致「建文行跡路線」中的各地都有相關傳說，討論起來自然莫衷一是。[25]此

---

[24] 陳學霖，〈建文、永樂、洪熙和宣德之治，1399-1435年〉，收入牟復禮（Frederick W. Mote）、崔瑞德（Denis Twitchett）主編，張書生等譯，《劍橋中國明代史》（北京：中國社會科學院出版社，1992），頁178-298。

[25] 此類研究在近三十多年來產量驚人，但也有不少論著在論述上缺乏證據，甚至可能存在錯誤的歷史認知。如管維良稱永樂十二年胡濙帶回建文帝不欲爭位的「可靠消息」後，成祖即解除建文朝之禁、恢復建文遺臣田產，在不影響統治的前提下放過建文帝，但此論並無史料根據，解禁、復田產等措施亦非永樂時事。參見管維良，〈地方志是建文帝出亡的歷史見證〉，《重慶師院學報（哲學社會科學版）》，2001：2，頁82。至於建文蹤跡考察莫衷一是的情況，因相關論文甚多，在此僅舉數例：如束有春、嚴小強據地方志和民間記憶，認為建文帝長年生活在雲南；黃全安、蒙潘孫據明人遊記、方志，稱建文帝曾在廣西橫縣寶華山居住十五年；余云華據民間傳說、清代史籍、地方志和當地族譜，認為建文帝是在四川重慶終老，至於

類研究者對明代整體歷史多缺乏了解,故探討問題時很少留意政治、社會背景等因素,論述上也尚有許多未能解決的問題。[26]不過另一方面,這些論著對地方建文傳說的蒐集和整理,對方志、族譜、遊記等材料的運用,以及對各地「建文遺跡」和「遺物」的考察,於民國以後建文朝歷史記憶及其地域差異的探討,仍頗具貢獻。[27]

　　包括《明實錄》等官書在內,述及靖難戰爭與建文朝史事的筆記和專著,在探討該段歷史的研究中扮演重要角色,但當中也不乏記載謬誤、模糊與存疑之處。隨著後現代主義對歷史學的衝擊和反省,史料開始被視為一種「文本」,其敘事結構、書寫傾向和取材來源亦成為必須釐清的問題,建文朝歷史書寫的研究也因此變得重要。此類研究的價值不僅在於鑑別相關史料,發掘其中可利用的各種資訊,更能讓研究者瞭解這些文本及相關論述是如何形成,從而釐清明人對建文

其他地區的建文帝出亡傳說,則是從重慶擴散出去的;楊淼林、楊尉據清人遊記、族譜、地方口述,認為建文帝最終卒於青海樂都瞿曇寺。許多研究者都認為地方志和明清時人遊記可為建文帝出亡路線及其生活、終老地點提供解答,殊不知此類文本呈現的未必是史實,而往往是受相關傳說影響的地方記憶。族譜記載同樣可能受此類記憶影響,華南學派近十多年來對地方族譜的研究更指出,其內容可能在地方家族嘗試取得某些利益的情況下改動,甚至就是為了特定目的修纂,不可盡信。參見束有春、嚴小強,〈亦帝亦僧亦為仙,半史半野半相疑——明代建文帝的傳說及其歷史民俗〉,《東南文化》,1998:3,頁92-97;黃全安、蒙潘孫,〈明代建文帝駐足廣西橫縣寶華山有關史實考據〉,《廣西地方志》,2003:6,頁42-45;余云華,〈建文帝傳說圈及其重慶中心論〉,《廣西師範學院學報(哲學社會科學版)》,30:1(南寧,2009.1),頁9-14;楊淼林、楊尉,〈建文帝圓寂青海樂都瞿曇寺考〉,《青海社會科學》,2010:5,頁197-202。關於近年研究對族譜史料性質的反思,及對其政治、社會、文化功能的討論,可參見饒偉新主編,《族譜研究》(上海:社會科學文獻出版社,2013)。

26 如何歌勁《建文帝之謎》一書,利用地方族譜和民間口述資料,認為建文帝最後落籍湖南湘潭。明史學者毛佩琦為該書寫序時,雖肯定其對大量文獻資料、民間傳說的引用,以及透過全新材料另闢新說的成就,卻仍指出論述中還有不少問題未能釐清,故尚無法證明其說屬實。參見毛佩琦,〈序〉,收入何歌勁,《建文帝之謎》(長沙:湖南人民出版社,2006),頁15。

27 如何歌勁《建文帝之謎》一書,便在附篇大致介紹了目前關於建文帝下落的各種說法,並進行簡要分析,對民間詩文和族譜資料的運用亦是在其他類似著作中較少見的。2010年,主張建文帝出亡福建寧德的馬渭源,則在何氏的基礎上,對明清建文帝出亡傳說進行再整理,範圍雖較前者略有擴充,但內容較為簡略。參見何歌勁,《建文帝之謎》,頁125-229;馬渭源,《破解六百年第一謎案:建文帝最終出亡福建寧德!?》(南京:東南大學出版社,2010),頁61-66。

朝歷史的認知與評價，有助於探討該段歷史在明代以降的建構，乃至相關歷史記憶的形塑。事實上，建文朝相關史籍的研究，可說是明史學界近三十年在建文朝歷史研究方面，成果最豐碩的領域，且至今仍在持續發展，方興未艾。此研究領域之形成與發展，實和學界對明代史學發展的重新檢視有關。雖然檢視的角度和關切的問題各有不同，但目前此類研究的學者多以史學史見長，而相關討論也大致停留在史學史的範疇。迄今涉及明代靖難歷史書寫問題的研究，主要可分為三種類型：一是將之視為明代史學的一部分，由史學整體發展的脈絡出發，予以較簡單的觀察；二是將靖難歷史書寫視為一個獨立、專門的課題，探討其發展過程和特色；三是針對個別作者或著作進行較深入的考察，發掘其自身的貢獻與特殊性。

明代史學研究者之所以投入建文朝相關歷史書寫的探討，往往是為了重新對明代史學發展歷程及其成就進行檢視和評價。因此，將靖難歷史書寫視為明代史學的一部分加以考察，成為早期相關研究較常採取的途徑。另外，在學界扭轉過往對明代史學的負面看法、發掘其貢獻與價值的過程中，野史的再評價是關鍵之一，加上涉及靖難歷史書寫的文本多為野史著作，使野史研究成為相關研究中的先驅。這些研究雖不是以記述靖難戰爭或建文朝歷史的文本為主要探討對象，卻讓學界開始注意到此類文本在研究上的潛力和價值。較早論及相關議題者，是姜勝利於1987年發表的〈明代野史述略〉，文中將明代野史的發展過程做了初步整理和分期，點出各階段特色並舉例說明，當中亦包括記述靖難史事的著作，對後續研究頗具啟發。[28]廖瑞銘的博士論文《明代野史的發展與特色》則藉由探討明代野史的發展，重新評價明代史學，而這些分析又恰好為建文朝相關史籍之研究提供了史學方面的背景脈絡，書中提到的蘇州文苑掌故筆記書寫，以及官書和野史的互動問題，也是過去史學史研究較少注意的層面。[29]

---

[28] 姜勝利，〈明代野史述略〉，《南開大學學報》，2（天津，1987），頁37-44。

[29] 廖瑞銘，《明代野史的發展與特色》（臺北：中國文化大學史學研究所博士論文，

上述兩部著作，都是將靖難歷史書寫置於明代野史發展的脈絡下進行討論，為其可能呈現之特色就史學發展的角度給予解釋。比較可惜的是，由於靖難野史書寫只是其研究的一小部分，或是整體論述的一個輔證，故在呈現上較為片段、零星，無法看出此類書寫於明代的變遷歷程與階段特色。姜勝利的論文僅將這些文本用於舉例說明，自不待言，連在著作中將「建文朝史」視作明代野史項目之一的廖瑞銘，也未完整討論此議題。該書雖在談及正德以前的野史著述時，以專門篇幅介紹靖難歷史書寫的具體成果，但亦僅止於此，在後面相關史籍編纂更活絡的時期，便未再於這方面著墨，甚至在介紹嘉靖以後的書目時，也未再提及以靖難歷史為主題的著作。

　　之後，於史學史脈絡下討論建文朝歷史書寫的研究，在學界沉寂了好一段時間，相關討論漸轉向對個別文本的考察，或是對靖難歷史論述本身發展脈絡的探討；而後續出版的明代史學史著作，也多未見此方面的敘述。直到楊豔秋於2005年出版的《明代史學探研》，才又開始在史學史專著中介紹建文朝歷史書寫的發展。該書是近年中國學界明代史學著作中相當詳細的一部，書中特別設置一節〈明代建文史籍的編纂〉討論記述建文朝歷史的文本，並將明代相關書寫的發展分為正德朝以前、正德至嘉靖年間、萬曆年間、萬曆朝以後四個階段，約略介紹各個時期的特色及重要著作。[30]該書其他段落也可見對個別靖難歷史文本的具體介紹，多少補足了該節以整體敘述為主所造成的簡化問題。然而，或許是因為該節曾以單篇論文的形式發表，加上其研究基礎是以靖難歷史論述本身發展脈絡和個別相關文本的研究為主，因此該部分與全書的聯結反而不高，與其說是從明代史學整體發展的脈絡進行檢視，似乎更像是將之作為一個獨立的專題來處理，史學因素在建文朝歷史

1994）。此篇論文經修改後，於2009年編入花木蘭出版社「古代歷史文化研究輯刊」叢書，正式出版。參見氏著，《明代野史的發展與特色》（臺北：花木蘭出版社，2009）。

[30] 楊豔秋，《明代史學探研》（北京：人民出版社，2005），第5章第5節，〈明代建文史籍的編纂〉，頁216-231。

書寫進程各階段的影響力並不很明顯。若僅就內容來看，該節更近似於對以往相關研究的集大成之作，而非對明代史學發展之一環的深入探討。另一方面，雖是以明代史學及其發展為主題的論著，楊豔秋書中對其所謂「建文史籍」寫作背景的分析，仍以傳統由政治角度切入的方式為主，就這一點而言，其成就反而不如廖瑞銘的研究成果了。

　　將建文朝歷史書寫視為明代史學的一部分，這類研究的優勢，在於能從明代史學發展的整體脈絡進行檢視，有助於瞭解其在明代史學史上的地位，以及相關史籍產生的學術、思想和文化因素。這點在廖瑞銘的研究中有較突出的表現，他在探討野史文本生成的原因時，考慮了許多文化層面的現象，例如明代文人的鄉土關懷，以及筆記作者的文化交遊網絡等。[31]相較之下，目前中國的明代史學史論著，在討論私纂史籍的生成與發展背景時，仍多將焦點放在史學和儒學思想，較少留意文人文化等層面。惟建文朝歷史書寫在此類研究中畢竟只是附屬於明代史學體系的一條支流，其變遷歷程和個別文本的差異，亦較難凸顯。此外，在明代史學發展脈絡下介紹相關文本時，往往僅聚焦於其主要內容和基本論述立場，對其敘事結構和論點的形成則較少談及。楊豔秋的研究雖相當程度地解決了上述問題，但其視角已漸脫離明代史學的脈絡，轉往獨立式專題的方向。而這種專題討論的形式，其實也是當時相關研究的主流方向。

　　1996年，牛建強〈試論明代建文帝歷史冤案的反正過程——以明中後期建文朝史籍纂修為視角〉一文，成為較早探討明代建文朝歷史文本的專論，對相關書寫在明代的發展概況有所釐清，並廣泛為後繼研究所引用，影響深遠。該文為建文朝歷史研究開啟了一個新的方向，使相關書寫的專題研究有了成為獨立探討項目的可能。然而另一方面，這種綜合性評述雖能呈現相關發展的整體趨勢，對後續研究的影響也往往較大，但其考察通常不及單一著作研究細緻，而可能出現些許錯誤，並須

---

[31]　廖瑞銘，《明代野史的發展與特色》，頁42-47

仰賴後者的修正。如牛氏未注意到宋端儀（1447-1501）《革除錄》已收入其筆記《立齋閒錄》中，便以為該書不存在，作出其「應為未成之作」的結論，從而抹殺了該書於建文朝史籍編纂歷程中的開創地位。[32]

目前臺灣學界研究建文朝歷史書寫較深入者，應是中央大學的吳振漢。他在2002年發表的論文〈明代中葉私修國史之風探析〉，即將重心放在明代弘治到嘉靖年間建文朝相關史籍的探討。全篇共分三部分：首先以官史所載靖難史事多誣、天順朝以降言禁漸解、重要史料的發掘等方面，說明當時私修國史風氣盛行的背景；其次先交代洪熙至成化年間的政治弛禁，再介紹弘治到正德年間靖難歷史書寫的具體成果；最後則討論嘉靖年間的相關史籍。[33]吳振漢在前人基礎上，將相關發展的政治背景和弛禁過程作了更詳細、完整的介紹，對該時期各文本的內容、成就與史料價值也有所探討。吳氏往後也開始考察個別的靖難歷史文本，甚至指導研究生撰寫相關的學位論文，容後再述。

現階段對此領域研究成果最豐、提倡最力者，是師事南炳文、目前任教於天津師範大學的吳德義。其博士論文〈明代建文史學研究〉是現有成果中最為全面、深入者，經修改後，於2013年以「政局變遷與歷史敘事：明代建文史編撰研究」為名正式出版。她在論文中提出「建文史學」的概念，對明代相關史籍的書寫作了系統性的討論，為其整體發展建立較以往更清晰、完整的架構，研究範圍甚至延伸至過去較少談及的南明和清初明遺民。[34]論文的副產品《建文史學編年

---

[32] 牛建強，〈試論明代建文帝歷史冤案的反正過程——以明中後期建文朝史籍纂修為視角〉，《史學月刊》，1996：2，頁32-38轉25。此文另有些許細節上的問題，如對正德至嘉靖初王鏊《守溪筆記》中靖難史事記載的介紹。該書有一條目「平都司」，記有平寶兒（名安，或作「平保兒」）事蹟，此人曾於建文年間白溝河戰役中與成祖交戰，靖難戰後降附而為北平都司，後因白溝河事「畏而自縊」。牛氏研究中將其名誤作「平賽兒」，且僅以「白溝河大戰中奮擊燕王的無名英雄」介紹之。參見〔明〕王鏊，《守溪筆記》（《筆記小說大觀》，第17編，第2冊，臺北：新興書局，1977），〈平都司〉，頁10a-10b。

[33] 吳振漢，〈明代中葉私修國史之風探析〉，《史匯》，6（桃園，2002.8），頁1-11。

[34] 吳德義，〈明代建文史學研究〉（天津：南開大學博士學位論文，2007）；《政局變遷與歷史敘事：明代建文史編撰研究》（北京：中國社會科學出版社，2013）。論文寫作期間，承蒙吳教授惠贈論文電子檔，拜讀之後獲益良多；後來在本書書稿

考》則於2009年出版，將目前所知與建文政權有關之史事和史料作了編年及概略介紹，為從事相關研究提供了極大的方便。[35]之後，吳氏除了繼續宣揚「建文史學」的概念，並投入對清代建文史學的研究，也開始針對建文朝歷史文本中較重要的幾部作進一步討論。她認為明清時期大量史籍、史料的產生與發掘，已足以建構「建文史學」的命題，並為此命題劃定範疇，包括建文書法、建文史觀、建文歷史建構、建文史籍的編撰等方面，強調此類研究將有助從不同於以往的角度，更深刻地把握明清時期政治、經濟、文化的發展脈絡。[36]

　　將建文朝歷史書寫視為一個專題進行研究，較能呈現其發展的整體趨勢，並看出其於明代史學進程中的特色或與其他私史纂述的異同。而將探討範圍限定在某個時段或單一文本，也能多少解決考察不夠細緻、論述不夠詳盡的缺點。當研究者注意到靖難歷史書寫在論述上逐漸系統化的過程，進而出現將之視為一種「史學」的倡議時，也意味著相關研究可能出現更多新的發展，如書寫中特定論述與認知的形成，亦開始成為討論的項目之一。這點在個別文本的研究中有較多發揮，部分學者由整體探討轉往個別考察，也讓他們對文本之間的互動有較多留意。但在此同時，專題研究也存在些許問題：研究者在討論影響建文朝歷史書寫的因素時，往往只留意到較直接的層面，特別是政治因素，如此不僅容易走向直線、單一的因果論述，也可能忽略其他方面的影響力，而無法解釋相關發展中的某些特色。甚至，個別作者的生命經歷、人格特質，及其書寫上的能動性，在專題研究中很難充分凸顯。這些問題透過對個別作者和文本的研究，可在一定程度上得到解決。

　　早期針對個別作者和文本進行的研究，通常不會將靖難歷史書寫視為值得關注、討論的議題，不過這類研究對單一著作或編纂者的深

　　的修改期間，又蒙吳教授惠贈正式出版的專書。特在此一併誌謝。
[35] 吳德義，《建文史學編年考》（天津：天津教育出版社，2009）。
[36] 吳德義，〈試論建文史學〉，《西北師大學報（社會科學版）》，47：2（蘭州，2010.3），頁36-42。該文經過修改後，亦以附錄的形式，收錄於氏著，《政局變遷與歷史敘事：明代建文史編撰研究》，頁310-327。

入考察，在凸顯其特色與成就的同時，仍能加深學界對明代靖難歷史書寫的認識。例如高春緞《黃佐生平及其史學》[37]、錢茂偉〈論鄭曉《吾學編》〉[38]等論著，探討重點雖不在建文朝和靖難歷史，但已為相關和後續研究奠下良好的基礎，並成為前述兩種研究取徑的重要養分。至於個別文本研究對過去整體性論述的修正，吳振漢發表於2003年的〈宋端儀《立齋閒錄》研析〉一文可謂是最好的例證。吳氏比對《立齋閒錄》現存四種版本並檢視其內容，發現當中最早的遼寧圖書館藏抄本第二卷即清楚標明為《革除錄》，且在明末可能已有單行抄本流傳，故明末清初整理的部分明代書目才將之單獨開列。吳振漢的研究指出了牛建強論述上的錯誤，強調《立齋閒錄》的史料價值，認為當中有許多抄錄自南京官署的檔案，是能重構建文朝和永樂初年歷史的珍貴資料。[39]吳振漢對建文朝歷史書寫議題的關切，也讓他開始指導研究生考察相關文本。簡碩成2006年完成的碩士論文〈鄭曉《吾學編》之研究〉，即是吳振漢所指導。建文朝歷史書寫是該論文探討的重點之一，全文除了緒論、結論外共分四章，就以整整一章的篇幅討論《吾學編》中的《建文遜國記》和《遜國臣紀》，對二書內容、書寫傾向、史學價值和論述成就，都有詳盡介紹。[40]

---

[37] 高春緞，《黃佐的生平及其史學（一四九〇－一五六六）》（高雄：文化出版社，1992）。

[38] 錢茂偉，〈論鄭曉《吾學編》〉，《浙江學刊》，1996：1，頁86-89。

[39] 吳振漢，〈宋端儀《立齋閒錄》研析〉，《國立中央大學人文學報》，27（2003），頁1-23。可惜吳振漢的研究成果最初並未獲得中國學界的注意，稍晚問世的相關論著，仍明顯受到牛建強的影響，如楊豔秋《明代史學探研》一書視《革除錄》為未完成之作，應是承襲其說。2005年吳德義發表的〈《立齋閒錄》對建文史研究的重要價值〉，以及2007年潘忠泉和李怡合撰的〈明代建文朝史修纂的開山之作：《革除錄》〉，論述上也都未能突破脫吳振漢的研究，內容甚至更為簡略，足見當時兩岸學界缺乏交流的情況。參見吳德義，〈《立齋閒錄》對建文史研究的重要價值〉，收入《第十一屆明史國際學術討論會論文集》（天津：天津古籍出版社，2007）；潘忠泉、李怡，〈明代建文朝史修纂的開山之作：《革除錄》〉，《圖書館論壇》，27：1（廣州，2007.2），頁162-164。

[40] 簡碩成，〈鄭曉《吾學編》之研究〉（桃園：國立中央大學歷史研究所碩士論文，2006）。

孫衛國撰於2005年的〈王世貞《史乘考誤》對《明實錄》之辨證及其影響〉，則以嘉、萬年間史家王世貞（1526-1590）檢討國朝史籍錯誤的專著《史乘考誤》為中心，對照《明實錄》中的相關記載，分析該書史學貢獻及對後世學者如錢謙益、潘檉章（1626-1663）等人的影響。文中視靖難書寫為一重要子題加以討論，除了介紹《史乘考誤》所點出的實錄記載錯誤，也談到錢謙益、潘檉章等人的相關見解，內容相當豐富。[41]

　　從整體研究轉往探討個別文本的學者，除了吳振漢，吳德義也是其中之一。其於2010年先後發表〈《立齋閒錄》對建文史研究的重要價值〉、〈《姜氏秘史》考辨及其史料價值〉二文，[42]惟前文由於缺少與臺灣學界的交流，並未在吳振漢的論述外另闢蹊徑，後文相較其博士論文則未見明顯突破。同年發表的〈明成祖遣臣尋找建文帝下落諸說之由來〉則屬於綜合性質的論文，較偏向傳說考證的層面。文中透過多種著作的比對，考察成祖遣臣尋找建文帝一說的來源及後世的誤解。[43]

　　《明太宗實錄》中關於靖難歷史記載的諸多扭曲與謬誤，在以往論著中已多有討論。而建文朝在明代的微妙地位與論述困境，也吸引研究官方史學者投入考察。謝貴安《明實錄研究》、楊永康《明代官方修史與朝廷政治》皆論及永樂年間兩度重修《明太祖實錄》的經過和史事篡改狀況。[44]除了實錄，楊著亦分析了同修纂於永樂年間的《奉天靖難記》和《天潢玉牒》，並對當中的一些細節問題進行考證。謝貴安後來又在一己研究基礎上，撰成〈試論明實錄對建文帝的態度及其變化〉一文，由篇幅、稱謂、歷史定位和形象塑造等方面切

41　孫衛國，〈王世貞《史乘考誤》對《明實錄》之辨證及其影響〉，《成大歷史學報》，29（臺南，2005），頁81-120。

42　吳德義，〈《姜氏秘史》考辨及其史料價值〉，《故宮博物院院刊》，2010：3，頁47-52。

43　吳德義，〈明成祖遣臣尋找建文帝下落諸說之由來〉，《史學月刊》，2010：5，頁131-133。

44　謝貴安，《明實錄研究》（武漢：湖北人民出版社，2003），頁25-27、122-131；楊永康，《明代官方修史與朝廷政治》（北京：人民出版社，2015），頁154-216。

入，探討實錄中官方對建文帝態度的基調與變遷，在以往論著大多聚焦私纂史籍、較少注意《明太宗實錄》以降官書記述的情況下，作了很好的補充。可惜該文研究重點集中於實錄文本，與其他相關研究缺乏對話，故未留意私史著作對官方認知與態度的可能影響，在文中談及萬曆朝以後部分官員對建文朝史事認知上的模糊和錯誤之處時，亦僅以永樂年間的革除措施作為解釋。[45]

從史學史角度討論明代建文朝歷史書寫，累積的成果雖然豐碩，對後續相關研究的影響也較大，但這類研究發展至今仍有些問題未能解決：首先是對明代政治、社會、文化等層面認識不深，故在探討相關文本產生的背景時，往往只談到一些較大的時代現象，如政治的腐敗、經濟的發展、出版業的活絡和陽明心學的興起等，這樣的論述不僅過於簡單，無法凸顯刺激相關寫作的直接因素，也難以解釋一些支持此類書寫活動的時代條件為何出現，如民間軼聞的延續與傳布、實錄內容的外流等。其次，多數著作對於文學和文人文化層面的觀察並不深入，往往忽略了相關史籍纂述者的「文人」身分，很少慮及文人交遊網絡、寫作興趣和地緣關係等方面對文本影響。這樣的情況為相關研究建立了一套難以突破的解釋模式和論述框架，使後續研究只能逐漸朝個別文本考察的方向發展，如此雖然多少能對現有成果進行補充和修正，卻也很難避免瑣碎化的問題。

在史學角度研究面臨困境之時，一些新的研究取徑逐漸受到注意，例如從士人交往、地緣關係、地方家族或歷史敘事角度出發，檢視相關文本的生成、演變及其意義。丁修真〈士人交往、地方家族與建文傳說——以《致身錄》的出現為中心〉及與夏維中合撰的〈明代中期建文故事的整合與傳播——以黃佐《革除遺事》為中心〉二文，以及劉瓊云〈帝王還魂：明代建文帝流亡敘事的衍異〉可作為箇中代表。丁修真的兩篇論文，前者由吳江地區的士人網絡與建文朝歷史書

---

[45] 謝貴安，〈試論《明實錄》對建文帝的態度及其變化〉，《北京聯合大學學報（人文社會科學版）》，29（北京，2010.8），頁30-37。

寫資源，以及吳江史氏的家族形象經營與地位重建，分析《致身錄》一書的產生背景及時代意義，點出建文相關傳說形成因素之複雜，及其具有的地域性，[46]後者由黃佐（1490-1566）《革除遺事》的反覆修訂與版本差異出發，探討正德、嘉靖年間相關故事的整合，以及黃佐與吳中士人之交遊網絡對這些故事的傳播。[47]劉瓊云則聚焦於建文帝出亡傳說的形塑，指出明代中葉以降原本分途發展的建文出亡傳說和隱遁之臣故事，在《致身錄》中被結合為一，該書的流行除了吳江史氏的刻意經營，也與符合當時政治言說和集體心理的需要有關，其故事到後來《從亡隨筆》時，更被進一步細緻化與理想化。[48]兩人的研究其實都涉及歷史記憶的問題，以文本生成的角度分析素被視為「偽書」的《致身錄》與《從亡隨筆》，發掘其蘊含的意義。

　　值得注意的是，近年的文學研究也注意到「靖難」對明代政治之外層面的影響，開始探討此一歷史發展對明代文學的影響，以及靖難之役、壬午殉難和建文傳說衍生的文學創作。劉瓊云近年持續關注明清時期「忠」之概念如何透過各種媒介深入人心，而以壬午殉難為主題的劇作便被視為研究重點之一，其〈宦官、俠妓和女夷：《血影石》中的邊緣人物與異域想像〉、〈清初《千忠錄》裡的身體、聲情與忠臣記憶〉二文不僅分析此類劇作的文本結構和戲劇效果，對於劇中情節涉及之相關史事亦作了詳細的考證，補足了許多壬午殉難記憶形塑過程的空白之處。[49]學位論文方面，索潔的碩士論文〈靖難事件與文學研究〉，著重探討成祖「靖難」奪位對明初士人心態和文學發展走向的影響；[50]范子

[46] 丁修真，〈士人交往、地方家族與建文傳說——以《致身錄》的出現為中心〉，《史林》，2011：3，頁69-77。
[47] 丁修真、夏維中，〈明代中期建文故事的整合與傳播——以黃佐《革除遺事》為中心〉，《安徽史學》，2012：6，頁63-69。
[48] 劉瓊云，〈帝王還魂：明代建文帝流亡敘事的衍異〉，《新史學》，23：4（臺北，2012），頁61-117。
[49] 劉瓊云，〈宦官、俠妓和女夷：《血影石》中的邊緣人物與異域想像〉，《政大中文學報》，24（臺北，2015.12），頁89-128；〈清初《千忠錄》裡的身體、聲情與忠臣記憶〉，《戲劇研究》，17（臺北，2016.1），頁1-40。
[50] 索潔，〈靖難事件與文學研究〉（重慶：西南大學碩士學位論文，2009）。

靖〈追尋「靖難」前後的文學與歷史——以建文臣子別集為中心〉不僅對建文朝臣文集詳加考察，檢視洪武晚期至建文年間的文學環境，以及此類文集在明清兩代的流傳狀況，也對建文朝文史材料於內容上的「互滲」現象有所分析；[51]劉倩的博士論文〈「靖難」及其文學重寫〉，則將討論範疇和運用材料延伸至戲曲、詩詞、小說等文學作品，有助填補相關研究因過度集中於史籍探討造成的空白，更為研究者提示了許多未來可注意的問題和發展方向。劉倩不僅留意到文人士大夫之忠節觀念對相關文本的影響，也指出家族觀念、因果報應思想、趨福避禍心態等在創作與書寫上的反映。而文中約略談到的一些問題，如各文本與其他無涉建文朝史事之創作的關係、文學與史學的雙向影響關係、文學創作者與史籍編纂者兩大群體之間的關係等層面，也都值得進一步探討。可惜該文中，作者自身專業並未得到充分發揮，較少以文學角度檢視建文朝歷史創作生成的原因，甚至過於仰賴史學界的研究成果，未能提出一己創見，故難以突破現有的論述框架。[52]

迄今為止，與明代建文朝歷史記憶關係最密切的，是戴彼得（Peter Ditmanson）對明代中晚期建文殉臣紀念與書寫的研究。他將明代相關發展分為四個階段：靖難後至正統五年（1440）、十五世紀晚期、十六世紀早期、萬曆以降，認為自十五世紀開始，政治家與作家對整理靖難及壬午殉難相關資料、重建該段歷史的興趣越發濃厚，而對建文殉臣的紀念與尊崇正是此類活動的核心關懷。戴氏也指出，靖難之變與壬午殉難具有一定程度的象徵意義，且與建立道德激進主義（moral activism）的文人認同緊密聯繫。而明人對永樂盛世的懷舊之情，亦是影響明代相關紀念與書寫的重要因素。[53]該篇對明代建文

---

[51] 范子靖，〈追尋「靖難」前後的文學與歷史——以建文臣子別集為中心〉（上海：上海復旦大學碩士學位論文，2017）。

[52] 劉倩，〈「靖難」及其文學重寫〉（北京：中國社會科學院研究生院博士學位論文，2003）。

[53] Peter Ditmanson, "Venerating the Martyrs of the 1402 Usurpation: History and Memory in the Mid and Late Ming Dynasty," *T'oung Pao* ,93 (2007), pp. 110-158.

殷臣紀念與書寫發展的特色及政治背景，乃至地方官員、文人扮演的角色，都有精闢的分析，不過對此類紀念與書寫如何影響後世相關認知，以及相應機制、媒介產生的社會和文化背景，則較少著墨，也未論及明末或南明時期的情況。[54]此外，明人對建文朝政治運作的認知與評價亦非該文所欲探討的議題，故大有讓後續研究發揮的空間。

　　目前，無論是史實重建、建文遺蹤探討或是史籍修纂研究，都因現有材料的虛構成分和不確定性太高，而面臨種種問題與困境。在這種情況下，明代建文朝歷史記憶的研究，便極具發展潛力與優勢。首先，就現存史料的狀況來看，相較於史實重建，歷史記憶研究確實更為可行，因為無論是私纂史籍或軼聞傳說，都反映了編纂者及其時代對建文政權的歷史記憶。其次，記憶形塑的探討比歷史纂述研究更能有效利用各種文本，進而發掘其意義和時代特色。由於歷史書寫與文學創作皆為歷史記憶的來源，甚至可以透過此一研究整合目前史學與文學的相關研究，於兩者的不足之處再作補充和發揮。最後，歷史記憶的研究具有延展性，未來可將研究擴展至清代、民國，或與政治史、史學史、文化史等層面進行連結。也正因如此，研究與建文政權相關的歷史記憶，不僅能增進吾人對其變遷過程中各時代政治、社會、文化等各方面的認識，也利於明代史學的進一步探討。此外，雖然目前建文帝遺蹤研究的學術價值大多不高，卻也透過方志、族譜、訪談和田野調查匯整出不少各地的相關傳說，這些都是研究近代建文朝歷史記憶時可充分利用的資料。

---

[54] 戴氏這篇論文還有一個較明顯的問題，就是對中文史料偶有誤讀的情況。如《明太宗實錄》中成祖「朕初舉義誅姦臣，不過齊黃數輩耳。後來二十九人中，如張紞、王鈍、鄭賜、黃福、尹昌隆，皆宥而用之」一語，戴氏便將這二十九人都理解為轉投成祖，並對成祖之所以有此言論作出「希望其他建文故臣也能如此」的解讀。然而從實錄原文來看，成祖之言應該只是為了強調其不加誅殺齊泰、黃子澄以外殉臣的寬大。參見〔明〕楊士奇等撰，《明太宗實錄》（臺北：中央研究院歷史語言研究所，據北平圖書館藏紅格鈔本微捲影印，1966），卷14，洪武三十五年十一月甲辰條，頁263-264；Peter Ditmanson, "Venerating the Martyrs of the 1402 Usurpation: History and Memory in the Mid and Late Ming Dynasty," p. 117.

三、研究方法與章節安排

本書旨在探討建文朝歷史記憶在明代形成、發展和變遷的過程，並嘗試在前人成果的基礎上進一步延伸，將以往缺乏交集的一些視角，透過歷史記憶的理論與研究方法加以整合。書中所探討的「建文朝歷史記憶」，涉及明人對建文朝統治情況、建文君臣事蹟和歷史地位等方面的認知、印象與評價，檢視的時段涵蓋「靖難之役」後的整個明代，包括曾短暫偏安一隅的南明政權。由於很多史料現已不存，再加上筆者能力有限，無法完整探討並呈現建文朝歷史記憶的全部面相，故在論述各階段的發展時，主要是挑選一些較明顯或特殊的層面進行探討，希望透過討論的聚焦深化分析，並凸顯各個時期本身的特色。

除了考察明代建文朝歷史記憶內容的演變，本書也探討當時相關政治弛禁的發展，以及保存或傳承此類記憶的媒介。靖難戰後，有關建文朝歷史的議題成為禁忌，而政治弛禁的情況不僅能反映當時相關論述與紀念的底線，也往往是影響其走向的重要因素。在此一過程中，皇帝與士人、官方與民間的態度差異及互動，亦涉及他們對建文朝歷史的認知及情感。至於保存或傳承建文朝歷史記憶的媒介，其創造、種類的多寡、運作的空間，都與政治弛禁的發展有關，也往往能作為相關記憶流傳廣度與深入人心程度的指標。這些指標甚至顯示，明代的建文朝歷史記憶除了隨時間逐步發展外，還存在著區域上的差異。

記憶研究是近百年來方於西方學界興起的領域，其發展亦與西方自十九世紀末至二十世紀的歷史演變密不可分。帝國主義的擴張、兩次世界大戰的爆發、1960年代以降許多威權政體的陸續瓦解，這些歷史發展都對該研究領域的內容及傾向產生影響。[55]換言之，記憶研

---

[55] 關於二十世紀記憶研究發展的歷史背景，可參見Jay Winter, "The Setting: The Great War in the Memory Boom of the Twentieth Century," in *Remembering War: The Great War between Memory and History in the Twentieth Century* (New Haven: Yale University Press, 2006), pp. 17-51. Jay Winter在該文中指出，

究在西方學界興起是有其特殊背景的。即使如此，目前形成的相關理論仍有些適用於近代以前的中國，例如「記憶媒介」的概念。哈布瓦赫的「集體記憶」理論指出，此類記憶的存續必須透過書寫、紀念活動、法定紀念日等媒介，一般人也藉由這些媒介回憶歷史事件、凝聚群體認同。法國歷史學家諾哈（Pierre Nora）亦以「記憶所繫之處」（lieux de mémoire）的概念，來指稱文本、儀式、紀念碑等保存歷史記憶的媒介，並認為這些「記憶所繫之處」具有明顯的功能性，是基於歷史記憶將隨著時間消失的危機感而創造出來的。[56]在明代建文朝歷史記憶形塑、發展的過程中，同樣可看到此種記憶保存媒介或「記憶所繫之處」的創造與運作。早期官方限制較嚴，人們利用口述方式傳承對建文朝與靖難戰爭的歷史記憶；當限制逐漸放寬之後，記錄口傳記憶的文本、整理自殘餘檔案的史籍、個人性質甚至地方例行的祭祀活動，以及可供紀念、憑弔的場所都陸續出現。在這些書寫和紀念活動背後，蘊含了人們對建文朝及建文君臣的懷念，而在壬午殉難和永樂朝國都北遷的背景下，此種懷念又與激勵地方認同和忠義精神的動機息息相關。對本書而言，這些媒介是最主要的研究材料，不僅能呈現其所傳承的歷史記憶，也是檢視此類記憶性質的極佳切入點。

本書所用材料以文字史料為主，除了筆記和私纂史籍，也利用官書、方志、文集、小說、詩詞等文本。文本是歷史記憶保存媒介中相當重要的一種，人們的記憶也往往得透過「文本化」的步驟成為文

二十世紀共有兩次記憶研究潮（Memory Boom）：第一次是1890至1920年代，主要將「記憶」視為構成「認同」的關鍵，其研究領域涉及國家、社會、文化、個人等各個層面，一次大戰的記憶研究更是這波研究潮中的重要部分；第二次是1960至1970年代，以二次大戰和猶太人屠殺記憶為最主要的內容。當然，此研究領域也自有其內部的發展脈絡，相關資訊可參見Astrid Erll, "The Invention of Cultural Memory: A Short History of Memory Studies," *Memory in Culture* (New York: Palgrave Macmillan, 2011), pp.13-37.

[56] 「記憶所繫之處」的概念，參見皮耶・諾哈編，戴麗娟節譯，《記憶所繫之處》（臺北：行人文化實驗室，2012），第1冊，頁26-36。在中文節譯本問世之前，臺灣學界對該名詞的翻譯主要根據英譯Realms of memory，而有「記憶場域」、「記憶場所」、「記憶領域」等譯法。

化產品後，才易於流傳。[57]而將文本視為「文字化的記憶」或保存、傳承記憶的媒介時，就必須考慮以下問題：這些文本反映的是誰的記憶？所欲傳遞的對象又是誰？大體上，此類文本反映的歷史記憶，自然屬於有能力將之形諸文字的知識分子，能接收當中記憶的，亦是具備書寫與閱讀能力的群體。但這並不代表上述記憶僅屬於、流傳於文人士大夫階級，而可能同時混含地方上的庶民記憶。在建文朝歷史記憶透過文本流傳於知識分子群體內的過程中，庶民記憶也不斷加入，並成為往後士人相關記憶的一部分。從本書採用的多種文獻中，都可看到此種跡象。

在述及建文朝歷史的文本中，以傳記類最為豐富，特別是記載建文忠臣事蹟者，如《備遺錄》、《革朝遺忠錄》、《忠節錄》等。此類書寫從弘治、正德年間一直持續到明末，數量頗多，對後出著作的影響也較大，其所呈現的不只是編纂者對建文朝的歷史記憶，也反映他們對所處時代的關懷與感受，文本之間的承襲亦能看出相關記憶在發展過程中的變化。由於缺乏史料，早期此類傳記的編纂者常將民間軼聞和地方記憶視為重要的資料來源，而這些內容又為後出相關著作廣泛引用，持續影響往後的知識分子。在利用傳記文本進行研究時，編纂者對歷史人物的評價是一個重要的觀察點。王明珂在對歷史記憶與傳記關係的討論中指出，通常在寫作開始前，亦即尚在蒐集與組織材料時，作者對傳主已有既定評價，這種評價往往深受其所處社會影響。此種社會定見會影響他們選擇、判斷「事實」的根據，以及對「事實」的解釋。[58]建文忠臣傳記也是如此，傳主們原本就是因為被定位為「忠臣」才得以入傳，而作者對個別人物的具體評價，則可能反映在其材料選擇和敘述結構等方面。因此，在利用這些材料時，文本與作者及其時代的關聯，是一個可以深入探討的項目，而文本中

---

[57] 廖宜方，《唐代的歷史記憶》，頁431。
[58] 王明珂，〈誰的歷史：自傳、傳記與口述歷史的社會記憶本質〉，《思與言》，34：3（臺北，1996.9），頁157-158。

臆測、想像和誤解的部分，則是探究作者投射至歷史事件或人物之情感、認同以及現實關懷最好的素材。

比起傳記類文本，筆記類文本在口傳記憶文字化的過程中，扮演了更重要的角色。筆記沒有特定的體裁，其隨手記錄、隨意書寫的性質，使其內容包羅萬象，無論是正式的史事考據、非正式的軼聞傳述，甚至對官方檔案文獻的抄錄，都可透過筆記留下記錄、進行流通。尤其是天順到正德年間的筆記著作，記錄了不少與建文朝或靖難史事相關的軼聞、傳說和評論，對瞭解正德朝以前民間的相關歷史記憶，有很大的幫助。如《野記》一書記載的就是正德以前的民間傳聞，當中有不少涉及建文朝歷史的內容，反映了當時人們對相關史事的認知或想像，該書更因為作為相關文本中較早問世者，又出自名士手筆，而對後世記憶影響深遠。在往後的階段，筆記的重要性雖逐漸被體例嚴謹的史籍作品取代，但明人對筆記書寫的愛好一直持續到明末，其記錄軼聞傳說的功能亦始終不減，內容亦可能隨著文本的傳播而深入人心，進而被史籍作者所引用，使其影響力得以持續和擴大。

在探討紀念性活動對建文朝歷史記憶的影響時，方志是能提供最多資訊的史料。方志的〈建置志〉、〈祠廟志〉中，有不少為建文殉臣立祠的記載，也會簡單介紹建祠的地點與祭祀活動的發展，在部分〈藝文志〉中，甚至可見地方文人為建文殉臣寫下的紀念詩文。有些方志還會以〈雜志〉保存一些地方上與建文朝歷史相關的傳聞，在方志之人物記載與一般史籍或忠臣傳記差異不大的情況下，〈雜志〉反映的地方獨特記憶往往更具價值。另外，此類文本介紹的祠廟、宅墓等紀念性地標，有不少是當地官紳基於保存、宣揚相關歷史記憶而予以建造、大肆標榜的，建文殉臣的祠廟與墓塚亦不例外，由於成為一個實質的地景，其寄蘊的歷史記憶也更容易對居住與造訪當地的人們產生影響。

本書對地方記憶和紀念活動的探討中，江西、浙江和南直隸地區的方志是最主要的參考資料，這三個地區既是許多建文殉臣的故鄉，

也是較早開始為建文殉臣立祠的地區,而永樂中期以前的國都南京,更是壬午殉難時期遭受衝擊最大的地區,故上述各地蘊藏的相關歷史記憶不僅豐富,對其他地區也頗具影響。考察方志,有助於瞭解在明代建文朝歷史記憶形塑的過程中,地方認同、鄉土關懷等因素所發揮的作用。作為保存、傳播歷史記憶的媒介,方志、筆記、史傳之間也存在彼此傳抄、互相影響的關係,從而增強文本中所含記憶的延續性與影響力。

歷史記憶的形塑往往伴隨著競爭,亦即社會內部不同團體對「過去」的爭奪,透過此種過程不斷定義及重新定義哪些「過去」對現實社會而言是重要的,哪些記憶應該被延續或者遺忘。[59]明代的建文朝歷史記憶也是如此。除了掌權者試圖透過政治力量爭奪對「過去」的論述權,後續的各種鄉里軼聞、私纂史籍,也持續與官方甚至彼此競爭。建文朝歷史書寫傾向的變遷,即反映了這種現象。早期史料中常見或被強調的論述,可能在後出文本中逐漸消退,這表示此種「過去」對當時的人們來說已不再重要。另一方面,有些記憶也可能因為符合人們現實或心理上的需求而被刻意強調,甚至透過一些機制加以延續。然而歷史記憶的形塑並非只有各種說法的競爭,還有更多統整與調和的過程。戴彼得和劉瓊云的研究都已注意到明代士人對靖難歷史的論述中,存有調和成祖與建文君臣關係的傾向。[60]陳學霖在探討永樂政權合法化的過程時,則以「共享帝國政權合法性」(co-sharing of imperial legitimacy)的概念,來看待明中葉以降「建文帝讓位成祖」說法的出現。[61]這些具有調和性質的論述,源於明人解除政治禁制、

[59] 王明珂,〈誰的歷史:自傳、傳記與口述歷史的社會記憶本質〉,頁176。
[60] Peter Ditmanson, "Venerating the Martyrs of the 1402 Usurpation: History and Memory in the Mid and Late Ming Dynasty," p. 114. 劉瓊云,〈帝王還魂:明代建文帝流亡敘事的衍異〉,頁74-76。
[61] Hok-lan Chan, "Legitimating Usurpation: Historical Revisions under the Ming Yongle Emperor (r.1402-1424)," in Philip Yuen-sang Leung ed., *The Legitimation of New Orders: Case Studies in World History* (Hong Kong: The Chinese University Press, 2007), pp. 121-129.

彌合歷史傷痕的渴望和嘗試，以及對成祖之崇敬與統治事實的承認，而在調和過程中，史料與記憶內容的扭曲、嫁接，也變成一種融合不同立場論述的手段。其內容、特色與發展概況，亦是本書欲探討的層面之一。

本書也嘗試透過文字記載，探究明人對建文朝歷史記憶的「體驗」層面。唐宋以降的文人，常在宦遊、貶謫和旅行過程中，遊覽各地名勝古蹟，瞭解其風土人情與歷史文化，從而感受地方歷史記憶的召喚，並將此種體驗化作詩文記錄下來。中國傳統文學中的詠史詩、懷古詩、登臨詩，以及描述造訪古蹟經歷的遊記，都反映了文人對過去的歷史認知和想像。[62]由此又可延伸出另一個議題──地景。文化地理學認為，地景本身就是一套具有象徵意涵的表意系統，顯示社會據以組織的價值和意識形態，而後者又將透過地景的支持而延續。[63]地方官紳在他們認知的「歷史現場」修建墓祠、樹立碑誌，便構成了蘊含象徵意涵和歷史記憶的紀念地景。建文朝歷史記憶亦是如此，其於地方上的形塑與發展，實得益於地方官員、在地庶民耆舊和文人的參與：[64]建文殉臣祠墓的建立與維修，往往必須依靠地方政府的力量；地方耆老或家族對那些載入史籍的「正規知識」，或許所知有限，卻對地方上的忠臣賢士和名勝古蹟充滿認同；文人造訪此類紀念地景進行憑弔，則是一種對忠臣表示崇敬與哀悼、對知識分子群體共有價值觀表達認同的方式。

---

[62] 廖宜方，《唐代的歷史記憶》，頁31、39-40。廖宜方以文化生產和紀念文化的取徑考察文化記憶，得出「歷史記憶與文化生產是一體兩面」的結論，認為名勝古蹟多與藝文創作結合，可謂傳統社會中歷史記憶的特性之一。范宜如對明代中葉吳中文人地方意識與在地歷史記憶的探討，也多由此類作品著手。參見范宜如，〈明代中期吳中文壇研究──一個地域文學的考察〉（臺北：國立臺灣師範大學國文研究所博士論文，2001），頁80-147。

[63] Mike Crang著，王志弘等譯，《文化地理學》（臺北：巨流出版社，2003），頁17-18、35-36。

[64] 廖宜方考察唐代的在地歷史記憶時，也注意到類似的現象。換言之，這並不是建文朝歷史記憶於明代發展過程中的獨有現象。參見廖宜方，《唐代的歷史記憶》，頁270。

本書除了緒論和結論外，共分四章。第一章「由暗化明」談的是建文朝歷史記憶從靖難戰後到弘治年間的發展。首先將探討明成祖為建立其統治合法性採取的手段，分析其實行狀況、背後動機和可能達到的成效，為當時民間相關歷史記憶遭受壓抑的狀況提供背景。接著嘗試釐清民間記憶如何在官方壓抑下獲得延續，又有哪些機制能將之強化，進而取得足與官方論述分庭抗禮的力量。最後介紹永樂至弘治年間官方弛禁措施的發展和影響，並對當時調和成祖與建文殉臣的說法略作檢視，瞭解其產生背景與意義。

　　第二章「真相與想像」以正德到嘉靖年間野史書寫的興起作為背景，探討建文朝歷史記憶在當時於史實與想像元素雙重影響下的發展。該段時期是建文朝歷史編纂的首波高峰，故首先探討此一風氣產生的原因與具體成果。接著由地方紀念活動與相關書寫切入，論述建文朝歷史記憶在地方上的延續及其與現實需求的關聯。然後討論建文朝相關傳說中的想像元素，是如何進入人們的歷史記憶中，而影響後世甚深的建文出亡傳說，又是如何在當時建立起大致架構。此外，隨著史料的挖掘，「建文忠臣」群體在相關著述中不斷擴大，種類也逐漸增加，在此過程中，史家與地方文人對該群體事蹟的敘述與形象的塑造，實深受當時褒忠思想的影響，並有調和其與成祖衝突的意味，這點將在最後一節進行分析。

　　第三章「積澱與再生」則以萬曆年間的討論為主。萬曆年間多數建文殉臣及其親族均已獲得寬赦，但建文帝的地位卻遲遲無法恢復，本章一開始即從當時政治上的進展和限制著手，探討朝中君臣立場的互動情況。其次討論朝廷下令為建文殉臣建祠立祀並對其後裔進行撫恤後，各地產生的一些現象，嘗試挖掘期背後蘊含的社會意涵。萬曆年間人們對成祖功業與「永樂盛世」的懷念，實與對建文朝的同情並存，因此本章接下來將透過當時調和靖難歷史衝突的論述，以及首部描寫靖難戰爭的小說《承運傳》，分析此種懷念心態對於相關記憶與認知的影響。最後則就當時日用類書、偽托作品和考證文章的出現，

觀察建文朝的歷史與傳說如何深入時人的認知，如何在當時成為有心人士抬高身價或攫取利益的工具，當時的史家又是如何應對建文朝歷史知識體系中「野史氾濫」的情況。

第四章「野火燎原」除了泰昌至崇禎年間，也將探討南明時期的相關發展。首先介紹該段時期官方崇祀建文殉臣，以及南明政權恢復建文帝地位的情況，並分析這些政治進展產生的原因、影響與限制。其次透過明末至南明時期士人在建文朝歷史紀念和書寫上的幾個面向，探討知識分子擔憂現實的心理與建文朝歷史記憶的關聯，及其受到萬曆以降偽託文本影響的程度。接下來檢視建文帝出亡傳說在《致身錄》等偽託文本問世後產生的變化，及其於地方上發展的情況。最後透過南明士人群體視甲申之變為靖難報應的認知，和明遺民對靖難歷史之評論，略窺明帝國瓦解對知識分子心境和建文朝歷史記憶造成的影響。

本書按照時序分期探討建文朝歷史記憶的形塑與演變，比起主題式的討論，如此更能凸顯時間推移所帶來的變化，也更能反映官方控制力量減弱、政治禁忌逐漸緩解等發展，在此一過程中扮演的角色。然而必須強調的是，從建文朝、靖難戰爭到壬午殉難，這段曾掩沒於烽煙血霧、在官方壓抑下沉潛扭曲的歷史，其相關記憶逐步掙脫政治禁制發揚傳布的過程，其實並不是一個正向的，越發接近「真相」、接近「正義」的過程，即使重建該段歷史原貌、解除相關政治禁制確實是明代許多士人投入建文朝書寫與紀念活動的動機，但由此形成的歷史記憶，在更大程度上是為當代的需求服務，因而充斥各種扭曲、嫁接與符號化的傾向。倘若建文朝是一縷在靖難戰爭中遭到扼殺，而惶惶飄盪於國朝陰影中的幽魂，那麼待其呼應各方記憶招魂之聲而「復活」時，也已不再是原來的面貌。

第一章
由暗化明：靖難後至弘治年間
（1402-1505）

　　永樂到弘治年間，是開啟明代靖難歷史書寫議題並奠定其重要性的時期，也是該議題受到刻意壓制，而逐步累積能量醞釀著爆發的時期。[1]建文朝的歷史對取而代之的永樂政權來說，既是可能動搖統治的敏感議題，又是不得不予交代以「證明」自身正當性的問題。因此政府一方面努力消除對其不利的記錄，一方面也試圖建構新的歷史，取代人們心中原有的建文朝與「靖難」印象。這套新的歷史論述歷經永樂、洪熙、宣德三朝的調整而成形定調，卻仍存在不少矛盾、模糊與空白之處，難以通過時代與世人的檢驗。另一方面，民間對建文政權原有的印象與記憶，雖在永樂年間因雷厲風行的政治整肅和文禁遭到破壞與壓抑，卻始終不曾消失，而是化為潛流以私相傳述的方式延續下來，並隨著朱棣去世與政治禁制漸緩重新浮出水面，逐漸取得與官方論述分庭抗禮的態勢。

　　官方論述和民間記憶是構成明代建文朝歷史記憶的兩大要素，其所呈現的面貌亦是雙方互動之下的結果。作為建文朝歷史記憶演變的

---

[1]　楊豔秋在《明代史學探研》一書中討論明代「建文史籍」的編纂時，將其發展階段分為四期：正德朝以前的「編纂緣起」時期、正德至嘉靖年間（第一波編纂熱潮）、萬曆時期（第二波編纂熱潮）、萬曆朝以後（包括南明，相關書寫表彰和鼓勵忠義的傾向達至高峰）。吳德義《建文史學編年考》在此分期基礎上，將永樂到宣德朝劃為一期，強調建文朝歷史在該時期遭到的大肆歪曲，正統到弘治年間則被視為「建文史學」復甦但發展仍較沉寂的階段。參見楊豔秋，《明代史學探研》，頁216-232；吳德義，《建文史學編年考》，頁1-2、47。

初始階段，官方論述的形成和民間記憶的保存，是該時期最重要的發展；而上述兩者之所以能互相競爭、影響，逐步開展的政治弛禁是箇中關鍵。以下即透過這三個方面進行探討。

第一節　革除、扭曲和隱沒

歷時將近四年的靖難戰爭，以燕軍攻入南京、建文政權覆滅告終。在局勢底定之後，朱棣以勝利者之姿展開一連串具報復意味的政治整肅活動，不僅將建文帝之子和兩個兄弟廢為庶人囚禁，[2] 還將忠於建文帝的臣子列為「奸臣」加以搜捕、屠戮，其族屬戚友則多遭誅滅或發戍，妻女遭發配教坊司、淪為「靖難」功臣奴婢或強配象奴者更是難以計數。不過，比起報復，成為天子後的朱棣其實更關心也更致力於對其政權合法性的建立，而這很大程度上取決於人們對「靖難」的看法。

當時，人們對建文朝的記憶仍屬於當代的社會記憶，透過他們自身的感知和訊息的擷取，建立對建文治績和「靖難」之役的印象與觀感。即使朱棣以燕王身分起兵於北平時，便向天下廣發檄書，宣揚自己「靖難」之舉的正當性，然而無論是王師及地方將領與燕軍將近四年的激烈鏖戰、[3] 南京城破後大量朝臣與士人的殉死及反抗，還是統治之初地方上仍未平息的「勤王」活動，[4] 都顯示其政治宣傳並未發揮太

2　根據現有記載，建文帝共有四個兄弟，長兄雄英（1374-1382）早夭，二弟吳王允熥（1378-1417）、三弟衡王允熞（1385-1402）在成祖即位當年七月分別被降為廣澤王、懷恩王，十一月被廢為庶人，囚於鳳陽，先後去世；四弟徐王允㷓（1391-1407）在同年七月降為敷惠王，隨其母呂太后居守懿文太子墓，永樂二年改為甌寧王，奉懿文太子祀，後死於永樂四年十二月宅邸火災。建文帝二子俱是其后馬氏所生，長子文奎（1396-？）在建文元年被立為皇太子，南京城破時失蹤，年僅七歲；次子文圭（1401-1457）當時僅二歲，被廢為庶人（後稱建庶人）幽禁於中都廣安宮。詳見〔清〕張廷玉等撰，鄭天挺點校，《明史》（北京：中華書局，1974），卷5，〈本紀第五・成祖一〉，頁75-76；卷118，〈列傳第六・諸王三〉，頁3614-3615。

3　關於靖難戰事的經過，王崇武已作了相當詳實的考證，此不贅述。參見氏著，《明靖難史事考證稿》（臺北：臺聯國風出版社，1975），頁53-92。

4　王崇武《明靖難史事考證稿》已探討過靖難戰爭晚期南直隸、浙江、江西等地募兵勤王的概況，並綜合永樂初年江西吉安府「鄉民之嘯聚者」逐漸復業、成祖遣胡濙巡行湖廣江浙、朝鮮太宗李芳遠（1367-1422）〈獻大明永樂皇帝詩〉書有「未戮鯨

大的效果。因此，對登上皇位、從而取得事件解釋權的朱棣來說，建立政權合法性的方法，除了為自己及其「靖難」與登基塑造進一步的正面形象和正當性，也必須著手消除人們心中有關建文朝的記憶，甚至建構另一套論述來取代原有事實。

革除、扭曲與隱沒，便是成祖採取的手段。「革除」主要涉及對舊有記憶載體，譬如人物、年號、制度、文獻等的抹殺；「扭曲」是對舊有記憶進行再塑和改寫，並將新編記憶崁入其中；「隱沒」則配合前述二者，藉著時間流逝埋沒舊有記憶，以及記憶替置過程中所產生的情感和理論矛盾。永樂至宣德年間是明代官方靖難歷史論述的建立時期，中央透過以上三種手段的環環相扣、彼此配合，構成一套關於建文與永樂事蹟、形象的新敘述。此一敘述的基調於永樂朝初步奠定，之後又屢經調整，並在維持朱棣一系政權合法性的需求下，由宣德年間編纂的《明太宗實錄》予以總結。

值得注意的是，成祖在爭奪「過去」的同時，也在與逝去的建文政權爭奪「正統」與「聖君」的形象，這和中國人心中浸潤已久的儒家思想，以及明初朱子學極為盛行的「正統」思想息息相關。

（一）對建文年號與治績的抹殺

年號革除可謂永樂政權最早進行的相關措施。燕王朱棣於建文元年（1399）發動「靖難」時，已諭麾下將士去建文年號，只稱「元年」，[5]登基之後更將建文帝在位的四年，全部改以「洪武」記年。倘若前一作法表示不承認建文帝的皇帝身分及政權合法性，那麼後一作法除了上述意義，更欲強調自己的帝位係承自其父朱元璋，亦即以太祖真正的合法繼承人自居。成祖為否定建文政統而去其年號的措施，

鳜氣尚驕」一句等情況判斷，成祖即位初期部分地區猶未全然歸順。參見王崇武，《明靖難史事考證稿》，頁86-92。

5　〔明〕陳建撰，錢茂偉點校，《皇明通紀》（北京：中華書局，2008），《皇明歷朝資治通記》，卷1，〈革除靖難紀〉，頁322-323。吳緝華認為，此即建文年號革除的開端。詳見吳緝華，〈明代建文帝在傳統皇位上的問題〉，頁14-17。

即是後世所謂的「革除」，遭到抹殺命運的建文朝也因此被後世稱作「革朝」，[6]建文帝於明代帝統譜系當中的地位從此為成祖所取代，其四載鼎祚亦被掩蓋在太祖統治期的時間軸下。永樂年間在成祖授意下編成的《奉天靖難記》，便很明顯地反映此種情況，將建文政權統治的四年全改以洪武年號。

不過嚴格來說，「革除」一詞或許更偏向後世對成祖作為的理解。成祖此類措施所展現的態度，是根本不承認建文帝承襲太祖之統，希望藉此奪得原本屬於建文帝的「正統」地位。在這種邏輯下，既然建文政權打從一開始就是個偽政權，若聲言「革除」反倒像是承認其「曾經擁有過合法性」，因此就成祖的立場來看，削除建文年號，和將建文朝四年皆納入洪武朝的時間軸下，應係表示對建文帝政權合法性及其在明代帝統譜系地位的否認。相較之下，後世視成祖此舉為「革除」的認知，其實是以「承認建文帝君主身分及其政權合法性」為前提的。永樂初年由成祖授意編纂的《奉天靖難記》，其書法即反映視建文為偽統的態度，如紀年不用「建文」而採「洪武」年號、不承認建文帝的皇帝身分而直呼其名「允炆」、稱支持建文帝的王師為「賊」等，書中「允炆矯遺詔嗣位」的敘述，[7]也是為了替建文帝得位不正及其政權的非法性提供論據。但問題在於，當年成祖是打著「清君側」的旗號起兵，即位後的詔書亦強調自己是欲盡「周公輔成王之誼」方誓師靖難，[8]這與前述不承認建文政統的態度實有所矛

6　「革除」之類的詞彙約出現於弘治年間，並在正德、嘉靖朝私修靖難歷史風氣初興時被廣泛使用。當時相關史籍對該段歷史的敘述仍較保守，故傾向以上述字詞代稱已遭官方否定政統的建文朝。如弘治年間宋端儀《立齋閒錄》中專輯壬午殉難相關史料的卷二即名為《革除錄》，內文也已出現「太宗皇帝既即位，革建文元年、二年、三年、四年年號，仍稱洪武三十二年、三十三年、三十四年、三十五年」的說法。參見〔明〕宋端儀，《立齋閒錄》（《四庫全書存目叢書》，子部第239冊，臺南：莊嚴文化事業有限公司，據遼寧省圖書館藏明抄本影印，1995），卷2，〈革除錄〉，總頁608。往後正德年間黃佐的《革除遺事》、嘉靖年間許相卿的《革朝志》等文本，亦皆採取此類說法和詞彙。

7　〔明〕佚名撰，王崇武注，《奉天靖難記注》（臺北：臺聯國風出版社，1975），卷1，頁16。

8　〔明〕孔貞運輯，《皇明詔制》（《續修四庫全書》，史部第457-458冊，上海：上

盾。這使後續官方在調整論述的過程中，不得不承認建文政權的存在與合法性，致使成祖對建文之統的否定，在後世眼中變為與抹殺其他記憶載體類似的措施——將一個實際存在的統治時期，從國朝的帝統譜系上剔除。也因此，人們所理解的「革除」，其範疇除年號之外，往往也包括建文年間的各項治績建樹。

成祖抹殺建文朝存在痕跡與影響的行動，主要表現在對建文改制的推翻、相關文獻的銷毀和政治整肅的持續。建文四年（成祖奪位後改稱洪武三十五年）七月，成祖在其即位詔中下令，「建文以來，祖宗成法有更改者，仍復舊制」，[9]陸續將許多建文年間所改易的政策、格條、機構，恢復為洪武時的制度與規模。此令不僅促使以吏部為首的朝臣紛紛請復舊制，[10]也讓某些在建文年間遭到懲處或喪失既得利益者藉此翻身。[11]建文帝的改革實寄寓了對《周禮》的仿效與實踐，以及改從文治、輕刑恤民的理念，部分嘗試也在太祖生前獲認

海古籍出版社，據南京大學圖書館藏明崇禎七年刻本影印，2002），卷2，頁2a。黃彰健在校勘《明太宗實錄》時，曾將實錄中的成祖即位詔與《皇明詔制》所錄版本對照，發現後者稱建文帝為「姪允炆」或直呼其名，異於前者所採之「少主」一詞。《皇明詔制》版本與弘治時宋端儀《立齋閒錄》抄錄內容相近，其指責建文帝「大興土木」之語又和《奉天靖難記》近似，應較實錄版本原始。二書差異或可視為實錄編纂者強調成祖「周公輔成王」忠賢形象的另一實例；將「大興土木」從建文帝「罪狀」中刪去，則可能與成祖即位後大力營建並遷都北京有關。兩版詔書於其他部分只有字面上的差異，不影響其意，但以下仍皆採用《皇明詔制》版本。參見《明太宗實錄》，卷10上，洪武三十五年七月壬午朔條，頁144-145；〔明〕宋端儀，《立齋閒錄》，卷3，〈靖難錄〉，總頁644。

9　〔明〕孔貞運輯，《皇明詔制》，卷2，頁2b。

10　如即位詔下後不久，吏部即奏請將建文年間改動的文武官制，如品秩、員數、增減官職與機構等皆復為舊制。隨後禮部也奏言建文時將些許祠祭署更名，甚至有所增設，並非舊制，然成祖僅取消部分更動，將建文時被改為「南郊祠祭署」的天地壇祠祭署定名「郊壇祠祭署」，增設的鍾山祠祭署也不予裁撤。參見《明太宗實錄》，卷10上，洪武三十五年七月甲申條，頁151-153；洪武三十五年七月丁亥條，頁157。

11　翻查《明太宗實錄》，可發現永樂初年的記載中，有不少於建文年間遭罷免或貶謫者在當時復職。洪武三十五年（建文四年）十一月亦有成祖謂兵部尚書劉儁「建文時，軍官總小旗以罪罷職役者，罪多失當，其皆復之」等語。重新獲益之例則如同年九月，駙馬都尉王寧奏請復還其於建文年間遭官方沒收的賜田及自置田，成祖應允，並命戶部以其所入租准祿米。參見《明太宗實錄》，卷14，洪武三十五年十一月癸巳條，頁259；卷12上，洪武三十五年九月癸未條，頁193。

可，[12]但改制之舉卻成為燕王朱棣「違反舊制」的口實，以此作為靖難興兵的依據。因此，恢復太祖故制不僅能徹底否定建文帝的治績建樹，也可為「靖難」進行辯護，保持其立場的一貫性，而這種維護「祖宗成法」的行動更能為其塑造太祖孝子的形象。

此外，為否定建文帝並掩飾自己篡位的事實，成祖下令焚毀建文朝官方檔案及記載中「語帶干犯者」，[13]更銷毀建文年間纂修的《明太祖實錄》，先後進行了建文四年十月到永樂元年（1403）六月、永樂九年（1411）十月到十六年（1418）五月兩次重修。在成祖厲行革除的措施下，不僅一些曾參與建文朝《明太祖實錄》修纂工作的史臣被處以重刑或論死，有關建文君臣的記載及詩文也在「語涉干犯」的情況下遭官方禁燬，私自收藏者亦往往身家不保。如永樂元年任南昌知府、曾參與建文年間《太祖實錄》修纂的葉惠仲（名見恭，以字行，1340?-1403）便「坐書靖難事族誅」；[14]永樂年間庶吉士章樸（1377-1406）私藏方孝孺文集，因同事密告而遭戮；[15]至永樂九年仍有通政司

---

[12] 朱鴻，〈明惠帝的用人與政策〉，頁69。

[13] 《明太宗實錄》於建文四年六月燕王入京後載：「上得群臣建文時所上謀策，悉命焚之。」其即位詔云：「建文年間，上書陳言，有干犯之詞者，悉皆勿論，所出一應榜文條例，並皆除毀。」八月亦載：「上於宮中得建文時群臣所上封事千餘通，披覽一二有干犯者，命翰林院侍讀解縉等遍閱，關係軍馬錢糧數目則留，餘有干犯者悉焚之。」參見《明太宗實錄》，卷9下，四年六月丁丑條，頁140；卷10上，洪武三十五年秋七月壬午朔條，頁146；卷11，洪武三十五年八月丙寅條，頁186。

[14] 〔清〕張廷玉等撰，鄭天挺點校，《明史》，卷143，〈列傳第三十一·程通黃希范〉，頁4057。在此必須指出的是，將葉惠仲列入「奸臣」名單的敘述，在宋端儀成於弘治年間的《立齋閒錄》中就已出現，當時關於其生平和結局僅有「曾以知縣充修史官，為庚辰會試同考官，元年二月二十二日凌遲」這寥寥數語。往後七十多年，各種談及永樂朝政治整肅的史籍中，也從未明言葉惠仲遭誅的原因。直到隆慶元年刊刻的鄭曉遺著《遜國臣記》中，才首次出現葉氏「坐修實錄時書靖難事，為逆黨論死」之說。這可能是鄭氏對之前相關史籍中葉氏「以知縣充修史官」、「坐黨戮死」的敘述產生聯想或誤解所致，不見得代表葉惠仲確實是因參與建文朝《太祖實錄》修纂而致禍。何況楊士奇也曾為建文朝《太祖實錄》修纂者之一，卻未受此事所累，可見這並非招致整肅的充分條件。參見〔明〕宋端儀，《立齋閒錄》，卷2，〈革除錄〉，總頁635；〔明〕鄭曉，《吾學編》（《北京圖書館古籍珍本叢刊》，第12冊，北京：書目文獻出版社，據明隆慶元年鄭履淳刻本影印，1988），《遜國臣記》，卷5，〈知府葉惠仲〉，頁22b。

[15] 〔明〕陳文等撰，《明英宗實錄》（臺北：中央研究院歷史語言研究所，據北平圖書館藏紅格鈔本微捲影印，1966），卷291，天順二年五月丁亥朔條，頁6209。

以黃巖縣豪民持建文時人包彝古所進楚王書聚眾而觀，奏請將之下法司究治。[16]雷厲風行的查禁行動，導致大量有關建文君臣的文字被銷毀，勉強保存下來並在後世漸進流傳的文本也因此殘缺不全。

透過上述方式，永樂政權不但達到抹殺建文帝繼統事實與治績的目的，更掃除了民間關於建文朝的其他論述，受成祖本人意志指導的官方說法成為唯一可於光天化日下傳行、具有絕對權威性質的論述，而成祖企圖阻止當代建文朝記憶延續，並為後世建構一套取代性歷史記憶的想法，也因此成為可能。另一方面，由於成祖亟欲奪取建文帝所擁有的「正統」，使其部分相關措施和論述趨於偏激，而與稍早建構的論述產生矛盾，前述「去建文年號以否定其合法性」的作法即是一例。此現象在永樂政權扭曲建文朝歷史的過程中，則更為明顯。

（二）永樂年間的正統之爭與歷史歪曲

革除之手段雖對抹滅建文朝歷史記憶頗具效力，但並非所有相關文獻都能被銷毀。焚毀建文朝官方檔案可稱其「語帶干犯」，查禁、銷毀建文殉臣所撰公文私著則可藉口作者皆屬「奸黨」，或是趁機表現自己不加追究的寬大，然而在處理洪武朝的官方文獻時，便無法採取此種方式。成祖一心想將自己塑造為「太祖高皇帝」的正統繼承人，自應避免任何過分明顯與洪武舊制衝突的行為，況且缺乏正當理由的銷毀行動難免啟人疑竇，因此欲消除洪武文獻中不利於永樂政權或與其建構論述相左的內容，便只能採取篡改或部分抽調的手段。同時，永樂政權也透過一系列文獻的修纂，編造大量美化成祖或詆毀建文君臣的不實情節，企圖扭曲歷史原貌，塑造一個新的「過去」，

---

[16] 《明太宗實錄》，卷119，永樂九年九月庚辰條，頁1509-1510。嚴格說來，該條史料之所以載入實錄，其實應是作為成祖寬仁不計過往的佐證之一。在實錄記載中，成祖對此奏報採取既往不咎的態度，並表示對建文時帶有干犯之詞的奏疏，他在即位之初便已明令只須焚燬，無須懲處作者。但問題在於，若成祖在即位詔中發布的這條命令真被嚴格執行，通政司豈會在多年之後奏請懲處藏書者？比起彰顯成祖的寬仁，這條史料或許反倒透露相關政治整肅的恐怖氛圍，在成祖登基已近十年的當時，仍持續籠罩民間。

並將之置入後世的歷史記憶中。篡改、抽調、編造，相關工作在成祖死後仍由其重臣持續進行，以《明太宗實錄》的完成為一段落，貫穿永樂、洪熙、宣德三朝，以大量新舊文獻交相堆疊重新編織成新的過往論述，雖不盡縝密卻是一個不斷修正以臻完善的過程。這種對「過去」的扭曲與重塑，實與成祖為自己奪取「正統」地位的企圖有關。

終明一代，朱子學始終保有「官學」的權威地位，其思想內涵與標舉的價值觀，皆深深影響著明代士人。而以宋濂（1310-1381）、王禕（1321-1372）、方孝孺等人為首的浙東金華學派，正是洪武、建文二朝的儒學主流。[17]朱子學重視「正統」的思想，在金華學派「尊本明統」的論述下，比以往更加突出歷史的道德判準意義。繼宋濂之後成為儒界領袖的方孝孺，他提出的「正統」與「變統」論述，強調了王朝正當性的道德依歸：所謂「正統」並非以領有天下為標準，關鍵在於是否「仁義而王，道德而治」，以不正當手段取得政權的王朝，「使全有天下，亦不可為正矣」。[18]在這種思想氛圍下，成祖藉「靖難」奪國的事實自難使其政權取得「正統」之名，故他必須將此一「正統」由建文帝處搶奪過來。

建文朝在一開始即擁有「正統」地位的事實是相當明顯的。首先，建文帝在其父懿文太子朱標（1355-1392）薨逝不久後即被祖父立為皇太孫，並在太祖死後順理成章地繼承了皇位；[19]其次，建文帝在皇太孫時期對獄政的改革，到其登基後據《周禮》進行的政治革新，及崇教、恤刑、減租等一連串的措施，[20]都呈現出「仁政」的氣象，

---

[17] 陳寒鳴、賈志剛，〈方孝孺與明初金華朱學的終結〉，《滄州師範專科學校學報》，15：3（1999），頁19。

[18] 〔明〕方孝孺撰，徐光大點校，《遜志齋集》（寧波：寧波出版社，2000），卷2，〈釋統上〉，頁52-53；向燕南，〈引領歷史向善——方孝孺的正統論及其史學影響〉，《齊魯學刊》，2004：1，頁89-90；陳寒鳴、賈志剛，〈方孝孺與明初金華朱學的終結〉，頁22。

[19] 朱允炆被立為皇太孫，並繼承太祖皇位成為建文帝，其過程與正當性，朱鴻等學者已有詳論，此不贅述。參見朱鴻，〈明惠帝的用人與政策〉，頁67-68。

[20] 朱允炆為皇太孫時，曾請更定《大明律》中「嚴而不恕者」五則，並參歷朝刑法，「改定洪武律畸重者七十三條，天下莫不頌德焉」，繼位之後更詔行寬政，「赦有

而這正是傳統儒家理想「聖王」形象中極為重要的一環。此外，透過目前殘存的建文殉臣文集，也能略窺他們心目中的建文朝形貌。[21]如方孝孺眼中的建文帝，便是一位「赦重罪，免逋租，恤困窮，賑乏絕，受直言，褒賞良吏，登任才俊，寧屈國法而不忍以法病民，寧闕儲積而不忍以斂妨農，仁聲義聞，升格穹昊」的仁君，[22]在其治下「萬姓悅服，群生欣豫，薄海內外，薰為太和」，[23]儼然一副賢君盛世的景象。而建文帝與儒界領袖方孝孺於政治上的結合，對信奉正統論述並嚮往儒家理想政治的士人來說，是極大的鼓舞；方孝孺對建文帝的盛讚，亦有為後者在士人群體間建立「聖王」形象的效果。最重要的是，如此富有儒家理想並具高度道德性質的統治，很符合明初金華學派論述下的「正統」。為奪取原本屬於建文朝的「正統」地位，成祖除了採取革除、隱沒等手段，並對建文君臣形象進行詆毀、扭曲，也必須將自己加以美化，打造成天命所歸、合乎儒家標準的「聖王」，以樹立符合「正統」的形象。另一方面，由於成祖試圖奪取建文帝承自太祖之統，好將自己塑造成太祖的繼承人，加上其起兵的口號之一便是「維護太祖舊制」，故他在建立「聖王」形象的同時，也得將自己打扮成「孝子」。基於上述動機和需要，這兩類角色遂在之後永樂政權塑造自身形象的過程當中不斷出現。

　　早在「靖難」興兵之時，為使師出有名，朱棣便透過上呈建文帝的奏疏和廣布天下的檄書，為自己所作所為建構一套正當化的論述。而檄書尤能反映其欲向世人宣傳的敵我形象，在誣衊建文君臣失德亂

罪，蠲逋賦」，接連推行放鄉軍單丁者為民、減免田租、釋繫軍及囚徒還鄉里等措施。參見〔清〕張廷玉等撰，鄭天挺點校，《明史》，卷4，〈本紀第四‧恭閔帝〉，頁59-60；朱鴻〈明惠帝的用人與政策〉，頁69、74-75。

21　建文殉臣作品被私下保存並在永樂朝後編成文集傳於後世者並不少，如方孝孺《遜志齋集》、練子寧《金川玉屑集》、王叔英《靜學文集》、周是修《芻蕘集》、程通《貞白遺稿》等皆是，然而此類文本中涉及建文朝的敘述多因長年的禁燬措施而散失，或因「恐涉違礙」而被抽調，今已難見原貌，僅《遜志齋集》和《芻蕘集》中尚保留些許資訊。參見吳德義，《建文史學編年考》，頁17-26。

22　〔明〕方孝孺撰，徐光大點校，《遜志齋集》，卷7，〈郊祀頌〉，頁213。

23　〔明〕方孝孺撰，徐光大點校，《遜志齋集》，卷7，〈省躬殿銘〉，頁216。

政的同時，亦將自身塑造為志在報父親兄弟之仇、維護祖宗社稷的賢王孝子，當中不少內容皆為之後永樂政權的靖難論述所承襲。[24]朱棣即位後，更透過該年七月朔祭告天地的祝文，以及隨後發布的即位詔，為正當化奪位之舉的宣傳戰拉開序幕，正式確立官方靖難論述的基調。祝文和詔書皆指責建文帝「崇信姦回，委政近侍，改更祖憲，戕害諸王」，聲稱發動靖難是因「禍機四發，將及于朕」，才不得已舉兵「清君側之惡」，對建文帝自焚則予以「自絕于宗社，天地所不芘，鬼神所不容」的批評，並強調自己本無心於皇位，是在宗室和大臣再三勸進之下才繼位為帝。[25]即位詔內容較祝文詳細，而且更為重要，日後官方用以建構靖難歷史的各種文獻，如《奉天靖難記》、《明太宗實錄》等，其敘述多是由詔中說法延伸而來。

詔文中以「天變于上而不畏，地震于下而不懼，災延承天而文其過，蝗飛蔽天而不修德，益乃委政宦官，淫泆無度」來描述建文帝失德卻又無視上天警示，[26]這種以自然災異反映昏君暴政的敘述，是傳統史書中常見的手法，同時也間接肯定永樂政權取而代之的正當性。在談及靖難興兵時，成祖更抬出「朝無正臣，內有姦惡，王得興兵討之」的祖訓，表示其所作所為只是欲盡「周公輔成王之誼」，無奈姪

---

24 如成祖在檄文中冒充馬皇后所生嫡子的情況，以及抨擊建文帝「淫酗酒色，不遵喪訓，不孝於祖，不親政事，崇信奸回，放黜師保，屏棄典刑，殘害骨肉，於是穢德怒於天地」，導致各種災變異象的敘述，皆可見於永樂朝官方對靖難的說詞。只是檄書談及新君失德時，多言是因「奸邪小人」，「以甘言巧計蔽君之聰明」，主要將矛頭對準建文朝中重臣，而非皇帝本身；而永樂朝官方相關文獻中的態度則相反，將攻擊火力轉移至建文帝。檄文中描述太祖逝前曾召燕王入京卻遭奸臣阻攔的情節，在之後的《奉天靖難記》也有出現，只是讓建文帝也參與其中。沿襲檄文說詞之舉不僅能維持立場的一貫性，使前後態度不致出現矛盾，以「證明」其對建文政權之指控和靖難興兵的理由皆屬事實，亦有持續強化建文君臣負面形象的作用。除了轉換主要攻擊對象外，成祖登基後祭天地的祝文、即位詔及後來的《奉天靖難記》尚有其他與檄書不同之處，如檄書暗示太祖遭奸臣謀害，及聲稱建文帝在太祖死後接收後宮嬪妃等說法，就未出現在前述幾種文獻中。可見成祖對靖難歷史論述的調整，早在其即位之初便已展開。筆者之所以認為明代官方靖難論述基調係由即位詔確立，原因亦在此。參見〔明〕姜清，《姜氏秘史》，卷2，己卯元年十一月初九日條，頁63b-72a。

25 《明太宗實錄》，卷10上，洪武三十五年七月壬午朔條，頁143-144。

26 〔明〕孔貞運輯，《皇明詔制》，卷2，頁1b。

兒不明白自己苦心，才自取滅亡。[27]即位詔另一個異於祝文之處，在於強調成祖具有「高皇帝嫡子」的身分，而不僅是在世諸王中最年長者。[28]由於明代皇室的「嫡長繼承原則」早在元末朱元璋為吳王時就已確立，重禮制的他在成為明太祖後仍堅守此立場，並透過一連串詔令和《皇明祖訓》等文獻的制定，將之強化為萬世不得違反的鐵律。[29]因此，久懷奪位之心的燕王朱棣當然清楚，光是身為當時的藩王之長，還不足為其繼位建立正當性，他必須具備嫡子的身分——即使只是蒙騙世人耳目、杜塞悠悠之口的虛構身分——才能名正言順地承襲太祖傳下的帝統。[30]

永樂年間成書的《奉天靖難記》，可說是成祖即位詔論述的「加強版」。[31]雖然作者不明，但其內容與成祖詔書、敕諭中的言論遙相

27 〔明〕孔貞運輯，《皇明詔制》，卷2，頁1b- 2a。

28 〔明〕孔貞運輯，《皇明詔制》，卷2，頁1b- 2a。

29 王崇武，《明靖難史事考證稿》，頁104-107。如洪武元年正月冊封皇太子時曰：「國家建儲，禮從長嫡，天下之本在焉。」洪武三年四月封諸皇子為王，詔天下曰：「朕惟帝王之子，居嫡長者必正儲位，其諸子當封以王爵。」洪武二十五年皇太子朱標去世，太祖立其子允炆為皇太孫，並於二十八年八月下詔更定皇太子及諸王冊封制時規定：「皇太子嫡長子為皇太孫，次嫡子并庶子年十歲皆封郡王，……凡王世子必以嫡長，如或以庶奪嫡，輕則降為庶人，重則流竄遠方。」《皇明祖訓》也規定「凡朝廷無皇子，必兄終弟及，須立嫡母所生者，庶母所生，雖長不得立」。參見〔明〕胡廣等撰，《明太祖實錄》（臺北：中央研究院歷史語言研究所，據北平圖書館藏紅格鈔本微捲影印，1966），卷29，洪武元年正月乙亥條，頁482；卷51，洪武三年四月乙丑條，頁1000；卷240，洪武二十八年八月戊子條，頁3495；〔明〕明太祖御撰，《皇明祖訓》（《四庫全書存目叢書》，史部第264冊，臺南：莊嚴文化事業有限公司，據北京圖書館藏明洪武禮部刻本影印，1996），〈法律〉，頁28a-28b。

30 王崇武，《明靖難史事考證稿》，頁103。由朱棣在靖難檄書中自稱「父皇太祖高皇帝親子、母后孝慈高皇后親生」、以在世諸王中之「嫡長」自居的作法亦可看出，其發動「靖難」確實意在奪位。畢竟嫡子身分對其「誅討奸臣」的號召並無具體幫助，卻能在趕走姪兒、空出皇位後，讓自己名列即位人選。參見〔明〕姜清，《姜氏秘史》，卷2，己卯元年十一月初九日條，頁71b。

31 除了即位詔，宋端儀《立齋閒錄》還收有四篇成祖登基後發布的文告，分別諭令天下軍民官員共守太祖成法（洪武三十五年八月）、復封藩王（永樂元年正月十三日）、重申靖難動機（永樂元年四月，以上三篇收於卷三）、封懿文太子四子允熙為甌寧王奉其父嗣（永樂二年三月二十七日，收於卷二）。上述詔文均維持即位詔論調，抨擊建文帝的荒唐行徑，但已多出不少具體事例，有些亦可見於後來的《奉天靖難記》。永樂元年四月的敕諭尤其有趣，既稱建文帝矯詔嗣位，又謂「即位未幾，首遣奸臣圍逼，如金魚置兔，決無生理。朕實不得已，起兵相救，初豈有心於

呼應，並與之後《明太宗實錄》卷一至卷四〈奉天靖難事蹟〉內容有極高的重疊性。由此可知此書之編纂必定出自成祖主使，而且在其建立的靖難歷史論述體系中佔有重要位置。[32]《奉天靖難記》在成祖即位詔的論述基調上渲染擴充，透過大量編造情節汙衊建文君臣，貶低其人格與才智。該書卷一對建文帝諸多荒唐行徑的描寫是當中最具代表性者，幾乎囊括歷代史書所有對昏暴之君的敘述，可謂成祖即位詔所列建文帝「罪狀」的具體陳述，例如以下段落，正能對應詔中「秉性不孝」、「大興土木」的指控：

> 時諸王作廢，允炆日益驕縱，焚太祖高皇帝、孝慈高皇后御容，拆毀後宮，掘地五尺，大興土木，怨嗟盈路。[33]

此類對應即位詔內容的段落中，對建文帝「淫泆無度」的描述是最詳細也最誇張的，或許是因為這方面的情節最能凸顯帝王的失德：

> 遣宦者四出，選擇女子，充滿後宮，通夕飲食，戲劇歌舞，嬖幸者任其所需，謂其羊不肥美，輒殺數羊以宴一婦之欲。又作奇技淫巧，媚悅婦人，窮奢極侈，暴殄天物，甚至褻衣皆飾以珠玉錦繡。各王府宮人有色者，皆選留與通。常服淫藥，藥燥性發，血氣狂亂，御數老婦不足，更縛牝羊母豬與交。荒耽酒色，畫夜無度。即臨朝，精神昏暗，俯首憑案，唯唯數事而已。宮中起大覺殿，於內置輪藏。出公主與尼為徒，敬禮桑門，狹侮宗廟。常置一女子於盒以為戲，謂為時物，昇入奉先

天下哉」，不啻欲蓋彌彰。《奉天靖難記》的內容，可能就是以這些詔文為基礎發展出來的。參見〔明〕宋端儀，《立齋閒錄》，卷2，〈革除錄〉，總頁639；卷3，〈靖難錄〉，總頁646-649。

[32] 王崇武先生的《奉天靖難記注》一書，即為《奉天靖難記》與《明太宗實錄》的兩相對照，足以看出後者對前者的承襲與修改，可參見。

[33] 〔明〕佚名撰，王崇武注，《奉天靖難記注》，卷1，頁20-21。

殿薦新，盒開聚觀，大笑而散。[34]

相較之下，該書對「委政宦官」的敘述則顯得比較籠統：

> 倚信閹豎，與決大事，凡進退大臣，參掌兵馬，皆得專之，凌
> 辱衣冠，毒虐良善，御史皆被箠撻。紀綱壞亂，構成大禍。[35]

對當時異象叢生而建文帝仍不畏天警恣意妄為的書寫，是另一個被誇
張渲染的部分，以異象與災荒呈現出一幅末世的景象，與前述方孝孺
對建文之治的盛讚形成強烈對比：

> 自是災異疊見，恬不自省。夜宴張燈熒煌，忽不見人。寢宮初
> 成，見男子提一人頭，血氣模糊，直入宮內，隨而索之，寂無
> 所有。狐狸滿室，變怪萬狀，遍置鷹犬，亦不能止。他如日赤
> 無光，星辰無度，彗掃軍門，熒惑守心犯斗，飛蝗蔽天，山崩
> 地裂，水旱疫癘，連年不息，錦衣衛火，武庫自焚，文華殿
> 燬，承天門災，雖變異多端，而酣樂自如。[36]

透過這一連串鋪陳敘述，燕王日後的「靖難」之舉自然成為拯救天下
萬民、祖宗社稷於暴政水火的希望，可謂名符其實的「順天應人」。
也就是說，對建文帝敗德亂政的描述，不僅是針對政敵的誣衊詆毀，
更是合理化朱棣藉「靖難」取而代之的必要安排。

《奉天靖難記》承自朱棣即位詔等文獻的另一特色，在於對建文君
臣的抨擊程度，由靖難戰時的「君輕臣重」，轉為「君重臣輕」，這也
是永樂年間相關文獻一貫的論述立場。《奉天靖難記》時固然增加不少

---

[34] 〔明〕佚名撰，王崇武注，《奉天靖難記注》，卷1，頁21。
[35] 〔明〕佚名撰，王崇武注，《奉天靖難記注》，卷1，頁21。
[36] 〔明〕佚名撰，王崇武注，《奉天靖難記注》，卷1，頁21-22。

「奸臣誤國」的記述，例如描寫齊泰等人再三慫恿建文帝削除燕王、[37] 方孝孺於燕軍圍南京時提出招惹民怨的建議等，[38]但整體而言建文朝臣的角色仍較傾向是助紂為虐的幫兇，僅是配合建文帝的作為並提供建議，而非蒙蔽聖聰使帝敗政的主導者。換言之，永樂朝的靖難論述，是由建文帝擔負大部分的歷史罪責。此外，書中對建文近臣的人格與形象塑造，旨在配合「奸臣」的角色臉譜，因此當年如方孝孺等於壬午殉難時從容就義的諸臣，亦只能在記載中，於朱棣面前「稽首乞憐」了。[39]

　　該書詆毀對象除了建文君臣，還上及建文帝之父、太祖的原定繼承人──懿文太子朱標。太子在書中被描寫成因「所為多失道」而失愛於太祖，又因嫉妒燕王受父親愛重而屢屢挑撥的反派角色。就連與其關係密切的晉王朱棡（1358-1398），亦難逃被醜詆的命運。這表示成祖意圖藉由否定太子地位與冊立正當性，強調自己才是太祖真正的繼承者，進而輔以「允炆矯詔嗣位」的說詞，從根本上打擊建文帝的繼位合法性。

　　至於該書中對燕王的虛構與美化，首先呈現在對朱棣嫡子身分的偽造。全書開頭就將其和同母弟周王朱橚（1361-1425），[40]與懿文太子朱標、秦王朱樉（1356-1395）、晉王朱棡共五人都記述為馬皇后（1332-1382）所生嫡子，[41]往後段落中亦不斷透過燕王或其他人的

---

[37] 建文帝在《奉天靖難記》中遭醜詆處甚多，惟削藩之事，仍待齊泰、黃子澄等人再三構陷慫恿，方著手進行。關於這點，近人王崇武認為此係為配合《皇明祖訓》中「誅奸臣」之條旨，若削藩亦由建文帝主導，反使靖難師出無名了。參見〔明〕佚名撰，王崇武注，《奉天靖難記注》，卷1，頁28。

[38] 〔明〕佚名撰，王崇武注，《奉天靖難記注》，卷1，頁203、205。

[39] 〔明〕佚名撰，王崇武注，《奉天靖難記注》，卷1，頁208。

[40] 雖然《明實錄》稱懿文太子朱標至周王朱橚等五子為馬皇后所生，該說也為之後的《明史》採用，但解縉《天潢玉牒》中僅以燕王朱棣和周王朱橚為嫡子的說法，以及些許留存下來的文獻資料，已讓明清時人開始懷疑成祖「冒嫡」的可能性。嘉靖年間汪宗元《南京太常寺志》謂成祖為碽妃所出的記載，對後世影響尤深，明末何喬遠《閩書》、談遷《國榷》、李清《三垣筆記》等著皆從其說。民國以後，此問題經胡適、吳晗、李晉華等人考證，已有大致定論，成祖為碽妃所出基本上已普遍為學界所接受。至於燕、周二王的血緣關係，《明實錄》已有「周，燕之母弟」一語，此並非須諱言粉飾之資訊，應可採信。參見徐泓，〈民國六十年間的明史研究：以政治、社會、經濟史為主（中）〉，《明代研究》，13（2009），頁191-192；《明太宗實錄》，卷1，洪武三十一年閏五月乙丑條，頁6。

[41] 〔明〕佚名撰，王崇武注，《奉天靖難記注》，卷1，頁1。

言談強調其「太祖高皇帝與孝慈高皇后親生嫡子」的身分。書中強調明太祖與馬皇后對他「獨鍾愛」，甚至編出太祖欲將之立為太子的情節，為其塑造太祖正統繼承人的假象。[42]接著則為朱棣編造各種祥瑞異象，以強調其「天命所歸」。除了傳統史書中帝王出生時常見的光彩、雲氣，燕王起兵的過程也屢有神助，可說是對「奉天靖難」論述的極佳呼應，例如以下這段描寫：

> 李景隆列陣於白河西，是日大雪初霽，上默禱曰：「天若助吾，河冰即合。」是夜起營，次報至曰：「河冰已合。」於是麾師畢渡。諸將進賀曰：「昔光武中興漢室，滹沱河冰合，今殿下剪除姦雄，以安社稷，亦復如是，天之相助，同符千載。」上曰：「命之興廢，豈人所知，惟聽於天耳。」[43]

就連後來燕王成為皇帝的歷史發展，也在書中因「預言」的介入，而被神祕化、神聖化：

> 初允炆起兵時，有道士謠於途曰：「莫逐燕，逐燕日高飛，高飛上帝畿。」已忽不見，人不知其所謂。至是上即位，方知其言驗云。[44]

---

[42] 如敘述懿文太子去世後，太祖越發屬意立燕王為繼承人，卻因劉三吾「置秦、晉二王於何地」之勸而作罷。該書更在燕王檄書的基礎上再作衍伸，稱太祖崩逝前「遣中使召上還京，至淮安，允炆與齊泰等謀，矯詔令上歸國」，甚至出現「允炆矯遺詔嗣位」之說。這些說法在後來《明太祖實錄》三修本、《明太宗實錄》中亦可見，應是脫胎自此。參見〔明〕佚名撰，王崇武注，《奉天靖難記注》，頁180、182；《明太祖實錄》，卷217，洪武二十五年四月戊寅條，頁3195；卷257，洪武三十一年五月乙酉條，頁3718；《明太宗實錄》，卷1，洪武二十五年四月丙子條，頁4；洪武三十一年五月乙酉條，頁5。
[43] 〔明〕佚名撰，王崇武注，《奉天靖難記注》，卷2，頁71。
[44] 〔明〕佚名撰，王崇武注，《奉天靖難記注》，卷4，頁216。

書中也編造其文韜武略與盛德仁愛的事蹟，以符合「聖王」的形象與標準：

> 上文武才略，卓越古今。勤於學問，書一覽輒記。六經群史，諸子百家，天文地志，無不該貫。日延名儒，講論理致，自旦達暮不休。言辭從容，簡明典奧，謙虛處己，寬仁愛人，始終如一，意愊如也。任賢使能，各進其才，英賢之士，樂於為用。下至廝養小卒，咸得其歡心。暇則閱武騎射，便捷如神，雖老將自以為不如。每料敵制勝，明見千里，賞罰號令，不爽而信。用是威震戎狄，虜人帖服，不敢近塞。修明文物，力行節儉，故國內無事，上下咸和，年穀累豐，商旅野宿，道不拾遺，人無爭訟。每出親訪民間疾苦，撫循百姓，無男女老少皆愛戴焉。度量恢廓，規模宏遠矣。太祖常曰：「異日安國家必燕王也。」上容貌奇偉，美髭髯，舉動不凡，有善相者見上，私謂人曰：「龍顏天表，鳳姿日章，重瞳隆準，真太平天子也！」[45]

由以上文字不難發現，即使《奉天靖難記》充滿過分誇張的敘述，但其行文架構仍相當清晰且嚴密。首先，書中藉美化與醜詆並行的筆法，凸顯燕王「聖君」和建文「昏君」形象之間的對比，進而為「奉天靖難」提供了最直接的正當性──當然，在標舉「清除奸臣」作為起兵藉口的情況下，這層意涵不能明白地形諸文字。其次，無論是太祖夫婦的重愛燕王，還是懿文太子等人的失德、嫉妒與挑撥行為，這些散於書中各處的零星敘述，構成一個又一個的伏筆，在推動「劇情」前進的同時，更預示了最後的結局。燕王從出生、治國、起兵到即位過程中充斥的異象和預言，也不斷呼應其登基為帝的「劇情走向」，並將之塑造為迎合人神期待的「天命」。在成祖得位初期纂成

---

[45] 〔明〕佚名撰，王崇武注，《奉天靖難記注》，卷1，頁2-3。

的此書，雖在論述上存在不少缺陷，但無疑會是其奪取「正統」過程中所倚重的宣傳品。

若說《奉天靖難記》作為官方授意編纂、傳布的文獻，其正式程度與權威性仍略顯不足，[46]那麼實錄作為明代最高等級的官修國史，無疑是最正式、最具權威的歷史文獻，故修纂實錄遂成為成祖嘗試奪取「正統」與「過去」時最有力的手段。因此他在攻陷南京、取得政權的該年十月，便以「比者建文所修《實錄》，遺逸既多，兼有失實」為由，下令重修《明太祖實錄》，[47]並如此敕諭修實錄的官員：

> 自古帝王功德之隆者，必有史官紀載，垂範萬年。我皇考太祖高皇帝神功聖德，天地同運，日月同明，漢唐以來未之有也。比建文中信用方孝孺等纂述《實錄》，任其私見，或乖詳略之宜，或昧是非之正，致甚美弗彰，神人共憤，蹈于顯戮，咸厥自貽。[48]

以上論述無疑是將建文君臣的敗亡與其「纂修實錄失實」相互聯繫，為自己得位的結果與重修實錄的措施建立正當性。而以「彰皇考太祖高皇帝甚美」為託詞，既可使重修實錄顯得理所當然，又能反映自己的「孝」與建文帝的「不孝」，進而與他一直以來致力重塑二者形象的論述密切結合。也唯有透過這些理由，才能使其作為與論述於立場、內容上保持一致，不致出現矛盾而啟人疑竇。此外，重修《明太祖實錄》實兼具「革除」與「扭曲」的性質，一方面消除正面記載建文君臣或不利於永樂政權的內容，一方面則透過修纂新版實錄，建立能為其政權合法性服務的說法。由此看來，成祖為奪取「正統」與

---

46 但從另一個角度來看，或許也正因為《奉天靖難記》並不屬於官方文獻的系統，方能利用誇張的情節和不加修飾的描寫，來呈現建文君臣的「醜行惡狀」和成祖的「天命所歸」，進而將此種形象廣為宣傳，使之深入人心。
47 《明太宗實錄》，卷13，洪武三十五年十月己未條，頁233。
48 《明太宗實錄》，卷13，洪武三十五年十月庚申條，頁234-235。

「過去」所做的各項工作，彼此之間確實存在環環相扣、互補配合的關係。

然而，《明太祖實錄》的重修過程卻相當曲折。永樂元年六月完成的新版實錄，在永樂九年十月就被皇帝以主編李景隆（?-1424）「心術不正，又成於急促，未及精詳」為由下令重纂，直到永樂十六年五月才宣告完成。[49]成祖兩度重修《明太祖實錄》的原因從明代開始便一直有人進行研究及討論，目前學者普遍認為三修之用意，一在隱飾太祖生前之過舉，二在歌頌「靖難」之舉順天應人，三則要調整過去永樂政權相關論述中的不完善者，使之更加合理。[50]同時，成祖也想藉著重修《明太祖實錄》的機會，為其政權合法性建立正式的官方論述，從而建構最能影響後世記憶的新版「過去」。

然而，或許因為永樂政權急於建立成祖的統治合法性及其在太祖諸子中的特殊地位，永樂初年關於燕王身分的敘述竟出現過度粉飾的情況。例如《天潢玉牒》只將燕王和周王二人列為馬皇后之子的記載，[51]原本可能是為了貶抑懿文太子朱標的地位，卻使明太祖在吳王時期便以朱標為世子並在登基後立為皇太子的作法，與其苦心建立為國朝定制、成祖本人也無法否認的嫡長子繼承制相違背，而成為論述

---

49 《明太宗實錄》，卷120，永樂九年十月乙己條，頁1516；卷200，永樂十六年庚戌條，頁2081。

50 關於成祖兩度重修《明太祖實錄》的原因討論，吳德義已作過詳細整理與介紹。她在研究中進一步質疑明代以來許多學者認為建文朝所修《明太祖實錄》「書靖難事多微詞」、「指斥靖難君臣為逆黨」的可能性，認為以記載明太祖事蹟為主的《明太祖實錄》應不致提及靖難之事，但書及洪武末年燕王父子不法事，以明削藩緣起之內容應該還是有的。筆者基本同意上述見解，不過建文朝修纂《明太祖實錄》，據姜清《姜氏秘史》等著，應始自建文元年正月，至建文三年十二月完成，而燕王於元年七月便已起兵，故建文朝《太祖實錄》的修纂過程其實一直籠罩在燕軍反叛的陰影下。由此來看，建文朝所編《明太祖實錄》中有關燕王父子主從之敘述即使與靖難密切連結、相互呼應，也顯得極其自然且合情合理。參見吳德義，《政局變遷與歷史敘事：明代建文史編撰研究》，頁33-37；〔明〕姜清，《姜氏秘史》，卷2，己卯元年正月二十七日條，頁2b；〔明〕屠叔方，《建文朝野彙編》（《中國野史集成續編》，第16冊，成都：巴蜀書社，據明萬曆刻本影印，2000），卷5，辛巳建文三年十二月丙辰條，頁37a。

51 〔明〕解縉等奉敕撰，《天潢玉牒》，收入〔明〕鄧士龍編，許大齡、王天有點校，《國朝典故》（北京：北京大學出版社，1993），頁10。

上的極大漏洞，作偽跡象極為明顯。值得注意的是，《天潢玉牒》的主編解縉（1369-1415），也參與了永樂元年《明太祖實錄》的初次重修，故該版實錄很有可能也採取此說，而在之後《明太祖實錄》三修本和《明太宗實錄》中成為更動項目之一。[52]

綜上所述，永樂年間官方對建文朝和靖難歷史的建構，主要由成祖即位詔奠定基調，後續各類文本則是其內容的延伸，過程中雖可能有所修改以消除過於明顯的矛盾，但整體而言敘述方向是一脈相承的。由於成祖根本不承認建文政權的合法性，認為自己的帝統承自太祖，因此既不需也不應為建文朝編撰實錄，雖然為了證明得位正當性，他必須對起兵「靖難」的經過有所交代，但利用以官方立場發布的祭天地文和即位詔提供說詞，再透過授意撰寫、以非官方文本形式流傳的《奉天靖難記》編造細節，應已足夠。然而正如前文所述，成祖亟欲搶奪原本屬於建文朝的「正統」，因此不僅否認建文政權的合法性，對建文帝及其父懿文太子大加醜詆，抨擊建文政權時更將火力集中在建文帝身上，相較之下所謂的「奸臣」似乎只是幫兇，而非蒙蔽幼主的角色。這種作法明顯與其在靖難興兵時採取的立場有所矛盾，頗易啟人疑竇。另一方面，永樂年間的相關宣傳係由成祖強勢主導，其下文臣僅扮演從旁協助和潤飾的角色，對建文君臣如此嚴厲抨擊未必為其所願。以上這些問題，在成祖去世之後，遂成為官方再行調整靖難歷史敘述的契機。

（三）洪熙朝的轉向與宣德朝的統合

繼成祖之後登上皇位的仁宗朱高熾（1378-1425，1424-1425在位），曾一度讓永樂時期已大致成形的官方靖難論述出現轉向，箇中原因除了對上述書寫矛盾的反省，也與他本身的性情和經歷有關。《明仁宗實錄》謂其性格文靜、好學問且具恤人之心，[53]這些特質都

---

[52] 吳德義，《建文史學編年考》，頁31。

[53] 〔明〕楊士奇等撰，《明仁宗實錄》（臺北：中央研究院歷史語言研究所，據北平

和建文帝頗為相似，加上洪武年間太祖曾將秦、晉、燕、周四位藩王的世子召入宮中親施教育，[54]時為燕世子的他，便有了和皇太孫相處和培養交情的機會。[55]一方面不忍自己熟識的建文帝蒙受誣衊醜詆，一方面也察覺永樂年間建立的歷史論述與靖難戰時的宣傳確實存有不少矛盾，因此仁宗繼位之後，便利用總結先皇功業的機會，試圖扭轉原本的靖難論述。

〈大明長陵神功聖德碑〉是仁宗的初步嘗試，也是他僅有的相關成果。該文撰於洪熙元年（1425）四月，一反過去否認建文政統、強調建文帝敗德亂政的書寫立場，不但承認其統治合法性，更轉而維護其形象，改由朝中「奸臣」擔任論述中的反派。在書法方面，碑文稱建文帝為「建文君」，雖不及「上」、「帝」等稱謂，但比起永樂時直呼其名的態度已顯得尊重許多；文中以「朝廷」指稱建文帝一方，成祖面對皇帝時亦自稱「臣」，如此敘述也確實較符合當時情境。內容方面，除了導致燕王起兵的削藩政策，文中既未提及建文朝的其他措施，也未對建文帝其人其政進行抨擊，敘述撤藩時亦言「諸王多以罪削」，只有撤削燕藩是因奸臣「造誣飾詐」、羅織燕王罪名並匿其上書不報所致，罪責亦不在皇帝。之後又描述奸臣兵圍北平，企圖謀害燕王。相較於奸臣的步步進逼，文中將燕王塑造成謹守臣節的忠賢藩王，始終不願出兵對抗王師，一心只想向朝廷解釋其清白，最後之所以率軍赴京，也只為陳奸臣之罪，打算待其盡誅後即歸本藩；不料

图書館藏紅格鈔本微捲影印，1966），卷1，頁1。

[54] 《明仁宗實錄》，卷1，洪武二十八年閏九月壬午條，頁1-2。

[55] 仁宗在燕世子時期曾與建文帝關係良好的說法，有幾項資料可予佐證。如《奉天靖難記》、《明太宗實錄》、《明仁宗實錄》等文本都記載方孝孺曾於靖難戰爭期間獻計離間當時駐守北平的燕世子。雖然上述文本或言世子「見書怒」，或言世子未啟封即送呈成祖，企圖營造燕軍陣營父子一心的形象，但若非世子與建文帝有舊，朝廷應不會認為此計可行。《明仁宗實錄》尚有一段燕王次子朱高煦為奪嫡而構陷兄長串通建文朝廷的描述，在高煦說出「兄誠孝，但在太祖時果與太孫善也」一句時，成祖默而不答。這無疑顯示，不只是書中的成祖，連編纂實錄的官員，以及其所為代言的宣宗朝廷，也都默認此事屬實。參見〔明〕佚名撰，王崇武注，《奉天靖難記注》，卷3，頁330-331；《明太宗實錄》，卷8，三年七月戊戌條，頁100；《明仁宗實錄》，卷1上，頁3-4。

燕軍到時皇帝卻被「知罪不宥」的奸臣脅持自焚，欲救已不及。最後燕王被在京諸王與文武官員聯合挽留請為新君，遂在「懇辭孚獲」之下即位。[56]全文試圖同時維護建文帝和成祖兩方，將靖難戰爭爆發歸咎於奸臣的挑撥和欺瞞，與當初的興兵理由進行連結，一方面相當程度地緩解了成祖即位前後論述與表態上的矛盾，一方面亦使建文帝轉為中性甚至較為正面的形象。

　　由於仁宗曾接受太祖的教育和訓練，性格又與建文帝相近，故他對父親諸多背離太祖規制的作為深感不安，成祖好大喜功導致的政治弊端，也在在刺激其反思與改革之心。[57]對仁宗來說，登基後的首要之舉，就是整頓朝政，使之趨於公正清明，並將國家運作方向導回太祖時期的設計。於是他停止出洋、整頓吏治，[58]並計劃將國都遷回南京，其年號定為「洪熙」，實反映了對洪武之制的尊崇與依循。倘若將〈大明長陵神功聖德碑〉的寫作置於上述背景下檢視，便可知仁宗此舉等於將靖難歷史論述亦視為應「導回正軌」之項目，而在不動搖永樂政權統治合法性的前提下儘量予以調整。

　　然而，仁宗對靖難論述的調整亦到此為止。他只當了八個月皇帝便因病去世，留下許多未竟的改革事業，原本應在其任內完竣的《明

---

[56] 〔明〕明仁宗御撰，〈大明神功聖德之碑〉，收入〔明〕宋端儀，《立齋閒錄》，卷3，〈靖難錄〉，總頁642。原碑題名為「大明長陵神功聖德碑」，與《立齋閒錄》所列標題略有出入。

[57] 成祖為替自己奠定超越太祖的歷史地位，進行了很多大規模的建置與行動，耗費民力物力甚鉅，選用的官員亦多重行政才能而不拘品德，致使永樂年間吏治敗壞。而上述問題仁宗在永樂年間以皇太子身分監國時便已留意，並嘗試在自己職權範圍內進行有限度的調整與改革。參見朱鴻，《明成祖與永樂政治》（臺北：國立臺灣師範大學歷史研究所，1988），頁244-251；〈明永樂朝皇太子首度監國之研究〉，《國立臺灣師範大學歷史學報》，12（臺北，1984.6），頁95-98、101-105。

[58] 關於洪熙朝整頓吏治的理念及實施情況，參見朱鴻，〈明仁宣時期的懲治貪贓〉，收入中國明代研究學會編，《第一屆兩岸明史學術研討會論文集》（臺北：中國明代研究學會，1996），上冊，未標頁。該文指出，仁宗在推行懲貪政策的過程中提出「公道」的概念，認為整頓吏治不僅是基於恤民的理念，也是為了維護公道，追求政治上、官僚體系中的公義。從這個角度來看，仁宗上述主張或許也試圖實踐於其他改革永樂建置的行動，例如他對靖難歷史的再建構，可能就有在不動搖統治的前提下，追求歷史公道的意味在。

太宗實錄》，也轉由其子宣宗（朱瞻基，1399-1435，1425-1435在位）
負責。比起還都南京、回歸太祖舊制，宣宗君臣更關切的問題，是如
何維持與鞏固成祖一系統治，因此對成祖形象與歷史地位之塑造，成
為宣德朝廷的重要任務。仁宗的〈大明長陵神功聖德碑〉雖能調和成
祖與建文帝之間的矛盾，也能配合靖難戰時「誅討奸臣」的號召，但
卻與永樂年間成祖以《奉天靖難記》為主的一系列政治宣傳多有衝
突，若依循其說，成祖過去說詞的可信度將面臨質疑，永樂政權的統
治資格亦可能因而遭遇打擊。為避免此種情況，宣宗君臣遂再度嘗試
調整對靖難歷史的論述。

　　始纂於洪熙元年、完成於宣德五年（1430）的《明太宗實錄》，
可說是永樂正統論述的集大成之作，為當時官方相關說法作了最後的
調整與總結。為了維護成祖的地位與形象，宣宗君臣選擇回歸永樂朝
靖難論述的基調，避免口徑上與成祖產生明顯衝突。對他們而言，纂
修《明太宗實錄》不只是對前任帝王的歷史總結，更是解決政權合
法性問題、調和成祖與仁宗相關詮釋的要務。不少參與《明太宗實
錄》纂修的朝臣，如擔任監修的張輔（1375-1449）、夏原吉（1366-
1430），擔任總裁的楊士奇（1364-1444）、楊榮（1371-1440）、金幼
孜（1368-1432），都是歷經永樂、洪熙兩朝的元老級人物。上述六人
中，前五人都是宣德朝政治核心集團的成員，參與過不少重大政務的
決策工作，金幼孜則以出色的文才長期任職內閣，[59]他們對建文到宣
德這段期間的政治情況和歷史淵源瞭解甚深，也很清楚永樂以降朝廷
面臨的合法性問題。楊士奇、楊榮、金幼孜三人，都在永樂年間入值
內閣，是成祖秘書班子的核心成員，不但能參與機務，在皇帝面臨重
大決策時提供建議，成祖發布的詔令亦多由他們起草、潤飾。這些人
作為皇帝「文學侍從」最重要的任務之一，就是擔任主上的形象化妝
師，故在永樂年間，他們不僅參與《明太祖實錄》重修，也在特殊場

---

[59]　趙中男，〈明宣宗的政治核心集團及其形成〉，《北方論叢》，1991：1，頁12-15。

合應承君命撰寫讚頌詩文。[60]夏原吉則在永樂朝長期擔任戶部尚書，成祖為擺脫篡位陰影而進行的營建北京、六下西洋、五征漠北、遠伐安南、編纂叢書等巨大工程與活動，都是由他籌措經費並主持後勤供應的作業。[61]故這些人對成祖奪取「正統」和重塑歷史的想法不僅認知甚深，在執行和參與相關措施的過程中，應該也對這些論述內容的可能效益與缺陷有所瞭解。另一方面，仁宗〈大明長陵神功聖德碑〉雖有不少與永樂時說詞相左之處，然其對燕王「忠臣」形象的塑造，確實更有助於美化成祖的形象，並肯定其「靖難」之舉。《明太宗實錄》的編纂人員，遂結合上述二說，試圖將永樂朝建構的歷史論述「升級」為更加完美的版本。

　　《明太宗實錄》對靖難戰爭經過的描寫，大致承襲《奉天靖難記》，但與後者相較已刪去一些偽造跡象過於明顯的內容，用詞也較精簡、文雅，以符合官修正史的地位，同時又參酌〈大明長陵神功聖德碑〉之說，為成祖建立更正面的形象。[62]書中刪去對懿文太子諸多惡行及其誣陷燕王、挑撥兄弟的記載，僅言其偶有過失，及「以柔弱牽制文義，不稱太祖意」。[63]而對建文帝的抨擊雖仍嚴厲，大書其荒

---

[60] 為皇帝撰寫讚頌功德的詩文，本就是親信文臣的任務，像方孝孺也曾為建文帝寫下〈靈芝甘露論〉、〈郊祀頌〉、〈省躬殿銘〉等篇章。翻查楊士奇、楊榮、金幼孜等人文集，亦都有不少應制讚頌的詩文。這類文本誇張溢美的成分固然不少，但仍能看出作者（或主導創作者）企圖為歌頌對象塑造的形象。如楊榮、金幼孜都曾於永樂十九年慶祝北京營建完成的朝宴中，應詔寫作〈皇都大一統賦〉，歌頌此一「功業」；楊士奇的文集中，也留有〈白象賦〉、〈河清賦〉、〈甘露賦〉等作品，分別讚頌成祖對外邦、內政、武事的經營。參見〔明〕方孝孺撰，徐光大點校，《遜志齋集》，卷7，〈靈芝甘露論〉，頁211-212；〈郊祀頌〉，頁212-214；〈省躬殿銘〉，頁216-217；〔明〕楊榮，《兩京類稿》（臺北：國家圖書館藏明正統十三年建安楊氏家刊本），卷1，〈皇都大一統賦〉，頁1a-8b；〔明〕金幼孜，《金文靖公集》（臺北：國家圖書館藏明成化四年新淦金氏家刊本），卷6，〈皇都大一統賦〉，頁1a-5a；〔明〕楊士奇撰，劉伯涵、朱海點校，《東里文集》（北京：中華書局，1998），卷24，〈白象賦〉，頁355；〈河清賦〉，頁355-356；〈甘露賦〉，頁357-359。

[61] 朱鴻，〈奪國之後——六百年前大明帝國的政治公案〉，《歷史月刊》，199（臺北，2004.8），頁104-109；趙中男，〈明宣宗的政治核心集團及其形成〉，頁13。

[62] 關於《奉天靖難記》和《明太宗實錄》的內容，王崇武先生已於《奉天靖難記注》一書中作了逐字比較，在此僅略提二著於書法上較大的差異。

[63] 《明太宗實錄》，卷1，洪武三年乙丑條，頁2。

淫無道，但並未收錄《奉天靖難記》中那些過於誇張粗俗的描寫。而《明太宗實錄》中燕王對建文帝的態度，則較接近〈大明長陵神功聖德碑〉的敘述，由《奉天靖難記》的輕蔑，轉為忠誠、無謀叛之心，起兵前告諭軍民文書所指責的對象，也由建文帝變為其臣。[64]這些更動既有助於塑造成祖的正面形象，亦可與燕王興兵時「誅奸臣、清君側」的口號密切結合，使此一藉口更具說服力。[65]

值得注意的是，《明太宗實錄》對建文朝的紀年方式，已與永樂初的《奉天靖難記》有所不同。實錄在建文四年六月己巳成祖於奉天殿即位之後，才書以洪武年號，之前則僅去建文年號，稱元年、二年、三年、四年。[66]這項改變，或許正反映了宣宗君臣夾在太祖與成祖之間的窘迫處境，一方面認為將建文朝四年覆蓋於洪武朝的時間軸下，既不符合歷史事實，某種意義上也是對太祖的不敬，一方面又礙於成祖去建文年號並改建文四年為洪武三十五年的明令，以及維持成祖繼承太祖之統形象的考量，故採取此種折衷方式。然而此種紀年形式，卻讓萬曆以降接觸實錄文本的知識分子，逐漸產生一種誤解，認為成祖只是將建文四年改為洪武三十五年，並未削除建文年號，《明

---

[64] 王崇武將《奉天靖難記》與《明太宗實錄》所載燕王檄書兩相對照，發現內容截然不同，後者不僅將朝廷諸多「失政」轉而歸咎於「姦臣所為」，更聲稱誅除奸臣後即退守原藩。王崇武亦據此認為，這是欲實現奉天子密詔起兵討伐朝中奸臣的條文相照應。參見〔明〕佚名撰，王崇武注，《奉天靖難記注》，卷1，頁41-44；《明太宗實錄》，卷2，元年七月丁丑條，頁20-22。

[65] 王崇武在《明靖難史事考證稿》逐字對照了靖難時燕王上書的三種版本，分別收載於《燕王令旨》、《奉天靖難記》、《明太宗實錄》，其差異可能反映了該疏由原文到宣德朝靖難論述最終調整的變遷過程。前二篇內容較為相近，《奉天靖難記》版本比起《燕王令旨》已不再稱臣，用詞較為婉順，並刪除原本偽造的太祖特詔，以及索討為太祖侍病之宮人、醫官的要求。而《明太宗實錄》版本「與靖難記與令旨則完全不侔」，幾乎是被徹底重寫，文中澄清朝廷對其之指控，並再次轉而稱臣，對削藩敘述也較接近事實，不像前二者聲稱「（太祖崩）未及期年，誅滅殆盡」。可見《明太宗實錄》在塑造燕王與建文帝關係的部分，確實較傾向〈大明長陵神功聖德碑〉之說。參見王崇武，《明靖難史事考證稿》，頁8-18。

[66] 《明太宗實錄》中第一次以洪武年號紀建文年，是在建文四年六月己巳成祖登基之後的下一條記載，亦即六月庚午。當天成祖命五府六部將「建文中所改易洪武政令格條，悉復舊制」，「仍以洪武紀年，今年稱洪武三十五年」。己巳、庚午這二條記載雖屬同月，後者卻特別標以「洪武三十五年夏六月庚午」。參見《明太宗實錄》，卷9下，洪武三十五年夏六月庚午條，頁136。

太宗實錄》僅書其年不書其號的作法，則是實錄編纂者的自作主張。王崇武在其研究中已經指出上述見解的問題，並以《奉天靖難記》為據進行駁斥。[67]

　　除了「聖王」形象的建構，成祖也有意為己塑造「周公輔成王」的初衷，以證明其起兵非為奪權。此種宣傳早在靖難戰時已可見，嘉、萬年間史家王世貞（1526-1590）《弇山堂別集》載有燕王至南京城下射諭親王公主書，內有「如朝廷知我忠孝之心，能行成王故事，我當如周公輔佐，以安天下蒼生」等句。[68]前文也提過，成祖即位詔中有「庶幾周公輔成王之誼」一語。而《奉天靖難記》亦於洪武三十四年（1401，即建文三年）十一月乙酉條記載成祖以「待姦惡伏辜，吾行周公之事，以輔孺子，此吾之志」拒絕臣下的上表勸進；[69]攻下南京後，諸王及群臣請上尊號，書中仍以成祖「予始逼於難，誓救禍除患，以安天下，為伊、周之勳」之語強調其「周公輔成王」的初衷。[70]此一形象塑造也為《明太宗實錄》所承襲，書中的成祖無論在起兵初期或攻下南京之後，都曾有過以周公自喻的言論。[71]成祖對「周公輔成王」形象的強調，也深深影響後世對相關歷史的記憶。

　　至此，透過上述文本的編纂，永樂政權為奪取統治合法性而創造的新歷史論述已大致確立。當中用以建構或強化永樂正統的敘述，散布在各種於這段時期被篡改、抽調和編纂的文獻中，期望由此影響世

---

[67] 王崇武考察清人王鴻緒〈史例議下〉，發現明代著名學者王世貞、顧炎武都有此種認知，王鴻緒本人亦受此影響。王崇武根據《奉天靖難記》「明標洪武三十二、三、四、五年，而不作元、二、三、四年」的書寫方式，指出「永樂間修史，仍不用建文年號」，從而推知王世貞等人的認知並不符合事實。參見〔明〕佚名撰，王崇武注，《奉天靖難記注》，卷1，頁29-30。

[68] 〔明〕王世貞撰，魏連科點校，《弇山堂別集》（北京：中華書局，1985），卷88，〈詔令雜考四〉，頁1678。

[69] 〔明〕佚名撰，王崇武注，《奉天靖難記注》，卷3，頁169。

[70] 〔明〕佚名撰，王崇武注，《奉天靖難記注》，卷4，頁211。

[71] 如《明太宗實錄》於建文元年八月壬戌載有燕王「昔周公誅管、蔡三年，罪人乃得，今奸臣弄兵，謀危社稷，罪浮管、蔡，吾舉兵誅之」之語，記述建文四年六月丙寅諸王及文武群臣請燕王即位時，亦載其「予始逼於難，不得已以兵救禍，誓除奸以安宗社，為周公之勳」的拒絕之辭，與《奉天靖難記》記載近似。參見《明太宗實錄》，卷3，元年八月壬戌條，頁32-33；卷9下，四年六月丙寅條，頁131。

人對相關歷史的記憶與認知。詔書敕諭和《奉天靖難記》這類原本就被刻意發布、欲「咸使聞知」的文本自不待言，即使是實錄這種深藏宮中不傳於外的文獻，其內容還是可能對一般人產生影響。由於永樂年間的「革除」與查禁，後世對建文朝和靖難歷史的瞭解，很大程度上須仰賴官方發布或允許流傳的資料，而實錄不僅是國家級別最高且最具權威的歷史文獻，也是帝王及其重臣施政、官方編纂史書時的重要參考，其書雖秘藏禁中，但內容仍可能以各種形式向外傳布，如詔令、奏議，甚至是朝臣們的文集或筆記，故影響力不見得遜於其他能公開流傳的文獻。

靖難戰後各種述及靖難歷史的官方文本，無論是編纂或重修，其形成與變遷的歷程，實具有修正並統合永樂正統論述的用意，進而將重新建構好的「過去」透過官方文獻的修纂形諸文字。然而，無論此一扭曲歷史事實的工程進行得如何細膩，又是如何隨著時間變遷而不斷調整與修正，在永樂至宣德年間透過一系列措施與文獻建立的靖難歷史論述中，仍可看到修改的痕跡及未能處理的矛盾。當中有些矛盾可能隨著調整逐漸縮小，有些則可能與洪熙以降皇帝與朝臣的心理產生共鳴，從而成為往後困擾明代官方的歷史問題。

（四）無從修補、只能掩蓋的矛盾

為了奪取「正統」和「過去」，永樂政權積極從事對建文朝遺產、記錄與形象的革除與扭曲。然而，無論成祖建立自身統治合法性及正面形象的手段有多成功，其終結姪子建文帝統治並另建新政權的事實都不會改變。即使是「武王伐紂」這種已被儒家論述高度美化的行動，仍會遭致伯夷、叔齊的批評，而夷齊二老「義不食周粟」餓死在首陽山的故事，也一直受到世人盛讚。換言之，就算為自己塑造出極其美善的道德形象，燕王朱棣透過「靖難」以叔代姪的行為本身，就足以成為其正統論述的白璧之瑕，使之無法擺脫「篡位」的陰影。也因此，建文朝及建文君臣的歷史地位逐漸成為朝廷不願討論的問題。

永樂以降採取的「隱沒」手段，是從「革除」的基礎上發展而來。成祖雷厲風行的查禁行動和株連甚廣的政治迫害，使民間很難再發出與官方論述相左的聲音，許多可供時人探究或回憶的記錄、檔案與文學作品亦在該段期間被銷毀。上述情況頗利於官方對世人記憶的再塑：先讓人們隨著時間流逝淡忘對建文朝的原有記憶，再將重新建構好的歷史記憶填入這片空白，或者就讓此種空白持續下去，不再予以填充或改造，如此也可減少相關論述彼此矛盾的情況。基於這樣的理由，除了在永樂年間被改回洪武舊制的部分，建文朝的治績建樹在歷經革除後，多未在官方文獻中被提及，《奉天靖難記》和《明太宗實錄》等文本對建文朝的敘述亦以虛構居多，除去涉及論述調整的層面，其實少有改寫或重新記錄者。事實上，由於相關文獻皆以成祖角度書寫，故對建文朝歷史的敘述主要集中於靖難戰事的發展，建文朝政運作狀況除卻對新君昏庸無道、荒廢國事的描寫，幾乎一片空白。畢竟，在必須清楚交代成祖得位過程的情況下，無論如何建構論述，都無法迴避建文朝及其君臣的存在，史冊裡終將留下他們白紙黑字的痕跡，因此在修纂官史之時塑造一個模糊的敘述空間，其實亦是相對安全的選擇。

有時「革除」手段也帶有「隱沒」的意涵與目的，成祖去建文年號便是一例。他不願承認建文政權的合法性，將建文帝統治大明帝國的四年全改以「洪武」紀年，等於把建文朝歷史掩蓋在太祖統治期的時間軸下。即使有關建文朝及建文君臣的記載，礙於中國王朝歷史書寫傳統及取得即位正當性的需要，無法輕易從史書中抹除，但透過「改以洪武紀年」的方式，將建文朝從人們粗略歷史認知、記憶乃至時間概念中抽離，似乎也不再是件不可能的任務。[72]

---

[72] 萬曆時已有人指出，改建文四年為洪武紀年之舉，實有消除該段歷史痕跡的意味。如萬曆二十三年，禮部覆議禮科給事中楊天民等人恢復建文年號的奏請時，就有「夫革除云者，欲後世不復知有建文耳」之言，更以「今歷年二百，歷世十葉，靡不知有建文君者」表示此舉並未成功。然而，將建文朝歷史掩於洪武朝時間軸下的作法，似乎確實讓人們對建文帝統治時間的認知產生混淆，近年學者謝貴安便舉弘

隨著永樂正統與靖難歷史論述逐步建構成型，「隱沒」原則越發成為當政者傾向採取的態度。畢竟對相關議題做過多討論，可能反倒凸顯建文問題對永樂政權的威脅性，不啻欲蓋彌彰。雖然永樂初年成祖常在下令或討論政事時借題發揮，批評建文時政，[73]但到了後期，除了於重要官員去世或致仕時交代其生平，《明太宗實錄》已很少談及建文時事，遑論有關建文君臣之議題。較為突出的例外，是永樂十四年（1416）七月蜀王朱椿（1371-1423）秘密奏報其同母兄谷王朱橞（1379-1428）七項不軌行徑，其中一項就是對外謊稱建文帝未死且居於其所。實錄對此案之記載有兩點微妙之處：首先，谷王府隨侍都督和皇太子等人，過去都曾奏報朱橞有不臣之心，但成祖的反應不是自認待諸藩甚厚而不予採信，就是猶豫不決，直到蜀王將建文帝事連同其他罪狀上報，才有所處置；其次，谷王先前亦曾邀約蜀王參與謀議，蜀王雖嚴詞拒絕卻從未舉發，直到聽聞建文帝事後才決定上奏。[74]纂修《明太宗實錄》的官員，將謊稱建文帝在生並以收容其人

治時楊循吉謂建文帝「建帝稱號者三年」、萬曆時黃啟龍稱建文帝有「五年正朔」等例，證明「革除」對人們相關歷史認知確有影響。不過，明人著述中稱建文帝臨御四或五載的差異，有時不見得是成祖將這四年改以洪武紀年造成的認知錯亂，若將太祖崩逝、建文帝繼位的洪武三十一年包括在內，以較不精準的角度來看，稱後者曾統有大明五年似乎也不算錯。參見〔明〕顧秉謙等撰，《明神宗實錄》（臺北：中央研究院歷史語言研究所，據北平圖書館藏紅格鈔本微捲影印，1966），卷289，萬曆二十三年九月乙酉條，頁5356；卷463，萬曆三十七年十月壬申條，頁8742；〔明〕李東陽等撰，《明孝宗實錄》（臺北：中央研究院歷史語言研究所，據北平圖書館藏紅格鈔本微捲影印，1966），卷149，弘治十二年四月乙巳條，頁2630-2631；謝貴安，〈試論明實錄對建文帝的態度及其變化〉，頁32。

[73] 如永樂二年敕諭流徙潭州之民返回原鄉時，提到：「昔太祖皇帝設三萬衛，所以安養軍民，欲令老少各得其所。建文時差役困苦，爾等不得已流寓潭州。」永樂三年亦曾批評建文以來「學校廢弛，所司又不督勵，虛縻廩祿」。永樂九年命兵部榜諭地方遵守法度時，又謂尚書方賓等曰：「建文時賦役繁重，兩江、廣西、福建多有嘯聚作亂，為害鄉里。」參見《明太宗實錄》，卷33，永樂二年八月庚辰條，頁586；卷45，永樂三年八月己巳條，頁703；卷112，永樂九年正月甲子條，頁1429-1430。

[74] 《明太宗實錄》，卷178，永樂十四年七月辛亥條，頁1942-1944。事實上，以成祖猜忌的性格，不太可能在聽聞奏報後不予相信、不作處置，會如此描述應是為了塑造其寬仁友愛的形象。根據實錄記載，谷王朱橞最後被廢為庶人，但中間還經過成祖遣使敕諭、召其入京究問卻又免除死罪、楚王朱楨等人各自上書勸諫成祖勿以情廢法而應嚴懲朱橞等事件。之所以安插這些枝節，自然也是為了凸顯成祖的不

為聚眾號召,描寫為谷王遭受舉發和處置的關鍵罪狀,不僅顯示相關議題在永樂時期挑動朝廷敏感神經的程度,也反映宣德年間仍將相關議題視作禁忌的氛圍。

此外,永樂至宣德年間建立的靖難論述,雖屢經調整,但仍存在不少矛盾,強調永樂正統的成效亦有其侷限性。既然永樂政權的統治經過二十多年已逐漸穩固,或許對相關問題避而不談,反而能更快擺脫建文朝的陰影。仁宗對永樂建置及靖難論述的態度及相關調整,可能也對宣宗君臣產生了影響,使他們對「太宗」與「建文君」之間的問題抱持矛盾的心情,自此沉默似乎也成為一種選擇。不過,永樂晚期和宣德年間對相關問題的沉默,並不見得代表朝廷態度的冷漠,而更應視為一種謹慎。對宣宗而言,「建文問題」的棘手之處,不僅在於對成祖一脈統治資格的潛在威脅,也在於成祖和仁宗應對此問題之策略與態度的差異,讓身為兒孫的他左右為難。宣宗自幼便深受祖父喜愛,被成祖帶在身邊親自培育,[75]故在行事、思考等方面都更近似祖父。繼位之後,對於仁宗改革永樂建置、回歸洪武舊制的未竟事業,宣宗大多能予以承續,但在還都南京和靖難論述兩方面,即使明白父親的規劃有其道理,卻仍因上述二者牽涉祖父歷史地位的問題而陷入兩難。所以宣宗才會像對待還都問題時一樣,對靖難歷史議題採取沉默和「拖」字訣的策略,[76]期待時間能為自己解決此一難題,也期待人們的遺忘能使「太宗」與「建文君」之間的矛盾隨之泯除。

明代官方對建文朝和靖難歷史的論述,經永樂、洪熙、宣德三朝的發展和調整,其內容已大致底定。雖然永樂政權希望利用新建構的

忍和谷王的罪有應得。參見《明太宗實錄》,卷179,永樂十四年八月戊寅條,頁1951;卷181,永樂十四年十月癸未條,頁1960;卷184,永樂十五年正月甲辰條,頁1979;卷185,永樂十五年二月癸亥條,頁1982-1983。

[75] 〔明〕楊士奇等撰,《明宣宗實錄》(臺北:中央研究院歷史語言研究所,據北平圖書館藏紅格鈔本微捲影印,1966),卷1,頁2-6。

[76] 關於宣宗與父祖的關係、其即位後對仁宗改革事業的繼承,以及過程中遭遇的兩難與因應態度,參見朱鴻,〈心慊慊而乖違——論明宣宗從「好聖孫」到「好」聖孫的轉變〉,《鴻禧文物》,3(臺北,1998.3),頁93-112。

歷史，取代人們心中對該段時期的記憶與認知，但這套論述實有不少矛盾與空白之處，不見得能說服宣傳對象。在此同時，永樂年間的革除與文禁，其實亦沒能阻止民間對固有記憶的保存和延續，隨著洪熙以降政治禁制逐漸鬆動，這些記憶也慢慢浮上檯面，與官方論述展開了一連串的競爭與互動。

第二節　民間記憶的延續與強化

　　從首開議題的哈布瓦赫開始，社會學研究對「集體記憶」的討論，就強調其為社會所建構、深受時代影響的性質。集體記憶也並非群體成員自然擁有或必然承載的「對於過往的認知」，而是經由「再現」之過程，將過去經驗「意義化」、「象徵化」的產物。[77]不過，有些學者也注意到集體記憶具有歷史延續性，對「過去」的認知往往受到固有事實基礎與種種條件的限制，而難以憑空捏造或任意形塑。[78]縱使集體記憶常被視為有助於建立認同、動員支持、爭奪權力的一種象徵資源，而成為政治勢力企圖操弄的對象，但其成效卻未必能盡如人意。以武力終結建文政權、取得帝位的明成祖，固然掌握了歷史的解釋權，並運用自身權力進行一連串措施，企圖建立一套對「過去」的新論述，為自己塑造正面形象與統治合法性，然而隨著時間流逝，人們對建文朝和靖難戰爭的記憶，卻轉往與其預期相反的方

---

[77] 蕭阿勤，《回歸現實：臺灣一九七○年代的戰後世代與文化政治變遷》，頁54。

[78] 此種論點可說是對「集體記憶為社會建構產物」觀點的一種補充。史瓦茲（Barry Schwartz）對美國歷史人物記憶的研究，以及舒德森（Michael Schudson）對集體記憶的討論，都指出人們對「過去」的認知與當代情境之間其實是雙向影響的關係，前者之形塑也並不完全受到現實權力與利益的支配。參見Barry Schwartz, "The Reconstruction of Abraham Lincoln, 1865-1920," in David Middleton and Derek Edwards eds., *Collective Remembering* (London: Sage, 1990), pp. 81-107; Michael Schudson, *Watergate in American Memory: How We Remember, Forget, and Reconstruct the Past* (New York: Basoc Books, 1992). 相關研究之回顧與討論，亦可見蕭阿勤，〈集體記憶理論的檢討：解剖者、拯救者，與一種民主觀點〉，《思與言》，35：1（臺北，1997），頁265-274。

向，不僅較接近實際的歷史發展，也較同情並正面評價建文君臣。這正反映了集體記憶的延續性，以及政治力在介入歷史記憶形塑過程中可能面臨的阻力。

民間對建文朝的歷史記憶，雖然在官方的禁制與打壓下轉為潛流，但政治整肅帶來的衝擊與傷痛，卻也成為承續相關記憶的重要動力。正因為被賦予和現實處境相關的意義，經歷戰爭與整肅的倖存者，以及死難者的親屬故舊，才會試圖在政治禁忌的陰影下私相傳述此類故事，建文忠臣的死難事蹟，亦因而躍為明人對建文朝歷史記憶的主要內容。在查禁較嚴的永樂時期，人們可能藉由口述或較為簡略、模糊的記載，傳承源於自身體驗與見聞的當代記憶；而在成祖死後，官方限制漸寬，書寫和祭祀、補輯文稿等紀念行為開始取代口傳，成為延續和強化相關記憶的主要途徑，口述記憶也因形諸文字而獲得更廣泛、深遠的影響力。藉由上述方式，民間對建文朝的舊有記憶不僅得以保存，更在此一過程中不斷被強化，逐漸具有足以影響朝廷態度、與官方論述進行互動的力量和規模，纂修建文朝史的倡議與嘗試也乘勢而起。

（一）如履薄冰的初期紀念行為

靖難戰爭結束後，許多被新政權開列為「奸臣」的朝臣在整肅中死難，不少忠於建文朝廷的官員亦選擇自殺一途。但事實上，無論是中央或地方，戰後繼續為永樂政權服務的官員仍佔大多數，成祖本人也拔擢了許多建文年間便已任職的官員，讓他們從地方、基層人員或佐貳官一躍成為天子近臣或單位首長。[79]從現存史料來看，靖難戰後迎降成祖並成為其「文學侍從之臣」的江西吉安士人，應是最早留下

---

[79] 朱鴻曾分析永樂朝「日以共圖政理」之重臣，即六部尚書與翰林學士，指出這些人主要以建文年間居官地方或靖難戰後叩馬迎付的建文朝臣為多，藩邸舊人及其起兵前後歸附者所佔比例反而很低。這除了反映政治立場實為成祖用人之重要考量，也帶有安撫人心的用意。參見朱鴻，《明成祖與永樂政治》（臺北：國立臺灣師範大學歷史研究所，1988），頁141-174。

有關建文朝相關記載的一群人，其記載主要是傳記、墓誌銘、悼詩等紀念個人性質的文本，並以他們在靖難戰爭期間或戰後選擇自殺，而未與成祖直接衝突的同鄉故舊為對象。這類文字大多迴避了戰爭的經過和戰後慘烈的政治整肅，也未明確指出傳主的死因，採用此種寫作方式的原因，除了避免觸犯政治禁忌，或許也反映了作者們身為「新朝之臣」的矛盾心理。

　　在靖難戰後的政權轉換時期，江西士人的角色其實相當微妙：由於地緣及經濟、文化發展上的淵源，江西在明初的政治與經濟境遇與江南頗為接近，導致兩地士人在政治傾向上的相似性，此二地加上建文政權在擢用人才時最重視的浙東地區，也成為壬午殉難期間死難人數最多的地區；不過江西士人在建文朝廷擔任高官者較少，於政權轉換過程中的抵抗亦不及另兩地激烈，[80]故成祖即位後刻意拔擢資歷較淺或尚未進入中央官僚體系的江西士人，實可與其對江南、浙東的嚴厲整肅相互對照，兩者差異也反映永樂政權在嘗試掃除前朝陰影、消弭反抗的過程中，所採手段之多樣與靈活。另一方面，江西吉安地區的士人，在明初亦已透過聯姻、從學等互動，於當地建立龐大而複雜的人際網絡；[81]這些彼此間存在親友、同鄉、同僚等多重關係與情誼

---

[80] 如鄭克晟認為明代江西士大夫在政治上有許多見解與江南士大夫相同，即與同受「重賦」待遇有關，這也影響到日後的政爭發展。曾繁全、王家範等人亦注意到洪武年間在經濟和任官方面對江南、江西士人的防範與限制，以及建文時對兩地士人的重新重用，並指出兩地士人對建文政權的支持，實有其政治與經濟背景，其中江南士人（鄭克晟似乎將浙東也納入廣義的「江南」範圍，故將方孝孺為首的浙東學派算作「江南士人」）的態度更涉及學術思想與政治理念的層面，且建文改制對當地影響也較江西為深，使他們對朱棣篡位的抵抗較江西更激烈，遭遇的整肅規模也更大。參見鄭克晟，〈明代贛西重賦與江南士大夫〉，收入《第二屆明清史國際學術討論會論文集》（天津：天津人民出版社，1993），頁247-261；王家範、程念祺，〈論明初對洪武政治的批評──方孝孺的政治理想與建文帝的政策改革〉，《史林》，1994：3，頁5-7轉33；曾繁全，〈明代江西士大夫群體──以永樂至景泰時期為中心〉（上海：華東師範大學碩士學位論文，2010），頁9-12。

[81] 美國學者達第斯（John Dardess）曾著書討論明代江西吉安府泰和縣地方家族與中央政治的關係，指出當地世家大族透過對家族、產業與人際網絡的經營，在明代前期的歷屆科舉中取得顯著成功，持續其地方政治與文化精英的地位，並在靖難戰後取得擢升機會後，迅速地在朝中形成勢力，而這股勢力亦積極投入對家族和鄉里人際網絡的持續經營，形成兩者相輔相成的情況。達第斯對明代泰和士人著述的分

的士人，卻在面對靖難戰後的政治抉擇時，走上不同的道路。對死者的悼念，亦成為生者抒發對世變之感慨，並據以自處的一種方式。

　　墓誌銘、傳記等紀念文體的寫作，在明初文人圈內已相當盛行，頗能反映士大夫的交遊網絡。而在吉安府這個世家大族林立，並透過聯姻、從學等多種方式彼此建立關係以維持家族勢力的地區，此種書寫活動甚至已經成為習以為常且必要的社交手段。靖難戰後之降臣為殉難故舊撰文以茲紀念，應該也是基於此種風氣。目前已知完成於永樂年間的相關文本其實頗為稀少，而解縉為周是修（名德，以字行，1354-1402）撰寫的墓誌銘，是較常被提及的一例。周是修出身江西吉安府泰和縣，與同為吉安府人並在永樂年間由成祖簡入內閣的解縉、胡廣（1369-1418）、楊士奇、梁潛（1356-1418）等人，不但兼具同鄉和同僚之誼（參見下頁表1-1），而且交情密切。根據楊士奇於宣德年間所作之傳，周是修在建文年間以衡王府紀善預翰林修撰，南京城破、建文帝焚宮之後，他拜別幾位同在南京任職的同鄉好友並託以後事，自縊於應天府學；而這些受託者當中的解縉、胡廣、蕭用道，以及永樂元年才由外官被召入京的梁潛，都為其撰寫了哀悼或紀念的篇章。[82]

析，以及林家維對正統、景泰朝吏部尚書王直（永樂二年進士）的研究亦皆指出，明代前期進入縣學、高中科舉的當地精英，不僅多出自地方大族，且彼此都有人際方面的聯繫。參見John Dardess, *A Ming Society: T'ai-ho County, Kiangsi, Fourteenth to Seventeenth Centuries* (Berkerly & Los Angeles & London: University of California Press, 1996). 林家維，〈明代王直（1379-1462）研究〉（臺北：國立臺灣師範大學歷史學系碩士論文，2017）。

[82] 原文為：「是修卒年四十有九，時解、胡、蕭、梁皆見諸文字。」考察傳中所記周氏自縊前託付後事的友人名單（江仲隆、解縉、胡廣、蕭用道、楊士奇）及其生平舉薦人才的描述，可大致推知此四人便是解縉、胡廣、蕭用道和梁潛。梁潛未在託付之人中，應是因為他當時仍在外地為官，直到永樂元年才被召入翰林，參與《明太祖實錄》重修。據楊士奇所述，梁潛踏入仕途正是由於周是修的舉薦，同鄉之誼加上薦舉之恩，或許就是未被託以後事的梁潛，也為周氏撰寫紀念文字的原因。參見〔明〕楊士奇撰，劉伯涵、朱海點校，《東里文集》，卷22，〈周是修傳〉，頁331-332。

表1-1　永樂朝內閣輔臣生卒、籍貫、入仕管道、建文年間官職一覽表[83]

姓名	生卒年	籍貫	入仕管道	建文年間官職
楊士奇	1364-1444	江西省吉安府泰和縣	王叔英舉薦	翰林院編修、吳王府審理副
梁潛	1356-1418	江西省吉安府泰和縣	洪武末舉鄉試授四川蒼溪訓導後以薦除知四會縣	歷知四會、陽江、陽春三縣
解縉	1369-1415	江西省吉安府吉水縣	洪武廿一年戊辰科進士	遭貶為河州衛吏後召回為翰林侍詔
胡廣	1369-1418	江西省吉安府吉水縣	建文二年庚辰科狀元	翰林院修撰
胡儼	1361-1443	江西省南昌府南昌縣	洪武年間舉鄉試授華亭教諭建文末練子寧舉薦入京	到南京時燕王渡江
金幼孜	1368-1432	江西省臨江府新淦縣	建文二年庚辰科進士	戶科給事中
黃淮	1367-1449	浙江省溫州府永嘉縣	洪武三十年丁丑科進士	中書舍人
楊榮	1371-1440	福建省建寧府建安縣	建文二年庚辰科進士	翰林院編修

資料來源：《明太宗實錄》，卷10上，洪武三十五年七月乙酉條、丙戌條、辛卯條、己亥條，頁154、156、158、166；《明史》，卷152，〈列傳第四十‧梁潛〉，頁4191-4192。

　　值得注意的是，這些文章都未收入──雖然多為後人集結出版，而非作者親自纂輯──作者的文集內。即使是解縉撰寫的墓誌銘，也是因後世出版周氏文集《芻蕘集》時一併收入，才得為今人所見。該文是周是修遺體歸葬之時，解縉為題銘其墓而作，並交予其子周轅帶回故鄉。全文先由周氏的著作談起，並特別提及了「集忠貞小傳

---

[83] 表內籍貫之標示，以明代行政區劃為準。由本表亦可看出，永樂年間為成祖簡入內閣的八位文臣中，就有六位是江西籍士人，而出身吉安者更佔了半數（見黑、灰格部分）。而黑、灰格部分同時也是曾為建文殉臣寫作紀念文章者，灰格為永樂年間寫作者，黑格為宣德以降寫作者。

為《觀感錄》一卷、《綱常懿範》十二卷」這類標榜忠節的著述，進而稱頌這些文字「其皆非苟」，並以此作為對應，帶出其人「顏色整齊，如廩秋峻壁；語言真確，如利刃霜鍔」的特質，認為其生平作為「無一不酬其言者，非泛然矜名譽、事著述、為文辭比也」。以上敘述明確肯定了周是修的道德，並藉著述與人格的對應，暗示周氏是為實踐其重視的忠節精神而死，文末銘文甚至書以：「已乎是修！不辱廬陵。已乎是修！」顯然將其視為故鄉吉安府的驕傲。然而，這篇文章對周是修殉難的描述也就僅止於此，文章接著敘述的周氏生平，就只書寫至洪武年間，全然未及建文時事，且僅以「周是修死京師」一句交代其死亡，對靖難戰爭亦隻字未提。[84]周是修紀念文字於各作者文集中的缺席，及解縉所撰墓誌銘的含糊不清，或許正足以反映永樂年間政治整肅嚴酷、人人自危的情況。

江西士人在靖難戰爭期間，給予建文政權較多支持，朝廷也曾於戰爭後期派員至當地招募民兵勤王，[85]甚至在政權翻轉之後，仍有士人拒絕效忠新政權而選擇自殺，這些情況皆導致成祖對該地的忌疑心態，故一方面透過拔擢江西士人攏絡人心，一方面亦不放鬆對當地的整肅與控制。例如胡廣曾於永樂十四年回故鄉吉水奔母喪，還朝時成祖問及地方百姓，胡廣便對以「百姓安，獨郡縣窮治姦惡外親，蔓延為害」的回覆，[86]顯示當時這些迎降士人的原鄉，仍有許多人因為和列名「姦黨」的建文朝臣有關，而遭受迫害。這種氛圍甚至可能造成

---

[84] 〔明〕解縉，〈周是修墓誌銘〉，收入〔明〕周是修，《芻蕘集》（收入《景印文淵閣四庫全書》，第1236冊，臺北：臺灣商務印書館，據國立故宮博物院藏本影印，1986），卷6，頁61a-61b。另外，解縉銘文中的「廬陵」二字，是以古地名來指稱吉安地區，而非指稱當時吉安府轄下的廬陵縣。

[85] 王崇武，《明靖難史事考證稿》，頁88-89。

[86] 《明太宗實錄》，卷200，永樂十六年五月丁巳條，頁2085。此記載是在永樂十六年大學士胡廣去世時，為追述其生平而提及：「（廣）嘗奔母喪還朝，上問百姓所若，對曰：『百姓安，獨郡縣窮治姦惡外親，蔓延為害。』上立命罷之。」雷禮《國朝列卿記》考證胡廣奔母喪發生在永樂十四年，可見永樂政權在地方上進行的搜捕行動和政治整肅，直到當時都還持續。參見〔明〕雷禮《國朝列卿記》（臺北：文海出版社，據明萬曆間刊本影印，1984），卷9，〈內閣大學士行實〉，頁27b。

地方社會對此類家族的侵害，如葉盛（1420-1470）《水東日記》便記有一則聽聞自徐有貞（1408?-1473）的故事，描述出身吉水大族的錢習禮（1373-1461）因與建文殉臣練子寧（名安，以字行，1359-1402）聯姻，使其家族在地方上屢受鄉人脅迫，也絲毫不敢吭聲，直到錢習禮請楊榮代為陳情，成祖才下令禁止當地繼續迫害之。[87]

　　事實上，不只江西士人，許多建文年間便已出仕，並在戰後繼續服務新政權的他籍官員，也都身處此種陰影之下。如出身四川的吏部尚書蹇義（1363-1435）曾因上言保留建文改制中合於時宜者，而被誣以「不忘建文」的罪名。[88]第一節也提到，原籍浙江台州府臨海縣（與方孝孺同出一府）、曾參與建文朝《太祖實錄》修纂的南昌知府葉惠仲，於永樂年間遭凌遲處死；與方孝孺同出一邑（台州府寧海縣）的庶吉士章樸，更因私藏方孝孺文集，遭同事密告而被殺。

　　在上述情況下，與建文殉臣——雖然周是修並未像方孝孺、練子寧一般名列官方所謂的「姦黨」——私交深厚的解縉等人，勢必得

---

[87] 〔明〕葉盛，《水東日記》（北京：中華書局，1980），卷14，〈耽犁手卷〉，頁144。據葉盛所言，他從徐有貞處聽聞此故事時，後者似乎還在擔任翰林院侍講。根據《明實錄》，徐有貞是在正統十二年至景泰四年期間擔任該職，葉盛在正統十二年至十四年這段期間擔任兵科給事中，之後則一度外派，直到天順二年才返京，當時徐有貞已遭石亨構陷，押發雲南金齒衛，此後二人再無因職務之便來往的機會。故葉盛很可能是在正統晚期聽說此故事，也代表相關傳聞最遲在正統年間就已出現。參見《明英宗實錄》，卷152，正統十二年四月戊午條，頁2989；卷185，正統十四年十一月乙未條，頁3695；卷234，〈廢帝郕戾王附錄第五十二〉，景泰四年十月甲午，頁5108；卷290，天順二年四月丁卯條，頁6195。另外，吉水縣人倚恃「窮治姦黨」的政治氛圍，威脅當地頗有勢力的建文殉臣姻族，此一現象似乎也可從吉安府境內社會風氣與家族經營傾向的角度來理解。達第斯對泰和縣地方社會與文人社群的研究指出，當地家族往往會試圖擺脫勢力較弱者，甚至撇開道義責任侵奪他人財產，而當地士大夫對故鄉的讚頌及對鄉里事務的參與，也成為一種防止家族勢力向下流動的手段。至於錢習禮這起個案所反映的究竟只是地方家族的現實態度，還是也牽涉到地方社會的權力或利益爭奪，或許值得進一步探究。參見John Dardess, *A Ming Society: T'ai-ho County, Kiangsi, Fourteenth to Seventeen Centuries*.

[88] 〔明〕楊士奇撰，劉伯涵、朱海點校，《東里文集》，卷19，〈故少師吏部尚書贈特進光祿大夫太師諡忠定蹇公墓誌銘〉，頁278：「時政令制度有非洪武之舊者，詔悉復之，公從容上言：『損益貴適時宜。』間舉數事陳說本末，文皇帝以公忠實，悉從其言。小人有譖公不忘建文者，賴上聖明不聽。」原文本意在凸顯成祖對蹇義的信任與重視，但此事亦反映當時「不忘建文」也能成為一種陷人於罪的名目。

謹言慎行，以免罹禍。就連仁宗以皇太子身分監國時期，詢問解縉對「建文所用諸人」的看法時，他也只回道：「此皆洪武中人才，往事不足論已。」[89]既強調這些人是「洪武中人才」，又以「往事不足論」為由含糊帶過，可見其面對此議題時的小心翼翼。只是，即使解縉避過持續至永樂中期的整肅，未於迎降之後再遭清算，最後仍被捲入成祖繼承人選的政治鬥爭中，因漢王朱高煦（1380-1426）的誣陷而身陷囹圄、死於非命。同為永樂年間江西閣臣的梁潛也與他一樣，在成祖對太子的猜忌下遭受牽連而喪命。

從永樂初年「窮治姦黨」的政治清算，到中晚期因成祖猜忌太子、漢王陰謀奪嫡而導致的各種株連，成祖喜怒無常、翻臉無情的性格，[90]應使得這些伴隨駕前的文學侍從之臣如履薄冰，以免一己言行落人話柄，成為「罪證」。另外，前文也提到，這些由成祖簡入內閣的文臣，本身就有為成祖妝點形象、營造統治合法性的職責。礙於職責，他們本就難以直書建文朝與靖難時事，以免危及成祖的政治形象與統治合法性，遑論這些內容又是其主逆鱗所在。因此，紀念殉難故舊之文字在這些官員文集中的缺席，以及現存敘述的含糊不清，都成了可以理解之事。

即使如此，解縉等人的寫作，終究達到了作為紀念文字所應有的目標——提供死者親屬一個紀念和彰顯先人道德學養的憑據，也讓作者得以抒發對故舊的懷念與哀悼。縱然此類文本未能對建文朝漸為官方所掩沒的歷史留下具體資訊，但已經肯定了周是修等殉臣們的品行道德，為他們日後忠臣形象的深化與歷史評價的翻盤奠定基礎。而隨著成祖崩逝，有關建文朝的政治禁忌略見鬆弛，如楊士奇這類於

89　〔明〕楊士奇撰，劉伯涵、朱海點校，《東里文集》，卷17，〈前朝列大夫交阯布政司右參議解公墓碣銘〉，頁256-257。

90　朱鴻曾分析明成祖的性格特質及其對永樂政治的影響，認為成祖暴躁易怒、疑心病重、剛愎自用的個性不僅導致許多官員受害，更使朝臣往往必須以委婉、間接甚至阿諛的方式勸諫，或只能唯唯諾諾，以君命是從。參見朱鴻，《明成祖與永樂政治》，頁181-183。

宣德、正統時期躍升為朝廷重臣的江西籍閣臣，便有了更多紀念故友和敘述建文時事的空間，甚至可能因身分地位的改變和政治經歷的積累，而獲得其他足以策略性發展相關論述的資源。

（二）楊士奇於宣德以降的紀念行為

隨著成祖去世後禁制漸解，宣德以降關於建文殉臣的書寫活動，不再僅以紀念故友、撫慰遺族為目的，在官方扭曲歷史的情況下保留當代記憶、挽救殉臣形象也成為紀念者努力的方向，故原與成祖對立而被打為「奸臣」的殉臣，亦成為被記錄的對象。往後的紀念文字，除了稱頌殉臣的道德學養，也開始凸顯過往相對諱言的「忠」，使之成為他們最重要的人格特質。楊士奇便是當時投入較多心力者，他以戰後降臣與殉臣故舊的雙重身分，盡可能調和兩者衝突，同時維護和再塑雙方的正面形象。

楊士奇，號東里，諡文貞，江西吉安府泰和縣人。他除了與周是修有同鄉、同僚和多年知交的關係，並成為周氏自盡前託付後事的對象之一，也與其他自殺殉難的建文朝臣頗有淵源。楊氏本身並非由科舉管道出仕，而是於建文年間受時為翰林修撰、靖難戰後自殺的王叔英（?-1402）舉薦，被召入翰林擔任《太祖實錄》纂修官；而他和後來同樣成為建文殉臣的顏伯瑋（名瑰，以字行，1352?-1402，江西吉安府廬陵縣人）亦有同鄉關係。雖然楊士奇未如解縉、胡廣等人那樣，於永樂年間便為殉難故舊撰寫紀念篇章，但在經歷三、四十年的歲月後，宣德、正統年間的他，已從昔日成祖秘書班子中的一員，躍升為繼任君主所倚重的元老大臣，[91]地位既非永樂時期所能比擬，所受的

---

[91] 根據朱鴻的研究，永樂年間由成祖簡入內閣，成為其私人秘書及顧問，草擬詔敕、參與機務的官員中，最受賞識者為楊榮，楊士奇的地位則較為次要，受重視程度也不及解縉、胡廣、金幼孜等人。趙中男的研究也指出，楊士奇是在宣宗時才超越楊榮，取得首席重臣的地位。到了正統年間，楊士奇更在太皇太后張氏（仁宗之后）的支持下，與楊榮、楊溥同任輔政大臣，共同推動正統初年朝政。參見朱鴻，《明成祖與永樂政治》，頁164-174；〈三「楊」開泰？：明英宗正統初期的內閣政治〉，頁1-27；趙中男，〈明宣宗的政治核心集團及其形成〉，頁12-15。

限制亦已較少，使他能充分利用現有資源，消解相關書寫與紀念可能帶來的質疑和風險，也使其行動具有更大的空間與影響力。

宋代以降，江西吉安地區便不斷透過鄉賢崇拜，將地方認同與「忠」的道德價值相互強化，「好文學而尚節義」成為吉安士人極力標榜的地方形象，文天祥（1236-1283）等出身該地的「忠臣」形象，亦透過當地士人的崇祀、仿效與事蹟傳衍而不斷深化。[92]而在靖難戰後史稱「壬午殉難」的政治整肅與自殺潮中，出身吉安之殉臣幾乎都以自殺表明不願屈從篡位者的意志，沒有一人是因為在新政權的整肅中罹禍，而毫無選擇餘地地死去；與楊士奇有故舊之誼的周是修、顏伯瑋，亦皆在其列（參見附錄三）。這也證明上述標榜並非只是空泛聲稱，而確實在當地形成一定影響；由吉安地區對節義精神的重視，亦能理解當初解縉為周是修寫下的墓銘「已乎是修，不辱廬陵」，的確與後者一死以盡臣節的抉擇有關。就連在靖難戰後選擇迎降的楊士奇本人，也非常重視故里推崇的忠烈鄉賢，不僅收藏文天祥遺著和相關傳記並為之作跋，更曾在宣德年間為北京文丞相祠的重修撰寫碑記。[93]如此的地緣與人際淵源，應也是他無法漠視舊友以身殉難，而在政治禁制趨緩後，以作詩立傳、收輯遺文等方式表達哀思的原因之一。

楊士奇為周是修寫作傳記，從傳中「是修卒年四十有九，……今二十有八年矣」的文字推算，應是宣德五年之事。與當年解縉所撰墓誌銘相同，楊士奇寫作的〈周是修傳〉亦敘述其「以行動實踐所學」的秉性，但比起解縉只以周是修標榜忠節的專書與其抉擇相呼應，楊士奇更進一步點明周氏所實踐之「學」，正是在於包括忠節精神在內的「綱常」：

---

[92] 關於北宋至明代前期，江西吉安士人於此付出的諸多努力，可參見蔡佳琳，〈典型在夙昔：明清時期文天祥忠節典範的形塑與流傳〉（臺北：國立臺灣師範大學歷史學系碩士論文，2009），頁45-55。

[93] 〔明〕楊士奇撰，劉伯涵、朱海點校，《東里文集》，卷2，〈文丞相祠重修記〉，頁27-28；卷10，〈跋文山集杜句〉，頁137；蔡佳琳，〈典型在夙昔：明清時期文天祥忠節典範的形塑與流傳〉，頁52。

是修之學雖間未純，然於明綱常，為世道計，必身履之，而不
徒託之空言，豈非卓然特立者歟？[94]

比起學術，楊士奇更推崇周氏對所學的道德實踐。「於明綱常，為世道
計，必身履之」一句，雖仍只是「暗示」其自殺是欲盡忠節，但比起解
縉已較明顯。值得一提的是，無論是解縉「非泛然矜名譽、事著述、為
文辭比也」的評價，還是楊士奇所讚嘆的「不徒託之空言，豈非卓然特
立者歟」，似乎都透過形容周是修的「非泛然」、「卓然特立」，暗示
當時像他這樣以一死「明綱常」的人其實非常稀少，多數人——包括他
二人在內——在靖難戰後，都選擇繼續為新政權服務。而解縉和楊士奇
對周是修「無一不酬其言」、「必身履之，而不徒託之空言」的評語，
既是為其自殺一事而發，那他們二人在戰後的抉擇，在此對照下不就
像是所謂的「託之空言」者？或許，在這些對周氏的盛讚中，也隱含
了二人對當初一己選擇的不安心態。此外，楊士奇〈周是修傳〉對傳
主在建文年間的經歷與殉死情況，終於有所交代，當中對建文殉臣與
永樂政權的嘗試調和，頗值得進一步分析，容後再述。

　　除了為周是修立傳，楊氏也曾作詩悼念靖難戰時為朝廷守城，並
於城破後自盡的沛縣知縣顏伯瑋父子。詩云：

平生金石見臨危，就義從容子亦隨。千載河山遺縣在，一門忠
孝史官知。故鄉住近文丞相，先德傳從魯太師。欲酹丘墳何處
是，離離芳草淚空垂。[95]

---

[94] 〔明〕楊士奇撰，劉伯涵、朱海點校，《東里文集》，卷22，〈周是修傳〉，頁332。
[95] 〔明〕楊士奇，《東里續集》（《景印文淵閣四庫全書》，第1238-1239冊，臺北：
臺灣商務印書館，據國立故宮博物院藏本影印，1986），卷59，〈過沛縣悼言伯
瑋〉，頁49a-49b。

顏伯瑋原籍吉安府盧陵縣，與楊士奇同屬一府，更與其推崇的郡內鄉賢文天祥有著同邑之誼。楊士奇在這首途經沛縣時寫下的悼詩中，將上述地緣關係與顏氏父子的就義之舉建立因果連結，並在詩序中約略介紹二人殉死的故事。[96]全篇未交代創作時間，但由詩序中稱顏氏父子之死「事具國史」，可推測是寫於宣德五年《明太宗實錄》成書之後。甚至，此事之所以能被載入實錄，可能就是當時擔任總裁的楊氏所為。身為永樂至宣德年間靖難歷史建構的重要人物，[97]楊士奇對自己迫於政治壓力，於實錄中扭曲史實、隱沒故人忠義形象的行為，或許也深感不安，詩中那句「一門忠孝史官知」，可謂道盡了他的矛盾心情。

到了正統六年（1441），楊士奇又為對其有過提拔之恩的殉臣王叔英撰寫祭文，[98]文中以「先生之心，金石其貞；先生之志，霜雪其明」形容其操守和忠義精神，但對其事蹟並無著墨，[99]相較於〈周是修傳〉和〈過沛縣悼顏伯瑋〉的詩序，顯得簡略許多。此種差異或許是祭文文體限制所致，又或許是因為他與王叔英的交情終究不及周、

---

[96] 〔明〕楊士奇，《東里續集》，卷59，〈過沛縣悼言伯瑋〉，頁49a。《明太宗實錄》卷九上（靖難戰爭期間）以「師至沛縣，守將以城降，知縣顏伯瑋不出，為我軍所殺」記顏伯瑋之死；至卷十四（成祖即位之初）載陳瑛奏請追戮顏伯瑋等「不順命而效死於建文者」時，稍介紹其死因，稱「先是上兵至沛縣，伯瑋不肯下，與其子俱死」。兩者乍看之下差異不大，但對照楊士奇詩序內容，可發現一個有趣的現象：卷九部分的實錄內容主要沿襲《奉天靖難記》，將顏伯瑋之死記為「被殺」，但在楊士奇的詩序中，顏氏父子之死卻變為「自殺」，實錄卷十四的描述則較為曖昧，「俱死」一詞於上述兩種解讀皆通。上述差異或許反映了《明太宗實錄》對《奉天靖難記》內容的沿襲和纂修人員試圖調整論述的痕跡。參見《明太宗實錄》，卷9上，四年正月庚戌條，頁108；卷14，洪武三十五年十一月甲辰條，頁263-264。

[97] 《明太宗實錄》以張輔、蹇義和夏原吉為監修，由楊士奇、楊榮、金幼孜、陳山、張瑛、楊溥擔任總裁。除了《明太宗實錄》之外，永樂年間曾經兩度重修《明太祖實錄》，楊士奇皆在總裁官之列，只是並未如《明太宗實錄》時一般位居首席。參見《明太宗實錄》，〈修纂官〉，頁1-2；《明太祖實錄》，〈進實錄表〉，頁1；〈附李景隆解縉等進實錄表〉，頁1。

[98] 據宋端儀《立齋閒錄》載，楊士奇曾寫信向廣德州官詢問王叔英葬處，並前往尋訪、題其墓碑。故該篇祭文應是楊氏訪得其墓後親至祭奠時所寫。參見〔明〕宋端儀，《立齋閒錄》，卷3，〈革除錄〉，總頁638。

[99] 〔明〕楊士奇，《東里續集》，卷46，〈祭王原采文〉，頁23a-23b。

顏二人，當然也可能是慮及正統年間官方態度復再趨保守，[100]故不得不謹慎以待。

楊士奇當年是以史才受到王叔英賞識，而被薦入翰林院從事修史工作，他在永樂至正統年間亦參與《明太祖實錄》的兩次重修及《明太宗實錄》、《明仁宗實錄》、《明宣宗實錄》的編纂。由此來看，顏伯瑋悼詩中「一門忠孝史官知」一句，或許也隱含他對自身的定位，惟恐周是修等君子之節泯沒的心態，並非僅限於對故舊的個人情感，更涉及一段被官方掩蓋的歷史。時間流逝帶來的變化，為楊氏從事上述紀念活動塑造了相對有利的條件，而總裁《明太宗實錄》的職位也使其有機會透過這部權威性的文本，嘗試調和成祖與建文殉臣之間的衝突。在重視「祖制」的明代，實錄記載與其書寫遙相呼應，不僅成為他從事相關紀念的保護傘，也為後世平反建文忠臣乃至予以崇陞的倡議，提供了依據。這點將在本章第三節詳加探討。

（三）其他紀念書寫與遺稿整理活動

在透過紀念文字重構建文忠臣事蹟、延續相關記憶的過程中，諸臣的親屬及門人也扮演了重要角色。吏部侍郎卓敬（?-1402）曾於建文年間以密奏提出撤藩之議，並在成祖靖難奪位之後被執下獄，最後不屈而死。據傳到了宣德年間，卓敬門人之子黃養正曾攜其小像和遺著前往京師，請時任翰林院侍講的劉球（1392-1443）為卓氏作傳，私諡「忠貞」。[101]曾在靖難戰爭期間募舉義軍勤王，後遭下獄、謫戍的

---

[100] 正統朝是官方透過一系列措施奠定成祖歷史地位、確立其政權合法性的時期，英宗由於身負上述歷史責任，故在處理建文朝相關問題時都頗為謹慎。參見朱鴻，〈三「楊」開泰？：明英宗正統初期的內閣政治〉，頁1-27；何幸真，〈英廟「盛德」：明天順朝君臣對「建文問題」之態度〉，《明代研究》，16（臺北，2011.6），頁1-28。

[101] 〔明〕黃佐，《革除遺事》（《續修四庫全書》，史部第432冊，上海：上海古籍出版社，據北京圖書館藏明抄本影印，1995），卷3，〈卓敬〉，總頁625。黃佐在正德十五（庚辰）年九月初步定稿《革除遺事》之後，仍陸續進行修訂。目前可見版本除了初訂稿（以下簡稱「庚辰本」，現存北京圖書館藏明抄本），還有正德十六（辛巳）年六月完成的修訂稿（以下簡稱「辛巳本」，現存北京首都圖書館藏明嘉

周縉，其孫周源（1417-1503）於成化年間出任揚州知府，請當時吳中文壇領袖吳寬（1435-1504）為祖父作傳。吳寬在傳中以「揚州以其平生授予，則其大節在此，乃取以為傳」交代了撰文的背景，也透露其對周縉生平的記述，是以其忠義事蹟為主。[102]

除了根據親身見聞寫成的篇章，也有些紀念性質的文本將民間口傳記憶形諸文字。如成化年間，廣德知州周瑛（1430-1518）重修王叔英墓，並作〈重修王修撰墓記〉述其事。修墓過程中他訪問了不少當地耆老，使民間流傳的歷史記憶得以形諸文字，進而成為後來私史著作記敘王叔英生平的重要資料。[103]文中對王氏生平經歷介紹不多，主要敘述燕軍南渡後其募兵勤王的義舉和自經身亡的結局，及其妻女遭遇、埋骨之所和楊士奇弔祭等後續事件。由此可見，當時建文殉臣留存在人們心中的形象，主要就是對抗燕王的忠臣，至於其官場經歷、生平著述，反而淪為次要的訊息。

天順、成化以降，士大夫為建文忠臣立傳的活動更加熱絡。如王驥（1378-1460）曾為靖難戰後墜城自盡的龔泰（1367-1402）撰寫墓表，[104]與吳寬同樣原籍蘇州並與其交往甚密的史鑑（1434-1496），亦為靖難戰時籌備勤王的蘇州知府姚善（1359-1402）立傳，傳末還述及兩名殉臣的事蹟，分別是曾在外募兵勤王、後沉江自盡的黃觀（?-

---

靖吳郡袁氏嘉趣堂刻金聲玉振集本）。兩版稿件雖然都是六卷，但庚辰本主要是建文諸臣的傳記彙編，辛巳本則增加了〈君紀〉、〈閨宮傳〉和部分殉臣傳記內容，重新分卷，儼然已轉變為建文朝專史著作。參見丁修真、夏維中，〈明代中期建文故事的整合與傳播──以黃在《革除遺事》為中心〉，頁64-65。本書在兩版稿本記載相近處，主要徵引較早完成的庚辰本，討論修訂稿新增部分時，方徵引辛巳本。

[102] 〔明〕吳寬，《家藏集》（《景印文淵閣四庫全書》，第1255冊，臺北：臺灣商務印書館，據國立故宮博物院藏本影印，1986），卷58，〈周義士傳〉，頁18a-19b。

[103] 宋端儀《立齋閒錄》即收有此記，其內容後來亦為許多述及靖難的私纂史籍所引用。參見〔明〕周瑛，〈重修王修撰墓記〉，收入〔明〕宋端儀，《立齋閒錄》，卷3，〈革除錄〉，總頁637-638。

[104] 〔明〕王驥，〈故戶科都給事中龔君墓表〉，收入〔明〕徐紘，《皇明名臣琬琰錄》（《明代傳記叢刊》，第43-44冊，臺北：明文書局，據明刊本影印，1991），卷12，頁407-415。

1402），和自縊於應天府學的周是修。[105]成化年間閣臣尹直（1427-
1511）更收集張紞（?-1402）、黃觀、顏伯瑋、周是修等人的相關記
載，加上自己的贊語，撰成言行錄。[106]這些文字成為後世對建文諸臣
事蹟的認知基礎，為後出史傳多所引錄，史鑑〈姚善傳〉謂黃子澄在
南京城破後曾避於姚善處的說法，便是一例。[107]而尹直在其〈侍中許
公言行錄〉中引錄何喬新（1427-1502）對黃觀妻女投水情節的動人描
寫，更深深影響正德以降知識分子的相關記憶：

> 洪武末，觀為尚寶卿，聞靖難之師已渡淮，奉命起上游之兵以
> 入援。兵至湖州府，聞靖難師已駐金川門，哭于江上，謂其友
> 柯暹曰：「吾妻有志節，必不肯受辱。」遂招魂，葬之江上。
> 越明日，其家僮自京逃來，言執政大人有覬望欲推戴者，所傳
> 國寶不得，或言許尚寶已赴上游起兵矣，因命執其妻女，配象
> 奴。象奴叱其妻出金銀釵釧之類，持之市酒，欲供合歡之費。
> 其妻俟象奴出，與其女及家屬十人，俱赴淮清橋下死。柯暹為
> 之作傳，載其事甚詳。[108]

《明太宗實錄》中，已有黃觀妻女遭簿錄，將行給配，妻「擠其

---

105 〔明〕史鑑，《西村集》（《景印文淵閣四庫全書》，第1259冊，臺北：臺灣商務
 印書館，據國立故宮博物院藏本影印，1986），卷6，〈姚善傳〉，頁27b-29b。
106 其成果包括〈吏部尚書張公言行錄〉、〈侍中許公言行錄〉、〈知縣顏公言行
 錄〉、〈王府紀善周公言行錄〉，後於弘治年間收入徐紘《皇明名臣琬琰錄》。參
 見〔明〕徐紘，《皇明名臣琬琰錄》，卷12，頁388-380、390-401。侍中許公即
 指黃觀，因其父入贅許氏，故從母姓，建文時任侍中期間方改從父姓。早期一些記
 載其事蹟的文本如《立齋閒錄》皆稱以「許觀」。參見〔明〕宋端儀，《立齋閒
 錄》，卷2，〈革除錄〉，總頁629。
107 不過傳中描述兩人為姚善麾下千戶縛獻成祖，「皆剮之，夷九族」的記載，便沒有被
 往後文本承襲。從《立齋閒錄》所錄檔案可知，黃子澄之妹被發配教坊司，亦有妾入
 浣衣局，姚善妻配為靖難有功將士之女，一子隨母為奴，一子充軍，故所謂「夷九
 族」之說實是過分誇張，無怪乎未能延續。參見〔明〕史鑑，《西村集》，卷6，〈姚
 善傳〉，頁29a；〔明〕宋端儀，《立齋閒錄》，卷2，〈革除錄〉，總頁625、634。
108 〔明〕尹直，〈侍中許公言行錄〉，收入〔明〕徐紘，《皇明名臣琬琰錄》，卷
 12，頁393。

二女于河，遂自沉」的記載，[109]以上文字可說是將之生動、細節化的產物。由何喬新的敘述，或可推斷這些情節皆出自柯暹（1389-?）所作傳記，但其真實性頗令人懷疑。首先，柯氏生於洪武二十二年，在建文四年成祖攻下南京時年僅十三，卻已是能與黃觀談論妻子性情的友人，連為其妻招魂、作傳的工作，都由他一肩挑起，這似乎不符常理。其次，根據尹直考察，黃觀當時官拜侍中之職，而非尚寶司卿。[110]柯暹傳記中賦予黃氏尚寶卿的身分，或許是要與當時成祖奪位後未取得傳國玉璽的說法連結，並為其妻女遭受整肅提供解釋。雖然存在上述疑點，但這則故事的悲劇色彩，對後世關注建文殉臣事蹟的人們仍頗具吸引力，遂在略經調整後，被廣泛收錄於正德以降的文本中。[111]

此類書寫活動，不僅讓未曾經歷靖難戰爭與壬午殉難的新生世代，對永樂年間的政治整肅有了較具體的瞭解，也使建文殉臣的忠義形象深入人心，成為備受同情與景仰的對象。成化、弘治時的士人彭韶（1430-1495）即感於這段可歌可泣的歷史，寫下了五言古詩〈過江南〉。彭氏現存文集《彭惠安集》並未收錄此詩，而將之傳於後世的《立齋閒錄》，所錄內容亦有不少缺文，但餘下文字已足以反映彭氏對該段歷史的記憶。彭韶在詩中對建文政權合法性的認知，並未受到永樂朝官方論述的影響，從「神考早謝世，太孫推正適」一句可看出，他對建文帝繼承太祖之統的正當性毫無懷疑。由於視削藩為靖難

---

[109] 《明太宗實錄》，卷14，洪武三十五年十一月甲辰條，頁264。

[110] 〔明〕尹直，〈侍中許公言行錄〉，收入〔明〕徐紘，《皇明名臣琬琰錄》，卷12，頁393。

[111] 正德、嘉靖年間重要的建文殉臣傳記，如《備遺錄》、《革除遺事》、《革朝志》等，幾乎都收錄了這則故事。上述文本對此故事的收載，雖保留黃觀妻女遭配象奴、赴淮清橋下死等情節，卻也針對故事中的不合理處進行調整，如改黃觀職務為兼掌尚寶司的禮部侍中，改江上招魂者為黃觀本人，還刪去柯暹的角色，將黃觀傾訴「吾妻有志節」的對象模糊化。這樣的處理方法既保留原先記載的戲劇性，亦去除了明顯的謬誤之處，更有利其往後的持續傳播。參見〔明〕張芹，《備遺錄》（《中國野史集成正編》，第23冊，成都：巴蜀書社，據借月山房彙抄本影印，1993），〈禮部右侍中黃公〉，頁7b-8a；〔明〕黃佐，《革除遺事》（庚辰本），卷2，〈黃觀〉，總頁616；〔明〕許相卿，《革朝志》（《中國野史集成續編》，第16冊，成都：巴蜀書社，據清四庫全書本影印，2000），卷3，〈死難列傳·黃觀傳〉，頁15a-15b。

兵起的原因，彭氏對主持該項決策的黃子澄並無好感，稱其「輕佻故無匹」，並批評此策太過躁進，終啟兵禍之釁。即使如此，建文重臣忠於所事的形象，仍深存其心，故形容齊泰「折衝乃其職，堂堂正正旗，誓師嚴紀律」，方孝孺則「蚤學富經術，倚馬草檄文，樞機資密勿」。不過該詩最動人之處，是對建文諸忠以身家殉君的描寫與抒懷。此前流傳的各種相關傳記，在彭韶腦海中建構出殉臣視死如歸、鼎鑊猶甘的印象，也讓他相信這群人以其生命抉擇建立的道德模範，不僅是維繫綱常的憑據，更能歷經萬古而不朽。彭氏在詩中模擬的殉臣心境，有著即使付出慘痛代價仍不改其忠的覺悟，此種帶有想像成分的認知，更令他對這些人遭到族滅和汙衊的境遇，備感悲憤：

> 父母俱不顧，天常不可易；妻子豈不愛？吾分當自適。寄語謝諸親，業緣皆宿積；慎勿我怨尤，怨尤竟何益？所貴賢士模，萬段何足恤？後來奸佞儒，巧言自粉飾；叩頭乞餘生，無乃非直筆。簿書日埋頭，面面嘆昏塞；乍聞毛髮豎，空拳幾欲擊。孤我守夜長，四壁蟲聲唧；耿耿不成寐，此意誰能識？聖人順天命，四海瞻堯日；爾胡守戇愚，甘心取族滅？不見解與胡，乘時附鳳翼；恩寵日日加，聲名垂簡冊。[112]

明代知識分子對壬午殉難的印象，存在一個頗有意思的傾向，那就是將建文諸臣遭受的鼎鑊刑殺皆理解為他們自己的生命抉擇，忽略當中可能有不少人是毫無選擇權利地死於整肅，甚至是在屈服於新政權後才罹禍。在彭韶的想像裡，諸臣或許對為己所累的親人心存歉意，卻義無反顧。這也讓彭氏難以接受官方論述中「方孝孺叩頭乞哀」之說，[113]將此類記載視為奸佞之儒的粉飾虛言。當然，這些汙衊之詞都

---

112 〔明〕彭韶，〈過江南〉，收入〔明〕宋端儀，《立齋閒錄》，卷3，〈革除錄〉，總頁642。
113 永樂以降的官方敘述既以齊泰、黃子澄、方孝孺為「奸臣」，自然會對他們的人格、

是在成祖授意下創造的，但他畢竟不是彭韶所能抨擊的對象，故將砲火轉向實際寫作的文臣，亦屬自然。

在無法否定永樂政權合法性的情況下，彭韶一方面感佩建文殉臣的犧牲，卻又覺得他們執意對抗天命所歸的成祖，選擇族滅的悲慘命運，對照歸附永樂政權之後備受重用、享有盛名的解縉、胡廣等人，似乎顯得有些不識時務。只是詩中對解、胡等人的描寫，讀來也有幾分諷刺的意味，彷彿透露了作者自身立場的矛盾。彭韶的認知與評論反映了成化、弘治年間建文殉臣忠義形象的深化，卻也透露成祖的存在加諸於明代建文朝歷史記憶的限制。往後明代知識分子，仍多只能由楊士奇等修史者的粉飾曲筆，來理解官書中對建文朝歷史記載的失實，對成祖起兵靖難、繼承大統的正當性，亦無法否認。

除了撰寫存為紀念、表達哀思的篇章，輯纂文集也是明人藉以懷念和彰顯先賢的重要方式。自仁、宣二朝開始，永樂朝時嚴禁的「奸臣」詩文逐漸重新傳布民間，整理出版其文集的活動也陸續展開。[114]這些詩文在官方限制仍嚴的階段，透過殉臣的親舊、弟子秘密保存下來，才能於文禁解除之後重見天日。方孝孺的文集《遜志齋集》，即是由其學友或門人如鄭楷、王稌等人私下輯錄，而得以留存，並於宣德年間開始傳播。[115]之後搜輯、刊刻其詩文的活動亦持續發展，越見盛行。據王崇武考證，方氏文集在正德以前已有兩種刻本傳世，一

識見與形象多所貶低誣衊。如《奉天靖難記》中就有方孝孺被執後向太宗「稽首乞憐乞哀」的敘述，此類內容亦延續至《明太宗實錄》。參見〔明〕佚名撰，王崇武注，《奉天靖難記注》，頁208；《明太宗實錄》，卷9下，四年六月乙丑條，頁131。

[114] 目前可見的建文諸臣文集雖不見得完整，但種類亦不少，足以證明文禁解之後補輯活動之熱絡。吳德義在《建文史學編年考》一書中，整理出可見於《四庫全書》的諸臣遺作，包括方孝孺《遜志齋集》、練子寧《中丞集》（應是在弘治年間《金川玉屑集》的基礎上重編而成）、王叔英《靜學文集》、周是修《芻蕘集》、程通《貞白遺稿》、程本立《巽隱集》、劉璟《易齋集》等。參見吳德義，《建文史學編年考》，頁17-26。

[115] 《明史·方孝孺傳》載：「永樂間，藏方孝孺文集者罪至死，門人王稌潛錄為《侯城集》，故後得行於世。」王崇武認為方氏文集係先由其門人鄭楷輯錄成四、五冊，復經王稌搜集補充，而成為宣德年間流傳時之規模。參見〔清〕張廷玉等撰，鄭天挺點校，《明史》，卷140，〈列傳第二十九·方孝孺〉，頁4020；王崇武，《明靖難史事考證稿》，頁4。

為天順七年（1463）臨海人趙洪輯本，二為成化十六年（1480）謝鐸（1435-1510）、黃孔昭（名曜，以字行，1428-1491）輯本。[116]根據謝鐸的序文，在其之前除了方孝孺門人和趙洪之外，尚有不少人嘗試收集、傳錄方氏詩文並取得具體成果，如葉盛、林鶚（1423?-1476）等皆是。[117]黃孔昭序文還介紹了該本刊行前的狀況，說明其取材、成書與出版曾得力於許多人的協助，[118]可見時人參與之踴躍。

永樂年間將多數建文殉臣都列為「奸臣」、「奸黨」，對其文字禁燬甚厲，故事後搜集的工作並不順利，輯纂成果往往也不完整，加上維護永樂政權合法性是允許此類活動進行的前提，導致不少「違礙文字」都遭到抽換或剔除，並可能參雜他人作品。謝鐸〈新刊遜志齋集後序〉即稱方集舊有版本「訛缺為甚」，但其輯本也有此問題。[119]連名氣最大、投入補輯者眾多的方孝孺文集都如此，其他殉臣文集更不待言。楊士奇曾嘗試纂輯王叔英詩文，但已無法求得完稿，至成化時有人再作嘗試，「十無一二」，成果同樣不盡理想。[120]練子寧留下的作品也很零散，且遲至弘治年間才由臨江同知王佐輯其遺文數百篇，題為《金川玉屑集》。[121]然而，在搜尋建文諸臣詩文並予以重

---

[116] 王崇武，《明靖難史事考證稿》，頁4。

[117] 〔明〕謝鐸，〈新刊遜志齋集後序〉，收入〔明〕方孝孺撰，徐光大點校，《遜志齋集》，〈附錄〉，頁898。文中提到的另一傳錄者為王褘曾孫王汶，正是永樂年間為方孝孺補輯詩文的王稌之子，故王汶的傳錄成果很可能係源自其先人的基礎。另外在天順刊本趙洪的序中，趙氏也提到其補輯工作亦是在先前其他人的基礎上進行的。參見〔明〕趙洪，〈新刊正學方先生文集序〉，收入〔明〕方孝孺撰，徐光大點校，《遜志齋集》，〈附錄〉，頁897；〔清〕張廷玉等撰，鄭天挺點校，《明史》，卷289，〈列傳第一百七十七‧忠義一〉，頁7415-7416。

[118] 〔明〕黃孔昭，〈新刊遜志齋集序〉，收入〔明〕方孝孺撰，徐光大點校，《遜志齋集》，〈附錄〉，頁899。

[119] 王崇武，《明靖難史事考證稿》，頁4。王氏認為直至嘉靖四十年的《遜志齋集》彙刊本，仍有「濫收他人詩文」和「不載違礙文字」等問題，原因即在於當時對靖難史事仍存禁諱。然濫收的情況也不能排除補輯者為求完善而誤收的可能，畢竟天順時的刊本已標明是方孝孺文集，若為避諱而濫收他作，意義似乎不大。

[120] 〔明〕宋端儀，《立齋閒錄》，卷3，〈革除錄〉，總頁637。

[121] 〔明〕徐顥修，〔明〕楊鈞、陳德文纂，《（嘉靖）臨江府志》（《天一閣明代方志選刊續編》，第49冊，上海：上海書店，據明嘉靖刊本影印，1990），卷6，〈人物志第七‧練子寧〉，頁21a。

輯、刊行的過程中，士人透過閱讀詩文、撰述生平、詢訪軼聞、回溯過往輯刊狀況等方式，逐步強化、豐富對殉臣學養和忠義事蹟的認知與記憶。隨著文集的刊刻傳布，這些體認又影響到更多讀者，進而成為建文朝歷史記憶的重要來源。

（四）弔祭與崇祀活動的開展

目前學界對集體記憶的研究中，「儀式」是一種重要的記憶手段，透過重覆、規範化且程式化的表現形式來回顧和重現「過去」，藉由參與者身體上的實踐，將原本僅屬於少數人的記憶加以延續、強化，進而成為參與者共有的集體記憶，而這些記憶被賦予的價值與意義，也將逐漸滲入參與者於儀式之外的心理與生活中。[122]在明代建文朝歷史記憶發展初期，相關紀念活動主要是針對建文殉臣，並多屬零星、個人性質的弔謁與祭拜行為，目的僅在表達一己哀思懷想之情，未必具有延續和強化相關歷史記憶的用意或實效；但隨著後來政治禁制的緩解、諸臣忠義形象的加深和教化政策的推行，開始出現定期祭祀建文殉臣的情況，使紀念行為中的儀式逐漸具備了上述功能，發揮宣揚忠義精神的作用。

個人性質的紀念活動，在洪熙朝對所謂「建文奸臣」進行寬赦後，就逐漸展開。方孝孺遺族因仁宗寬典返回故鄉後，便在方氏故居建立祠堂供奉之。[123]前文也提到，卓敬門人之子黃養正，家中仍保有卓氏的小像和遺著。上述記載顯示，建文殉臣著述的保存，以及繪製其肖像以供留念、祭祀的行為，可能在宣德朝之前便已私下進行。另外，許多紀念建文殉臣的文字，其實也是弔祭活動的副產品，例如楊士奇為王叔英撰寫的祭文，應是他親往祭拜之時所書；成化年間周瑛〈重修王修撰墓記〉中，周氏也提到自己曾偕同其鄉縉紳與官員祭

---

[122] 保羅‧康納頓（Paul Connerton）著，納日碧力戈譯，《社會如何記憶》（上海：上海人民出版社，2000），頁49-50、81。

[123] 〔明〕謝鐸，〈新刊遜志齋集後序〉，收入〔明〕方孝孺撰，徐光大點校，《遜志齋集》，〈附錄〉，頁898。

拜王叔英墓。[124]值得注意的是，上述二起案例中的祭拜性質其實已有差別：前者尚屬於私人性質，後者則屬於地方上的公開活動；故二者作為附加產物的紀念文字在意義上也不相同：前者主要是抒發個人情感，而後者卻已具有表彰忠義以為教化的用意。

雖然個人性質的弔祭行為多是出於私人動機，未必具有什麼社會關懷，但當時留下的活動記錄，卻隨著文人群體間的傳播和閱讀，強化了對殉臣忠節品行的認知與印象。日後地方官員挑選具嘉行懿德、能標舉為鄉里模範教化百姓的「鄉賢」立祠入祀時，建文諸臣也成為他們心目中的適任人選。一般而言，決定鄉賢人選的依據，除了當地鄉評，亦須參考現存文獻中的人物行實。[125]在這種情況下，除了民間保存的相關記憶，如楊士奇這類在政壇與文壇皆具份量的士大夫，他們對建文殉臣的紀念文字，亦有助於地方官員認可其作為道德教化模範的資格，使之得以列入「鄉賢」並享有祭祀和褒揚。

地方上定期且公開祭祀建文殉臣的活動，約始自正統初年，監察御史彭勖巡至當年顏伯瑋任職、殉死的徐州沛縣，訪其葬處，令有司修墓，立祠祀之。[126]這種由官方建立或整修的祠堂，使對建文諸臣的祭祀，成為地方官員和社會精英崇獎教化的重要媒介與展示項目，而不再只是個別紀念故舊、親人的活動。至成化年間，政治氛圍更為寬鬆，各地鄉賢祠的建置活動逐漸展開，[127]建文殉臣立祠入祀的情況也慢慢增多。如原籍南直隸寧國府宣城縣、建文年間擔任禮部尚書的陳

---

[124] 〔明〕周瑛，〈重修王修撰墓記〉，收入〔明〕宋端儀，《立齋閒錄》，卷3，〈革除錄〉，總頁637。

[125] 林麗月探討明代鄉賢、名宦入祀人選決定的原則，提到早期鄉賢祠未建立完整定制時，亦有其他類似祠廟甚至專祠在地方上興建。建文殉臣即使未必入祀鄉賢祠，亦可能另立專祠或奉入他祠。參見林麗月，〈俎豆宮牆——鄉賢祠與明清的基層社會〉，收入黃寬重主編，《中國史新論‧基層社會分冊》（臺北：聯經出版社，2009），頁334-335、339-340。

[126] 〔明〕梅守德、任子龍修，《（嘉靖）徐州志》（《中國方志叢書‧華中地方‧江蘇省》，第430號，臺北，成文出版社，據明嘉靖刊本影印，1983），卷8，〈人事志三‧祀典〉，「顏知縣墓」條，頁29a。

[127] 林麗月據《明實錄》中的相關記載，認為各地鄉賢祠的建置，主要集中於成化至嘉靖年間。參見林麗月，〈俎豆宮牆——鄉賢祠與明清的基層社會〉，頁334。

迪（?-1402），在成化十八年（1482）被奉入鄉賢祠，稍晚又由知府於其故里建祠，並立有石墓門。[128]方孝孺遺族為其所建立的祠堂，也在成化年間經寧海知縣郭紳整修，煥然一新。[129]弘治六年（1493），兵科給事中吳世忠（1461-1515）更以方孝孺等人「伏節而死，然至今未及褒表，似為闕典」，奏請朝廷「賜之爵謚，崇以廟祀，錄其子孫，復其族屬」，以勵士節、慰忠魂。[130]此議最後雖未實行，但可見視建文殉臣為「忠義之士」已是當時人們的普遍共識，並認為其行應受表彰，以為世人模範。朝廷最後未採納吳氏奏言，可能是擔心這種大動作會對永樂政權的合法性造成衝擊，但由於此議已是當時許多人的共識，故不少地方官員皆在自身職權範圍內，對建文殉臣「崇以廟祀」。

　　建文殉臣祭祀逐漸成為地方上定期舉行的公開活動，這與明代的教化政策頗有關係。明清時期廟學祭祀空間不斷拓展，先後出現鄉賢祠、名宦祠、啟聖祠、忠義孝悌祠等祭祀場所。其中對名宦、鄉賢的祭祀活動，至明代中期更得以制度化和普遍化。[131]弘治年間，明孝宗朱祐樘（1470-1505，1487-1505在位）曾下旨，「令天下郡邑各建名宦鄉賢祠，以為世勸」，[132]使建祠教化的活動越發為地方官員和社會精英所重視。[133]不過，雖然建文殉臣的祭祀活動在正統朝便已展開，成

---

[128] 〔明〕宋端儀，《立齋閒錄》，卷2，〈革除錄〉，總頁626。
[129] 〔明〕謝鐸，〈新刊遜志齋集後序〉，收入〔明〕方孝孺撰，徐光大點校，《遜志齋集》，〈附錄〉，頁898；〔明〕黃佐，《革除遺事》（庚辰本），卷1，〈方孝孺〉，總頁608。郭紳整修方氏祠堂一事，似乎成為該祠之維護轉由地方官主導的開端。據崇禎五年《寧海縣志》記載，洪熙時建於方孝孺故居縣城里的方氏祠堂，不久便為民所侵，成化年間方由郭紳重建。往後主導該祠修葺工作者，亦不再是方氏子孫。參見〔明〕宋奎光修，《（崇禎）寧海縣志》（《中國方志叢書・華中地方・浙江省》，第503號，臺北：成文出版社，據明崇禎五年刊本影印，1983），卷2，〈建置志・祠廟〉，「方氏祠堂」條，頁17b。
[130] 《明孝宗實錄》，卷72，弘治六年二月辛酉條，頁1359。
[131] 趙克生，〈明代地方廟學中的鄉賢祠與名宦祠〉，《中國社會科學院研究生院學報》，2005：1，頁118。
[132] 〔明〕蔣冕，〈全州名宦鄉賢祠碑〉，收錄於〔清〕汪森，《粵西文載》（《景印文淵閣四庫全書》，第1465-1467冊，臺北：臺灣商務印書館，據國立故宮博物院藏本影印，1986），卷39，頁25a。
[133] 如前述於成化年間為王叔英修葺墳墓、率官員縉紳祭拜並留下記錄的廣德知州周瑛，在其任內亦有重修儒學、始建鄉賢祠等措施。可見他對王叔英的紀念行為，

化時也已見立祠入祀之舉，但相關祭祀行為普及各地，以及諸臣忠義形象透過此類活動在地方上延續的情況，應是在正德朝以後才較為明顯。[134]此前對於建文殉臣的正向認知，主要還是藉由其他方式進入人們的歷史記憶。

（五）民間記憶的傳述與軼聞的文字化

人們與「過去」和「現在」的關係，對記憶的形塑有重要影響，他們固然藉由過去的經驗理解現今、預期未來，但另一方面，對現在的感知也同樣影響對過往的認識。[135]永樂政權藉著靖難戰爭取代建文政權，並採取許多手段試圖切斷社會與該段過往的連繫，但官方的強制力並沒能消除民間的相關記憶，只是使之轉為潛流、暗中發展。人們不僅透過對以往建文朝的認知和印象，來看待、評價永樂朝，他們在永樂年間的體驗，也可能反過來增強對建文朝的記憶。相較於藉由書寫刻意保存自身經歷或片段過往的文人、士大夫，一般民眾並無明顯保存「歷史」的意識，「過去」對他們而言其實更像是一種與當前接軌、協助其理解和應對現況的橋梁，而一旦對當代的體驗與過往產生落差，便會讓他們開始懷念往日的時光。

亦屬其地方教化政策中的一環。參見〔明〕周瑛，《翠渠摘稿》（《景印文淵閣四庫全書》，第1254冊，臺北：臺灣商務印書館，據國立故宮博物院藏本影印，1986），卷5，〈祭廣德州鄉賢文〉，頁25b。

[134] 根據黃佐《革除遺事》的記載，不少建文殉臣在正德年間才建有專祠或被選為鄉賢。而林麗月考察地方志的相關資訊，也指出有年代可考的鄉賢祠，其創立明顯集中於嘉靖一朝，這代表明代鄉賢祠建置的普遍落實，應是嘉靖以後之事。參見〔明〕黃佐，《革除遺事》（庚辰本），卷1-3，總頁607-627；林麗月，〈俎豆宮牆——鄉賢祠與明清的基層社會〉，頁335。

[135] 保羅‧康納頓在《社會如何記憶》一書中提到，過去認知對任何新的個別經驗都具有影響，這種回憶基礎會形成一種「歷史的積澱」，使新政權在企圖抹殺過去或切斷與過去之連結時面臨阻礙，社會則在上述「積澱」之下成為一種「解釋的共同體」，其內部成員對時間的意識，很大程度上是對該社會所製造之延續形象的意識。王明珂亦指出，人們在敘述過往時，對該段歷史往往已有定見，而這種定見又受其所處社會的影響，他們所描述的時代與社會，將與自身的社會歷史記憶與社會現實體驗相符。參見保羅‧康納頓著，納日碧力戈譯，《社會如何記憶》，頁1、8-9；王明珂，〈誰的歷史：自傳、傳記與口述歷史的社會記憶本質〉，頁157-158。

在討論明代建文朝歷史記憶的發展與形塑時，除了前述江西吉安士人的角色外，亦不應忽略南京（包括南京城及其周邊地區）發揮的影響。作為昔日建文朝廷的政治中心，它是最能感受建文年間施政情況與帝國氣象的地方，也是在靖難戰後、壬午殉難時期遭受最大衝擊的地方。[136]因此，對於從建文到永樂的政權更替，南京人有著最深刻、最直接也最豐富的記憶。當時人們對建文朝的認知尚屬於當代的社會記憶，是他們透過自身感知、經驗和訊息擷取建立的印象，這是成祖無論如何也無法扭曲或抹除，而只能藉由種種措施及時間推移，期待後人逐漸遺忘遺忘的記憶。但是靖難戰爭和永樂年間的政治迫害，已使首當其衝的南京百姓對新政權失去信心，進而增強對舊政權的懷念，這對建文朝歷史記憶的延續起了推波助瀾的作用。此現象想必在永樂年間便已為成祖所查覺，並成為他試圖放棄南京、遷都北平的重要原因——擺脫南京帶給他得位不正的陰影。[137]

有時候，不斷勾起人們記憶的現實經驗，也可能是由意圖抹滅之的政治力量所加諸。為了對反抗者進行報復，並抹殺關於建文朝的正向記憶和其載體，成祖對建文忠臣與相關人等的政治整肅，一直持續到靖難戰爭結束十多年後的永樂朝中晚期；然而諷刺的是，這些措施卻在某種程度上出現反效果，成為相關記憶得以延續甚至強化的原因之一。許多出生於永樂年間，沒有親身經歷過靖難戰爭和壬午殉難的人們，也能透過所處時代氛圍約略感受其情況，在獲取相關資訊時亦可能因與自身經驗有所連結，而更易有所共鳴或留下深刻印象，進而

---

[136] 關於燕王渡江進逼南京後建文君臣的因應措施、軍民動員，以及江、浙等地一些募兵勤王的狀況，可參見王崇武，《明靖難史事考證稿》，頁84-92。燕王攻入南京之後，又發布令旨告諭在京軍民，並開列了「聽人擒拿」的「奸臣」名單，展開長達十多年對「奸臣」及其親屬的整肅。此令並未載入《奉天靖難記》或《太宗實錄》，而根據弘治年間宋端儀《立齋閒錄》抄錄的資料，當時列出的「奸臣」、「首惡」就有五十多人，加上所有受到誅連的親屬，數量想必相當驚人，不難想見永樂初年相關搜索和逮捕行動如何影響南京及其周邊地區人民的生活。參見〔明〕宋端儀，《立齋閒錄》，卷2，〈革除錄〉，總頁624-630。

[137] 張奕善，〈明成祖政治權力中心北移的研究〉，《國立臺灣大學歷史學報》，10、11（臺北，1984.12），頁244。

影響他們對上述歷史事件乃至成祖本人的認知和評價。

　　建文朝與靖難戰爭的歷史記憶，也同樣存在於活過永樂年間整肅的士人心中。前文已提到，解縉、楊士奇等投效新政權並獲重用的官員，因與部分殉臣交情良好，而可能透過群體內部的口傳和書寫活動，來保留對舊友的記憶和正面印象。此外，與建文殉臣同鄉的人們，無論是文人或一般百姓，也都可能因為地緣關係對其產生認同和不平之情，進而嘗試記錄和傳述相關事蹟，使之不致泯沒。例如靖難戰爭期間在白溝河一役敗於燕軍、最後著朝服躍馬投河自盡的陳性善（名復，以字行，?-1402，浙江紹興府山陰縣人），其事蹟即為同邑吳顯所傳；[138]前述成化朝周瑛為王叔英修墓作記時，也從當地耆老處獲得很多關於他的生平資訊；而禮部尚書陳迪父子遭殘酷整肅的受難故事，也一直在其故鄉——南直隸寧國府流傳，直到弘治年間才被記載下來，形諸文字：

> 寧國人舊傳：是日，既縛父子六人於柱，將刑，鳳山等叫曰：「父親你累我們。」迪曰：「我兒，不要說這話。」迪罵不絕口，遂割鳳山等舌、鼻、耳，小大炒熟，納迪口中使食之，遂俱凌遲碎骨。有老奴拾遺骸，負歸宣城，葬外家計家橋。[139]

上述文字呈現的陳氏父子受刑過程極盡殘忍，令人髮指，這悲慘的遭遇似乎也凸顯殉臣的堅貞不屈，深深震撼聽聞者的心靈，從而使這些故事持續流傳，成為當地的共同記憶，後更經由文人書寫廣為傳播。總之，地方記憶透過文字化，逐步脫離地域限制，取得更大的傳播空間，並被許多後出的文本抄錄，影響往後更長時段、更廣地區人們的相關記憶。

　　保存於鄉里的建文朝歷史記憶，除了與人們親歷靖難戰爭和永樂

138　〔明〕黃佐，《革除遺事》（庚辰本），卷4，〈陳性善〉，總頁631。
139　〔明〕宋端儀，《立齋閒錄》，卷2，〈革除錄〉，總頁626。

朝政治整肅的經驗，以及對舊時代的懷念心態相結合，也包含了庶民對「士大夫」的崇敬心態。[140]建文年間寬和的政治氛圍和一系列的恤民政策，與之後永樂朝政治整肅的恐怖氛圍形成強烈反差，越發使人們懷念舊有政權，甚至進一步美化其相關記憶。[141]楊士奇等官員留下的記載被後世廣泛引用，成為地方崇祀建文諸臣的有力憑據，殉臣們的故鄉以其「忠義」精神為傲，不但傳述其事蹟，更將之標榜為當地「鄉賢」，這些現象其實都涉及民間對士大夫的崇敬心理，以及士人群體內部的認同感，進而強化人們心中建文殉臣的正面形象。

　　由以上所述亦可看出，士大夫和一般民眾的建文朝歷史記憶，並非兩條平行發展的線路。前者可能透過筆記將後者傳述的軼聞文字化，而後者對靖難史事的記憶，也可能在前者傳播過程中受其影響。正德以前相關文獻中影響最大的兩部著作——李賢（1408-1466）的《天順日錄》和宋端儀的《立齋閒錄》，都記錄了不少軼聞，這些記載很少見於過去的文本，並囊括許多後人對當時情況的聯想和評價。如《天順日錄》記載的周是修殉難故事，是現存較早藉由周氏之死批判楊士奇等降臣的文字：

> 文廟過江時，胡廣、金幼孜、黃淮、胡儼、解縉、楊士奇、周是修輩俱在朝。惟是修具衣冠詣應天府學，拜宣聖遺像畢，自為贊，繫於衣帶，自縊于東廡下，可謂從容就死者矣。諸公初亦有

---

[140] 關於中國社會在唐宋之後庶民對「讀書人」或「士大夫」崇敬心態，日本學者濱島敦俊在其著作中已有詳細的舉例說明和分析。參見濱島敦俊著，吳大昕譯，〈明代中後期江南士大夫的鄉居和城居——從「民望」到「鄉紳」〉，《明代研究》，11（臺北，2008.12），頁60-61。

[141] 哈布瓦赫在其《論集體記憶》一書中即提醒研究者，人們對過去的記憶是片段並經重新堆砌、組合的，而非一然完整、維持其原有架構和形式的狀態。同時，人們對於「當下」的關懷，以及企圖適應現實生活的嘗試，也將使對過往的記憶產生變形。即使是一段不甚愉快的經歷，也可能在現實社會給予的壓力下，被人們的心智加以潤飾、完善化，使之展現原本不曾具有的魅力。而當永樂年間的政治氛圍走向嚴酷肅殺之時，對已逝去的建文朝回憶進行重溫和美化，似乎也成了人們自然的心理反應。參見莫里斯・哈布瓦赫著，畢然、郭金華譯，《論集體記憶》，頁81-91。

約同死，已而俱負約，真有愧于死者。後縉為誌，士奇為傳，且
謂其子曰：「當時吾亦同死，誰與爾父作傳？」識者哂之。[142]

若檢視李賢所列名單，可發現其與之前楊士奇所作傳記中，周氏死前
曾拜別、託付後事的友人名單（江仲隆、解縉、胡廣、蕭用道、楊士
奇）及其死後為之撰文者的名單（解縉、胡廣、蕭用道、梁潛）都有
所出入。更進一步來說，李賢列出的，是後來為成祖簡入內閣加以重
用的六位出身江西、浙東地區——也就是靖難戰後受整肅最慘烈的地
區——之官員（可參照表1-1，惟扣除永樂年間方入朝的梁潛），而
且當中除了原任戶科給事中的金幼孜，和原任桐城知縣、燕軍渡江時
方應舉薦抵京的胡儼，其他人都曾與周是修一起在翰林院任職。換言
之，這群人若非周氏同鄉——至少以省為單位來說——便是同僚，當
中多數人甚至「以上皆是」。原本在建文時期與周是修同樣品級不高
的他們，自迎降之後便有了參與機務、近侍天子的機會，對比選擇自
盡的周氏，兩方際遇確實是南轅北轍，令人唏噓。如此看來，李賢所
謂「負同死之約而有愧於死者」的說法，與其說是對事實的陳述，或
許更接近由這群人之間的關聯對照境遇差異導致之不平心態所產生的
聯想。而在靖難戰後靠著迎降生存下來，並由此飛黃騰達的解縉、楊
士奇等人，他們為殉難故舊作傳的行為，也在上述認知脈絡下，被李
賢視為苟且偷生的託詞。

　　此外，《天順日錄》還記有方孝孺寧死不願為成祖草詔的故事，一
改永樂以降官方論述貶低方孝孺人格之描寫，彰顯了方氏的不屈死節：

　　　　文廟過江之日，初即位，欲詔示天下，問姚廣孝舉代草者，
　　　　曰：「必須方孝孺。」召之數次，不來。以勢逼之，不得已，
　　　　孝孺持斬衰而行見。文廟即命草詔，乃舉聲大哭曰：「將何為

[142] 〔明〕李賢，《天順日錄》（《續修四庫全書》，史部第433冊，上海：上海古籍出
版社，據上海圖書館藏明嘉靖十二年刻明良集本影印，1995），頁72b。

辭？」敕左右禁其哭，授以筆，既投之地，曰：「有死而已，
詔不可草。」文廟大怒，以凌遲之刑刑之，遂夷其族。[143]

方孝孺作為一代文宗，並以重視道德更甚於文藝聞名當世，洪武年間
許多與之交好的士大夫都留下稱譽其道德學問的文章，他本人在著作
中更屢屢強調道德的重要。[144]如此形象使人們很難接受官方論述對其
「叩頭祈哀」的描寫，稍早如趙洪等人已對方氏遭執後的寧死不屈有
委婉的敘述，[145]李賢的記載則更具體，也更富感染力，當中有些描述
殉臣義行和成祖殘忍作為的段落，在此之前甚至不曾形諸文字。這條
記載也因而成為明代方孝孺死難記述的雛形，往後許多著作的相關說
法都是在其基礎上增添渲染而來。

　　除了《天順日錄》的記載，李賢也曾為周是修撰寫悼念的哀辭和
詩篇，將周氏比喻為伯夷、叔齊，讚美其忠義精神，[146]這也成為明人
以伯夷、叔齊譬喻建文殉臣的先聲。[147]但另一方面，李賢也曾為陳懋
（1379-1463）、李彬（1361-1422）等靖難功臣撰寫神道碑銘，稱頌他
們效力成祖之忠、建立功勳之盛。如為李彬所作之碑銘中，便以「靖
難之師，惟公義勇，奉戴真人，不震不悚」一語，強調了傳主的忠勇
和成祖的天命所歸。[148]換言之，他對建文殉臣的同情與尊敬、對成祖

---

[143] 〔明〕李賢，《天順日錄》，頁74a。
[144] 如《立齋閒錄》敘及方孝孺生平時，引錄不少洪武時人的文章，如葉見泰、蘇伯
　　衡、王紳等人與方孝孺來往時贈送的序文，其內容應足以反映當時文壇學界對其之
　　看法。《革除遺事》中也提到方氏重道德輕文藝的態度，影響到其友王紳。值得注
　　意的是，王紳之子王稌不但是方孝孺的門人，也是較早開始補輯方氏詩文者之一，
　　從中也可看出建文殉臣交遊網絡對其相關記憶與正面形象保存的影響。參見〔明〕
　　宋端儀，《立齋閒錄》，卷2，〈革除錄〉，總頁627-628；〔明〕黃佐，《革除遺
　　事》（庚辰本），卷5，〈王紳〉，總頁634。
[145] 〔明〕趙洪，〈新刊正學文集序〉，收入〔明〕方孝孺撰，徐光大點校《遜志齋
　　集》，〈附錄〉，頁897。
[146] 〔明〕李賢，《古穰集》（《景印文淵閣四庫全書》，第1244冊，臺北：臺灣商務
　　印書館，據國立故宮博物院藏本影印，1986），卷20，〈周是修先生哀辭〉，頁
　　20a；卷22，〈輓周是修〉，頁1a。
[147] 劉瓊云，〈帝王還魂：明代建文帝流亡敘事的衍異〉，頁74。
[148] 〔明〕李賢，《古穰集》，卷11，〈奉天靖難推誠宣力武臣特進榮祿大夫柱國太保

殘忍行徑的認知，與其作為永樂一系帝王臣民而對該政權抱持的認同，是並存而不相衝突的。

李賢生於永樂七年（1408），那時人們尚保有對建文朝的當代記憶，永樂政權對「建文奸臣」的搜查與整肅亦仍在進行，故李賢雖未經歷建文朝統治和靖難戰爭，其故鄉河南鄧州在戰後受到的控制與迫害也不及江南、浙東、江西等地，但他仍可能由長輩、同僚處聽聞一些相關史事，加上身為閣臣的崇高地位與良好形象，其記錄與評價對後世產生了很大的影響。作為相關文獻中較早出者，這些關於建文殉臣的正向評述被廣泛抄錄、引用和延伸，此後對建文殉臣或靖難降臣的評價、討論與聯想不斷出現在明人著作中，而所持立場基本上都與李賢一致。可以說，李賢對建文朝臣人品氣節的看法，得到了後世的普遍認同，並成為此類論述的先驅。

曾為多位建文殉臣撰寫言行錄的尹直，亦曾在其筆記《謇齋瑣綴錄》中記述周是修死節之事，其故事於《天順日錄》的基礎上加以延伸，對投靠成祖的胡廣、楊士奇等人進行譏刺：

> 太宗渡江時，解、胡、金三先生與楊文貞、周是修相約自盡於應天府學。既而解先生使人覘胡動靜，因得胡先生庸如廁，回問家人曾飼豬否。解先生笑曰：「一豬尚不肯捨，豈肯捨性命？」蓋皆初無意於死也。惟是修竟行其志，哀哉！宜文貞為之著傳，以表見於後也。然文貞實以解薦，而文字中絕不語。及歸省過文江，僅以白金十兩壽解夫人爾。[149]

這則記載的軼聞性質，比《天順日錄》的版本更明顯。文中以諷刺的筆法描述了解縉、胡廣二人貪生怕死卻又惺惺作態的情狀。相較於李

寧陽侯追封濱國公謚武靖陳公神道碑銘〉，頁5b-10a；〈奉天靖難推誠宣力武臣特進榮祿大夫柱國豐城侯追封茂國公謚剛毅李公神道碑銘〉，頁10a-13a。
[149] 〔明〕尹直，《謇齋瑣綴錄》，卷6，收入〔明〕鄧士龍編，許大齡、王天有點校，《國朝典故》，卷58，頁1311-1312。

賢，尹直雖對楊士奇為周氏作傳的貢獻予以肯定，但仍透過解縉獲罪於成祖後楊士奇的冷淡態度，批判其現實的心態。

總之，民間對建文朝歷史記憶的保存、形塑與傳播受到許多因素影響，與文人記錄之間的互動亦相當複雜。隨著建文朝正向記憶和殉臣忠義形象逐漸深入士大夫及一般庶民的認知，期盼恢復建文君臣地位的心理，以及纂修專史使之不致泯滅的倡議也跟著興起。

（六）修纂建文朝史的倡議與嘗試

比起口頭傳述，文字記錄往往被認為是保存歷史與記憶的較好方式。隨著洪熙朝以後禁制漸解，有關建文朝與靖難歷史的記載開始出現、流通，不但填補了官方論述中許多模糊與空白之處，更直指實錄等官修著作對相關歷史書寫的失實，當中又以建文諸臣之忠遭受扭曲的情況最受矚目。早期涉及此方面的記載，多是為了挽救、重塑殉臣的忠義形象，隨著敘述建文朝臣事蹟的紀念文字和筆記著作持續問世，成化、弘治年間開始出現纂修建文朝歷史的倡議與嘗試，如歷經正統至弘治五朝的楊守陳（1425-1489），便是最早提出呼籲者，希望能讓建文朝歷史進入國史當中。

楊守陳是景泰二年（1451）進士，長期任職於翰林院，並曾參與《大明一統志》、《明英宗實錄》、《明憲宗實錄》的修纂，這些經歷意味著他不僅有機會接觸秘藏宮中的實錄，更擁有豐富的纂史經驗。他在晚年起草的奏疏中，提出了及時纂修建文朝史的主張：

> 古人謂：「國可滅，史不可滅。」我太祖定天下，即命儒臣撰
> 《元史》。太宗靖內難，其後史臣不記建文君事，遂使建文數
> 年朝廷政事及當時忠於所事者皆湮沒不傳。及今采輯，尚可補
> 國史之缺。[150]

---

[150] 〔明〕何喬新，《椒邱文集》（《景印文淵閣四庫全書》，第1249冊，臺北：臺灣
商務印書館，據國立故宮博物院藏本影印，1986），卷30，〈嘉議大夫吏部右侍郎

然而這份奏疏未及上達，楊氏便已一病不起，於弘治二年（1489）十月去世，徒留當時有識者無限的遺憾。[151]不過即使楊守陳成功上奏，可能也只會落得和後來吳世忠之議同樣石沉大海的結局，畢竟建文朝歷史定位與永樂政權的合法性息息相關，朝廷在處理上不得不小心謹慎。也正因為如此，日後提倡官方為建文朝修史的聲音沉寂了很長一段時間，纂修建文朝史的努力，就和崇祀建文殉臣的活動一樣，在中央無法付諸實行的情況下，轉由地方上的士大夫著手進行。

私人纂修建文朝史的嘗試，主要開始於弘治年間。當時最重要的成果，就是前文已提及的宋端儀《立齋閒錄》，[152]該書卷二〈革除錄〉記錄的正是靖難戰後至永樂朝中期官方整肅活動的相關資訊。宋端儀是成化十七年（1481）進士，曾長期擔任禮部主事，著述頗豐，因「慨建文朝忠臣湮沒」，而在靖難史事遭大量扭曲掩沒、資料搜集異常困難的情況下著手編纂此書。[153]所幸，即使在永樂十九年（1421）成祖遷都北京後，南京仍然保有不少中央級別的機構，許多永樂年間政治整肅的檔案都還留存其中，加上任職南京的官員大多位高職閒，這些條件都頗利於進行相關著述的編纂。《立齋閒錄》即收錄了許多缺載於實錄等官方文獻的詔令，以及南京吏部、刑部、錦衣衛、教坊司等機構的檔案，更蒐羅不少後世文人的追憶文字和軼聞筆記，乃至殉臣們為建文帝撰寫的讚頌篇章、彼此之間贈送唱和的詩文、對科舉等建文朝時事的記錄、上呈皇帝或藩王的奏書等。[154]資料

兼詹事府丞諡文懿楊公墓誌銘〉，頁45a-45b。

[151] 〔明〕何喬新，《椒邱文集》，卷30，〈嘉議大夫吏部右侍郎兼詹事府丞諡文懿楊公墓誌銘〉，頁45b。

[152] 正德年間修纂《革除遺事》的黃佐，於該書序言中明確指出宋端儀《革除錄》是最早纂修的建文朝史籍；《明史》中也稱：「建文忠臣有錄，自端儀始也。」肯定了此書於明代建文朝史修纂的開創性地位。吳振漢對《立齋閒錄》的考證，也證明了黃佐《革除遺事》乃至《明史》中相關論述的正確性。參見〔清〕張廷玉等撰，鄭天挺點校，《明史》，卷161，〈列傳第四十九·宋端儀〉，頁4395；吳振漢，〈宋端儀《立齋閒錄》研析〉，頁12-14。

[153] 〔清〕張廷玉等撰，鄭天挺點校，《明史》，卷161，〈列傳第四十九·宋端儀〉，頁4395。

[154] 吳振漢，〈宋端儀《立齋閒錄》研析〉，頁14；〔明〕宋端儀，《立齋閒錄》，卷

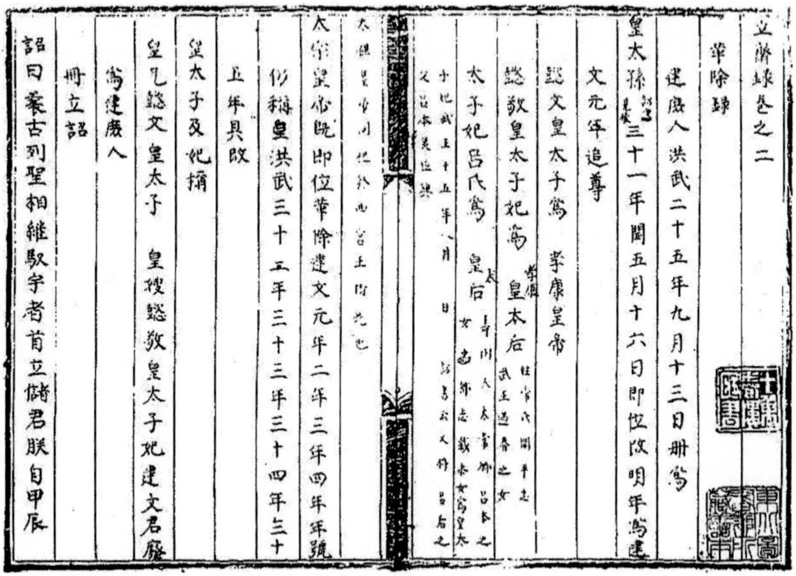

立齋錄卷之二
革除錄
建庶人洪武二十五年九月十三日冊為
皇太孫三十一年閏五月十六日即位改明年為建
文元年追尊
懿文皇太子為　孝康皇帝
懿敬皇太子妃為　皇太后
太子妃呂氏為　皇后
太宗皇帝既即位革除建文元年二年三年四年年號
仍稱皇洪武三十五年三十三年三十四年三十
五年具改
皇太子及妃稱
皇兄懿文皇太子　皇嫂懿敬皇太子妃建文君廢
為建庶人
冊立詔
詔曰眷古列聖相繼馭宇者首立儲君朕自甲辰

圖1-1　遼寧省圖書館藏《立齋閒錄》明抄本書影

雖然零碎，但已有助於探究建文朝的歷史、建文朝臣之間的交往情形，以及他們在靖難戰前的任官經歷、政治理念與人生觀。該書透過檔案資料呈現的成祖形象，甚至比過往的書寫和傳聞都要陰狠殘酷，所披露的殉難者慘況也令人怵目驚心。該書匯集多種原始材料，亦使之成為日後相關史籍在資料上的重要參考。

大體而言，此一時期筆記中有關建文殉臣的記載並不常見，且頗為簡略、零散，甚至可能迴避述及建文朝、靖難戰爭和壬午殉難的情形，但其所呈現的殉臣面向可能比正德以降的文獻更為多元。如葉盛《水東日記》記有方孝孺陪同宋濂（1310-1381）路經佛寺卻不隨其參拜的軼事，[155]並收載三篇王叔英任漢陽知縣時撰寫的祈雨文，[156]以及

2-3，〈革除錄〉，總頁609-642。

[155]〔明〕葉盛，《水東日記》（北京：中華書局，1980），卷8，〈方希直不拜佛〉，頁88。

[156]〔明〕葉盛，《水東日記》，卷21，〈王叔英禱雨文〉，頁209-212。

練子寧所寫的〈耽犁賦〉；[157]宋端儀《立齋閒錄》卷二、卷三亦抄錄大量殉臣詩文奏疏和相關資料，[158]呈現出這群人除了「殉臣」之外的其他面相。而正德、嘉靖以後的文本，在書寫上卻大量集中在靖難戰爭及壬午殉難期間，較偏重建文殉臣的「忠臣」角色，對上述層面談得較少。

此外，徐紘成書於弘治十八年（1505）、彙整國朝傳記文獻的《皇明名臣琬琰錄》，也收載了多篇建文殉臣傳記。除了前述周瑛〈重修修撰王公墓記〉、王鏊〈故戶科都給事中龔君墓表〉和尹直的四篇言行錄，尚有宋端儀為鐵鉉（1366-1402）撰寫的〈鐵鼎石傳〉，以及徐氏自行寫作的〈參贊軍務高巍傳〉。[159]徐紘還在龔泰墓表後，彙整了當時所知的四十一位殉臣，認為他們死難方式雖異，知名度也有差別，但忠於所事之心卻是一樣的。[160]這份名單與宋端儀《立齋閒錄》介紹的殉臣群體相較，既有新增的人物，也有未列之遺珠（參見附錄一）。而他們對建文死難之臣的考察與彙整，不僅豐富了人們對壬午殉難歷史的記憶，也成為正德、嘉靖以降相關史籍建構「建文忠臣」群體的重要基礎。

除了建文殉臣之外，有一群在南京城破前便相與遁去的官員，在弘治年間開始受到注意，並有零星傳聞出現。[161]首位嘗試記述這批人物事蹟的，是當時任職於南京吏部的陳鎬（?-1511）。陳鎬是成化二

---

[157] 〔明〕葉盛，《水東日記》，卷14，〈耽犁手卷〉，頁143-144。

[158] 〔明〕宋端儀，《立齋閒錄》，卷2-3，〈革除錄〉，總頁609-642。

[159] 〔明〕徐紘，《皇明名臣琬琰錄》，卷11，〈參贊軍務高巍傳〉，總頁347-357；〈鐵鼎石傳〉，總頁369-372；卷12，〈吏部尚書張公言行錄〉，總頁388-380；〈侍中許公言行錄〉，總頁390-395；〈知縣顏公言行錄〉，總頁395-400；〈王府紀善周公言行錄〉，總頁400-403；〈重修修撰王公墓記〉，總頁403-407；〈故戶科都給事中龔君墓表〉，總頁407-415。

[160] 〔明〕徐紘，《皇明名臣琬琰錄》，卷12，〈故戶科都給事中龔君墓表〉，總頁413-415。

[161] 嘉靖四年敖英在為何孟春《備遺續錄》撰寫的題記中，即提到昔日聽聞故老談及這批遁去官員之事。該篇文章也是現存最早記述陳鎬投入相關寫作的文獻。參見〔明〕敖英，〈題備遺續錄〉，收入〔明〕郁袞，《革朝遺忠錄》（臺北：國家圖書館藏明刻本），未編頁。

十三年（1487）進士，自幼生長於南京，可能多少聽聞過一些關於靖
難戰爭或建文君臣的故事，其《金陵人物志》的撰寫，亦顯示了對鄉
里人物的關切。他在南京吏部文選司任職時，於故牘中發現上述這類
遁去官員的姓名，從此便開始蒐集相關資料，計畫撰寫他們的事蹟，
傳之後世，可惜未及完稿便去世。[162]陳鎬雖然沒有完成著述，也未能
對弘治年間的建文朝歷史記憶產生具體影響，不過到了嘉靖初年，何
孟春（1474-1536）求得其遺稿，附於自己的著作《備遺續錄》書後，
使其成果得以隨著該書的傳播，進入嘉靖以降人們的記憶中。[163]

　　集體記憶的歷史延續性，不僅與源自制度、建設和檔案文書的遺
存有關，亦涉及共同經歷過該時期的不同群體，對於自身經驗、情感
的記錄與傳述，縱使部分群體的記憶可能遭受打壓而被迫潛伏，但要
將之徹底扼殺也絕非易事；不過這些存續下來的記憶，其面貌也深受
建置、資料遺存內容以及當代人記述傾向的影響。比起建文政權的運

---

[162] 〔明〕敖英，〈題備遺續錄〉，收入〔明〕郁袞，《革朝遺忠錄》，未編頁。

[163] 牛建強在其〈試論明代建文帝歷史冤案的反正過程——以明中後期建文朝史籍纂修
　　為視角〉一文中，將陳鎬視為「建文朝史籍纂修的最初嘗試者」，這個見解遭到其
　　他研究者如吳振漢的反駁。吳氏在〈宋端儀《立齋閒錄》研析〉一文中，強調陳鎬
　　中進士較宋端儀晚了六年，據《禮部志稿》所言又是晚宋氏四任的精膳司主事，實
　　為宋氏之後輩。由於《立齋閒錄》原書並無任何序、跋，故很難判斷所錄之〈革除
　　錄〉究竟成書於何時。然據《明孝宗實錄》、《明武宗實錄》和《明分省人物考》
　　記載，宋端儀自成化十七年中進士後，至弘治八年都在禮部任職，卒於弘治十四
　　年；而陳鎬任職於南京吏部是在弘治年間，並於弘治十五年調任山東按察司副使。
　　若由以上年份判斷，宋氏〈革除錄〉的編纂極可能早於陳氏纂述相關歷史的嘗試。
　　參見牛建強，〈試論明代建文帝歷史冤案的反正過程——以明中後期建文朝史籍纂
　　修為視角〉，頁33；吳振漢，〈宋端儀《立齋閒錄》研析〉，頁14；《明孝宗實
　　錄》，卷184，弘治十五年二月庚戌條，頁3389-33980；〔明〕費宏等撰，《明武
　　宗實錄》（臺北：中央研究院歷史語言研究所，據北平圖書館藏紅格鈔本微捲影
　　印，1966），卷81，正德六年十一月丁未朔條，頁1747；〔明〕過庭訓編，《明分
　　省人物考》（臺北：明文出版社，1991），第8冊，卷74，頁805。此外，牛建強
　　以陳鎬為明代建文史籍寫作最初的嘗試者，主要是根據敖英的〈題備遺續錄〉，然
　　其對敖英題記的解讀尚有值得商榷之處：陳鎬「嘗於故牘中見名氏」而「期徵實傳
　　之」者，按原文推斷應是指在燕軍駐金川門之日遁去的官員們，而非方孝孺、練子
　　寧等殉臣。況且敖英於題記中也提到，陳鎬死後其遺稿曾一度流落，直到何孟春努
　　力訪求，尋得稿件，附於《備遺續錄》後，才有了較廣的傳播。故牛氏謂陳鎬「為
　　正德年間後建文朝史籍的纂述者們樹立了典範」的說法，可能也有待評估。參見
　　〔明〕敖英，〈題備遺續錄〉，收入〔明〕郁袞，《革朝遺忠錄》，未編頁。

作、靖難戰爭的過程，永樂以降在官署中保存較多資料，也較能串聯時人親身經歷、引發共鳴的，就是建文諸臣的死難事蹟。無論祭祀、書寫或補集遺文，這些行為都是在紀念者對受難者抱持情感與認同的情況下產生。在早期，紀念者與受難者之間多半有同僚、親屬、師生或朋友等關係，從事紀念活動既能抒發對故人的情感，亦是他們在經歷靖難戰爭引發的劇變後，一種自處的方式；而隨著時間流逝，對後來未曾親歷國初內戰與整肅的新世代而言，上述紀念行為的情感動力，則轉變為對於「鄉賢」或是文人士大夫之間的認同與投射，建文殉臣的「忠義」形象，也在此一轉變過程中被不斷強化，甚至逐漸掩蓋早期紀念文本與遺存資料反映的其他面向。

在建文殉臣事蹟延續、流傳的過程中，地緣因素扮演的角色頗值得注意。在成化、弘治以前，許多紀念殉臣的活動，都是由其原籍、任職或死難地區的文人及官員發起；地方官員查訪殉臣事蹟時，也可能倚重地方耆老的口述記憶。此外永樂政權對浙東、江南、江西等地的加強整肅，以及對江西士人的策略性擢用，固然是基於鞏固統治的考量，也收穫一定程度的效果，卻也為諸臣殉難故事的存續留下後路。解縉、楊士奇等江西吉安官員對故舊的情誼與對忠節精神的尊崇，使他們成為較早留下殉臣紀念文字的一群人；而南京更可說是建文朝歷史記憶的重要載體，不僅當地居民與官員會將自身經歷或見聞傳承給下一代，各政府部門保留的官方檔案亦在弘治以降——以《立齋閒錄》為起點——成為編纂建文朝與靖難歷史的重要素材。當然，無論是各地流傳的不同故事，還是士大夫歷史認知與鄉里軼聞傳述之間，都並非涇渭分明、互不相涉，反而透過各種方式互動，豐富彼此的內容，並藉由文人書寫擴大影響力，逐漸成為後世超越時間與空間限制的共同記憶。

成化、弘治以降各地陸續建置鄉賢祠，也對上述傾向起了推波助瀾的作用。為了崇獎教化、激勵士人氣節，地方官和縉紳挑選道德、學問符合資格者為「鄉賢」，奉入祠廟，並努力宣揚其人品與事蹟，

期望促進人們對鄉里的認同和對鄉賢的效法；而文人士大夫對鄉土人文的關懷，除了反映在推崇鄉賢的活動上，也可見於他們蒐集、記錄鄉里軼聞的努力。這些心態與實際行動對建文朝歷史記憶在明代前期的保存、延續與發展頗有助益，而在明代中期以後更越發明顯，為正德朝以降相關野史傳記的蓬勃發展奠下基礎。

　　不過，對於建文殉臣的紀念活動，有時也帶有謀求利益的考量。特別是宣德、正統以降殉臣後人標舉先人招牌，向高官名士求撰序文、傳記的行為，如前述卓敬門人之子向劉球求傳、周縉之孫周源請吳寬作傳，多半都有拓展自身人脈、獲取象徵資本的意圖。而最明顯的案例，應屬周是修之子周轅的求文行為。周轅取得功名後，雖只能擔任江都縣學訓導、秀水縣學教諭等地方學職，但他似乎有意透過亡父與解縉、楊士奇等吉安名臣的連結，持續與同鄉高官要員建立關係。他曾在宣德元年（1426）以「原葬地不吉」為由為父遷葬，並在十多年後的正統年間，藉其江都縣學訓導秩滿入京之機，請求同樣出身泰和縣、時任吏部尚書的王直（1379-1462）撰寫墓表。王直在文中如此引述其請：「先人之卒，得二公之文，誠足以不朽矣。今既改葬，若揭表墓上，豈不益彰徹顯聞？此不肖孤之志也，敢請於先生。」[164]為一座已立墓十多年的先人墳墓向吏部主管官員求取墓表，甚至搬出楊士奇等「前輩」的名號，周轅此舉表面上是為了彰顯先人，但一方面又何嘗不是為了與王直這樣的重臣搭上線？

　　此外，雖說政治力量無法控制建文朝歷史記憶在民間的發展，但

---

[164] 〔明〕王直，《抑菴文集‧後集》（《景印文淵閣四庫全書》，第1242冊，臺北：臺灣商務印書館，據國立故宮博物院藏本影印，1983），卷37，〈周是修墓表〉，頁57b。此墓表的寫作時間，若以文中稱周是修「今卒四十年」一語推算，大約是在正統七至八年左右。而萬曆朝《江都縣志》的〈秩官表〉中，雖無周轅之名，卻記有正統九年的新任教諭，或可判斷周轅秩滿是在前一年的正統八年。參見〔明〕張寧、陸君弼纂修，《（萬曆）江都縣志》（《四庫全書存目叢書》，史部第202冊，臺南：莊嚴文化事業有限公司，據北京圖書館藏明萬曆刻本影印，1996），卷3，〈秩官表第二〉，頁12a。有趣的是，當年胡廣、梁潛等人明明也為周是修撰寫了紀念文字，但周轅卻只點名解縉、楊士奇「二公」，或許是因為二人的名氣，遠非胡、梁等人所能比擬。

相關記憶的「由暗化明」，仍頗受益於官方禁制的逐步緩解。宣德、正統年間楊士奇對故舊的紀念之所以能比永樂時的解縉更積極、直接，成化、弘治年間對建文殉臣事蹟的書寫之所以能漸趨蓬勃甚至不受限制，其實都與稍早之前的弛禁與赦免措施有關。而官方態度趨緩的因素及所帶來的效應，將在下一節進行分析。

第三節　弛禁、赦免與調和

　　官方對建文朝歷史的論述，於永樂到宣德年間大致成形，並數經調整以求合理化、完善化，希望藉此取代人們的舊有記憶。值得注意的是，官方論述的修正並不完全是為維護統治合法性，其與民間固有記憶之間也非全然衝突，論述調整者甚至可能對部分與官方論述相左的記憶抱持情感或認同。這使明代官方對建文朝歷史論述的「調整」，在相當程度上也具有「調和」的性質，將立場迥異的建文殉臣和永樂政權逐步拉至同一平臺，讓兩者得以共存。此現象又涉及當時朝廷對相關政治禁忌在態度及政策上的趨緩：自洪熙朝始，官方陸續展開一些赦免措施，原本視相關記載和討論為高度禁忌的態度也逐漸放鬆，但在維護成祖一系統治合法性的大前提下，這些寬赦和弛禁仍是有限的。上述情況一方面可視為永樂以降君臣對相關歷史心理矛盾的反映，一方面也蘊含長久維繫政權的考量。

（一）逐步趨緩的政治氛圍

　　建文朝歷史記憶在永樂到弘治年間的發展，與這段期間的政治弛禁頗有關係。此一過程是漸進式的，但官方態度卻未必隨著時間逐漸軟化，特別是英宗在位期間對成祖地位及其統治合法性的強化，對「建文問題」的敏感程度反而更勝之前的仁、宣時期。在這種情況下，弛禁與寬赦措施之所以能夠逐步推進，歷任君主基於自身需求和特定政治考量，期望藉此類措施獲取某些政治效益，實是相當重要的

因素。當然，不可否認即使歷經永樂年間的整肅、文禁和歷史改寫，對建文君臣的同情心態與正面印象仍然存留於民間和士人群體的歷史記憶裡，並影響了往後的官方態度，不過在永樂到弘治年間建文朝記憶由暗化明的過程中，執政的皇帝與其近臣確實扮演了關鍵且微妙的角色。

靖難之後，永樂政權採取的高壓統治手段雖能迅速壓制反抗的勢力與聲浪，讓歷經戰爭和權力移轉的社會較快恢復秩序，卻非安定國家的良方，反而易使民間產生不滿情緒，成為潛在的不安因素。為了安撫和收攬人心，成祖在展開政治整肅的同時，也伴隨有限度的寬赦，將願歸附的建文舊臣或其親友納入自己的統治體系，[165]甚至於永樂十四年下令停止大學士胡廣家鄉江西吉水針對建文殉臣親屬的搜查與迫害。[166]永樂十五年（1417）建文帝之弟允熥去世時，成祖更刻意展現就其標準而言「過厚」的仁慈，以禮葬之。[167]在永樂朝寬赦措

---

[165] 在永樂朝深得成祖重用的蹇義、夏原吉、解縉、胡廣、金幼孜、楊士奇、楊榮等人，其實都是在靖難之後投降成祖的建文舊臣。另如張紞、王鈍、鄭賜、黃福、尹昌隆等人，原本還被列在要究治的奸臣名單中，後來都被成祖「宥而用之」。即使晚至永樂九年，仍發生新科進士王彥自陳家中因「與奸惡外親有連」而遭籍沒，並自請以罪人身分就捕，後被成祖「并其家宥之」的事件。參見《明太宗實錄》，卷14，洪武三十五年十一月甲辰條，頁263-264；卷115，永樂九年五月辛未條，頁1471。

[166] 《明太宗實錄》，卷200，永樂十六年五月丁巳條，頁2085。

[167] 《明太宗實錄》於永樂十五年對此事的記載如下：「己巳，庶人允熥卒，賜祭。允熥，懿文太子第三子，母妃常氏，開平忠武王遇春之女。允熥建文中封吳王，上嗣位之初正封號，改廣澤王，以罪免為庶人。至是卒，上聞訃嘆曰：『吾既往不咎矣，於親親寧過厚也。』命以禮葬之。」此則記載有不少耐人尋味之處：首先，成祖奪得政權的當年七月，將建文帝的三個弟弟——吳王允熥、衡王允熞、徐王允燍，分別降為廣澤王、懷恩王、敷惠王，《明太宗實錄》於洪武三十五年七月的記載中稱以「改封」，八月成祖以「皇考嘗以封第五子為吳王，後考古制天子畿內不以封諸侯，遂改河南」為由，拒絕寧王朱權希望改封杭州的奏請，並將此舊例視作「祖訓」。而建文帝封其弟允熥為吳王的作法，則成了「不遵祖訓」的另一實例，允熥等人的「降級」在永樂政權的論述中，亦成為對建文帝違反祖制的「改正」。其次，永樂十五年的記載言允熥等人「以罪免為庶人」，而據實錄於洪武三十五年十一月對廢庶之事的敘述，允熥等人的「罪名」不過是「不能匡輔其兄」，然此罪在成祖眼中竟深重到不僅須廢為庶人，死後以禮葬之還成為「過厚」的處置。允熥死後得以禮葬的記載，單獨來看似乎能彰顯成祖的寬仁與親親之心，但連結其被廢的過程加以檢視，反倒更加凸顯成祖基於仇恨與報復心態加諸的不公正待遇。參見《明太宗實錄》，卷10上，洪武三十五年七月癸巳條，頁158；卷11，洪武三十五年八月戊午條，頁177；卷192，永樂十五年九月己巳條，頁2032。

施的對象當中，擁有功名、官職的士大夫是相當重要的一群，顯示成祖嘗試透過此類手段，爭取作為固有政治和社會精英的士人為新政權服務。為了在消除建文朝殘存勢力與影響的同時，也將其人才納為己用，永樂政權設計了一套論述，企圖讓轉投麾下的建文舊臣與其故主劃清界線。永樂元年四月，成祖為安撫歸附後仍「心懷危疑，不安於職」的降臣，敕諭中外文武群臣，表明自己的用人理念：

> 帝王圖治，必審於用人，或取諸亡國，或舉於仇怨，惟其賢而已。若唐太宗用王珪、魏徵、房玄齡、杜如晦、李靖、尉遲敬德，宋太祖用范質、王溥、石守信、王審琦輩。……朕太祖高皇帝嫡子，奉藩于燕，荷天地宗社之靈，肅清奸宄，遂正大統。蒞阼以來，思惟文武群臣皆皇考舊人，惟誠用之，纖悉無間。……凡爾文武群臣，皆皇考所教育以遺子孫者，豈異國與仇怨之比乎？[168]

此類將建文舊臣視為太祖所育人才的論述，在之後亦不斷為成祖所強調，[169]為永樂政權任用建文舊臣提供了依據：他們是由太祖培育，而非建文帝提拔，加以延用也等同維持洪武故政，從而與成祖「維護皇考舊制」的形象塑造密切結合。[170]這種說法不僅能安撫被留用的朝臣，減少可能由此產生的人事糾紛和無謂政爭，更能展現成祖的寬大無私。[171]

---

[168] 《明太宗實錄》，卷19，永樂元年四月戊申條，頁337-338。

[169] 如永樂元年五月，李景隆等人奏請將齊泰、黃子澄所提拔之官員俱發為民，成祖亦將這類官員視為「皇考作養人材，皆以遺子孫」，認為「雖由奸臣以進，豈為奸臣之用」，而維持原本「悉仍見職不動」的處置。參見《明太宗實錄》，卷20下，永樂元年五月乙未條，頁370。

[170] 最能反映此一動機的說法出現在永樂元年九月。燕王入京後曾有過一段政治整肅期，罷黜了不少建文年間出仕的官員，後來為了安撫人心、收攬人才，才下令讓願意合作的建文朝臣維持原職。而已被廢黜的官員是否應予以復職，便在當時形成爭議。成祖在回應時強調「天下人才皆皇考所造就，為國家之用。朕即位以來，劻遵成憲，凡一才一藝悉用之」，下令以「隨才擢用」的原則來處理此一人事問題。參見《明太宗實錄》，卷23，永樂元年九月壬辰條，頁423-424。

[171] 關於成祖此一政策的理念與實際效益，朱鴻已有詳盡的介紹和分析。參見氏著，

雖是基於統治上的考量，但上述政策與論述，仍多少影響了永樂政權對待建文舊臣的態度。既然建文年間出仕者其實都是太祖培養的人才，那如果這些士大夫並未「助奸臣為虐」，妨礙或抗拒燕王的「靖難義舉」，又何罪之有？此一狀況使得永樂朝對建文君臣記載的嚴禁，出現以「語涉干犯」為標準的傾向。像方孝孺這類寧被誅族，也要斥責朱棣篡位、不肯向其妥協的殉臣，其詩文與記錄固然遭到全面禁燬，但若非積極與永樂政權對立而僅以自盡明志者，其相關記載就未必會成為禁忌了。如前述於建文焚宮後自殺殉國的周是修，遺體歸葬時即有故舊為其寫下紀念文字，這些人當中甚至不乏深受成祖重用的朝廷官員，[172]記述內容以介紹周氏著作和人格操守為主，於其生平著墨不多，並含糊帶過死因。[173]如此的情況既顯示了當代文人避免衝撞政治禁忌的小心謹慎，也可看出永樂政權為安撫士大夫群體所作的讓步。

　　成祖去世後，即位的仁宗一反其父嚴酷整肅建文忠臣親舊的態度，於永樂二十二年（1424）十一月札付禮部尚書呂震（1365-1426）曰：

　　　建文中奸臣，其正犯已悉受顯戮。家屬初發教坊司、錦衣衛、
　　　浣衣局并習匠及功臣家為奴，今有存者，既經大赦，可宥為
　　　民，給還田土。[174]

同年十二月，仁宗又因聽聞靖難戰時被指控為「首惡」的齊泰、黃子

《明成祖與永樂政治》，頁109-110。

[172] 根據楊士奇撰於宣德四年的〈周是修傳〉所述，永樂初年為周氏撰寫紀念文字者，包括解縉、胡廣、蕭用道和梁潛。解、胡二人都曾於永樂年間擔任大學士之職，入文淵閣參與機務，品秩不高但深受成祖倚重；蕭、梁二人則參與過永樂初年的《明太祖實錄》重修，梁潛之後還擢升為翰林院修撰。參見〔明〕楊士奇撰，劉伯涵、朱海點校，《東里文集》，卷22，〈周是修傳〉，頁332。

[173] 如解縉在周是修遺體返鄉安葬時寫作的墓誌銘，僅以「周是修死京師」一句交代其死亡，全文對靖難及建文年間事亦隻字未提。參見〔明〕解縉，〈周是修墓誌銘〉，收入〔明〕周是修，《芻蕘集》，卷6，頁61a-61b。

[174] 《明仁宗實錄》，卷4上，永樂二十二年十一月壬申朔條，頁131。

澄等人「外親全調戍邊者，有田在鄉悉荒廢」，下令「每家存一丁於戍，所餘放歸為民」。[175]如前所述，仁宗基於自身性格與經歷的影響，對建文君臣抱持同情的態度，雖然為了維護永樂一系的統治合法性，在建構靖難歷史論述時不得不將建文朝臣誣為奸惡，但其本身對這些人並無惡感，甚至覺得永樂年間進行的政治整肅太過嚴酷，故在繼位之後開始著手補救。只是仁宗在位時間很短，相關措施實行得並不徹底，[176]也無法再持續推展。

仁宗的寬赦措施在後世得到相當高的評價，被認為是建文殉臣及其族屬獲赦、地位恢復的歷史基礎。弘治六年兵科給事中吳世忠在上奏孝宗的疏文中，便有如下言論：

> 仁宗皇帝即位之初，於孝孺、公瑾諸人之事，俱嘗明著詔書稱其忠義，還其子孫俾不失所。後至宣宗皇帝之世，凡諸恩意亦以漸推舉。[177]

正德、嘉靖年間海鹽人錢琦（1467-1542）的〈忠祠議〉一文，也有「昭皇踐祚詔稱方孝孺、練子寧等俱是忠臣，宸章褒愍，心跡愈明」之說。[178]但有趣的是，《明仁宗實錄》和楊士奇《代言錄》所載仁宗即位詔，並無任何稱讚方孝孺等人之語，[179]而《明宣宗實錄》中也未見「凡

---

[175] 《明仁宗實錄》，卷5上，永樂二十二年十二月癸卯條，頁157。

[176] 洪熙朝相關寬赦措施執行情況並不理想，這一點從後來萬曆年間屠叔方上疏奏請「宥釋忠臣外親」，以及神宗准奏之後辦理情況竟頗有成果便可看出，許多所謂「奸臣」的外親當初根本沒被列入寬赦名單。參見《明神宗實錄》，卷146，萬曆十二年二月己巳條，頁2727-2728；〔明〕屠叔方，《建文朝野彙編》，卷20，頁15b-20a。

[177] 《明孝宗實錄》，卷72，弘治六年二月辛酉條，頁1359。

[178] 〔明〕錢琦，《錢臨江集》（臺北：漢學研究中心，據明萬曆刊本影印，1990），卷8，〈忠祠議〉，頁3a-5a。

[179] 《明仁宗實錄》，卷1上，永樂二十二年八月丁巳條，頁13-21；〔明〕楊士奇，《東里別集》（《景印文淵閣四庫全書》，集部第178冊，臺北：臺灣商務印書館，據國立故宮博物院藏本影印，2009），卷1，《代言錄》，〈仁宗即位詔〉，頁7a-15b。

諸恩意亦以漸推舉」的具體事例。事實上，即使仁宗確實對建文殉臣抱持同情和正面評價，礙於自身立場也無法公開宣稱，甚至在撰寫〈大明長陵神功聖德碑〉和發布寬赦令時，仍稱之為「奸臣」。故上述看法可能只是後世對仁宗作為的理解及聯想，並非事實。相較之下，黃佐成於正德年間的《革除遺事》則將仁宗稱方孝孺等為「忠臣」之語改為私下的口頭表示，[180]敘述上雖略顯保守，但或許較為合理。

此類說法最大的問題在於，「赦免」和「平反」是截然不同的兩回事，前者是有罪而免去其罰，後者則是有罪變成無罪。上述那些建文「奸臣」的遺族是透過「大赦」得宥為民，這表示無論仁宗內心真正的想法為何，他都沒有否定成祖加諸於建文殉臣及其親屬身上的「罪」。若公開宣稱這些人是忠臣，其意義就完全不同，仁宗所做的將不再是赦免，而是平反，因為原本判定的「罪名」已無法成立。由此看來，洪熙朝的寬赦措施到明代中葉已開始被人們理解為對建文殉臣的平反、對其忠義之行的肯定，進而成為倡議恢復建文君臣歷史地位時的論據。不過，這種迥異於實際情況的理解倒也未必只是「誤解」，反而更可能是倡議者刻意建構的論述，好利用先皇言行為一己主張背書，使之更為理所當然。

至於後來的「宣宗皇帝之世」，為了避免動搖成祖的歷史地位及其所建政權的正當性，並未就洪熙年間既行措施的基礎上更進一步。不過仁宗的作法確實已對宣德君臣產生了影響，加上朝中不少官員過去都曾與建文殉臣關係良好，故使朝廷的態度逐漸寬鬆。雖然建文帝的地位問題始終是永樂以降歷任統治者心中的死結，但透過成祖將建文諸臣視為「皇考舊人」的論述，至少後者的存在對政權之維持已不再具有威脅，針對殉臣的弛禁之路也因此得以開展。在仁宣時期，官

---

[180] 《革除遺事》原文為：「洪熙初，仁廟嘗謂群臣：『若孝孺輩，皆忠臣也。』詔奸臣黨於從寬典。」嘉靖年間鄭曉在其著《今言》一書中，對上述說法再作延伸，認為在仁宗稱讚方孝孺等人並進行寬赦後，「天下始敢稱孝孺諸死義者為忠臣云」。參見〔明〕黃佐，《革除遺事》（庚辰本），卷1，〈方孝孺〉，總頁608；〔明〕鄭曉，《今言》（北京：中華書局，1984），卷4，頁170。

方已不再限制建文諸臣詩文的傳布和相關紀念活動的舉行，甚至連部分朝臣亦參與其中，相較於永樂年間，政治氛圍已明顯趨緩。

　　然而很快地，官方弛禁與寬赦的腳步便告停止。宣宗逝世後，年僅九歲的皇太子朱祁鎮繼位，是為英宗（1427-1464，1435-1449、1457-1464在位），在太皇太后張氏（?-1442）和重臣楊士奇、楊榮、楊溥（1372-1446）等人的主導下，定年號為「正統」，展開一系列奠定成祖歷史地位的措施，正式確立了永樂政權的統治合法性。[181]生於宣德年間的英宗，對建文朝與靖難歷史的認知多來自永樂以降的官方論述，且不像宣宗那樣夾在父祖之間、立場尷尬，他很清楚自己所背負的歷史任務，即使這項任務原是由祖母和幾位老臣所賦予的，但他本身對成祖亦相當尊崇，並且積極投入「正永樂之統」的工作。[182]如此一來，正統年間官方對建文朝相關議題的態度，不但沒有進一步開放的空間，反而可能再度轉為保守。

　　在這樣的背景下，正統五年十一月發生了一起相當特殊的案件，對明代中葉以後建文朝歷史記憶的發展頗有影響。此案現存最早的記載出現在《明英宗實錄》，內容十分耐人尋味：

> 有僧年九十餘，自雲南至廣西，紿人曰：「我建文也。張天師言我有四十年苦，今為僧期滿，宜迓返邦國。」以黃紙為書，

---

[181] 「正統」年號之訂立應是張太皇太后與楊士奇內閣的決定，所「正」的自然不是經由合法程序得位的英宗之統，而是以靖難奪國的「永樂之統」。畢竟永樂之統不正，自其以下所有皇帝的政權合法性就無法正式建立。正統初年景陵的建立、定都北京並進一步建設的政策、英宗屢錫天壽山陵區的舉動，都是此「正統大業」的一環。參見朱鴻，〈三「楊」開泰？：明英宗正統初期的內閣政治〉，頁20-25。

[182] 欲檢視英宗對成祖的尊崇，御製文本是個不錯的切入點。如其〈御製大藏經序〉中有「惟我皇曾祖太宗文皇帝，德全仁聖，道法乾坤，同上帝之好生，同大覺之普濟，禮教邁于百王，惠澤周乎八表，泰和之盛，寰宇皆春」、「允成皇曾祖之聖志，允弘皇高祖之寶福」等句，尤其後句不但將成祖與太祖並列，書寫順序上還先於太祖。雖然所謂的「御製」文本通常會由皇帝身邊的文臣起草、潤飾，但既名為「御製」，其內容必然已獲英宗本人認可，甚至足以反映其想法。而英宗對天壽山謁陵活動之熱衷，則是他積極致力於「正統」大業的最好證明。參見《明英宗實錄》，卷73，正統五年十一月丁巳條，頁1413-1414；朱鴻，〈三「楊」開泰？：明英宗正統初期的內閣政治〉，頁20-25。

命其徒清進持詣思恩府土官。知府岑瑛執送總兵官柳溥，械至
京。會官鞫之，乃言其姓名為楊行祥，河南鈞州白沙里人，洪
武十七年度為僧，歷遊兩京、雲南、貴州至廣西。上命錦衣衛
錮禁之，凡四踰月，死獄中。其同謀僧十二人，俱謫戌遼東邊
衛。[183]

後世許多人都指出這起事件的荒謬性：正統五年時倘若建文帝還在生，
算算年齡也才六十四歲，卻冒出一個九十多歲的老僧自稱是建文帝。
而官方的態度也很有趣，在對方年齡明顯不符的情況下竟仍將之執送
總兵官，再長途押解到京師進行會審，最後把主犯楊行祥監禁至死，
同黨戌邊，至成化年間更將此案載入實錄。朝廷何以如此鄭重其事？
　　這則記載其實反映了當時民間對建文朝與靖難史事認知上的些許
層面，以及官方對待「建文問題」的態度。首先就歷史認知而言，不
論是前述永樂年間谷王朱橞謊稱建文帝未死並居於其所之事，或是此
案中的冒充者，都顯示在靖難戰爭後，建文帝未死且出亡在外的說法
其實一直在民間流傳，同時也反映人們對官方「建文死於火」的說詞
有所不滿或存疑，進而希望甚至相信建文帝仍然活著。此外，九旬老
僧的冒充和地方官員的不辨真偽，或許正說明永樂年間厲行革除並長
期將「建文問題」視為政治禁忌的作法，導致在正統年間，許多人對
建文朝的歷史已只剩下模糊的概念，缺乏正確認知。
　　至於官方態度，從實錄敘述可看出，無論是地方或中央政府，皆
以大動作來應對此案，最後的懲處也相當嚴厲，表示當時對相關議題
仍處於高度敏感的階段。正統朝作為永樂政統正式確立的關鍵時期，
自然無法容許此類現象的出現，因此官方採取的處置其實警示意味相
當濃厚：一則殺雞儆猴以免有其他效仿者出現，二則藉楊行祥的冒充
建立「建文已死於火，若有自稱建文者必屬冒充」的邏輯，以消弭民

---

[183] 《明英宗實錄》，卷73，正統五年十一月丁巳條，頁1419。

間的各種猜測臆想。此事被記入成化年間修纂的《明英宗實錄》，代表當時參與修史工作的官員已意識到此案於正統年間受到的重視，並認為其有載入實錄的價值，同時也將此案形諸文字，透過明代最高等級的官修國史使之正式化、權威化，成為官方對民間建文出亡說一種正式但較為間接的駁斥，特別是記載中對楊行祥年齡的敘述，尤可凸顯其冒充行徑的荒謬。[184]

然而，正統年間官方對此案的重視及嚴厲處置似乎產生了反效果，民間的相關傳聞與臆測在此後反而越發蓬勃。且諷刺的是，正德朝後不斷有述及此案的文獻問世，如祝允明（1460-1526）《野記》、王鏊（1450-1524）《守溪筆記》等，並逐漸朝著「建文確實出亡在外」、「該僧確為建文」的方向發展。由於目前尚未發現任何早於實錄記載的相關文獻，故這些說法很可能皆脫胎自實錄。

如上所述，由於英宗相當清楚「正統」年號加諸在自己身上的責任與角色期待，故在面對可能動搖成祖及其子孫統治正當性的「建文問題」時，不太可能以溫和、寬鬆的態度處理。雖然建文殉臣遺族已在洪熙年間獲得寬赦，與之相關的文字和言論也已能流通，可是這些殉臣所效忠的對象建文帝，作為永樂正統論述與歷史地位建構上的死穴，始終沒能獲得同等的待遇，官方加諸其身的汙名仍未洗刷，其親屬亦仍以罪人之身遭受監禁。隨著正統年間官方態度再度趨於保守，建文帝及其遺族的命運，似乎很難盼得翻轉的一天。

然而十多年後，情況貌似出現了轉機。明景泰八年（1457）正月十七日夜，英宗藉由奪門之變，從其異母弟景泰帝朱祁鈺（1428-1457，1449-1457在位）手中奪回皇位，並將該年改元為「天順」，開始了對大明帝國的第二次統治。同年十月，英宗下令釋放已被囚禁五十多年的建文帝次子朱文圭和其弟朱允熥的遺族，安排他們居住在鳳陽，供應其生活所需，並將此事昭告群臣：

---

[184] 何幸真，〈英廟「盛德」：明天順朝君臣對「建文問題」之態度〉，頁14-15。

朕恭膺天命，復承祖宗大統，夙夜憂勤，欲使天下群生咸得其
所，而況宗室至親者哉？爰念建庶人等自幼為前人所累，拘幽
至今五十餘年，憫此遺孤，特從寬貸。用是厚加賞賚，遣人送
至鳳陽居住，月給廩餼，以安其生，仍聽婚姻，以續其後，庶
副朕眷念親親之意。[185]

英宗在下達命令之前，其實已先與重臣李賢等人討論，並且獲得支
持。而從李賢對此事的記載亦可知，英宗確實是在復辟後，才萌生釋
出建庶人的想法。[186]在這則敕諭當中，他聲稱自己的復辟是「順應天
命」，且復位之後日思夜想的都是如何使天下萬民皆得安生，而建庶
人朱文圭等人又因受牽連遭囚多年，深可憐憫，所以才有此寬赦之
舉。只是英宗的「憐憫之心」為何直至復辟之後才突然出現，而不
見於之前以正統年號臨御的那十四年間？這實與他在復位前的親身經
歷，以及復位後的政治需求息息相關。

---

[185] 《明英宗實錄》，卷283，天順元年十月丙辰條，頁6080。值得注意的是，弘治、
正德時，「建庶人」一詞的指涉對象已出現分歧。天順年間「建庶人」指的主要是
建文帝被廢為庶人的次子朱文圭，但弘治朝以後，「建庶人」一詞也被用來指稱建
文帝。如成於弘治朝的《立齋閒錄》便使用這種稱呼方式，並有「建文君廢為建庶
人」之說，可見此一認知最晚在弘治年間便已存在。會產生這種情況，可能是因
為成祖廢建文帝為庶人的認知，在當時已經相當普遍。吳德義在介紹正德年間《野
記》有關靖難之傳說時，特別指出該書稱建文帝為「建庶人」是誤解歷史，並以
《明太宗實錄》未有廢其為庶之詔作為論證，認為此舉與成祖「周公輔成王」的形
象宣傳相矛盾，應不會為其所採。然而此論其實不太能站得住腳，畢竟《明太宗實
錄》在描述成祖和建文帝的關係時，主要是延續〈大明長陵神功聖德碑〉的說法，
將成祖塑造為一心要誅奸臣、清君側的忠藩，因此從實錄中是否有相關記載來判斷
並不可靠，就算成祖曾廢建文帝為庶人，也不可能將之載入實錄，況且成祖奪位之
後去建文年號的作法，同樣與「周公輔成王」的號召相悖。前文已提過，成祖的政
治宣傳是隨著時間不斷調整的，故與其實際作為之間自然矛盾甚多，不足為奇。參
見吳德義，《建文史學編年考》，頁75；〔明〕宋端儀，《立齋閒錄》，卷2，〈革
除錄〉，總頁608。
[186] 據李賢《天順日錄》載：「上復位之後，因思建庶人輩無辜淹禁將五、六十年，意
欲寬之。一日，謂賢曰：『親親之義，實所不忍。』賢對曰：『陛下此一念，天地
鬼神實臨之，太祖在天之靈實臨之，堯、舜存心，不過如此。』上遂決。」參見
〔明〕李賢，《天順日錄》，頁11b。

英宗之所以一反往日堅守永樂正統、嚴待建文朝相關問題的態度，下令釋放建文帝遺族，固然受到過去七年來幽居南宮經歷的影響，使他對朱文圭等人心生同情，但更重要的動機，是為了在藉奪門之變搶回皇位後，對自身形象進行包裝和美化，替其復辟之舉建立正當性。[187]當然，英宗並沒有因而放棄「正永樂之統」的歷史任務和立場，為免自己在初次統治期間確立的永樂正統遭受動搖，他所下的命令和表現出的態度都相當謹慎，不讓此事與建文帝扯上關係。[188]甚至，英宗處理此事的方式，也是建立在肯定當年成祖處置的前提上。對英宗來說，文圭、允熥等人承自其父兄的「罪」是確實存在的，故才在敕令中稱以「雖在不原，亦令得所」，[189]顯示這只是基於憐憫進行的寬赦，並不是平反。在下達命令後，他對文圭等人再也不加聞問，可能亦有避免節外生枝、予人過多聯想的用意。[190]

英宗釋放建文帝遺族的措施，雖然只是為其復辟塑造正面形象的政治演出，卻跟仁宗時期進行的寬赦同樣，被人們賦予了重大的意義，遠超出英宗本人的預期和其實際應有的程度。這個命令將洪熙朝以來相關寬弛與赦免的範圍，從原先的建文諸臣遺族，擴及建文帝本人的親

---

[187] 英宗幽居南宮的七年歲月，對其在復辟之初的表現應影響頗深，不但對景泰君臣展開報復，也為曾多方照顧自己的孫太后尊上徽號。而他對自身形象的包裝，是與詆毀景泰帝的行動同步進行、相互配合的。將景泰帝抨擊成竊位失德的昏君，自己的復辟之舉便顯得理所當然、順天應人，隨後再聲稱「念天倫之親，有所不忍」而保留景泰年號，以為己塑造寬仁之君的形象。釋放建文帝遺族的措施，則成為他妝點自身形象、開闢新朝氣象的絕佳途徑。而英宗在下令之後，便對原本「憐憫」的文圭等人不再聞問，亦顯示比起同情心理，他更希望藉由此舉獲得某些政治效益。參見何幸真，〈英廟「盛德」：明天順朝君臣對「建文問題」之態度〉，頁18-21。
[188] 就連英宗發布的命令和他敕諭群臣的說詞中，都不曾提及建文帝的名號，只有在談及朱文圭等人遭囚禁的緣由時，以「為前人所累」敘述之。以「前人」代稱建文帝，這種作法即有避重就輕、企圖消除此事與建文帝關聯的用意。參見《明英宗實錄》，卷283，天順元年十月丙辰條，頁6079-6080。
[189] 據《明英宗實錄》載：「丙辰，釋建文君子孫，安置鳳陽。敕太監雷春等曰：『朕眷念宗室至親，雖在不原，亦令得所。今遣太監吳昱，管送吳庶人及其母楊氏等共一十八名口，前去鳳陽居住。……聽於軍民之家自擇婚配，其親戚許相往來，……令其安分守法，亦宜以禮優待，毋得忽慢，庶得朕眷念宗室之意。』」參見《明英宗實錄》，卷283，天順元年十月丙辰條，頁6079-6080。
[190] 何幸真，〈英廟「盛德」：明天順朝君臣對「建文問題」之態度〉，頁20。

屬，這固然是不爭的事實，但此事實在某種程度上亦帶給人們「建文帝親屬已獲平反」這種不盡正確的認知，甚至產生一種更高的期待，認為未來建文帝本人也可能和其臣民一樣，逐漸擺脫政治禁忌的陰影。英宗此舉在實錄等文獻中被塑造成一種「盛德之事」，[191]之後更被建構成「祖宗極為盛德事」之一，奉為典範，[192]這於往後對建文朝與其君臣的態度，以及私纂建文朝歷史的活動，都有所激勵和影響。

在官方和民間於上述問題產生認知差異的情況下，弘治年間出現了一些倡議提升建文帝及其遺族地位的聲音，衝撞到當時的政治禁忌，卻在孝宗的寬容下得以善了，這導致官方無形中又放寬了對建文君臣地位問題的禁制底線：

> 弘治中，台人繆恭學古行高，晚年走京師，上六事。其一「紀絕屬」，請封建庶人後為王，奉祀懿文太子。通政司官見恭奏大駭，罵恭：「蠻子，何為自速死！」繫恭兵馬司獄，劾上待命。賴敬皇明聖，詔勿罪，放恭還鄉。[193]

這種請封建庶人後代為王的提議，應該就是在英宗赦出建庶人一事的基礎上出現的，同時也顯示由於上述「建文帝親屬已獲平反」的誤解，建庶人恢復原有地位在時人看來竟成為可能之事，而孝宗對此案的從寬處理更加深了這種誤解。弘治十二年（1499），致仕禮部主事楊循吉（1456-1544）便奏請恢復被成祖「削去」的建文帝位號：

---

[191] 如《明英宗寶訓》即有閣臣稱讚英宗釋建庶人之舉「真盛德之事」。參見《明英宗寶訓》（臺北：中央研究院歷史語言研究所校印，1984），卷1，〈睦親〉，天順元年十月丙辰條，頁33。

[192] 如萬曆年間太常少卿王世懋《窺天外乘》中即言：「祖功宗德懿美，何可枚舉？而極為盛德事者有四：宣宗之不廢趙王，一也；英宗之赦出建庶人，二也；憲宗之追謚景帝，三也；聽群臣之泣諫，正錢太后之祔葬，四也。」參見〔明〕王世懋，《窺天外乘》，收入〔明〕沈節甫編，《紀錄彙編》（臺北：臺灣商務印書館，據上海涵芬樓明萬曆刻本影印，1969），卷205，頁5b-6a。

[193] 〔明〕鄭曉，《今言》，卷4，頁170。

臣聞洪武後有建文君，乃太祖高皇帝嫡孫，躬受神器，稱帝建
　　號者三年。其後天命歸於太宗文皇帝，遂興征討之師，入正大
　　統，削建文位號，今百餘年，未蒙顯復。夫建文雖以一時左右
　　非人得罪社稷，而實則生民之主也。若憲宗純皇帝，帝景皇而
　　不以入廟，可以為法。伏望皇上裁以大誼，仍復建文君尊號，
　　如景皇帝故事。庶幾裨益先聖，有光大孝。[194]

　　從楊氏的奏言亦可發現，人們已逐漸將明代兩次武裝奪權中的落敗者
——建文帝和景泰帝聯想在一起，憲宗恢復景泰帝號的作法，[195]亦成
為部分士大夫認為可「比照辦理」以恢復建文帝歷史地位的方式。不
過，孝宗雖然將此奏下禮部議，最後卻仍不了了之，顯示當時朝廷對
相關議題依舊多所顧慮。

　　從永樂朝到弘治年間，主導明代建文朝歷史記憶形塑的力量，逐
漸由官方的一元建構轉為官書與民間記憶之間的互動。在此過程中，
政府的寬赦與弛禁是導致這種變遷的重要因素。而官方在哪些層面予
以解禁，哪些層面仍有所限制，也影響了往後書寫、評價靖難歷史的
傾向。值得注意的是，上述赦免、弛禁的對象和程度，其實都是有限
的，實施的狀況也不是很徹底。而且無論民間或一般士人對這些措施
抱持何種認知、評價或期待，就官方立場而言，永樂政權之合法性都
是永遠不該跨越的底線。為了在重塑建文朝歷史記憶的過程中解決諸
如此類的矛盾和困境，平衡雙方立場與關切問題的協調論述便應運而
生，在促成各種弛禁措施的同時，亦努力維護官方統治的正當性。

---

[194] 《明孝宗實錄》，卷149，弘治十二年四月乙巳條，頁2630-2631。
[195] 〔明〕劉吉等撰，《明憲宗實錄》（臺北：中央研究院歷史語言研究所，據北平圖書
　　館藏紅格鈔本微捲影印，1966），卷148，成化十一年十二月戊子條，頁2711-2712。

（二）靖難歷史衝突的緩解與調和

官方論述屢次進行調整的原因，除了減少其中的問題和矛盾之處，並對成祖的形象作更進一步的美化之外，也涉及主導論述者的私人願望——透過調解永樂政統與建文諸臣間的衝突，使後者形象得以避免過多的扭曲和醜化。成祖即位後仍受到重用的建文舊臣，便嘗試在重新建構歷史的過程中，同時維護新主的統治合法性和殉節故人的清白名譽。這種調和不僅出現在官方論述的內容中，也可能和他們的私人著作遙相呼應，如此更能凸顯相關說法的「真實性」。如楊士奇等人編纂的《明太宗實錄》於洪武三十五年十一月，即有一段展現成祖寬弘胸襟、不加追戮自殺以殉建文者的敘述：

> 都察院副都御史陳瑛言：「皇上順天應人，以有天下，四方萬姓，莫不率服。然車駕初至京師，有不順命而效死於建文者，如禮部侍中黃觀、太常寺少卿廖昇、翰林院修撰王叔英、衡府紀善周是修、浙江按察使王良、沛縣知縣顏伯瑋等，計其存心，與叛逆同，宜追戮之。」上曰：「朕初舉義誅姦臣，不過齊黃數輩耳。後來二十九人中，如張紞、王鈍、鄭賜、黃福、尹昌隆，皆宥而用之。今汝所言數人，況有不與二十九人之數者。彼食其祿，自盡其心，悉勿問。」[196]

這則記載的有趣之處，要透過其他文獻的對照才能顯現。據前述弘治年間宋端儀《立齋閒錄》抄錄的資料，列出的「姦臣」、「首惡」名單就有五十一人，[197]兩種資料之間的反差耐人尋味。若考察上述遭

---

[196] 《明太宗實錄》，卷14，洪武三十五年十一月甲辰條，頁263-264。

[197] 《立齋閒錄》除了引錄《燕王令旨》列出「左班姦臣」（刪去後來投降的黃福、尹昌隆，共二十三人），在稍後篇幅中亦將「左班姦臣」和之後陸續開出的「姦臣」名單整合起來，列出的「姦惡官員」即多達五十一人。另如黃佐在正德十六年《革除遺事》的修訂稿本中亦指出，建文四年（文中稱洪武三十五年）六月十三日燕王

成祖「從寬對待」者的經歷，更會讓人疑惑成祖認定這些人「彼食其祿，自盡其心，悉勿問」的標準究竟何在。如黃觀、王叔英等人自盡前，原本都在外地徵集民兵準備勤王、對抗燕軍；顏伯瑋還曾鎮守沛縣抵抗燕軍多日，直到城破之後才自盡身亡。倘若這些人可以說是「彼食其祿，自盡其心」，那麼其他遭到嚴酷整肅的殉臣又何嘗不是？此外，《明太宗實錄》於該條也提到，黃觀的妻女都被強配象奴，後因不甘受辱而投水自盡；[198]而在正德年間黃佐《革除遺事》的記載中，之後黃觀一家更遭到族滅，姻黨有百餘人遭到逮捕，坐繫詔獄。[199]如此待遇又怎能稱之「悉勿問」？換言之，這只不過是成祖在口頭上展現的寬容，根本沒有實踐。不過成祖的這種「寬容」，對楊士奇等對扭曲歷史心懷愧疚，又不忍見故人遭受汙衊的文臣而言，正是調解成祖與建文殉臣衝突的絕佳憑據。

前文提及，楊士奇為周是修寫作傳記的宣德五年，正是《明太宗實錄》修成付梓的那一年。如果將楊氏作為《明太宗實錄》修纂主導者之一的身分，及其紀念建文殉臣之舉多在實錄纂成後進行的情況一併考量，或可判斷他為自己從事此類活動所選擇的時間點，並非只是因為「禁制已弛」，而更可能是在成祖相關史事藉由實錄纂成「蓋棺論定」後，以此作為契機，為其迎奉之新君與殉難的故友，確立一個相對和諧、能為往後大明臣民視為定論的關係。作為成祖及其子孫的臣子——這也是往後所有明代士人共同的身分——楊士奇已不可能否定成祖的得位正當性與歷史地位，為了讓昔日殉難的故人得以擺脫永樂政權所加諸的「奸臣」汙名，使其生平事蹟與生命抉擇不致湮沒於政治禁忌的陰影中，他採取了將成祖與建文殉臣同存並揚的論述方

頒布令旨開列聽任擒拿的「左班奸臣」就有二十五人，在加上後來開列的奸臣榜，共有五十一人。參見〔明〕宋端儀，《立齋閒錄》，卷2，〈革除錄〉，總頁629-630；〔明〕黃佐，《革除遺事》（辛巳本）（《中國野史集成正編》，第22冊，成都：巴蜀書社，據北京首都圖書館藏明嘉靖吳郡袁氏嘉趣堂刻金聲玉振集本影印，1993），卷4，〈死難列傳〉，頁1b-2a。

[198] 《明太宗實錄》，卷14，洪武三十五年十一月甲辰條，頁264。

[199] 〔明〕黃佐，《革除遺事》（辛巳本），卷4，〈死難列傳・黃觀〉，頁11b-12a。

式。這種論述不僅在他參預修纂的《明太宗實錄》中清晰可見，更與他後續的個人寫作密切結合，如〈周是修傳〉末段陳述該文的寫作動機時，便完美地配合了實錄中成祖肯定其忠而不加罪的記載：

> 是修卒年四十有九，時解、胡、蕭、梁皆見諸文字，然屬倉卒不及詳。今二十有八年矣，知是修者，獨余在，每追念君子清白之節，文皇帝日月之明，既照其心，豈當遂致泯沒？故述為小傳以授其子轅，使傳焉。[200]

文中「文皇帝日月之明」一句，呼應的正是《明太宗實錄》中成祖對黃觀等自殺殉臣「彼食其祿，自盡其心」的肯定之語。為配合實錄中的官方論述，楊氏將成祖由簒奪者包裝為在道德上具有遠見卓識、給予建文殉臣榮耀的角色，這種說法亦為後續書寫者建立了合理化成祖簒奪行為的範例。[201]同樣值得注意的是，楊士奇在正統年間以詩文紀念的周是修、顏伯瑋和王叔英，其實都是在實錄中被成祖以「彼食其祿，自盡其心」給予肯定的「不順命而效死於建文者」。究竟這三人得以名列其中，係楊士奇刻意為之，抑或其紀念行為本就只限於故舊中受到成祖肯定者，如今已無從判斷；但就結果而言，該條實錄記述的成祖言行，終究為楊士奇紀念三人的做法，提供了有力的背書。反過來說，在晚明以前歷朝實錄秘藏宮禁、一般人難以窺其內容的時代，楊士奇的書寫也等於將官書定調的成祖態度，進一步予以宣傳和普及。透過《明太宗實錄》以及楊士奇在私人著述中的「推廣」，「彼食其祿，自盡其心」的論述廣為後續相關記載引用，成為樹立建文殉臣忠義形象的重要關鍵。

在永樂到正統年間建文君臣正向評價和態度的形塑過程中，楊

---

[200] 〔明〕楊士奇撰，劉伯涵、朱海點校，《東里文集》，卷22，〈周是修傳〉，頁332。
[201] Peter Ditmanson, "Venerating the Martyrs of the 1402 Usurpation: History and Memory in the Mid and Late Ming Dynasty," p. 119.

士奇其實發揮了很大的作用。他與不少建文殉臣皆有舊誼，如受王叔英推薦出仕、與顏伯瑋同鄉，和周是修的交情更是深厚，但在靖難戰後卻投靠成祖，並受到重用。於公，他曾參與過四朝實錄（太祖至宣宗）修纂，而且自洪熙至正統年間一直是朝中重臣，對這段期間有關建文諸臣的弛禁措施應有相當程度的參與或涉入；於私，他曾投入為建文殉臣收集詩文或寫作傳記的工作，前文所述當時對建文朝相關記載的書寫傾向，最具代表性的就是楊士奇撰寫或參與編纂的文獻。或許也正由於楊士奇等人在建文君臣評價和弛禁歷程中扮演的特殊角色，導致弘治、正德年間出現「三楊議修建文實錄」的說法，如祝允明的《野記》一書便有如下記述：

> 皇后大漸，召三楊於榻前，問：「朝廷尚有何大事未辦者？」文貞首對有三事。其一：建庶人雖已滅，曾臨御四年，當命史官修起一朝實錄，仍用建文年號。后曰：「曆日已革除之，豈可復用？」對曰：「曆日行於一時，實錄萬世信史，豈可蒙洪武之年以亂實？」后領之。其二后亦首肯。其三：方孝孺得罪已誅，太宗皇帝詔：「收其片言一字，論死。」乞弛其禁，文辭不繫國事者，聽令存而傳之。后默然未答，三公即趨下，叩頭言：「臣等謹受顧命。」遂出。[202]

文中的「皇后」即仁宗皇后張氏，崩於正統七年（1442）十月，時為太皇太后，「文貞」則是指楊士奇。此事後來也被載入《明史》當中，惟細節上與《野記》略有不同。[203]不過這個故事應為後人虛構，因為三

---

[202]〔明〕祝允明，《野記》（《四庫全書存目叢書》，子部第240冊，臺南：莊嚴文化事業有限公司，據南京圖書館藏明毛文燁刻本影印，1995），卷2，頁23a-23b。

[203]《明史》所載內容如下：「（張太皇太后）正統七年十月崩。當大漸，召士奇、溥入，命中官問國家尚有何大事未辦者，士奇舉三事。一謂建庶人雖亡，當修實錄；一謂太宗詔有收方孝孺諸臣遺書者死，宜弛其禁。其三未及奏上，而太后已崩。遺詔勉大臣在帝惇行仁政，語甚諄篤。上尊諡曰『誠孝恭肅明德弘仁順天啟聖昭皇后』，合葬獻陵，祔太廟。」參見〔清〕張廷玉等撰，鄭天挺點校，《明史》，卷

楊中的楊榮卒於正統五年，不可能於兩年後太皇太后大漸時被召，此說也在《明史》中作了修改。況且，正統初年正是成祖一脈將其透過靖難戰爭取得之政權合法化的關鍵時期，故不太可能出現「修建文實錄」之類會威脅成祖一系統治合法性的提議。然而這種記載，卻反映了後世對楊士奇等人投入的調和與弛禁行動，已有相當程度的關注，甚至懷有某種期待。考慮到弘治年間已開始出現希望官方為建文朝修史的聲音，上述記載中提到的復年號、修實錄、弛文禁之議，與其說是楊士奇的意見，或許更像是成化、弘治以降時人內心的希冀。

到了成化年間，周瑛的〈重修王修撰墓記〉，則在成祖於永樂元年四月所發布的用人原則論述上進一步發揮，強調表彰建文諸臣並不會侵犯「太宗文皇帝」的立場與忌諱：

> 自古忠臣義士各為其主，原采仕建文朝，故忠於建文；若仕於太宗朝，其忠於太宗也必矣。況兩朝天下，皆太祖高皇帝所經營之天下；兩朝臣子，皆太祖高皇帝所培植之人物也。譬如天地分為四時，凡禽感時而鳴者，雖有春秋之異，要皆造化中物，未可舍此而取彼也。[204]

「文武群臣皆皇考舊人」的說法，原本是成祖用以吸納願投效之建文舊臣的，卻在此時被轉而利用以表彰建文殉臣之忠，對成祖來說可謂諷刺。

到了弘治年間，關於靖難的論述更出現一種耐人尋味的發展，那就是將成祖和建文殉臣分別比喻為周武王和伯夷、叔齊，而使兩者可以同存並揚。如前述兵科給事中吳世忠於弘治六年時奏請旌表建文殉臣的言論：

113，〈列傳第一·后妃一·仁宗誠孝張皇后〉，頁3513。
[204] 〔明〕周瑛，〈重修王修撰墓記〉，收入〔明〕宋端儀，《立齋閒錄》，卷3，〈革除錄〉，總頁638。

太宗之奉天靖難乃武王之心，孝孺諸人之伏節死義則夷齊之志，二者固並行而不相背。況仁宗皇帝即位之初，於孝孺、公瑾諸人之事，俱嘗明著詔書稱其忠義，還其子孫俾不失所。後至宣宗皇帝之世，凡諸恩意亦以漸推舉。今天下之人景仰諸賢之忠義如彼，而感嘆三宗之明識遠度如此，伏乞賜之爵諡，崇以廟祀，錄其子孫，復其族屬，以勵士夫之節、慰忠義之靈。[205]

這樣一種譬喻與聯想最早應始自李賢對周是修的哀悼詩辭，不過當時李賢所讚揚的，主要是未與成祖直接衝突、僅以自殺殉君者，且也尚未將成祖比喻為周武王。[206]而到了吳世忠時，喻以「夷齊之志」的對象已包括方孝孺等曾與成祖正面衝突而遭殘酷整肅的殉臣，將成祖比作武王的說法也已出現。吳氏的論述對後世影響頗大，在往後許多明人文集中，都可以發現類似的看法。這種將建文殉臣視為「忠義」並認為應加以表彰以勵士節的想法之所以產生，應與前面提到洪熙朝赦免措施帶給人們的聯想和期待頗有關係。而「武王之心」和「夷齊之志」論述的建立，不但可以調和成祖與仁宗、宣宗等「祖宗」之間的矛盾，也能讓這些「祖宗」們的言行都成為支持旌表建文殉臣的論據。而此類敘述也反映當時歷史認知中的某種傾向——對建文帝君王身分的肯定。這一點在之前楊守陳纂修建文朝史的倡議上已可略見端倪。雖然在當時論述中呈現的建文帝形象仍稱不上正面，但已與永樂年間的完全否定、正統朝前的避諱不談大不相同。而兼顧永樂政統與殉臣形象、調和兩者衝突的論述發展至當時，已為崇揚諸臣之忠奠定了良好的基礎，為正德朝以後大規模崇祀建文忠臣並為其編纂傳記的活動做好了理論上的準備。

當時的文人筆記中，也出現了影響往後此類論述甚深的說法，如

---

[205] 《明孝宗實錄》，卷72，弘治六年二月辛酉條，頁1359。
[206] 劉瓊云，〈帝王還魂：明代建文帝流亡敘事的衍異〉，頁74。

第二節提到葉盛筆記《水東日記》記載的錢習禮故事：

> 錢（習禮），吉水大族，本亦練子寧疏遠姻親，一時雖脫禍，而恆為鄉人所持，舉族不敢一吐氣，習禮既入翰林猶然。習禮不可奈何，以告建安楊公，公一日獨對畢，即以其事聞。太宗欣然曰：「立賢無方，使練子寧今日在此，朕固當用之耳。」即下令禁止之。文皇帝之盛德至矣。[207]

這個故事似乎很容易讓人聯想到前述《明太宗實錄》中永樂十四年成祖因胡廣之言令罷地方「窮治姦惡外親」的記載。巧合的是，胡廣也是吉水人，而他向成祖報告的正是自己故鄉的狀況。此二人的故事是否相互關聯，如今已很難查證，但兩則記載在撰述者筆下都帶有展現成祖寬仁形象的意味。「使練子寧今日在此，朕固當用之耳」之言，和「文皇帝之盛德至矣」的讚語，後來被正德以降的文本廣泛引用，成為調和論者證明成祖對建文殉臣並無敵意甚至抱持肯定的重要依據。

　　從洪熙至弘治年間，受到統治者個人境遇及政治考量的影響，朝廷的態度雖曾幾經轉變，對建文君臣遺族的寬赦也往往有其背景因素，但這些弛禁跡象與赦免措施，仍成為促使舊有歷史記憶由暗化明的重要動力，為往後一系列強化忠臣記憶、重建靖難歷史的嘗試打下基礎。不過嚴格來說，民間於保存、形塑建文朝歷史記憶方面最主要的成果，就是建文殉臣忠義形象與事蹟的傳述，相關故事不斷衍生、渲染，變得越來越豐富且具戲劇性；相較之下，建文朝政治運作情況的重建就沒有多大進展。永樂年間禁燬相關資料的措施固然是導致此情況的重要因素，但另一個重要因素，應是由於相關史事不像建文殉臣的忠義事蹟及其遭迫害之經過，充滿了故事性、悲劇性和衝擊

---

[207] 〔明〕葉盛，《水東日記》，卷14，〈耽犁手卷〉，頁144。

力，[208]同時也和人們在永樂政權統治下的現實經驗相隔太遠，使其對建文朝統治的記憶只能成為一個遙遠、模糊而美好的印象，而無法如建文忠臣殉難記憶那般具體、生動且影響深遠。

在明代前期建文朝歷史記憶發展的過程中，楊士奇等人調和成祖和殉臣衝突的論述廣為知識分子所接受，並被大量引用，但他們自己卻因轉投永樂政權的行為而遭致批判。這是一個很有趣的現象：他們建構的論述被認知為「事實」，而後卻有更多的論述被建構出來諷刺其「貪生怕死」的行徑；大家都買「彼食其祿，自盡其心」那一套的帳，卻將他們視為「枉作小人」的一群。這固然與明代深受朱子學影響、將「忠」視為至高價值的思想有關，但其實還有另外一個可能的因素，亦即楊士奇等人的論述之所以被廣泛接受，也是因為其有助於維持建文殉臣的忠義形象並提供崇祀的理論依據。

實錄當中那些美化成祖、使永樂政統和殉臣忠義形象得以並存的論述，後世是否真的就全盤相信？其實並不見得。畢竟永樂年間的政治整肅雷厲風行，持續時間也相當長，曾經感受過當時氛圍的人應該很難想像成祖會如此寬容，而《立齋閒錄》所收檔案更反映出成祖對待建文忠臣及其遺族的殘酷程度，與官方史籍中具有調和性質的敘述形成強烈對比。當然，永樂年間的政治禁制和官方檔案的秘藏不出，致使弘治朝以前建文朝、靖難戰爭和壬午殉難期間的實際情況很難為人們所知，而只能仰賴官書以及楊士奇等主導或宣揚此類論述者留下的記載，其相關說法自然很容易被人們接納，成為普遍認知的「事實」。但是，比起相信與否的問題，後來致力保存建文朝歷史、倡議恢復建文朝與建文君臣歷史地位的人們，他們之所以廣泛引用前人所建構以調和靖難歷史衝突的論述，很大程度上是為了爭取更多達到目

---

[208] 如汪榮祖透過研究《桃花扇》對後世南朝歷史記憶的影響，發現文學衍生作品明顯的故事性和正邪對立，比真實歷史更容易深植人心。參見汪榮祖，〈文筆與史筆——論秦淮風月與南明興亡的書寫與記憶〉，《漢學研究》，29：1（臺北，2011.3），頁201-215。

的之機會。對這些人來說，那些論述是否屬實並不重要，重要的是，透過成祖、仁宗、宣宗等「祖宗」為其主張背書，將使他們的訴求變得更具正當性且刻不容緩。

小結

靖難之後，取得帝位的成祖毫無疑問掌握了歷史的解釋權，並積極運用自身權力，將「過去」從真實歷史和人們記憶的那方「搶奪」過來。然而往後的發展，卻是成祖在此一長期爭奪戰中落敗，人們對建文朝的記憶步入與其預期截然不同的方向，不僅對建文君臣抱持同情、懷念的心態，還傾向予以正面的評價。這個現象正顯示上述集體記憶的歷史延續性，以及操縱此類記憶所面臨的阻力；甚至，明代中晚期之後與永樂朝官方論述相左的說法越來越盛行，幾乎像是一種刻意的抗爭。這種延續性、操縱阻力乃至抗爭的產生，除了前述的種種因素，充斥於此一爭奪場域的儒家思想氛圍，或許也能作為一個不錯的觀察點，且在整場爭奪戰的最初便已有跡可循。

雖然後世在論及靖難戰爭對明代的影響時，常會提及成祖對忠於建文者及其親屬的殘酷刑殺，導致此後明代士風的低落甚至劣化，[209] 但在官方仍以朱子學為官學的情況下，其論述依舊在明代維持主流的地位，當中強調正統與歷史道德的思想，也繼續對明代士人產生影響。從成祖為自己和建文帝所重塑的形象，亦能看出儒家歷史道德觀在其中的作用。無論是聖明之君或昏暴之君，在歷史書寫的場域中都已有了固定的敘述，使他們多呈現出與其「同類」近乎相同的面貌和作為。

另一方面，明代從一開始便透過政治力量，對「忠孝節烈」等長期為儒家價值觀所頌揚的德行進行鼓勵和表揚。明太祖為了弘揚

---

[209] 張樹旺，〈論方孝孺之死對明代士風的影響〉，《廣東社會科學》，2006：1，頁 79-81。

忠君觀念，將「忠臣烈士」列為國朝「應祀神祇」的一類，令各地
訪求相關事蹟後上報，由官方納入祀典體系，並由地方官員或遣官
定期致祭。[210]此後明代官方更透過一系列規定，表現對這些忠烈模範
的尊崇，為他們建立崇高的地位與形象，[211]也確保忠臣祭祀在地方上
得以持續且進行如儀。[212]朝廷亦時常表現出對忠臣祭祀與旌表的重
視，如宣德四年曾整修歷代帝王、忠臣及功臣廟，[213]英宗則在正統四
年（1439）的〈大赦天下詔〉中，下令有司具奏、旌表忠臣義士歿於
王事者「以勵風俗」。[214]明代訪求忠臣烈士進行旌表、予以崇祀的機
制，使此類模範在民間被廣泛樹立，其所標榜的儒家道德與價值觀也
因此深入人心。

　　因此，即使成祖在各種方面費盡心思，他奪取「正統」地位與
「聖王」形象的心願終究還是無法實現。他以人臣、人子身分強行推

---

[210] 明太祖先於洪武元年令郡縣「訪求應祀神祇，名山大川，聖帝明王，忠臣烈士，
凡有功於國家及惠愛在民者，具實以聞，著於祀典，有司歲時致祭」，至洪武二
十六年又下令：「各處聖帝明王、忠臣烈士，載在祀典、不係淫祠者，其廟宇陵
寢皆要備知其處，每年定奪日期，或差官往祭，或令有司自祭，禮部悉理之。」
參見〔明〕申時行等修，〔明〕趙用賢等纂，《（萬曆）大明會典》（《續修四
庫全書》，史部第789-792冊，上海：上海古籍出版社，據明萬曆內府刻本影印，
1995），卷93，〈禮部五十一‧群祀三‧有司祀典上〉，頁9a-9b。

[211] 如洪武二十六年，在包括忠臣烈士在內的應祀神祇祠廟立下採捕禁約，並設官掌
管、點視，不許作踐褻瀆。政府亦規定，忠臣烈士、先賢先儒墳墓所在地，禁止樵
採耕種及牧放牛羊，也不准民間在雜劇演出中裝扮歷代忠臣烈士。成祖於永樂六年
訂立的巡狩禮制中，復規定若巡狩途經忠臣烈士祠墳，禮部須「預期奏聞，遣官致
祭」。而憲宗在成化六年更下達「禁侵損古先帝王、忠臣、烈士、名賢、顯宦陵寢
墓」的命令。這些規制都有對忠臣烈士表示尊崇的意味。參見〔明〕申時行等修，
〔明〕趙用賢等纂，《（萬曆）大明會典》，卷191，〈工部十一‧採捕‧禁令〉，
頁16b-17a；卷165，〈刑部七‧律例六‧禮律‧祭祀‧歷代帝王陵寢〉，頁2b；
卷170，〈刑部十二‧律例十一‧刑律三‧雜犯‧搬做雜劇〉，頁23b；卷53，〈禮
部十一‧巡狩〉，頁2a；《明憲宗實錄》，卷30，成化二年五月己卯條，頁595。

[212] 洪武二十六年規定，忠臣烈士等應祭祀神祇的廟宇，須時常整理。《大明會典》中
亦有針對負責致祭官員的規定，要求他們必須為祭祀神祇立牌面，開寫神號、祭
祀日期，持續懸掛於潔淨處，並依時致祭。至期失誤者，以及致祭不當奉祀之神
者，都將處以刑罰。參見〔明〕申時行等修，〔明〕趙用賢等纂，《（萬曆）大明
會典》，卷187，〈工部七‧營造五‧廟宇〉，頁9b-10a；卷165，〈刑部七‧律例
六‧禮律‧祭祀‧致祭祀典神祇〉，頁2a-2b。

[213] 《明宣宗實錄》，卷60，宣德四年十二月乙未條，頁1437-1438。

[214] 《明英宗實錄》，卷53，正統四年三月己酉朔條，頁1014。

翻太祖選定的繼承人，並以不正當手段奪得政權的事實，就儒家道德觀的角度來看，可謂不忠不孝。這既是他必須與史實及世人記憶爭奪「過去」的原因，也是他無法成為「正統」的原因。燕王的「靖難」奪國，導致許多士大夫的反抗與殉死，讓這個原想將自己打扮得道貌岸然的篡位者受到極大震撼，從而加重了壬午殉難的屠戮之慘。這些反抗者的罹難，既是殉君，也是殉道，靖難之役這場不正義的戰爭，在他們眼中阻斷了一個正統治世的持續發展，也對他們的政治理想造成毀滅性的打擊。而成祖的冷血報復，則使其「劣跡」繼靖難之後，又在人們的記憶當中再添一筆。基於儒家歷史道德觀的思維，許多活過永樂朝恐怖整肅期間的士人，面對官方對建文朝及其君臣極盡虛構、扭曲之能事的描述，往往會將殘餘的相關文獻私下收藏起來，或是將自己對該段時期的記憶傳給下一代，進而使這些記錄與記憶得以形成一種新的建文朝歷史記憶，在永樂朝結束後加入爭奪「過去」的角逐之中。

第二章
真相與想像：正德至嘉靖年間
（1506-1566）

　　學界討論明代史學發展時，常將正德、嘉靖年間視為一個重要的轉變期，[1]而在明代建文朝歷史記憶發展的過程中，此階段既是相關書寫的第一波高峰，也是建文殉臣祭祀逐漸普及於各地的時期，地方志對該段歷史記載更是越來越豐富。興盛的書寫和紀念活動，一點一點填補起建文朝歷史的大片空白，當中包含的民間軼聞和聯想元素，亦使人們對該段歷史的認知，增添了神異和浪漫的色彩。

　　此一時期的發展頗受益於之前奠下的歷史基礎。事實上，正德、

---

[1] 如廖瑞銘《明代野史的發展與特色》一書將明代野史筆記的發展分為三期：明初至正德年間、嘉靖到隆慶年間、萬曆以降。他認為明初保守型的文化到嘉靖年間已獲得解放和轉型，學術思想亦逐漸突破朱學的藩籬，更發展出自由適性的文學風格，加上政治禁忌的解除，以及商品經濟、出版業的發達，促成野史筆記的蓬勃發展，而明中葉內憂外患充斥的歷史背景也激起時人書寫當代史的風潮。楊豔秋《明代史學探研》亦將明代史學發展以正德朝為界，劃為前期和後期，認為正德朝及此前史學因受理學和官方箝制，發展有限且較不成熟；嘉靖以降由於經史關係的突破和重史風氣的產生，形成以史經世的思潮，當代史修纂趨於蓬勃，並開始追求史學的客觀性。錢茂偉《明代史學的進程》則將正德到萬曆年間視為明代史學由「理學化」變為「非理學化」的轉型時期，該時期又可劃分為兩小段，嘉靖朝正是前一階段的勃興期，於當代史書寫和前代史改寫方面皆頗有成果。戴彼得也認為，十六世紀早期（包括弘治、正德、嘉靖初年），是靖難歷史書寫一個重要的轉捩點：自此時起，開始有述及建文朝與靖難歷史的私纂史籍公開出版，文人學者的相關創作亦由零星片斷的紀念文字擴及具有體例的文本。參見廖瑞銘，《明代野史的發展與特色》，頁31、33；楊豔秋，《明代史學探研》，頁13、30-51、55-78；錢茂偉，《明代史學的進程》（北京：社會科學文獻出版社，2003），頁98；Peter Ditmanson, "Venerating the Martyrs of the 1402 Usurpation: History and Memory in the Mid and Late Ming Dynasty," p. 136.

嘉靖年間的建文朝歷史記憶及其特色，有不少來自弘治以前的遺產，甚至在成化、弘治年間便已可見端倪。在政治方面，從洪熙朝到弘治朝，官方態度雖然幾經轉變，但大致上算是漸趨寬鬆，視建文殉臣為忠臣的觀念逐步普及，部分地方官員甚至開始參與、主導當地建文殉臣的祭祀活動，這些現象都讓往後對建文朝歷史的討論更加開放，進而使相關書寫有了活絡發展的空間和可能。在相關記憶與史料的保存方面，除了《立齋閒錄》這類蒐羅各種文獻資料的筆記著作，也有不少文人投入殉臣文集編纂的工作，並藉此整理、書寫殉臣生平，相關紀念文字亦隨著朝野對建文諸忠褒揚態度的明朗化而越來越多，這些文本的內容都構成了正德、嘉靖年間人們對建文朝歷史及殉臣事蹟的知識基礎。

除了對過往基礎的承襲，當時建文朝歷史記憶的發展，也有其政治、社會、經濟等各個層面的背景，並與時人的現實關懷息息相關。正德、嘉靖兩朝，不少士人憂心於朝政的昏暗、典章制度的紊亂與不合時宜，復批判社會風氣趨於奢侈、僭越之舉隨處可見，再加上各地戰亂頻仍，刺激他們探討挽救時局之法，甚至開始檢討本朝的治史經驗，修纂專史或國朝史的意識亦隨之抬頭。另一方面，明代中葉以後商業的繁榮和城市文化的興起，提供了文藝發展甚至商品化的契機，印刷與出版業的發達，亦使筆記和私纂史籍的生產、流通機會大增，其影響力更非往日所能比擬。此外，十六世紀以後，許多江南文人的筆記中開始出現明顯的撰史意識，[2]不少筆記作者亦基於對鄉里文化與歷史的關懷，參與地方志編纂的工作，[3]他們的寫作往往反映對當

---

[2]　如何良俊《四友齋叢說》一書，探討「史」的部分堪稱為全書論述中心。對何氏而言，「筆記」實為「歷史書寫」的過程，他甚至提出「史之與經，上古原無所分」的概念，強調歷史書寫的重要性和現實意義。鄭曉筆記作品當中的歷史意識也很濃厚，其《古言》、《今言》等著作，即蘊含了「撰寫新史」的自我期許。參見〔明〕何良俊，《四友齋叢說》（北京：中華書局，1959），卷5，〈史一〉，頁41-43；吳智和，〈何良俊的史學〉，《明史研究專刊》，8（宜蘭，1985.12），頁1-98；錢茂偉，〈鄭曉生平著述考略〉，《歷史文獻研究》，新2（北京，1990），頁309-322。

[3]　如《守溪筆記》的作者王鏊編有《姑蘇志》，《吳中故語》的作者楊循吉編有《吳

代歷史和政治、社會現況的關心，此種書寫特色也影響到當時記載建文朝相關史事文本的種類、性質和內容上的互動關係。

作為明代建文朝歷史書寫的第一波高峰，這段時期人們記錄與記憶相關史事的情況亦歷經些許轉變。正德年間的相關書寫，保存作者見聞、民間記憶和罕見史料的「備遺」性質頗為濃厚，而口頭傳說與文獻資料透過此類書寫交雜匯合，逐漸模糊了歷史真相與想像之間的界限。影響後世甚深的建文帝出亡傳說，即是於此時建立起大致的架構，並被後出筆記和史籍廣泛採用。正德末年開始出現具有明確體例的建文朝專史作品，嘉靖以降相關史籍的寫作則更趨興盛，對史料的鑑別和考據也越發重視，導致後續文本出現針對傳聞合理性進行調整的現象。嘉靖年間是建文忠臣事蹟被大量記入地方志的時期，宣告這些人物和故事成為地方記憶與認同當中不可或缺的一部分，並獲得官方承認。而在撰史者藉由寫作相關史籍嘗試填補建文朝歷史空白的過程中，也逐漸建構出一個「建文忠臣」的群體，而透過「忠臣」範疇的界定、相關人等生平的釐清甚至結局的改寫，此一群體亦不斷地在擴大著。[4]

透過上述活動的開展，使建文殉臣忠義形象越發豐滿、深入人心，建文朝的歷史也在此一時期，因史料與傳說的彙集、敘寫而逐漸被構築起來，為下一階段更大規模的纂史活動奠下基礎。值得注意的是，建文殉臣事蹟固為當時相關記憶的重要部分，但與之對立、後來入主大明的成祖及其「靖難功臣」，也佔有一席之地。由於成祖一系政權經過百年統治早已穩固，人們對此一歷史現實的接受，亦反映在當時的記憶中。特別是成祖何以能奪國成功的問題，民間主要是延續

邑志》，《戒庵老人漫筆》的作者李詡編有《續吳郡志》等。值得注意的是，上述這些人都原籍蘇州，而明代中葉以降蘇州及其周邊地區的文人，在建文朝歷史記憶形塑的過程中扮演了重要角色，容後再敘。

[4] 此現象過去已有學者留意，如吳德義即指出建文諸臣相關記載由明初經歷正德、嘉靖、萬曆這幾個時期的發展，不僅在事蹟方面越來越詳細，人數也不斷在增加。如正德末年黃佐《革除遺事》中記載建文朝相關人等便有九十餘位，至萬曆朝時《建文書法儗》、《建文朝野彙編》等作品，所記相關人物已達兩百餘名。參見吳德義，〈試論建文史學〉，頁40。

之前官方論述，以「天命」加以解釋，從而發展出許多相關傳說，往後這些傳說也成為調和建文與永樂政權說詞的一環。

第一節　建文朝歷史重建的首波高峰

正視建文朝歷史地位、為建文帝修實錄的呼聲，在弘治初年開始興起，卻因官方的種種顧慮而遲遲無法進行，如此現狀促使朝野文人投入對相關史料的搜輯、記錄與寫作，阻止該段歷史隨著時間逐漸流失、泯滅。另一方面，典故軼聞是當時文人深感興趣的書寫題材，他們所蒐集並透過筆記形諸文字的材料中，也不乏與建文朝歷史相關者。上述兩種途徑的寫作動機和選材標準雖不相同，卻都為當代及後世提供了許多有關建文朝的訊息，形塑出人們對該段歷史的記憶。而在正德末到嘉靖年間，嘗試為建文朝寫作專史的文人們，為了盡量重構完整歷史，也為了替諸多相關史事的模糊之處提供可能的解答，他們將檔案、文獻、地方記憶和軼聞傳說等材料融入著作，使其內容越發豐富、詳細。

（一）政治困境與自發的私人撰述

正德、嘉靖年間對建文朝歷史的重構，其實也屬於當時書寫國朝歷史、軼聞的一環。大約在弘治、正德時期，就已經有許多文人熱衷於蒐集典故軼聞，將之載入筆記，也開始參與對現有檔案文獻的整理與補充；而嘉靖朝更是一個史學意識勃興的時期，知識分子對於當代歷史的關切與反思，促使他們投入國初史與國朝史的撰寫。故建文朝歷史書寫在很大程度上只是當代史家重建、補充國朝歷史諸多努力的一部分，畢竟由於官史記載失實及流傳不廣等問題導致野史紛起的情況，在明代幾乎是整個國朝歷史都面臨到的問題，而非僅限於該時段。[5]不過建

---

[5] 萬曆年間史家王世貞《史乘考誤》一書，對包括靖難史事的歷朝實錄記載有詳細辯證，同為萬曆時人的沈德符亦感嘆「本朝史氏失職，以故野史甚夥」。1980年代

文朝及相關書寫在明代的發展過程中，確實有其特殊之處，因牽涉到靖難歷史定位的問題，使之成為一個官方不願討論的禁忌議題，而面臨較其他時期更嚴重的政治困境。但另一方面，明人對實錄應為「萬世信史」的期待，及「國可滅，史不可滅」的理念，催生出為建文帝修實錄的倡議，而建文殉臣的壯烈死難，亦符合明代官方長期致力旌表宣揚的「忠」之標準，因此不但獲得許多士大夫的尊敬和認同，更被認為應比照其他忠臣典範予以表揚，以勵世風。此種矛盾也成為私撰建文朝歷史活動興起的原因之一。

即使成祖在靖難奪位後，否定了建文政權的合法性，將建文帝在位的四年全改以「洪武」記年，並無所不用其極地想將建文帝塑造

中國學者如倉修良等人，也認為明代官史對靖難、奪門二變記載失實，是導致野史發達的重要原因。謝貴安在其關於《明實錄》的專書中，則舉出不少帝王與朝臣為獲取政治利益，而在實錄中留下偏誤記載的例子；不過他認為當時野史氾濫，主要是因為《明實錄》修成後即秘藏禁中，導致史壇出現國史真空狀態所致，並表示若野史的出現是為補國史之失實與不足，其真實性應高於國史，然事實並非如此。此論雖不無道理，但似乎低估了實錄內容在明代的能見度與影響力。謝氏認為《明實錄》內容是在嘉靖後透過閣臣轉抄才得以外傳，但如此便無法解釋成化、弘治時已有人利用《明太宗實錄》中成祖說詞作為支持褒揚建文殉臣的論據。明代歷朝實錄雖秘藏宮中，但因特定人員常有機會接觸、閱讀，將之抄出的可能性也隨之提升。基於保存與調閱上的考量，歷朝實錄往往抄有副本，每回新纂實錄時，即以前朝副本參校，這就有利於負責繕寫或修史者藉工作之便取得內容。此外，實錄纂修之目的亦在提供後世施政上的參考，故成為特定官員須經常翻閱查照的文獻。此類官員除了身負詔詢之任、協助政事運作的內閣閣臣，以及掌理制誥、經筵、纂修、典藏等務的翰林學士外，還包括以新科進士擇入翰林院、透過「讀書中秘」和政務訓練成為日後閣臣的庶吉士，且後者不像前二者身務繁重的日常業務，擁有更多閱讀、抄寫實錄的機會。過去廖瑞銘等學者已注意到大規模官書修纂與《明實錄》內容外流的關係，而影響明代中葉史學最深的，應是弘治十年至十五年的《大明會典》初纂。弘治朝編纂《大明會典》是因當時各種典章已偏離太祖舊制甚多，故試圖進行釐清和檢討，以使之回歸舊貌。為修纂會典，包括實錄在內的各種官方資料都可能被取出調閱，甚至抄錄、整理，逐更易為相關人員取得，進而擴大其外流的規模與影響力。另外，以想像進行填補固然是人們面臨歷史空白時的常見反應，但有時野史中的想像元素也可能是對官史失實的抗議，如王崇武檢視明代中晚期關於建文帝的傳說，即認為其具有與早期官方論述唱反調的傾向。參見〔明〕沈德符，《萬曆野獲編》（北京：中華書局，1959），卷25，〈私史〉，頁631；孫衛國，〈王世貞《史乘考誤》對《明實錄》之辨證及其影響〉，頁81-120；倉修良，《中國史學史簡編》（哈爾濱：黑龍江人民出版社，1983），頁390；謝貴安，《明實錄研究》，頁24-42；廖瑞銘《明代野史的發展與特色》，頁75-78；王崇武，《明靖難史事考證稿》，頁28-42。

成無道昏君,然而終明一代,知識分子都將建文帝臨御的四載視為歷史上的既存事實,是國史不可抹滅的一部分,無論那段時期是好是壞,都不能任之空白、湮沒。正德年間祝允明《野記》所載楊士奇和張太皇太后的對話雖屬虛構,但借楊氏之口道出的「建庶人雖已滅,曾臨御四年,當命史官修起一朝實錄」、「曆日行於一時,實錄萬世信史,豈可蒙洪武之年以亂實」等語,[6]都表達出時人對成祖革除之舉的不贊同,以及期盼朝廷能為建文帝修實錄,使其統治過程不致湮沒、實錄得以真正昭信天下的願望。然而如此的希冀,卻因統治者的諸多顧慮而遲遲無法達成。

靖難戰爭改變了明代的帝系傳承,也使成祖在其後繼者們心目中的地位,逐漸能與開國的太祖相比擬。無論是公開表彰建文殉臣,或是承認建文帝歷史地位、為其纂修實錄的奏請,對身為成祖一系子孫、託成祖靖難奪位之福而得以統御大明的這些後繼帝王而言,此類議題不僅會危及成祖的歷史形象,更可能動搖永樂以降君主的統治合法性。也正因如此,建文朝的歷史地位能否得到官方肯定,比起朝野是否形成共識,皇帝個人態度往往是更重要的因素。從宣宗開始,歷任君王面對相關議題,不是站在維護成祖的立場上審慎以待,就是絲毫不感興趣,這也導致在英宗釋出建庶人後,官方對靖難歷史問題的態度,很難再進一步開放。弘治時雖曾有褒揚建文殉臣和立建庶人後嗣為王的呼聲,但在上達朝廷後便不了了之,主張修纂建文實錄的楊守陳甚至奏疏未成身先死。而本章討論的正德、嘉靖年間,更是一個皇帝與廷臣距離逐漸拉開的時期,不僅政務運作上缺乏正向溝通,刑獄和貶謫的風險也如陰影般持續籠罩著欲直言上諫的官員。武宗朱厚照(1491-1521,1505-1521在位)在位期間,無心於多數政事,朝廷運作主要靠內閣維持,當時朝中似乎不曾討論過此類議題。至於以外藩身分入京即位、藉議禮等手段樹立個人權威的世宗朱厚熜(1507-1567,1521-1567在位),對建文朝歷史

---

[6] 〔明〕祝允明,《野記》,卷2,頁23a-23b。

問題的敏感程度，或許更勝此前其他君主。嘉靖十四年（1535），吏科給事中楊僎奏請為建文殉臣撰寫史書、追贈官諡、建立祠宇並錄用其子孫，卻在下禮部議時遭到駁斥：

> 尚書夏言等言：「所稱革除，實指我太宗文皇帝靖難時，中間所列死事諸臣，固有一時自盡其心以明臣節於建文君者，若齊泰、黃子澄輩，則是當時誤國有罪之人，太宗文皇帝名其為君側之惡，聲其罪而誅之者也，具載實錄，昭然可考。非賴我太宗應天順人，內靖外攘，則我高皇帝萬世帝王之業當未知何所底定，此我太宗神功聖德所以宜為百世不遷之宗也。今所奏，是徒聞野語流傳之訛，而不知國史直書之可信。況表勵之典，在太宗時或可，在今日則不可。僎實新進儒生，不識忌諱，所據奏內事理，實難准議。」上責僎不諳事體，輕率進言，姑宥之。[7]

禮部尚書夏言（1482-1548）反對楊僎奏請的議論，實點出了朝廷褒揚建文殉臣後可能引發的一連串問題，從中亦可看出建文殉臣乃至建文朝歷史地位與正向評價的恢復，由於「太宗文皇帝」的「靖難」，而面臨政治上的困境，直至事隔百年之久的當時仍被視為「忌諱」。一旦朝廷准楊僎所奏，下旨褒揚恤錄、建祠追封，首遭衝擊的就是靖難的正當性，而這正是成祖得以身登大寶並成為「百世不遷之宗」的關鍵所在。當年成祖打著「誅奸臣，清君側」的旗號起兵，若那些死在他一聲令下的「奸臣」最後都由奸轉忠，如何能讓世人相信此號召並非野心篡位的幌子？這麼一來，在人們眼中他就不再是「應天順人」的英主，而是亂臣賊子，其作為也不會再被稱以「神功聖德」，反將

---

[7] 〔明〕張居正等撰，《明世宗實錄》（臺北：中央研究院歷史語言研究所，據北平圖書館藏紅格鈔本微捲影印，1966），卷177，嘉靖十四年七月乙酉條，頁3825-3826。

成為盡毀太祖舊制的歷史罪行。此外，雖有少數未與成祖直接衝突的殉臣，受到實錄中調和性敘述的維護，而免於被官方打為「奸惡」的命運，但大多數殉臣仍然在《明太宗實錄》中扮演著奸臣的角色，將這些人當作忠臣來褒揚，就等於承認國史記載不實，這多少會影響實錄等官方史籍的權威。再者，「表勵」遭到嚴懲的建文殉臣，不正表示他們受到成祖不公正的待遇？這不僅易使成祖的歷史形象產生汙點，連塑造此種形象的官書也可能遭致懷疑。

　　建文朝相關問題之所以在當時仍未脫離政治忌諱，除了上述涉及永樂政權合法性和官史權威的因素之外，也可能和世宗個人的情況有關。嘉靖年間史家鄭曉（1499-1566）在《遜國臣記》一書中，亦提及楊僎上奏之事，並記有一段世宗和夏言的對話：

> 今皇帝因召對禮官問曰：「昨給事中言建文諸臣事云何？」夏言對曰：「諸臣誤君亂國，先朝誅殛，豈宜褒錄？」今皇帝色變，曰：「言官得無誚朕？」言對曰：「言官本書生，初入仕，聞人言建文諸臣死事甚烈，以故輒為陳說耳。」今皇帝色霽，明日上議亦不罪僎。[8]

鄭曉是嘉靖二年（1523）進士，在嘉靖二十二年（1543）調任直隸和州同知前曾長期任職於吏部，故其記載應該多少有些根據，而非憑空揣測捏造。世宗在大禮議期間，為達成一己政治目的，曾嚴懲了許多直言勸諫的官員。在這則記載中，他似是將其作為與當年成祖誅殛建文忠臣之舉聯想在一起，認為楊僎是藉機諷刺自己。言官基於「表忠義以維世道」呈上的奏疏，卻意外挑動統治者的敏感神經。另一方面，世宗以外藩繼承大統，與當年燕王朱棣情況相近，這不但讓他對其產生認同感，也促使他嘗試透過崇陞後者的方式提高一己地位。[9]

---

[8]　〔明〕鄭曉，《吾學編·建文遜國記》，頁3a。

[9]　朱鴻，〈朱棣——身兼「祖」、「宗」的皇帝〉，《鴻禧文物》，1（臺北，

嘉靖十七年（1538），他甚至將永樂帝的廟號由「太宗」改為「成祖」，使其躍升至「祖」的身分，正式擁有與太祖同等的地位。世宗在位期間，亦熱衷於修改太祖制定的禮法，頗有輕視太祖之意；相較之下，成祖似乎在嘉靖朝時受到更多尊崇。既然抬高成祖地位的作法實是為鞏固自身權威所採取的政治手段，世宗自然會特別提防各種對成祖歷史形象的可能威脅。嘉靖二十年二月，鄔良佐上〈褒忠義以敦風化疏〉，請為建文忠臣專立一祠於南京，並擇其子孫入監讀書待用，同樣未獲世宗允准，[10]應也是上述因素所致。

令人無奈的現實，讓那些深信「國可滅，史不可滅」的文人們決定自己付諸行動，嘗試私纂建文朝歷史。正德、嘉靖年間文壇的書寫傾向，也為這波運動提供不少資料、助力甚至成果。當時相關文本類型之眾，亦反映參與者寫作動機的多樣：有些人是為搶救該段遭受埋沒、扭曲的歷史，有些人則欲宣揚殉臣事蹟以勵士節，也有些人想重新檢視國初乃至整段國朝史，更有些人只想蒐集各種典故奇聞，並無「重建歷史」之念。有趣的是，當時涉及靖難或建文朝歷史的私撰文本，其立場與視角並非一面倒地偏向建文君臣，也有站在成祖角度進行敘述，或以靖難功臣事蹟為主題者。早在弘治年間，宋端儀《立齋閒錄》便將建文朝歷史分為〈革除錄〉和〈靖難錄〉，分別從建文帝和成祖兩方來呈現其所蒐輯的史料。這或許表示在明人對建文朝歷史的記憶中，成祖、靖難功臣及他們發動的戰爭，與建文君臣具有同等重要的份量；當人們回首靖難歷史，在心態上亦可能兼具對建文政權的同情和對成祖的尊敬，畢竟後者在明代擁有崇高的地位，其建置又對帝國日後的發展影響甚深。正德、嘉靖年間，以建文朝或靖難史事為主題的著作，主要可分為以下幾類：

1998.2），頁154。

[10] 〔明〕鄔良佐，〈褒忠義以敦風化疏〉，收入〔明〕宋奎光修，《（崇禎）寧海縣志》，卷7，〈人物志·方氏列傳〉，頁22a-23b。

1. 建文殉臣傳記：這類文本著重記述建文殉臣於靖難戰爭及壬午殉難期間的遭遇，如《備遺錄》、《革朝遺忠錄》、《遜國臣記》等，當中有些作品還有濃厚的褒忠意識。

2. 靖難功臣事蹟及封賞：早期此類著作主要是整理、校正相關檔案的成果，如《壬午功臣爵賞錄》和《壬午功臣別錄》，後來也有類似建文殉臣傳記的功臣傳記出現，如《靖難功臣錄》。

3. 建文朝專史：記載建文帝自即位到失國這段期間的朝政，於建文元年爆發的靖難戰爭往往也是敘述重點，此類文本亦常與建文殉臣傳記結合，後者甚至可能佔有主要篇幅，如《革除遺事》、《姜氏秘史》、《革朝志》等。

除此之外，正德、嘉靖兩朝輯錄一些典故傳說的筆記著作，以及嘉靖年間問世的國初史、國朝史著作，多少都涉及到建文朝史事（見下頁表2-1）。

此一時期私人對建文朝歷史的重建工作，成就可謂相當斐然，在朝政運作、戰爭進行乃至殉臣生平的許多方面皆已相當詳細。尤其是嘉靖年間的野史文本，不僅體例上較有系統，對史料的選擇與鑑別也較嚴謹，甚至大量運用官方原始檔案，嘗試更確實地還原靖難和建文朝的歷史面貌。如郁袞《革朝遺忠錄》即在張芹《備遺錄》、何孟春《備遺續錄》等文本的基礎上，考察建文忠臣的姓名與事蹟，對過往一些記載的真實性也提出質疑；許相卿（1479-1557）《革朝志》亦對書中所載各種傳說抱持存疑態度並予以考證；姜清成於嘉靖初年的《姜氏秘史》，更大量取材自貼黃冊、南京吏部卷等官方檔案，甚至完整收載許多不見於以往著作的詔令文獻。[11]

當時的野史寫作，對敘述相左的史料或傳說常會採取並存的作法。就正德時的文本來說，這多是基於「保存史料」的考量，故很少在記錄、收載之時進行考證或鑑別；但嘉靖時的文本若並存兩種以上說

---

[11] 吳德義，〈《姜氏秘史》考辨及其史料價值〉，頁48-51。

法，往往是因為難以判斷何者為真，或是認為這些說法有相互補充的可能性，而傾向以「存疑」方式保留，待後人考察。隨著書寫者的態度越發嚴謹，各種記載與傳說亦逐漸被調和、匯整，顯示當時野史對相關歷史之論述已開始出現成熟化、系統化的跡象，所形塑出的歷史記憶也因此得以產生更大的影響，更廣泛地為不同身分、地域的人們所接受。

表2-1　現存正德、嘉靖年間建文朝歷史相關文本一覽表

成書時間	書名	作者
正德二年（1507）刊刻	謇齋瑣綴錄	尹直
正德六年（1511）	野記	祝允明
正德七年（1512）	壬午功臣爵賞錄	都穆
	壬午功臣別錄	
正德十一年（1516）	備遺錄	張芹
正德十五年（1520）	革除遺事	黃佐
正德年間	庚巳編	陸粲
嘉靖三十年前（-1551）	說聽	
嘉靖初年	皇明傳信錄	佚名
嘉靖初年	遵聞錄	梁億
嘉靖二年後（1523-）	姜氏秘史	姜清
嘉靖三年前（-1524）	守溪筆記	王鏊
嘉靖四年後（1525-）	革朝遺忠錄	郁袞
嘉靖十年（1531）	建文皇帝事蹟備遺錄	大嶽山人
嘉靖十六年後（1537-）	君子堂日詢手鏡	王濟
嘉靖二十一年（1542）	龍飛紀略	吳朴
	革朝志	許相卿
嘉靖二十二年（1543）	靖難功臣錄	佚名
嘉靖二十七年（1548）	奉天刑賞錄	袁褧
嘉靖三十一年（1552）刊刻	皇明啟運錄	陳建
嘉靖三十四年（1555）刊刻	皇明資治通紀	
嘉靖三十六年（1557）	鴻猷錄	高岱
嘉靖三十七年（1558）刪定	皇明紀略	皇甫錄
嘉靖年間（？）	七修類稿	郎瑛

成書時間	書名	作者
嘉靖四十五年前（-1566）	今言	鄭曉
嘉靖四十五年前（-1566） 隆慶元年（1567）刊刻	吾學編	

資料來源：吳德義，《建文史學編年考》，頁71-123；丁修真、夏維中，〈明代中期建文故事的整合與傳播——以黃佐《革除遺事》為中心〉，頁64-65。

備　　註：此處所列黃佐《革除遺事》成書年分，即正德十五年（庚辰年），實為黃氏將該書由十六卷刪訂為七卷的時間，《革除遺事》十六卷本的成書時間則應更早。《革除遺事》庚辰本尚僅匯集諸臣傳記，直到隔年辛巳本增添建文帝及其親屬之紀傳，並重新編排後，才轉變為專史著作。

王鏊筆記異名與版本甚多，《紀錄彙編》作「守溪筆記」，《國朝典故》作「王文恪公筆記」，《今獻彙言》作「守溪長語」，三者皆不分卷，且僅部分用字與少數條目有出入；《震澤紀聞》則分上下卷，雖刪去財稅相關條目但增加許多人物條目並重新編排，與建文朝相關人物之條目也有所增補或改寫，應是最晚出之版本。

《吾學編》為鄭曉多部國朝史著作集結而成，其中《皇明大政紀》、《皇明同姓諸王傳》、《建文遜國記》、《遜國臣記》四書，為建文朝相關資訊較多者。

　　私纂建文朝史籍的書法，亦是反映當時歷史認知與書寫困境的一種指標。[12] 從相關文本對建文帝的稱謂和紀年方式，可發現人們已越來越敢於表現對建文帝身分和政權合法性的肯定。正德年間文本大致依循官方文獻如《明太宗實錄》、〈長陵神功聖德碑〉，稱以「建文君」或「革除君」，晚期如《革除遺事》等文本有時也稱建文帝為「上」。嘉靖年間這種傾向更加明顯，雖仍有採舊稱者，但「帝」、「上」、「皇帝」的使用越趨常見，如《革朝志》、《革朝遺忠錄》等書都兼採新舊兩類稱謂。紀年方式與稱謂傾向類似，正德年間文本多採干支與洪武紀年，《革除遺事》則較特別，在以洪武紀年的同時，還以小字附註建文年份，如「洪武三十二年」後附註「即革除建文元年」。嘉靖後紀年方式變得更多樣，除以干支和洪武紀年，也有用「革除」一詞紀年甚至直書建文年號者，還有文本並用建文、洪武年號，或採建文年號再以小字附註洪武年號，書法上的過渡性質頗濃。

---

[12] 吳德義在其專書已探討過各種相關史籍的基本書法，故在此僅略作介紹並嘗試進行分析。細節可參見吳德義，《政局變遷與歷史敘事：明代建文史編撰研究》，頁91-142。

不過，此一時期各著作中對靖難戰爭性質的論述，大多還很保守，特別是正德到嘉靖初年的文本，多仍以官方說法的「靖難」稱之，如《備遺錄》、《革朝遺忠錄》等皆然。即使是稍後時期以建文朝為正統的《革朝志》，也只採用「燕王舉兵」的中性敘述。[13]顯然永樂政權及其合法性的問題，是導致相關論述無法更進一步的癥結。當時最具突破的敘述出現在《革朝志》中劉璟（1350-1402）的傳記，作者許相卿透過劉璟之言道出該場戰爭的實際性質：「殿下百世後，逃不得一箇字，蓋謂『篡』云。」[14]這種藉歷史人物之口進行的間接評論雖能反映時人的歷史認知，但也只限於較不引人注意的零星段落，還無法成為史籍的基本態度。此外，當時的建文朝專史著作，書名通常不會冠以「建文」二字，而多採取「革朝」、「革除」等詞彙來指稱書寫時代，或是以「備遺」、「拾遺」、「遺事」、「秘史」等詞來概括其內容。[15]這些現象都凸顯了當時永樂政統問題帶來的書寫困境，即使在敘述靖難戰爭時透露出「無難可靖」的意味，行文上仍無法對早期官方論述提出反駁和抗辯。[16]

　　總之，正德、嘉靖年間私纂史籍對建文朝的記述，已為當時的人們提供一個大致清晰的知識架構，關注該段歷史者可透過此架構，掌握建文年間朝政運行、官員任用的概況，以及戰爭期間雙方情勢的變遷。如嘉靖末鄭曉在追憶前人對於建文時事的看法時，其中有關建文

13　〔明〕許相卿，《革朝志》，卷1，〈建文君紀〉，頁15a。

14　〔明〕許相卿，《革朝志》，卷5，〈死志列傳‧劉璟傳〉，頁9b-10a。

15　《建文皇帝事蹟備遺錄》、《建文遜國記》算是少數例外。前者書寫大膽，直指燕王「有奪嫡計」，甚至載有太祖「恒欲廢棄，賴廷臣力諫得免」一說，但似偏向採輯傳說之作，而非史著。後者成書時已是嘉靖末年，刊刻更遲至隆慶年間。另，前書於《國朝典故》中的輯本名為「建文皇帝遺蹟」。參見〔明〕大嶽山人，《建文皇帝事蹟備遺錄》（《中國野史集成》，第23冊，成都：巴蜀書社，據明抄本影印，1993），總頁219。

16　此語出自萬曆二十三年信天緣生為《姜氏秘史》所寫跋文：「但歷數建文君仁厚好古，死難諸臣視死如歸，則知當時亦無難可靖。」可見《姜氏秘史》等嘉靖時所出史籍，其敘述已帶給讀者靖難戰爭實「無難可靖」之感。參見〔明〕信天緣生，〈姜氏秘史跋〉，收入〔明〕姜清，《姜氏秘史》（臺北：國家圖書館藏明舊鈔本），未標頁。

時政與靖難戰爭敗因的評論，已與今日吾人的歷史認知相去不遠：

> 余好問先達建文時事，皆為余言：「建文君寬仁慈厚，少好文章禮樂，不喜任律法操切人。比即位，得方孝孺，專意行周官法度，輒改高皇帝約束，靖難兵起不為意，即有敗狀來聞，亦輒謂直多發兵，盪平在旬朔間耳。諸大將統重兵北進者，又多懷貳心。以故，成祖至江上，不戰而潰。」[17]

而鄭曉自己在撰寫相關著作時，對靖難興兵前的局勢亦已有清楚的認識：

> 靖難兵未起時，中朝已有備。江陰侯吳高兵十萬屯遼東，都督宋忠兵十萬屯懷來，都督徐凱兵十萬屯河間，而張昺、謝貴在北平城中，長興侯耿炳文又統兵三十萬至真定。[18]

不過，當時相關史籍的內容也不完全是對歷史真相的還原，而存在許多想像的成分。此現象固然與建文朝歷史圖景中諸多難以填補的空白有關，甚至可能是一種民間對官書扭曲史實的抗議，但這些虛構、想像的情節之所以能在私纂史籍中佔有一席之地，也多少受到明代中葉以降文壇書寫風氣的影響。

（二）吳中文人的書寫與關懷

正德、嘉靖年間，述及建文朝歷史的民間軼聞，開始被大量收入筆記或史籍。吳德義在其研究中認為，當時相關史籍的寫作除了表彰忠義，保存史料也是重要目的，且歷經永樂朝的禁燬後由於資料缺乏，正德至嘉靖初此類文本不僅內容較簡略，互相抄襲的情況亦較嚴

---

[17] 〔明〕鄭曉，《吾學編・建文遜國記》，頁42b-43a。
[18] 〔明〕鄭曉，《今言》，卷1，〈二十二〉，頁13-14。

重。[19]對所收材料缺乏鑑別、內容重複率高，固然是正德至嘉靖初年相關文本的明顯問題，永樂以降史料缺乏和文人的搶救備遺也確實為導致此問題的原因之一，不過吾人在討論時，也不能忽略作者群體的文化背景，以及他們在書寫上的興趣和關懷層面。

從明代中葉開始，江南地區逐漸形成一個具有鮮明地域特色的文人群體，以蘇州為中心，建立起崇尚博洽自由、充滿本土意識的文學風氣，與以北京為中心，密切結合政治、循守道統的北方學術分庭抗禮。這個以蘇州及其鄰近地區文人為主的集團，目前學界多稱之為「吳中文人」，成員之間透過政治、師生、姻親、經濟、文學、地緣等層面的關聯，建立起縝密而複雜的人際網絡，歷經由成化到嘉靖朝百餘年間的發展，該群體深具地方特色、充滿現實與鄉土關懷的文風和寫作理念，隨著集團成員的人際網絡與作品的流通，持續對南方及後起文人產生影響。[20]范宜如對明代中期吳中文壇的研究也指出，在吳中文人的書寫中，有許多是對造訪「歷史現場」時特殊體驗的記述，反映了他們身處充滿歷史記憶環境的狀態與自覺。透過詩文和地方志的書寫，吳中文人對鄉土的地域意識和歷史情懷獲得強化，而他們將自身體驗與故有記憶相互結合，亦帶來在地歷史記憶的重構。[21]換言之，對地方歷史的記敘與抒懷，原本就是吳中文人重要的文學特色。

---

[19] 吳德義，《建文史學編年考》，頁69-70。

[20] 廖瑞銘，《明代野史的發展與特色》，頁42-46。關於吳中文人群體的形成、特色和文化貢獻，可參見鄭利華，〈明代中葉吳中士人集團及其文化特徵〉，《上海大學學報（社會科學版）》，1997：2，頁99-103；邱曉平、胡璟，〈明代中葉吳中文人集團研究回顧〉，《北京科技大學學報》，2003：4，頁34-38。簡錦松《明代文學批評研究》、廖瑞銘《明代野史的發展與特色》等著作亦稱此群體為「蘇州文苑」，後者認為該群體成員除蘇州人外，也應包含因任職南京或個人交遊等因素而深受其學風影響的文人，如原籍廣東香山的黃在。廖氏也認為，該群體的地域範疇，除了上述研究界定的蘇州府轄下一州七縣外，也應涵蓋松江、杭州等鄰近地區。范宜如更指出，「吳中」的範圍狹義上為蘇州及其鄰近地區，廣義上則包括整個江南，而且在界定「吳中文人」時，除了個人籍貫，還須考慮其家世背景。參見簡錦松，《明代文學批評研究》（臺北：臺灣學生書局，1989），頁2；范宜如，〈明代中期吳中文壇研究───個地域文學的考察〉，頁17-18。

[21] 范宜如，〈明代中期吳中文壇研究───個地域文學的考察〉，頁125-165。

從一些吳中文人的著述或所收藏的史料，亦可發現他們對靖難歷史和殉臣事蹟頗有興趣。如成、弘年間曾為建文忠臣撰寫傳記、行狀的吳寬，便是當時的吳中文壇領袖，與其交往密切的同鄉文人史鑑亦曾為建文忠臣姚善立傳，成書於嘉靖初的《皇明傳信錄》，還提到「蘇州士大夫家多有太宗文皇帝即位詔」的情況。[22]丁修真對明末偽書《致身錄》的研究則指出，由於地緣關係產生的政治與文化認同，以及撰述資源的承襲，使吳中文人在明中葉以降建文朝歷史與傳說的建構過程中，發揮了極大的作用，許多相關的筆記和專史著作，皆係出自吳中文人群體。與蘇州接壤的浙江嘉興府，亦是此類史籍的重要產地，如《革朝遺忠錄》作者郁袞，《吾學編》作者鄭曉，皆出自當地。[23]

表2-2　正德、嘉靖年間建文朝歷史相關文本作者籍貫表

作者	籍貫	著作
尹直	江西吉安府泰和縣	謇齋瑣綴錄
祝允明	南直隸蘇州府長洲縣	野記
都穆	南直隸蘇州府吳縣	壬午功臣爵賞錄
		壬午功臣別錄
張芹	江西臨江府新淦縣	備遺錄
黃佐	廣東廣州府香山縣	革除遺事
陸粲	南直隸蘇州府長洲縣	庚巳編
		說聽
梁億	廣東廣州府順德縣	遵聞錄
姜清	江西廣信府弋陽縣	姜氏秘史
王鏊	南直隸蘇州府吳縣	守溪筆記
何孟春	湖廣郴州	備遺續錄（已佚）
郁袞	浙江嘉興府嘉善縣	革朝遺忠錄

---

[22] 〔明〕佚名，《皇明傳信錄》（臺北：中央研究院傅斯年圖書館藏明國朝典故十行藍絲欄抄本），卷5，未標頁。此書目前僅可見萬曆朝朱當㴐《國朝典故》輯本，由全書敘述至正德十六年世宗即位為止，且於卷七談及寧王朱宸濠謀反時稱武宗為「今上」來看，應是寫於正德末，成於嘉靖初。

[23] 丁修真，〈士人交往、地方家族與建文傳說——以《致身錄》的出現為中心〉，頁71。

作者	籍貫	著作
吳朴	福建漳州府詔安縣	龍飛紀略
許相卿	浙江杭州府海寧州	革朝志
袁褧	南直隸蘇州府吳縣	奉天刑賞錄
陳建	廣東廣州府東莞縣	皇明啟運錄
		皇明資治通紀
高岱	湖廣承天府京山縣	鴻猷錄
皇甫錄	南直隸蘇州府長洲縣	皇明紀略
郎瑛	浙江杭州府仁和縣	七修類稿
		萃忠錄（已佚）
鄭曉	浙江嘉興府海鹽縣	革除編年（已佚）
		吾學編

　　透過上表的整理，可發現這些文本的作者多為南方文人，且半數以上都出身深受吳中文風影響的地區。《備遺錄》的作者張芹，則與當時極受鄉人推崇、紀念的建文殉臣練子寧同鄉。而《革除遺事》的作者黃佐，亦與陸粲（1494-1551）、袁褧等吳中文人，以及陳建（1497-1567）、何孟春等同樣原籍華南的文人來往甚密，[24]彼此之間相互影響亦屬自然。

　　此外，廖瑞銘在分析明代中葉野史的寫作特色時還指出，正德年間吳中文人的掌故筆記，主要講求博洽尚趣，以此做為文學創作的素材，故有不少志怪成分存在。直到嘉靖、隆慶年間，掌故筆記才有較強的史學意識和經世動機。[25]從這種書寫傾向的轉變，可知正德年

---

[24] 高春緞，《黃佐的生平及其史學（一四九〇－一五六六）》，頁107-110；〈附表二：黃佐交遊簡表〉，頁283-290。丁修真、夏維中亦曾考察黃佐《革除遺事》的修訂過程，及其與相關筆記著作、私纂史籍的互動關係，進而分析此類文本作者的交遊網絡，指出明代中葉存在一張以王鏊、文徵明（皆為蘇州人）、黃佐等人為中心向外擴散，並相互交疊的建文故事傳播網，這些對建文故事滿懷興趣的蒐集者、傳述者和書寫者，彼此間可能存在師生、僚友、姻親等關係，而黃佐更在當中扮演了穿針引線、促進不同群體間訊息傳遞的角色。這些群體的相互交流，也正是建文朝相關書寫能在此一時期蓬勃發展的重要原因。參見丁修真、夏維中，〈明代中期建文故事的整合與傳播——以黃佐《革除遺事》為中心〉，頁63-69。
[25] 廖瑞銘，《明代野史的發展與特色》，頁47、61。

間述及建文朝史事的筆記著作，不僅是基於史料缺乏才儘可能收載備遺，與其說當時文人在書寫時並未挑選素材，不如說他們的選擇不見得是以合理或忠於史實程度為首要考量，饒富趣味、特殊性或戲劇性的故事對他們而言實頗具吸引力。

　　不只是筆記，這種尚奇的寫作態度也影響了當時的私史作品。正德年間張芹的《備遺錄》和黃佐的《革除遺事》，都收載了一些離奇的軼聞，這些軼聞所具備的趣味性或戲劇性，吸引作者將之融入著作中，但其真實性和合理性往往引人懷疑，故隨著嘉靖年間史學意識越發強烈，可能在後續其他的撰史者的揀擇下被剔除。如《備遺錄》在敘述兵部尚書齊泰於燕軍攻下南京時出走的段落中，以小註形式記載了這麼一則軼聞：

> 或云泰之脫走也，其所乘之白馬極駿，慮人識之，乃以墨塗黑焉。既而行遠，馬汗流墨脫，竟為人所蹤跡。[26]

這個故事在往後的相關史籍中幾乎不曾再出現，而逐漸從人們的記憶裡淡去。至於《革除遺事》，則在辛巳本中述及建文帝的結局時，出現了一段預言式的記載：

> 建文君幼穎能為詩，高皇帝使賦新月，曰：「誰將玉指甲，點破碧天痕？影落江湖上，蛟龍不敢吞。」帝曰：「必免於難。」後果如其言。[27]

---

[26] 〔明〕張芹，《備遺錄》，〈兵部尚書齊公〉，頁3a-3b。

[27] 〔明〕黃佐，《革除遺事》（辛巳本），卷1，〈君紀〉，頁8a-8b。此說亦可見於時代稍後的《今言》等文本。該詩中充滿對靖難戰爭與建文帝出亡等發展的暗示，可視為建文帝對自身命運的一語成讖。有些野史著作則稱此詩為建文帝之父懿文太子朱標所作，並視之為太子「不及享國」之讖。但據錢謙益考證，此詩實為元末明初文人楊維楨所作，故這類傳說不過是後世附會的產物。只是目前楊維楨所存詩文中，已不見此詩。參見〔清〕錢謙益，《列朝詩集》（《四庫禁燬書叢刊》，集部第95-97冊，北京：北京出版社，據中國科學院圖書館藏清順治九年毛氏汲古閣刻本影印，2000），乾集上，〈聖製・建文惠宗讓皇帝〉，頁4b。

作為後續相關文本仰賴的重要參考書目，《革除遺事》的這則記載在之後的嘉靖朝並不受其他作者青睞，直到嘉靖末才又載入鄭曉的《建文遜國記》。[28]總之，倘若當時文人筆記具有收集奇聞軼事作為創作材料之意，那麼在私史作品中加入軼聞傳說則可說是對他們這種創作模式的實踐。此種書寫現象，或許也和中國撰史的傳統有關。人物傳記向來是中國傳統歷史書寫中重要的一類，在明代以建文朝歷史為主題的著作中亦佔相當比重。而富有戲劇性的典故軼聞，往往能在傳中凸顯人物特質，或為後續情節建立明確的因果關係。在這種寫作考量下，軼聞本身的真實性，相較於其所能達到的效果，似乎就不是那麼重要了。[29]

　　另外，軼聞筆記中的敘述也可能對後續史籍撰寫和歷史記憶產生深遠影響。「誅方孝孺十族」之說的流傳，可謂絕佳例證。此說最早見於正德六年祝允明的《野記》：

> 文皇既即位，問廣孝誰可草詔？廣孝以方對，遂召之。數往返，方竟不行，乃強持之入，方披斬衰行哭。既至，令視草，大號，詈不從，強使搦管，擲去，語益厲，曰：「不過夷我九族耳！」上怒云：「吾夷汝十族。」左右問何一族？上曰：「朋友亦族也。」於是盡其九族之命，而大搜天下為方友者殺之。[30]

《野記》一書所記多為民間的軼聞傳說，反映的正是當時人們對相關歷史的認知與記憶。從這則記載可看出，在正德甚至稍早的弘治年

---

[28] 〔明〕鄭曉，《吾學編·建文遜國記》，頁42b。
[29] 此種現象其實是中國傳統傳記書寫的常見傾向，崔瑞德（Denis Twichett）在討論中國傳統傳記的寫作問題時曾指出，其內容通常是由傳主生平事蹟、著作與軼聞組成，傳中細節未必全然屬實，但卻是史家指派給傳主的性格典型，用以象徵其個性與行為的終身一致性。參見Denis Twichett，〈中國傳記的幾個問題〉，收入Arthur F. Wright編，中央研究院中美人文社會科學合作委員會譯，《中國歷史人物論集》（臺北：正中書局，1973），頁30-35。
[30] 〔明〕祝允明，《野記》，卷2，頁5a-5b。

間，世人對於方孝孺之死已有相當詳細且戲劇性的想像，其堅定不屈亦與官書中「叩頭祈哀」的描寫形成強烈對比，透露出民間對官方扭曲事實的不滿。有趣的是，「誅十族」之說雖源自民間的想像，卻被往後各種相關史籍廣泛引用，成為人們認知裡的「歷史事實」。

　　事實上，典故軼聞在仍以口頭傳布的階段，便已是一種歷史記憶，當文人透過筆記將之形諸文字，等於讓這些記憶歷經了複製甚至再製的過程，獲得強化、深化，無形中擴大其所影響的時間與空間範疇。而「真相」與「想像」就在此一過程中，逐漸消弭了界線。

第二節　鄉里記憶、地方認同與現實連結

　　正德、嘉靖年間，人們對建文朝的歷史記憶與地緣情感，隨著文人地方意識的強化，以及相關文本創作、出版活動的增加，而有了深化的傾向。人們對建文朝或同鄉的建文殉臣抱持著什麼樣的感情和態度，又是如何界定對建文和永樂這兩個政權與自身的關係，即是本節所欲探討的問題。

　　明代文人對鄉土人文的關懷與認同，在十六世紀以降的筆記、方志中，都有明顯的反映。江南文風博洽、尚奇且富有本土意識的特質，使保存地方記憶也成為當時文人寫作筆記的重要動機，他們視鄉里軼聞為當地文化的一部分，理應予以保存，其內容的真實性和合理性反倒變得沒那麼重要。筆記的體裁自由，可融記錄、追憶、抒情、議論於一體，使作者更能任意發揮自己對鄉土、時事的所見所感；方志的編纂則是延續和推展當地文化、強化地方認同的重要手段，存在於鄉里間的記憶、建置、風土、人文，無一不是地方上形塑文化、凝聚認同的元素，故而受到修撰者的重視。在與建文朝歷史相關的地方記憶中，殉臣事蹟可說是最主要的部分，隨著宣德朝以降官方對「靖難問題」態度漸趨寬鬆，以及建文殉臣形象的正面化、典範化，這群人在其鄉逐漸成為受到標榜、用以宣傳和凝聚認同的偶像，他們的事

蹟被傳述、紀念甚至美化，其「忠臣」的光環更可能被視為地方上的文化資源而遭爭奪。因此，建文殉臣的事蹟，對其原鄉而言不僅是人們記憶中的一部分，同時也是一種精神上的象徵、一種文化上的資產。

另一方面，這種地方認同中也有受到現實影響、刺激的層面，例如當時政治和學術上呈現的「南北對抗」情勢，以及時人對「世風」的焦慮等。政治上兩京分立、南人受到壓抑的狀況，和學術上南北對峙、互別苗頭的態勢，似乎促使江南文人將現實與過往的歷史進行連結，地域和歷史境遇的關聯激發了他們對建文朝廷與殉臣的認同之情，書寫、探討建文朝相關史事的興趣與意願也隨之提升。而士大夫對世風、士氣的不滿和為圖振興所作的努力，則更進一步強化、強調了建文殉臣們的「忠義」形象。

（一）文本中的地方記憶

正德、嘉靖年間建文朝歷史記憶的形塑成分，很大程度上是來自此前的民間記憶，當中有些部分亦已透過宣德到弘治朝的殉臣事蹟書寫、遺文整理活動而形諸文字。如天順年間趙洪為其所刊方孝孺文集寫序時，便提及一些他聽聞自鄉里耆老的軼聞：

> 洪自髫年聞諸老成，稱先生之道德文章，出乎天性。始生之夕，有木星墮於其所，雙瞳炯炯如電。[31]

---

31 趙洪是浙江台州府臨海縣人，其鄉與方孝孺故里寧海縣同屬一府，算是方氏同鄉。趙洪生卒年雖已難考究，但由此序寫於天順七年來看，或可推測趙氏是於宣德或正統年間聽聞此說，而其在地方上形成的時間則可能更早。臨海縣出現此類將方孝孺出生情形神異化的傳說，並透過當地耆老之口傳與下一代，顯示了臨海縣人對方氏所抱持的認同感，使其相關傳聞也成為鄉里記憶的一部分。這種認同與懷念之情一直在當地延續，至嘉靖時依然存在。強調方孝孺道德學問非凡的傳聞，也在同屬一府的黃巖流傳，如成化十六年黃孔昭〈新刊遜志齋集後序〉便提到：「孔昭自幼習聞先生之名於鄉老，私謂先生本天成，非人所能及也。」參見〔明〕趙洪，〈新刊正學方先生文集序〉，收入〔明〕方孝孺撰，徐光大點校，《遜志齋集》，〈附錄〉，頁896；〔明〕黃孔昭，〈新刊遜志齋集序〉，收入〔明〕方孝孺撰，徐光大點校，《遜志齋集》，〈附錄〉，頁899。

「始生之夕，有木星墮於其所」一類的描述，其實更像是將方氏「偉人化」之後而形成的傳說，強調他在學問和道德上（特別是後者）的不平凡。這類軼聞作為較早的相關記載，為正德到嘉靖年間許多記述建文殉臣事蹟的文本所引錄。[32]

明代中葉的文人，特別是原籍江南者，常將民間軼聞視為其鄉珍貴的文化資產，努力加以維護。如祝允明在其成於正德六年（1511）的筆記著作《野記》中即表示，保存可能因未形諸文字而漸流失的地方記憶，正是其寫作的目的之一：

> 允明幼存內外二祖之懷膝，長侍婦翁之杖几，師門友席，崇論爍聞，洋洋乎盈耳矣。坐志弗勇，弗即條述，新故溷仍，久益迷落。比暇，因慨然追記胸膈，獲之輒書大概，網一已漏九矣。[33]

祝允明追溯其寫作歷程，既流露出對昔景故人的懷念，也有無法完整保留此類「崇論爍聞」的遺憾。他在該段文字後，復有「小大粹雜錯然，亡必可勸懲為也，大略意不欲侵於史焉爾」之語，顯示這些傳說雖不盡屬實，但在他眼中卻仍有其保存價值。[34] 由此可知，透過民間軼聞還原歷史，不見得是祝氏等筆記作者投入寫作的主要目的。對他們而言，這些故事反映的記憶與認知，是來自其所熟悉、親近的地域與人群，他們與之擁有相近的生活經驗與意識形態，彼此亦自視為同一群體。文人藉筆記書寫地方記憶，既抒發對故人故土的懷念，也嘗試延續、宣揚這些故事帶給自己的感動和啟發。

---

[32] 如張芹《備遺錄》、黃佐《革除遺事》、許相卿《革朝志》、姜清《姜氏秘史》以及郁衮《革朝遺忠錄》等書中，都有類似的記載。參見〔明〕張芹，《備遺錄》，〈翰林侍講方公〉，頁3b；〔明〕黃佐，《革除遺事》（庚辰本），卷1，〈方孝孺〉，總頁607；〔明〕許相卿，《革朝志》，卷3，〈死難列傳·方孝孺傳〉，頁1a；〔明〕姜清，《姜氏秘史》，卷1，洪武三十一年六月條，頁7a；〔明〕郁衮，《革朝遺忠錄》，卷上，頁13a。

[33] 〔明〕祝允明，《野記》，〈野記小敘〉，頁1a。

[34] 〔明〕祝允明，《野記》，〈野記小敘〉，頁1a。

相較於祝允明之類的筆記作者，對建文朝專史著作的撰寫者而言，地方記憶不僅是他們還原歷史的重要資料，也是他們藉以呈現今昔之連結，凸顯該段歷史長存人心、持續發揮影響的最好例證。嘉靖年間史家鄭曉在撰寫《建文遜國記》和《遜國臣記》等著作時，除了引用前人的成果，更親自前往南京、建文殉臣故里等富含相關記憶的地區考察，將其見聞記入書中。如他自言曾在南京「聞之江上老人曰：『成祖乃天授，建文君何尤？』」，[35]既表現當地百姓雖接受成祖一系統治事實卻仍同情建文帝、為其抱屈的心態，也抒發了自己對靖難歷史發展的感觸。他在為齊泰所寫的傳記中，更提到自己造訪齊泰的故鄉溧水縣時，發現當地人仍稱其故居鋪舍為「尚書鋪」，甚至還見到了齊泰的後人。[36]鄭曉的上述記載亦清楚揭示了地方記憶保存媒介的多元性，非僅限於文人的記錄、書寫，當空間被賦予相應的名稱，或當一群人具有了「建文殉臣遺族」的身分時，也能成為歷史記憶的載體，延續甚至創造更多相關的認同與記憶。

　　明代中葉以降的一些方志，也以「外志」、「雜志」之類的形式，記錄了許多鄉里軼聞和傳說，當中不乏與建文朝或靖難戰爭相關的故事。如嘉靖十二年（1533）《山東通志》便記有一則莘縣城隍協助燕王於敗戰中脫險的故事：

> 莘縣靈廟，邑父老相傳，太宗文皇帝靖難，道經博聊間，時平
> 都司鎮守，以兵距，帝屢被其挫。帝夜夢復與奮戰，大敗，

---

35 〔明〕鄭曉，《吾學編・建文遜國記》，頁43a。
36 〔明〕鄭曉，《吾學編・建文遜國記》，卷1，〈兵部尚書齊太〉，頁9a-9b。齊泰有後嗣獲得赦免，並回到原鄉繁衍生息的說法，目前可見最早的記載出自嘉靖二年以後成書的《姜氏秘史》，該書稱壬午年時齊泰有個六歲大的兒子遭發配，後來被赦還。有趣的是，早期談及建文殉臣遭政治整肅的文本，如弘治朝的《立齋閒錄》，或是正德年間的《備遺錄》、《革除遺事》中，都只提到齊泰遭族誅且有從兄弟和族叔充軍之事，為何嘉靖之後又冒出一個六歲大、最後還獲赦返鄉的兒子？時至今日，吾人已很難考證此一「齊泰遺子」及其後裔的真偽，但建文朝歷史的書寫者們為何要記載此事，這批「忠臣後裔」又在地方上的建文朝歷史記憶中扮演何種角色，都仍是值得探討、玩味的問題。

急，忽見一長鬚大漢，自西南騎白馬持大刀聲言救駕，即斫平
都司馬倒，帝得脫難。問其姓氏，曰：「臣莘縣城隍。」既
覺，帝深疑之。至旦，復與平都司戰，其始末果如夢中，事後
特加封焉。[37]

此記載很明顯是脫胎自王鏊《守溪筆記》等早期文本中，平安（?-1409）
敗燕王於白溝河，卻於追擊時「馬忽蹶」，使後者得以逃脫的故事。[38]
而燕王化險為夷被理解為「神助」的說法，其產生亦與成祖在位期間
的政治宣傳有關，容後再述。從地域的角度來看，「靈廟護兵」的故
事也反映南方與北方在政治傾向上的差異，比起與建文政權關係密切
的江南、浙東等地，北方地區則對成祖之統治表現出更高的支持與接
受度；同時具有官方祀典性質和民間信仰基礎的城隍神，在地方上出
現這種傳說，這或許也是當地對朝廷的一種象徵性輸誠，並企圖讓地
方廟宇獲得帝王的「加持」。

　　與明代士人致力調和永樂政權與建文殉臣的情況相似，建文帝
和成祖在歷史上原是水火不容的兩大陣營，卻並存於當時人們對建文
朝的歷史記憶中。如《野記》中收錄的民間軼聞，既有與建文君臣相
關者，也有以成祖和靖難功臣為敘述主體者，這些故事的生成背景及
蘊含的歷史認知雖未必相同，但在祝允明將之載入筆記時，他已然接
受了這些歷史記憶，進而成為它們的傳承者。而嘉靖朝《山東通志》
中，既有莘縣城隍護佑成祖的故事，也載有曾任職山東的殉臣鐵鉉、
胡子昭（1360-1402）、陳迪、高巍（?-1402）等人的事蹟，[39]書中介

---

[37] 據該書所言，此則記載係抄錄自莘縣縣誌，然因筆者目前未見原本，故仍引《山東通
志》之文。況且，無論是莘縣縣誌或《山東通志》記載此傳說，都足以作為方志中
收載與靖難歷史相關傳說的例證。參見〔明〕陸釴等纂修，《（嘉靖）山東通志》
（《天一閣明代方志選刊續編》，第51-52冊，上海：上海書店，據明嘉靖刊本影
印，1990），卷40，〈雜志·東昌府〉，「靈廟護兵」條，總頁1246。
[38] 〔明〕王鏊，《守溪筆記》，〈平都司〉，頁10a。
[39] 〔明〕陸釴等纂修，《（嘉靖）山東通志》，卷25，〈名宦上·山東總部〉，「鐵
鉉」、「胡子昭」、「陳迪」、「高巍」條，總頁142-143。

紹山東名宦鄉賢時，更分別以建文殉臣鐵鉉和降臣黃福（1362-1440）為代表。[40]

　　基於因地緣關係而產生的認同感，方志所反映的相關記憶多以出身或曾任職當地的建文殉臣事蹟為主。正德年間，雖有越來越多地區開始定期祭祀同鄉建文殉臣，但各地在修纂方志時的態度似乎相對保守：在正德朝及此前的方志中，扣除靖難功臣事蹟，很難找到與建文朝相關的資訊，雖然也有一些建文朝臣進入地方人物傳，但對其生平多只敘述到洪武年間，幾乎不會提到建文朝的情況，且所展現的通常只是傳主作為清官、良吏的形象，或是強調其道德學問，很少著墨日後人們所熟悉的「忠臣」事蹟。這種現象似乎沒有地域或對象上的差異，反映當時就這類由地方政府主持編纂的文本而言，靖難戰爭和壬午殉難仍是過於敏感而難以細述的議題。如正德元年《姑蘇志》對黃鉞（?-1402）、劉政（?-1402）、儲福（?-1402）等人的描述，正德五年（1510）《雲南志》對張紞、瞿能（?-1400）、樓璉（?-1402）等人的記載，[41]而被官方論述列為「首惡」的黃子澄，正德九年（1514）《袁州府志》在其傳記中僅以「太宗靖難師入，子澄死焉」一句簡略交代其結局，未再提及建文時事。[42]

　　到了嘉靖年間，建文殉臣的忠義事蹟開始大量進入地方志書，而相關資訊於方志中所佔的篇幅比例也逐漸產生地域上的差異。各地方志為建文殉臣立傳的情況，在某種程度上似乎反映了編纂者對當時相關史籍彙整成果的關注，每當隨著建文朝歷史著作推陳出新不斷擴大的「建文忠臣群體」出現「新成員」，後續新修的志書多會為其

---

[40] 〔明〕陸釴等纂修，《（嘉靖）山東通志》，卷18，〈祠祀・濟南府〉，「崇正祠」條，總頁1066。

[41] 〔明〕周季鳳編，《（正德）雲南志》（《天一閣明代方志選刊續編》，第70冊，上海：上海書店，據天一閣藏明正德五年刻本影印，1990），卷19下，〈列傳・名宦五〉，「張紞」、「瞿能」條，頁1a-1b；卷20，〈列傳・流寓〉，「樓璉」條，頁10b。

[42] 〔明〕嚴嵩纂修，《（正德）袁州府志》（《天一閣明代方志選刊》，第37冊，上海：上海古籍書店，據天一閣藏明正德九年刻本影印，1982），卷8，〈人物志〉，「黃子澄」條，頁14a。

立傳，對殉臣生平的敘述也多與史籍內容相近。有些方志中也保留了對同鄉殉臣的獨特記憶，甚至影響後出的相關史著。如正德九年《袁州府志》收錄了三首黃子澄詩作，並載有其賦庭中枯梅的故事，頗具軼聞色彩，這也是目前所見最早收錄此三詩的文本；編者稱這些詩為「子澄平生詩文泯滅不復見，其一二篇為人所傳誦者」，在強調「此殆真筆」的同時，亦有「今里士不便真贗，俚語鄙詞，擇相傳錄，強傳為其所作，適病之也」之嘆。[43]成於嘉靖二十二年的《袁州府志》，則新增龍鐔（?-1402）傳記，內容與早一年問世的《革朝志》大致相同，文後尚有一段對其死事「信史既闕，野史不傳」的感嘆，稱當時「父老間有及鐔事者，猶淚津津下」。[44]又如嘉靖二十一年（1542）《陝西通志》所錄景清（?-1402）傳記，竟出現其參與白溝河戰役、擊敗成祖卻被逃脫的情節；[45]此說並未見於其他文本，且與王鏊《守溪筆記》中平安與燕王交戰的故事頗為相像，可能是當地人將此事移植到景清的事蹟中。地緣關係帶來的認同感，強化了人們對建文殉臣相關記憶的情感成分，也為這些記憶的延續與發展提供了動力。當然，歷史記憶與地方認同之間的助長關係是雙向的，在建文殉臣記憶憑藉著同鄉情結在地方上生根苗壯時，當地也透過對這些人物的標舉和相關記憶的強化，來凝聚與宣揚地方認同。

（二）祠祀、牌坊、詩文：地方認同的凝聚與宣揚

明代士人的鄉土關懷，使他們致力於保存地方記憶和激勵地方

---

[43] 〔明〕嚴嵩纂修，《（正德）袁州府志》，卷9，〈遺事〉，頁6b-7b。

[44] 〔明〕陳德文纂修，《（嘉靖）袁州府志》（《天一閣明代方志選刊續編》，第49冊，上海：上海書店，據明嘉靖刊本影印，1990），卷9，〈人物志〉，頁4b-5a。從府志編者的感嘆及同一段落「鐔死事，《備遺錄》、《革除遺事》不具載」的敘述判斷，雖然纂成時間較晚，但《革朝志》的相關內容應是源自府志所載。

[45] 〔明〕趙廷瑞纂修，《（嘉靖）陝西通志》（《華東師範大學圖書館藏稀見方志叢刊》，第5冊，北京：北京圖書館出版社，據明嘉靖二十一年刻本影印，2005），卷30，〈鄉賢‧慶陽府〉，「景清」條，頁36a-36b。據李夢陽考證，清本姓耿，報籍訛為景，然因景清之名較常見於後世文本，為便於討論，本書仍以「景清」稱之。參見〔明〕黃佐，《革除遺事》（庚辰本），卷4，〈景清〉，總頁630。

認同的工作，正德、嘉靖年間建文朝歷史記憶的發展與延續，也與此有關。地方藉由標舉鄉賢促進教化、強化認同的作法，與文人透過記錄、宣揚建文忠臣事蹟以激勵士風的嘗試，在這個時期逐漸結合起來，歷史記憶因而反過來成為凝聚、宣揚地方認同的利器。

藉鄉賢祭祀激勵士氣或塑造地方認同的現象，在明代頗得益於政令的推動。如前所述，明太祖為弘揚忠君觀念，將「忠臣烈士」列入國朝「應祀神祇」，令各地訪求相關事蹟後上報，由官方納入祀典體系，並要求地方官員定時致祭。這樣的作法使「忠臣」的角色模範廣泛樹立民間，其所標榜的儒家道德與價值觀也因此深入人心。弘治年間孝宗下旨令天下郡邑各建名宦鄉賢祠，更為日後地方官員崇祀名宦鄉賢以勵士氣的作法提供了依據。嘉靖九年（1530），世宗下令「各處應祀神祇帝王、忠臣孝子、功利一方者，其壇場廟宇，有司修葺，依期齋祀，勿褻勿怠」，[46]以朝廷之力要求各地重視忠臣祭祀的執行與延續。在這種背景下，長期被人們視為「忠臣」的建文殉臣，便順理成章地成為各地標舉的模範，其相關記憶的延續更因而得到地方官員的支援。正德、嘉靖年間，各地對建文殉臣的定期祭祀已趨普遍，許多昔日被成祖列為「奸惡」的官員都被奉入名宦鄉賢祠，地方上也建有不少專祀建文殉臣的祠堂（見表2-3）。

表2-3　正德、嘉靖年間被奉入專祠祭祀之建文殉臣表

殉臣	奉祀時間	奉祀地點	資料來源	備註
練子寧	正德六年（1511）	新淦縣治東北金川書院練侍郎祠	嘉靖臨江府志卷5，頁6b	
	嘉靖五年至八年間（1526-1529）	峽江縣鳳凰山巔自靖祠	嘉靖臨江府志卷5，頁8b	

---

[46] 〔明〕申時行等修，〔明〕趙用賢等纂，《（萬曆）大明會典》，卷93，〈禮部五十一‧羣祀三‧有司祀典上〉，頁9b。

殉臣	奉祀時間	奉祀地點	資料來源	備註
王叔英	正德七年 （1512）	廣德州治西橫山下	嘉靖廣德州志 卷4，頁14a	與岳飛合祀， 嘉靖十五年後 專祀岳飛
	嘉靖七年 （1528）	廣德州玄妙觀舊址 王靜學懷忠祠	嘉靖廣德州志 卷4， 頁13a-13b	萬曆中傾圮， 改建四先生 祠，與范仲 淹、真德秀、 周瑛合祀
	嘉靖十五年 （1536）	廣德州西門外迎仙道院 舊址 王修撰祠	嘉靖廣德州志 卷4，頁14a	由州治西祠移 祀
	嘉靖十八年 （1539）	太平縣治東	嘉靖太平縣志 卷7，頁3a	
	嘉靖年間	台州府大固山九忠祠	嘉靖浙江通志 卷20，頁14a	
黃觀	正德十一年前 （-1516）	貴池縣學之西黃侍中祠	嘉靖池州府志 卷5，頁8a	嘉靖時改為啟 聖祠
	嘉靖二年 （1523）	池州府治北忠烈祠	萬曆池州府志 卷2，頁27a	與宋人趙昂發 合祀 並祀妻女，萬 曆中撤
鄒瑾 魏冕	正德十一年 （1516）	永豐縣瀧岡書院	萬曆吉安府志 卷15，頁10b	
王良	正德十三年 （1518）	浙江按察司治東南忠節 祠	嘉靖浙江通志 卷19，頁4b	
鄭恕	正德十三年	仙居縣忠節祠	嘉靖浙江通志 卷20，頁14b	並祀其二女
	嘉靖年間	台州府大固山九忠祠	嘉靖浙江通志 卷20，頁14a	
黃子澄	正德十五年 （1520）	分宜縣治右黃太常祠	嘉靖袁州府志 卷6，頁10a	
張昺	正德十五年	澤州治北張忠公祠	雍正澤州志 卷36，頁12b	

殉臣	奉祀時間	奉祀地點	資料來源	備註
胡子昭	正德年間	嘉定州治西	萬曆四川總志卷15，頁13a	隆慶中遷至州儒學東
	嘉靖年間	歷城縣西門內七忠祠	道光濟南府志卷18，頁30a	
景清	嘉靖元年（1522）	真寧縣西甘節廟	嘉靖慶陽府志卷9，頁15b	
陳思賢	嘉靖四年（1525）	漳州府學前陳公祠	嘉靖龍溪縣志卷3，頁9a-9b	由其生林鈺、呂賢、吳性原、陳應宗、鄒君默、曾廷瑞配享
方孝孺	嘉靖六年後（1527-）	成都府治東正學方先生祠	萬曆四川總志卷5，頁39a	
	嘉靖十五年	寧海縣臥龍山方遜志先生祠	嘉靖浙江通志卷20，頁16b	
	嘉靖年間	台州府忠節祠	嘉靖浙江通志卷20，頁14b	
	嘉靖年間	台州府大固山九忠祠	嘉靖浙江通志卷20，頁14a	
陳迪	嘉靖十一年（1532）	寧國府學東陳靖獻公祠	嘉靖寧國府志卷9，頁10a-11b	
	嘉靖年間	歷城縣西門內七忠祠	道光濟南府志卷18，頁30a	
戴德彝	嘉靖十四年（1535）	奉化縣顯忠祠	嘉靖浙江通志卷20，頁11b	
顏伯瑋	嘉靖十九年（1540）	沛縣忠孝祠	嘉靖徐州志卷8，頁28b	並祀其子
鐵鉉	嘉靖四十一至四十三年間（1562-1564）	鄆州南關社學舊址忠烈鐵公祠	嘉靖鄆州志卷12，頁10a	
	嘉靖年間	歷城縣西門內七忠祠	道光濟南府志卷18，頁30a	
齊泰	嘉靖年間	溧水縣北門外中山書院	萬曆應天府志卷18，頁15b	

殉臣	奉祀時間	奉祀地點	資料來源	備註
葉惠仲				同祀方孝孺、鄭恕、王叔英,原名八忠祠,加入東湖樵夫後更名
盧原質				
盧迥	嘉靖年間	台州府大固山九忠祠	嘉靖浙江通志卷20,頁14a	
鄭華				
徐垕				
東湖樵夫				
平安				同祀鐵鉉、陳迪、胡子昭,萬曆三十九年黜平安,進丁志芳,仍為七忠祠
高巍				
鄭華	嘉靖年間	歷城縣西門內七忠祠	道光濟南府志卷18,頁30a	
王省				

　　透過表2-3可知,正德、嘉靖年間為建文忠臣建立專祠的地區,包括南直隸、山東、山西、陝西、四川、河南、江西、浙江、福建,其中又以南直隸和浙江兩地的專祠數量最突出。出身其他地區的忠臣,雖可能被奉入當地鄉賢祠,或是在地方志中立有傳記,但尚未得享專祠香火,如原籍湖廣德安府的姚善即屬此類。比較特別的是山東濟南府建於嘉靖年間的七忠祠,與當時大多數的建文殉臣專祠不同,其所祀諸臣均非當地人物,而為曾任職當地者。

　　大體而言,建文殉臣在其原鄉或任職地區受到的標榜和重視程度不一,除了與其個人的知名程度有關,往往也視當地是否有急於樹立「忠義模範」的需求。例如擁有祭祀文天祥悠久傳統的江西吉安府,於靖難後自殺殉國的官員包括周是修在內就有八人,如此情況在其他地區實屬罕見,但即使當地頗以「盛產忠節之士」為傲,由於已有文天祥這個典範,周是修等殉臣受到的重視和尊崇便沒那麼突出。表2-3所列殉臣,除了原籍開封祥符的王良是因職務關係而立祠浙江,以及濟南府歷城縣合祀任職當地殉臣的七忠祠,其他人都在原鄉受到相當程度的重視,進而被奉入專祠。方孝孺、練子寧、黃觀、王叔英、鄭

恕（?-1402）等人，更享有不只一座祠堂的香火，足見他們在其鄉的
地位，和當地將之塑造為宣傳模範的企圖。以下便以練子寧、黃觀、
方孝孺三人為例，分別透過祠祀、牌坊、詩文等紀念媒介，探討當時
地方上利用建文殉臣及相關記憶凝聚認同、宣揚教化的現象。

　　正德六年五月，江西提學副使李夢陽（1472-1529）在位於練子寧
故鄉——江西臨江府新淦縣治東北的金川書院，為其興建練侍郎祠，
定期祭祀，[47]並刊刻此前王佐所輯之練氏遺文《金川玉屑集》。李夢陽
還將祠內後堂命名「浩然」，親自作記，文中藉談論「浩然之風」的
意義讚揚練子寧氣節，字裡行間充滿感佩之情，從中亦不難看出他這
一系列立祠、輯文、撰記的行動，蘊含了重振士風的強烈動機。其謂
浩然之氣「常苦抑而不伸焉」，並認為「鼓之而使之伸」是在上位者
的責任。當時正是曾主掌正德朝政的宦官劉瑾（1451-1510）伏誅的隔
年，這些言論應是感於過去那段官員依附、屈從於宦官任憑驅使的時
期而發。弘治時葉盛《水東日記》中成祖「使練子寧今日在此，朕固
當用之耳」一語，也被李夢陽這篇記文引用，並將此理解為成祖「欲
鼓天下之氣而慮其有弗伸」的用心。[48]身為一個強烈不滿當時政風，
並積極投入文風重整運動的官員，李夢陽的行為承續了弘治以來祭祀
鄉賢之風和對建文殉臣「賜之爵謚，崇以廟祀，錄其子孫，復其族屬」
的倡議，試圖藉此改善世道人心。練侍郎祠的建立，不僅強化練子寧作
為當地鄉賢的形象，其形成的在地紀念空間和定期祭祀活動，也讓練氏
的忠義事蹟得以重新進入地方庶民的記憶，並延續下去。[49]

---

[47] 〔明〕徐顥修，〔明〕楊鈞、陳德文纂，《（嘉靖）臨江府志》，卷5，〈祠祀志第
　　 五〉，頁6b-7a；卷6，〈人物志第七〉，頁21a。

[48] 〔明〕李夢陽，《空同集》（《景印文淵閣四庫全書》，第1262冊，臺北：臺灣商
　　 務印書館，據國立故宮博物院藏本影印，1986），卷49，〈浩然堂記〉，頁2b-3b。

[49] 之所以使用「重新」一詞，是因為在明代中葉臨江百姓的記憶中，仍存有對練子寧
　　 的模糊記憶。成、弘年間彭韶〈過江南〉詩中，即提到他從臨江府人口中，聽聞名
　　 字不復記憶的「練狀頭」事蹟。而新淦縣的練侍郎詞，實是士大夫對練子寧記憶在
　　 當地存續與傳布的媒介，一般百姓對練氏其人其事的記憶，便可藉此獲得補充、強
　　 化或再生。參見〔明〕彭韶，〈過江南〉，收入〔明〕宋端儀，《立齋閒錄》，卷
　　 3，〈革除錄〉，總頁642。

在此過程中，出現了一種有趣的現象：對練子寧的崇祀不僅使其成為鄉里偉人和凝聚地方認同的憑藉，也是地方期望藉以提升地位與名氣的招牌。嘉靖年間，峽江縣請祀練子寧於鳳凰山巔（即後來的自靖祠），引發新淦、峽江爭祀練氏進而爭奪其屬籍的風波，新淦縣人對此反彈非常激烈，不願與「外地」共享練子寧這個得天獨厚的「資源」。此事最後雖以知府錢琦下令兩地並祀解決，卻已凸顯當時地方視鄉里偉人為「特產」或「招牌」的傾向。[50]時人羅洪先（1504-1564）〈自靖祠記〉中「淦之爭者譬之家寶，他攘是懼，以公在淦則淦重也；峽之爭者譬之宗廟，執事為榮，以公在峽則峽重也」的分析頗能說明此況。[51]對當地而言，練子寧已然成為一種精神象徵，除了能作為鄉人的道德楷模，也是地方對外宣揚、自我標榜的憑藉。

原籍南直隸池州府貴池縣的黃觀，則在其鄉擁有不少空間上的紀念標誌。根據嘉靖二十四年（1545）刊刻的《池州府志》記載，貴池縣牌坊林立，其中三狀元坊、狀元坊、雙忠坊、六烈坊四座牌坊的建立，都與黃觀的生平事蹟有關，向當地人敘說其於科考上的成就，以及他和妻女不屈死節的故事。[52]除了鄉賢祠，縣內亦為其建有忠烈祠和黃侍中祠，而雙忠坊和六烈坊就分別位於忠烈祠的左右兩側，構成了一個紀念、昭顯忠臣烈女的肅穆空間。[53]如此的空間氛圍，也引發不少文人觸景生情，寫下懷想悼念的詩文。[54]

---

50 練子寧祖籍新淦縣東山，出生於三洲，科考及第後又遷居新淦縣城。三洲原屬新淦縣治，後劃至峽江縣，從而導致兩地對其屬籍的爭奪。峽江請祀之舉引起新淦縣人極大的反彈，甚至寫作文章謾罵。參見〔明〕羅洪先，〈自靖祠記〉，收錄於〔明〕管大勳修，〔明〕劉松纂，《（隆慶）臨江府志》（《天一閣明代方志選刊》，第35冊，上海：上海古籍書店，據天一閣藏明隆慶六年刻本影印，1982），卷14，〈藝文〉，頁58a-58b。

51 〔明〕羅洪先，〈自靖祠記〉，收錄於〔明〕管大勳修，〔明〕劉松纂，《（隆慶）臨江府志》，卷14，〈藝文〉，頁59a。

52 〔明〕王崇纂修，《（嘉靖）池州府志》（《天一閣明代方志選刊》，第32冊，上海：上海古籍書店，據天一閣藏明嘉靖二十四年刻本影印，1982），卷3，〈建置篇・坊牌〉，「貴池」條，頁17a-18a。

53 〔明〕王崇纂修，《（嘉靖）池州府志》，卷5，〈祀典篇・廟祠〉，「貴池」條，頁5b、7b-8a。

54 嘉靖《池州府志》就收錄了一些相關詩作，如沈昌〈弔黃觀〉、孫溥〈黃狀元坊〉、

有趣的是，貴池絕大多數的牌坊都是建以標榜當地士子的功名和政治成就，表揚忠節的牌坊相對較少，但幾乎都有紀念黃觀的意味在。他與南宋時挺身代理州官、守城抗元的池州通判趙昂發（?-1126），被塑造為當地所謂的「雙忠」，除了有共同的牌坊，縣內的六烈坊也是為了紀念兩人的妻女而立。趙、黃二人不僅被視為鄉人道德上的楷模，也被奉為宣傳當地士風的招牌，與縣內林立的牌坊相配合，等同對外昭示，貴池子弟不僅多出良臣，更可為忠臣。[55]陳琳（1462-1527）於嘉靖三年（1524）為忠烈祠撰寫的碑銘中，即以「池之棠陰故在，桑梓猶存，道化之所漸被，又有二烈者出焉，豈非聞風而興起者乎」等句，聲稱兩人忠烈事蹟實為當地固有風教所化之結果，並以此為傲，同時也表明自己的寫作動機，是為「以詔池士，弗忠匪臣，弗孝匪子，化國儀家，聿追芳趾」。[56]而上述這些空間紀念物，無形中也突出、強調了黃觀生命裡的特定面向和階段，讓他從此便以「狀元郎」和「投水殉忠」的形象，活在當地人的心中。

　　相較於前二者，方孝孺的形象重塑和事蹟宣傳開始得很早，其一代儒宗的身分及在靖難戰爭中扮演的角色，亦使之成為建文殉臣當中最知名且最受尊崇的人物。雖然方孝孺在明人對建文朝歷史記憶裡所佔的份量，似乎不太存在地域差異，但其歷史形象的維持、建立與豐滿，卻深深得益於同鄉文人的努力。第一章提過，方氏遺文最早是由其學友和門人開始補輯，之後為其刊刻文集、寫作傳記的工作，則多由與其同鄉士人所從事，這一點至正德、嘉靖年間仍沒有太大改變。對方孝孺的認同與崇敬心理，在台州地區長期累積，當地文人也積極

郎鐵〈弔黃侍中〉等。這些詩篇大多著重於黃觀投水自盡的結局，字裡行間既有哀思，也有浪漫的歷史聯想。參見〔明〕王崇纂修，《（嘉靖）池州府志》，卷8，〈雜著篇上‧藝文〉，頁30a、31b-32a、35a。

[55] 從黃觀當年的殿試策論也被錄於嘉靖《池州府志》的情況來看，或許對貴池縣人來說，黃觀正是當地最能完美結合「良臣」和「忠臣」的宣傳楷模。參見〔明〕王崇纂修，《（嘉靖）池州府志》，卷9，〈雜著篇下‧藝文〉，頁91b-92a。

[56] 〔明〕陳琳，〈新建忠烈祠碑銘〉，收入〔明〕王崇纂修，《（嘉靖）池州府志》，卷9，〈雜著篇下‧藝文〉，頁67b。

將相關記憶向外傳布，其中也不乏將方孝孺與故鄉或者自身進行連結的意味，如嘉靖十一年（1532）臨海人趙淵為成都府的方孝孺祠堂作記，文中稱之「吾台方先生希直」，對方孝孺出自台州的驕傲感躍然紙上。[57]嘉靖四十年（1561）重新刊刻出版的《遜志齋集》亦可作為一個不錯的觀察點，書中除保留最初的原序和歷次刊本的序文、跋文，還收錄許多當年方氏師友所贈詩文及後人寫作的紀念篇章，在宣揚其道德學問的同時，也有藉此凝聚認同、闡揚教化之意。不過，當時人們記憶中的方孝孺，比起所謂的「一代儒宗」、「讀書種子」，為建文帝殉死的忠臣似乎才是他最主要的形象。重刻《遜志齋集》收錄的五首感懷或紀念詩，包括魏澤〈過侯城里有感〉、謝省〈謁侯城里有感〉、謝鐸〈謁侯城里有感〉兩首、袁道〈謁正學先生祠堂〉，所提到的方孝孺都僅限於「忠臣」的層面，為其慷慨赴難表達敬佩與哀思。[58]

　　對一地官員和士紳來說，嘗試延續當地的建文殉臣記憶與認同心態，主要是為了某些現實上的需求，而這又與明代中葉以降文人對時局和鄉土的關懷密不可分。但或許也正由於此種現實考量，讓地方上對建文殉臣的記憶變得只限於「殉臣記憶」的層面，有關他們殉死事蹟的記憶不斷被放大、強調，而建文年間他們作為官員的表現則被忽視和遺忘。

（三）時局關懷與今昔連結

　　歷史記憶的延續必須仰賴人們的現實需求作為支撐，明人的建文朝歷史記憶亦然。相關文本之所以會在正德、嘉靖年間如雨後春筍般不斷產生，除了涉及傳統認知中歷史具有的教化與借鑑意義，也與當時一些知識分子的現實境遇、自我認同有關。歷史書寫提供了他們一個宣洩的出口，透過將自己的命運與過往先賢連結，似乎亦為其帶來

---

[57] 〔明〕趙淵，〈成都府正學方先生祠堂記〉，收入〔明〕方孝孺撰，徐光大點校，《遜志齋集》，〈附錄〉，頁886。

[58] 〔明〕方孝孺撰，徐光大點校，《遜志齋集》，〈附錄〉，頁887-888。

心靈上的撫慰。

　　明代野史的發展與文人筆記書寫息息相關，而當時文人之所以投入野史記錄與撰述的工作，則是基於對歷史教化功能的肯定，以及改善當代政治、社會的訴求。這些知識分子出於對家族、鄉土乃至國家社會的關懷，紛紛投入記述地方軼聞的工作，保存當代社會記憶。此類活動在正德朝後越發熱絡，進而帶動野史的發展，建文朝歷史的記述不過只是其中一項。[59]同時，明代由於靖難等政治因素導致官史不彰，讓人們對官方記載缺乏信心、多所懷疑，甚至嚴厲批判其中的缺漏與謬誤，從而致力於真相的發掘和史實的重建。此外，由於明代朱學在政治、學術上的影響力深入人心，明代史學的教化意義似乎也較過去其他朝代更為強烈，而記載與頌揚建文忠臣事蹟，正是對此種意義與價值的極佳實踐。

　　中國傳統史學很早以前便被賦予借鑑、教化的任務，加以歷史傳述素為形塑意識形態的重要途徑，而文人受儒家思想影響，無論在朝在野皆以移風化民為己任，纂修私史便成為他們所傾向的選擇之一。如張芹在《備遺錄》自序中說明寫作動機時，即將「忠義」視為王朝存續的「精神命脈」：

> 《備遺錄》，錄諸先生忠於所事而以死殉之者也。夫諸先正之死烈矣，於今才百餘年，而其遺事已落於無傳，至有舉其名而憒然者。嗚呼！忠義之名，當與天地同不朽，顧淹沒乃至此耶？嘗考商周之際，武王克商，夷齊餓死，聖賢之行若甚不能同者。然究而論之，武王之所行者，仁也，夷齊所守者，義也。不有武王，固無以安天下；不有夷齊，又何以風勵後世，綿八百年之精神命脈哉！此錄之所以不容已也。[60]

59　廖瑞銘，《明代野史的發展與特色》，頁45。
60　〔明〕張芹，《備遺錄》，〈備遺錄引〉，頁1a。

而嘉靖年間敖英為何孟春《備遺續錄》所寫的題記中，也以「使後之人臣，知事君死患，當終身不二，此其律令也」一句，[61]點出「教忠」無論就應然或實然的角度而言，都是靖難野史書寫的一個重要目的。

明代士人以纂史行教化的作法，除了身為知識分子、社會精英的責任感，也隱含了對時局的憂心。正德年間朝政為宦官把持、官員屈從其下的情況，以及嘉靖朝因大禮議而引發的種種問題，都刺激了知識分子對當時士大夫氣節衰微的反思。在這種背景下，建文殉臣寧死也不向成祖屈服的生命抉擇，被許多人視為政治抗議的模範，對這些殉臣的紀念與尊崇，亦帶有將其道德遺產延續到當代的希冀。[62]不過，即使此種對時局的憂心和急於導正的心態，是源自當時文人的觀察與體驗，但不代表這些認知必屬客觀。趙園考察明代士人對「士風」變遷的觀察與論述，指出其具有「貴遠賤近」的傾向，人們對士風轉捩時間點的認知多有歧異、難以認定，各方議論之間甚至互相矛盾，[63]並認為這種現象應源自論者「變士習，淑人心」的動機，因此對當代士風持論嚴峻，亦屬自然。趙氏強調，對「士風」的描述係士人判斷自己所處時代的方式，反映了他們對政局的批判和對商品經濟等「士習敗壞顯徵」的不安。[64]因此，在討論明人對讚揚、書寫「建文忠臣」事蹟以勵士氣的現象時，應注意所謂「士風」或「世風」經常只是當代士人的「感覺」，而不宜視為客觀的現實背景。這些知識分子很大程度上只是透過對當年建文殉臣「死事甚烈」的認知，利用這種片段的歷史訊息，想像、宣揚一個美好的過往，試圖對他們不滿的現狀提出批判和匡正。

---

[61] 〔明〕敖英，〈題備遺續錄〉，收入〔明〕郁袞，《革朝遺忠錄》，未編頁。

[62] Peter Ditmanson, "Venerating the Martyrs of the 1402 Usurpation: History and Memory in the Mid and Late Ming Dynasty," p. 136.

[63] 趙氏在其書中，即針對此現象舉出不少例證。如晚明沈德符認為在正統至成化年間，士習即已大壞；清人萬斯同在其〈讀高詮傳〉一文中，認為士風轉捩點是在弘治、正德之間；而明末清初包括王夫之在內的許多人，則認為「萬曆季年」是士風敗壞的始點，過去亦曾遭批判的正德、嘉靖士風，反而在當時受到讚揚。參見趙園，《制度・言論・心態——《明清之際士大夫研究》續編》（北京：北京大學出版社，2006），頁242-243。

[64] 趙園，《制度・言論・心態——《明清之際士大夫研究》續編》，頁242-248。

野史作者對於現實的關懷，常使「過去」與「現今」產生意外的連結。明代中葉時政治、社會和國防等方面都出現問題，引發人們對於時局的反省與憂心，而正德、嘉靖年間政局的混亂，也開始讓一些士大夫在失望之餘，越發對「靖難」後遭到抹殺與汙衊的建文朝及其君臣產生同情和懷念。[65]在這種心態下，人們愈來愈不願相信永樂朝以降官方對建文朝政治及其君臣形象的描述。除了引用建文殉臣留來的文字及已問世的相關筆記，民間也盛行一種被過度美化、近於虛構的建文朝敘述。有趣的是，建文殉臣的遺文其實未必能夠還原建文朝的歷史原貌，反而可能強化相關歷史記憶中美化和虛構的成分。原因在於歷經永樂革除之後，殘存的建文殉臣文集多已殘破，後續刊行時又刪除不少「違礙」文字，尚述及建文時事者僅剩方孝孺《遜志齋集》和周是修《芻蕘集》，而方氏文集所餘者又多為歌頌性質的篇章，[66]故對建文朝之敘述恐溢美甚於實際。

　　對官方記載的反動，在明中葉以降發展出的野史傳說中其實並不罕見，此現象一方面透露明人對官修歷史的不滿與不信任，一方面卻也反映相關記憶對官方論述一種逆向操作式的承襲。倘若官方記載稱建文帝乃矯詔嗣位，並非太祖屬意的正統繼承人，或是指責他罔顧叔姪親情，藉由削藩迫害諸王，私史文本則可能採取與之完全相反的敘述。例如黃佐《革除遺事》辛巳本增設的〈君紀〉中，建文帝被立為皇太孫的背景記述，就與官書所載大相逕庭：

> 懿文薨時，太祖皇帝春秋高矣，御東角門，日與對群臣相向泣，翰林學士劉三吾進曰：「皇嫡長孫既富年，宜蚤正位，以繫天下之望。」上命有司擇日行禮，九月三十立為皇太孫。[67]

---
[65] 陶懋炳，〈李贄史論新探〉，《史學史研究》，1985：1，頁46；楊艷秋，《明代史學探研》，頁225。
[66] 吳德義，《建文史學編年考》，頁17-26。
[67] 〔明〕黃佐，《革除遺事》（辛巳本），卷1，〈君紀〉，頁1a-1b。

在《奉天靖難記》和《明太宗實錄》的記載中，懿文太子並不為太祖所喜，其薨逝原本被太祖視為立燕王為儲君的契機，卻因劉三吾「立燕王，置秦、晉二王於何地」的勸阻而打消念頭，勉強立了皇太孫。[68]但到了《革除遺事》，懿文太子成了太祖心目中的理想繼承人，太祖也因此對其薨逝備感憂傷；他爽快地接受劉三吾的進言，將朱允炆立為皇太孫，也代表後者確實是繼承大位的適任人選。這樣的敘述在往後的相關史籍中依然可見，如嘉靖末鄭曉的《建文遜國記》，乃至崇禎年間尹守衡（1551-1633）的《皇明史竊》等文本，都延續了此一說法，[69]強調建文帝作為太祖繼承人的正當性。

如前所述，正德、嘉靖年間是一個皇帝與朝臣逐漸拉開距離的時期，刑殺、下獄和貶謫的風險時時如陰影般籠罩、威脅著直言上諫的官員。就如同呼應這種政治景況，當時野史著作逐漸展開對於國初君主形象的再塑造，太祖殘忍苛酷的一面開始在相關文本中被凸顯出來，不過在此同時，建文帝及其父懿文太子的形象則趨於寬厚、仁慈，成為皇室血脈中不帶「酷刻」基因的一支。[70]在當時的民間傳說中，甚至出現建文帝被立為皇太孫後，曾在太祖面前迴護燕王的故事。嘉靖年間陸粲的筆記《說聽》即記載了此一故事：

> 太祖欲立燕王，學士劉三吾諫曰：「皇孫見在，且上有秦、晉二王，將焉置之？」太祖曰：「曉人當如是矣。」遂立建文。

---

[68] 〔明〕佚名撰，王崇武注，《奉天靖難記注》，卷1，頁11；《明太宗實錄》，卷1，洪武二十五年四月丙子條，頁2a。

[69] 〔明〕鄭曉，《吾學編·建文遜國記》，頁1a；〔明〕尹守衡，《皇明史竊》（《續修四庫全書》，史部第316-317冊，上海：上海古籍出版社，據中國科學院圖書館藏明崇禎刻本影印，2002），卷3，〈革除紀〉，頁1b-2a。

[70] 劉瓊云，〈帝王還魂：明代建文帝流亡敘事的衍異〉，頁98。正德年間最能呈現太祖殘酷和懿文太子仁慈兩種對比形象的文本，應屬徐禎卿的《翦勝野聞》，當中太子諫阻太祖誅夷、太祖擲棘杖於地要其拾起的故事，以及太祖以太子柔弱不振、令人載運滿輿屍骨過其前的故事，都反映民間對這對父子南轅北轍的印象。參見〔明〕徐禎卿，《翦勝野聞》（《四庫全書存目叢書》，子部第240冊，臺南：莊嚴文化事業有限公司，據北京圖書館分館藏明刻本影印，1995），頁8a-8b、13a。

諸王皆會，入殿門，燕王徑前，拍建文背曰：「吾兒，不想汝
有今日！」上坐殿中，遙見之，大聲曰：「如何打我皇孫？」
建文叩頭言：「四叔愛臣，戲相拊耳。」上曰：「汝尚為之諱
邪？」命居宮中，禁饌侍，七日無恙，上怒亦解，乃釋之。[71]

在《奉天靖難記》和《明太宗實錄》的敘述中，劉三吾的勸諫之語，
原本是在塑造太祖屬意由燕王繼統情節的前提下，為建文帝成為皇太
孫的歷史發展提供解釋，不過在此卻成為稱合太祖心意、強化立皇太
孫之舉正當性的言論。至於命燕王居宮中、禁饌侍的情節，應是源自
《建文皇帝事蹟備遺錄》中太祖察覺燕王「有奪嫡計」，因而幽之別
苑、不許進食的描述。[72]這則故事有不少情節都頗耐人尋味。如燕王
對建文帝的輕慢態度，透露了他對太祖立之為皇太孫的不以為然，為
日後的靖難戰爭埋下伏筆；而太祖只因皇孫被打，就監禁親生兒子，
七日不予飲食，亦顯示其嚴厲刻酷的性格。相較之下，被叔父輕慢對
待的皇太孫，卻選擇為對方掩飾，便顯得極為仁厚大度。對照日後的
歷史發展，似也予人「燕王恩將仇報」的感覺。事實上，燕王藉靖難
戰爭奪權的作法，也確實算是一種對建文帝的虧欠；故事中太祖對燕
王的七日之罰，或許正反映了民間期盼還建文帝歷史公道的願望。

　　另外，嘉靖初年的私史作品《姜氏秘史》還有兩則敘述建文帝因
為顧念親情，反而使燕王有機可乘的記載。第一則記載的背景是在建
文帝繼位之初，燕王尚未起兵之時：

戶部侍郎卓敬上書。時燕王來朝，敬密啟奏曰：「燕王智慮絕
人，酷類先帝。夫北平者，強幹之地，金元所由興也，宜徙燕

---

[71] 現存《說聽》二卷本中，並未收錄此故事，可能是在後續出版的輯本中刪除。在此
　　引用萬曆年間《建文朝野彙編》對《說聽》相關內容的輯錄。參見〔明〕屠叔方，
　　《建文朝野彙編》，卷19，〈建文傳疑〉，頁2a-2b。
[72] 〔明〕大嶽山人，《建文皇帝事蹟備遺錄》，總頁219。

封南昌，以絕禍萌。……」上覽奏大驚，袖而入。明日語敬曰：「燕王骨肉至親，卿何得及此？」敬曰：「楊廣之於隋文非父子耶？」上默然良久，曰：「卿休矣！」事竟寢。[73]

其實從上文中卓敬密奏的內容，不難看出這是後人事後諸葛的附會。首先，明初時人對北平的印象其實並不好，認為其歷經元代百年，地氣天運皆已耗盡，而太祖在物色南京之外的建都地點時，也沒有選擇北平的意願；將北平視為王者所興之地的認知，其實是在成祖靖難奪位後才形成，且與其陞崇肇基之地甚至北遷國都的決策密切相關。[74]其次，卓敬「宜徙燕封南昌」的建議，應是脫胎自成祖即位後，將其所忌憚的寧王朱權（1378-1448）由大寧改封南昌的歷史發展。建文帝在此記載中的態度，也頗啟人疑竇，若連將叔王轉封他地都覺得有損骨肉親情，而無法作此決斷，又怎麼可能下令削藩？這種對建文帝性格塑造的不合理，也可見於第二則記載，亦即成祖之所以能在東昌的激戰中全身而退，是因建文帝曾詔誡諸將勿輕犯皇叔：

先是上詔諸將誡約軍士，「無使朕有殺叔父之名」。文廟知之，故每戰挺身獨出，短兵相接，莫敢有加文廟。騎射尤精進者，每為所殺。至是兵大敗，奔，文廟猶以一騎殿後，追者數百人，不敢近。丙辰，追兵大至，圍之數里，文廟策馬大呼，擊殺數十人，潰圍出，遂奔北平。[75]

此說對後世相關認知的影響頗深，在稍晚的文本如高岱（1508-1564）《鴻猷錄》、鄭曉《建文遜國記》等著作中，都可見到類似的記載。

---

[73] 〔明〕姜清，《姜氏秘史》，卷2，己卯元年春正月二十九日條，頁13a-13b。

[74] 關於明初時人對北平的觀感，及其評價變化與永樂朝國都北遷的關係，參見朱鴻，〈由南京到北京——明初定都問題的探討〉，《師大學報》，33（臺北，1988.6），頁264-270。

[75] 〔明〕姜清，《姜氏秘史》，卷3，庚辰二年十二月乙卯條，頁22a-22b。

《鴻猷錄》甚至認為，建文帝此令正是導致東昌戰事以兵敗收場的主因。[76]而在之後的萬曆年間，此說更經常被士人所引用，作為證明建文帝與成祖之間存有親情、並無衝突的論據。總之，以上這些故事都企圖塑造建文帝寬仁親和的形象，卻也以此來為其靖難兵敗、政權覆亡的結局提供解釋，如此便很容易予人過於優柔仁弱的印象。

建文帝的寬仁，似乎是正德、嘉靖時人的共同印象。即使是嘉靖年間立場偏向成祖的《鴻猷錄》，[77]也承認建文帝並無大過，只是「仁柔無斷事」，[78]亦可見當時的歷史記憶除了視建文帝為仁君，也已出現其太過仁弱的認知。然而建文帝一系在靖難戰爭中的失敗，使他們喪失統御大明的機會，轉由繼承太祖殘酷性格的成祖及其子孫進行統治。雖然在往後的統治者當中亦不乏寬厚之君，但是在經歷正德、嘉靖年間政治氛圍的士人認知中，他們面臨的景況，正是由太祖、成祖以降，明代帝王「一脈相承的政治性格」所導致。[79]這種認知，讓當時人們對建文年間的「德政」抱持著憧憬和想像，並對其遭到更替的命運感到同情與惋惜，間接刺激私史對該段歷史的探討，以及民間軼聞的渲染和再塑。

方孝孺等建文時人傳下的歌頌之詞，強化了建文帝的「聖王」形象及其政權正統性。[80]基於儒家歷史道德觀和對建文君臣的同情與惋惜，加上對方孝孺學識與人品的景仰，民間遂於方氏等人的敘述基礎

---

76 〔明〕高岱，《鴻猷錄》（《四庫全書存目叢書》，史部第91冊，臺南：莊嚴文化事業有限公司，據南京圖書館藏明嘉靖四十四年高思誠刻本影印，1996），卷7，〈轉戰山東〉，頁20b-21a；〔明〕鄭曉，《吾學編·建文遜國記》，頁27a。

77 吳德義，《建文史學編年考》，頁107-108。

78 〔明〕高岱，《鴻猷錄》，卷8，〈入正大統〉，頁21b。

79 趙園，《制度·言論·心態——《明清之際士大夫研究》續編》，頁281。

80 如第一章提到方孝孺〈郊祀頌〉、〈省躬殿銘〉等讚頌篇章，就將建文帝描寫成「仁聲義聞，升格穹昊」的仁君，在其治下「萬姓悅服，群生欣豫」。弘治年間宋端儀在其《立齋聞錄》中，亦引錄方孝孺〈郊祀頌〉、高遜志〈庚辰科會試錄序〉、董倫〈庚辰科會試錄序〉、〈謝表〉等文章，來呈現建文帝寬仁、重文治的形象。參見〔明〕方孝孺撰，徐光大點校，《遜志齋集》，卷7，〈郊祀頌〉，頁213-215；〈省躬殿銘〉，頁216-218；〔明〕宋端儀，《立齋聞錄》，卷2，〈革除錄〉，總頁610-613、619-621。

上，發展出許多描繪建文朝仁政氣象的傳聞，並獲得廣泛認同，成為相關歷史記憶的一部分。弘治、正德年間，人們開始將傳統儒家論述對太平盛世的想像，加諸於對建文朝的認知中。如《野記》便有建文時「人間道不拾遺，有見鈔於途，拾起一視，恐汙踐，更置階圮高潔地，直不取也」的記述。[81]這種描寫雖然誇張，但呈現的正是儒家理想中的大同世界景象，反映人們對實際上並未經歷過之「建文仁政」的想像與懷念。在這類敘述中，懷想「建文仁政」，並透過文字寄託諸如此類的感情與願望，似乎逐漸變得與還原建文朝的歷史真相同等重要。

此外，特定士人群體的現實境遇，促使他們連結今昔，從歷史中尋求宣洩與安慰，也是建文朝歷史記憶勃興於當時的重要因素。丁修真在其研究中指出，以吳地為首的江南地區，是建文帝相關傳說盛行、傳播的主要區域，箇中原因除了江南固有的文化優勢，以及與建文朝廷的地緣關係，也涉及明代政治場域內南北相爭的情況。[82]南人在政治上遭受的壓抑和排擠，及南京地位在國都北遷後的逐漸低落，都讓當時江南士大夫對靖難以前的景況心生懷念和嚮往，從而刺激他們投入對該段歷史的書寫和探究。在南方士人的相關書寫中，也較能大膽地描寫成祖的殘暴和江南地區所受到的戕害，這不僅是對過往歷史片段的呈現，亦是對寫作者現實處境的投射。在他們的書寫中，真相與想像互相交錯，使明人認知中的建文朝歷史更富戲劇性，更加引人入勝。

第三節　傳說、想像與歷史詮釋

正德、嘉靖年間，由明初開始一路發展、衍生的各種民間軼聞和傳說，透過文人記錄，歷經一個匯集、整理的過程。這些傳說大多誇

---

[81]　〔明〕祝允明，《野記》，卷2，頁1a。
[82]　丁修真，〈士人交往、地方家族與建文傳說──以《致身錄》的出現為中心〉，頁71。

張、離奇甚至荒誕，但其內容除了反映人們「尚奇」的心態，也顯示國史不彰的問題促使人們逐漸以「想像」、「願望」填補歷史空白，並致力於尋求各種還原歷史的可能性。但微妙的是，不少傳說與軼聞其實是脫胎自官方文本，甚至是由實錄記載衍生而來。傳說與想像成為當時建文朝歷史記憶的重要成分，特別是正德至嘉靖初年筆記中的相關記載，雖有不少怪誕離奇的內容，卻常因是較早的文本或著名文人所述，而對後世產生廣泛影響，為許多後出史籍所引用。

　　筆記是正德年間文人用以記錄或「創造」野史的常見途徑，而將這些野史軼聞編入史著的現象，至嘉靖後才較興盛。筆記沒有特定的體裁，讓作者能隨意發揮，故其內容可遊走於正式的史事考據與非正式的軼聞傳述之間。[83] 透過這種書寫與記錄形式，源自民間附會、聯想與粗略歷史認知的軼聞和傳說，便能在不易引發爭議的情況下形諸文字，並加以傳布，甚至和其他檔案文獻一樣，在拼湊、統整和複製的過程中進行再調整與再形塑。此類文本形式自由、隨筆而就，往往將個人見聞和傳說故事穿插呈現，也可能為增加可信度或閱讀價值而多方徵引，使其內容具有一種介於真實與虛構的曖昧性。即使進入嘉靖朝後，相關史籍越發注重考證，但仍深受此前傳說中想像元素的影響，這不僅是為了塑造、強化史家心目中的建文君臣形象，也與他們對這些歷史人物投注的情感息息相關。

（一）落難帝王的流離之路

　　影響後世甚深的建文帝出亡傳說，自永樂年間起便已逐漸醞釀，並在正德年間透過文人筆記形諸文字，從而建立其基本架構。此時的記載已大致交代建文帝出亡的幾個可能地點、方式，及其最後回歸、終老於宮中的結局，敘述內容還很簡單。這些故事應可視為人們基於

83　高彥頤（Dorothy Ko）著，苗廷威譯，《纏足：「金蓮崇拜」盛極而衰的演變》
　　（南京：江蘇人民出版社，2009），頁141；廖瑞銘，《明代野史的發展與特色》，
　　頁52。

對建文帝的同情、惋惜與懷念心態，加上對官書中「建文焚死」的說法強烈存疑，故透過正統年間建文帝假冒案進行的借題發揮。當中一些細節瑕疵，不僅可理解為附會史事的產物，亦顯示歷經永樂革除後，人們的相關記憶已出現許多模糊和謬誤之處。這些混雜想像與錯誤認知的傳說，最初或許只是民間的附會，但在對建文史事瞭解較深的文人介入下，開始有所修正、變化，進而被收入後出史籍，發揮較以往更大的影響。

在當時的相關文本中，成於正德六年的《野記》雖問世較早，對建文出亡傳說的描述卻頗詳細，連人物對話都呈現出來，極具故事性，故對後續著作深具影響。書中稱建文帝為「太祖高皇帝長孫、懿文太子長子」，與官方「皇第三孫」、「皇太子次子」的記載不同。[84]之後黃佐在正德十六年的《革除遺事》修訂本中，亦以建文帝為「皇嫡長孫」，其早夭的兄長雄英反而變為次子。[85]由於此說與明代的嫡長繼承原則相符，故很可能成為當時不少人的共同認知。

建文帝出亡傳說在明中葉以降的發展，實深受正統年間楊行祥假冒案的影響。最明顯的證據便是此類故事多謂帝剃度為僧、隱身佛寺，對其結局之描述也多採類似楊行祥案自曝身分、為有司送遣北京的說法。大約在正德年間，已出現太祖預知皇太孫將有難，留下裝有度牒、剃刀之秘匣，命其臨難時開啟的傳說，並被載入正德末成書的《革除遺事》：

> 帝頂顱偏頗，高皇帝知其必不終，嘗匣髡緇之具，戒之曰：「必嬰大難乃發。」至此是遂以僧逃去。[86]

---

[84] 〔明〕祝允明，《野記》，卷2，頁1a；《明太祖實錄》，卷116，洪武十年十一月己卯條，頁1892。

[85] 〔明〕黃佐，《革除遺事》（辛巳本），卷1，〈君紀〉，頁1b；卷2，〈閏宮傳‧甌寧王允熙〉，頁2a。

[86] 〔明〕黃佐，《革除遺事》（辛巳本），卷1，〈君紀〉，頁8a。

類似記載也可見於嘉靖年間的《建文皇帝事蹟備遺錄》、《建文遜國記》等著作。[87]《野記》當中亦已有建文帝由秘道出亡的說法,《建文皇帝事蹟備遺錄》一書甚至出現太祖於秘匣內指示建文帝後宮有「密地可通」的情節,[88]其如何出亡的問題自此大致獲得解決。

隨著此類故事的發展,相傳為建文帝創作於出亡期間、抒發失國之痛的詩文也應運而生,成為當時廣泛流傳、備受重視的材料。其中最早也最著名的,是以下這首收錄於《野記》的七言律詩:

> 寥落東西四十秋,而今霜雪已盈頭;乾坤有恨家何在?江漢無情水自流。長樂宮中雲氣散,朝元閣上雨聲愁;新蒲細柳年年綠,野老吞聲哭未休。[89]

此詩為後續許多文本傳抄,並隨著人們對建文帝出亡行跡的認知變動而有所調整,作為最早流傳於世的「建文流亡詩」,它甚至成為往後其他偽託詩文的範本。這類作品本身就是以建文帝出亡傳說為基礎,進行想像、角色代入甚至嫁接附會他人詩句的產物,[90]不僅能勾起人們對其失國、流浪處境的種種想像與哀思,[91]也反映出當時文人對該段歷史的認知與聯想。[92]

---

[87] 〔明〕大嶽山人,《建文皇帝事蹟備遺錄》,總頁223;〔明〕鄭曉,《吾學編‧建文遜國記》,頁42b。

[88] 〔明〕大嶽山人,《建文皇帝事蹟備遺錄》,總頁223。

[89] 〔明〕祝允明,《野記》,卷2,頁3a-3b。

[90] 如後世廣為流傳的建文帝金陵詩,當中「禮樂再興龍虎地,衣冠重整鳳凰城」兩句,據錢謙益考證,是出自明初楊維楨〈舟次秦淮河〉一詩。不過,在楊氏現存詩文集中,已不見此詩,僅見於錢氏編輯的《列朝詩集》。參見〔清〕錢謙益,《列朝詩集》,乾集上,〈聖製‧建文惠宗讓皇帝〉,頁4b;甲集前編卷7,〈鐵厓先生楊維楨‧舟次秦淮河〉,頁2b。

[91] 如《建文皇帝事蹟備遺錄》一書便收有此詩,作者更在詩後抒發感言道:「此詩感慨無窮,含蓄無限,淒涼意思,吾固知其失天下而獨飲恨於萬世矣。嗚呼!是誠可悲哉!讀少帝之詩而不墮淚沾涕者,亦幾希。」參見〔明〕大嶽山人,《建文皇帝事蹟備遺錄》,總頁230。

[92] 關於這一點,劉瓊云已在其研究中作過詳細分析,指出此詩化用唐代杜甫〈江漢〉、〈哀江頭〉等詩中的意象,將靖難戰爭與安史之亂的歷史連結在一起,並以安史之

建文帝扮成僧人出逃的故事，引發了人們對其下落的揣測與想像。當時對其隱遁地點的說法很多，光是正德中《野記》一書便有湖湘間某寺、武當山、河南某寺、黔國公沐晟（1368-1439）府四種說法，[93]嘉靖初王鏊《守溪筆記》則有「或傳實自火逃出，或傳蜀府兵來赴難竊載以去，然莫察其實」之語，[94]時代與之相當的梁億《遵聞錄》更載有帝隱於雲南某寺之說。[95]從上述記載可知，正德至嘉靖初相關傳說中的建文帝隱遁處，已涵蓋了湖南、湖北、河南、四川、雲南等地。這些地區之所以中選，或許是時人對此前史事產生聯想所致，如雲南、湖南、河南的說法，應源自實錄相關記載，[96]湖北之說則可能是從人們對成祖經營武當山和遣胡濴巡行天下等行為的觀感中衍生而來。到了嘉靖年間，廣西也成為建文帝流亡行跡的熱門地點，由於楊行祥就是在當地遭到逮捕，故其成為建文帝流亡之旅的其中一站，倒也不令人意外。當中有些傳說，甚至與當地發展的歷史相互結合。如嘉靖十六年（1521），王濟（?-1540）於正德十六年出任廣西南寧府橫州判官，其收載當地見聞的筆記《君子堂日詢手鏡》，便有一則建文帝隱遁該處的傳說：

　　　　橫人相傳，建文庶人遇革除時，削髮為僧徒，遁至嶺南，後行
　　　　腳至橫之南門壽佛寺，遂居焉十五餘年，人不之知，其徒歸者

亂時的種種離亂之感，想像建文帝浪跡天涯的無奈與哀傷。參見劉瓊云，〈帝王還魂：明代建文帝流亡敘事的衍異〉，頁94-95。

[93] 〔明〕祝允明，《野記》，卷2，頁1a-2a。

[94] 〔明〕王鏊，《守溪筆記》，〈建文〉，頁9a。

[95] 〔明〕梁億，《遵聞錄》，收入〔明〕鄧士龍編，許大齡、王天有點校，《國朝典故》，頁1432。目前常見的《遵聞錄》版本為高鳴鳳《今獻彙言》輯本和陶珽《說郛續》輯本，但上述二版均無此記載。究竟是此二版有所刪節，抑或《國朝典故》所收版本經後續增補，目前尚難確定。

[96] 雲南一說應與《明英宗實錄》記載楊行祥由雲南入廣西呈書之事有關，而黔國公沐英一族世代鎮守當地、終明一代皆享特殊地位的情況，也漸使人們將其與建文帝互作聯想，認為他足以成為出亡君主有力的庇護者。河南一說可能出自楊行祥的籍貫（河南鈞州白沙里）。至於湖南一說，則可能與《明太宗實錄》中谷王朱橞聲稱建文帝避居其所的記載有關。上述兩則記載於第一章皆有簡略介紹，可參見。

千數，橫人禮部郎中樂章父、樂善廣亦從，授浮圖之學。恐事洩，一夕，復遁往南寧陳步江一寺中，歸者亦然，遂為人所覺，言諸官，達於朝，遣人迎去。此言亦無可據，今存其所書「壽佛禪寺」四大字在焉。其寺南面江，北背城，殿宇甚華美，有腴田數百頃、臨街店屋四十三間，歲可得貰錢百五十金。今止一二僧，懦不能立，利歸里長并諸有力者。又傳自建文庶人去，則寺日就廢，僧人不能存云。[97]

從王濟對橫州壽佛寺概況的描述不難發現，此則傳說實是對該寺發展史的一種建構，將其盛衰與建文帝出亡傳說進行連結。由壽佛寺坐擁的豐厚廟產來看，該寺經營權想必是當地各方勢力爭奪的對象，而「今止一二僧，懦不能立，利歸里長并諸有力者」的敘述，則顯示寺中僧人在此一競爭中落敗的結局。這種地方寺院因發展良好、信徒眾多而引起外人覬覦，最後經營權被奪走而漸趨沒落的故事，由於建文出亡傳說的介入，原本複雜的競爭關係被淡化，變成由建文帝的到來與離去解釋其盛衰，就連作為該寺象徵的「壽佛禪寺」牌匾，都被傳述為建文帝的手筆。

也大約是在這個時期，一條建文帝出亡的路線逐漸被建立起來。嘉靖二十一年《革朝志》曾簡單歸納其行跡路線為「初入蜀，後往來雲貴間，正統末自廣西田州歸京師」，[98]至嘉靖四十三年（1564）《南寧府志》更出現如下說法：

革除後，建文君削髮披緇，持楊應能度牒走四方。自湖湘入蜀，自蜀入雲南，復遁閩，最後入廣西。至此遂居之十五年，人不知之。修禮長眉，自稱「百歲」，見兒童，輒以手摩其

---

[97] 〔明〕王濟，《君子堂日詢手鏡》（《明代基本史料叢刊・邊疆卷》，第58冊，北京：線裝書局，2005），卷163，頁14b-15a。
[98] 〔明〕許相卿，《革朝志》，卷1，〈君紀〉，頁47a-47b。

頂，呼曰「孩兒」，問曾命名否，無則輒為名之。其徒歸者日眾，恐事洩，復遁往南寧陳步江一寺中，歸者亦然，去之。思恩知州岑瑛遇之，聞於巡按御史，驛送赴京，號為「老佛」。[99]

這則記載應是前述壽佛寺傳說發展至嘉靖晚期的產物，從中亦可看出當時相關傳說已將此前建文帝可能的避難處串連起來，更呼應了《明英宗實錄》對楊行祥「歷遊兩京、雲南、貴州至廣西」行跡的敘述。對後續傳說中的建文帝而言，這些地區不再是安身之所，而只是長期遷徙流亡過程中的短暫駐點。實錄記載與野史傳聞在當時已融為一爐，楊行祥（或楊應能）的身分，至此反而成為流亡君主掩人耳目的偽裝。作為建文帝流亡之旅的終點，廣西在嘉靖年間建構出不少相關傳聞，形塑出當地的獨特記憶。而王濟將壽佛寺傳說載入筆記，則使之透過筆記的刊布與後出文獻的傳抄，逐漸跳脫地方記憶的範疇，成為後世的共同記憶。至萬曆年間，該寺已經是相當著名的建文帝隱遁地點，在往後對建文帝出亡傳說的討論中，仍持續激發時人對相關故事的追思與想像。

《明英宗實錄》中楊行祥至廣西的前一站——雲南，在正德、嘉靖年間也出現建文帝潛居當地之說。除了前面提到的《遵聞錄》，據清初查繼佐（1601-1676）《罪惟錄》記載，嘉靖時人陸采（1497-1537）之舅曾在滇南任官，偶經太平寺，聽聞寺中老僧提及建文帝曾居於該寺，此說後來被陸氏載入其著《國朝史餘》。[100]而《革朝志》所述路線的另一站——貴州，更發展出影響後世記憶甚深的建文帝題壁詩傳

---

99 〔明〕方瑜纂輯，《（嘉靖）南寧府志》（《日本藏中國罕見地方志叢刊》，第22冊，北京：書目文獻出版社，據日本內閣文庫藏明嘉靖四十三年刻本影印，1990），卷11，〈雜志·拾遺〉，頁20b。當時有些文本將假冒建文帝的老僧姓名記作「楊應能」，如高岱《鴻猷錄》。此名在往後的記載中越發常見，在晚明一些文本中甚至轉化為隨建文帝流亡的忠臣。

100 〔清〕查繼佐，《罪惟錄》（《四部叢刊》，第14-16冊，臺北：臺灣商務印書館，據上海涵芬樓影印吳興劉氏嘉業堂藏手稿本重印，1981），志卷32上，〈外志·列朝帝紀逸·建文逸記〉，頁15b。

說。陸深（1477-1544）刊刻於嘉靖二十四年的《蜀都雜抄》，是目前所知最早收載此說的文本：

> 貴州金竺長官司有僧寺曰羅永庵，有一僧題二詩於壁間曰：「風塵一夕忽南侵，天命潛移四海心；鳳返丹山紅日遠，龍歸滄海碧雲深。紫微有象星還拱，山漏無聲水自沉；遙想禁城今夜月，六宮猶望翠華臨。」「閱罷楞嚴磬懶敲，笑看黃屋寄團瓢；南來瘴嶺千層逈，北望天門萬里遙。款段久忘飛鳳輦，袈裟新換袞龍袍；百官此日知何處，惟有群烏早晚朝。」人知為建文君，僧遂避去。其詩至今留庵中。[101]

這兩首題壁詩為後世相關文本廣為傳抄，部分內容亦在傳抄過程中有所變異，如第二首詩中的「笑看黃屋寄團瓢」，在某些著作中亦作「笑看黃屋寄曇標」。[102] 從「團瓢」（圓形草屋）到「曇標」（南朝劉宋時期一個密謀造反的僧人）的衍異，最初可能只是由於發音相近而導致，卻讓該句詩文的意涵產生了極大的變化。甚至，這相較於陸深所記版本的二字之差，還成為後世論者質疑此詩真偽的依據。[103]

　　不只西南各省，當時作為建文朝歷史記憶書寫重鎮的江南地區，也發展出建文帝的隱遁傳說。成書於嘉靖十年（1531）的《建文皇帝事蹟備遺錄》，便稱建文帝最後是「自江南來歸京師」。[104] 嘉靖年間杭州士人郎瑛（1487-1566）的《七修類稿》則記有一個盛行於杭州府錢塘縣的傳說，謂建文帝曾居於該縣的東明寺，「至今其廁如樓，非常人家所

---

[101] 〔明〕陸深，《蜀都雜抄》（臺北：國家圖書館藏明萬曆間繡水沈氏尚白齋刊本），頁16b-17a。

[102] 如嘉靖末鄭曉《建文遜國記》即是。參見〔明〕鄭曉，《建文遜國記》，頁43a-43b。

[103] 如清人王鴻緒便曾指出，「笑看黃屋寄曇標」中的「標」字，直接觸犯了建文帝之父懿文太子朱標的名諱，並據此認為該詩並非建文帝所作。參見〔清〕王鴻緒，〈史例議下〉，收入劉承幹編，《明史例案》（臺北：世界書局，據民國三年吳興嘉業堂刊本影印，1961），卷3，頁6a。此案例也反映出文本傳抄、刊刻導致的衍異，對後世考辨史事可能形成的問題與障礙。

[104] 〔明〕大嶽山人，《建文皇帝事蹟備遺錄》，總頁230。

造」。郎瑛的記載更將此說與前述壽佛寺及羅永庵題壁詩的故事結合，使東明寺成為建文帝展開「自川歷滇」行程之前的一處駐點。[105]此外，正德年間還出現建文帝曾藏於浙江金華府浦江縣鄭氏家中一說：

> 浦江鄭氏，建文君朝曾旌其義門，出亡之後藏焉，文皇遣胡濙訪之。胡公將至鄭氏，先一夕前堂所懸旌扁墮地，建文覺其不祥，遁去。未幾，胡濙到門矣。[106]

浦江鄭氏是當地名門望族，根據方孝孺為其於洪武年間的中心人物鄭湜（？-1382）所撰墓表，該家族以孝義聞名天下，洪武時還曾「特受褒賞，恩典甚盛」。[107]而在上述傳說中，建文帝甚至曾旌表其為「義門」。此說的產生，是否涉及浦江鄭氏於明代中葉自我標榜的嘗試，尚需進一步考察，但該族以孝義聞名的形象、蒙太祖榮寵的經歷，加上故事中建文帝的旌表措施，都使其「迴護建文帝」的情節，在後世認知中變得合理。

此外，從前面提到的建文帝流亡詩中，亦可略窺其「流亡」路線形成與移轉的端倪。如祝允明《野記》傾向認為的隱遁之所包括湖湘、河南等地，在地理上與南京構成一條東西向的橫貫線，故有「寥落東西四十秋」之句的產生。而《守溪筆記》所錄版本卻是「流落江南四十秋」，[108]考慮到該書作者王鏊正是出身江南地區，此記載或許反映了其對當地建文隱遁傳說的接收與採信。相較於正德到嘉靖初年

---

[105] 〔明〕郎瑛，《七修類稿》（上海：上海書店，2009），卷12，〈建文君〉，頁185。在此必須說明的是，郎瑛在記述錢塘東明寺傳說的段落中附有小註，稱此資料「出敘錄」。在不清楚《敘錄》是指何書的情況下，筆者僅能採用《七修類稿》的內文。

[106] 〔明〕屠叔方，《建文朝野彙編》，卷19，〈建文傳疑〉，頁17b-18a。屠叔方稱此說係出自祝允明《野記》一書，然該書現存版本並未收錄此則故事，故在此引錄《建文朝野彙編》所載內容。

[107] 〔明〕方孝孺，《遜志齋集》，卷22，〈故中順大夫福建布政司左參議鄭公墓表〉，頁742。

[108] 〔明〕王鏊，《守溪筆記》，〈建文〉，頁9a。

的筆記文本，往後私史作品對該詩首句的記載，則頗受正統時楊行祥案的影響，並彙整出「由四川入雲、貴，後自廣西返京」的路線。如《革朝志》、《建文遜國記》所記該詩首句，皆已變為「牢落西南四十秋」，[109]這也顯示當時文人對建文帝出亡路線的主流認知，已開始向西南偏移。

　　正、嘉年間文人對建文流亡詩首句的記載差異，除了反映對其出亡路線認知的變遷，亦牽涉到相關傳說的另一重點——建文帝在歷經多年出亡後的回歸。明代中葉出現的建文帝回歸故事，主要是脫胎自《明英宗實錄》記載的建文帝假冒案，且多認為實錄中的那位老僧確為建文帝本人。然而實錄用以凸顯假冒事件之謬的建文帝年齡問題，在民間傳說將楊行祥轉化為建文帝本人的同時，卻沒有予以解決。當時各類相關文本對其回歸時間和年齡的記載多有分歧，如《野記》和《守溪筆記》中記載的時間和《明英宗實錄》近似，都在正統年間，且並未標明確切年份，為其敘述留下些許模糊空間；[110]然而《野記》謂帝回歸時年紀為八十餘歲，雖較實錄所載的九十餘歲為輕，卻仍不符合建文帝的實際年齡；[111]《守溪筆記》乾脆不提該僧年齡，模糊了研判此案真偽最重要的關鍵；而到梁億《遵聞錄》時，則將該案發生時間移至成化朝，流亡詩首句也改作「流落天涯八十秋」（對照年齡其實太長），使老僧的八十餘歲符合建文帝的實際年齡。[112]

109　〔明〕許相卿，《革朝志》，卷1，〈君紀〉，頁47a-47b；〔明〕鄭曉，《吾學編·建文遜國記》，頁42a-42b。《建文遜國記》對建文帝出亡路線的整理亦與《革朝志》相近，稱其「入蜀，或曰去蜀，未幾入滇南，常往來廣西、貴州諸寺」。

110　〔明〕王鏊，《守溪筆記》，〈建文〉，頁9a；〔明〕梁億，《遵聞錄》，收入〔明〕鄧士龍編，許大齡、王天有點校，《國朝典故》，頁1432。

111　〔明〕祝允明，《野記》，卷2，頁1a。

112　建文帝繼位時年僅二十二歲，至《明英宗實錄》所載楊行祥案發生的正統五年，也只有六十四歲，就算《野記》等書在年份上做出模糊空間，效果仍然有限，建文帝實際年齡在正統年間（1436-1449）最多只到七十三歲，離八十歲還有一段差距。而《遵聞錄》所記載的成化年間（1464-1487），對照建文帝當時的年齡約是八十八歲到一百一十一歲，與之前的文本相比，至少時間較能對上。參見〔明〕梁億，《遵聞錄》，收入〔明〕鄧士龍編，許大齡、王天有點校，《國朝典故》，頁1432。

不過，比起欲使相關記載更為合理的動機，筆記、私史文本在傳抄與轉述過程中對建文帝回歸時間及年齡的調整，似乎與時人對此前朝廷態度的感知，有更密切的關係。如嘉靖時《建文皇帝事蹟備遺錄》便稱建文帝於宣德元年（1426）自江南回歸，年七十餘，[113]嘉靖末《建文遜國記》則謂其於天順中自滇南出，[114]此二說不僅與楊行祥案發生的時間、地點均異，建文帝的年紀亦仍與史實不符。前書將建文帝回歸時間設定於宣德元年，或許與仁宗於兩年前釋放建文殉臣戍邊親屬的命令，以及宣德年間文禁漸解，紀念諸臣的文本陸續問世的情況有關；至於後書設定的天順年間，則有英宗釋放建文帝遺屬的事件。換言之，這兩個時期朝廷在建文朝相關議題方面皆有所鬆綁，在相關傳說的撰述者看來，正是「建文帝可放心承認身分」的時機。此外，天順朝一說的出現，或許也反映當時文人對官書強調正統時所出者為偽說法的接受。如萬曆年間郭子章（1543-1618）《黔記》在談及楊行祥案時，於該段敘述後留下「正統中出者偽，天順中出者真建文君也」的按語，可能就是基於此類認知而產生的想法。[115]

至於建文帝回歸的後續發展，除了嘉靖初《守溪筆記》謂「詔廷臣詢，亦不察虛實」之外，[116]當時多數文本皆採取建文帝身分被證實為真的說法。如《野記》、《建文皇帝事蹟備遺錄》、《建文遜國記》都載有建文帝與昔日隨侍宦官談及往事因而驗明正身的故事。在此舉《野記》之說為例：

> （上）遣內豎往視，咸不識。庶人曰：「固也，此曹安得及識我？」為問吳誠在無。眾以白上，上命誠往。誠見庶人亦遲疑，庶人曰：「不相見殆四十年，亦應難辨矣。吾語若一事：

---

[113] 〔明〕大嶽山人，《建文皇帝事蹟備遺錄》，總頁230。
[114] 〔明〕鄭曉，《吾學編·建文遜國記》，頁42a。
[115] 〔明〕郭子章，《黔記》（《北京圖書館古籍珍本叢刊》，第43冊，北京：書目文獻出版社，據明萬曆刻本影印，1990），卷32，〈帝王事紀·建文君〉，頁3a-3b。
[116] 〔明〕王鏊，《守溪筆記》，〈建文〉，頁9a。

昔某年月日，吾御某殿，汝侍膳，吾以箸挾一臠肉賜汝，汝兩手皆有執持，不可接，吾擲之地，汝伏地以口囓取食之，汝寧忘之耶？」誠聞大慟，返命言信也。上命迎入大內某佛堂中養之，久而殂云。[117]

記載中宦官的名字和述及的往事，各文本並不見得相同，但故事基本架構大致便是如此。而嘉靖十年《建文皇帝事蹟備遺錄》除了建文帝與老宦相認之事，還記有一段「吏部尚書蹇義、右都御史洪英等聞故君復在，皆來訪問先朝密事，歷歷無差謬言，始知其為不死矣。乃相向拜而泣者久之，一時故臣皆來弔探，莫不哀痛」的情節。[118]

在相關記載中，比較特別的是郎瑛《七修類稿》，書中的宦官吳亮不僅在建文帝面前否認自己身分，在建文帝提及往事後，雖明知其為故君，仍「佯為不知以復命」。[119]這種暗示建文帝與永樂一系統治者仍存嫌隙的記載，在《建文皇帝事蹟備遺錄》中亦可見，書中建文帝雖被證實身分，宣宗也將之安置於諸王館中，然而不久便「一夕暴卒」，且「眾皆疑其遇毒也」，最後以公禮葬於郊外。[120]相較之下，其他文本所載故事的結局便圓滿不少，如正德朝的《野記》、《革除遺事》以及嘉靖中期的《革朝志》，多採迎帝入大內佛堂安享晚年之說，惟後者言其「不知所終」。[121]《守溪筆記》和《七修類稿》的

---

117 〔明〕祝允明，《野記》，卷2，頁1b-2a。

118 〔明〕大嶽山人，《建文皇帝事蹟備遺錄》，總頁230。

119 〔明〕郎瑛，《七修類稿》，卷12，〈建文君〉，頁185。書中「吳亮」之名，在嘉靖初《革朝遺忠錄》中已可見，後來也為嘉靖末鄭曉《遜國臣記》，以及萬曆以降的多數相關文本所採用。參見〔明〕鄭曉，《吾學編・遜國臣記》，卷8，〈太監吳亮〉，頁5a-5b。另外據郎瑛在書中附註所言，此說是引自尹直《謇齋瑣綴錄》，這表示其可能於正德初甚至更早的弘治年間便形成具體的故事。不過目前存世的《謇齋瑣綴錄》版本，似乎只剩已經重編刪改的《國朝典故》本，當中並未記有任何相關資訊。

120 〔明〕大嶽山人，《建文皇帝事蹟備遺錄》，總頁230。

121 〔明〕祝允明，《野記》，卷2，頁2a；〔明〕黃佐，《革除遺事》（辛巳本），卷1，〈君紀〉，頁8b；〔明〕許相卿，《革朝志》，卷1，〈君紀〉，頁47a。

建文帝雖未被驗明正身，但仍被安置宮中奉養。[122]至於建文帝過世後的處置，在嘉靖中期以後開始出現葬之於西山的說法，《七修類稿》引自袁祥《革除編年》「葬西山，銘曰『天下大法師之墓』」的記載，[123]以及《建文遜國記》「葬西山，不封不樹」之語，[124]皆對後世認知影響甚深。

於是，透過建文帝晚年自承身分、至北京驗明正身、於大內安享晚年的一系列敘事架構，其與永樂一系君主之間的衝突與仇恨，便在明代中葉時人的記憶與想像中逐漸消弭，達成和解。這些傳說不僅反映民間同情建文帝而希望他有好結局的心情，也蘊藏了期盼靖難歷史創傷、仇恨以及政治禁忌就此消解的願望。此種願望後來甚至對相關敘事中建文帝與成祖關係的詮釋，帶來了根本性的變化。

最晚在嘉靖年間，為合理促成燕王即位而強調建文帝焚死的官方敘述，以及民間傾向相信的出亡說，便藉由「建文遜國」之說獲得調和。嘉靖二十一年《革朝志》已有「帝遜」、「帝遜亡」等記述，[125]嘉靖晚期鄭曉甚至將其相關著作命名為《建文遜國記》和《遜國臣記》，表明已視「建文遜國」為理所當然的歷史事實。遜國說的論述邏輯，就是將成祖視為較建文帝更為適任的真命天子，建文帝也是基於這點選擇離去，讓位予叔父，從而化解兩人於政治立場和政權合法性方面的衝突，不但讓成祖從篡位陰影中解套，使之更加符合《明太宗實錄》承自〈大明長陵神功聖德碑〉中的忠臣、慈叔形象，還能在維護成祖的同時，肯定建文帝的歷史地位與形象，兩人就此被塑造為當代「禪讓」美事的主角，彼此的道德高度亦隨之提升。[126]

---

[122] 〔明〕王鏊，《守溪筆記》，〈建文〉，頁9a；〔明〕郎瑛，《七修類稿》，卷12，〈建文君〉，頁185。

[123] 〔明〕郎瑛，《七修類稿》，卷12，〈建文君〉，頁186。

[124] 〔明〕鄭曉，《吾學編·建文遜國記》，頁42a-42b。

[125] 〔明〕許相卿，《革朝志》，卷1，〈建文君紀〉，頁46a；卷3，〈死難列傳·齊泰傳〉，頁31a。

[126] 劉瓊云，〈帝王還魂：明代建文帝流亡敘事的衍異〉，頁78。

此外，隨著建文帝出亡傳說的形成與發展，成祖遣人尋其下落的說法也應運而生。永樂年間胡濙受命巡行天下及鄭和七下西洋，便被解讀成為尋找建文帝而進行的活動。如王鏊《守溪筆記》便稱「遣胡濙巡行天下，以訪張仙為名，實為文也」。[127]至於鄭和七下西洋是為尋建文帝之說，則可見於鄭曉《遜國臣記》。[128]而鄭曉另一著作《皇明名臣記》所收載的胡濙傳記，則為永樂年間官方搜查建文帝的行動，畫下一個圓滿的句點：

> 時傳建文君崩，或云遜去，諸舊臣多從建文君去者。上益疑，大戮建文君諸臣，遣公巡天下，名訪張儦儵，又名頒書，遍行郡縣，察人心及建文君安在。時又傳建文君在滇南，公以故在楚，湖南最久。十四年，內艱，起為禮部右侍郎。明年，巡江浙。二十一年，巡均、襄還朝，會上駐宣府，公馳夜上謁。上已就寢，聞公至，披衣急起，召入，勞公，賜坐與語。公言：「不足慮也。」先公未至，傳言建文君蹈海去，上分遣內臣鄭和數輩浮海下西洋。至是，上疑始釋。[129]

此段胡濙尋訪建文帝的記載，實脫胎自李賢為其撰寫的神道碑銘。銘中，成祖命胡氏「巡遊天下，以訪異人為名，實察人心向背」，及其謁宣府行在，向成祖報告「所歷山川道里，郡邑豐嗇，民情休戚，以至所聞所見保國安民之事」，使後者「向所疑慮者，至是皆釋」的記載，[130]在此都被轉化為對建文帝行跡的查訪。鄭曉的記載不僅融合了李賢神道碑銘與建文帝出亡傳說，也反映當時「出亡說」已轉變為「遜國說」的情況。文中以「舊臣多隨行」導致成祖忌疑，對建文帝

---

[127] 〔明〕王鏊，《守溪筆記》，〈建文〉，頁9a。
[128] 〔明〕鄭曉，《吾學編・建文遜國記》，卷8，〈太監吳亮〉，頁5a。
[129] 〔明〕鄭曉，《吾學編・皇明名臣記》，卷7，〈太子太師胡忠安公〉，頁12a-12b。
[130] 〔明〕李賢，《古穰集》，卷12，〈禮部尚書致仕贈太保諡忠安胡公神道碑銘〉，頁6a-6b。

既遜成祖卻仍遣胡濙巡訪的矛盾提出解釋，而胡濙帶回建文帝無心爭位的報告，則讓此說中的叔姪二人正式達成和解。「舊臣多隨行」之說，亦顯示嘉靖晚期人們記憶裡的從亡諸臣，可能已形成一個頗具規模、足以使成祖心生猜疑的群體。在此群體逐步擴大的同時，似乎也提供日後地方文人或家族為鄉里人物建構從亡歷史、塑造忠臣形象的絕佳機會。

除了胡濙和鄭和，還有另外一人的生平也在這個時期與建文帝出亡傳說連結起來，成為後世相關記憶的重要成分，那就是明初的杭州名僧溥洽。鄭曉《今言》一書便如此描述其於此類傳說中所扮演的角色：

> 溥洽，字南洲，浙江山陰人。洪武初薦高僧入京，歷陞左善世。靖難兵起，為建文君設藥師燈懺詛長陵；金川門開，又為建文君削髮。長陵即位，微聞其事，囚南洲十餘年。榮國公疾革，長陵遣人問所欲言，言：「願釋溥洽。」長陵從之。釋其獄時，白髮長數寸覆額矣，走大興隆寺，拜榮國公床下曰：「吾餘生少師賜也。」仁宗復其官，卒年八十二。[131]

在明代中葉發展出的相關傳說中，溥洽不僅曾於靖難戰爭期間為建文帝設燈懺詛咒燕王，南京城破時更幫建文帝剃度，助其潛逃。故成祖在聽聞此事後，便將溥洽監禁起來，直到十餘年後才因為姚廣孝（1335-1418）的求情而釋放他。然而對照與溥洽同時代、與之相識之人留下的記載，可發現兩者存在相當大的落差。如楊士奇為溥洽所撰塔銘，就描述其於永樂初年頗受成祖重用，後來雖曾因得聖寵招致嫉妒，遭人構陷而被降級，但不久後便再度復職，並未蒙受牢獄之災。至於野史傳說中姚廣孝病逝前為溥洽求情的情節，應是脫胎自楊士奇

---

131 〔明〕鄭曉，《今言》，卷3，〈二百二十六〉，頁129。

文中謂其「將化之前一日，太宗皇帝親臨視之，問所欲言，獨舉師為
對，不及他事」的敘述。[132]該段在原文中的作用，應只是為了凸顯姚
廣孝與溥洽「知契最深」故而待其尤厚的情誼，卻給予往後野史聯想
發揮的空間。

　　建文帝出亡的傳說，由於迎合當時普遍同情建文帝的心理，而
成為人們傾向相信的結局。基本上，正德、嘉靖年間的史籍作者，大
多支持建文出亡說，而多於行文上使用「嗣君出走」、「帝遜亡」、
「建文君遜去」等敘述。即使如黃佐《革除遺事》這類被部分學者認
為在表述建文帝結局時兼採官方及民間觀點的著作，[133]由其內文仍可
判斷其較傾向建文出亡說。而約成書於正德年間，並在嘉靖三十七年
（1558）刪定刊刻的《皇明紀略》，甚至出現宦官穿上建文帝衣袍、
冒充其焚死的說法。[134]而胡濙受命巡行天下和鄭和七下西洋的活動，

---

[132] 〔明〕楊士奇撰，劉伯涵、朱海點校，《東里文集》，卷25，〈僧錄司右善世南洲
　　　法師塔銘〉，頁375。雖然楊士奇在世時期，人們對建文朝史事的記載仍有不少須
　　　隱藏避諱之處，但若溥洽曾遭長期監禁一事屬實，楊氏大可於事由方面含糊帶過，
　　　而無須將之改寫為左遷他職；況且溥洽因姚廣孝求情之故而獲釋，這樣的情節其實
　　　更能凸顯兩人的友好關係，沒有必要隱諱不談。因此筆者認為楊士奇此文的描寫之
　　　所以與後續野史傳說不同，並非是為了要避諱掩飾，反而後續傳說謂其替建文帝設
　　　燈、祝髮，進而被成祖囚禁的故事，才是利用楊文中溥洽遭到構陷、姚廣孝病逝前
　　　獨舉其事等情節，衍生出來的產物。
[133] 如劉瓊云認為黃佐於《革除遺事》中表現出其對傳聞的開放性，將歷史敘述潛在的
　　　複雜性，透露於其卷一〈君紀〉的敘述形式。該卷最後分別自建文帝和成祖的觀點
　　　敘事，對「靖難」結局的表述各有不同。然而就筆者對該段落的解讀，黃佐於卷末
　　　除了「闔宮自焚，遂出走」的說法外，最後又引錄〈大明長陵神功聖德碑〉的原文
　　　（當中包括建文帝焚死的說法），其立意並非是想呈現另一種「可能的結局」，而
　　　是欲透過碑文中將「靖難」正當化的描寫，輔助卷末按語的中心意義——調和成祖
　　　與建文帝雙方的衝突。換言之，建文帝的結局為何，並不是黃佐引用碑文時的重
　　　點。該段按語末句「嗚呼，帝之德至矣」，其實就是在強調其基本立場：雖以建文
　　　帝為敘述主體，但同時也迴護成祖。而在該按語開頭，先引《歷代君鑑》稱頌成祖
　　　之語，再引〈大明長陵神功聖德碑〉，最後論述成祖一系君主先懲罰建文諸臣，其
　　　後又予以寬宥，可謂「仁義並行，蓋有不相悖者」，如此安排的調和意味應是相當
　　　明顯。黃佐之所以引用〈大明長陵神功聖德碑〉，不僅是因其出自仁宗御筆，具權
　　　威性，更因為它可能是明代早期唯一同時迴護建文帝與成祖的官方文本。畢竟《明太
　　　宗實錄》雖兼採《奉天靖難記》和〈大明長陵神功聖德碑〉的內容與立場，但就靖難
　　　部分仍較傾向後者。參見〔明〕黃佐，《革除遺事》（辛巳本），卷1，〈君紀〉，
　　　頁7b-10b；劉瓊云，〈帝王還魂：明代建文帝流亡敘事的衍異〉，頁76-78。
[134] 〔明〕皇甫錄，《皇明紀略》（《四庫全書存目叢書》，子部第240冊，臺南：莊嚴
　　　文化事業有限公司，據明刻歷代小史本影印，1995），頁11a。

也在時人的想像中與建文帝出亡之事連繫起來，對往後相關歷史記憶影響甚大。總之，嘉靖朝以後，建文帝出亡路線的規模不斷擴大、細節不斷增加，民間的想像、願望與歷史相互連結，促使此類傳說躍升為當時建文朝歷史記憶極重要的部分。

（二）殉難忠臣的英靈顯彰

正德、嘉靖年間，建文朝的歷史記憶已可見不少具神異色彩的內容，有關建文殉臣死後作祟、顯靈，或是身懷奇能的傳說，便是其中一類。自宋元以來，這種將道德上具模範地位之忠臣或孝女「神格化」的傾向並不算少見，而民間的果報觀念，以及不願政治加害者稱心如意的心理，也使得此類故事深入人心，甚至進入史籍中，成為強化忠臣形象的神來之筆。

在當時對建文殉臣死難的書寫中，為強調其堅毅忠貞的形象，常會透過呈現所施刑罰的血腥殘酷，來反襯、凸顯他們的不為所動。[135] 如《備遺錄》有景清遭成祖命人「用鐵箒刷其肉至盡」，以及方孝孺遭割舌、處磔刑至死，仍含血噴濺御座、出言不遜的情節；[136]《野記》有鐵鉉遭「劓刵劈面，支解軀體」卻「至死罵不絕」的故事；[137] 而嘉靖末《遜國臣記》則有練子寧遭成祖斷舌後，仍以舌血書地反駁成祖的敘述。[138] 當時相關文本對建文殉臣忠義形象的塑造，甚至到了「死後也不屈服」的程度。如《備遺錄》記有張昺（?-1399）被擒不屈而死、滿門族誅之後，成祖屢夢其披髮為厲，故命出其屍焚而棄

---

[135] 戴彼得的研究指出，自十六世紀開始，靖難歷史的書寫便發展出一種對悲劇元素和殘酷故事的病態迷戀。這種偏好描述建文忠臣遭酷刑、處死或自殺等駭人過程和聳動細節的傾向，在萬曆以降變得更為明顯，戴氏甚至以「道德政治性情色」（moralistic political pornography）形容之，認為這正與晚明縱情、喜好腥羶的文學風氣相呼應。參見Peter Ditmanson, "Venerating the Martyrs of the 1402 Usurpation: History and Memory in the Mid and Late Ming Dynasty," p. 146, 154.

[136] 〔明〕張芹，《備遺錄》，〈僉都御史景公〉，頁15a；〈翰林侍講方公〉，頁5a。

[137] 〔明〕祝允明，《野記》，卷2，頁5b。

[138] 〔明〕鄭曉，《吾學編‧遜國臣記》，卷3，〈御史大夫練子寧〉，頁6a。

之，屍首卻仍面色如生的故事。[139]而後世在談論永樂朝政治整肅時經常提到的「瓜蔓抄」，相傳便是因為景清死後在成祖夢中作祟引起，導致後者下令「夷其族，籍其鄉，轉相攀者數百人，謂之瓜蔓抄，其里遂今無人云」。[140]這些殘酷的記載，也多為萬曆以降的史籍和殉臣傳記所承襲。

對建文諸臣受難片段的強調與渲染，基本上與明中葉以降士文化與俗文化共有的閱聽興趣有關。除了腥羶情節帶來的感官刺激，此種對暴力場景的偏好，也涉及明代士人性格與道德觀的特殊傾向。此現象在過去已有一些學者討論過，如趙園在探討明清之際知識分子對國朝歷史的反思時，注意到明代士人的道德觀中存在一種自虐式的「砥礪」，而當時的士論、人心亦有普遍的嗜酷傾向。她認為明代的政治暴虐，不但培養了士人的堅忍，還培養了他們對殘酷的欣賞態度，助成其極端的道德主義，鼓勵了以「酷」（包括自虐）為道德的自我完成。在文人的書寫中，也能看出他們對殘酷的陶醉和暴行的刻意渲染。就這一點而言，當時的士文化與俗文化似乎相當合致。明人對此類文字的閱讀，也可能蘊含一種看客與受虐者相互激發的體驗，反映了弱者（特別是政治上的）隱蔽著的暴力傾向。趙氏還進一步指出，明代士人常以受虐（或自虐）作為政治摧殘下痛苦的宣洩，而這種行為可能隱藏著弱者式的復仇

---

139 〔明〕張芹，《備遺錄》，〈北平左布政使張公〉，頁24b。有趣的是，到了重視人物臧否、強調殉臣忠義的《革朝志》，許相卿對未能防止燕王起兵的謝貴、張昺似乎很不諒解，對二人評價頗差，甚至描寫燕王是透過審問兩人得知密謀出齊、黃，而有了「清君側」之藉口。參見〔明〕許相卿，《革朝志》，卷4，〈死難列傳・張昺傳〉、〈死難列傳・謝貴傳〉，頁14a-15b。

140 〔明〕許相卿，《革朝志》，卷3，〈死難列傳・耿清傳〉，頁14a-14b。根據筆者目前所收集的資料，「瓜蔓抄」的故事最早可見於王鏊《守溪筆記》，而吳德義則認為「瓜蔓抄」的記載最早出現在正德二年尹直的筆記作品《謇齋瑣綴錄》中。只是據吳氏所言，《謇齋瑣綴錄》現存版本有《國朝典故》收錄本及《四庫全書存目叢書》收錄本兩種，但《國朝典故》所收版本中並未有此記載，這或許是因同書中收錄之《革除遺事》、《王文恪公筆記》已記有景清一案，故將《謇齋瑣綴錄》卷六的相關段落予以刪除。但筆者查閱莊嚴文化出版之《四庫全書存目叢書》所收版本實亦為「國朝典故本」，當中同樣沒有關於「瓜蔓抄」的記載，不知是吳氏看到更完整的版本，還是其整理資料時產生的錯誤？故對此說暫且存疑。參見〔明〕王鏊，《守溪筆記》，〈耿清〉，頁6a；吳德義，《建文史學編年考》，頁72。

——以血肉淋漓和殘酷的死亡，作為對施虐者的報復。[141]戴彼得也認為明代文人對壬午殉難的紀念，是與其激進的道德主義及群體認同緊密聯繫的。[142]就殉臣形象的塑造而言，此類描寫亦能凸顯他們為主盡忠的抉擇之難，從而具備足為後世典範的道德高度。

景清、張昺死後作祟的傳說，也反映了忠臣英靈被賦予的神異色彩。而在民間記憶中，前者甚至被塑造成一個能驅退妖物的奇人。《革除遺事》就記有這麼一個故事：

> 初清赴舉時，過淳化，主家有女為妖所憑，清宿其家。是夜，妖不來；去，即復來。女詰之，曰：「避景秀才耳。」旦日，女以聞其父，父追及清語之，清書「景清在此」四字，令父歸黏於戶，而妖自是遂絕。[143]

這個故事在後來許多相關文本中都可見到，成為後世認知中景清的一個特殊標誌。民間對建文殉臣的崇敬，以及相信「正氣」等道德性力

---

[141] 趙園，《明清之際的思想與言說》（香港：三聯書店，2008），頁18-22、27-28。這種激進的道德表現和對暴力情節的耽溺，並不只被用以作為士人群體的規範，亦反映在明代士人對貞婦烈女的書寫上。根據費絲言的研究，明代貞婦烈女於「生產機制」方面，無論是國家的旌表對象、方志的記錄標準、地方鄉里的稱述傳頌、士人的節烈書寫，都隱含著一個崇尚「至奇至苦」的傾向。雖然士人記載往往強調時人對此類故事的傳頌是出自對於道德的愛好，但實際上，人們對「新聞」的好奇，可能才是此一機制賴以運作的內在動力。衣若蘭對《明史・列女傳》的研究也指出，該書對明代節烈婦女的書寫，毫不隱藏對於女性自虐與被虐「至奇至苦」的描繪，並試圖以女性身軀經歷的各種磨難凸顯婦德的高貴，傳中不時出現「性」與「暴力」等元素，充滿強烈的感官刺激。而其內容的構成，又與明代女性傳記的書寫密切相關。參見費絲言，《由典範到規範——從明代貞節烈女的辨識與流傳看貞節觀念的嚴格化》（臺北：臺大出版委員會，1998），頁92、284；衣若蘭，《史學與性別：《明史・列女傳》與明代女性史之建構》（太原：山西教育出版社，2011），頁347。

[142] Peter Ditmanson, "Venerating the Martyrs of the 1402 Usurpation: History and Memory in the Mid and Late Ming Dynasty," pp. 110-158.

[143] 〔明〕黃佐，《革除遺事》（辛巳本），卷5，〈死事列傳・景清〉，頁6b。其實《革除遺事》庚辰本中便已記有此故事，但現存抄本首句「初清赴舉時，家有女為妖憑，清宿其家」在敘述上較不清楚，故徵引辛巳本內容。參見〔明〕黃佐，《革除遺事》（庚辰本），卷4，〈景清〉，總頁630。

量可辟易邪物的觀念，支持了相關傳說的成形，無形中也強化了殉臣的正面形象。只是，景清這種奇能多半是源自忠臣所具備的道德力量，因此並不能為其塑造出忠臣之外的其他面向。

相較之下，程濟的故事不僅神奇、富戲劇性，而且跳脫一般忠臣的形象，使其角色得以在後續相關記憶發展的過程中，擁有較其他人更多的發揮空間。早在正德年間《備遺錄》對程濟的描寫中，便已可見其驚人的法術和預知能力：

> 公諱濟，陝西朝邑人，洪武間以明經為四川岳池縣儒學教諭。公有法術，岳池去朝邑數千里，寢食俱在朝邑，而日治岳池學事不廢。革除間，上書言某月某日西北方兵起，朝廷以為非所宜言，繫至京。召入，將殺之，公叩頭曰：「陛下幸囚臣，期而無兵，臣死未晚也。」遂繫公獄。已而兵果起，乃赦出公，更以為軍師，護諸將北伐，與靖難兵先鋒戰于徐州，大捷。會曹國公師退，文皇至江上，公逃去，不知所終。初徐州捷時，諸將樹碑載戰功及統軍者姓名，公忽夜往祭碑，人莫測其故。後文皇過徐州，望見碑，問，知之大怒，趣左右碎碑。方一再椎，命止勿擊，錄其碑文，遂按碑族誅諸將，無得脫者。公姓名正在擊處，遂免。往日之祭，蓋禳之也。[144]

在正德年間的靖難書寫中，程濟是個相當特別的人物。當時載入相關史籍的建文忠臣裡，他是唯一以奇術異秉而非忠義之舉為後世所知者，也是唯一在永樂朝鋪天蓋地的政治整肅下安然無恙、全身而退者。而嘉靖以降，經由文人與史家的挖掘、搜索，一批隱遁之臣開始

---

[144] 〔明〕張芹，《備遺錄》，〈岳池縣教諭程公〉，頁27b-28a。程濟的事蹟隨後也被載入正德十四年的《朝邑縣志》，參見〔明〕韓邦靖纂修，《（正德）朝邑縣志》（《中國方志叢書・華北地方・陝西省》，第540號，臺北：成文出版社，據明正德十四年刊本影印，1989），卷2，〈人物〉，「高翔程濟楊景學馬仲昌」條，頁10b-11a。

加入「建文忠臣」的群體，以一種不同於殉臣的方式反對永樂政權對建文政權的取代。比這群人早一步進入史籍的程濟，在往後書寫者的筆下，其生命也開始與這些「後輩」建立連繫，最後甚至與建文帝出亡傳說連結起來，成為助其逃脫的關鍵人物。嘉靖晚期鄭曉《遜國臣記》一書中，就有如下的記載：

> 初濟與邑人高翔並以明經徵，翔屬名節，濟好術數。翔止濟勿為此，不聽。已而有兵事，濟又勸翔：「學我術。」翔曰：「我願為忠臣也。」金川門破，翔招濟同死，濟曰：「我願為智士也。」翔竟死之。建文君急召濟入問計，濟曰：「天數已定，惟可出走免難耳。」立召僧為建文君落髮，濟從之出。每遇險難幾不能脫，濟以術脫去。相從數十年後，隨建文君至南京，人尚識濟。至京莫知所終。[145]

《遜國臣記》透過傳中人物對話，點出程濟與建文殉臣不同的角色定位──智士，而其身懷法術的特質，亦使之在人們的歷史想像中，成為協助建文帝避過成祖重重羅網、化險為夷的絕佳人選。而在嘉靖末年相關文本對其助建文帝出逃的描寫，僅僅意味著兩人流亡旅途的開端，在經歷過接下來另一波建文朝歷史書寫高峰的萬曆朝後，明末的各種野史著作將逐漸為程濟的從亡之行，建構出完整且鉅細靡遺的情節。

（三）天命、運數、報應：另類的歷史詮釋

正德、嘉靖年間的筆記與私史著作，為建文君臣營造出良好的歷史形象，兩相搭配，等同將建文朝廷形塑成仁君與忠臣的組合。相較之下，成祖繼位後進行一連串慘無人道的政治整肅，經由後人書寫的殉臣傳記廣為流傳、深入人心，為其歷史形象蒙上一層殘忍苛酷的

---

[145] 〔明〕鄭曉，《吾學編‧遜國臣記》，卷5，〈翰林編修程濟〉，頁4a-4b。

陰影。在此同時，人們在探究靖難歷史的過程中發現，在靖難戰爭初期，朝廷其實是佔有優勢的。然而歷史發展的最終結果，卻是建文政權落敗，而被永樂政權取代。如此結局，似與傳統政治論述「仁政必興，暴政必亡」的思想，及民間「善有善報」的觀念背道而馳，更令瞭解靖難戰前局勢的史家大惑不解。鄭曉便曾在其著作中，以「何以兵起竟敗，塗地瓦解？謂非天命歟」一語，抒發對此歷史發展的困惑與感慨。[146] 在後人對靖難歷史結局感到無奈、不解的同時，「天命」似乎成為最好的解釋。昔日永樂政權在官書中用以強調自身正當性的概念，在明代中葉以降，也成為相關野史傳說的一大元素，提供人們理解、接受現狀，亦即成祖一系統治事實的憑藉。

正德年間野史文本記載最多有關建文朝與靖難戰爭之離奇傳聞者，應屬祝允明的《野記》，書中大量保存此前明人對國初歷史的記憶與想像，並由於內容豐富、敘述詳細且成書時間較早等因素，而對後世野史作品產生深遠的影響。《野記》卷二幾乎都在記述與靖難戰爭相關的軼聞與傳說，包括建文帝出亡、建文忠臣事蹟以及燕王謀臣鼓動其起兵等事。特別是記載奇人異士為燕王相面、預言的部分，如姚廣孝卜起兵良時、謂屆時將有天兵來助，以及相士袁拱從眾多衛士當中認出微服的燕王、預言其「龍鬚及臍，即登寶位」等敘述，都像是對《奉天靖難記》等文本中燕王「天命所歸」論述的進一步延伸。[147] 姚廣孝在成祖龍飛之路上扮演的角色，也越來越為野史傳說所強調，如嘉靖年間郎瑛《七修類稿》便有姚氏私訪成祖，聲稱「殿下能討臣輔佐，當使殿下戴一白帽」的故事。[148] 而隨著此類記述的發展，姚廣孝也逐漸在後世認知中，成為靖難戰爭的始作俑者。

這段時期透過筆記形諸文字的民間傳說中，也有不少強調成祖「天命」的故事。如《野記》有一則狂士風李秀建議燕王遷葬乳母以

---

[146] 〔明〕鄭曉，《今言》，卷1，〈二十二〉，頁13-14。
[147] 〔明〕祝允明，《野記》，卷2，頁8a-10b。
[148] 〔明〕郎瑛，《七修類稿》，卷11，〈靖難功〉，頁149。

改運的故事：

> （風李秀）嘗啟上：「某地貴不可言，上寧有可葬者乎？」上
> 怪其不祥，曰：「無之。」秀曰：「固也。第不知殿下乳母誰
> 歟？」上曰：「死矣，槁葬於某。」秀請更葬，上從之。其地
> 去西山四十里平壤間，即聖夫人墓，人呼「奶母墳」是已。及
> 上登極，秀猶在，後不知所終。[149]

此記載暗示成祖透過遷葬乳母，將其命數由藩王轉變為皇帝，間接解
釋了靖難戰爭的結局走向。另一部以記載奇聞軼事著稱的筆記《庚巳
編》，亦有燕王危難時出現異象相助的故事：

> 都指揮平安，一名保兒。建文末為將，敗北兵於小河。安單騎
> 追躡燕王，運槊將及之，忽空中有黑龍，舒爪掣其臂，安馬跪
> 於地。安知天命有在，歎息收兵而止。[150]

原本在王鏊《守溪筆記》中因平安馬蹶而使燕王逃脫的故事，在此變
成是因「黑龍相助」，從而彰顯了燕王的「天命」。此類記憶與故事的
產生，其實與成祖本身所進行的政治宣傳密切相關。成祖即位之後，便
以酬謝真武神於靖難戰時顯靈相助為由，積極展開對武當山的經營，
甚至透過御製碑文、詔令，屢屢提及真武神當年曾助太祖龍興，之後
又於靖難戰時襄助自己，一方面利用太祖加強崇祀真武神的理由，為
其「靖難」神話作出導引，一方面也透過這些敘述，再次強調其天命
所歸及太祖正統繼承人的身分。[151]從事後發展來看，成祖此一政治宣

---

[149] 〔明〕祝允明，《野記》，卷2，頁13b-14a。
[150] 〔明〕陸粲，《庚巳編》（北京：中華書局，1987），頁2。
[151] 陳學霖，〈「真武神‧永樂像」傳說溯源〉，收入氏著，《明初的人物、史事與傳
說》（北京：北京大學出版社，2010），頁224-230。

傳可說是相當成功，明代中葉以降許多述及靖難歷史的傳說，都可看到真武神的影子。如黃溥《閒中今古錄》對武當山的描述：

> 本朝太和山，即古云武當山也。真武祀典之盛，亦有其由。昔洪武末，當歲壬午，靖難起兵，勢如破竹，南方眾至四十餘萬，宜無當之者。然每兩陣相臨，南兵遙見空中「真武」二字旗幟，皆攻後以北也。既而入正大統，崇重其祀典矣。溥常問故先祖，答曰：「聖天子則百靈咸助，豈偶然哉？」[152]

這種描述真武神率軍協助燕王的情節，在往後的筆記、史籍當中越發常見。如《野記》中便有燕王發兵時，「見空中甲兵蔽天，其師即玄帝也」，而燕王本人「忽搖首，髮皆散解披面，即玄帝像也」的故事。[153] 嘉靖年間高岱《鴻猷錄》也提到玄帝於靖難兵起時率師來助，燕王「披髮仗劍應之」。[154] 嘉靖四十二年（1563）《山西通志》介紹當地的玄帝廟時，亦云「文皇靖難師起，嘗有顯應」。[155] 從這個角度來看，《庚巳編》記載中於燕王危難時予以救助的黑龍，或許便是真武神的化身；而本章第二節提到的莘縣城隍故事，也可能就是脫胎自此類結合了《守溪筆記》所載軼聞的真武神傳說。

　　當然，除了官方宣傳的深入人心，在檢視相關傳說形成的因素時，亦不可否認成祖本身歷史地位所扮演的角色。成祖即位後，為擺脫得位不正的陰影而刻意經營，於軍事、文化方面都頗有成績，其建置甚至改變了帝國發展的走向，加上後繼君王對其之尊崇，讓他成為明代除了太祖之外，另一個地位突出的皇帝，並在嘉靖十七年正式取

152　〔明〕黃溥，《閒中今古錄》（《明清史料叢書續編》，第12冊，北京：國家圖書館出版社，據清光緒九年刻本影印，2009），頁17b。
153　〔明〕祝允明，《野記》，卷2，頁13b。
154　〔明〕高岱，《鴻猷錄》，卷7，〈靖難師起〉，頁10a。
155　〔明〕周斯盛等修，《（嘉靖）山西通志》（臺北：漢學研究中心，據日本國會圖書館藏明嘉靖四十二年刊本影印），卷10，〈祠祀〉，「玄帝廟」條，頁4b。

得「祖」的身分。這些歷史發展可能也使其「天命所歸」的形象更易為人們所接受。

另外，民間認知中素有寬厚仁君形象的建文帝，為何會橫遭失國之禍？而作為一代儒宗、以道德學問聞名的方孝孺，又為何以滅族的悽慘結局收場？時人在唏噓感嘆之餘，也試圖為這樣的歷史發展提出解釋，運數、報應之說就是其中一種方向。陳建刊刻於嘉靖三十四年（1555）的《皇明資治通紀》，便有一則將命名與國運連繫起來的故事：

> 帝皇考既諡懿文，帝諱又曰允炆。及皇子生，復命名文奎。識者曰：「此臣下儒生之常稱耳，不類天子氣象。」及改建文年號，燕王聞之，訝曰：「胡乃重複至是？使臣民遍呼，年與諱同，無乃不祥乎！小子且見其敗也。」[156]

此類說法以運數解釋建文朝的覆亡，或許也略有為成祖解套、減輕其歷史責任的意味。當中雖帶有中國傳統的避諱和命理概念，但牽強附會的痕跡也很明顯。首先，懿文太子朱標的諡號及其子孫的命名原則，都是太祖所制定。朱標一系子孫在建文帝這代的命名首字定為「允」，下一代首字則定為「文」，末字雖可隨意選擇，但通常會按照五行相生原則排定偏旁，如「允炆」以「火」為偏旁、「文奎」以「土」為偏旁，如此設計大概很難取到能令文中所謂「識者」滿意的名字。其次，雖有同音和偏旁相同的問題，但建文帝年號與其名諱並不相同，而且就算太子命名與年號用字相同，也不涉及忌諱。此外，故事中燕王對建文帝態度相當輕蔑，這種敘述與角色安排，可能多少受到《奉天靖難記》等文本的影響，也反映在當時民間記憶中，燕王對姪子統有大明的態度是相當不以為然的。

---

[156] 〔明〕陳建撰，錢茂偉點校，《皇明通紀・皇明歷朝資治通紀》，卷1，〈革除靖難紀〉，頁316。

當時許多野史傳說都為靖難戰後的政權更替塑造了預示的讖言和意象，在某些故事中，明太祖及其重臣甚至成為雙方未來命運的先知。當時的野史著作中，便頗常見太祖夜夢二龍相鬥，勝者為成祖、敗者為建文帝的故事。[157]除了夢境之外，讖語也常成為這類故事中的預言媒介，如前文已提到，黃佐《革除遺事》辛巳本記有一則故事，描述太祖由建文帝所創作的新月詩，預見其將遇難卻得以倖免的命運，即是一例。而嘉靖年間《皇明傳信錄》亦有兩則類似的傳說，頗能反映官方論述對民間記憶的影響。其一是太祖透過對句獲知靖難發展的故事：

> 太祖一日午御奉天殿，太宗、建文侍，為因指立伏馬，出一對子命之對，曰：「風吹馬尾千條線。」建文對曰：「雨灑羊毛一片氈。」太祖甚怒；太宗對曰：「日照龍鱗萬點金。」太祖甚喜。當是太祖已預知建文必亂天下，太宗之必有天下矣，但念己為創業之君，當以正法示後，故不得已以天下傳之建文，寧使建文他日自失之，太宗自得之，不可自我而壞正法，此我太祖之深意也。[158]

由兩人對句的比較看出其才能高下，是中國傳統軼聞故事中常見的敘事結構，而此則記載更將對句內容與成祖叔姪未來的命運連結起來，甚至把靖難戰爭這場骨肉相殘、死難甚眾的武裝奪權，視為太祖的苦心設計。其與多數相關傳說對建文帝抱持同情的態度不同，反映了太祖屬意燕王繼統的認知，這應是受到官方論述的影響。另一則傳說則由誠意伯劉基（1311-1375）扮演預知靖難歷史發展的角色：

---

[157] 如《建文皇帝事蹟備遺錄》中，太祖就是透過此夢得知燕王有奪嫡計。《七修類稿》也有太祖夢二龍鬥於殿中，黃勝而白負，隔日見太孫與燕王同戲，前者著白，心知二人往後必有衝突的記載。參見〔明〕大嶽山人，《建文皇帝事蹟備遺錄》，總頁219；〔明〕郎瑛，《七修類稿》，卷12，〈建文君〉，頁185。
[158] 〔明〕佚名，《皇明傳信錄》，卷3，未標頁。

洪武初，京城初定，上謂誠意伯劉伯溫曰：「城高如此，誰能踰之？」伯溫對曰：「人實不能踰，除是燕子耳。」燕子者，燕國王子，蓋指太宗而言，隱語也，然則當時蓋已預知太宗之必有天下矣。[159]

以燕暗喻燕王的敘述，已可見於《奉天靖難記》和《明太宗實錄》所編造的預言歌謠：「莫逐燕，逐燕日高飛，高飛上帝畿。」[160]此則傳說亦承續了上述意象，以燕子飛踰南京城牆暗喻燕王軍隊攻陷南京的未來。

建文帝以仁君失國的悲涼境遇，激起了許多人的惋惜與不平之情，進而產生欲還其公道的渴望。大約在嘉靖年間，一些野史軼聞開始將成祖之後的某些帝王塑造為建文帝的子孫，在想像的世界裡達成帝統的歸還。其中又以宣宗為建文帝之子一說，流傳最廣：

我朝宣宗章皇帝乃建文君子也。建文君城破南遁，宣宗時方二、三歲，蓋天命所在，幸而存焉。太宗文皇帝既有天下，一日進宮，內有一老媼，蓋乳養宣宗者，密令趨前跪伏，求食於太宗，宣宗遂挽太宗之衣而號曰：「孩兒餓矣！」太宗曰：「汝在帝王家，寧有飢餓之理？第我今所居之位，乃汝父之物。汝尚幼，且寧耐，吾終須還了汝耳。」言已，泣數行。自後隨侍太宗如親孫，及遷都北京，遂以皇太孫監國。[161]

---

[159] 〔明〕佚名，《皇明傳信錄》，卷1，未標頁。

[160] 〔明〕佚名撰，王崇武注，《奉天靖難記注》，卷4，頁216；《明太宗實錄》，卷9下，洪武三十五年六月己巳條，頁6a-6b。

[161] 〔明〕屠叔方，《建文朝野彙編》，卷19，〈建文傳疑〉，頁15a-16b。《建文朝野彙編》和王崇武《明靖難史事考證稿》皆謂此說出自《傳信錄》。然現存《皇明傳信錄》僅存萬曆時朱當㴐《國朝典故》輯本，且當中並未收錄此事，故在此僅能引用《建文朝野彙編》。參見王崇武，《明靖難史事考證稿》，頁36。

成祖對宣宗的喜愛與重視，以及自幼便將其帶在身邊培養的情況，在上述故事裡被解讀為欲還政於建文帝子孫的準備。文中對成祖態度的描寫，應該是以官方論述所塑造、欲法「周公輔成王」卻救姪不及的形象為基礎。而「天命所在，幸而存焉」一句，似乎反映了某種具祈願性質的認知，相信原屬於建文帝一系的天命並未棄之而去。換言之，此一「天命」在某種程度上，或許也代表著正德、嘉靖年間的民心。成祖養育建文帝之子的說法，在嘉靖晚期鄭曉的《皇明同姓諸王傳》中亦可得見，但該書並未將牽衣乞食的小孩視為宣宗，而稱「不知此建文君第幾子，抑即太子少子也」。[162]另外，嘉靖十一年進士李文鳳的筆記《月山叢談》中，還記有一則建文帝出亡後「自閩入廣，止於賀縣，娶婦而生孝穆」的傳說，[163]將孝穆描寫為建文帝的外孫，使其後人重掌大明江山成為可能。

　　正德、嘉靖年間，民間亦流傳著一種軼聞，認為方孝孺遭誅十族的結局，是其父輩一代曾將數千蟒蛇焚殺殆盡而遭致的報復，如《野記》便有如下記載：

> 方希直先墓初有妖，後治墓，乃見大蟒窟塚中，生聚極繁，殆至數千，洞穴蔓廣，腥穢偪人。眾議盡殲之，姑掩穴歸，治梃鑠火攻之具。其夕，方公父夢黑衣嫗拜，懇言：「吾輩無損於公，公將滅吾族，幸捨之，當報德，不然亦能報怨。」公曰：「奚報怨？」嫗曰：「公能族我，我亦能族公。」又曰：「吾舉族來懇矣。」方顧嫗後，男女無限，然竟不許。明日語家人且謂：「妖蟒乃爾，正當除之。」因極力搜捕，焚殺鑿絕，其夜聞山中哭聲。後方公不幸嬰烈禍，蛇孽亦足徵也。[164]

---

[162] 〔明〕鄭曉，《吾學編·皇明同姓諸王傳》，卷3，〈建文少子〉，頁2b。

[163] 〔明〕李文鳳，《月山叢談》，轉引自王崇武，《明靖難史事考證稿》，頁36。「孝穆」即孝宗生母紀氏，孝宗繼位後追尊其為「孝穆慈慧恭恪莊僖崇天承聖皇太后」。參見《明孝宗實錄》，卷5，成化二十三年十月壬辰條，頁94。

[164] 〔明〕祝允明，《野記》，卷2，頁6b-7a。

《遜聞錄》也記有類似傳說，言方孝孺之父為其祖選擇的葬地本為蛇窩，起土前夜有赤蛇化身託夢，懇求延緩三日以徙其族，隔日方父卻忘了夢中之言，縱火焚盡蛇群，數日後孝孺誕生，「厥狀甚類蛇，舌有兩尖，能入括鼻口」，此異象與後來的誅族之禍，都是被殺蛇群作祟所致。[165]方父盡滅蛇群，導致後來方氏滅族，此類傳說對方孝孺的態度，不同於往後一些雖憫其忠但仍責其牽連過多的看法，[166]將其角色轉化為受先人之「孽」所累的「無辜」受害者。此種說法無損方氏的正面形象，同時也能為其竟遭族誅的下場尋求解釋。而這類傳說的出現，或許也和明代社會在佛教影響下盛行的護生思想有關。[167]

除了以天命、運數、報應來解釋靖難歷史發展的說法，當時人們似乎也普遍認為，方孝孺的銳意法古，是導致靖難兵禍的主因之一，這種聯想自然與成祖以建文帝「破壞舊制」為興兵藉口有關。受此類認知影響，正德、嘉靖年間出現一些具預示性質的故事，如嘉靖初《姜氏秘史》中王叔英於方孝孺入京前移書相勸的情節：

> 初，孝孺被召入京，王叔英預以書告之曰：「天下事，有可行
> 於今者，有行於古而難行於今者。可行者行之，則人之從之也
> 易，而樂其利；難行者行之，則人之從之也難，而受其患。此
> 用世所以貴時措之宜也。」孝孺好古，故叔英及之。[168]

---

[165] 〔明〕梁億，《遜聞錄》，收入〔明〕鄧士龍編，許大齡、王天有點校，《國朝典故》，頁1421。

[166] 如萬曆年間鄧士龍編輯的《國朝典故》，即透過按語對方孝孺和周是修之死發表如下看法：「方正學之忠至矣，然獨恨其不死於金川不守之初、宮中自焚之際，與周是修輩為伍，斯忠成而不累其族也。」參見〔明〕李賢，《天順日錄》，收入〔明〕鄧士龍編，許大齡、王天有點校，《國朝典故》，頁1163。

[167] 受佛教影響的護生思想在六朝時就已出現，在明清時期亦相當流行，出現許多勸導護生、放生、戒殺的故事，而殺生後遭致報應的敘述便是其中一種。另外，《野記》這則記載在正德、嘉靖年間很少為其他文本援引，直到萬曆年間才較常見於相關文本。此現象或許也和晚明文人喜好神異題材，以及護生、放生、戒殺思想更為流行有關。參見蔡淑芬，〈明末清初江南的放生活動〉（臺北：國立臺灣師範大學歷史研究所碩士論文，2004），頁38-73；李雅雯，〈近代護生戒殺思想之發展與實踐〉（臺北：國立臺灣師範大學中國文學研究所博士論文，2008），頁35-40、102-122。

[168] 〔明〕姜清，《姜氏秘史》，卷1，洪武三十一年六月條，頁10a。

到了嘉靖晚期和萬曆年間的相關敘述中，王叔英勸言的重點，逐漸轉為針對方孝孺欲行井田制的計畫。[169]但無論是基於方氏的性情、理念而先予忠告，還是對其特定政策的勸阻，這類故事的形成，以及被建文朝私史或殉臣傳記編者載入著作的安排，不僅是為了凸顯王叔英對政務的關切與見解，也有呼應後續歷史發展（即靖難兵起、建文政權覆亡）的意涵。

　　正德、嘉靖年間，許多軼聞、傳說被加進當時的建文朝歷史敘述，它們有些填補了史料殘缺造成的歷史空白，有些嘗試為難以解釋的歷史困惑尋求理解方向，更有些企圖消泯歷史發展帶來的傷害，或是人們回顧歷史時產生的遺憾之情。相對圓滿的結局，相對溫和的敘述，相對合理的詮釋（或者有時帶點神祕色彩反倒是賣點所在），讓這些猜想、聯想、幻想的產物比過去官方建立的論述更容易被接受，成為時人相關記憶的一部分，並持續吸引著下一世代的人們。這在明代野史發展過程中並非特例，在當時的筆記、私史記述中，真相與想像的穿插交雜往往是常態，嘉靖、萬曆年間史家王世貞在反思當代野史寫作時，即曾予以「輕聽而多舛」、「好怪而多誕」的批評。[170]即使研究明代史學史的學者普遍相信，嘉靖年間的史家已開始重視並致力追求史學的客觀性，但從當時述及建文朝史事的文本內容來看，對撰史者而言，源自歷史聯想、富含想像成分的軼聞傳說，仍有相當程度的吸引力。這也顯示此類傳聞已然深入人心，成為他們根深柢固的歷史記憶，即使在書寫體裁和內容皆遠較筆記嚴謹的史籍時，亦難以捨棄相關說法。

---

[169] 如許相卿《革朝志》、鄭曉《遜國臣記》和萬曆七年《黃巖縣志》的王叔英傳記，皆如此敘述。參見〔明〕許相卿，《革朝志》，卷3，〈王叔英傳〉，頁17b；〔明〕鄭曉，《吾學編・遜國臣記》，卷5，〈翰林修撰王叔英〉，頁1a-1b；〔明〕袁應祺修，〔明〕牟汝忠等纂，《（萬曆）黃巖縣志》（《天一閣明代方志選刊》，第18冊，上海：上海古籍書店，據天一閣藏明萬曆七年刻本影印，1981），卷6，〈人物志下・忠義〉，「王叔英」條，頁3b。

[170] 〔明〕王世貞，《弇州四部稿》（《景印文淵閣四庫全書》，第1279-1281冊，臺北：臺灣商務印書館，據國立故宮博物院藏本影印，1986），卷71，〈明野史彙小序〉，頁1a。

如果說在正德年間，《野記》等書保存了以往對國初歷史的記憶與想像，對後續野史作品影響深遠，那麼嘉靖晚期鄭曉的《建文遜國記》和《遜國臣記》，就是正德、嘉靖年間建文朝歷史敘述的集大成之作，結合此前筆記作者和史家蒐集的各種傳說與史料，甚至是自己的親身見聞。也因此，其內容比起稍早的《姜氏秘史》、《革朝遺忠錄》、《革朝志》等著，具有更多神異色彩。而這種歷史敘事，更持續到後來的萬曆朝，當中種種神奇、富戲劇性的故事，亦成為當時人們深感興趣並樂於發揮的題材。

第四節　褒忠思想與「忠臣」群體的擴大

明代褒忠思想盛行，使建文忠臣事蹟成為建文朝歷史記憶中的重要部分，當時無論是祭祀之類的紀念活動，或是行狀、傳記的寫作，比起緬懷先賢、表達對建文忠臣的尊敬與認同，褒忠、教化的意味其實更為濃厚。正德、嘉靖年間，透過對過往史料的補充與挖掘，一個「建文忠臣」的群體逐漸被建立起來，並不斷擴大，隨之而來的則是對該群體涵蓋範疇與條件的界定，以及對群體內部成員之間的再區分。在這個過程中，有些人原本被排除於此一群體之外，卻由於後續文本對其生命抉擇的認知差異甚至結局的改寫，而得以被納入體系當中。另一方面，由於對建文殉臣的悲慘收場感到不忍，人們開始為其結局設計一些相對圓滿的劇情，試圖淡化此類故事的悲劇性與絕望感，為回首歷史時對殉臣投注情感與認同的人們，留下些許安慰與希望。這種被美化、理想化的結局，也逐漸與忠臣形象的塑造連結在一起，並常出現朝廷赦免殉臣族屬的情節，不僅呼應人們的期待和願望，亦與調和成祖與殉臣的論述有關。

（一）從「殉臣」、「忠臣」到「諸臣」

正德、嘉靖年間，長年備受稱頌與紀念的「建文忠臣」群體，在

史家的探究與挖掘下，歷經了一個逐漸擴大的過程，人數不斷增加，且不斷再細分為各種類型。這當中除了涉及史家希望儘可能完整重構建文朝歷史的心態，或許也和書寫者意識到「忠義」表現形式的多樣性有關。從正德、嘉靖年間史籍對建文忠臣傳記的編排與收錄標準，應可略窺當時「建文忠臣」群體擴大與分類的情況。

　　明代最早匯輯建文忠臣群體事蹟及其所遭迫害的著作，應是弘治年間宋端儀的《立齋閒錄》，作者根據成祖開列的「奸惡官員」名單，搜集這些官員的資料，以及他們自盡或遭受整肅的狀況，[171]就呈現結果而言，頗像是對當時政治受難者的資料彙整。這些成果在正德以降又有張芹、黃佐等人增補，完成了《備遺錄》和《革除遺事》等著作。二書所記載的「建文忠臣」幾乎就等同於「建文殉臣」，張芹在其書引言中便表示：「《備遺錄》，錄諸先生忠於所事而以死殉之者也。」[172]《革除遺事》以降的相關著作雖也記載了一些死因與靖難戰爭無關或投降成祖的建文朝臣，但人數不多，且為其另闢〈列傳〉、〈外傳〉或收於〈附錄〉，而與殉臣有所區別（見附錄二）。如同第一章已提到的，明代知識分子傾向將因受牽連而遭致整肅的建文朝臣，與不願歸降成祖的自殺或不屈而死者，一併視為忠烈可嘉的「殉臣」，這點也反映在正德、嘉靖年間相關史籍對各種死難者傳記的收錄與編排（見附錄二）。此現象或許亦與《備遺錄》和《革除遺事》等書在內容上承襲《立齋閒錄》，但性質上卻已由政治受難者敘述轉為忠臣傳記的情況有關。

　　而在嘉靖年間，「建文忠臣」的範疇似乎不再僅限於殉難者，就連所謂「殉難者」的群體內部，都出現了新成員。早在弘治年間人們便已注意到，在建文、永樂政權更替之際，有另一群人透過異於殉臣的方式，表達自身對建文朝廷的忠誠。這群人於嘉靖年間經由相關史籍的記載，正式被納入「建文忠臣」的體系。在當時人們的眼中，

---

171 〔明〕宋端儀，《立齋閒錄》，卷2-3，〈革除錄〉，總頁624-638。
172 〔明〕張芹，《備遺錄》，〈備遺錄引〉，頁1a。

他們的故事及為盡忠作出的抉擇，實與殉臣同樣令人動容。嘉靖四年（1525）敖英為何孟春《備遺續錄》撰寫的題記中，便有如下敘述：

> 曩時聞故老言：壬午六月十四日，靖難師駐金川門。是夕，給舍御史郎四十餘人相與縋城遁去。詰朝，邏者覺察，以聞文皇，悉置不問。後來深山窮谷，往往有見其傭販自活、禪寂自居者。噫！志亦可悲矣！[173]

光從敖英文中的敘述來看，這些官員之所以「遁去」，也可能只是為了逃避即將降臨的兵禍甚至政治整肅。然而包括轉述故事的敖氏在內，當時人們似乎傾向將這群人視為不願侍奉新政權而去職隱遁的忠義之士。此一現象實在很有趣，或許與民間記憶中建文君臣形象多屬正面的情況有關。

《備遺續錄》現已亡佚，難以得知其確切內容，但成書時間與之相當的《姜氏秘史》也載有一些隱遁之臣的事蹟，如後世較熟悉的雪庵和尚，以及真名不詳的補鍋匠。[174]稍後郁袞《革朝遺忠錄》則將他們定位成「外官抱節免禍者」，視為「革朝遺忠」之一類，該類別所收錄的十三名官員中，隱遁之臣就佔了將近半數。其後《革朝志》、《遜國臣記》等文本記載的隱遁之臣越來越多，事蹟也越來

---

[173] 〔明〕敖英，〈題備遺續錄〉，收入〔明〕郁袞，《革朝遺忠錄》，未編頁。根據敖英這篇題記，弘治年間，陳鎬就已留意到這群隱逸者的存在，並開始嘗試搜集、記錄他們的資料和事蹟，只是陳氏最後未及完稿便已辭世，稿件也隨之流落。直到嘉靖年間，何孟春才求得遺稿，附於其《備遺續錄》中。而敖氏「曩時聞故老言」一語，也顯示這群隱遁之臣可能在弘治年間就已進入人們的歷史記憶裡。

[174] 〔明〕姜清，《姜氏秘史》，卷2，己卯元年春正月條，頁3a-4a；〔明〕鄭曉，《吾學編‧遜國臣記》，卷6，〈雪庵和尚〉，頁4b。《姜氏秘史》記載的雪庵和尚和補鍋匠事蹟，主要是姜清引錄《雪庵集》引文中對該書作者的記述，原文敘述相當隱晦，乍看之下與建文、永樂政權交替的歷史全無關係，卻因為姜清的解讀與引用，使兩人與該段歷史的隱藏關係明朗化，往後《革朝志》又在其基礎上衍生出另一位隱遁之臣——馮翁，《遜國臣記》甚至加入對雪庵和尚身分的猜測，認為他可能是建文年間的監察御史葉希賢。關於雪庵和尚事蹟的由暗化明與後續傳衍，劉瓊云在其〈帝王還魂：明代建文帝流亡敘事的衍異〉一文（頁86-88）已有探討，可參見。

越詳細。[175]而在嘉靖中期《革朝志》到嘉靖晚期《遜國臣記》這段時間，由於建文朝臣隱遁傳聞的層疊、融合、增衍，這群因為生命抉擇近似而在史籍中被歸為一類的隱遁者，在人們的記憶中也逐漸成為一個彼此有所互動、連繫的群體。例如《姜氏秘史》中生活於廣西南寧府隆安地區的補鍋匠，至《遜國臣記》時卻變為「川中補鍋匠」，「往來於夔慶間」，進入了原屬於雪庵和尚生活範圍的重慶地區。[176]敘述空間的移轉，使後續相關傳說能就此二人的互動進行更多聯想與衍伸，也讓四川地區在往後的晚明時期，逐漸被塑造為隱遁之臣活動的重地之一。

　　另一個有趣的現象是，到了嘉靖晚期，人們開始為此前史籍中資訊較零碎的隱遁之臣們，建構出一個「被發現」的歷史。《遜國臣記》中便有這麼一段記述：

> 松楊人王詔遊冶平寺觀轉藏，聞藏上嘆嘆有聲，異之，令人緣藏登絕頂，無所見，見書一卷，載建文時出亡臣僚二十餘人事。紙毀浥，字多斷爛不可讀，讀數日，稍稍銓錄其可識者，得（梁）田玉、郭良、梁中節、梁良用、宋和、郭節、何洲、

---

[175] 如《革朝志》共收錄十九位隱遁之臣，其中有些人的記載，於籍貫、經歷、官職乃至壬午年間的事蹟，已有較清楚的敘述，如彭與明、周縉、石允常、程濟、高賢寧、王稌等人。不過也有些人的資訊相對片斷、零星，其身分和事蹟仍有許多不詳之處，如何申、郭良、梁中節、梁良用、梁良玉、梁田玉、宋和、郭節、何洲，以及真名不詳的馮翁、河西傭等人。《遜國臣記》則在《革朝志》的基礎上，補充了一些上述事蹟不詳者的相關訊息。

[176] 〔明〕姜清，《姜氏秘史》，卷2，己卯元年春正月條，頁3b-4a；〔明〕鄭曉，《吾學編·遜國臣記》，卷6，〈川中補鍋匠〉，頁5b。劉瓊云在其研究中，已指出此時補鍋匠活動空間產生的變異。另外，嘉靖年間著作多稱雪庵和尚居於四川重慶府大竹縣善慶里，萬曆時馮時可則認為善慶里係在鄰水縣，然據萬曆《四川總志》，大竹縣和鄰水縣皆隸屬順慶府，倒是名稱與之相近的大足縣確為重慶屬縣，不知是否為傳衍訛誤所致？參見劉瓊云，〈帝王還魂：明代建文帝流亡敘事的衍異〉，頁88；〔明〕馮時可，《超然樓集》（東京：高橋情報，據日本內閣文庫藏明萬曆二十五年鄭汝璧序刊本影印，1993），卷4，〈葉雪菴先生贊〉，頁34a-34b；〔明〕盧懷忠、郭棐等纂修，《（萬曆）四川總志》（《四庫全書存目叢書》，史部第199冊，臺南：莊嚴文化事業有限公司，據北京圖書館藏明萬曆刻本影印，1995），卷9，〈郡縣志·重慶府〉，頁2b；卷10，〈郡縣志·順慶府〉，頁2b-3a。

梁良玉、何申凡九人，僅數言。詔憐其忠，又得其異，各贊數
語，題曰《忠賢奇秘錄》。[177]

透過對資料「出土」故事的建構，這些資料零星、事多不詳的隱遁之
臣，其存在的真實性似乎得到了保證。這種「意外」自塵封之斷簡殘篇
中「發現」建文忠臣亡佚事蹟的情節，為後來萬曆年間一些偽託之作的
「出世」，提供了仿效的對象。故事中那本殘卷的發現者王詔，其姓名
也頗耐人尋味，「詔憐其忠」的行文敘述，或許在某種程度上也透露了
時人的期盼，希望建文忠臣能早日得到官方正式的承認與肯定。

　　總之，正德年間《備遺錄》、《革除遺事》等文本收錄的建文忠
臣，皆以「殉臣」為記述主體，直到嘉靖朝《革朝遺忠錄》、《革朝
志》等書，才將「隱遁之臣」加入。嘉靖朝以降的文本，亦開始注意
到建文朝臣在遭逢國變時，其境遇和生命抉擇的複雜性，因此《革朝
遺忠錄》便根據傳主的身分與結局，將此前史籍中的殉臣又細分為九
類，《革朝志》則依這些忠臣各自的生命抉擇，將之劃分為「五忠」
（見表2-4）。如此安排不僅較早期史籍更能凸顯建文忠臣各自的遭遇
和選擇，也有助於史家為其定位、予以褒貶。

　　從《革朝遺忠錄》開始，史家便嘗試利用史籍的分類設計，讓
更多建文朝臣得以被納入「忠臣」的體系中，而這些分類也反映出作
者對其所書寫人物行為的認知與評價。如該書中「外官抱節免禍者」
一類，除了隱遁之臣外，也收錄了一些死於靖難戰爭結束前的建文朝
臣，如王艮（?-1402）。《革朝志》的〈死終列傳〉也是如此，許相
卿稱其收錄標準為「於時未即引決，而知生之不若死之為安也，而卒
死之」，[178]所記三人皆是先投效新政權，後來分別遭遇變故而被殺或
自盡，與以往人們認知的「忠臣」行為大不相同：王度（1356-1402）
先是被貶謫，後來因出言不遜而遭族誅；張紞投降後被成祖下令致

---

[177]〔明〕鄭曉，《吾學編‧遜國臣記》，卷6，〈某部郎中梁田玉〉，頁1a-1b。
[178]〔明〕許相卿，《革朝志》，〈敘革朝五忠列傳〉，頁4b-5a。

仕，而自經於吏部後堂；樓璉則是眼見方孝孺遭族誅，害怕之餘受命草詔，後慚愧自盡。[179]稍早成書的《革朝遺忠錄》對王度、張紞記載皆與《革朝志》類似，卻將兩人分別列入「朝官臨難守節被禍」、「朝官抱節自死者」。[180]

透過這些分類、書寫與評價的經驗，史家似乎越發體會到，建文諸臣的命運、抉擇與其動機，似非能明確斷以「忠」或「不忠」二分的簡單區別。因此嘉靖末鄭曉的《遜國臣記》，便以建文「諸臣」而非「忠臣」作為記述對象，不再以〈列傳〉、〈外傳〉或〈附錄〉等形式收錄涉及建文朝政卻非忠臣群體的人物，也不再以盡忠形式作為入傳諸臣的分類標準，而是根據官職分卷，[181]從而呈現一幅建文朝臣的群像，凸顯傳主不同的經歷、遭遇與抉擇。但即使正德末至嘉靖年間的史籍已點出建文諸臣生命經歷的多樣性，「殉臣」仍是人們相關記憶中的主體。如鄭曉之子鄭履淳，在隆慶元年（1567）刊刻父親著作時所寫的序中，仍將談論重點放在不屈而死的殉臣身上。[182]

隨著明代建文朝歷史重建的步調逐漸往前，隱遁之臣的事蹟和建文朝臣生命抉擇的複雜性，開始被加入對靖難歷史的敘述中。對隱遁諸臣事跡的發掘原本也是重建歷史真相的一部分，然過於零碎的資訊反而刺激了各種附會與想像的產生。即使正德、嘉靖年間對建文諸臣事蹟的敘述在相關史籍中漸趨多樣，但當時人們的記憶，仍多以殉臣們的死難故事為主。不過，此一時期也是隱遁之臣逐漸在文本中形成一己群體，彼此事蹟開始藉由積累、層疊而有所互動的階段。有了這樣的基礎，使其在萬曆以降的文本和傳說中扮演較以往重要的角色，被強調與推崇的程度甚至能與殉臣分庭抗禮。

---

[179] 〔明〕許相卿，《革朝志》，卷7，〈死終列傳・王度傳〉、〈死終列傳・張紞傳〉、〈死終列傳・樓璉傳〉，頁1a-3b。

[180] 〔明〕郁袞，《革朝遺忠錄》，上卷，〈王度〉，未編頁；下卷，〈張紞〉，未編頁。

[181] 不過多少還是有些人是因生平事蹟相似而被放入同一卷，如卷六所載皆為事蹟較不詳細的隱遁之臣，卷七則以投降永樂政權者為主。

[182] 〔明〕鄭履淳，〈遜國臣記敘〉，收入〔明〕鄭曉，《吾學編・遜國臣記》，頁1a-2b。

表2-4　正德、嘉靖年間史籍建文忠臣傳記收錄標準、傳主人數表

成書時間	書名	建文忠臣傳記收錄標準
正德十一年	備遺錄	殉臣：忠於所事而以死殉之者，70人
正德十六年	革除遺事 （辛巳本）	殉臣：(1) 死難，47人（爝抗太陽，自掇熄滅） 　　　(2) 死事，13人（食人之祿，當死其事）
嘉靖四年後	革朝遺忠錄	殉臣：(1) 靖難首誅，2人 　　　(2) 朝官臨難守節被禍，20人 　　　(3) 外僚臨難守節被禍，9人 　　　(4) 朝官抱節自死，13人 　　　(5) 外僚抱節自死6人，坐累死者1人 　　　(6) 教職貢士抱節自死，3人 　　　(7) 勳戚抱節坐廢戮，3人 　　　(8) 將帥沒於王事，12人 　　　(9) 內外官伏節死義，13人 隱遁、早逝：外官抱節免禍者，13人 不詳：將帥獻愬敗蹟後事無考，44人
嘉靖二十一年	革朝志	五忠：(1) 死難，48人（遭政治整肅而死） 　　　(2) 死事，40人（因忠於職守而死） 　　　(3) 死志，8人（不事貳君而赴死、遭囚） 　　　(4) 死遁，19人（隱遁之臣） 　　　(5) 死終，3人（投降後遭整肅或自盡）

備　　註：黃佐《革除遺事》庚辰本尚僅匯集諸臣傳記，雖分六卷記載，卻未予以明確
　　　　　分類，直到辛巳本時才為所錄建文朝臣明訂分類，重新編排分卷敘述。

（二）結局的改寫與衍伸：「忠臣」形象的再塑造

　　正德、嘉靖年間，關於建文諸臣的記憶，主要圍繞著殉臣死難的事蹟。他們的故事因為撼動人心，又符合明代官方致力宣揚以為教化的「忠義」形象，而被廣泛地書寫和傳述。在此同時，建文忠臣又經常成為地方上凝聚認同、激勵子弟和對外宣傳的模範，對他們事蹟的敘述與紀念活動當中，實蘊含著許多現實的考量。在這樣一種背景下，建文諸臣的故事開始出現許多改寫和衍伸，而這往往是為了塑造能更有效為現實服務的「忠臣」表率。

在建文忠臣群體擴大的過程中，有些原本被排除在外的建文朝臣，可能經由改寫結局的方式取得此一身分，而這背後往往有其原鄉文人的力量在運作。例如建文年間任職翰林修撰的王艮（?-1401），出身自文天祥祭祀盛行、頗以「盛產忠臣」為傲的江西吉安府，正德年間鄉人於《吉安府志》載其事蹟時，敘述他在成祖即位時不往迎附，慟哭之後與妻訣別，當晚便「服腦子死」。類似的說法也可見於《野記》等文本。[183]然而稍後張芹在《備遺錄》的王艮傳記中指出，《吉安府志》對王艮結局的記載並非事實。傳中所採敘述如下：

> （王艮）聞靖難師起，憂悒不食，日就羸憊，以辛巳九月卒。
> 革除君閔之，遣禮部侍郎黃觀諭祭於家。[184]

說起來，《備遺錄》記載中的王艮雖然沒能活到靖難戰後，作出以死殉國的英烈抉擇，但他因憂心國難而死的結局也令建文帝感到憐憫，派遣官員前往諭祭，此應已能顯示其對朝廷的一片赤誠。只是如此表現對吉安人來說顯然不夠，他們寧可相信王艮和其他八位同鄉一樣，在政權更替之際自殺殉國。此後，《備遺錄》和《吉安府志》記載的這兩種說法，便開始了長期的競爭。

基本上，在正德末到嘉靖初這段期間，前者似乎略具上風，但過程中也有撰述者對二說進行調和。如正德十六年重訂本《革除遺事》雖以《備遺錄》之說為本，但將王艮於辛巳九月的死因改為「服腦子死」。[185]嘉靖初《革朝遺忠錄》同樣以《備遺錄》之說為本，復以小註補充說明，稱此記載出自王艮家譜，並附上《吉安府志》的說

183　〔明〕祝允明，《野記》，卷2，頁7b。
184　〔明〕張芹，《備遺錄》，〈翰林修撰王公〉，頁9a；〔明〕祝允明，《野記》，卷2，頁7b。正德《吉安府志》現已不存，故此處討論主要根據《備遺錄》等文本。有趣的是，《野記》對王艮結局的敘述為「建文亡前一日吞腦子死」，將其自盡時間移至建文政權覆亡前，這或許是當時在「身殉社稷」和「聞靖難師起憂死」二說競爭之過程中，所產生的折衷敘述。
185　〔明〕黃佐，《革除遺事》（辛巳本），卷3，〈列傳·王艮〉，頁5a。

法。[186]而到了嘉靖中期，情勢一度逆轉，《革朝志》傾向支持《吉安府志》之說，並以小註表示《備遺錄》所述「非實」，是王艮家人為避追戮而在家譜中篡改其死因。王氏也因此成為「死難殉臣」的一員。[187]直到集正德、嘉靖朝相關史籍大成的《遜國臣記》，才又轉回支持《備遺錄》之說，認為《吉安府志》所載不確。[188]至於吉安地區的人們，則一度堅持王艮不願迎附成祖並服毒自殺的版本，直到萬曆年間所修的新志中，才妥協般地採取類似《革除遺事》的調和型敘述。[189]

在正德以降野史對建文君臣結局的改寫中，存在一個相當有趣的傾向：基於對建文帝的同情心理，民間野史傳聞往往會給予其較好的境遇或收場，此後歷經各種調整、補充、層層積累的建文帝出亡傳說也應運而生；然而建文朝臣的情況則完全相反，由於忠臣所受苦難正是他們贏得後世尊敬、同情和表揚的原因，故其結局就算被改寫，通常也不會改善，而會更慘。如前述王艮這種死在壬午年之前、沒能「趕上」永樂年間整肅潮的朝臣，就在同鄉文人的書寫與傳述中變為服毒自殺的殉臣。又如弘治朝《立齋閒錄》所記獲免死罪、閒住在家最後病歿的魏國公徐輝祖（?-1407），在正德年間卻多出其「尋繫獄而卒」的說法。往後史籍對其結局之記載遂分流為病歿和自裁二說，死亡地點也有私宅和獄中二處。[190]如此現象無疑與當時盛行之褒忠思想有關，建文諸臣遭遇越慘，便越顯其忠，其精神與事蹟才越能感動人心，達到激勵與教化世人的作用。不過即使如此，當時人們對建文

---

[186] 〔明〕郁袞，《革朝遺忠錄》，下卷，〈王艮〉，末編頁。

[187] 〔明〕許相卿，《革朝志》，卷3，〈死難列傳·王艮傳〉，頁20a。

[188] 〔明〕鄭曉，《吾學編·遜國臣記》，卷5，〈翰林編修王艮〉，頁3a。

[189] 〔明〕余之楨修，〔明〕王時槐纂，《（萬曆）吉安府志》（臺北：漢學研究中心，據日本內閣文庫藏明萬曆十三年刻本影印，1990），卷22，〈忠節傳〉，「翰林修撰王公艮」條，頁21b-22a。

[190] 〔明〕宋端儀，《立齋閒錄》，卷2，〈革除錄〉，總頁630-636；〔明〕張芹，《備遺錄》，〈魏國公徐公〉，頁29b-30a；〔明〕黃佐，《革除遺事》（辛巳本），卷5，〈死事列傳·徐輝祖〉，頁27b-28a；〔明〕許相卿，《革朝志》，卷5，〈死志列傳·徐輝祖傳〉，頁10b-11a。「尋繫獄而卒」之說在《備遺錄》中就已出現，自裁之說則出自《革除遺事》。《革朝志》參合二說，記載徐輝祖「尋收繫，薨於獄」，並以小註補充「或云自殺」。

殉臣確實抱有同情，而這種心理也確實促使殉臣故事結局在民間記憶中趨於理想化，只是這種理想化針對的並非殉臣本身，而是與他們一同遭難的親屬。微妙的是，這些親屬在結局改寫上雖受到和殉臣本人截然不同的待遇，但這同樣是受到褒忠思想的影響，甚至有助於殉臣道德形象的強化。這一點在殉臣女眷故事的衍生方面尤為明顯，以下即舉幾個例子說明。

如前文所述，成祖即位之後，曾展開一連串報復性的政治整肅，以齊泰、黃子澄為首的許多朝臣都因此遭難，其親屬有的一同被殺，有的遠戍邊疆，更有無數女眷遭發浣衣局、教坊司或強配象奴，下場悽慘。不過在正德、嘉靖年間的時人記憶中，開始出現部分殉臣子女避過或脫離上述苦難，回歸安寧、平靜生活的故事。如齊泰就在嘉靖朝時「冒出」了「後代」，且至嘉靖末仍於原鄉繁衍生息（見本章註36）。建文殉臣女眷的故事也大抵如此，而且這些女性多與齊泰的「後嗣」一樣，不見於早期的記載，直到正德、嘉靖年間才憑空冒出，並在文人筆記與史籍的傳錄下深植人心。如王鏊《守溪筆記》記載的鐵鉉二女故事，就是其中較早也較著名者：

> 文皇正大統，擒鉉至，終不屈，被殺，其家屬發教坊司為娼。鉉有二女，入教坊數月，終不受辱。有鉉同官至，二女為詩以獻。文皇曰：「彼終不屈乎？」乃赦出之，皆適士人。[191]

在弘治年間《立齋閒錄》所抄載與鐵鉉相關的資料中，僅記有鐵鉉之妻楊氏和一個四歲的女兒被發教坊司，對兩人的後續遭遇也未再提及。[192]

---

[191] 〔明〕王鏊，《守溪筆記》，〈鐵布政女詩〉，頁9b。

[192] 〔明〕宋端儀，《立齋閒錄》，卷2，〈革除錄〉，總頁633。萬曆時著名學者王世貞即以《立齋閒錄》的記載為據，直斥所謂的「鐵布政女詩」必是好事者所為。清初學者朱彝尊更指出，此二詩實為明代吳中文人范寬「題〈老妓卷〉而作」，卻被好事者加以附會渲染。參見〔明〕王世貞，《弇山堂別集》，卷22，〈史乘考誤三〉，頁393；〔清〕朱彝尊，《曝書亭集》（《景印文淵閣四庫全書》，第1317-1318冊，臺北：臺灣商務印書館，據國立故宮博物院藏本影印，1986），卷32，

正德年間《備遺錄》、《革除遺事》等史籍亦無相關記載，直到嘉靖年間許相卿的《革朝志》才載入此則故事。[193]事實上，成祖奪位之後，建文忠臣妻女被發配教坊司或強配象奴、受盡淩辱者多不勝數，能「入教坊司終不受辱」，最後還能蒙成祖「赦出」、嫁入士大夫之家，這種圓滿結局應不太可能發生。[194]然而此類傳說正反映了人們對建文殉臣及其親屬悲慘遭遇的同情與不忍，雖是經不起推敲、過於理想化的情節，卻蘊含了期盼殉難者獲得官方公正待遇與赦免的心態。

另外，正如第一章已提到的，黃觀妻女投水自盡的悲劇性故事，在此一時期亦越發受到重視。黃觀募兵與自沉於江的事蹟，《立齋閒錄》雖有記載，但並未引用何喬新等人謂黃觀評價其妻「素有志節」、招魂江上，乃至妻女投水自盡等敘述。[195]不過自正德以降，這些情節卻吸引了許多投入建文朝歷史書寫的文人，並被廣泛收錄在他們的著作中，如張芹《備遺錄》、黃佐《革除遺事》、姜清《姜氏秘史》、許相卿《革朝志》等皆是。[196]相較之下，《立齋閒錄》中具體呈現建文殉臣遺族受禍之慘的史料，反倒很少再見於大多數的後出史籍，而此類描述殉臣妻女自殺全節的文字，卻經常被之後的文本照單全收，這無疑顯示這些史籍對收錄材料的挑選，是具有特定考量與標準的。

〈史館上總裁第四書〉，頁7a-7b。

[193] 〔明〕許相卿，《革朝志》，卷4，〈死事列傳‧鐵鉉傳〉，頁3a。

[194] 就連記下此故則事的王鏊本人，後來也開始懷疑部分情節的合理性。其筆記作品歷經數度增刪而產生不同名稱與版本，而之後重新編排的《震澤紀聞》，便已調整鐵鉉二女故事中的不少細節：「其家屬發教坊司為娼。鉉有二女，皆誓不受辱。仁宗即位，赦出之，皆嫁朝士。」雖然獲釋、嫁入士人之家的結局不變，但「終不受辱」卻變成偏向心態層面的「誓不受辱」，赦免她們的皇帝亦從原本的成祖改為仁宗，所謂「獻詩」更轉為單純的「自述」。這或許也可視為明代中葉知識分子逐步反思野史內容，根據固有歷史認知進行調整、將之合理化的另一實例。參見〔明〕王鏊，《震澤紀聞》（臺北：國家圖書館藏明嘉靖三十年刊本），卷上，〈鐵布政女詩〉，頁7b。

[195] 〔明〕宋端儀，《立齋閒錄》，卷2，〈革除錄〉，總頁629。

[196] 〔明〕張芹，《備遺錄》，〈禮部右侍中黃公〉，頁7b-8a；〔明〕黃佐，《革除遺事》（辛巳本），卷4，〈死難列傳‧黃觀〉，頁11b-12b；〔明〕姜清，《姜氏秘史》，卷3，庚辰二年春正月丙寅朔條，頁1a-1b；〔明〕許相卿，《革朝志》，卷3，〈死難列傳‧黃觀傳〉，頁15a-15b。

越是後出的相關史籍，對建文殉臣遺族遭發教坊司等處置的敘述就越是簡短或相對少見，更別提明言女眷遭受凌辱和玷汙的文字了。這樣的現象，除了受到前述同情建文君臣及其親屬、希望他們能有好結局的心態影響，也和史書編纂者激揚忠義的動機有關。如前所述，中國傳統史學向來具有借鑑、教化的意義，史家也往往以此為任。明代士人的靖難歷史書寫，不僅涉及對建文君臣的同情與認同，亦是基於教化上的需要。與「男性之忠」相對的「女性之節」，在史籍書法偏重褒忠敘述的情況下，也常被給予較多的重視與著墨。

　　以「女性之節」作為「男性之忠」的加筆，在建文女眷的衍生故事中，除了前述的鐵鉉二女故事，最能反映這點的應是嘉靖時被「創造」出來的方孝孺二女故事。范惟一在嘉靖四十年重新刊刻的《遜志齋集》中，收有一篇頗有意思的文章，即臨海人章嶽因應此次重刊，撰於嘉靖三十九年（1560）的〈方氏二烈女傳〉。該文除了敘述方孝孺兩個女兒投水自盡的烈行，亦感嘆「正學先生一門四節之盛，世所共知，而二女子之死，則或未知」，試圖將方氏二女的故事建構成一段「失落的史實」，使之得以進入人們對壬午殉難歷史的記憶中。為了使這個故事更具真實性，作者還透過回溯此事被「發掘」的經過，讓已故的名臣和名士來為其背書：

> 先年天臺老孺西軒王宗元，九十歲時與石樑王君度言：「嘗授經烏傷山中，有祝監生者老矣，謂及見西楊閣老，嘆方先生二女，當先生死時，年俱未笄，被逮過淮，相與投水死，其事甚烈。當時西楊欲為傳，未就。」西軒以屬王君曰：「子可遂成西楊之意。」後石樑由南郡出守建昌，亦未及為。當時嶽與石樑之子胤東實與聞之，茲因重刻先生之文，錄此附載集中，以見先生篤學守道，不貳厥心，而死君難。[197]

---

[197]〔明〕章嶽，〈方氏二烈女傳〉，收入〔明〕方孝孺撰，徐光大點校，《遜志齋集》，〈附錄〉，頁896。這則記載對後世頗有影響，如崇禎年間《寧海縣志》便

從以上文字可以看出，這是一個不斷被轉述、立傳任務不斷被轉交的故事，從楊士奇、祝姓監生、王宗元、王度到章嶽本人，層層往下遞移，一篇簡短的小傳竟等到任務轉移至第五人身上後才得以完成，實在不可思議。文中託付王度作傳任務的王宗元，在聽聞二女故事後，不自己作傳或儘快委託他人，偏要等到嘉靖年間已屆九十高齡、行將就木了，才將此任務交付出去；同樣奇怪的是，王度於嘉靖十四年出任建昌知府一事，[198] 如何能使其無法作傳，而得時隔二十多年後，才由子姪輩的章嶽在因應「重刻方氏之文」的情況下完成？另外，從內文判斷，這條轉述鏈中的後三人似乎都出身台州，可說是方孝孺的同鄉，或至少都是將其視為鄉賢推崇的文人。如此情況不免讓人懷疑，這個故事其實是被王宗元或章嶽創造出來，以為方孝孺的殉難故事「錦上添花」；而文中的轉述鏈之所以必須被建立，便是要讓此事擁有一個能證明其非虛構的人物——曾親歷永樂初年政治整肅過程的楊士奇。[199]

回頭檢視故事主角，也頗耐人尋味，竟與鐵鉉、黃觀的女眷故事同樣，都是「兩個寧死不願受辱的女兒」。[200] 這種建文殉臣故事中

將此事收入該書〈列女傳〉，之後《明史·方孝孺傳》中也記載了這個故事，不過二女投水之處已由淮河變為秦淮河，或許此說在晚明到清代的流傳過程中，也歷經了一些調整。參見〔明〕宋奎光修，《（崇禎）寧海縣志》，卷8，〈人物志二·閨操·列女〉，「方氏二女」條，頁15b；〔清〕張廷玉等撰，鄭天挺點校，《明史》，卷141，〈列傳·方孝孺〉，頁4019。

[198] 王度字津生，號石樑，嘉靖二年進士，與靖難戰後遭到整肅的王度並非同一人。他和章嶽同樣出身臨海，著有《石樑文集》。據地方志書記載，王度「由南郡出守建昌」的時間是在嘉靖十四年。其傳記可參見〔清〕邵子彝修，〔清〕魯琪光等纂，《（同治）建昌府志》（《中國方志叢書·華中地方·江西省》，第831號，臺北：成文出版社，據日本國會圖書館藏清同治十一年刊本影印，1989），卷6，〈秩官志·明·王度〉，頁35b。

[199] 章嶽選擇楊士奇擔任最初欲為方氏二女立傳的角色，其實相當合理。畢竟楊士奇曾為周是修寫傳、作詩悼念顏伯瑋，並嘗試補輯王叔英的文集，這樣一個人物即使想為其他建文殉臣立傳，在當時人們看來似乎也不顯得奇怪了。當然，楊士奇對上述三人的紀念行為，很大程度上是基於和他們的故舊之情，而非因為「其事甚烈」。由此亦可看出，在嘉靖時人的認知中，楊士奇已變成一個紀念建文殉臣的先驅者，他們甚至將自己紀念建文殉臣的動機套至楊士奇身上，以此理解他的行動。

[200] 其實不只是鐵鉉和黃觀，根據明中葉以降流傳的殉臣故事，鄭恕和王叔英也都各有兩個女兒在整肅期間自盡，她們甚至在地方上與其父同樣享有祠祀，見表2-3。

「二女」敘述模式的形成,究竟純屬巧合,還是建文諸臣故事彼此影響混融所致,如今已難以判斷,但這些女眷的殉難故事,作為其父英烈事蹟的餘音,不僅強化了後者的戲劇性,也將殉臣的道德形象塑造得更為鮮明。方孝孺作為建文忠臣群體的代表人物,其不屈而遭族誅的事蹟固然壯烈,但與黃觀、鐵鉉等殉臣相較,似乎缺少了一些富有戲劇性,且能反映、強化其道德形象的陪襯者。這或許就是章嶽等台州士人,要為方孝孺創造如此故事的原因。[201]

建文殉臣女眷的附屬性質,其實不僅表現在史料文字對她們的描述,也反映於中國傳統社會對其身分的認知。因此無論在永樂年間的政治迫害或後世的歷史書寫當中,對這些女性的「處置」經常都不是針對其本身,而是針對她們所附屬的男性或所處的群體、環境。換言之,成祖藉由將建文殉臣女眷發配教坊司、浣衣局,或貶為奴隸、強配象奴,對反抗其統治的殉臣進行侮辱和報復;相對地,建文政權相關史籍的纂修者們,也透過描述殉臣妻女的言行塑造其節烈形象,藉以反映或強化其夫或父兄的形象,當中或許也帶有「不想讓企圖侮辱忠良的成祖稱心如意」等反抗心理。這種需求和趨勢,也有助於理解為何民間傳說會為建文殉臣塑造出與之同樣凜然不屈的妻女,以及為何明代中晚期以降重視忠義的史籍書寫傾向會影響到對於女性的記述。

---

[201] 戴彼得在討論明代中晚期文人對方孝孺形象的重構時,亦曾談及方氏二女故事,指出十六世紀人們塑造了一個規模龐大、具道德高度的方孝孺家族並讓其加入殉難,藉此將方孝孺之死描繪得更有血有肉,而章嶽對方氏二女的書寫正可視為一個實例。柯麗德(Katherine Carlitz)在關於明中葉江南節婦祠堂的研究中也注意到,透過對建文殉臣及其女眷的紀念,殉臣崇拜與當時興起中的節婦表彰風氣產生連結。該文亦指出,十五世紀末至十六世紀,為一地名宦、鄉賢、節婦建祠,成為江南地方官員與士紳弘揚當地道德風氣、塑造「儒家形象」、強化與國家之間連結的手段。雖然對方氏二女的褒揚,在嘉靖晚期才剛進入「書寫」的階段,但黃觀、鄭恕等人的女眷都已享有祠祀,這些發展或許也可視為上述背景下的產物。柯氏還提到,對節婦的書寫與褒揚,亦是地方文人及官員建立名聲、拓展社交乃至增加政績的途徑,章嶽為方孝孺文集之重刊「貢獻」了〈方氏二烈女傳〉,是否也懷有類似動機?值得進一步探討。參見Peter Ditmanson, "Death in Fidelity: Mid- and Late-Ming Reconstructions of Fang Xiaoru," *Ming Studies*, 1 (2001), pp. 131-133; Katherine Carlitz, "Shrines, Governing-Class Identity, and the Cult of Widow Fidelity in Mid-Ming Jiangnan," *The Journal of Asian Studies*, 56:3 (1997. 8), pp. 612-640.

（三）「帝意」的曲解與嫁接：靖難歷史衝突的再調和

在民間紀念、書寫建文殉臣活動日益熾盛的同時，建文忠臣卻遲遲無法獲得官方的表揚，相關事蹟也一直無法被編入官史，在這種背景下，自洪熙、宣德以降逐步成形、調和成祖與殉臣雙方的論述，於正德、嘉靖年間有了進一步的發展。

這個時期的相關論述除了延續以往「周武夷齊」的比喻，[202] 還將成祖與建文殉臣兩不相妨的關係，塑造得更為正面。論者採取的方法主要是以此前帝王的相關言行作為論據，特別是成祖肯定建文殉臣之忠的言論，以及仁宗繼位後進行的寬赦措施。甚至在當時人們的認知中，成祖在位期間就已表現出對建文殉臣的寬宥。之所以會產生這樣的認知，亦與第一章提到《明太宗實錄》中成祖以「彼食其祿，自盡其心」理解自殺以殉建文者而不加追戮的記載，以及弘治年間《水東日記》所載成祖禁止吉水縣人迫害練子寧姻親的故事有關。《水東日記》中那句「使練子寧今日在此，朕固當用之耳」，後來被正德、嘉靖年間的相關論述廣泛引用，以此表現成祖對練子寧等建文殉臣的肯定與寬赦，而「文皇帝之盛德至矣」一句亦成為論者在描述其「寬宥」之舉時常用的稱頌之詞。

原本用以展現成祖寬仁形象，後來卻成為調和其與殉臣關係論據的「彼食其祿，自盡其心」等語，由於在正德、嘉靖年間部分文人的論述中，指涉範圍被有意無意地模糊，導致在後世認知裡，成祖所肯定的對象逐漸由原本的少數殉臣擴大為所有殉臣。如黃佐《革除遺事》中對其寫作動機的說明：

> 是史既逸之矣，此其錄之也何居？承二聖帝意也。文皇帝嘗謂諸先正之死曰「彼食其祿，自盡其心耳」、「練子寧若在，固

---

[202] 如郎瑛成於嘉靖年間的《七修類稿》即言：「今思周武應天順人，夷齊甘死首陽，兩不相妨。」參見〔明〕郎瑛，《七修類稿》，卷10，〈建文忠臣〉，頁152。

當用之」，昭皇帝又曰：「若方孝孺輩皆忠臣也。」乃肆赦宥
其子孫，還其田土。[203]

在黃佐的論述下，連當代文人記錄、宣揚建文殉臣事蹟之舉，都變成
是承續成祖的遺意。「諸先正」一詞的使用也頗微妙，其指涉範疇可
以僅限於特定幾個建文殉臣，卻也可以囊括所有的殉臣。透過這個
詞，《明太宗實錄》原文中僅指涉周是修、顏伯瑋的「彼食其祿，自
盡其心」，和《水東日記》中的「練子寧若在，固當用之」，遂被套
用在所有建文殉臣身上。

　　當時在黃佐等試圖調和殉臣與成祖者的論述中，甚至有種將洪熙
以降官方態度溫和化也歸功於成祖的傾向，如《革除遺事》辛巳本於
卷一末評述成祖對建文君臣態度的段落：

> 聖人一怒，如雷之奮，摧擊之下，雨澤普施，而萬物勃勃有
> 生。故革除諸臣雖曰劉之，而其後則寬之，有歸心者則又顯庸
> 之。建文君雖曰追廢，然猶書其沒為「崩」；當其在位，猶尊
> 之曰「朝廷」。仁義並行，蓋有不相悖者。視夫陰陽闔闢，渾
> 渾乎其無間也。嗚呼，帝之德至矣![204]

在這段敘述中，黃佐認為永樂政權先予建文諸臣懲罰、其後又予寬宥
的做法，可謂「仁義並行，蓋有不相悖者」，甚至將洪熙以降官書中
較尊重建文帝地位的書法，也視為成祖本人的態度。黃佐之所以如此

---

[203] 〔明〕黃佐，〈革除遺事序〉，收入〔明〕郁袞，《革朝遺忠錄》，未編頁。《革
朝遺忠錄》收載的是庚辰本的序，目前可在黃佐《泰泉集》中見到的〈革除遺事
序〉則是辛巳本之序。雖然新序中對各卷的重新編排作了不少說明，但寫作動機
部分二序其實差別不大。另外，嘉靖年間《金聲玉振集》收錄的辛巳本《革除遺
事》，於序文部分有所刪節，並將序中對各卷內容的說明分置於各卷開頭，充作介
紹。參見〔明〕黃佐，《泰泉集》（《廣州大典》，第56輯，集部第7冊，廣州：廣
州出版社，據廣東省立中山圖書館藏本影印，2015），卷34，〈革除遺事序〉，頁
16b-18a；〔明〕黃佐，《革除遺事》（辛巳本），頁1b-2a。
[204] 〔明〕黃佐，《革除遺事》（辛巳本），卷1，〈君紀〉，頁10a-10b。

論述，或許是為了強調永樂年間成祖對建文君臣的態度便已溫和，以「證明」官方礙於成祖地位遲遲不肯正式表彰建文殉臣，其實是沒有必要的。

除了指涉對象的模糊化，「嫁接」亦是正、嘉年間此類論述慣用且重要的手法。論述者將過往文獻（尤其是具有權威性的官方文本）予以剪輯或細微調整，並置入完全不同脈絡的文本中，從而逐漸擴大能與成祖相互調和的殉臣範圍。正德、嘉靖兩朝《袁州府志》在書寫黃子澄事蹟時與其他文本記載的嫁接，即是一個不錯的例子。如正德九年《袁州府志》便刻意地將黃子澄與練子寧進行連結：

> 新淦練都御史子寧與子澄實同死事，時以黨禍被逮有司，株繫彌年不解。近臣有以為言者，文皇曰：「使練子寧等在，朕固當用之。」詔悉從寬宥。帝之德至矣！[205]

《水東日記》等文本中的「使練子寧在」一語，多了一個「等」字，指涉範圍便從原本的練子寧一人變得無限寬廣；成祖的命令也從禁止吉水縣人繼續基於錢習禮與練子寧的姻親關係而迫害之，變成了「悉從寬宥」。《袁州府志》如此寫作，應該是為了將黃子澄從長期以來的政治禁忌中解放出來，並試圖透過與練子寧進行連結，將原本被成祖視為「首惡」的黃子澄也納入「寬宥」範圍，調和其與「文皇」之間的衝突。

其後，成於嘉靖二十二年的新志，當中的黃子澄傳不僅將其他傳記（如姚善、練子寧）的相關段落補入，更強化了之前便已嘗試建立、與練子寧之間的連結。利用練氏傳記中其於朝上請誅李景隆的記載，以「子澄與都御史練子寧哭諫」的敘述將兩人拉至同一陣線，之後又強調「子澄初舉進士，與子寧實甲乙，至是同死」，最後再帶

---

[205] 〔明〕嚴嵩纂修，《（正德）袁州府志》，卷9，〈遺事〉，頁6b-7b。

出成祖「練子寧等而在，朕固當用之」、「彼食其祿，自盡其心」之語，不但企圖帶給讀者黃子澄也屬於「練子寧等」群體成員的印象，更想將實錄中成祖原僅指涉顏伯瑋、周是修等自殺者的不追戮之詞，也套用在黃子澄這個「首惡」的身上。[206]

不只是《袁州府志》的黃子澄傳記，嘉靖四十年刊刻的《浙江通志》中，也有類似現象。在卷四十六的方孝孺傳記末段，即有「文廟嘗與楊榮論子寧等曰：『彼食其祿，自盡其心。使練子寧若在，朕固當用之。』仁廟亦謂群臣曰：『方孝孺輩皆忠臣也。』」的敘述，[207]將成祖針對其他殉臣的言論，與時人認知中仁宗對方孝孺等人的稱許並列，共置於方氏傳記的脈絡中，企圖營造一種「成祖也肯定方孝孺之忠並願予寬宥」的印象，與《革朝志》所錄傳記中「乃後文廟言及孝孺，輒憤憤頓足不能平」的描寫大相逕庭。[208]透過這種對舊有文獻的嫁接與重新拼湊，成祖感佩殉臣之忠並予以寬宥的認知，逐漸被建構起來，並被一再強調，從而深入正德、嘉靖時人的內心。

但實際上，利用上述手法擴大成祖「寬宥」對象的範疇，並以此為據替建文殉臣尋求政治平反，不但難有實質成效，在論述上也站不住腳。因為成祖「靖難」正當性成立的最重要前提，就是將齊泰、黃子澄等人塑造為誘導建文帝「壞祖法、亂政經」的「奸臣」，[209]故這些「首惡」的定位絕不能被改變。本章第一節提到夏言反對楊僎奏請表彰建文殉臣的議論，即明白顯示調和論者所做的此種涵蓋其實根本

---

206 〔明〕陳德文纂修，《（嘉靖）袁州府志》，卷9，〈人物志〉，頁4a-4b。

207 〔明〕胡宗憲修，〔明〕薛應旂等纂，《（嘉靖）浙江通志》（《天一閣明代方志選刊續編》，第24-26冊，上海：上海書店，據明嘉靖刻本影印，1990），卷46，〈人物志·本朝〉，「方孝孺」條，頁15b。

208 〔明〕許相卿，《革朝志》，卷3，〈死事列傳·方孝孺傳〉，頁4b。

209 成祖在下令悉焚建文朝臣奏章中「有干犯者」時，曾向投降於己的建文舊臣如此強調：「朕非惡夫盡心於建文者，但惡導誘建文壞祖法、亂政經耳。爾等前日事彼則忠於彼，今日事朕當忠於朕，不必曲自遮蔽也。」此語不僅是為展現寬宏態度、安撫歸順者，也道出了其「靖難」興兵最重要的「憑據」。如果「壞祖法、亂政經」的「奸臣」不存在，那他起兵的正當理由也跟著蕩然無存。參見《明太宗實錄》，卷11，洪武三十五年八月丙寅條，頁186-187。

經不起檢驗，然而當時許多人都已深受這類認知的影響。

　　既然當時調和論者如此努力證明和強調成祖對建文殉臣的寬宥，又應如何解釋永樂初年極盡殘忍且誅連甚眾的整肅？當時人們雖不太討論壬午殉難歷史悲劇的責任歸屬，卻已開始留意一個人在此過程中扮演的角色，那就是永樂年間任左都御史，曾彈劾多位勳戚、大臣的陳瑛（1373-1411）。他曾在建文年間遭謫廣西，成祖即位後被召還，[210]又曾奏請追戮黃觀、廖昇（?-1402）、王叔英、周是修、王良（?-1402）、顏伯瑋等自殺殉臣，並簿錄黃觀、王叔英妻女將之給配，害她們為免受辱而自盡；[211]他亦曾彈劾靖難後免除死罪的歷城侯盛庸（1334-1403）「口出怨誹，心懷異圖」，使之遭到削爵處分。[212]如此經歷和作為，頗易予人「挾怨報復」、「欲將建文忠臣趕盡殺絕」的印象。而在正德晚期，確實已有知識分子作如是觀，如嘉靖五年（1526）之前成書的《黃陳冤報錄》，就是以陳瑛簿錄黃觀妻女一事衍生創作、描述兩家恩怨的故事，[213]並歷數陳瑛「日勸朝家猛戮遜國諸忠，以自輸其憤」的惡行。[214]黃佐《革除遺事》亦視給配黃觀等人妻女為其挾怨抗命之舉：

---

[210] 《明太宗實錄》，卷10上，洪武三十五年七月癸未條，頁150-151。

[211] 《明太宗實錄》，卷14，洪武三十五年十一月甲辰條，頁263-264。

[212] 《明太宗實錄》，卷23，永樂元年九月乙未條，頁423。

[213] 祝允明於其筆記介紹該書時，曾提及《野記》一書的寫作動機，顯示該文應作於《野記》成書的正德六年之後、祝氏過世的嘉靖五年之前。此故事是明代中葉形成的眾多相關野史軼聞之一，但似乎對後世歷史記憶無甚影響。祝允明對該書更有「茲讀《冤報錄》，人劇鬼異，事劇穢褻，要亦人憤陳瑛凶毒」的評語，顯示該書情節雖然誇張荒誕，不值採信，卻反映了當時民間對陳瑛整肅建文殉臣妻女的憤恨之情。參見〔明〕祝允明，〈冤報錄筆記〉，收入〔明〕佚名，《黃陳冤報錄》（《中國野史集成續編》，第17冊，成都：巴蜀書社，據崇禎十七年遜國逸書輯本影印，2000），頁1a。

[214] 〔明〕佚名，《黃陳冤報錄》，頁3a。有趣的是，此處對建文諸臣的稱謂竟使用「遜國」二字，不知這是崇禎十七年錢士升《遜國逸書》輯本的更動（在錢氏的認知中，建文年號已在萬曆朝恢復，故再採正德、嘉靖時常用的「革除」一詞似已不妥，若於輯本中「改正」亦屬合理），還是書中原文？若是原文，考量到該書的寫作年代，「建文遜國」之說的形成時間，便可能提前至正德晚期到嘉靖初年之間。

（陳瑛）怨建文諸臣最深。上為帝允炆輟朝五日，瑛請減之，上不從，尋抗奏：「黃觀、廖昇、王叔英、周是修、王良、顏伯瑋皆悖逆，宜追戮之。」上曰：「朕舉義誅奸臣，不過齊黃數輩耳。後來二十九人中，如張紞、王純〔鈍〕、鄭賜、黃福、尹昌隆，皆宥而用之。今汝所言數人，況有不與二十九人之數者。彼食其祿，自盡其心耳，悉勿問。」……後英〔瑛〕問〔閱〕方孝孺等獄詞，遂簿錄觀、叔英家妻女，皆將給配。觀妻出妻〔通〕濟門，先擠其二女於河，遂自沉死；叔英二女皆就錦衣獄，俱赴井死。其違命忍心如此，後竟以羅織苛刻得罪罪誅。至洪熙時，諸臣宗族皆釋還田里，（天）順中英宗又釋建文庶人之囚，孝宗朝有建言繼絕褒忠者，於是英〔瑛〕罪益不可掩矣。[215]

如前所述，黃佐《革除遺事》一書中，有不少調和成祖與建文殉臣關係的論述，此處也不例外。陳瑛簿錄黃觀等人妻女之說，固然是依循《明太宗實錄》的記載，但被黃佐解讀成違抗成祖「悉勿問」命令的作法。此外，《奉天靖難記》和《明太宗實錄》中均言成祖為建文帝輟朝三日，[216]此處卻變為五日，甚至出現陳瑛因怨恨建文帝而奏請成祖減少日數的說法。這些認知為不少嘉靖以降的建文朝私史所承襲，[217]使陳瑛在整肅建文諸臣的行動中，躍升為參與者甚至主事者的

---

[215] 〔明〕黃佐，《革除遺事》（庚辰本），卷6，〈陳瑛〉，總頁640-641。辛巳本較常見的現存版本，即嘉靖年間《金聲玉振集》之《革除遺事》輯本並無陳瑛傳記，不過嘉靖初《姜氏秘史》介紹陳瑛的段落，敘述、用字皆與庚辰本相近，晚明《國朝典故》所收《革除遺事》輯本亦有此傳。參見〔明〕姜清，《姜氏秘史》，卷2，己卯元年四月二十八日條，頁22a-22b；〔明〕黃佐，《革除遺事》，收入〔明〕鄧士龍編，許大齡、王天有點校，《國朝典故》，頁409。

[216] 〔明〕佚名撰，王崇武注，《奉天靖難記注》，卷四，頁217；《明太宗實錄》，卷9下，洪武三十五年六月壬申條，頁138。

[217] 如郁袞《革朝遺忠錄》、許相卿《革朝志》等書都有類似記載，惟行文上略有變化。參見〔明〕郁袞，《革朝遺忠錄》，〈附錄・陳瑛〉，頁10a-10b；〔明〕許相卿，《革朝志》，卷10，〈外傳・陳瑛傳〉，頁4a-5a。

角色。鄭曉《遜國臣記》於湯宗（?-1402）的傳記中亦有如下敘述：

> 湯宗，未詳何許人也，為北平按察僉事，上言北平按察使陳瑛
> 密受王府金錢，有異謀，逮瑛，謫廣西。靖難後瑛召還院，窮
> 治建文諸臣，多坐夷滅。恨宗，亦論死。[218]

與黃佐的記載相似，陳瑛在鄭曉筆下也扮演了為報復舊時宿怨而「窮
治建文諸臣」的反派人物。這似乎顯示，從正德末到嘉靖年間，陳瑛
在人們的記憶中逐漸成為整肅建文忠臣的箭垛型人物。而這樣的認
知，在萬曆以降更為嘗試調和成祖與殉臣衝突的知識分子所利用，讓
陳瑛為成祖承擔起永樂朝政治整肅的大部分責任。

小結

　　正德、嘉靖年間，是一個野史蓬勃發展的時代，真相與想像由於
書寫形式的自由和時人的寫作興趣而穿插交融，匯為一體。而在那背
後，是人們對現實的關懷，是與過去連結起來的現今，是追求真相的
願望和抗議官史失實的反動。現實的境遇與需求，為建文朝歷史記憶
的延續與發展提供了動力，但也正是因為此種境遇與需求，導致當時
相關歷史記憶雖於內容上越來越豐富，卻於面向上漸趨狹隘。

　　從文人筆記書寫的選題傾向，也能觀察建文朝歷史記憶在此時
產生的變化。弘治以前的筆記中，對建文殉臣的記載雖尚顯簡略、零
散，有些甚至刻意避開建文朝和靖難戰後的情形，但在題材方面可能
比正德、嘉靖以降更多元。如葉盛《水東日記》記有方孝孺跟從宋
濂途經佛寺卻不隨其參拜的軼事、王叔英擔任漢陽知縣時撰寫的祈雨
文，以及練子寧的〈耽犁賦〉，宋端儀在《立齋閒錄》卷二、卷三亦

---

[218] 〔明〕鄭曉，《吾學編‧遜國臣記》，卷1，〈按察僉事湯宗〉，頁12a-12b。

抄錄許多殉臣詩文奏疏和相關資料，呈現出這群人除了「殉臣」之外的其他面相（參見第一章）。而正德、嘉靖以後的文本，在書寫上卻大量集中在靖難戰爭及壬午殉難期間，較偏重建文殉臣的「忠臣」形象，對其他層面則著墨較少。《立齋閒錄》是明代重建壬午殉難歷史非常重要的文本，正德、嘉靖以降述及相關史事的著作多深受其影響，然而該書除了靖難戰後政治整肅以外的訊息，卻較少被後出文本繼承，在正德到嘉靖初年建文史籍多互相抄襲的情況下，此現象更顯特殊。這或許也代表相關史籍作者在選擇題材時的喜好、傾向頗為集中。

另一個可略窺當時對建文殉臣相關記憶趨於單調化的材料，是當時文人為其撰寫的紀念詩作。詩詞限於篇幅，往往只呈現創作者最核心的概念，亦即他們對建文殉臣最主要、最直接的認知與印象，亦即所謂「忠」的層面。不僅第二節提到的黃觀如此，即使像方孝孺這樣的一代儒宗，其文集歷來不斷由鄉人重刻再版，刊刻者往往宣稱，傳播其文集有助於讓後人瞭解其學術與道德理念，但在時人的祭悼詩文中，被追念、強調的永遠是他作為「忠臣」的一面。

從此，建文殉臣的角色，似乎就被定型為「忠臣」，往後多數相關記載皆以靖難戰爭和壬午殉難期間為重心，對其個人學問品行的介紹和軼聞的收錄，也往往是為了強化其忠臣形象，或是呼應其結局。他們以「忠臣」的形象被世人銘記，許多與此無關的資訊則被逐漸遺忘，在往後的文獻中失去蹤影。不過，透過對「建文忠臣群體」相關事蹟的蒐羅與挖掘，一批隱遁之臣在嘉靖年間進入了這個原本只屬於殉臣的記憶空間，加上正德朝以降建文帝出亡傳說的持續發展，為萬曆年間開展的全新敘事結構──從亡，奠下了基礎。

一直以來，調和靖難歷史衝突的論述在其發展過程中，往往是以經過置換、嫁接的官書內容作為依據，這固然有讓成祖、仁宗等「祖宗」為其背書的用意，但在此同時，或許也透露了官方論述對當時文人的影響力。官書和野史在明代的關係其實相當複雜，兩者之間並非僅有歷史解釋權與論述權的競爭，也存在互相溝通、影響的成分。實

錄對靖難史事的記述雖長期遭到質疑，但在相關文獻大多遭到禁燬的情況下，人們在嘗試整理、拼湊建文朝的歷史原貌時，仍不得不依靠官方的記載。甚至包括建文帝出亡在內的許多傳說，都是源於對實錄內容的聯想與置換。這種情況反映了明代士人對官方歷史論述的複雜態度：他們一方面懷疑記載的真實性，一方面卻又樂於在有需要的時候，引據實錄的內容進行論述；他們明知官書有許多不實之處，卻又重視當中的資訊，[219]認為實錄雖謬誤甚多，但畢竟是由各種檔案文獻編成，史料來源比起一般野史著作還是較為可靠。[220]

---

[219] 明人對實錄記載的重視，在晚明時表現得尤為明顯。明代中晚期以降，許多藏書家或學者家中都有實錄抄本，至清初修纂《明史》時，參與修史的學者朱彝尊甚至主張以實錄為本，並在針對建文帝結局書寫的討論中，堅持《明太宗實錄》的「焚死」之說，而與撰寫建文帝紀初稿的徐嘉炎有所爭執。參見廖瑞銘，《明代野史的發展與特色》，頁78；〔清〕朱彝尊，《曝書亭集》，卷45，〈明史提綱跋〉，頁14b-15a。

[220] 謝貴安，《明實錄研究》，頁37-38。

第三章
積澱與再生：隆慶至萬曆年間
（1567-1620）

　　正德、嘉靖朝的私史纂修活動，為世人築起一個大致的建文朝歷史知識架構，也為建文殉臣塑造了更鮮明、動人的忠烈形象。該時期的遺產還包括各種富戲劇性或神異色彩的軼聞，特別是有關建文帝出亡的各種傳說，在嘉靖年間串聯為一個整體，甚至發展出「遜國」之說，深深影響隆慶以降人們的歷史記憶。在後續史家的挖掘下，一批隱遁之臣逐漸加入「建文忠臣」的群體，其簡略而模糊的生平事蹟，亦提供人們許多想像空間。對上述成果的承襲，讓建文朝歷史記憶於隆慶、萬曆年間步入一個「積澱」與「再生」的時期。知識分子進一步匯整、揀選相關記載，嘗試填補歷史空白、考證文獻敘述的真實性，從而檢視建文朝和靖難戰爭的歷史，作出屬於當代的詮釋與評價。而以該段歷史為藍本的衍生創作，也隨著種種戲劇性記載的流傳應運而生。

　　就現存史料來看，影響建文朝歷史記憶形塑與發展的事件，多集中於萬曆年間，這與當時官方態度的正向化，以及半途中止的正史修纂息息相關。朝廷對建文諸忠的旌表與恤錄，成為推動地方紀念活動的助力，而伴隨回憶、憑弔、書寫等行為產生的，是知識分子對相關歷史場景的探尋與塑造。正史纂修計畫的開展和停止，則對時人私撰國史的活動有所刺激，晚明最重要的兩部建文朝歷史專書《建文書法儗》和《建文朝野彙編》，即是在當時文人對建文朝於國史改寫的期

望與失望中撰成，這些文本不僅體現史料的「積澱」，作者也嘗試由此「再生」出符合當代意識形態的認知與敘述。隨著私史文本不斷問世，加上出版業的熱絡，使建文朝的相關資訊廣為傳播，甚至成為一般百姓的歷史常識。在此同時，許多源自軼聞傳說的認知亦已深植人心，成為人們所相信的「史實」，這也促使部分學者投身考證辨偽，試圖對抗野史傳播的錯誤認知。

「再生」除了文獻敘述，還包括許多認知、傳說，甚至衍生創作的層面。如靖難歷史現場的塑造、建文帝隱遁地點的傳說、建文諸臣的形象與評價，都在此時有所發展甚至產生變化。特別是建文帝出亡傳說，地區化的傾向越發明顯，更與隱遁諸臣的事蹟相結合，形成「從亡」之說。於萬曆晚期問世、託名史仲彬的《致身錄》，便承襲了以往野史的諸多元素，以「新出史料」之姿填補了相關敘述的大片空白，不僅讓許多人從此篤信出亡說，更進一步建構出往後歷史記憶中詳載年月、細節的出亡路線。而在恢復建文帝地位的呼聲和祭祀建文殉臣的香火之外，成祖及其「永樂盛世」也深為萬曆時人所懷念、嚮往。成祖的形象被提升至前所未有的高度，連帶影響人們對靖難歷史的認知。目前所知最早描寫靖難故事的小說《承運傳》，即反映了時人在內憂外患威脅下，對昔日國朝盛景的懷念。

第一節　無法恢復地位的忠臣之主

本節主要探討隆慶至萬曆年間，相關政治措施與建文朝歷史記憶、書寫活動之間的關係。明穆宗朱載坖（1537-1572，1567-1572在位）統治的隆慶年間，在政治上雖無明顯進展，卻是萬曆以降發展的醞釀期。隆慶、萬曆之際，褒表建文忠臣以勵臣節的想法，似已成為不少朝臣的共識，他們的倡議，加上年輕新帝對相關史事的興趣，朝廷展開一連串褒表建文殉臣，為其建祠立祀、赦免親族甚至恤錄後裔的措施。此前官方紀念與褒揚諸臣之舉，多為地方官員根據明初所立

訪求忠臣烈士、予以旌表崇祀的機制，或因應明代中葉為名宦、鄉賢建祠的風氣，將之納入地方祀典體系。明神宗朱翊鈞（1563-1620，1572-1620在位）於即位詔中命各地表揚建文殉臣，是明代第一個由中央主動下達的相關命令，表示朝廷已就肯定殉臣之忠、認為應予旌表的想法達成共識，也象徵官方對建文朝歷史問題態度的進一步開放。稍後對「忠臣外親」的寬宥，更使多數殉臣遺族得以擺脫政治整肅的桎梏。然而接著展開的新一波嘗試，亦即恢復建文帝地位的倡議，進展並不順利，朝臣們不僅在立祀提案上屢遭挫敗，連曾有一線曙光的年號恢復之議也終未實現。

另一方面，萬曆朝才起步沒多久便宣告中止的國史纂修活動，是明代史學發展過程中的重要事件，也是當時建文朝歷史書寫活動盛行的原因之一。國史纂修之議源於長期以來知識分子對實錄記載偏頗失實的反省，計畫雖半途中止，也未能修正官書記載的問題，卻刺激了一批私纂史著的出現。未獲官方承認的建文朝，在私史著作裡多被視為正統，除了反映寫作者本身的歷史認知，亦可能蘊含代替官書改正歷史書法的補償心理。當時也有不少建文朝的歷史專著問世，這些文本的編撰動機，除了挖掘、傳續建文朝歷史，或宣揚諸忠事蹟以勵臣節，也可能是為配合國史纂修和殉臣立祀等中央決策。換言之，萬曆年間的建文朝歷史書寫活動，與當時朝廷政治態度和相關措施是緊密相連的。

（一）「聖恩推廣」的進展與限制

正德、嘉靖年間建文朝歷史書寫的諸多成果，無論是民間傳說的採輯、忠臣事蹟的記載還是調和論述的發展，都對隆慶以降人們的歷史認知頗有影響。在立場偏向成祖且對建文諸臣缺乏好感的世宗崩後，讓建文忠臣獲得國家旌表一事再度成為可能，當時主掌朝政大權的重臣，甚至成為相關措施的幕後推手。隆慶六年（1572）七月，繼穆宗之後登基為帝的神宗，在即位詔中發布了如下命令：

革除間被罪諸臣，忠於所事，甘蹈刑戮，有死無二，皆我太祖
高皇帝所儲養忠臣義士。我成祖文皇帝當時亦有「練子寧若
在，朕猶當用之」之語。是諸臣罪雖不赦，心實可原。朕今仰
遵我聖祖遺意，褒表忠魂，激勵臣節。詔書到日，各地方有司
官查諸臣生長鄉邑，或特為建祠，或即附本處名賢忠節祠，歲
時以禮致祭，其墳墓、苗裔儻有存者，厚加恤錄。[1]

神宗登基時年僅十歲，故此詔反映的想法其實並非來自皇帝，而是屬
於主導詔書寫作之內閣重臣。[2]換言之，神宗即位詔的這條命令，可
說是明代士大夫群體利用幼主初立、權下閣臣的空檔，突破「聖裁」
這道原本難以跨越的關卡，使建文諸臣在國朝歷史、祀典方面大幅提
升地位的一次勝利。[3]詔中視建文忠臣「皆我太祖高皇帝所儲養忠臣義
士」的想法，和對「練子寧若在，朕猶當用之」等句的引用，都顯示
當時以首輔張居正（1521-1582）為中心，主張由朝廷旌表、祠祀建文
忠臣的官員們，其實頗受此前靖難調和論述的影響。

此外，正德、嘉靖年間發展出的建文帝出亡傳說，對年幼的新君

---

[1]　《明神宗實錄》，卷3，隆慶六年七月辛亥條，頁117。
[2]　永樂朝以後，明代帝王遺詔和即位詔多由內閣閣臣起草，除了反映革舊布新的企圖
　　心，也多少融入起草者自身的政治理念。對那些年幼即位或以外藩繼統，經歷尚
　　淺、羽翼未豐的新君而言，閣臣起草的即位詔，不僅是他們未來的施政指標，也常
　　帶有約束意味。明中葉以降幾次帝位交替，如世宗繼武宗後即位、穆宗繼世宗後即
　　位、神宗繼穆宗後即位，正是內閣權力最重的時期，遺詔和即位詔的起草，不但能
　　為內閣重臣日後的施政抱負開路，甚至可能成為政爭的利器。而隆慶六年明神宗的
　　即位詔，反映的正是當時內閣首輔張居正的政治理念，張氏亦由此展開其於萬曆
　　初年的改革之路。參見張哲郎，〈從明代皇帝之即位詔及遺詔論明代政權之轉移
　　（下）〉，《國立政治大學歷史學報》，15（臺北，1998.5），頁1-15。
[3]　必須注意的是，神宗即位詔雖反映內閣首輔張居正對崇祀建文忠臣的支持，但張氏
　　本人對其他相關議題的態度並不那麼正面。王祖嫡初入史館期間，曾具疏請修建文、
　　景泰實錄，即因張居正「力尼之」故「怏意而止」。參見〔明〕陸可教，〈明故右
　　春坊庶子兼翰林院侍讀師竹王公祖嫡行狀〉，收入〔明〕焦竑編，《國朝獻徵錄》
　　（《四庫全書存目叢書》，史部第100-106冊，臺南：莊嚴文化事業有限公司，據中
　　國史學叢書影印明萬曆四十四年徐象橒曼山館刻本影印，1995），卷19，〈詹事府
　　二〉，頁12b。

而言似乎頗具吸引力。萬曆二年（1574）十月，神宗曾利用經筵講讀的機會，向輔臣詢問建文帝的結局：

> 上從容與輔臣語及建文皇帝事，因問曰：「聞建文當時逃免，果否？」輔臣張居正對言：「國史不載此事，但先朝故老相傳，言建文當靖難師入城，即削髮披緇，從間道走出，後雲遊四方，人無知者。至正統間，忽于雲南郵壁上題詩一首，有『流落江湖數十秋』之句。有一御史覺其有異，召而問之，老僧坐地不跪，曰：『吾欲歸骨故國。』乃驗知為建文也。御史以聞，遂驛召來京，入宮驗之，良是。是時年已七八十矣，後莫知其所終。」上因命居正誦其詩之全章，慨然興嘆，又命書寫進覽。[4]

由上文可知，當時關於建文帝出亡的野史傳聞已流傳極廣，連自幼深居大內的神宗也曾聽聞，並甚感興趣。張居正的回覆雖採取「國史不載此事」、「先朝故老相傳言」等較曖昧的敘述，但其作答傾向似乎表示他是相信此類說法的。另一方面，張氏為神宗講述的故事，與正德、嘉靖年間流傳的版本相較，有相異或新添的成分，這或許意謂著相關傳說在隆慶至萬曆初年又有所發展。[5]

　　由閣臣起草，對外卻代表皇帝意志的即位詔，以及皇帝本人對

---

[4] 《明神宗實錄》，卷30，萬曆二年十月戊午條，頁728-729。

[5] 值得一提的是，成書於嘉靖十年作者署名「大嶽山人」的《建文皇帝事蹟備遺錄》，曾被認為是張居正所著。然而既知該書成於嘉靖十年，當時年僅十歲的張居正又怎可能是作者？將該書原文與張居正所述建文帝出亡故事對照，亦可發現兩者說法有不少差異。如張居正言建文帝於正統年間在雲南透過御史上報驛召至京，最後「莫知其所蹤」；而《建文皇帝事蹟備遺錄》卻言其於宣德元年孟春「自江南來歸京師」，宣宗將之厚養於諸王館中，「未幾，一夕暴卒，眾皆疑其遇毒也，後命以公禮葬于郊外」，這也是目前所見最早稱建文帝葬於北京的文本。之所以出現如此猜測，或與張居正字叔大、號太岳，與「大嶽山人」之名近似有關，也可能是由張居正主導神宗即位詔的草擬，以及為神宗講述建文帝出亡故事等事件所產生的聯想。參見〔明〕大嶽山人，《建文皇帝事蹟備遺錄》，總頁219-230。

建文朝歷史議題未予排斥的態度，對期盼建文君臣能永久擺脫政治陰影的官員而言，可說是莫大的鼓舞。正德、嘉靖以降累積的相關論述和神宗的正面態度，似乎也讓萬曆朝臣對建文朝歷史議題的見解趨於一致，而不像以往那般反應兩極。萬曆十二年（1584）二月，廣東道監察御史屠叔方請釋革除忠臣外親，並舉殉臣胡閏（?-1402）姻親為例，陳述其悲慘境遇：

> 外親牽連一節，詳在軍冊，歲歲清勾，累死全戶，十而九矣。如江西鄱陽縣忠臣胡閏，一族赤矣，內親盡矣，尤抄解外甥至都察院，分戍盧龍、開平、山海三衛，今其子孫死絕無嗣。[6]

屠氏在疏中亦奏請在各府州縣為其鄉建文忠臣立祠，並確實執行神宗即位詔中恤錄建文忠臣苗裔之令：

> 臣又伏思，詔云「生長鄉邑，特為建祠」，今省城有祠，各府州縣士民未獲快睹，況鄉村父老為忠臣扼腕近二百年，尚不盡知褒表至意，則州縣專祠之設，似為不可缺也。又云「恤錄墳墓、苗裔」，今奉行已逾十年，恤錄未見一舉，徒事虛文，鮮布實惠，則責實之典，似又不可缺也。[7]

屠叔方是浙江嘉興府秀水縣人，嘉興在明代中葉便是建文朝歷史書寫風氣興盛的地區，如此環境或許對屠氏頗有薰陶。萬曆五年（1577）屠叔方中進士，成為胡閏故鄉——江西饒州府鄱陽縣的縣令，他曾在當地收輯胡閏事蹟，並深為感傷。[8]屠叔方的任官經歷，應也是促成其

---

[6] 〔明〕屠叔方，《建文朝野彙編》，卷20，〈建文定論〉，頁10b。
[7] 〔明〕屠叔方，《建文朝野彙編》，卷20，〈建文定論〉，頁12b-13a。
[8] 〔明〕顧憲成，《顧端文公集》（臺北：國家圖書館藏明崇禎年間無錫顧氏家刊本），卷7，〈英風紀異序〉，頁1a。屠叔方任鄱陽縣令時雖已採輯胡閏事蹟，但編纂《英風紀異》一書，據顧憲成所述，應是萬曆十二年屠氏奏請各地特祀建文忠臣、

上奏的原因之一。其奏先後經禮部、兵部覆議通過，付諸實行。[9]萬曆十三年（1585）二月，江西巡按馬文煒（1533-1603）、韓國禎復就「忠臣已襃，外親未宥」等事各奏一本，兵部除覆查各地奏報的建文殉臣外親後裔狀況，武庫清吏司亦開列當時已呈報的「宥免軍數」，以及各地撫按是否完成彙報的清單。[10]此次調查與寬赦的成果相當驚人，據相關文獻記載，當時獲釋的受牽連者後裔，光是留有數據的陝、贛、川、浙、閩、粵六省，就高達一千八百多人。[11]

表3-1　萬曆十三年各地建文殉臣累遣軍人豁免統計表

	見在著伍軍人		丁盡戶存軍人		丁盡戶絕軍人		合計豁免軍人
陝西	16	4%	180	50%	167	46%	363
江西	105	28%	97	26%	169	46%	371
浙江	93	12%	101	13%	590	75%	784
福建	13	5%	12	5%	219	90%	244
合計	227	13%	390	22%	1145	65%	1762
四川	不詳						41
廣東	不詳						34

* 本表主要根據屠叔方《建文朝野彙編》卷20所載武庫清吏司開列赦免人數整理。
當時四川、廣東等地尚未上報，此處以《明神宗實錄》卷159所列資料補上，共計1837人。
此外，《明神宗實錄》所記浙江赦免人數與《建文朝野彙編》不同，為713人。

　　即使不考量各地可能由於浮報或敷衍等因素導致的數據問題，表3-1的資料多少仍能間接反映永樂年間整肅建文殉臣姻黨的狀況。對照附錄三的表格亦可發現，豁免軍人的數量，似乎和當地遭到整肅的殉臣（包括不屈而死和純粹死於整肅者）的數量呈現某種正向比例。如浙江地區獲釋人數的突出，可能與遭整肅官員較多有關，而陝西和

釋其遺族獲准，並由當時鄱陽縣令程朝京榜書公告之後。
9　〔明〕屠叔方，《建文朝野彙編》，卷20，〈建文定論〉，頁114a-16a。
10　〔明〕屠叔方，《建文朝野彙編》，卷20，〈建文定論〉，頁16b-20a。
11　《明神宗實錄》，卷159，萬曆十三年三月壬辰條，頁2927；〔明〕屠叔方，《建文朝野彙編》，卷20，〈建文定論〉，頁17a-18b。

江西這兩個豁免軍人數量相近的地區，雖在殉臣總量上有段差距，但兩地遭整肅官員的人數卻很接近。即使洪熙年間仁宗已下令齊泰、黃子澄等人外親遭調戍邊者「每家存一丁於戍，所餘放歸為民」，[12]但畢竟不是全面釋放，故萬曆年間才會清查出這麼多人，當中「丁盡戶絕」者更佔了半數以上，不難想像這些無辜遭罪者的悲慘命運。

萬曆十三年對「忠臣外親」的寬宥，讓許多未能蒙受洪熙年間赦令之澤的建文朝臣後代，得以擺脫政治迫害的陰影。但若將萬曆年間朝廷對建文忠臣的褒表與寬赦視為「平反」、「昭雪」，其實並不完全正確。當時提出相關倡議者，雖肯定諸殉臣之忠，卻多無法否認其「有罪」。如同天順初英宗釋放建文帝遺族時稱之「雖在不原，亦得令所」，[13]神宗即位詔中也表示這群遭到成祖整肅的官員「罪雖不赦，心實可原」，他們只是透過皇帝的額外寬典免去刑罰，並不代表「無罪」。即使時人心中可能清楚殉臣的無辜，[14]但就朝廷立場而言，一旦將此種認知宣之於口，等同承認成祖相關處置都是殘害忠良的冤獄，甚至是篡位者的政治報復。故在旌表和寬赦的過程中，不得不將殉臣的「忠」與「罪」分開談論。儘管如此，這兩項措施確實使建文諸臣大致擺脫「靖難」帶來的政治陰影，期盼建文朝議題全面解禁的士大夫，遂開始將目標轉向諸殉臣效忠的對象──建文帝。

隆慶、萬曆年間，官修國史失實的問題越發受到知識分子關注，尤其是景泰帝統治期間史事僅附於《英宗實錄》，以及建文帝年號、帝號盡遭「革除」且未修實錄的情況。隆慶二年（1568）王世貞〈應詔陳言疏〉中，便有「下內閣諸耆碩臣，考究革除年間事蹟，別為一書，附之國史之末」的建議，但未獲採納。[15]神宗即位詔對建文忠臣

<hr>

[12] 《明仁宗實錄》，卷5上，永樂二十二年十二月癸卯條，頁157。

[13] 《明英宗實錄》，卷283，天順元年十月丙辰條，頁6079。

[14] 如萬曆十三年三月初六，兵部覆議屠叔方奏疏的題本，便有「革除諸臣雖經累朝恤錄褒崇，當時姻親、交遊誅連發遣未經釋放者，事出無辜，情有可憫，久未議除，委無以慰忠魂」之語，多少透露了萬曆朝廷對永樂朝整肅建文諸臣的實際看法。參見〔明〕屠叔方，《建文朝野彙編》，卷20，〈建文定論〉，頁15a。

[15] 王世貞在這篇奏疏中，提出「法祖宗以弘盛德」、「正殿名以尊治體」、「酌恩義

的褒表和萬曆十三年的寬赦，則為解決建文朝歷史問題重啟希望。萬曆十六年（1588）二月，國子監司業王祖嫡（1531-1591）上疏請復建文年號、獨立編纂《景皇帝實錄》。[16]當時的禮部尚書沈鯉（1531-1615）更響應此議，跟著呈上〈請復建文年號立景泰實錄疏〉，視恢復建文年號為「聖德聖政之第一事」。[17]沈鯉在其疏中，甚至將分別為成祖、英宗取代的建文帝、景泰帝，與被明朝所取代的元朝進行連結，認為即使是與國朝立場敵對的元朝，於記載上都享有相對優厚的待遇：

> 夫以我太祖甫定天下，即首命儒臣纂修《元史》，又追諡其主為「順帝」。淵哉聖心，至公至厚矣！成祖、英宗之心同符太祖，而建文、景泰又非勝國之君之比也。元主可諡，何忍沒其號于建文？元史且修，何可闕其錄於景泰？且景帝之位號既可復，則建文年號亦可復。[18]

在時人眼中，比起保有年號、恢復帝號的景泰帝，建文帝的處境更為難堪。相較於嘉靖時不少私史已為其編有「君紀」，採其年號，甚至

以處宗室」、「寬禁例以求才哲」、「修典章以昭國紀」、「推德意以昭大勸」、「昭爵賞以徠異勳」、「練兵實以重根本」八項建議。其中「修典章以昭國紀」談的就是會典和實錄的增補與改訂。換言之，附建文時事於國史之末只是當中一項建議，況且前二項建議都是奏請穆宗更改其父世宗的建置，故導致「疏入未納」的原因不見得在於建文朝歷史議題的敏感性。參見〔明〕王世貞，《弇州四部稿》，卷106，〈應詔陳言疏〉，頁1a-11b。

16 《明神宗實錄》，卷159，萬曆十六年二月丁丑條，頁3673-3678。

17 沈鯉在疏中即明言其上疏是因為讀了王祖嫡的奏疏，並在文中說明王祖嫡如此建議的緣由，以及相關史事的大略狀況。參見〔明〕沈鯉，《亦玉堂稿》（《景印文淵閣四庫全書》，第1288冊，臺北：臺灣商務印書館，據國立故宮博物院藏本影印，1986），卷1，〈請復建文年號立景泰實錄疏〉，頁1a-3b。另外，吳德義《建文史學編年考》一書，在嘉靖年間和萬曆年間的條目中，皆引《明史‧沈鯉傳》，提到沈鯉「請復建文年號，重定景帝實錄」之事。然而根據實錄，此事應只發生在萬曆十六年二月，故吳氏於嘉靖年間所列條目可能是統整時不小心產生的錯誤。參見吳德義，《建文史學編年考》，頁86、143。

18 〔明〕沈鯉，《亦玉堂稿》，卷1，〈請復建文年號立景泰實錄疏〉，頁3a-3b。

稱以「上」、「帝」，官方態度顯得保守許多。同年三月，大學士申時行（1535-1641）奏禮部覆議，認為「景皇帝位號已復，不過於實錄內改正，其理順而事亦易」，但復建文年號「事繇創舉」，難由臣下擅定，故奏請聖斷。最後神宗以「景皇帝位號已復，實錄候纂修改正，建文年號仍已之」，[19]否決此議。這或許反映了神宗對相關問題的認識：建文殉臣能在「其罪不赦」的前提下旌表，遭株連者則可藉額外寬典免去其罰，這些以肯定成祖之舉為前提的措施，並不會造成威脅；但建文年號問題就完全不同，一旦將之恢復，等於否定成祖削去建文年號之舉，對其地位、形象或政權合法性都可能造成影響。有趣的是，神宗當時雖作此裁決，然數年之後反而是建文年號一度得到恢復的機會，景泰帝名號則未曾於《明英宗實錄》改正，遑論獨立修纂。[20]

讓朝中官員重燃「復建文年號」希望的契機，出現在萬曆二十一年（1593），禮部尚書掌詹事府事陳于陛（1544-1597）奏請纂輯本朝正史，以修正實錄等官書的記載問題。[21]經過一番討論，神宗終於下令擇日修史，並於八月正式開館，[22]此後便陸續有朝臣提出相關建議。如禮科左給事中孫羽侯上疏表示「本紀則建文、景泰兩朝宜詳稽故實，立二紀，勿使孫蒙祖號，弟襲兄年」，並應修正官方記載的失

---

[19] 《明神宗實錄》，卷159，萬曆十六年三月壬辰條，頁3694。申時行奏中「自靖難以來未有請復位號、修實錄者」之語，其實並不正確，早在弘治十二年，致仕禮部主事楊循吉便已請復建文帝位號。雖然無法判斷申時行等人是否知曉此事，但其言應和沈鯉疏中「惟鉅典湮於累朝，而一旦頓復，公論關乎萬世，而傳信無窮，皆出自人主獨斷，非臣等所敢擅擬」等句一樣，是欲強調此事關係重大，為臣者不敢擅作決議。這或許透露神宗在親政並清算張居正後，已今非昔比，朝臣對皇帝能否如處理殉臣問題時那般支持建文帝地位的恢復，已不那麼有信心。參見《明孝宗實錄》，卷149，弘治十二年四月乙巳條，頁2630-2631；〔明〕沈鯉，《亦玉堂稿》，卷1，〈請復建文年號立景泰實錄疏〉，頁3b-4a。

[20] 陳子龍《皇明經世文編》收載沈鯉奏疏時，即有「疏上，得旨：景皇實錄候旨修，建文年號罷行。然其後數年，建文年號卒復，而景錄至今如故也」的眉批。《明英宗實錄》至今仍以「郕戾王」稱景泰帝。參見〔明〕沈鯉，〈請復建文年號立景泰實錄疏〉，收入〔明〕陳子龍輯，《明經世文編》，卷147，〈沈龍江文集一〉，頁4522。

[21] 《明神宗實錄》，卷264，萬曆二十一年九月乙卯條，頁4896-4901。

[22] 《明神宗實錄》，卷271，萬曆二十二年三月癸卯條，頁5039；卷276，萬曆二十二年八月丁未條，頁5108。

實之處，「如以方正學為乞哀，于肅愍（于謙）為迎立，是非刺謬，亟當改正」。[23]時為纂修官之一的焦竑（1541-1620）亦承孫氏之說，上〈修史條陳四事議〉，主張立建文、景泰本紀，並於列傳中勘正此前官書、野史對本朝人物記述之謬。[24]萬曆二十三年（1595），禮科給事中楊天民、四川道監察御史牛應元亦先後上奏，言建文年號不宜革除。牛應元甚至表示，若繼續以洪武號記建文年，不但使「歷年失實」，更可能產生「建文政有得失，而謂出自洪武，是又致成祖以子而誣父事也」的情況。二疏下至禮部後，禮部亦建議藉國史纂修之機，在書寫上存其年號，修輯《少帝本紀》。神宗最後決定，「以建文事蹟附太祖高皇帝之末，而存其年號」，算是對此類奏請的部分妥協，但並未允准修纂建文帝本紀。[25]儘管如此，還是有些朝臣不願放棄，仍繼續上疏請立建文本紀，如余繼登（1544-1600）強調，若不及時為其立紀，可能會對後世的歷史認知甚至成祖的形象，帶來負面影響：

---

[23] 《明神宗實錄》，卷276，萬曆二十二年八月癸酉條，頁5115-5116。此疏呈上之後，即遭留中處置。

[24] 〔明〕焦竑撰，李劍雄點校，《澹園集》（北京：中華書局，1999），卷5，〈修史條陳四事議〉，頁29-31。

[25] 〔明〕屠叔方，《建文朝野彙編》，卷20，〈建文定論〉，頁22a-29a。據該書記載，楊天民的上奏時間為萬曆二十三年七月初七，牛應元上奏時間為該年九月初四，禮部上呈覆奏之部本則是在九月二十一日。《明神宗實錄》在七月時並未提及楊天民上奏之事，而將其與牛應元上疏、禮部尚書范謙等人覆奏，以及神宗下達決定等發展，皆記於該年九月乙酉（十六日）的條目中；但在早於乙酉日的九月庚辰（十一日），又提及大學士趙志皋等人稱禮部針對楊、牛二人奏疏之覆議「考訂詳明，議論正大，似宜准從」，並擬好票帖呈請御覽。另外，若將《建文朝野彙編》中的禮部部本全文與實錄中范謙等人的覆奏節文對照，可發現兩者其實是同一篇文書。上述日期之間的出入，令人困惑。過去也有研究者試圖對此作出解釋，如李見喜認為，既然大學士趙志皋等人票擬是在九月庚辰，禮部覆議自應早於此時，故判斷九月乙酉條提及的「禮官范謙等覆奏」，可能是一份新的奏疏。但考慮到《明實錄》對事件具體日期的記載常有錯誤，或是為了敘述方便，將不同時期發生卻相互關聯的事件置於同一時間條目下講述，筆者對李氏的看法暫且存疑，仍傾向認為二書提及的禮部覆奏就是針對楊、牛二人奏疏之覆議。至於日期上的出入，則不排除記載錯誤的可能性。不過至少可以肯定，楊天民、牛應元在九月庚辰之前就已經上奏，其中楊氏的上奏時間應如《建文朝野彙編》所記，是發生在七月，而《明神宗實錄》可能只是為了配合後續相關事件的發展，才將此事移至九月記載。參見《明神宗實錄》，卷289，萬曆二十三年九月庚辰條，頁5352-5353；萬曆二十三年九月乙酉條，頁5354-5358；李見喜，〈明建文帝正統地位恢復研究〉（武漢：華中師範大學碩士學位論文，2016），頁43。

今幸已復其號，似當搜羅故牒，採集傳聞，詳載當時所用之
人、所行之事，別為少帝之紀。是是非非，明白無隱，則靖難
之兵有名，聖祖之心益白。夫以聖祖所不自諱、所不必諱者，
而臣子乃欲強為之諱，非以天奉聖祖也。且事須有實，直道難
枉，今野史所記已多失真，若不及今明為之紀，令後世以久憤
之心，信傳疑之語，則史臣之失職不足惜，如聖祖何？[26]

此疏點出了明代野史氾濫而廣為人們傳信的重要原因——官史不彰，
這並非建文朝歷史獨有的現象，但其問題卻是最嚴重的。當時像余繼
登這樣，認為應透過國史修纂改正此前官書錯漏，以遏止野史散布錯
誤認知的人不少，焦竑亦是其中之一。[27]朝臣紛紛請復建文年號、修
少帝本紀的情況，以及萬曆二十三年九月禮部奏文「建文繼緒，孰不
知君之有孫，而紀年頒朔，遠近華夷鮮不奉行而欽若之矣」之語，[28]
都顯示當時人們普遍認同建文帝曾為大明皇帝的事實，及其得位的正
當性。值得注意的是，神宗對楊天民等人奏議的處理方法，只是下旨
於修史時保留建文年號，如此決定與其說是對眾臣奏請的妥協，更可
能是為了避免孫羽侯、牛應元等人所言「孫蒙祖號」、「成祖以子而
誣父事」的情況，但此舉在當時包括余繼登在內的許多文人認知中，
似已等同建文年號的恢復，故往後談及相關問題時，常有會出現「今
年號已復」之類的敘述。[29]

---

[26] 〔明〕余繼登，《淡然軒集》（《景印文淵閣四庫全書》，第1291冊，臺北：臺灣
商務印書館，據國立故宮博物院藏本影印，1986），卷1，〈修史疏〉，頁3a-4a。

[27] 焦竑在〈修史條陳四事議〉即表示「野史小說，尤多不根。今歷事既多，公論久
定，宜乘此舉，亟為改正」。參見〔明〕焦竑撰，李劍雄點校，《澹園集》，卷5，
〈修史條陳四事議〉，頁30。

[28] 〔明〕屠叔方，《建文朝野彙編》，卷20，〈建文定論〉，頁24b-25a。

[29] 如本章註20陳子龍眉批中「其後數年，建文年號卒復」一語，即指萬曆二十三年
神宗下旨存年號於國史之事。欽叔陽〈建文書法儗序〉、朱鷺〈建文書法儗本引〉
亦分別有「上俞言官請復建文年號，中外歡頌明聖」、「今皇帝復年號聖德事」之
語。嚴格說來，神宗所做的只是「保存」建文年號，而非「恢復」，不過既允許存

雖然結果並不盡如人意，至少神宗對復建文年號之議已有正面回應，也讓期盼恢復建文君臣歷史地位者，漸將焦點轉移至其他層面，如南京太常寺卿楊時喬（1531-1609）便曾請議建文帝謚、祠祀死節諸臣。[30]不過約在同一時期，國史修纂卻遭遇變故。萬曆二十四年（1596），擔任史館副總裁的陳于陛過世，對纂史工作影響甚深。[31]隔年六月，三大殿發生火災，存於皇極門左右兩廊的史稿也受波及，大學士張位（1538-1605）等人因而擬請暫停修纂事務，萬曆朝國史修纂工作從此停擺，[32]存建文年號於國史一事也再無實現之日。

建文帝的祠祀問題，是另一個在萬曆二十年代以降經常被提出的議題。萬曆二十年（1592），禮科都給事中萬象春（?-1612）奏請立建文帝陵廟、上景泰帝廟號。他根據《明太宗實錄》中成祖採禮部侍郎王景（1336-1408）之言以天子禮葬建文帝的記載，[33]提議於建文帝葬處為其立陵廟，歲時一體祭祀，並「上尊謚以表追報之隆，復年號以正君臨之體」。[34]萬曆二十九年（1601），通政使沈子木（1528-1609）亦奏言

年號於正史，似又代表官方對建文政權及其統治事實的承認，故在許多士人眼中便等同「恢復」。換言之，神宗雖無意衝撞成祖去建文年號之舉，但「存之正史」之令實已提供如此解讀的空間。就筆者看來，往後人們對「建文年號是否恢復」的認知差異，關鍵並不在於是否知曉萬曆二十三年這道命令的存在，而在於對其之理解方式。參見〔明〕欽叔陽，〈建文書法儗序〉，收入〔明〕朱鷺，《建文書法儗》（《中國野史集成續編》，第16冊，成都：巴蜀書社，據明萬曆刻本影印，2000），頁1a；〔明〕朱鷺，《建文書法儗》，〈建文書法儗本引〉，頁4a。

30 〔清〕張廷玉等撰，鄭天挺點校，《明史》，卷224，〈列傳·楊時喬〉，頁5907。《明神宗實錄》並未記載楊時喬上奏之事，但其任南京太常寺卿約在萬曆二十三年至二十六年之間，後即轉任南京通政使，故其上奏也應在該段期間。參見《明神宗實錄》，卷282，萬曆二十三年二月辛亥條，頁5211；卷319，萬曆二十六年庚午條，頁5939。

31 《明神宗實錄》，卷305，萬曆二十四年十二月乙亥條，頁5710。

32 《明神宗實錄》，卷311，萬曆二十五年六月戊寅條，頁5810；萬曆二十五年六月癸未條，頁5817。

33 《明太宗實錄》，卷81，永樂六年七月癸酉條，頁1092。

34 〔明〕萬象春，〈建文陵廟及景泰廟號疏〉，收入〔明〕俞汝楫編，《禮部志稿》（《景印文淵閣四庫全書》，第598冊，臺北：臺灣商務印書館，據國立故宮博物院藏本影印，1986），卷97，〈擬典備考〉，頁1a-4a。值得一提的是，成祖以天子禮葬建文帝之事雖因載於實錄而廣為士大夫採信，但終明一代人們都沒能弄清楚該「葬處」究竟何在。或許正由於此一歷史謎題始終無解，萬氏後來又提出讓建文帝「祔主於懿文太子之廟」的建議。《明神宗實錄》和《禮部志稿》等文獻皆未記載

建文祀典不宜久湮，疏下部議後，禮部請於懿文太子廟側為建文帝別立一廟，四時致祭，並請神宗「加意表章遜國諸臣」。然而這些奏議都以「不報」收場，沒能得到神宗的回應。[35]如此挫折並未使關切此事的朝臣們死心，萬曆三十七年（1609）十月，南京吏科給事中黃起龍上言存建文帝祀典、採錄殉臣事蹟予以褒揚，當時亦有刑科給事中作此奏請。[36]而在黃氏上奏前後，禮部右侍郎吳道南（?-1623）也上疏請謚建文忠臣。[37]萬曆三十八年（1610）九月，南京太常寺少卿劉曰梧更上疏討論建文謚號、年號、廟祀、陵寢等問題，此議同時涉及建文帝和其父懿文太子的歷史地位，他認為兩人身分遭到貶低是因「革除」之故，應予改正，[38]並請求將上述問題下禮部議，表示若不能將建文帝祔入太廟，不妨別立一廟，或「准先科臣萬象春議，祔主於懿文太子之廟」。[39]然劉氏之言最後同樣石沉大海，未能獲得採納、改變現狀。

　　萬曆前期對建文殉臣及其族屬的寬赦，給予期盼恢復建文君臣歷史地位的官員們莫大鼓舞，然而此後恢復建文年號及為建文帝議

此次上奏，筆者主要是根據萬曆三十八年九月南京太常寺少卿劉曰梧上疏中「准先科臣萬象春議，祔主於懿文太子之廟」一語作此敘述。由於《禮部志稿》所載萬氏〈建文陵廟及景泰廟號疏〉並未有此建議，故可能是後來才另外提出的。參見《明神宗實錄》，卷475，萬曆三十八年九月辛亥條，頁8969。

[35] 《明神宗實錄》，卷361，萬曆二十九年七月丁巳條，頁6748。《明神宗實錄》於隔年七月也有一條禮部覆沈子木議，請於懿文太子廟側別立一廟並四時致祭的記載。雖然內容相近，又不曾提及前一年禮部覆議同一奏請不報之事，但就現有史料很難判斷此究竟為萬曆二十九年奏議的後續還是資料上的錯置，故暫於註中作此說明。另，該覆議奏疏為禮部尚書馮琦所撰，並收入其《北海集》。參見《明神宗實錄》，卷374，萬曆三十年七月癸未條，頁7034-7035；〔明〕馮琦，《北海集》（臺北：國家圖書館藏明萬曆末年雲間林氏刊本），卷38，〈為懇舉禋祀惇重典以光聖孝以慰群情疏〉，頁7a-9a。

[36] 《明神宗實錄》，卷463，萬曆三十七年十月壬申條，頁8742。

[37] 〔清〕張廷玉等撰，鄭天挺點校，《明史》，卷217，〈列傳‧吳道南〉，頁5742。據《明神宗實錄》，吳道南擔任禮部侍郎約在萬曆三十七年至四十一年之間，後陞任禮部尚書。參見《明神宗實錄》，卷455，萬曆三十七年二月庚辰條，頁8591；卷512，萬曆四十一年九月壬申條，頁9682。

[38] 劉氏在奏疏中稱：「懿文太子舊有興宗孝康皇帝之號，而今稱仍故太子，則以革除故也。故建文君之號不崇，則懿文太子之號不可得而議。」似乎在請求恢復建文年號、追崇其謚的同時，也希望懿文太子「興宗孝康皇帝」之號日後能有機會恢復。參見《明神宗實錄》，卷475，萬曆三十八年九月辛亥條，頁8966-8970。

[39] 《明神宗實錄》，卷475，萬曆三十八年九月辛亥條，頁8969。

謚、立祀的提案，卻都屢遭挫折，不再得到神宗的支持。近人學者謝貴安認為，萬曆年間朝臣不斷奏請恢復建文帝地位，卻也不斷失望的過程，反映了神宗君臣在恢復建文年號上達成的部分妥協，以及在為建文帝立祀議題上的始終對立。[40]神宗幼時雖對建文出亡傳說頗感興趣，但隨著年齡增長，他可能逐漸意識到建文帝地位問題對成祖帝統造成的威脅，因此他在親政後，對朝臣相關奏請也往往有一己判斷，以不威脅成祖地位、形象或政權合法性為前提，謹慎拿捏尺度。事實上，他下令在正史中存建文年號，更可能是基於維護成祖的考量。

神宗不願處理建文帝的廟祀問題，或許也代表他已意識到此舉於操作上的困難性。經過嘉靖朝的廟制改革，太祖、成祖皆在太廟中取得「百世不遷」的地位，[41]若欲讓即位次序介於兩者之間的建文帝入祔，勢必很難安排其位置。另外，為了尊崇生父和鞏固自身地位，世宗於嘉靖二十四年打破傳統的昭穆、世次原則，以「倫理」為序，讓其父興獻王（睿宗）入祀太廟，導致明代宗廟禮制的紊亂。[42]若遵從新制只序倫理的原則，將建文帝排於成祖之後，便會出現和睿宗同樣的問題，在位次上予人「建文帝承成祖之統，傳位仁宗」的錯覺；但若以即位順序為準，又與成祖「百世不遷」的地位相妨，建文帝以姪兒身分位居叔父之前，就倫理角度來看亦不甚妥當。建文帝入祔位序問題之棘手，也讓當時朝臣奏請復其廟祀時，常以其他方案替代入廟

40　謝貴安，〈試論明實錄對建文帝的態度及其變化〉，頁35-36。

41　嘉靖十年，世宗以太祖「重闢宇宙」、「開運肇基」之功高於德祖，令禮部更改祧遷之禮，由太祖取代德祖成為居寢殿正中的不遷之祖。太宗則先於嘉靖十四年取得「百世不遷」的地位，三年後更升為成祖，在廟祀上與太祖享有同等待遇。參見《明世宗實錄》，卷121，嘉靖十年正月辛卯條，頁2883-2884；卷171，嘉靖十四年正月壬午條，頁3724-3725。

42　《明世宗實錄》，卷300，嘉靖二十四年六月己未條，頁5712。世宗「既無昭穆，亦無世次，只序倫理」的新制，讓從未統有大明的睿宗，擁有高於武宗的享祀位次，從位序來看，就好像睿宗是承孝宗之統並傳位武宗一般。如此設計不僅在時人眼中有悖尊親之禮，也讓重視傳統昭穆、世次原則的士大夫深感不安。故隆慶、萬曆以降，便屢有朝臣提議祧遷睿宗。有關嘉靖朝廟制改革的情況與爭議，參見張璉，〈明代嘉靖朝宗廟禮制變革與思想衝突之討論〉，《國立政治大學歷史學報》，24（臺北，2005.11），頁11-29。

之議，如前述萬象春「即其原葬處所立為陵廟」、沈子木「於懿文太子廟側別立一廟」、劉曰梧「祔於懿文太子之廟」皆是。

　　建文朝相關議題至萬曆後期便再無進展，神宗的怠政或許是更重要的原因，畢竟當時也有褒揚建文殉臣的奏請，與神宗以往允准者並無差別，但最後多和恢復建文帝地位之疏同遭「留中」、「不報」。萬曆後期也曾出現請諡建文忠臣的聲音，如萬曆三十八年陳禹謨（1548-1618）所上〈諡典未頒幽魂未妥疏〉，但亦未得到神宗回應。[43] 事實上，不只涉及建文朝問題的奏疏在當時遭受冷遇，早在萬曆十四年（1586）神宗即因冊立東宮之事，與內閣為首的群臣陷入長年爭執，並漸以深居宮中、不理政事作為抗議手段。自萬曆十七年（1589）大理寺左評事雒于仁所上〈酒色財氣四箴疏〉開啟「留中不發」的先例後，神宗便常以此處理廷臣奏疏，不僅是建文君臣的相關議題，許多日常政務也因而陷入癱瘓。[44]

　　相較於神宗對建文朝相關議題日漸冷淡的態度，萬曆時人對褒揚殉臣、恢復建文帝歷史地位等措施的推動，似乎越來越重視。即使在全面寬赦殉臣外親後，相關提案就再也不曾獲准，朝中官員仍持續上疏，期盼接連的奏請終能打動皇帝。在沈鯉等人為爭取神宗支持，而稱恢復建文年號為「聖德聖政之第一事」，大力宣揚相關措施必要性並予以道德化的同時，他們推動相關措施的努力（無論成功與否）也被視為值得稱頌的終生成就。[45] 這種認知一直持續到明末，如天啟元年（1621）至崇禎三年（1630）修纂的《明神宗實錄》，在回

---

[43] 〔明〕陳禹謨，〈諡典未頒幽魂未妥疏〉，收入〔明〕宋奎光修，《（崇禎）寧海縣志》，卷7，〈人物志·方氏列傳〉，頁23b-25b。

[44] 孟森，《明史講義》（南京：江蘇文藝出版社，2008），頁224-228。另一位明史學者吳豔紅則認為，明神宗實是以無決策的方式來避免內閣和朝臣對皇權的制約，由於受到「恥為臣下挾制」的心態影響，若臣下對某事上疏的次數較多，可能會使他產生逆反心理，選擇不予處理。從這個角度來看，在萬曆朝頗受重視，且不斷有朝臣上奏的建文年號、廟祀、修史等議題，或許確實刺激了神宗的逆反心理。參見吳豔紅，〈明代的內閣〉，收入張顯清、林金樹主編，《明代政治史》（桂林：廣西師範大學出版社，2003），上冊，第3章，頁372。

[45] 謝貴安，〈試論明實錄對建文帝的態度及其變化〉，頁37。

顧沈鯉生平政績時稱其「嚴廟祀、請復建文年號及罷礦稅諸疏，尤其著者」，[46]清初所修《明史》亦言萬象春「請復建文年號，加景帝廟謐，尤為時所稱」。[47]此外，萬曆年間的正史纂修計畫雖以失敗告終，建文年號也沒能藉此獲得保存，但此一計畫卻催生了許多國朝私史或建文朝專史著作，將明代第二波建文朝私史纂修活動推向高峰。

（二）官書編纂與私修當代史浪潮

萬曆朝是晚明私纂當代史活動蓬勃發展的時期，在建文朝歷史書寫方面亦成就斐然。這些成果得益於長期累積的資料，活絡的出版和著書風氣，讓此前許多史料、資訊和研究成果，得為當時的知識分子接觸、利用。嘉靖年間，不少述及建文朝歷史的文本，已透過刊刻出版、部分抄錄於方志或史籍、收入史料彙編著作等管道廣為傳布，[48]有助於相關知識的累積與記憶的強化。隆慶元年，鄭曉遺作《吾學編》由其子鄭履淳出版，而他集建文朝歷史書寫大成的《建文遜國記》和《遜國臣記》便收錄其中，這也使《吾學編》的刊行，成為上述二書對晚明士人發揮影響的開端。萬曆年間，史料彙編著作在保存、傳播建文朝歷史資訊方面仍扮演要角，如朱當㴐、鄧士龍先後纂輯的《國朝典故》、沈節甫（1553-1601）《紀錄彙編》等書，皆輯有述及相關史事或軼聞的文獻。[49]

46　《明神宗實錄》，卷574，萬曆四十六年九月辛丑條，頁10855。

47　〔清〕張廷玉等撰，鄭天挺點校，《明史》，卷227，〈列傳·萬象春〉，頁5970。

48　如張芹《備遺錄》一書，在嘉靖二十三年、萬曆十四年都曾刊刻出版，此二版本於國家圖書館均有收藏。該書和黃佐《革除遺事》作為較早的建文朝歷史專著，常為《革朝志》等後續著作及地方志所引用。至於收入史料彙編著作、與其他史籍筆記一同出版的例子，則有嘉靖時袁褧編輯、刊刻的《金聲玉振集》，該書除了《革除遺事》，還收有葉盛《水東日記》、王鏊《震澤紀聞》和袁裘《奉天刑賞錄》。

49　鄧士龍所輯《國朝典故》收有《奉天靖難記》、《天順日錄》、《立齋閒錄》、《謇齋瑣綴錄》、《野記》、《壬午功臣爵賞錄》、《壬午功賞別錄》、《革除遺事》、《遵聞錄》、《王文恪公筆記》、《建文皇帝遺蹟》、《君子堂日詢手鏡》等十二部相關著作。稍早的朱當㴐輯本除未見《遵聞錄》，大致與鄧本雷同。沈節甫《紀錄彙編》所收《聞中今古錄摘抄》、《水東日記摘抄》、《庚巳編》、《留青日札摘抄》、《靖難功臣錄》、《鴻猷錄》、《今言》、《窺天外乘》等書亦提及建文朝史事或傳說。二書也不乏共同收錄的文本，如《天順日錄》、《君子堂日

除了對此前私史的承續、擴充或修正，以及作為朝廷旌表建文忠臣措施下的產物，當時也有些著作是在官書編纂過程中獲得寫作的資源與動力。在建文史事的探討和詮釋方面，萬曆年間史家對實錄內容的重視和運用遠勝以往，如此變化主要源自其接觸實錄記載的機會已大幅提升。相較於早期偏向片段資訊外流的情況，嘉靖、萬曆以降《明實錄》逐漸以私人抄本的形式流通，而萬曆時官書的編纂和謄抄工作，更大大增加有關人員接觸和抄出實錄的機會。萬曆四年（1576）至萬曆十五年（1587）的《大明會典》重修，以及萬曆十六年為方便神宗閱覽歷朝實錄、寶訓而進行的謄寫工作，即是使實錄經由傳抄成為士大夫藏書的關鍵。朱國禎（1557-1632）曾如此記敘這段過程：

> 申文定當國，命諸學士校讎，始於館中謄出，悉歸私第，轉相抄錄，遍及臺省。若部屬之有力者，蓋不啻家藏戶守矣。[50]

從上文來看，當時傳抄實錄之風在官員間似乎非常盛行。據錢茂偉研究，晚明京師和江南等地區，不少士大夫家中都有實錄抄本，如孫鑛（1543-1613）、錢士升（1575-1652）、錢謙益等皆是。[51]這些資料成為當時文人從事歷史寫作的重要資料，如余懋學（?-1598）、范晞陽等人即將實錄內容加以節略，自成一家之言，王世貞更結合野史家乘，對當代史事多所考證。[52]當時亦有人致力於補續以往著作，如卜

詢手鏡》，《紀錄彙編》所收《守溪筆記》與《國朝典故》所收《王文恪公筆記》亦可算為同一著作。

50　〔明〕朱國禎，《湧幢小品》（《四庫全書存目叢書》，子部第106冊，臺南：莊嚴文化事業有限公司，據遼寧大學圖書館藏明天啟二年刻本影印，1995），卷2，〈實錄〉，頁15a-15b。

51　錢茂偉，〈論晚明當代史的編撰〉，《史學史研究》，1994：2，頁60。

52　〔明〕朱國禎，《湧幢小品》，卷2，〈實錄〉，頁15b。王世貞考證明代史事的代表作《史乘考誤》，即強調欲釐清國朝歷史，官書、野史、家乘皆有其重要之處：「國史人恣而善蔽真，其敘章典，述文獻，不可廢也；野史人臆而善失真，其徵是非，削諱忌，不可廢也；家史人諛而善溢真，其贊宗閥，表官續，不可廢也。吾於三者豹管耳！」參見〔明〕王世貞撰，魏連科點校，《弇山堂別集》，卷20，〈史乘考誤一〉，頁361。

世昌、屠衡《皇明通紀述遺》，就是對嘉靖時陳建《皇明通紀》的增補。

不過，對萬曆年間建文朝相關史著影響較大的，除了朝廷令各地旌表建文忠臣之詔，應屬在眾人期待中展開，最後卻無疾而終的國史纂修計畫。此計畫是在嘉靖以降史學意識興起，知識分子反思官書和野史發展的背景下產生。萬曆二十一年陳于陛請修國朝正史，將實錄視為提供後世纂史資料的「備史」，期盼已經營兩百餘年的大明帝國，能有一部齊備紀表志傳之體、涵蓋層面廣博的「正史」。陳氏認為正史纂輯應參酌諸家私史之言，此議反映了當時相較於私纂史籍，現有官書不僅記述範疇偏狹，更有許多缺漏之處。[53]焦竑、余繼登等士人亦相信藉國史修纂改正官書錯漏，即能遏止野史散布錯誤認知。開館修史一事，似乎讓不少知識分子滿懷期待，並樂於提供資料，如朱鷺（1553-1632）便在神宗決定存建文年號於國史後，著手修訂粗成於前一年的《建文書法儗》，後來亦嘗試將完稿上呈朝廷，只可惜並未成功。[54]

然而，隨著主導纂修的陳于陛辭世，以及萬曆二十五年（1597）三大殿火災燒毀史稿的事件，才剛起步的纂史工作即告中止，再也不曾重啟。朱國禎曾在筆記《湧幢小品》中回憶此段過程，字裡行間充滿了感慨：

> 陳文端請修正史，分各志二十八，務為詳備，一志多至四、五十萬餘言。未幾，文端薨，各志草草了事。丁酉，擬修列傳，會三殿災，奏停，蓋六月十九日也。時余入史館方三日，又十

53　《明神宗實錄》，卷264，萬曆二十一年九月乙卯條，頁4896-4901。
54　欽叔陽於〈建文書法儗序〉中提到，他在萬曆二十三年聽聞神宗「俞言官請復建文年號」後，便以「幸當不諱朝，無名山之藏，書可出乎」鼓勵朱鷺，後者也因而再行校訂其書。錢謙益《朱鷺傳》則稱，朱鷺作《建文書法儗》，「欲進之朝，不果」。參見〔明〕欽叔陽，〈建文書法儗序〉，收入〔明〕朱鷺，《建文書法儗》，頁1a；〔清〕錢謙益，《牧齋初學集》（《四庫禁燬書叢刊》，集部第114冊，北京：北京出版社，據明崇禎瞿式耜刻本影印，2000），卷71，〈朱鷺傳〉，頁2a。

日病發，凡三月，僅得不死，而館中無復有談及者。[55]

朱國禎的記載，反映了當時多數參與者對修史工作的敷衍和冷漠，主導此事的陳于陛過世後，餘下人員的積極程度似也隨之減退。國史纂修計畫的中止，讓當時引頸期盼的知識分子備感失望，也刺激許多人投入私修國史的活動。如焦竑即以修史期間收輯的資料，編成《國朝獻徵錄》；無緣參與纂史的朱國禎，也為不愧史官之名，著手撰寫《皇明史概》。另如童時明（?-1619）《昭代明良錄》，以及天啟以降何喬遠（1558-1632）《名山藏》、尹守衡《皇明史竊》等書的撰寫，多少都受到萬曆朝正史修纂計畫夭折的影響。[56]

在這些雨後春筍般陸續問世的著作中，未能藉國史纂修重獲官方承認的建文朝，多被理所當然地視為正統。大部分相關史著皆已肯定建文帝身分，以「上」、「帝」等詞稱之，除了萬曆二年周王朱橚後代朱睦㮮（1520-1587）的《革除逸史》和雷禮（1505-1581）《皇明大政紀》仍書洪武年號，[57]多數著作皆採建文年號。黃光升（1506-1586）《昭代典制》、童時明《昭代明良錄》、張銓（1577-1621）《國史紀聞》等書更編有建文朝專卷，顯示此種認知已成為當時多數撰史者的共識。[58]當然，也有些較「循規蹈矩」的史家，如譚希思（?-1610）、涂山，在建文帝身分未正式恢復的情況下，仍於著作中採「建文君」之稱。

朱鷺《建文書法儗》是當時建文朝歷史專著中，相當重要的一部。該書初稿成於萬曆二十二年（1594），隔年復作修訂，之後於

<hr />

[55] 〔明〕朱國禎，《湧幢小品》，卷2，〈實錄〉，頁15b。
[56] 錢茂偉，〈論晚明當代史的編撰〉，頁61。
[57] 應說明的是，《革除逸史》雖採洪武年號，但仍以小字附註建文年號，這與嘉靖年間的相關史籍頗為近似。
[58] 如童時明《昭代明良錄》卷二〈建文皇帝本紀〉開頭即言：「建文遜國，既已革除，而此猶稱本紀，得無繆戾當代之制乎？……建文嫡孫當主，名正言順，元後臨御已及四載，愚敢不以本紀稱耶？」參見〔明〕童世明，《昭代明良錄》，卷2，〈建文皇帝本紀〉，轉引自吳德義，《建文史學編年考》，頁180-181。

萬曆四十三年（1615）、天啟元年又有所增補。[59]他自述寫作動機為「幼侍臣父讀發志，繼感高皇冥授四字，奮輯成編」，[60]除了為其著書之舉增添正當性，似乎也暗示建文帝被褫奪應有地位又備受官書醜詆的情況，連太祖皇帝都看不下去。該書開頭以〈頌聖德〉彙整歷來寬赦建文君臣遺族、肯定諸臣忠義之旨，〈述公論〉記述歷來表彰殉臣、為建文帝修史或恢復年號的奏請，足見作者對相關措施的看法。《建文書法儗》顧名思義，旨在為建文朝歷史書寫建立完整而嚴謹的原則，〈書法儗十六義〉將之分書如下：

> 一書皇孫生，書冊為皇太孫，書遺詔嗣皇帝位；一書建文本紀；一書建文年號；一書止諸王臨葬；一我成祖文皇帝靖難兵未起前書「王」；一靖難兵起後，諱「王」不書，迄入京止，稱「靖難兵」；一書兵戰，除兵起、北征二義外，俱從耦敵體；一書大內火，帝以崩聞；一帝崩仍書「王」；一書革除建文年號，稱「洪武三十五年」，遂絕書；一書諸臣死節，詳邑氏履歷，否者略或不注；一諸臣死革除日以後者，不得大書，仍總附書；一諸臣事蹟不詳年月者，止固類附注，不大書；一分注姓名及論贊標題，皆白書；一書法事繫月，月繫年，而紀其事，綱提目，目承綱；一紀事紀言，及修殘理梦，不自附

---

59 《建文書法儗》正編下卷末尾有一段寫於天啟元年三月九日的題識，稱該書「成于萬曆甲午（二十二年），重訂于乙卯（四十三年）」，近期又根據《致身錄》進行增改。故應可將題識的寫作日期，視為該次增改完成的時間。參見〔明〕朱鷺，《建文書法儗》，〈正編下〉，頁62a。另外，朱鷺在〈建文書法儗本引〉中提到，該書成稿之後「歷季二十，歷稿八易」，不過並未指出八次易稿的確切時間。吳德義由該文寫於萬曆三十二年三月判斷，當時應該也曾進行過一次修訂。參見〔明〕朱鷺，《建文書法儗》，〈建文書法儗本引〉，頁4a、7a-7b；吳德義，《建文史學編年考》，頁161。

60 〔明〕朱鷺，《建文書法儗》，〈建文書法儗本引〉，頁4a。根據朱鷺的說法，他在萬曆二十二年赴南京參加鄉試期間，曾夢見太祖面授「一朝表譜」四字。他雖然很快便理解「一朝」是指建文朝，代表自己為該朝編書的夙志，卻不清楚「表譜」兩字的涵義。直到該年冬天其書粗成，「冠以年表和諸臣譜」，他才恍然大悟。〔明〕朱鷺，《建文書法儗》，〈建文書法儗本引·兩因〉，頁8a -8b1。

會，其文之蕪、句之陋、字之不法者，多芟更、多委曲。[61]

朱鷺強調其書寫完全本於現有史料，不作多餘附會與臆測。全書由建文帝出生一直寫到建文年號遭革，後續事件僅以小註形式交代。由於視建文帝為合法君主，故設建文本紀、書建文年號，亦不採信官書矯詔嗣位之說，而述其被冊立為皇太孫並依太祖遺詔繼位，至其崩後，政統轉至成祖，才改稱「王」。至於成祖，未起兵前先以「王」稱之，起兵後其被朝廷廢為庶人，故稱「靖難兵」，對靖難戰事的敘述也採朝廷立場。值得注意的是，朱鷺雖與當時許多人同樣視削藩、改制為建文亡國的兩大禍端，但他更強調太祖崩後建文帝止諸王臨葬之事，認為此舉「實始釁」。[62]另外，朱鷺對建文帝結局的敘述是「帝以崩聞」，表示不認為事實如此，而傾向相信建文遜國說，[63]這也是萬曆時頗受歡迎的看法。

　　由於重視歷史書法，《建文書法儗》在正文中亦以小註附上對各種事件、人物的論贊。在〈書法儗十六義〉和正文之間，尚設有〈建文皇帝年表〉、〈建文忠臣譜〉，前者表列建文朝四年間重大事件，後者按職官排序共列二百八十七人。該書另有〈附編〉二卷，上卷收錄明人對建文君臣的紀念詩文與論贊，下卷是以問答方式有系統地梳理朱鷺在各篇論贊中的觀點。換言之，該書呈現的不僅是朱鷺對相關史事的見解，也匯聚了明代許多人對該段歷史的認知。朱氏雖認為靖難兵起係因建文帝削藩、改制，但仍視之為「有志之主」，只是為其下諸臣所誤，[64]並指出建文政權之所以敗亡，齊泰、黃子澄和方孝孺

---

[61] 〔明〕朱鷺，《建文書法儗》，〈建文書法儗十六義〉，頁19a-20b。在此僅列正文，未附文中小註。

[62] 〔明〕朱鷺，《建文書法儗》，〈建文書法儗十六義〉，頁19b。

[63] 「書大內火帝以崩聞」條小註言：「名崩，而遜實也。書崩，非實錄；書遜，無以葬。」參見〔明〕朱鷺，《建文書法儗》，〈建文書法儗十六義〉，頁19b-20a。

[64] 〔明〕朱鷺，《建文書法儗》，〈正編上・建文皇帝贊〉，頁1b。值得一提的是，朱鷺雖將削藩、更祖制視為建文帝亡國的兩大禍端，卻也肯定其行此政策的出發點。如〈建文年號論〉即如此評價建文帝：「高皇帝夙以仁孝稱之，而當時政聲亦曰務寬大，能得中外心。雖變亂成法，而咎生於慕古；雖刻削諸藩，而要亦自為社稷計。何得追滅

等重臣要負很大的責任：

> 大抵齊、黃計躁于削國，而慮不能遠；正學志迂於法古，而目
> 不見近。人事實錯誤，可謂盡天意邪？[65]

將靖難兵起責任歸諸齊泰、黃子澄等人的歷史認知，在嘉靖年間已時
有所見，[66]至萬曆年間則更盛，容後再述。另外，朱鷺也主張恢復建
文年號，並為建文帝議謚、立祀。他建議將其奉入祧廟，三年一祭，
如此「於九廟之額無增損焉，而又可以明世系、正昭穆」，[67]更提出
其認為適合的謚號「愍」：

> 按謚法，在國遭憂曰「愍」，在國逢艱曰「愍」，禍亂方作曰
> 「愍」，使民悲傷曰「愍」。此四「愍」者，建文幾備之矣，
> 稱「愍皇帝」，其亦可焉。[68]

「愍」又作「閔」或「湣」，是帶有哀憐性質的平謚，這類謚號通常也
用於無後的君主。《逸周書·謚法解》對上述「遭憂」、「逢艱」、
「禍亂」及「使民悲傷」的進一步解釋分別為：「仍多大喪」、「逢
兵寇之事也」、「國無政，動長亂」和「苛政賊害」，[69]除卻「遭憂」

之耶？」參見〔明〕朱鷺，《建文書法儗》，〈正編上·建文年號論〉，頁4a。
[65] 〔明〕朱鷺，《建文書法儗》，〈前編·執廢周王小論〉，頁15a。
[66] 如《革朝志》在齊泰、黃子澄傳記中分別給予二人「狂謀誤國，殆罪魁也」、「不
能引君當道，而鍾釁晁錯之遺謀，狂謬以出其下遠甚，誤國之辜，萬死莫贖」的批
判。參見〔明〕許相卿，《革朝志》，卷3，〈齊泰傳〉，頁32a；〈黃子澄傳〉，
頁34b。至於方孝孺在嘉靖時期招致的指責，雖不如齊、黃二人嚴厲、直接，但王
叔英勸阻方氏復行井田制的故事，已可見於許多著作（參見第二章註168、169）。
此故事的形成與持續流傳，某種程度上亦算是一種對方孝孺的間接批判。
[67] 〔明〕朱鷺，《建文書法儗》，〈正編上·建文謚饗論〉，頁2b-3a。
[68] 〔明〕朱鷺，《建文書法儗》，〈正編上·建文謚饗論〉，頁2a。
[69] 〔晉〕孔晁注，《逸周書》（《景印文淵閣四庫全書》，第370冊，臺北：臺灣商
務印書館，據國立故宮博物院藏本影印，1983），卷6，〈謚法解第五十四〉，頁
9b。國立故宮博物院藏《四庫全書》本「在國遭憂」作「在國連憂」，「使民悲
傷」作「使民折傷」。

之外的其他部分，幾乎都可以和靖難戰爭聯繫起來。而朱鷺為建文帝選擇的諡號及其反映的歷史認知，似乎也對後世頗有影響。乾隆元年（1736），清廷重議建文帝諡號，即定為「恭閔惠皇帝」。[70]

　　若《建文書法儗》最主要的寫作目的，是為建文朝建立一套書寫和評價標準，那麼屠叔方於萬曆二十六年（1598，即停修正史的隔年）輯成的《建文朝野彙編》，便是整合此前相關史料，以儘可能重建該段歷史。當時關切國史纂修工作的士大夫，多主張參酌野史諸書，屠叔方也有同樣理念，故在序文中如此闡述其寫作動機和纂輯方式：

> 諸君子子孫甚微，當年之史筆甚諱，後世之探奇弔古、訪求其故聞而搜揚其風節者，人又或以為甚冷甚迂，而不知開闢以來未絕之綱常，實續於此。愚以是不揣拙鈍，不憚綴瑣，凡國家之掌故，郡縣之記牒，以及山經地志、崖鐫塚刻之屬，或檢一事而反覆他篇，或纍一人而流連竟帙，或重複以證其蹟之同，或互見以求其理之近。如是三年，而此書始成。[71]

除了屠氏自己的聲明，陳繼儒（1558-1639）亦在書序中以「斥野史之盡訛，不如互述其異同，而明見其不必盡情實也」，點出該書的史料辯證功能。[72]其意義不僅在於彙整明代至萬曆中期的相關史料，更試圖透過文獻的互相參照，檢驗史料的可靠性。全書蒐羅一百三十餘種史書、文集、筆記、方志和檔案，[73]分為四部分：「遜國編年」記建文年間朝

---

[70] 〔清〕張廷玉等撰，鄭天挺點校，《明史》，卷4，〈本紀・恭閔帝〉，頁66。事實上，南明弘光政權已為建文帝議諡，不過該政權合法性並不為清所承認，自應重議諡號。「愍」字與「閔」字通同。

[71] 〔明〕屠叔方，《建文朝野彙編》，〈建文朝野彙編序〉，頁4a-5a。屠叔方提到自己花了三年纂輯該書，由此推斷其動筆時間應是在萬曆二十三年左右。當時國史纂修的工作已在進行，修纂建文本紀之議也已被朝臣一再提出。故該書的撰寫，應多少受到此一時期朝中氛圍之影響。

[72] 〔明〕陳繼儒，〈建文朝野彙編序〉，收入〔明〕屠叔方，《建文朝野彙編》，頁3a。

[73] 〔明〕屠叔方，《建文朝野彙編》，〈書目〉，頁1a-8a。

政，「報國列傳」敘建文忠臣事蹟，「建文傳疑」述建文帝相關傳說，「建文定論」列舉歷來朝廷相關寬赦和朝臣奏議。列傳中各種記載並陳，互為對照補充，如卷七方孝孺傳記的引錄文獻便多達十六種。[74]而從不同文獻的堆疊，亦可看出各類傳說發展至萬曆中期的概況。[75]

屠叔方昔日輯胡閏事蹟成書的經歷，更讓《建文朝野彙編》增添些許罕見於過往史籍的內容。他引錄《鄱陽軍冊》、《白下紀聞》及《英風紀異》等文獻，對胡閏親族所受殘酷整肅進行了詳細而生動的記述，如《白下紀聞》所述胡閏之弟的女婿祝靜安家族的悲慘遭遇：

> 永樂七年差內官，八年差舍人柴斌，抄祝靜安等四十七名男婦，家財產業變價解院，以致貧苦徹骨，沿途乞覓，死於道路，死於逃竄。其最有財力者方得解院，又非刑考掠，死於杖下，死於獄犴，九死一生。猶戍極邊刀兵煙瘴惡地，一丁一衛，父南子北，姑媳兩離，兄弟叔姪，裂分四散。孩提乳子，肩挑背負，有母抱子，子持父，不忍分離者；有挑至中途，困憊無奈，棄子道傍者；有家產盡絕，貧極無依，全家隨戍者。[76]

《白下紀聞》的書名，已透露其資料來源，係以地方上流傳的庶民記憶為主。時隔百年左右的民間記憶，竟能呈現彷彿親臨整肅現場、隨同遠戍邊疆的實況描寫，或可推斷比起永樂朝整肅的實際情形，這些記載更接近由相關資訊衍生出的想像。不過對當時的知識分子來說，此類不見於一般史籍的訊息，已揭露了前人所未觸及的「真實」。從

---

74 〔明〕屠叔方，《建文朝野彙編》，卷7，〈翰林院‧侍講方孝孺〉，頁1a-28b。
75 如方孝孺與成祖在殿上的對辯，《備遺錄》敘述到「成王既沒，當立成王之子」便打住，至《遜國臣記》時已發展出燕王回以「國賴長君」，方孝孺反問「何不立成王之弟」，使之無法回答而只能以「此朕家事」結束對話的情節。參見〔明〕屠叔方，《建文朝野彙編》，卷7，〈翰林院‧侍講方孝孺〉，頁3b、7b-8a。
76 〔明〕屠叔方，《建文朝野彙編》，卷11，〈大理寺‧少卿胡閏〉，頁6b-7a。祝靜安於《英風紀異》的記載中作「祝靖安」。參見〔明〕屠叔方，《建文朝野彙編》，卷11，〈大理寺‧少卿胡閏〉，頁7b。

《建文朝野彙編》引自《鄱陽軍冊》等文獻的資料來看，當時遭整肅者除胡閏一族姻親，還包括這些姻親本身的姻親，可謂牽連甚眾。[77] 祝靜安家族的遭遇，其實也是壬午以降許多殉臣親屬的共同命運。另外，屠氏對檔案資料的運用，實有助於修正一些舊說。如鄭曉《遜國臣記》謂胡閏之子傳道論死、傳慶戍邊的說法未被引用，[78] 即是因為《鄱陽軍冊》「胡傳慶全家典刑，胡傳福年幼，發鞍轡局習匠，永樂五年（1407）調雲南跂趾後衛」的記載，已能證實該說非實。[79] 書中也引用了一些富戲劇性的記載，這類記載對知識分子往往充滿吸引力，進而對後世相關記憶產生深遠的影響。《英風紀異》所載胡閏之女郡奴的故事便是一例。

相傳壬午年間，四歲的郡奴被提入功臣家「付爨下婢收之」，郡奴稍長懂事後，為免清白之身遭辱，更以截髮、灶灰汙面等方式，使自己「禿垢不作人狀」。在經歷功臣家「不以人類畜之」的二十餘年生活後，郡奴於永樂二十一年（1423）詔赦諸殉臣苗裔時返鄉，當地居民憐之而餽贈不絕，但她只接受能維持生命的份量，而不願多取，五十六歲過世時尚為處子，鄉人謚曰「忠胤貞姑」。[80] 此說一如鐵鉉二女等其他建文忠臣女眷的故事，極力強調女主角的貞潔與道德操守，且真實性同樣令人存疑，因為在弘治年間抄錄相關檔案的《立齋閒錄》中，只提到胡閏之妻和兩個女兒俱配象奴，並未有女眷被發入功臣家的記載，[81] 而且郡奴醜化外表、髒汙身軀以免受侵害的作法，

---

[77] 〔明〕屠叔方，《建文朝野彙編》，卷11，〈大理寺‧少卿胡閏〉，頁6b-17a。

[78] 〔明〕鄭曉，《吾學編‧遜國臣記》，卷3，〈大理少卿胡閏〉，頁9b。

[79] 〔明〕屠叔方，《建文朝野彙編》，卷11，〈大理寺‧少卿胡閏〉，頁4b。透過此例亦可看出，屠叔方雖致力蒐羅各方史料，但在編纂過程中仍有所揀擇，若能確定某說有誤，便不予收錄。

[80] 〔明〕屠叔方，《建文朝野彙編》，卷18，〈胡閏女郡奴〉，頁39b-40a。

[81] 〔明〕宋端儀，《立齋閒錄》，卷2，〈革除錄〉，總頁630。《英風紀異》稱郡奴是在其母被縛就刑時，自母懷中墜地，而被提入功臣家。然據《立齋閒錄》，胡閏之妻僅被配予象奴，並未遭戮。即使郡奴是庶出，在正妻並未就刑的情況下，其他女眷被殺的可能性應也不高。參見〔明〕屠叔方，《建文朝野彙編》，卷18，〈胡閏女郡奴〉，頁39b。

亦是傳統女德故事中的固有情節。[82]不過這則原本僅為地方記憶的故事，卻在收入《建文朝野彙編》後，逐漸擴大影響力，並為後續史籍廣泛引用。

除了較可信的史料，屠叔方還將一些有疑問的傳說匯集為「建文傳疑」。其中建文帝出亡傳說佔大多數，但也有一些述及洪武時事者。有趣的是，連仁宗撰寫的〈大明長陵神功聖德碑〉亦被收入此卷，[83]從該篇被置於各種建文帝出亡傳說的引文間來看，可能是欲以之作為建文帝焚死結局的代表文獻。大體而言，卷中所錄傳說多於正德、嘉靖年間便已形成，如建文帝避居河南、廣西寺中的傳說，以及《皇明傳信錄》稱宣宗實為建文帝之子，《建文皇帝事蹟備遺錄》述太祖夢二龍相鬥於殿及發覺燕王有奪嫡計等說皆是。上述野史傳說雖被屠叔方歸類為應存疑的資料，但由於被收入這部集大成的建文朝史著，反而有了進一步延續、擴散的機會，從而增強了對後世認知的影響力。

表3-2　隆慶、萬曆年間建文朝及國朝史專書表（附作者及其籍貫）

成書時間	書名	作者	籍貫	備註
隆慶六年後（1572-）	《遜國君紀抄》	鄭曉編	浙江嘉興府海鹽縣	
	《臣事抄》	潛庵子訂	南直隸蘇州府吳縣	
萬曆元年（1573）	《憲章錄》	薛應旂	南直隸常州府武進縣	
萬曆二年（1574）	《革除逸史》	朱睦㮮	南直隸鳳陽府鳳陽縣	
萬曆四年（1576）	《表忠錄》	汪宗伊	湖廣武昌府崇陽縣	已佚
萬曆五年前（-1577）	《補備遺錄》	馮汝弼	浙江嘉興府平湖縣	已佚
萬曆六年（1578）	《憲章類編》	勞堪	江西九江府德化縣	

---

[82] 最著名的例子是晉人皇甫謐《列女傳》中的王異故事。王異為東漢末年時人，天水人趙昂之妻。她在所居城池為叛軍攻陷、二子被殺的情況下，擔心遭叛軍侵害，原想自盡，卻因顧念幼女決定求生，遂仿西施「蒙不絜之服，則人掩鼻」之故事，穿著浸泡糞水的麻衣、絕少進食以削瘦身形，最後竟得免難。參見〔晉〕陳壽撰，〔南朝宋〕裴松之注，《三國志》（北京：中華書局，1959），卷25，〈辛毗楊阜高堂隆傳第二十五〉，頁702。

[83] 〔明〕屠叔方，《建文朝野彙編》，卷19，〈建文傳疑〉，頁12b-14a。

成書時間	書名	作者	籍貫	備註
萬曆九年前（-1581）	《皇明大政紀》	雷禮	江西南昌府豐城縣	
	《國朝列卿紀》			
萬曆十二年後（1584-）	《英風紀異》	屠叔方	浙江嘉興府秀水縣	已佚
萬曆二十一年前（-1593）	《皇明書》	鄧元錫	江西建昌府南城縣	
萬曆二十二年（1594）	《建文書法儗》	朱鷺	南直隸蘇州府吳縣	
萬曆二十三年後（1595-）	《皇明忠義存褒什》	許有穀	南直隸常州府宜興縣	
萬曆二十六年（1598）	《建文朝野彙編》	屠叔方	浙江嘉興府秀水縣	
萬曆二十八年（1600）	《昭代典制》	黃光升	福建泉州府晉江縣	
萬曆三十年前（-1602）	《續藏書》	李贄	福建泉州府晉江縣	
萬曆三十年（1602）	《忠節錄》	張朝瑞	南直隸淮安府海州	
萬曆三十三年（1605）	《皇明通紀述遺》	卜世昌 屠衡	浙江嘉興府秀水縣	
萬曆三十五年（1607）	《昭代明良錄》	童時明	浙江嚴州府淳安縣	
萬曆三十八年前（-1610）	《皇明大政纂要》	譚希思	湖廣長沙府茶陵州	
萬曆三十九年（1611）	《國史紀聞》	張銓	山西澤州沁水縣	
萬曆四十三年（1615）刊刻	《明政統宗》	涂山	江西南昌府南昌縣	
萬曆四十四年（1616）刊刻	《國朝獻徵錄》	焦竑	南直隸應天府江寧縣	
萬曆四十八年（1620）刊刻	《皇明從信錄》	陳建輯	廣東廣州府東莞縣	
		沈國元訂	浙江嘉興府秀水縣	
萬曆年間	《皇明副書》	吳士奇	南直隸徽州府歙縣	
萬曆年間	《建文諸臣錄》	徐即登	江西南昌府豐城縣	已佚

資料來源：《明史》，卷97，《藝文志二》，〈史類十·雜史類〉，頁2382；〔清〕陳田，《明詩紀事》（《續修四庫全書》，第1710-1712冊，上海：上海古籍出版社，據清刻本影印，2002），《乙籤》，卷1，頁1a；吳德義，《建文史學編年考》，頁126-188。

除了國朝史著作，當時一些記述跨朝代歷史的作品，亦曾提及建文朝史事。如王圻成於萬曆十四年的《續文獻通考》，即於〈節

義考〉的第五卷，收錄了一百一十一位「建文死事諸臣」。[84]同卷還收有二十七位「永樂死事諸臣」，其中陳文（?-1402）、張玉（1344-1402）、陳亨（1332-1400）三人都是死於靖難戰爭的燕軍將領，[85]他們也和建文諸臣一樣，被王圻視為忠於所事的節義之臣。〈節義考〉第六卷收入的十四位「皇明忠隱人物」，皆為此前文獻中的建文隱遁之臣。[86]然該書對建文諸臣及靖難功臣事蹟的認知，卻有不少異於他著之處。如建文死事諸臣當中，竟包括投降成祖後又畏罪自殺的平安，稱其「京師既定，乃自經死」；[87]在李贄（1527-1602）《續藏書》中以靖難功臣身分入傳、於永樂年間仍舊活躍的郭資和張信，在王圻的記載中卻於燕王起兵時便與張昺等人一同赴死。[88]更有趣的是，彭與明和葉希賢於該書〈建文死事諸臣〉和「皇明忠隱人物」二處竟都有傳記，前者被分成兩個名字不同的人物入傳，後者則是一人兩傳，反映了嘉靖以降其與雪庵和尚逐漸合而為一的情況。[89]

　　明代中葉以降便有記載靖難功臣事蹟與獎賞的《壬午功臣爵賞錄》、《壬午功臣別錄》和《靖難功臣錄》等著作問世，一般的國朝史著作也經常提及靖難功臣事蹟，如鄭曉《皇明名臣記》第五卷便以靖難功臣為主。至萬曆年間，仍可見對於此類人物之讚頌或紀念書

84　〔明〕王圻，《續文獻通考》（《四庫全書存目叢書》，子部第185-189冊，臺南：莊嚴文化事業有限公司，據中國科學院圖書館藏明萬曆三十一年刻本影印，1995），卷66，〈節義考·忠臣五·建文死事諸臣〉，頁5b-20b。

85　〔明〕王圻，《續文獻通考》，卷66，〈節義考·忠臣五·永樂死事諸臣〉，「陳文」條、「張玉」條、「陳亨」條，頁21a。

86　〔明〕王圻，《續文獻通考》，卷67，〈節義考·忠隱·皇明〉，頁11b-15b。

87　〔明〕王圻，《續文獻通考》，卷66，〈節義考·忠臣五·建文死事諸臣〉，「平安」條，頁18a。正德、嘉靖史籍中投降成祖後被迫致仕而自盡的張統亦然。參見〔明〕王圻，《續文獻通考》，卷66，〈節義考·忠臣五·建文死事諸臣〉，「張統」條，頁19a。

88　〔明〕李贄，《續藏書》（臺北：臺灣學生書局，1974），卷9，〈靖難功臣〉，頁148-158；〔明〕王圻，《續文獻通考》，卷66，〈節義考·忠臣五·建文死事諸臣〉，「郭資」條，頁5b。

89　〔明〕王圻，《續文獻通考》，卷66，〈節義考·忠臣五·建文死事諸臣〉，「彭與民」條，頁9b-10a；「葉希賢」條，頁10b；卷67，〈節義考·忠隱·皇明〉，「彭與明」條，頁11b；「葉希賢」條，頁13a-13b。

寫，如王世貞曾撰寫〈太宗功臣贊〉讚頌曾替永樂政權建立功勳的官員將帥，[90]李贄《續藏書》亦設有靖難功臣的專卷，評述其事蹟。[91]雖然在建文朝歷史專著裡，他們往往是以敵將身分出現，但在國朝史或通史著作的記載中，卻仍有一席之地，與建文諸臣並存於明人的歷史記憶裡。歷來對這些人物的描述，往往承襲永樂至宣德年間的紀念篇章，如對張玉事蹟的記載，即多採楊士奇〈河間忠武王張公神道碑銘〉之說，謂其於靖難戰時為救成祖重傷而死，[92]然而《續文獻通考》卻稱以「戰敗死」。[93]對另一「永樂死事之臣」陳亨的描寫，從靖難戰後到萬曆年間亦呈現微妙的變化：在永樂朝金幼孜所撰寫的神道碑銘中，稱其於追隨太祖時期即戰功彪炳，白溝河戰役時敵聞其名不戰自退，後因病去世；[94]嘉靖年間的建文朝專著如《革朝志》雖未見不戰退敵一事，甚至還描述白溝河的激烈戰況，卻有陳亨在該役戰勝後不久攻下德州的記載；[95]但在《續文獻通考》中，陳亨卻是在白

---

90 〔明〕王世貞，《弇州四部稿》，卷101，〈太宗功臣贊〉，頁12b-16a。其〈詠諸功臣像〉詩中，則同時歌詠建文忠臣徐輝祖和靖難功臣朱能。參見〔明〕王世貞，《弇州續稿》（《景印文淵閣四庫全書》，第1282-1284冊，臺北：臺灣商務印書館，據國立故宮博物院藏本影印，1986），卷8，〈故太子太傅徐輝祖〉，頁4b；〈故奉天靖難推誠宣力武臣特進榮祿大夫右柱國太子太傅征夷將軍成國公東平朱武烈王能〉，頁5a。

91 〔明〕李贄，《續藏書》，卷9，〈靖難功臣〉，頁148-158。前卷〈靖難名臣〉則介紹迎降成祖後獲重用或永樂年間提拔的朝臣。參見〔明〕李贄，《續藏書》，卷8，〈靖難名臣〉，頁138-147。

92 張玉是永樂重臣英國公張輔之父，在楊士奇的描寫中，他以一個智勇兼備的將領形象活躍於靖難戰爭期間，「帷幄謀畫悉以任」，後在東昌戰役中為尋救燕王而衝入敵陣，以致傷重去世。嘉靖末鄭曉、萬曆朝朱睦㮮和李贄等人為張玉所寫傳記亦承襲此說。參見〔明〕楊士奇，《東里續集》，卷25，〈河間忠武王張公神道碑銘〉，頁1a-6a；〔明〕鄭曉，《吾學編‧皇明名臣記》，卷5，〈河間張忠武王〉，頁1a-3b；〔明〕朱睦㮮，〈英國公忠武張玉傳〉，收入〔明〕焦竑編，《國朝獻徵錄》，卷5，〈公一〉，頁61a-63a；〔明〕李贄，《續藏書》，卷9，〈靖難功臣‧河間張忠武王〉，頁154-155。

93 〔明〕王圻，《續文獻通考》，卷66，〈節義考‧忠臣五‧永樂死事諸臣〉，「張玉」條，頁21a。

94 〔明〕金幼孜，《金文靖公集》，卷9，〈明故榮祿大夫後軍都督府同知陳公贈奉天靖難推誠宣力武臣特進榮祿大夫右柱國追封涇國公謚襄敏神道碑銘〉，頁1a-3a。

95 〔明〕許相卿，《革朝志》，卷1，〈君紀〉，建文二年四月己未條，頁28b-29a；建文二年五月癸酉條，頁29b。

溝河戰役敗於平安而被斬。[96]該書與其他文本的認知歧異，實反映萬曆年間建文朝相關記載經知識分子長期蒐羅、積累，以致資訊龐雜、諸說紛呈的情況。

隨著重史風氣在嘉靖中期以降越發興盛，加上史料的不斷挖掘與累積，有些作者甚至會因應時事與新出材料，修改自己的著作內容，如朱鷺《建文書法儗》便曾多次增改。萬曆年間史料彙編型文本的問世，多有為正史纂修提供資料的用意，而此類著作將建文朝歷史書寫的現有成果匯於一書，呈現出當時史料積累的情況，也讓人們重新注意到一些之前較少接觸的文本。《建文書法儗》和《建文朝野彙編》還整理出歷來朝廷寬赦、肯定建文君臣之旨，[97]以及官員奏請表彰殉臣、為建文帝修史或恢復年號的事件，固然有將此類行為塑造成「盛德」、「公論」之意，以強化推動後續進展的正當性與必要性，[98]卻也顯示當時建文朝的相關問題並不只是過去的歷史，更是與現實密切結合的政治議題。

第二節　殉臣忠魂與香火的延續

隨著神宗即位詔下令旌表建文殉臣，原由地方官員、士紳自行發起的紀念活動，至萬曆年間轉為較硬性的官方政策。但各地祠祀建文忠臣的狀況，仍然存在區域上的差異，其中以南京表現最為突出。這座於建文年間擁有國都地位的城市，在當地官員的經營與塑造下，

---

[96] 〔明〕王圻，《續文獻通考》，66，〈節義考・忠臣五・永樂死事諸臣〉，「陳亨」條，頁21a。

[97] 許有穀《皇明忠義存褒什》亦錄有歷任君王褒表建文殉臣、宥其遺族的諭旨，李贄《續藏書》則整理了歷朝君臣的相關言論與措施。參見〔明〕許有穀，《皇明忠義存褒什》（《四庫全書存目叢書》，史部第115冊，臺南：莊嚴文化事業有限公司，據天一閣文物保管所藏明崇禎刻本影印，1995），〈歷朝追宥奏錄諸賢詳節〉，頁1a-7b；〔明〕李贄，《續藏書》，卷5，〈遜國名臣・遜國名臣記〉，頁78-79。

[98] 如《建文書法儗》便將彙整歷來朝廷寬赦、肯定建文君臣之旨的部分題名為「述盛德」，記述歷朝野奏請表彰殉臣、為建文帝修史或恢復年號事件的段落題名為「述公議」。參見〔明〕朱鷺，《建文書法儗》，〈述盛德十條〉，頁8a；〈述公議六條〉，頁17a。

成為壬午殉難歷史的見證與象徵之地。另一方面，隨著恤錄忠臣苗裔
命令的發布，有關建文殉臣後代的訊息也逐漸在當時的文獻中增多，
有些「忠臣後代」的身分更曾引發爭議。在此過程中，殉臣忠烈精神
與香火的延續，是人們最關心的問題，相較之下，這些措施所反映或
「重現」的是否確為史實，反而沒那麼重要了。

（一）南京：歷史悲劇的緬懷之地

　　南京，是昔日明太祖、建文帝統御大明期間的國都所在，也是靖
難戰前最能感受帝國氣象和建文帝施政情況的地區。但隨著成祖取代
建文政權，並將國都北遷，這座城市不但失去原有政治地位，亦成為
政權替換之際，時代變動感最強烈的地區。而永樂初年對建文諸臣及
其親屬的整肅，也是以南京為中心向外擴散。或許在兩百多年後的萬
曆年間，對靖難戰時的記憶已不復存在，曾經的破敗或衰落，也已被
夢幻般的繁華取代，但建文殉臣的事蹟卻透過長期以來文人的查訪與
書寫保留下來，並深入人心。自明代中葉起，南直隸地區便是建文朝
歷史書寫與記憶傳播的重鎮，至萬曆年間仍然如此，不僅在建文朝專
史書寫方面頗有成就，當地官員和文人似乎也有意將南京塑造成一個
建文忠臣殉死記憶的載體，讓這座靖難歷史痕跡早已淡去的城市，重
新成為相關歷史的見證與象徵，在提供後人紀念和憑弔的同時，延續
並強化對忠臣事蹟的記憶。

　　南京原本就是個歷史氣息濃厚的城市，在明代以前曾是七個政權的
國都，為數眾多的古蹟和古人宅墓，遍布南京及其周邊地區。無論是齊
梁宮殿、宋晉庭園之舊址，唐代詩人劉禹錫（772-842）藉以賦詩感慨六
朝興亡的烏衣巷，還是三國時代吳大帝孫權（182-252）的陵址，這些古
蹟、宅墓有些仍保有部分舊貌，有些則已不見半點遺存，連其遺址真假
都難以查考，但都能讓前往的遊人墨客，沉浸在前朝歷史的氛圍中。[99]

---

[99] 石守謙將古蹟分為「史料性古蹟」和「記憶性古蹟」兩類，前者指確實保存以往形
態的古蹟，後者則是一種歷史記憶的象徵，其是否保留原有形象或確實存於當地並

由於六朝與南唐國祚短暫，留存當地的古蹟，往往予人盛衰無常之感，加上南京在國初曾為京師，太祖建孝陵於鍾山，環以開國功臣墓群，卻隨著成祖北遷國都、建陵天壽山，成為一座孤陵，更令人感慨靖難戰後南京地位的衰落。不過，南直隸官員在當地從事對壬午殉難的紀念性建置，並非想強調政治變動帶來的興衰，也不是要喚起靖難戰爭和後續整肅的受難記憶，他們重視的是殉臣自身的生命抉擇，為了貫徹忠義、維護清白而殉死的精神。

南京在萬曆朝樹立的第一個建文殉臣紀念地標，是落成於萬曆四年的南京表忠祠。該祠是右僉都御史宋儀望（1516-1580）巡撫應天期間，應神宗即位詔而建，共祀七十九人。[100]祠址的選擇似頗具深意，就在城內西側的全節坊，相傳為東晉時卞壼（281-328）抵禦蘇峻（?-328）之亂時的戰死處。而此地名恰好亦可與表忠祠所祭祀的建文忠臣形象相連結，達到彼此強化的效果。當時南京戶部侍郎汪宗伊為此撰寫碑銘，文中對立祠緣起的敘述，即透露了當地官員在接獲詔令後，對相關事務的企圖心：

> 今上覃恩之歲制天下：「異時遜國諸臣，皆我太祖高皇帝所儲
> 養忠臣義士，成祖文皇帝當時有『練子寧若在，朕猶當用之』
> 之語。其在諸臣生長鄉邑，有司其為置祠，歲時以禮祀之，毋
> 廢。」蓋適追二祖德意，褒嫩忠義，以勵臣節，海內靡然向風

不重要，重要的是其所能勾起的記憶與感懷。石守謙以姑蘇臺為例，說明記憶性古蹟雖常屬無形，但其蘊含的歷史記憶與文化意義，卻特別容易觸發人們對歷史發展、世事變遷的感慨。南京及其周邊地區的古蹟、宅墓，有不少都屬於「記憶性古蹟」。參見石守謙，〈古蹟・史料・記憶・危機〉，《當代》，92（臺北，1993.12），頁10-12。

[100] 〔清〕張廷玉等撰，鄭天挺點校，《明史》，卷227，〈列傳・宋儀望〉，頁5954。據萬曆朝《應天府志》記載，該祠是於萬曆三年奉詔建立。根據當時入祀表忠祠的建文忠臣名單，彭與明等隱遁之臣，以及憂死於靖難戰爭期間的王艮，皆在其列。參見〔明〕汪宗伊、程嗣功修，〔明〕陳舜仁等纂，《（萬曆）應天府志》（《稀見中國地方志彙刊》，第10冊，北京：中國書店，據明萬曆五年刻增修本影印，1992），卷20，〈祠祀志・本府〉，「表忠祠」條，頁3a-4a。

矣。惟是南畿，為首善之地，右副都御史臣宋儀望、御史鮑希顏、唐煉、褚鐵先後以觀風至，祗奉明詔，袞採諸臣之生於斯長於斯者各若干人，命笇庫出公幣羨金，建祠於冶城之東。[101]

南京雖失去國都地位，但仍屬二京之一，重要性僅次於北京，又是經濟、文化重地，使當地官員頗有對此一「首善之地」的驕傲與責任感。而作為建文年間的國都，南京不僅是多數建文朝臣主要的生活空間，也是永樂朝政治整肅最嚴重的地區，可說是諸忠事蹟誕生最重要的舞臺。因此，建於南京的表忠祠，其規模之大，祠祀人數之多，在晚明相關紀念建置中相當突出。汪宗伊不僅為該祠寫作碑銘，還為入祀諸臣立傳，撰成《表忠錄》，惟其內容似乎不盡詳備，因而促成張朝瑞（1536-1603）《忠節錄》的寫作。[102]這也顯示他對該祠建置的投入並非單純的應命行事，而是帶有自己的關懷。事實上，汪氏在碑銘中也提到，在宋儀望囑命應天府建表忠祠之前，已有同屬南直隸的太平府官員劉垓，向此前巡撫應天的僉都御史張佳胤、御史向程、謝廷傑、李輔等官員提出立祠建議，只是「行之未竟」。[103]由於上述人等擔任相應職務的時間皆橫跨隆慶、萬曆兩朝，[104]故很難判斷劉垓立祠之議是否與神宗即位詔有

---

[101] 〔明〕汪宗伊，〈應天府奉詔建表忠祠碑銘〉，收錄於〔明〕錢士升，《皇明表忠紀》（《四庫全書存目叢書》，史部第110冊，臺南：莊嚴文化事業有限公司，據北京圖書館藏明崇禎刊本影印，1996），〈附錄〉，頁1a-1b。

[102] 焦竑跋文對該書撰寫背景記述如下：「萬曆初，京兆奉上詔建祠冶城，祀遜國死事諸臣。時汪公宗伊為《表忠錄》以傳，然未備也。海州張公朝瑞……念遜國忠臣義士實繁其人，手裒遺事而為此編，凡增至六十餘人，主成躬奉以入祠。」參見〔明〕焦竑，〈忠節錄跋〉，收入〔明〕張朝瑞，《忠節錄》（《四庫全書存目叢書》，史部第97冊，臺南：莊嚴文化事業有限公司，據北京圖書館藏明萬曆刻本影印，1995），頁跋1a-跋1b。

[103] 〔明〕汪宗伊，〈應天府奉詔建表忠祠碑銘〉，收錄於〔明〕錢士升，《皇明表忠紀‧附錄》，頁1b。

[104] 劉垓於隆慶五年考取進士後，出任太平府推官，後陞為刑部主事，萬曆五年改任禮部祠祭司主事；張佳胤則於隆慶五年十月由山西按察使改任都察院僉都御史，巡撫應天等地，此一職務直至萬曆二年方告結束；向程、謝廷傑、李輔三人在隆慶至萬曆年間也都有御史職銜。參見〔清〕王斗樞修，〔清〕張畢宿纂，《（康熙）當塗縣志》（《孤本舊方志選編》，第17-18冊，北京：線裝書局，2004），卷12，〈職官〉，未編頁；〔明〕俞汝楫編，《禮部志稿》，頁804；〔明〕張居正等撰，

關，但至少可以看出，南直隸地區的官員中，已有人意識到南京於相關歷史方面的地位與意義，並在表忠祠議建過程中表現出一定程度的主動性，而非只扮演因應詔令、聽命於上級的角色。

與其他奉神宗詔而立的建文忠臣專祠相同，南京表忠祠就祀典性質與層級而言，亦屬於地方群祀。[105]而從汪宗伊碑銘中「諸臣之生於斯長於斯者」的入祠標準來看，此標準應是根據神宗即位詔中「各地方有司官查諸臣生長鄉邑，或特為建祠，或即附本處名賢忠節祠，歲時以禮致祭」的命令擬定。但就實踐層面及後續發展來看，「生於斯、長於斯」的意義顯然被予以擴大，除了出身南直隸地區的建文忠臣外，任職、死難於南京的官員也被囊括其中。[106]過去在正德、嘉靖年間，亦有於建文忠臣任職地立祠的案例，[107]這或許也為南京表忠祠選取入祀者的實踐提供了參考。值得一提的是，素為建文朝歷史記憶書寫和傳播重鎮的南直隸蘇州府，萬曆初年亦由宋儀望會同知府吳善言，在吳縣雍熙寺西橋右建表忠祠，但祠中供奉的兩位殉臣姚善、黃子澄皆非當地人。[108]姚善是湖廣德安府安陸縣人，建文時任蘇州知府，

《明穆宗實錄》（臺北：中央研究院歷史語言研究所，據北平圖書館藏紅格鈔本微捲影印，1966），卷62，隆慶五年十月甲寅條，頁1510；《明神宗實錄》，卷24，萬曆二年四月癸丑條，頁614。

[105] 〔明〕申時行等修，〔明〕趙用賢等纂，《（萬曆）大明會典》，卷93，〈禮部五十一・群祀三・有司祀典上〉，頁9b。從南京表忠祠是根據神宗即位詔而建，且未列入萬曆朝《大明會典》同卷的南京「京都祀典」來看，該祠在國家祀典體系中應該就是被定位為地方群祀。

[106] 南京表忠祠在萬曆三年建成之初，共入祀了七十九人，而且以非南直隸人居多。在萬曆《應天府志》的表忠祠條目中，即詳列了當時的入祀名單。參見〔明〕汪宗伊、程嗣功修，〔明〕陳舜仁等纂，《（萬曆）應天府志》，卷20，〈祠祀志・本府〉，「表忠祠」條，頁3a-4a。

[107] 如建文殉臣中擔任浙江按察使的王良，便在正德年間，由當時的浙江按察使梁材立祠於按察司東南；山東濟南府亦在嘉靖年間建立了七忠祠，所祀七位殉臣皆只是曾任職當地，而非出身當地者。參見〔明〕胡宗憲修，〔明〕薛應旂等纂，《（嘉靖）浙江通志》，卷19，〈祠祀志第四之一〉，頁4b；〔清〕王贈芳等修，〔清〕成瓘等纂，《（道光）濟南府志》，卷18，〈祠祀〉，「七忠祠」條，頁30a。

[108] 〔明〕牛若麟修，〔明〕王煥如纂，《（崇禎）吳縣志》（《天一閣明代方志選刊續編》，第15-19冊，上海：上海書店，據明崇禎刊本影印，1990），卷19，〈祠廟〉，頁50a。根據《明神宗實錄》，宋儀望擔任巡撫都御史，是在萬曆二年至四年期間，故建吳縣表忠祠的時間亦應如是。參見《明神宗實錄》，卷22，萬曆二年

至於原籍江西袁州又未曾任職蘇州的黃子澄，之所以能與姚善同祀，應是受私史記載中其於南京城破後曾投靠姚善的說法影響，而此說目前最早便是見於蘇州吳江士人史鑑為姚善所寫的傳記。[109]故南京表忠祠入祀標準較其他建文忠臣專祠為寬，既可能與宋氏本人的態度有關，亦可能涉及南京、蘇州等地士人對相關史事的關懷。

總之，這種相對較寬的入祀標準，加上南京作為建文朝國都與壬午殉難主要舞臺的歷史淵源，讓南京表忠祠得以收納來自全國各地的建文忠臣，頗有國家級「總祠」的架式。而在往後，入祀該祠的建文忠臣仍持續增加，據天啟二年（1622）孫應嶽《金陵選勝》記載，當時祠中所祀人數已達一百一十七人，等於增加了半數以上。[110]表忠祠集結背景、籍貫、經歷皆異的諸臣共同祭祀，也打破過去以忠臣原鄉或任職地區祭祀為主的形態，加上許多殉臣死難或埋葬處都在南京，使相關紀念活動逐漸脫離以往由殉臣故鄉官員或士人各自主導的模式，進而使該地在晚明建文殉臣紀念中，扮演越發重要的角色。

除了設立專祠進行祭祀，當時許多旅居南京的官員與士人，也嘗試考察建文殉臣墓地或死節地點，甚至設置紀念性地標。萬曆五年《應天府志》已載有幾處殉臣墓址，如記齊泰墓在縣南青絲洞，[111]又記方孝孺墓在聚寶門外山上，並附註「門人廖鏞、廖銘收其遺骸，葬之于此。甫畢，而鏞等見收」的說明，[112]將廖鏞等人不畏整肅的義舉與方孝孺的死難事蹟連結起來。然而，當時人們對方孝孺墓址的認知，主要來自此前相關文獻，並不清楚其確切位置。換言之，當時所謂的「方孝孺墓」，不過是一處僅存在於記載與傳聞中，徒具象徵意

二月乙亥條，頁592；卷55，萬曆四年十月辛未條，頁1279。
[109] 〔明〕史鑑，《西村集》，卷6，〈姚善傳〉，頁29a。
[110] 〔明〕孫應嶽，《金陵選勝》（《故宮珍本叢刊》，第270冊，海口：海南出版社，2001），卷7，〈祠廟·表忠祠〉，頁7a-9a。
[111] 〔明〕汪宗伊、程嗣功修，〔明〕陳舜仁等纂，《（萬曆）應天府志》，卷22，〈雜志中·宅墓〉，頁31a。
[112] 〔明〕汪宗伊、程嗣功修，〔明〕陳舜仁等纂，《（萬曆）應天府志》，卷22，〈雜志中·宅墓〉，頁27b。

義卻不知實存何處的「記憶性古蹟」。直到萬曆十七年，方由南京禮部主客司郎中汪應蛟（?-1628）尋訪方孝孺葬處，與祠祭司主事湯顯祖（1550-1616）等人立碑為示，供後人探訪、憑弔，並作記說明緣由：

> 先生死南門外，其葬所竟無人識者。余甚慨焉，因遍詢諸土人數月，得二、三黃髮為言：先生死，戚友多蒙難，無為主者，土人或以甕收遺骨，竊葬於聚寶山之側，在今永寧寺後。余懼其久且湮沒無傳也，因為立石其上，並志歲月於碑陰，俾後有考古君子，得覽鏡焉。[113]

從上文可發現，當地耆老對方氏埋骨經過的認知，已與《應天府志》記載有所差異（雖然府志所依據的私史記載，亦多出自民間傳述），此種情況在歷史記憶傳承的過程中並不少見，也讓當時人們認知的方孝孺墓址，多了幾分「恐非其地」的可能性。可以說，汪應蛟等人尋訪方孝孺墓並立石其上的作法，其實是對此一「記憶性古蹟」進行的「再發現」、「再塑造」與「再實體化」，但卻也反映了期盼忠臣事蹟能永久流傳的心情。他們對相關史事的關切，或許亦是使其投入考察的動力，讓往後同受此一事蹟感動的人們，有個可供感懷、憑弔的地方。同年，聚寶山之南建起了方正學先生祠，[114]這是繼方孝孺墓後，南京第二座紀念方氏死難的地標。另外，根據康熙朝《江寧縣志》記載，明代在聚寶山方孝孺祠左建有祭祀景清的御史大夫景公祠，該祠曾於明季遭毀，後來在順治年間重建。[115]雖然志書中並未明

---

[113] 〔明〕汪應蛟，〈明方先生墓碑記〉，收入〔明〕姚履旋編，《遜志齋外紀》（《四庫全書存目叢書》，史部第85冊，臺南：莊嚴文化事業有限公司，據浙江圖書館藏明萬曆刻清康熙項亮臣增補本影印，1995），卷上，頁50a-50b。聚寶山又名雨花臺，方孝孺墓至今仍是該處的重要景點之一。

[114] 〔清〕佟世燕修，〔清〕戴務楠纂，《（康熙）江寧縣志》（《稀見中國地方志彙刊》，第10冊，北京：中國書店，據清康熙二十二年刻本影印，1992），卷5，〈建置志下‧祠〉，「方正學先生祠」條，頁6b-7a。

[115] 〔清〕佟世燕修，〔清〕戴務楠纂，《（康熙）江寧縣志》，卷5，〈建置志下‧祠〉，「御史大夫景公祠」條，頁7b-8a。

言景公祠的初建時間，但應一度於晚明與方孝孺祠相鄰而立，共同建構起聚寶山一帶憑弔建文殉臣的紀念空間。

萬曆年間，南京在文人心目中似乎已成為壬午殉難的象徵地，許多人在當地留下充滿感慨和哀悼之情的詩文。如王世貞〈謁表忠祠有述〉一詩，即是拜謁該祠後「不勝感嘆，斐然成章」的產物；[116]朱鷺〈過金陵弔方正學諸臣詩〉，既以「四年寬政解嚴霜」形容建文年間的仁政，又以「自分一腔忠血少，盡將赤族報君王」一句，[117]將殘酷的政治整肅轉為諸忠率族捨生取義的生命抉擇與自我實現。而與汪應蛟共同為方孝孺墓址立碑的湯顯祖，亦在〈高座寺為方侍講築塋臺四絕〉的詩引中，講述了一個發生在當代的動人故事：

> 方家女種落教坊，年年踏青雨花臺上，望而悲之。曰：「我祖翰林君也，雙梅樹為記，因地入梅都尉家而醉絕。」予為植其墓，有田，春秋祠之。教坊人先已為李道父〔甫〕郎中放其籍，嫁商人矣。[118]

故事中的女子自稱是方孝孺後代，每年都上雨花臺悼念先祖，她告訴湯顯祖，方氏的墳塚原有兩株梅樹為記，但該地後來劃歸駙馬都尉梅殷（?-1405）家族所有，無法再前往拜祭。湯氏因而在新修的方墓旁重植雙梅，並為其購置祀田。由於明代高座寺被劃分為東、西二寺，東為永寧寺，西仍為高座寺，故湯顯祖於高座寺為方孝孺所建墳墓，仍可能與他和汪應蛟考察的「永寧寺後」是同一處；而重植雙梅之舉，既能延續和撫慰方孝孺後人的悼祖之情，也可透過教坊女提供的歷史記憶，為方氏墓址再行標記。

---

116 〔明〕王世貞，《弇州續稿》，卷8，〈謁表忠祠有述〉，頁11a-12b。
117 〔明〕朱鷺，《建文書法儗》，〈附編上‧過金陵悼方正學諸臣詩〉，頁24b。
118 〔明〕湯顯祖撰，徐朔方箋校，《湯顯祖集》（上海：上海古籍出版社，2015），第2冊，詩文卷10，〈高座寺為方侍講築塋臺四絕〉，頁610-611。

詩引中所提李三才（？-1624）放籍教坊人的確切時間已難考察，但應在萬曆十一年（1583）到萬曆十五年之間。[119]若此事發生在萬曆十二年以後，那很可能是因應該年朝廷准屠叔方奏請、解除建文諸臣發戍外親後代軍籍的政令。相較於永樂二十二年仁宗先後發布的兩道赦令，遍及建文諸臣被發配教坊司、錦衣衛、浣衣局、編入匠籍、入功臣家為奴的親屬，與受累遭到發戍的姻親，萬曆十二年朝廷的赦免範圍則僅止於後者，顯得較為狹隘，故李三才放籍教坊人一事，或許便有補足上述缺口的意涵。王士性（1547-1598）自序於萬曆二十五年的筆記著作《廣志繹》中，也提到了此事。然而有趣的是，從該書記載來看，當年李三才釋放的教坊人中，並未包含方孝孺的後代：

> 舊院有禮部纂籍，國初傳流至今。方、練諸屬入者，皆絕無存，獨黃公子澄有二、三人，李儀制三才戮而放之。[120]

作為建文忠臣群體的代表人物，方孝孺和練子寧後代的境況，自然備受包括王士性在內的晚明士大夫關心。但遺憾的是，就王氏所知，當時方、練二人被發入教坊司的遺屬「皆絕無存」，只有黃子澄有兩三位後代蒙李三才「戮而放之」。此記載也讓方家教坊女故事的真實性變得充滿疑問。不過對湯顯祖而言，此故事不僅能為方孝孺墓址的位置提升可信度，更增添相關歷史中引人唏噓的成分。其〈高座寺為方侍講築塋臺四絕〉的前二首詩，描述的都是此事帶給他的感慨：：

---

[119] 據《明實錄》記載，李氏於萬曆十一年前任戶部員外郎，三月因魏允貞事外調為山東東昌府推官，萬曆十五年由南京禮部郎中轉任山東僉事。清嘉慶年間的《東昌府志》則記載，李三才於萬曆十一年任該府推官，隔年改由劉芳譽繼任。故應可將李氏放籍教坊中人的可能時間，限縮至萬曆十二至十五年間。參見《明神宗實錄》，卷135，萬曆十一年三月壬辰條，頁2517；卷183，萬曆十五年二月癸未條，頁3425；〔清〕嵩山修，〔清〕謝香開、張熙先纂，《（嘉慶）東昌府志》（南京：鳳凰出版社，據清嘉慶十三年刻本影印，2004），卷15，〈職官一‧題名‧明‧推官〉，「李三才」條、「劉芳譽」條，頁24b。

[120] 〔明〕王士性撰，周振鶴點校，《廣志繹》（北京：中華書局，2006），卷2，〈兩都〉，頁211。

碧血誰將雙樹栽，為塋相近雨花臺？心知不是琵琶女，寒食年年挂紙來。

宿草悲歌日欲斜，清明不哭怕梅家；哪知都尉當年死，一樣忠魂傍雨花。[121]

在湯顯祖看來，方氏後人因「地入梅都尉家」無法祭掃先祖的故事，既令人感傷，又有幾分諷刺。畢竟在萬曆時人的歷史記憶中，梅殷和方孝孺都是效忠建文帝的殉難之臣。嘉靖年間的相關史籍，多將其記述為建文朝抗燕的重要將領，即使在政權更替後也未輕易屈服，[122]並認為永樂三年（1405）梅殷遭前軍都督僉事譚深、錦衣衛指揮趙曦命人推擠落橋而死，實是成祖授意，[123]這些認知都延續至萬曆年間。教坊女的故事，為後世記憶中的方孝孺事蹟再添動人的一筆。之後錢謙益亦曾寫下四首題為〈謁方希直先生墓祠〉的詩作，[124]最後一首即以方家教坊女為主題，[125]顯示他不僅曾至該處憑弔，且同樣深受上述故事

---

121 〔明〕湯顯祖撰，徐朔方箋校，《湯顯祖集》，第2冊，詩文卷10，〈高座寺為方侍講築塋臺四絕〉，頁611。

122 如《鴻猷錄》載：「駙馬都尉梅殷往為建文君帥兵守淮，盡心乃事。及上入正大位，諸守將皆釋兵入覲，殷猶擁兵淮上。上令寧國公主以書招之回，始罷兵入見。上慰之曰：『都尉勞苦兵間。』對曰：『勞而無功，徒自愧耳。』」參見〔明〕高岱，《鴻猷錄》，卷8，〈入正大統〉，頁19a-19b。

123 《明太宗實錄》稱梅殷之死是因譚深、趙曦與之有隙而下殺手，但嘉靖時的史家不見得亦作此想，如許相卿《革朝志》便言成祖「屬人伺殺殷於笪橋，投屍水中」。不過嘉靖初郁袞《革朝遺忠錄》卻認為梅殷是「藉寵者構成其獄殺焉」，此說或源自《明太宗實錄》對陳瑛彈劾梅殷請治其罪的記載。無論傾向何種說法，嘉靖朝的相關文本，基本上已將梅殷視為忠於建文帝而遭成祖殺害的忠臣之一。參見《明太宗實錄》，卷47，永樂三年十月乙丑條，頁717-718；卷36，永樂二年十一月己亥朔條，頁619-620；〔明〕許相卿，《革朝志》，卷8，〈傳疑·梅殷傳〉，頁3b；〔明〕郁袞，《革朝遺忠錄》，卷下，〈梅殷〉，頁22b。

124 〔清〕錢謙益，〈謁方希直先生墓祠四首〉，收入〔明〕朱鷺，《建文書法儗》，〈附編上〉，頁29b。從這四首詩都被收入《建文書法儗》來看，其創作於萬曆年間的可能性應很高。下文註134〈登報恩寺塔感述〉一詩亦同。

125 詩云：「怯步何心問雨花，年年掛紙泣琵琶；行人尚說前朝事，女種依稀似鐵家。」參見〔清〕錢謙益，〈謁方希直先生墓祠四首〉，收入〔明〕朱鷺，《建文書法儗》，〈附編上〉，頁29b。

感動。湯、錢二人的詩篇，後來都被收入朱鷺編纂的史籍《建文書法儗》。這或許代表，比起王士性「方、練諸屬入者，皆絕無存」的記載，「方家教坊女」提供的故事，是晚明士人更為接受和歡迎的版本。

除了墓址的尋訪、整修和憑弔，南京文人也透過輯纂匯編型著作紀念方孝孺。萬曆四十年（1612），姚履旋所輯《遜志齋外紀》刊刻，書中搜集了各種與方氏有關的文獻，分表揚、像贊、傳銘、記狀、賜言、贈遺、碑記、祭弔、復姓、祀典十類，堪稱對此前相關史料的集成之作。編輯殉臣紀念文集並加以刊刻的工作，萬曆以前原多由其原鄉官員和文人進行，但此時南京士人開始積極參與宣傳殉臣事蹟和記憶，並有越發活躍的傾向。

不只是方孝孺，禮部侍中黃觀及其妻女的死節處，在當時也備受關注。位於桃葉渡的清溪忠節黃公祠，相傳即為黃觀之妻翁氏及其二女投水處。[126]該祠曾在萬曆中重修，禮部侍郎趙用賢（1535-1596）為之立碑，曾先後任職於南京禮部、吏部，後來更成為閣臣的葉向高（1559-1627），則撰有〈侍中黃公忠烈祠記〉。[127]有趣的是，在馴象門外、賽工橋東亦有一座建於萬曆三十一年（1603）的黃侍中祠，當地相傳其址為黃觀葬處，又稱翁氏母女率家人投水於此，南京著名的史學家焦竑更曾為該祠作記。[128]不過此前，從成化年間何喬新、尹直

---

[126] 桃葉渡位於秦淮河與清溪交匯處附近、淮清橋南，由《洪武京城圖志》中河道與橋樑的分布來看，其與淮清橋應相距不遠。故桃葉渡的忠節黃公祠，可能就是下文焦竑提到的「清谿姑廟」。另外，《洪武京城圖志》所言「清溪」，焦竑記文作「清谿」，康熙朝《江寧縣志》作「青溪」，今日對該地名的稱呼也是「清溪」、「青溪」皆有。在此暫且採用現存相關文本中較常見的「清溪」。參見〔明〕王俊華，《洪武京城圖志》（《北京圖書館古籍珍本叢刊》，第24冊，北京：書目文獻出版社，據清抄本影印，1988），總頁5；〔明〕焦竑撰，李劍雄點校，《澹園集》，卷20，〈禮部侍中黃公元配翁夫人暨二女墓祠紀〉，頁251；〔清〕佟世燕修，〔清〕戴務楠纂，《（康熙）江寧縣志》，卷5，〈建置志下·祠〉，「青溪忠節黃公祠」條，頁8a。

[127] 〔清〕佟世燕修，〔清〕戴務楠纂，《（康熙）江寧縣志》，卷5，〈建置志下·祠〉，「青溪忠節黃公祠」條，頁8a。

[128] 〔清〕佟世燕修，〔清〕戴務楠纂，《（康熙）江寧縣志》，卷5，〈建置志下·祠〉，「馴象門外黃侍中祠」條，頁8a；〔明〕焦竑撰，李劍雄點校，《澹園集》，卷20，〈禮部侍中黃公元配翁夫人暨二女墓祠紀〉，頁250-251。黃侍中祠附近的賽工橋，明初稱「大通橋」，康熙朝《江寧縣志》作「塞洪橋」。參見〔明〕

的記載開始，各類私史著作提及的黃觀妻女投水處，卻都是在城內的淮清橋，與上述二者皆異（見圖3-1）。

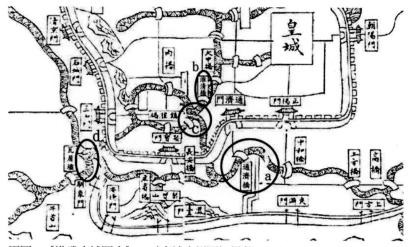

原圖：《洪武京城圖志》，〈京城山川圖〉局部
a. 《明太宗實錄》記載：通濟門外
b. 正德、嘉靖年間私史記載：淮清橋
c. 忠節黃公祠：桃葉渡（秦淮河與清溪交匯口）
d. 黃侍中祠：馴象門外、賽工橋東（圖中「瓦屑壩」處之橋，應即賽工橋）

圖3-1　黃觀妻女投水地點四說分布圖

　　焦竑在為黃侍中祠撰寫的記文中，對上述問題進行了考證。他指出，《明太宗實錄》明明記載翁氏母女投水於通濟門外，正、嘉年間私史卻稱是在通濟門內的淮清橋，而「後人弗加檢鏡，輒以清谿姑廟為祠，其失遠矣」。雖然馴象門外的黃侍中祠與通濟門的距離實較淮清橋更遠，但焦氏引述「夫人及二女屍順流而下，至今賽工橋，相持而立，顏面如生，鳥鳶類皆不敢近，或為具棺收之」的傳說，認為賽工橋東雖非投水地點，卻是「夫人、二女埋玉處」，故立祠與黃觀同

王俊華，《洪武京城圖志》，總頁5。

享香火並無不當。[129]

　　總之，桃葉渡的黃公祠，原應是根據翁氏母女於淮清橋投水的說法而建，後來卻由此衍生出桃葉渡即三人自盡處的傳聞；馴象門外黃侍中祠的情況也與此類似，不僅出現「屍順流而下至賽工橋」的傳說強化立祠該處的正當性，之後連黃觀墓和翁氏母女投水處都被認為是在當地。這兩座各自標榜為「黃觀妻女殉節處」祠廟的出現，顯示當時人們對相關史事的記憶已趨於模糊、分歧，即使是實錄記載，也無法為事件發生的確切地點建立定論。不過，正如同其他許多坐落於南京的「先朝古蹟」，對前往憑弔的人們而言，這些地方是否確為原址或保有原貌並不重要，從被標上「黃觀墓」或「黃觀妻女殉節處」之名的那一刻起，它們便獲得了能引發人們歷史感懷的力量。無論這些歷史場景是真是假，其帶給憑弔者的心理影響，都是無庸置疑地真實。葉向高在為清溪黃公祠撰寫的記文當中，便明確地反映了這一點：

> 或者曰：「淮清橋非夫人死所也，夫人之死乃在賽公〔工〕橋，今葬骼其處，祠宜於賽公〔工〕，不宜青溪也。」余曰：「公、夫人神無不在，即兩祠何不可？且賽公〔工〕僻，久則沒矣；青溪通衢，過者式焉，是可以風也。」[130]

在葉向高看來，即使清溪黃公祠址並非翁氏母女殉節或埋葬之處，該祠仍擁有一個遠勝賽工橋東黃侍中祠的條件，那就是地理位置。黃侍中祠位置偏僻，恐有隨時間流逝逐漸沒落的危險；而清溪桃葉渡卻是交通樞紐，人潮往來頻繁，將建文殉臣紀念地標設於該處，無論是延續相關記憶，還是教化百姓、激勵忠義節烈之風，都能收到較好的效

---

129 〔明〕焦竑撰，李劍雄點校，《澹園集》，卷20，〈禮部侍中黃公元配翁夫人暨二女墓祠紀〉，頁251。
130 〔明〕葉向高撰，福建省文史研究館編，《蒼霞草全集》（揚州：江蘇廣陵古籍刻印社，據福建師範大學圖書館藏明天啓刊本影印，1994），《蒼霞草》，卷10，〈侍中黃公忠烈祠記〉，頁17a。

果。曾為《建文書法儗》作序的文人欽叔陽，便在前往黃觀墓憑弔後，留下兩首〈弔黃給諫墓〉詩，一首敘述他在墓前的所見所感，一首則描寫他對黃觀投水自盡情景的聯想與想像：

空山落日照荒阡，再拜披蓁備黯然。拂拭殘碑題姓字，可憐猶記建文年。
當年長嘯赴清波，勺水於今比汨羅。欲酹一尊歸骨地，臨風誰和采薇歌？[131]

黃觀墓及其墓碑是否為當時所建已不得而知，但其「殘碑猶記建文年」的景象，既向後世強調了其建立時間，又與墓主為其君盡忠殉死的孤臣形象相合，這對前往憑弔的人們來說便顯得無比真實。欽叔陽還將投水自盡的黃觀，與投汨羅江而死的屈原，以及不食周粟而采薇首陽山的伯夷、叔齊作連結。此種歷史比喻不僅具有文學效果，也讓屈原、伯夷、叔齊等人成為構築當代黃觀歷史形象的元素。欽氏此詩，將承襲自正德、嘉靖年間私史對黃觀之死的認知，結合親謁黃觀墓的經驗和對過往的聯想，構成其自身的歷史記憶。

除了憑弔建文諸忠及其親屬死難的紀念性地標，當時南京城內一些原本與靖難戰爭並不相涉的地景，也被文人寄予對該段歷史的感慨，大報恩寺塔即是其中之一。該塔與靖難戰爭的連結，其實在正德年間便已奠下基礎。祝允明成於正德六年的《野記》，便記有成祖起兵前曾發願成功後當建一塔以展報誠，後來渡江攻打南京時，忽見江中湧出一塔，讓他想起此願的故事。[132]而在隆慶五年（1571）進士趙善政筆記《賓退錄》記載的版本中，還將該故事與成祖得真武神相助

---

[131] 〔明〕欽叔陽，〈弔黃給諫墓〉，收入〔明〕朱鷺，《建文書法儗》，〈附編上〉，頁23b-24a。
[132] 〔明〕祝允明，《野記》，卷3，頁40a。

的傳說結合，稱興建寺塔是為向真武神展其「報誠」。[133]隨著這類傳說的發展，南京大報恩寺塔遂在晚明時人的心中，很自然地成為靖難戰爭記憶的一部分。如錢謙益〈登報恩寺塔感述〉一詩，便借用了這種意象上的連結，描述自己登塔俯瞰南京城時，湧上心頭的興亡記憶與唏噓之情：

> 文皇起藩服，提劍事誅討；喋血遍四海，迴心禮三寶。琳宮遍諸天，窣波直雲表；既顯人王力，不禁尊火燎。三界風輪轉，彌天劫灰掃；煨燼百年餘，孤塔尚縹緲。朝拱孝陵尊，襟帶江流小；回首雙闕間，依稀舊輦道。登臨王氣出，還顧憂心摽。猶憶燕師入，金川痛失保；閟宮玉石燔，禁殿戈鋋擾。以彼一炬威，窮此人天好；須臾報恩刹，煙焰亦圍繞。怪矣災相尋，幸哉塔光紹；熒熒萬歲燈，長照舊宮草。[134]

南京大報恩寺在明初原名天禧寺，永樂十年（1412）重建，二十二年將成時賜以今名。[135]寺塔建於永樂十年，至宣德三年（1428）竣工，[136]原是為了紀念太祖和馬皇后，其與靖難戰爭或真武神的連結，不過是後人因寺名「報恩」而產生的聯想與附會。以淵博學識見重明末文壇的錢謙益，應該也很清楚這一點，故他並未在詩中將還願真武視為建

---

[133] 〔明〕趙善政，《賓退錄》（長沙：商務出版社，1936），頁5-6。

[134] 〔清〕錢謙益，〈登報恩寺塔感述〉，收入〔明〕朱鷺，《建文書法儗》，〈附編上〉，頁29a。

[135] 《明太宗實錄》，卷131，永樂十年八月丁丑條，頁1621；卷269，永樂二十二年三月甲辰條，頁2441。

[136] 如沈德符《萬曆野獲編》即言大報恩寺塔為「文皇竭天下之力，十六年始成」，朱國禎《湧幢小品》則稱其「永樂十四年十月十三日起工，至宣德三年方完，蓋十六年矣」。但後者認知的起工時間似有誤，因為永樂十四年至宣德三年僅十二年。由《明宣宗實錄》可知宣德三年是正確竣工時間，故應起工於永樂十年。參見〔明〕朱國禎，《湧幢小品》，卷28，〈兩京諸寺〉，頁16a；〔明〕沈德符《萬曆野獲編》，〈畿南三大〉，頁612；《明宣宗實錄》，卷44，宣德三年六月丁酉條，頁1083。而錢謙益詩中「迴心禮三寶」一句，除指了成祖對佛教事務的參與，應也指其重修大報恩寺並興建寺塔之事。

塔的動機，而是透過另一種意象，將大報恩寺塔與靖難戰爭的歷史聯繫起來。在這首詩裡，大報恩寺塔主要扮演著兩種角色：一是讓作者能登高憑欄，透過所望見的皇城、孝陵等地景，遙想當年南京曾為帝都的榮景，以及城破時九重宮闕付之一炬的畫面；二是透過嘉靖四十二年大報恩寺因雷擊遭焚毀，琉璃磚建成之寺塔卻安然屹立一事，[137]將兩段原本全然無關的歷史，透過火焚的毀滅意象連結在一起。燎燃大報恩寺的孽火固然是起於嘉靖年間，但那籠罩著孤塔百餘年的煴爐，卻是建文帝焚宮時的產物；被烈焰吞沒的宮內玉石，在禁殿響起的干戈之聲，都是作者基於對該段歷史之記憶所產生的想像。末句「熒熒萬歲燈，長照舊宮草」又頗有唐代李白（701-762）〈登金陵鳳凰臺〉「吳宮花草埋幽徑」、元末錢惟善（?-1369）〈故宮春望次平禹成韻〉「寂寞萬年枝上月，夜深猶照舊宮牆」等詩句蘊含的興亡之慨。大報恩寺塔建起後「夜每燃燈數十，如星光燦爛，遙見十里之外」的景致，[138]在詩中成為一種恆常意象，對照南京在靖難戰後的地位變遷，突顯了「昔景依舊，人事已非」之感。而在建文帝焚宮一百六十多年後，昔日由成祖興築的大報恩寺塔，也遭遇了祝融之難，錢謙益透過詩中的敘述連接，塑造出兩者於命運上的聯繫，此一筆法除了抒發對世事無常的慨嘆外，或許亦隱含了某種因果報應的思想。

　　大報恩寺塔高二十四丈六尺一寸九分，是南京城周邊最高的建築，登臨遠眺，則「帝城勝概，一覽無遺」，[139]加上位處聚寶門外，寺左即是方孝孺墓所在的聚寶山，[140]這樣的地景聚合確實容易喚起人們對靖難歷史的記憶。而錢謙益對相關議題的興趣，似乎又較一般文人來得濃厚。錢氏是蘇州府常熟縣人，蘇州自明代中葉以來便是建文殉臣事蹟與相關野史軼聞傳述的重地，此種氛圍與書寫傳統應對其頗

---

[137] 〔明〕朱國禎，《湧幢小品》，卷28，〈兩京諸寺〉，頁15b。
[138] 〔明〕張瀚，《松窗夢語》（北京：中華書局，1985），卷2，〈東遊記〉，頁36。
[139] 〔明〕沈德符，《萬曆野獲編》，〈畿南三大〉，頁612。
[140] 〔明〕張瀚，《松窗夢語》，卷2，〈東遊記〉，頁36。

有影響。[141]〈登報恩寺塔感述〉一詩的寫作，透過大報恩寺塔曾遭火焚的經歷，將之與靖難歷史的意象相連結，彷彿也透露在作者的記憶裡，「焚宮」幾乎已成為建文、永樂政權更替的象徵。

　　透過紀念或憑弔據點的建立與形塑，南京的官員與文人成功地將當地營造成一個充滿歷史感動的空間，讓建文帝以焚宮落幕的悲淒故事，以及建文殉臣和其親屬的忠烈事蹟，得以長存於地方記憶。而在這種記憶中，政治迫害者的角色被淡化，僅凸顯受難者藉其生命抉擇維持自我理念價值的層面。建文殉臣及其親屬的有罪或無辜在此並非重點，其所成就之忠義與貞烈精神才是人們關注並傳頌的。如此現象除了涉及當時主流靖難歷史論述對成祖與建文君臣的調和，或許也和南京作為壬午殉難發生的主要地區有關。無論是昔日的皇城、殉臣的墳墓，還是諸臣女眷自殺全節的地點，都很容易勾起人們對相關片段與情節的回想。地方官員與文人將南京塑造成建文忠臣殉難記憶載體的作法，其背後固然有激勵士風臣節的用意，但也不可否認，這些事蹟確實非常動人，頗能引發後人的共鳴，否則也無法長期延續。[142]明人對此類事蹟的感觸和興趣，也讓相關追思行為成為一種需求，而南京官員於當地從事紀念性建置的作法，則相當程度地滿足了此種需求。壬午殉難歷史地景在南京的建構，亦使時人得以透過尋訪與憑弔等活動，將相關歷史認知與自身經驗結合，從而形成自己的歷史記憶。此種記憶還可能隨著文人對其尋訪與憑弔經驗的書寫，而獲得進一步的強化與擴散。

　　此外，無論是方孝孺墓所在的聚寶山，或忠節黃公祠位處的清溪

---

[141] 錢謙益對建文朝與靖難史事的關心，除了反映在上述感懷、憑弔的詩作，也可見於他將朱鷺《建文書法儗》上呈史館之舉，以及對萬曆晚年偽書《致身錄》進行的駁斥。

[142] 王汎森在對歷史記憶的討論中指出，歷史記憶是靠著不斷「再生產」（reproduction）才能傳遞下去的，比起「記憶」，對歷史的「遺忘」往往才是常態。石守謙亦認為，即使歷史事件本身具有豐富的情節與意義，但若不能激起後人的共鳴，對該事件的記憶即無法延續。建文君臣的事蹟傳述終明一代都不曾停息，甚至不斷衍生出新的故事，足見明人對相關史事的興趣與共鳴程度。參見王汎森，〈歷史記憶與歷史──中國近世史事為例〉，《當代》，91（臺北，1993.11），頁45；石守謙，〈古蹟・史料・記憶・危機〉，頁16。

桃葉渡，素來便是南京名勝，曾名列萬曆時余夢麟等人《雅游篇》遴選的二十景中，盛傳一時。[143]對晚明士人而言，由現存景物連結歷史記憶，沉浸於壬午殉難悲慘情景的想像中，原本便是前往上述二地遊賞的必經體驗。而文人於記憶中的「歷史現場」抒發懷古之情的創作風氣，[144]也增強了南京壬午殉難紀念地景延續相關歷史記憶的功能。而在往後的泰昌、天啟年間，這些紀念地點對知識分子的吸引力仍然存在，甚至獨立於原本所屬的名勝之外，自成一景。

（二）皇命下的殉臣紀念與恤錄問題

　　神宗即位詔命各地旌表建文諸臣之令，在萬曆朝開啟了一波為諸臣建祠立祀的活動。而在這個過程中，奉命巡視地方、考察政績的巡撫，扮演了相當重要的角色。例如上一節提到，應天巡撫宋儀望曾會同蘇州知府吳善言，在吳縣建表忠祠，祭祀姚善、黃子澄。萬曆二年，湖廣武昌府亦由巡撫建立表忠祠，祀「革除忠臣」姚善、廖昇、樊士信、周拱元。[145]同年，浙江巡按御史蕭廩奏請由當地官員於省城擇地，為方孝孺等浙江籍建文忠臣建祠置祀。[146]此議很快便得到回應，據萬曆七年（1579）《杭州府志》記載，地方官為因應隆慶六年神宗詔令，遂在府城建褒忠祠，祀方孝孺等十四人。志中還記有褒忠祠的祀禮，「歲以春秋二仲月擇日致祭」，以豬、羊為祭品，並由府

---

[143] 據顧起元《客座贅語》記載，余夢麟先是從其生平遊覽的南京名勝中，選出二十處，各著詩記之，其中即包括「雨花臺」和「桃葉渡」，後又邀焦竑、朱之藩等人一同創作唱和，輯為《雅游篇》刊行，還請到葉向高作序，「一時以為勝事」。參見〔明〕顧起元撰，譚棣華等點校，《客座贅語》（北京：中華書局，1987年），卷6，〈雅游篇〉，頁198-199。

[144] 「懷古」從唐代開始，便是中國古典文學的重要主題，這類創作也往往反映當時文人的歷史記憶。廖宜方《唐代的歷史記憶》即曾以專章討論地方詩中的歷史記憶。范宜如研究明代中葉吳中文壇，亦將描寫當地景觀之「歷史感受」、反映歷史記憶的詩文創作，視為吳中地域意識內化的管道之一。參見廖宜方，《唐代的歷史記憶》，第5章，〈唐代前期的地方詩與歷史記憶〉，頁335-371；范宜如，《明代中期吳中文壇研究——一個地域文學的考察》，頁102-133。

[145] 〔明〕王圻，《續文獻通考》，卷115，〈宗廟考五·賢臣下·皇明〉，「表忠祠」條，頁17a。書中似將周拱元之名誤作「周拱辰」。

[146] 《明神宗實錄》，卷23，萬曆二年三月丙戌條，頁597-598。

長官主持。[147]而與浙江同樣「盛產」建文忠臣的江西亦不落其後，隨即於南昌府建立大節祠。[148]

此外，當時亦有建文忠臣因神宗詔令而被奉入專祠。如原籍蘇州府崑山縣的隱遁之臣龔詡（1382-1469），便由巡撫立祠於府學之西，[149]萬曆時人王執禮、張大復（1554?-1630）亦曾為其作傳。[150]另如萬曆元年（1573）寧國知府陳俊、宣城知縣姜奇方，亦建俞公祠祭祀因勸阻燕王起兵而被殺的燕府教授俞逢辰（?-1399）。[151]萬曆二年，四川重慶府大足縣亦建忠節廟，祀殉臣胡子昭及其弟胡子義。[152]自成化年間便於南直隸廣德州享有香火的王叔英，在萬曆時又由知州吳同春於祠山建王修撰祠。[153]

即使如此，神宗的旌表命令，其實並非在各地均收到立即的效果，地方相關建置的進展，仍取決於地方官員的積極程度。也許正因

---

[147] 〔明〕陳善等修，《（萬曆）杭州府志》（《中國方志叢書‧華中地方‧浙江省》，第524號，臺北：成文出版社，據明萬曆七年刊本影印，1983），卷52，〈禮制〉，「祀褒忠祠禮」條，頁15a。

[148] 王圻《續文獻通考》載：「大節祠，在南昌府高橋南，祀靖難死事諸臣黃子澄、練子寧、胡閏端、王良、周是修、曾鳳韶、鄒瑾、王高、彭與明、魏冕、蔡運、顏伯瑋及其子有為。」該書成於萬曆十四年，故該祠的建立應早於此。文中的「胡閏端」，應是大理寺左少卿胡閏（亦即屠叔方《英風紀異》一書的主角）之衍誤。參見〔明〕王圻，《續文獻通考》，卷115，〈宗廟考五‧賢臣下‧皇明〉，「大節祠」條，頁19b-20a。

[149] 〔明〕王執禮，〈龔詡傳〉，收入〔明〕龔詡，《野古集》（《景印文淵閣四庫全書》，第1236冊，臺北：臺灣商務印書館，據國立故宮博物院藏本影印，1986），〈附錄〉，頁29b。龔詡事蹟於嘉靖末鄭曉《遜國臣紀》中已可見，惟其名作「龔翊」，書中稱其靖難戰時為金川門守卒，於宮焚後遁去。參見〔明〕鄭曉，《吾學編‧遜國臣紀》，卷5，〈龔翊〉，頁35b-36a。

[150] 〔明〕王執禮，〈龔詡傳〉，收入〔明〕龔詡，《野古集》，〈附錄〉，頁29b-31b；〔明〕張大復，〈龔詡傳〉，收入〔明〕龔詡，《野古集》，〈附錄〉，頁31b-35a。

[151] 〔明〕陳俊等修，〔明〕沈懋學等纂，《（萬曆）寧國府志》（《稀見中國地方志彙刊》，第23冊，北京：中國書店，據明萬曆五年刊本影印，1992），卷10，〈明禮志‧府〉，「俞公祠」條，頁7a-7b。

[152] 〔明〕盧懷忠、郭棐等纂修，《（萬曆）四川總志》，卷9，〈郡縣志‧重慶府‧祠廟〉，「忠節廟」條，頁22b。

[153] 〔明〕李得陽等修，《（萬曆）廣德州志》（臺北：漢學研究中心，據日本國會圖書館藏明萬曆四十年刊本影印，1990），卷2，〈建置志‧祠宇〉，「王修撰祠」條，頁21a。

神宗詔令未必在各地均被積極執行，或是實施上仍有所不足，有些朝臣便期望透過朝廷的力量，加緊辦理各地旌表建文忠臣的事宜。如萬曆十二年屠叔方在請釋殉臣外親的奏疏中，也希望藉由朝廷命令，讓建文忠臣專祠深入州縣地區，並要求各地確實執行恤錄苗裔的措施。[154]萬曆二十年，河南巡按御史周孔教（1548-1613）匯集包括鐵鉉等建文殉臣在內的十名國朝忠臣，奏請「已祀已旌者，宜飾祠宇，錄子孫；其未祀旌者，宜闡幽微，補闕略」，得到神宗允准。[155]萬曆二十五年，直隸巡按龔文選奏請贈錄黃觀，於其鄉建祠表墓，並查釋其遭逮捕、發戍的姻親，其建議為神宗下部酌議後付諸實行。[156]

　　萬曆年間，黃觀在其故鄉貴池縣，也與南京一樣建有兩座專祠。一座在縣城以西的李楊河羅漢磯，亦即相傳的黃觀投水處，該祠建於隆慶元年至萬曆三年（1575）知府鍾穀任內，故可能也是應神宗即位詔而建；另一座祠就是在龔文選的奏請下所建，位於池州府城九華門外。這兩座祠都置有祀田以供祭祀。[157]龔氏奏請再為黃觀建祠，有兩個可能原因，一是正德年間建於縣學以西的黃侍中祠已於嘉靖時改為啟聖祠（見第二章表2-3），二是羅漢磯的黃侍中祠位於城郊，不在城內民眾的日常生活空間範圍內，故於當地延續相關記憶、教化百姓的功能應相當有限，甚至可能有人根本不知道該祠存在。[158]此外，無論地方上是否已有相關建置，對一些士人來說，朝廷旌表建文忠臣的措施似乎永不嫌多。顧憲成（1550-1612）為《英風紀異》所撰序文中，

---

[154] 〔明〕屠叔方，《建文朝野彙編》，卷20，〈建文定論〉，頁12b-13a。
[155] 《明神宗實錄》，卷255，萬曆二十年十二月戊子條，頁4735-4737。
[156] 《明神宗實錄》，卷307，萬曆二十五年二月甲子條，頁5732。
[157] 〔明〕李思恭等修，〔明〕丁紹軾等纂，《（萬曆）池州府志》（《中國方志叢書·華中地方·安徽省》，第635號，臺北：成文出版社，據萬曆四十年刊本影印，1985），卷2，〈建置志·廟祠〉，「黃侍中祠二所」條，頁27a。
[158] 如為龔文選所建黃觀祠撰寫記文、當時已由戶部尚書致仕的畢鏘，是池州府石埭縣人，說起來也算是黃觀的同鄉。他在該文中有「黃侍中先生舊附在郡城內雙忠祠並祀，至今二百餘年未特祠也」一語，顯然並不知曉羅漢磯黃侍中祠的存在。參見〔明〕畢鏘，〈新建褒忠祠記〉，收入〔清〕劉權之修，〔清〕張士範等纂，《（乾隆）池州府志》（《中國方志叢書·華中地方·安徽省》，第636號，臺北：成文出版社，據乾隆四十三年刊本影印，1985），卷18，〈秩祀志〉，頁48a。

記有一則萬曆十二年神宗批准屠叔方奏議後，鄱陽知縣將之榜示地方時發生的神異事件：

> 於是鄱陽令程君朝京備書而榜之邑前，忽有旋風颺榜而上，夾日迴翔，自午及申，或沒或見，復還邑堂墀正中，一時環聚而觀者，凡幾千萬人，莫不驚嘆。此《英風紀異》之所繇作也。會侍御公（按：屠叔方）伯子觀攜而視予，或謂予曰：「跡公（按：胡閏）一片精誠，無不之也；上天下淵，無不徹也。造物者豈沾沾焉，特以此示奇而旌公，殆偶然耳。」[159]

鄱陽縣在神宗即位後，便應詔為胡閏建胡公祠，以其女郡奴配享。[160] 在屠叔方奏議獲准後，當地雖未再有新建置，卻仍將此事公告，以示旌表。顧憲成在序中雖以「或謂予曰」的他人觀點，來呈現對這起神異事件的解讀，但將這段解讀錄入序文，應表示他本身也認同這樣的解讀，將此「英風之象」視為上天對官方旌表胡閏、釋放其親族後代的正向回應。

值得注意的是，神宗即位詔中的建祠之令主要針對建文諸臣的家鄉，並不包括他們曾任官的地區。雖然成化後南直隸廣德州便開始祠祀殉於當地的王叔英，正德以降也有為任職當地的殉臣建祠之例，如方孝孺祀於成都、王良祀於浙江、姚善祀於蘇州，但這畢竟只是少數。除了方孝孺、練子寧等較常被提及的人物，多數殉臣實未必存於原鄉以外地區百姓的記憶裡。郭子章成於萬曆三十一年的《黔記》，便如此感嘆：

---

[159] 〔明〕顧憲成，《顧端文公集》，卷7，〈英風紀異序〉，頁1a-1b。

[160] 〔清〕王克生、黃國瑞等纂修，《（康熙）鄱陽縣志》（《中國方志叢書・華中地方・江西省》，第932號，臺北：成文出版社，據清康熙二十二年刊本影印，1989），卷四，〈建置志下・壇壝〉，「胡公祠」條，頁3a。書中胡閏之女名作「貞姑」，可能是源自其「忠胤貞姑」之諡。

革除諸公過化黔中者，惟陳尚書迪救普安，高斷事巍成關嶺，今問二公姓名於普安、關嶺，人亡有知者。吠堯之犬，戀主之馬，永樂間人猶諱言之，寧獨二公？建文君龍潛金筑十餘年，人猶未知，志莫敢書，況其下者乎？[161]

郭子章這段話，原是感慨建文諸臣相關記憶因政治禁忌而漸流失的情況，卻也點出此類記憶的形塑與延續，也存在區域上的差異。由於長期被視為禁忌，直至明代中葉，建文諸臣的名字與事蹟才在文獻中多了起來。相較於江西、浙江、南直隸等殉臣原鄉，早期可能基於地方認同而以私下傳述的方式保留相關記憶，禁忌漸解後又透過祠祀、立傳等管道予以延續、強化和補充，缺乏地緣關係的外鄉便無如此機制。特別是江南地區，文化發達，出版業和著述活動興盛，士人不僅致力於保存地方歷史，對建文朝議題亦長期抱持興趣，這些都是郭子章描述的貴州所不及者。換言之，除了作為明初官員主要的來源地區，文化條件應也是文獻呈現的建文諸臣原籍，和之後祠祀、旌表活動多集中於上述三地的原因。

當時江南地區更持續「發掘」出未曾見於過往文獻的建文忠臣，如萬曆三十二年《湯溪縣志》（原屬金華縣）記有靖難末辭官歸、後投水自盡的楊榮，以及靖難兵起時曾抱印抗節而遭械軍中的朱寧；[162]《仙居縣志》則收載了靖難戰後棄官為富家牧牛的吏部主事顧碩事蹟。[163]地方不斷將鄉里人物添入建文忠臣的譜系中，嘗試使其事蹟成為相關歷史記憶的一部分，這不僅是基於補足歷史空白、撫慰忠臣英靈或教化地方人心之類的理念，也往往是一種矜誇鄉土人物甚至

---

[161] 〔明〕郭子章，《黔記》，卷42，〈遷客列傳〉，「督府斷事高巍」條，頁9a。

[162] 〔明〕汪文璧等修，《（萬曆）湯溪縣志》（臺北：漢學研究中心，據日本內閣文庫藏明萬曆三十二年序刊本影印，1990），卷6，〈人物志·節義〉，「楊榮」條，頁17b；「朱寧」條，18a。

[163] 〔明〕顧震宇纂修，《（萬曆）仙居縣志》（《叢書集成續編》，第231冊，臺北：新文豐出版社，據仙居叢書本影印，1989），卷11，〈忠義列傳〉，「顧碩」條，頁1b-2a。

與外地競爭的宣傳手段，[164]甚至可能涉及冒充忠臣後嗣以獲取恤錄的動機。

「恤錄殉臣後裔」雖是神宗即位之初就發布的政令，但據屠叔方對萬曆十二年以前情況的觀察，此令發布十餘年後，仍不見任何恤錄之舉，與虛文無異。[165]不過，除了周是修這類未與成祖直接衝突的自殺者，[166]當時存留的殉臣後裔應已屬鳳毛麟角，要加以尋訪和恤錄本就頗有難度。從屠叔方在《建文朝野彙編》引《鄱陽軍冊》胡閏幼子胡傳福卒於景泰四年（1453），並於天順六年（1462）開除戶絕的記載來看，[167]他擔任鄱陽縣令期間可能也曾試圖尋找胡氏後裔，卻一無所獲，故在其書序中方有「諸君子子孫甚微」之慨。[168]

建文殉臣遺族的訊息在成化時便有零星流傳，如謝鐸〈新刊遜志齋集後序〉記方孝孺遺族因仁宗寬典而得返鄉，後在方氏故居建祠供奉之；[169]鄭曉《遜國臣記》甚至敘述其於溧水縣考察時，曾見到齊泰獲赦返鄉的幼子後裔；[170]而原籍山西澤州的張昺，傳說也有一子逃

---

164 廖宜方在《唐代的歷史記憶》中指出，矜誇鄉土山川、人物的風氣，正是地方歷史記憶的原動力，地方居民對鄉里的自豪感，經常是與鄰近地區抗衡較勁的結果。類似情形在明代建文朝歷史記憶的發展過程中亦能看到，地方志書的功能不僅在於保存當地歷史文化，也往往扮演對外宣傳的角色，透過方志刊行將地方上的忠臣事蹟流傳至其他地區，甚至成為人們共有的歷史記憶，是完全可能的，畢竟自明中葉以來，就有不少文人史家係從方志中擷取有關建文朝的資訊，將之載入筆記或史籍，再度進行傳布。此處提到的湯溪縣和仙居縣，皆隸屬於浙江，該省原本就是「盛產」建文忠臣的地區，當中包括方孝孺這樣的著名人物（參見附錄三），這可能也意味著各府縣之間的競爭、比較頗為激烈，而上述二縣收載地方上的忠臣事蹟，或許中帶有幾分因「強鄰環伺」而產生的焦慮感。參見廖宜方，《唐代的歷史記憶》，頁270、304、313-315。

165 〔明〕屠叔方，《建文朝野彙編》，卷20，〈建文定論〉，頁12b-13a。

166 第一章便已提及，周是修之子周轅在正統年間仍於地方上擔任學職，並嘗試與朝中的同鄉重臣建立連結，足見周氏一族的發展雖可能受限，但並無絕戶斷嗣之虞。而在萬曆年間，根據王世貞於萬曆年間為周是修文集所作序文，當時周氏在其故鄉江西吉安府泰和縣已有後裔專祀。參見〔明〕王世貞，《弇州續稿》，卷54，〈周是修先生集序〉，頁2a。

167 〔明〕屠叔方，《建文朝野彙編》，卷11，〈大理寺·少卿胡閏〉，頁5a。

168 〔明〕屠叔方，《建文朝野彙編》，〈建文朝野彙編序〉，頁4a。

169 〔明〕謝鐸，〈新刊遜志齋集後序〉，收入〔明〕方孝孺撰，徐光大點校，《遜志齋集》，〈附錄〉，頁898；〔明〕黃佐，《革除遺事》（辛巳本），卷4，〈死難列傳·方孝孺〉，頁4b。

170 〔明〕鄭曉，《吾學編·遜國臣記》，卷1，〈兵部尚書齊太〉，頁9a-9b。

過整肅。[171]至萬曆年間，更出現方孝孺後裔恢復本姓的事件。與方氏同樣原籍台州的文人葉琇歷經一番考察，認為方孝孺當年曾將幼子託予松江府華亭縣的余氏，其裔亦冒為余姓。葉氏對相關來龍去脈的記載，得到當時見重於文壇的王世貞、王世懋兄弟肯定，並為此撰寫跋文。[172]萬曆三十七年，松江府儒學查訪方孝孺子孫，便以此為據，讓這批所謂「冒為余姓的方氏後人」恢復舊姓、加以恤錄，甚至開始籌畫為方孝孺建祠議謚，並讓曾出力保護方氏後嗣者祔祀。[173]隔年十一月，祭祀方孝孺的求忠書院落成，知府張九德率領屬下官員迎其神主入祠，[174]往後就由恢復原姓的方氏後裔供奉香火。[175]可以說，松江府對於殉臣後裔的查訪恤錄，帶動了當地相關祭祀活動的進展。

　　然而，並非所有建文殉臣後裔的恤錄，都像華亭方氏復姓的案例那般讓人樂觀其成，在官方恤錄忠臣後代的過程中，也出現過明顯造假的案例，如黃子澄就有「後裔」曾在萬曆年間引發質疑。[176]相傳黃子澄有一子化名田經，逃往楚地，避過了永樂朝的政治整肅，在神宗下詔褒錄殉臣後，其後代不僅恢復舊姓，還取得了官職。然而在這之後，又冒出一支逃往吳地的黃氏「後裔」，這支後裔不但製造了一些文獻證明身分，該族成員之一的黃熊還透過與王世貞的熟識關

---

[171] 〔明〕董應舉，《崇相集》（《四庫禁燬書叢刊》，第102-103冊，北京：北京出版社，據北京大學圖書館藏明崇禎刻本影印，2000），〈序一·送練生赴闕序〉，頁74a-74b。

[172] 〔明〕王世貞，《弇州四部稿》，卷129，〈題葉秀才為方氏復姓記〉，頁3a-4a。另外，萬曆三十七年松江府條議方孝孺祠祀及其後裔復姓問題的申文，亦有「台郡葉文甫琇記先生後嗣，甚核而詳，有吳郡元美（王世貞）、敬美（王世懋）二王先生跋之矣」的敘述，顯示王氏兄弟的肯定，是有關單位認同葉琇記載的因素之一。參見〔明〕姚履旋編，《遜志齋外紀》，下卷，〈松江府申文〉，頁24a。

[173] 〔明〕姚履旋編，《遜志齋外紀》，下卷，〈松江府儒學申文〉、〈松江府申文〉，頁21b-26a。

[174] 〔明〕張九德，〈松江府求忠書院落成祭文〉，收入〔明〕姚履旋編，《遜志齋外紀》，卷下，頁20a-21b。

[175] 〔明〕姚履旋編，《遜志齋外紀》，卷下，〈蘇松兵備李奉三院批文〉，頁28a-29b。

[176] 戴彼得在其研究中，對此事件有大概的介紹，參見Peter Ditmanson, "Venerating the Martyrs of the 1402 Usurpation: History and Memory in the Mid and Late Ming Dynasty," p. 152.

係，請王氏為其寫序。事後王世貞在增改的序文中，指出不少蘇州黃氏「後裔」所造文獻的疑點，還以「畫蛇之足」形容部分敘述，表現出對其真實性的不以為然。但即使心存懷疑，王世貞仍為對方作了序，並表示自己之所以不加推辭，是基於「喜節之士有祠與有後耳」的想法。[177]在他看來，建文殉臣最悲慘的結局莫過於無後，比起香火可繼，後人身分真假不過是次要問題。此現象與嘉靖年間記載中齊泰突然冒出一個六歲兒子的情況頗為類似，顯示對當時許多人來說，得見忠臣有後，畢竟是件令人欣慰的事，即使相關故事可能存在不少疑點，但他們往往願意相信這些相對圓滿的結局。

在萬曆以降陸續「認祖歸宗」、獲得恤錄的建文殉臣「後裔」中，練子寧後人被「發現」落籍福建長樂的故事，應是最為離奇、具神異色彩的一則，並因而於閩、贛兩地的士人群體中廣為流傳。長樂當地鄉紳、於萬曆十一年湖廣巡撫任內受張居正牽連罷官閒住的陳省，曾以相關人士的身分寫下〈練家傳〉一文，描述事件經過：

> 歲戊子，八世孫練繼從兒立遊京師，遇江西德興縣余春元懸綸舟次，晤言朝夕，知練為忠烈後，敬之。練抵京，拜其寓，投刺具名，適其同年楊春元應祥，吉水人，觀刺作色曰：「昨夜夢練子寧先生具刺，身著白衣，相見甚歡，謂明日再來見也。今見斯刺，異哉！」求其故，余生言相遇如是，因叩繼，并傳峽江諸君，因得會劉春元旬，知練甚詳，相對唏噓泣下，謂彼都人思忠烈風節，以樹軌表俗，呈之有司，學校既已立祠修廟，欲訪其子孫為忠烈後者以供祠事，而不可得。今因夢而邂逅于旅舍之中，公之神靈使之也。[178]

---

[177] 〔明〕王世貞，《弇州續稿》，卷40，〈改黃太常墓序〉，頁13a-15b。
[178] 〔明〕陳省，〈練家傳〉，收入〔明〕練綺編，《崇祀實紀》（臺北：國家圖書館藏明萬曆辛亥練綺刊清雍正間修補本），頁7a-7b。

故事中的主角練纓，在萬曆十六年陪同陳省之子赴京參加會試途中，結識了與練子寧同樣出身江西的考生余懋綸。練纓入京後，曾至余氏下榻的旅店遞名刺求見。巧合的是，在場另一位江西考生楊應祥，竟於前一夜夢見練子寧持名刺來訪，並相約隔日再見。余、楊二人復將此事告知與練子寧有「同邑之誼」的峽江考生們，邀請他們一同參加與練纓的會面。故事中與練纓等人「相對唏噓泣下」的劉旬，返回峽江後不僅將此事廣為宣傳，更號召鄉人向當時的知縣黃得貴陳情，終促使峽江縣於萬曆十九年（1591）發檄長樂，請該縣查訪練氏後裔，並將練纓送至峽江。[179]當時練纓礙於「親老囊空，子稚弟幼」婉拒前往，[180]直到萬曆二十四年，才由時年十七的練纓之弟練綺至峽江呈請回籍，歸宗奉祀。[181]

練綺赴峽奉祀，無論在福建或江西的文人圈內，都是頗受矚目的大事。其臨行之際，謝肇淛、葉向高等福建士人皆曾作詩送行。[182]為取信峽江官方，練綺還編纂了一部《崇祀實紀》，收錄當初峽、長二縣訪請練纓的往來公文，以及歷來文人為練子寧撰寫的紀念詩文、整理自地方志的練子寧傳記，當中還包括兩篇用以證明身分的關鍵文獻——陳省所寫的〈練家傳〉，及署名由練濟廉書於宣德八年（1433）的〈練氏入閩略節〉。這些資料也確實成為官方認定其「委係練公親支」的依據。[183]練綺在向峽江縣呈請回籍前，曾先請陳省看過書

---

[179] 〔明〕練綺編，《崇祀實紀》，〈行福建長樂縣關文〉，頁8a-11a。根據關文，在劉旬陳情後不久，生員袁伯會、張科、高倫等人亦為此呈書縣衙，知縣黃得貴於萬曆十八年三月將此事上報當時的江西提學朱廷益，得朱氏批覆，命其行文長樂查證，並將練纓帶回，詳行恤錄。

[180] 〔明〕練綺編，《崇祀實紀》，〈福建長樂縣回文〉，頁12a。

[181] 〔明〕練綺編，《崇祀實紀》，〈回籍呈稿〉，頁15a-15b。

[182] 〔明〕謝肇淛撰，江中柱點校，《小草齋集》（福州：福建人民出版社，2009），《小草齋詩集》，卷9，〈送練中丞遺裔歸家〉，頁797；〔明〕葉向高撰，福建省文史研究館編，《蒼霞草全集・蒼霞詩草》，卷1，〈送中丞練公裔歸峽江〉，頁2a-2b。

[183] 黃得貴在向上級呈報恤錄之事時，提到練綺經過曾親與萬曆十六年北京聚會的劉旬詳訊，得知確為練纓之弟，又能記述當初峽江行移長樂的公文內容，並持有家譜、考略及陳省所寫傳文，足可證明其身分。參見〔明〕練綺編，《崇祀實紀》，〈申府詳語〉，頁17a。

稿。[184]而在他上呈申請的同一天，由二百二十五名峽江生員聯名為其請求恤錄的呈稿，也送到了縣衙。[185]這表示練綺有意「回籍歸宗」之事，甚至可能連其申請日程的安排，都早已為當地生員所知。事情的進展十分順利，知縣黃得貴決定給予練綺生員資格，讓他主持該縣的練子寧祠祭，並每年從該縣一處學田撥出將近半數的租穀，供其養家活口。[186]黃知縣甚至同意練綺成為附學生員、與其他生員一同參與縣學歲考的請求，[187]若能在歲考中表現優異，便能獲得參與科舉考試的機會，進而謀求更好的前程。而上述安排被呈報至上級單位請示後，也獲得府、道官員們的支持與批准。[188]練綺就此成功獲得恤錄。

除了附學生員的身分和來自學田的收入，往後練綺一家的生活，仍不時獲得峽江地方官員的資助。[189]相較之下，練家留在福建長樂的

---

[184] 〔明〕陳省，〈崇祀實紀後序〉，收入〔明〕練綺編，《崇祀實紀》，頁1a。陳省此序作於萬曆二十五年，亦即練綺獲得恤錄的隔年。序中提到，萬曆二十四年五月，練綺「入峽江奉祀典成矣，持《崇祀實紀》一編歸長樂」；但練綺向峽江縣提出的回籍呈稿，日期卻標為「萬曆二十四年六月十五日」。這似乎表示，該年五月陳省看到書稿時，練綺雖然已去過峽江，但「奉祀典」之事尚未正式告成。值得一提的是，除了陳省之外，練綺還請了另一位地位突出的人物為《崇祀實紀》作序，那就是當時已辭去工部尚書職位、歸居鄉里的曾同亨。曾氏是江西吉安府吉水縣人，和夢到練子寧持名刺拜訪的考生楊應祥是同鄉，與陳省又有同年（嘉靖三十八年）進士之誼。練綺遷至峽江後，還曾有數年時間暫居於其行館內。參見〔明〕曾同亨，《泉湖山房稿》（東京：高橋情報，據日本內閣文庫藏明刊本影印，1991），卷4，〈崇祀實紀序〉，頁18b-20b；〔明〕練綺編，《崇祀實紀》，〈下帖〉，頁22b。曾氏文集收錄的序文，在行文上與《崇祀實紀》所收版本略有出入。參見〔明〕曾同亨，〈崇祀實紀序〉，收入〔明〕練綺編，《崇祀實紀》，頁1a-7a。

[185] 〔明〕練綺編，《崇祀實紀》，〈本學通呈稿〉，頁15b-16b。為首署名的三位生員中，也包括之前曾具名呈請縣衙恤錄練纓的高倫。

[186] 〔明〕練綺編，《崇祀實紀》，〈申府詳語（回籍）〉，頁17a-17b；〈申請瞻田詳語〉，頁18b-19b。

[187] 〔明〕練綺編，《崇祀實紀》，〈附學申呈〉，頁20a-20b；〈申府詳語（附學）〉，頁20b-21a。

[188] 〔明〕練綺編，《崇祀實紀》，〈申道詳語（回籍）〉，頁17b-18b；〈申道詳語（瞻田）〉，頁19b-20a；〈申道詳語（附學）〉，頁21a-21b。峽江縣是臨江府屬縣，當時的臨江知府是出身浙江杭州府仁和縣的高從禮，擁有最終批准權的則是當時的江西提學僉事袞元，他原籍海寧州，與高氏同出一府。而高從禮在萬曆二十九年轉任福建按察司副使後，還為練綺一家置立匾額，「以旌其門」。參見〔明〕練綺編，《崇祀實紀》，〈旌扁文移〉，頁21b-22a。

[189] 如萬曆二十七年，知縣以練綺一家至峽江多年，卻仍借居曾同亨別館，甚為不便，故捐己俸十兩，為其購置他人典賣的房屋居住。萬曆二十八年，經署縣事的張姓通

嫡長子練縷一系，則未能享受此類優待。或許正因為如此，後來練縷
之子練思祖亦前往北京上書，請求朝廷褒恤練子寧。此舉得到當時許
多福建士人的支持，如謝肇淛、董應舉（1557-1639）等人，都曾寫序
為其送行。[190]上述兩人都曾聽聞練縷當年那頗具神異色彩的故事，並
留下深刻的印象。董應舉在為練思祖送行的序文開頭便提及此事，[191]
而謝肇淛在萬曆二十四年為練綺送行的詩引中，更介紹了事件的大致
經過。[192]總之，長樂練氏在萬曆年間的「認祖歸宗」，透過其頗具神
異色彩的「被發現」故事而獲得閩、贛兩地知識分子的關注。而「練
子寧後裔」的身分，不僅提供該族成員與鄉紳、士大夫往來的資本，
更能成為他們持續爭取官方優待的有力憑據。

　　綜上所述，無論是南京官員和文人對當地壬午殉難歷史地景的
建構，還是建文殉臣苗裔的恤錄問題，「真相」往往不是最主要的考
量。人們受到建文殉臣事蹟感動，進而對其投注了情感與認同，也渴
望在此過程中獲得滿足與慰藉。這種心理需求，影響了萬曆時人對其
所認定之「歷史」的判斷。此外，在萬曆年間恤錄建文殉臣苗裔的背
景下，「忠臣之後」的身分成為一種可帶來實際效益的招牌，往後如

判，亦捐俸十兩為練綺增置瞻田，供其安養日漸繁盛的家族。萬曆三十二年，因所
典房屋損壞，知縣鄭耀又捐俸十兩，加上上級批准動用的公費和之前的典屋金，交
予練綺購得一處總計兩棟、前後七間的住所。甚至到了萬曆四十一年，當時的知縣
明時舉讓計畫以官店租金為練綺承租田地，以行耕作。參見〔明〕練綺編，《崇祀
實紀》，〈下帖〉，頁22b-23b；〔明〕明時舉，〈籌畫練忠烈裔孫學租糧銀計長
久始末引〉，收入〔明〕練綺編，《崇祀實紀》，頁1a-3b。

[190] 〔明〕謝肇淛撰，江中柱點校，《小草齋集・小草齋文集》，卷3，〈練生赴闕為
　　其先中丞請恤序〉，頁57；〔明〕董應舉，《崇相集》，〈送練生赴闕序〉，頁
　　74a-76a。雖然從謝肇淛、董應舉等人的序文中無法看出練思祖赴京上書的時間，但
　　《明熹宗實錄》於天啓二年五月記有方孝孺後人請求恤錄，熹宗回以「方孝孺忠節持
　　著，既有遺胤，准與練子寧一體恤錄」的詔諭，或可判斷練氏上書時間應與此事相
　　近。參見〔明〕溫體仁等撰，《明熹宗實錄》（臺北：中央研究院歷史語言研究所，
　　據北平圖書館藏紅格鈔本微捲影印，1966），卷22，天啓二年五月己亥條，頁1090。
[191] 〔明〕董應舉，《崇相集》，〈送練生赴闕序〉，頁74a。
[192] 〔明〕謝肇淛撰，江中柱點校，《小草齋集・小草齋詩集》，卷9，〈送練中丞遺裔
　　歸家〉，頁797。與陳省〈練家傳〉相較，謝肇淛所描述的故事在情節和人物方面均
　　多有減省。〈練家傳〉中與練縷同冊的余懋綸、將練縷之呈呈報峽江縣官的劉甸，
　　其「戲份」在謝氏版本的故事中，均被合併至「夢見練子寧持名刺拜訪」的楊應祥
　　身上。這些差異或許反映了此一故事在傳述過程中歷經的變化。

來自吳地的黃熊一族那般，透過文本製造等手段，將自己形塑為忠臣後裔的情況仍持續存在，甚至有些偽造文本的內容，還對後世相關記憶產生深遠的影響。不過，就在建文殉臣之忠廣受稱頌的同時，知識分子對他們的看法也開始帶上批判的色彩，而這似乎與萬曆時人高度評價成祖功業的傾向有關。

第三節　「永樂盛世」的緬懷與「靖難」詮釋

　　建文帝歷史地位恢復議題在萬曆年間遭遇的困境，多少也受到當時帝國局勢與時代氛圍的影響。彷彿與神宗親政後的日益怠惰相呼應，大明帝國在連年天災、變亂和外患的侵襲下，於動盪中逐漸衰弱。這樣的局勢激發了人們對「永樂盛世」的懷念與想像，對成祖形象及其「靖難」功業的維護，已不再只是其後歷任帝王和士大夫基於政治考量而採取的態度，更深受時人感嘆現實動盪、緬懷過往榮景的心理影響。也正因如此，萬曆年間對靖難戰爭歷史的理解與敘述，較以往更強調成祖起兵「靖難」挽救帝國局勢的貢獻，對素以忠臣形象廣受讚揚的建文殉臣，則開始出現負面評價。萬曆後期問世的小說《承運傳》，更一反明中葉以降野史對建文諸臣的同情與肯定，將之描寫為蒙蔽幼主、結黨亂政的奸臣，以塑造、強調成祖「靖難」中興大明的歷史功業。而當時人們記憶中的成祖「中興」，應不僅是緬懷過往造成的溢美想像，還可能寄寓了改變現實局勢的希冀。

（一）萬曆年間對成祖功業的懷念

　　無論是建文朝歷史記憶在晚明的發展，還是時人對建文帝歷史地位的討論，都受到成祖地位與歷史形象在萬曆年間高漲現象的影響。除了嘉靖年間世宗刻意的崇陵之舉，以及神宗基於政治考量持續維護成祖的態度，時人感於國勢漸衰而產生懷念永樂時代的心理，應也是

促成此一狀況的關鍵因素。[193]

　　萬曆年間，天災人禍不斷，幾乎到了年年均有災荒、戰爭或變亂的地步。[194]在天災與苛捐雜稅的壓迫下，晚明出現一連串城鎮居民的抗爭行動，[195]西南、西北等地也時有因民族糾紛而引發的亂事。內憂紛起之餘，大明帝國更飽受外患侵襲，蒙古、女真、緬甸甚至安南，都曾在邊境掀起戰火。[196]尤其蒙古在萬曆晚期後金崛起之前，一直是明朝最具威脅的外患。正統十四年的土木之變，瓦剌擊破明軍主力、俘虜英宗，進逼北京，震動整個大明。嘉靖二十九年（1550）庚戌之變，俺答亦曾兵臨北京，以武力要求明廷開放邊境貿易，逼得世宗開放宣府、大同為馬市與之交易。往後瓦剌、俺答雖相繼衰落，但蒙古部落仍持續威脅著遼東與河套地區，神宗於萬曆二十年至二十八年（1600）發動的「萬曆三大征」之一，便是平定蒙古人據城叛變的寧夏之役。[197]內外交迫的局勢，激發了人們對帝國往日盛況的懷念與嚮往，而致力於對外經營、宣揚國威的成祖，其統治時代更成為眼見大明權威低落的萬曆時人心之所向。隨著人們對昔日永樂朝六下西洋、五征漠北等「壯舉」及其盛況的追思，強化了洪熙以降歷朝對成祖及

---

[193] 戴彼得已指出，在明代對建文朝的紀念中，成祖於晚明歷史書寫中受到的重視亦是一重要因素。當時社會上瀰漫著對永樂盛世的懷舊之情，該時代對比當代，成為一個被理想化的時代。參見Peter Ditmanson, "Venerating the Martyrs of the 1402 Usurpation: History and Memory in the Mid and Late Ming Dynasty," p. 114.

[194] 根據《明史‧神宗本紀》，除了萬曆六年和萬曆四十八年，每年都有災荒、變亂或戰事的記載。參見〔清〕張廷玉等撰，鄭天挺點校，《明史》，卷20-21，〈本紀‧神宗〉，頁261-293。

[195] 關於明代後期城市民變的產生原因、型態與性質，參見巫仁恕，《激變良民：傳統中國城市群眾集體行動之分析》（北京：北京大學出版社，2011）。

[196] 如萬曆十一年閏二月，緬甸曾進犯雲南永昌，至隔年六月，朝廷還因為雲南的戰事，免除當地的稅糧通賦。萬曆十九年，緬師再犯永昌、騰越。安南則於萬曆三十五年二月進犯雲南，十月復犯廣西欽州。參見〔清〕張廷玉等撰，鄭天挺點校，《明史》，卷20，〈本紀‧神宗〉，頁268-269、274；卷21，〈本紀‧神宗〉，頁286。

[197] 另兩次征伐則分別為抵抗日本豐臣秀吉侵略藩屬的朝鮮之役，以及平定苗疆土司楊應龍叛變的播州之役。這三場戰爭雖皆以勝利告終，但耗費甚鉅，嚴重影響了整個帝國的維持，如《明史》中便有「三大征踵接，國用大匱」之語。參見〔清〕張廷玉等撰，鄭天挺點校，《明史》，卷305，〈列傳‧陳增〉，頁7805。

其功業的推崇，遂使永樂朝以一個富裕而強大的「盛世」形象，存在於近二百年後萬曆時人的想像與懷念中。[198]

由於此種緬懷蘊含強烈的心理需求，當時人們對永樂時代的追憶，往往忽略其動盪、失序、無異於萬曆朝現況的一面。永樂年間成祖進行的一系列大規模活動，在浩蕩聲勢的背後，實是加諸於整個帝國的沉重負擔。如持續十多年的北京營建工程，便因役使民力甚苦，而多次導致民變。[199]就這一點而言，永樂朝的情況並不見得比萬曆年間好上多少。另一方面，對當時的文人來說，外患侵逼所引發的危機感以及帝國逐漸衰落的意識，似乎比天災和內憂更為強烈，這點也多少反映於萬曆時人對「永樂盛世」的懷念與想像中。人們記憶裡的永樂年間歷史，頗著重成祖征漠北、下西洋、伐安南等大規模對外行動的盛況，此類行動象徵帝國強盛實力與威望的宣揚，以及永樂時代政治秩序的向外推廣，而這正是萬曆年間的大明所缺乏的。如羅懋登創作於萬曆二十五年的小說《三寶太監西洋記通俗演義》，即蘊含了對重建國威和重整秩序的渴望。[200]這種渴望不僅反映在該書對鄭和出使經歷的描寫，亦可透過書中為鄭和設定的任務略窺端倪：尋找傳國玉璽和宣揚國威。傳國玉璽在故事裡象徵權威與秩序，鄭和尋找玉璽的

---

[198] 如王世貞在《弇山堂別集》中，便將征漠北、伐安南和諸國來貢視為成祖時期的「盛事」。值得注意的是，王氏在該處僅以寥寥數語總結太祖功德，卻以長達五百多字的篇幅敘述成祖功德。文中盛讚成祖開疆拓土和宣揚國威的功業，如言在其銳意經營下，「新受朝命為王者，殆三十國」，並以「自古討西南夷，未有生得其王者」之語，強調成祖征安南時擒得其上皇、國主的成就，甚至在末段羅列諸國所呈貢物，以呈現當時「萬邦來朝」的盛況。如此的書寫傾向，應足以反映王氏對永樂朝對外經營成就的神往。參見〔明〕王世貞撰，魏連科點校，《弇山堂別集》，卷1，〈皇明盛事述一‧太祖功德〉，頁2；〈皇明盛事述一‧成祖功德〉，頁2-3。

[199] 如永樂四年起便前往湖南召十萬人民入山開闢運送建材道路的師逵，便因馭下極苛，人民不堪負荷，而釀成民變。至永樂十八年，山東更因營造工程苦民甚厲，爆發了永樂年間規模最大的民變——唐賽兒事件。該年十一月太子朱高熾受命前往北京途中路經山東，親眼目睹了鄒縣百姓衣衫襤褸、手持籫筐撿食草實充飢的慘況。參見〔清〕張廷玉等撰，鄭天挺點校，《明史》，卷150，〈列傳‧師逵〉，頁4162；《明太宗實錄》，卷231，永樂十八年十一月乙丑條，頁2239。

[200] 作者羅懋登在該書序文中說明其寫作動機，聲稱是因為對外戰事受到挫折，故而緬懷先烈，著書警世。參見〔明〕羅懋登，《三寶太監西洋記通俗演義》（上海：上海古籍出版社，1985），〈西洋記序〉，頁1。

旅途則是對此權威與秩序的追求、鞏固與完成，[201]如此安排亦隱含著時人對現實國勢的期盼。

　　一直以來，官方論述皆將成祖「靖難」塑造為穩定太祖創業基礎的功業，嘉靖朝禮部尚書夏言「非賴我太宗應天順人，內靖外攘，則我高皇帝萬世帝王之業當未知何所底定，此我太宗神功聖德所以宜為百世不遷之宗也」之語，尤能體現此種觀點。[202]而朱棣遷都北京、營建天壽山陵區，更讓他在原本守成之「宗」的成就上，兼有了歷來「祖」型帝王的「創業」之功。[203]嘉靖十七年朱棣廟號由「太宗」升為「成祖」，使其地位達到前所未有的高度，世宗在崇陞成祖的論述中，便將「靖難」和遷都同視為其得以晉升為「祖」的創業之功。[204]這些論述與措施，對往後成祖歷史地位及靖難戰爭歷史意義的認知頗具影響。如嘉靖晚期高岱《鴻猷錄》便視成祖「靖難」為正式穩定天下、兼具創守之功的偉業：

---

[201] 侯健曾嘗試從文學批評理論的角度，探討《三寶太監西洋記通俗演義》的藝術價值和創作旨趣。他認為該書呈現的鄭和下西洋故事，實是一種神話式的敘述。神話故事的核心在於「尋求」，而鄭和等人在故事中所尋求的，則是象徵了傳統國家權威與秩序的傳國玉璽。玉璽在元順帝北逃之時失落，也代表著國家權威和秩序的失落，因此才有了下西洋之舉和隨之而來的征伐行動。雖然鄭和最後並未尋獲傳國玉璽，卻帶回了其象徵——權威和秩序，在宣揚國威和維持秩序的戰事上獲得全然的勝利。參見侯健，〈三寶太監西洋通俗演義——一個方法的實驗〉，《中外文學》，2：1（臺北，1973.6），頁8-26。

[202] 《明世宗實錄》，卷177，嘉靖十四年七月乙酉條，頁3825-3826。

[203] 朱鴻在對明成祖成「祖」歷程的探討中，從遷都、建陵、論祀禮等方面切入，論證成祖在位期間已有意識地為己建立「祖」的歷史地位。尤其是遷都北京之舉，使成祖能在其龍興之地，另立一個以自己為始祖的新政統。即使是對「靖難」之事心懷不安又意欲還都南京的仁宗，在永樂二十二年九月以上尊諡、冊寶祭告成祖帝后的祝文中，仍以「兼創業守成之績」評價其父的歷史功業。參見朱鴻，〈朱棣——身兼「祖」、「宗」的皇帝〉，頁152-154；《明仁宗實錄》，卷2中，永樂二十二年九月壬午朔條，頁50。

[204] 世宗於嘉靖十七年六月提出升太宗為祖的論據為「我太宗當皇祖初定之中，又值建文所壞，復興起之，便是再創一般」，主要是將「靖難」視為其創業之功。同年九月世宗為成祖上尊號禮的冊文中，則以「將周公東征之師而大定王室，則所以成繼述之孝者何其勤；遷武王鎬京之都而永建帝業，則所以成創守之功者何其大」之語，將遷都北京列為其「創守之功」。參見《明世宗實錄》，卷213，嘉靖十七年六月丙辰條，頁4385；卷216，嘉靖十七年九月辛巳條，頁4423。

我成祖之興,雖天命之有在,亦人事所宜然者。建文君無大
過,然仁柔無斷事,每牽於彌文。太祖百戰以成一統之業,群
雄雖剪,反側未安,豈宜以蕩蕩之德臨之哉?非成祖之聖神文
武,兼創守而靖華夷,則不有外變,必有內釁。已故迄今二百
年海內得相安於無事者,則太祖開創之功,成祖戡定之略,並
垂于不朽云。[205]

在嘉靖年間民間仍多以「天命」作為成祖得位的主要解釋時,高岱的
認知則更接近官方論述的立場,為靖難戰事揭幕建構一個合理的背景
圖像。在高氏看來,建文帝雖無大過,但其性格並不適合治理當時尚
未完全穩定的帝國,只有成祖才能為天下帶來真正的長治久安。此種
認知在萬曆年間因對「永樂盛世」的緬懷心態而進一步強化,當永樂
朝在人們記憶中與國威、秩序等意象連結在一起時,成祖起兵亦成了
為天下重建秩序的契機。

　　而在承襲上述認知的同時,萬曆時人亦較以往更深入思考成祖所
靖之「難」的意義。此前人們對建文殉臣多半抱持同情並肯定其忠,
雖認為齊泰、黃子澄削藩和方孝孺銳意法古是導致靖難兵起的主因,
但較少予以嚴厲批判。不過到了萬曆年間,知識分子卻逐漸將諸臣明
指為陷國家於危難的禍首。不只是前文提到的朱鷺,欽叔陽在《建文
書法儗》序文中亦有類似見解:

我高皇手奠清寧,磐石萬世,然而難乎為繼。建文即令主,於
紹高或忝也。天啟神武,以守兼創,實在文皇。藉由建文之治
無變,恭己雍頌,藻稅〔梲〕禮樂,將景隆,相孝孺,貳心之
夫嬗兵於外,服古迂儒從容蠹蝕其內,金甌能晏然至今日否?
師稱「靖難」,或疑無難可靖,是不睹善述為功,而忘二百年

治安賜也。[206]

與高岱、朱鷺看法近似，欽叔陽並不認為建文帝有明顯過失，只是太年輕而難以承擔承繼太祖基業的重任。他指出建文朝政的問題在於所用非人，即使統治沒有生變，也未必能穩保江山。李景隆作為建文朝廷將領，抗燕失利在先，後來又迎降成祖，其歷史評價原本就不好，而方孝孺無視現實一味效仿古制，亦被欽叔陽視為蠹害社稷的罪人。就欽氏看來，此二人分別在軍事、內政方面獲得重用，甚至有擅權、僭越的傾向，嚴重威脅到帝國之存續，幸賴成祖起兵撥亂反正，才奠定大明日後的長治久安。欽氏更反駁當時一些文人所謂「靖難」根本「無難可靖」的說法，[207]認為持此論者不但忽略建文諸臣對國家的危害，也無視成祖重建天下秩序的功業。

類似的想法也反映在焦竑對成祖「靖難」的評價中。他甚至將明代與過去漢、唐、宋等盛世的歷史連結，發展出一種「王朝必有太宗繼起定之」的理論，不僅肯定成祖奠定大明長治久安基礎的歷史功績，更將其靖難得位塑造成一種歷史的必然：

> 余竊惟高皇帝翦除兇殘，鴻業未固，必得大聖人繼起，乃能定之。微獨國朝為然，漢、唐、宋統一天下，皆有太宗，乃克永世。籍第令如盈、如建成、如德昭，必無幸矣！由此言之，文皇帝殆天之所興，以長我王國，非偶然也。[208]

將靖難戰爭與唐代玄武門之變聯想在一起，將成祖喻為唐太宗（598-649，626-649在位），將楊士奇等降臣比作魏徵（580-643）、王珪

---

[206] 〔明〕欽叔陽，〈建文書法儗序〉，收入〔明〕朱鷺，《建文書法儗》，頁1b-2a。

[207] 如萬曆二十三年信天緣生為《姜氏秘史》所寫跋文，便有「但歷數建文君仁厚好古，死難諸臣視死如歸，則知當時亦無難可靖」之語。參見〔明〕信天緣生，〈姜氏秘史跋〉，收入〔明〕姜清，《姜氏秘史》，未標頁。

[208] 〔明〕焦竑撰，李劍雄點校，《澹園集》，卷14，〈忠節錄序〉，頁134。

（570-639）的說法，其實很早便已出現。[209]成祖藉體制外手段取得政權的情況，與唐太宗、宋太宗（939-997，976-997在位）頗為類似。特別是以武力奪位卻仍享有賢君美名的唐太宗，不僅是成祖引以自喻的對象，更是其效法的模範。對得位不正的君主而言，建立統治正當性、洗刷篡弒惡名的最佳方式，莫過於建立不朽事功以確保歷史地位，這也是永樂年間屢有大規模活動的原因。六下西洋、五征漠北、攻取安南，加上《永樂大典》與《四書五經性理大全》的纂輯，無論文治武功，其成就恐已是前代兩位太宗所不及。[210]

李贄《續藏書》則以才能、智識作為評價諸臣的標準，認為重用能力不足之人是建文帝失敗的主因。他在記述諸臣事蹟之餘，感嘆當時朝廷並非沒有人才，但卻不在其位，[211]並譏諷齊泰、黃子澄等人不僅是建文政權覆滅的「罪魁」，亦是成祖龍興之「功首」。[212]他對方孝孺的批評也很嚴厲，認為他雖滿腹經綸，卻對建文朝廷沒有任何幫助，反而引領其走上滅亡一途：

> 嗚呼！以全盛之天下，金湯之世界，付與講究《周禮》、精熟《大學衍義》之大學士，不四年而遂敗，可畏哉書也！[213]

[209] 早在永樂元年成祖以「唐太宗用王珪、魏徵、房玄齡、杜如晦、李靖、尉遲敬德」為喻，安撫投降的建文舊臣時，已可窺見此概念之雛形。而正德初尹直《謇齋瑣綴錄》批判蹇義、楊士奇等人「竊自比於魏徵」，強調靖難戰爭與玄武門之變狀況不同，蹇、楊等人更無法與魏徵相比，或許正顯示當時此種想法已頗常見。參見《明太宗實錄》，卷19，永樂元年四月戊申條，頁337；〔明〕尹直，《謇齋瑣綴錄》，卷6，收入〔明〕鄧士龍編，許大齡、王天有主點校，《國朝典故》，卷58，頁1311。
[210] 朱鴻，《明成祖與永樂政治》，頁244。成祖致力於建立超越前代兩位太宗的功業，且並不僅以成為「太宗型皇帝」為滿足，而渴望取得更高的歷史地位。這或許也代表他意識到自己所面臨的政權合法性問題，遠較另外二者棘手。參見朱鴻，〈朱棣——身兼「祖」「宗」的皇帝〉，頁154-155。
[211] 如李贄在卷六高巍的傳記中，提到其上書建議以較溫和的方式處理諸藩問題，並感嘆：「魏言果用，可無靖難兵矣。」又於傳後的評語部分寫道：「當時曷不以齊、黃之任任高不危，以李景隆之任任鐵鉉等乎？」這些論評亦反映了他視削藩為靖難兵起主因的認知。參見〔明〕李贄，《續藏書》，卷6，〈遜國名臣‧參軍斷事高公〉，頁111-112。
[212] 〔明〕李贄，《續藏書》，卷5，〈遜國名臣‧兵部尚書齊公〉，頁84。
[213] 〔明〕李贄，《續藏書》，卷7，〈遜國名臣‧山西清遠衛卒羅義〉，頁127。

不過，一如當時多數文人，李贄仍肯定方孝孺等人之忠，並為其死難感到悲傷。[214]他認為建文帝雖不能長養「輔弼之人才」，卻在其仁政和方孝孺的影響下，培養出許多「死難之人材」；同時亦感嘆，倘若建文帝能長養輔弼人才，諸臣自然無須死難，成祖也無從成就其一統大業了。[215]譚希思（?-1610）《皇明大政纂要》亦持類似見解，稱建文帝雖為賢君，但因「齊、黃誤之，希直敗之」終致亡國。譚氏也將諸臣的罪責與忠心分開看待，謂「諸臣死國之忠，固天綱人紀之所以植立；亡君之罪，毋亦其謀獻才識之不足與」。[216]原籍福建興化的才女徐德英，則在〈革除建文皇帝紀〉中稱建文帝聰明仁厚、崇儒重道，若得賢相當成令主，卻因「左右鮮格心啟沃之人，多輕浮刻薄之士，喜於有為，紛紛不靖」導致靖難兵起，並以「安石既誤以紛更，晁錯復輕為削弱」相喻。[217]

　　當然，萬曆年間對建文諸臣評價的變化，並非只是盛世緬懷心理和成祖地位提升兩種因素交織下的產物。如同本章第一節提到的，實錄內容的傳布、史學意識的興起、國史纂修計畫的開展與早夭，促使知識分子嘗試重構一套能作為「國朝正史」的建文朝敘述。這套敘述不僅應該更客觀、全面地看待相關史事，也勢必得符合官方意識形態，強調成祖「靖難」與即位的正當性——事實上，這也是作為成祖

---

[214] 李贄在該書卷五的序文中，即如此抒發他閱讀鄭曉《遜國臣記》的感受：「嗚呼！為臣不易，讀之真令人心死矣！」參見〔明〕李贄，《續藏書》，卷5，〈遜國名臣·遜國名臣記序〉，頁82。

[215] 〔明〕李贄，《續藏書》，卷5，〈遜國名臣·文學博士方公〉，頁87。

[216] 〔明〕譚希思，《皇明大政纂要》（《四庫全書存目叢書》，史部第14-15冊，臺南：莊嚴文化事業有限公司，據山西省圖書館藏清光緒二十一年湖南思賢書局刻本影印，1995），卷12，〈建文君〉，頁26a。

[217] 〔明〕徐德英，〈革除建文皇帝紀〉，收入《中國野史集成》，第23冊，（成都：巴蜀書社，據清然脂百一編六種本影印，1993），總頁231。徐德英此作，筆者今僅見《然脂百一編六種》輯本，篇幅不長，應只能算是單篇文章而非獨立著作。該文可分為兩部分：前半部描述建文帝的一生，由其被立為皇太孫寫到回歸大內終老、葬於西山；後半部則評價建文帝其人其政，並讚許靖難戰後殉臣及隱遁諸臣之忠。徐德英也採信官書中建文年間異象紛呈的說法，在總結建文帝敗亡因素時指出「天變示警，而帝不悟；諸將敗績，而帝不知；群臣獻策，而帝不用；景隆受命，觀望懈怠，而帝不辟」，又批評建文帝在靖難戰爭期間仍心繫改制，以致「成憲舊章，交亂殆盡」。

一系帝王之臣民者，所理應具備的意識形態。因此，在承襲此前野史對建文君臣良好印象的同時，萬曆朝的文人一方面以更理性的態度分析建文朝覆亡之責任歸屬，一方面卻也傾向將「武裝奪權」由成祖的起兵動機中排除或淡化。

此外，對當時書寫建文朝歷史的文人而言，讚揚成祖「靖難」之功業，也可能是一種策略。建文朝相關議題長期被視為禁忌的主因，就在於其對成祖一系政權合法性的潛在威脅。故自弘治朝開始，許多渴望鬆動此一禁忌的士人，都嘗試說服皇帝與主事官員，恢復建文君臣的歷史地位並不會對永樂政統造成危害。朱鷺對成祖起兵的看法便帶有這種意味，既凸顯此舉的正當性和歷史貢獻，也強調建文帝與成祖並非對立，亦無從影響成祖的歷史地位及形象：

> 夫北平發難，非先動也。計高皇帝崛起濠布衣，危身血戰，以收四海，垂三十餘年大定矣，而行壞於紛紛變更日，尋削奪諸不諳練之躁臣，而禍又迫躬，不兩存之勢也，故不得已起兵靖難。天下後世，其誰曰不然？建文帝既遜去，不可以高皇帝天下付非其人，義不得不自立。天下後世，又誰曰不然？文皇帝之心既足信于天下後世，而天下後世果賴文皇帝徙鼎力以奠寧迄今。若是，則文皇功德不在太祖下，而何有於建文體貌之存不存？其存之，文皇不遽貶榮；其削之，文皇不藉增重。則亦存之以信萬世已矣。[218]

文中將成祖「靖難」視為其面對國家與自身的雙重危機時，不得已採取之抉擇，又稱其即位為少主「遜去」後義不容辭的責任，正當性自是無可挑剔；既然成祖此舉奠定大明長治久安的貢獻不在太祖之下，其歷史地位與形象之崇高也就不言可喻。在鋪陳一連串的讚譽後，朱

---

218 〔明〕朱鷺，《建文書法儗》，〈建文書法儗本引〉，頁4b-5a。

驚筆鋒一轉，將話題拉到建文帝的歷史地位：若成祖起兵、得位皆名正言順，其功德亦如此盛美，那恢復建文帝的年號和地位，又有何妨？既無妨害，何不恢復之，以存萬世信史？透過以上論述手法，朱鷺巧妙地將成祖功業也變為支持建文帝取回應有地位的論據。

　　長期以來，明代對靖難歷史的論述都深陷在某種無法突破的困境中。身為成祖及其子孫的臣民，要直指燕王「有奪嫡心」、靖難戰爭「無難可靖」，原本就相當困難。況且知識分子對建文殉臣事蹟的記述，也常有激勵忠義、為現實服務的意圖，若在書寫中批判貴為當代君王父祖、地位崇高的成祖，似乎也顯得很弔詭。故明代文人記述靖難歷史，多仍肯定成祖起兵和即位的正當性，但比起相信事實如此，不得不然的成分可能更多。像嘉靖時許相卿的《革朝志》，也只能借傳記人物之口指責成祖篡逆，[219]無法直接以此評價該段歷史。嘉靖朝對成祖的崇陞，以及萬曆朝對永樂盛世的懷念，讓調和靖難歷史衝突的論述獲得更廣泛的接受和引用，並在國史纂修期間和中止之後，被史家用以建構能作為「國朝正史」的新論述。在當時許多文人的認知裡，建文殉臣的「忠」與「罪」似被分開討論，他們既應為危亂天下負起責任，也應以其忠義獲得讚揚。此種想法頗近於神宗即位詔中評價諸臣「罪雖不赦，心實可原」之語，若說後者反映隆慶、萬曆之際官方態度在閣臣主導下的部分妥協，那麼前者則代表民間認知也有朝官方論述靠攏的傾向。

　　如今雖已很難判斷上述認知是否反映論者的真實想法，但可確定的是，靖難戰後永樂政權逐漸展現的興盛與強大，確實深植於萬曆朝許多人的歷史記憶中，讓他們心生懷念與嚮往。而成祖透過靖難戰爭「奠寧天下」，正是永樂盛世和「二百年治安」的起點。此外，無論是否為論述策略，這類說法反映的認知，都可能隨著文本的傳布而擴散、強化，其對時人心理與政治需求的迎合，就一種理解靖難歷史

---

[219] 〔明〕許相卿，《革朝志》，卷5，〈死志列傳・劉璟傳〉，頁9b-10a。

的模式來說是相當吸引人的，完全可能於往後的相關著作中被再度複製。而當知識分子將之視為一種策略，加以運用時，它便成為調和論述的一種，在萬曆朝建文帝地位恢復的相關奏議中，成為朝臣們所依靠的武器。

（二）調和論述中的歷史認知

　　明代的靖難歷史調和論述，是在衝破政治禁忌和撫平歷史傷痕的嘗試下應運而生，其成形和立論方向，都與時人現實或心理上的需求有關。在官方對建文朝相關議題有所忌諱的情況下，無論從事紀念殉臣的書寫、祭祀活動，或倡議恢復建文帝的年號、為其撰史，調和靖難歷史衝突的論述都能為之提供正當性、必要性甚至迫切性。萬曆年間，朝廷展開一連串褒表建文殉臣，為其建祠立祀、恤錄後裔及寬赦其姻親遺族的措施。而這些措施背後，幾乎都有此類論述提供支持。除了第一節提到的神宗即位詔，萬曆十二年屠叔方請釋建文殉臣外親的奏議也是如此，在同時維護成祖和建文殉臣的立場上，強調雙方都只是行其應行之事，無論靖難或殉難，其發生都是必然且合於義理、不相衝突的：

> 臣竊謂事功節義，本非二事。必有成祖之功，救民水火於上，然後不負於君；必有革除之節，身任綱常於下，然後不負於臣。[220]

焦竑的觀點與屠氏近似，雖稱成祖起兵是「殆天之所興以長我王國」的必然之事，但也認為建文殉臣寧可選擇死難也不願依附成祖的氣節，才是國家命脈與綱常之所繫：

---

[220] 〔明〕屠叔方，《建文朝野彙編》，卷20，〈建文定論〉，頁9b。

當是時，使中外臣工人人楊、蹇，爭攀龍鳳之馭，絕跡羊豕之
群，豈不竹帛可期，身名俱泰哉？顧貳心鮮愧，百群皆奔，天
柱折而將傾，人綱弛而莫振，究且貴富熏心，廉恥道喪，國亦
奚賴焉？[221]

對焦竑來說，成祖「靖難」雖是順天應人，但若百官皆如楊士奇、蹇
義等人爭相迎附，朝野將盡是背主貪生、營求功名富貴的不忠之人，
如此道德淪喪的世風，又怎能使國家長治久安？有趣的是，既然將成
祖「靖難」視為定太祖之基業、救萬民於水火的功德，那又何嘗不能
將迎附者的動機理解為「以祖業、蒼生為念」？但在焦竑等人的論述
中，反倒是對抗此一「義舉」的建文殉臣成為綱常、廉恥的代表。這
種微妙的矛盾，或許也是調和論者在認同永樂政權和殉臣忠義時的心
境寫照。

　　除了「事功節義，本非二事」的論述，屠叔方在奏議中還強調成
祖對殉臣的肯定，並認為殉臣姻親之所以時隔近兩百年還未能獲釋，
是因其遭受整肅的事實被陳瑛掩蓋：

　　載考紀傳如《遺忠錄》、《吾學編》野史諸書，備見成祖褒忠
　　至意，而奸惡外親一例獨為陳瑛所蔽，故史傳志記略而不書，
　　海內儒生多不及考，抑鬱二百年有由然矣。[222]

成祖對建文殉臣的肯定，是正德、嘉靖年間調和論述的重要依據，隨
著黃佐、郁衮、鄭曉等人著作的傳布，成祖有意褒揚建文諸臣的認知
已為萬曆時人普遍接受，並持續引用於當代的調和論述中。然而若事
實真是如此，為何諸臣姻親的後代到了萬曆年間仍蒙受昔日政治整肅
之害？面對這個問題，屠叔方不但將之歸咎於陳瑛，視其為導致諸臣

---

[221] 〔明〕焦竑撰，李劍雄點校，《澹園集》，卷14，〈忠節錄序〉，頁134。
[222] 〔明〕屠叔方，《建文朝野彙編》，卷20，〈建文定論〉，頁10b-11a。

姻親遭受迫害與記載上忽視的元兇，甚至將其整肅建文諸臣描述為不顧成祖聖心的恣意羅織：

> （壬午年）十一月陳瑛請追戮諸臣，成祖曰：「彼食其祿，自盡其心耳，悉勿問。」永樂七年，陳瑛又請窮治外親，全家抄解都察院，見丁不拘多少，盡邊衛永遠充軍。一丁一衛，恣意撥解，父子兄弟，分割四離。練子寧戌邊姻戚數百人，黃觀數十人，齊泰姻黨陽彥甫六歲遣發，胡閏外甥史遇通十歲以下，肩挑籃筐而去，其他牽累，未易枚舉。夫原發不由刑部，評駁不由大理，陳瑛恣憑胸臆，煆煉成獄，無辜受冤，忠良抱憤，此不出我成祖初意，明矣。永樂九年三月，陳瑛有罪下獄身死，天道聖明，至今炯炯，良可畏哉！至永樂十一年，敕法司解建文諸臣禁令，又諭法司齊、黃等遠親未拿者悉宥，來告者勿理，此非成祖之至意乎！[223]

奏議中既強調對建文諸臣之獄皆因陳瑛而起，又以永樂十一年（1413）成祖解諸臣禁令，和諭法司對諸臣遠親「未拿者悉宥，來告者勿理」，「證明」永樂初的整肅實非其意。將政治整肅的責任都推到陳瑛身上，以此消除成祖與建文諸臣之間的衝突，此種論述不但能維護成祖崇高的形象，更能減輕朝廷對開放相關禁制的顧慮，對萬曆年間的調和論者而言確實是極佳策略。然而，若仔細檢視，便可發現屠叔方的論述實存在不少問題。

　　首先關於陳瑛隱蔽整肅「奸惡外親」一事，當年對「奸臣」家屬、外親的寬宥，是在仁宗繼位之後才進行，與成祖無涉，也無從證明仁宗寬宥措施未執行徹底是因「為陳瑛所蔽」。姑且不論陳瑛並無任何理由隱蔽整肅資訊，就算有，他又為何僅隱蔽「奸惡外親」的部

---

[223] 〔明〕屠叔方，《建文朝野彙編》，卷20，〈建文定論〉，頁11a-11b。

分？何況仁宗的寬宥措施也涉及部分「奸惡外親」，倘若此事已為陳瑛所蔽，當時的釋放措施怎可能進行？再者，如果當年陳瑛確實已將相關檔案銷毀或隱藏，時隔近兩百年的屠叔方沒道理還能取得這些資料。建文諸臣遭受整肅的歷史，原本就是明代文人經長時間蒐羅、累積，一點一滴重建起來的，某些資訊未曾為昔人所記，並不代表其遭人隱蔽。

　　至於論證整肅諸臣皆出自陳瑛而非成祖之意的部分，屠叔方提到的解禁和寬宥命令，應是根據萬曆元年薛應旂（1500-1575）《憲章錄》的記載，並於之後編纂《建文朝野彙編》時加以引錄。[224]但翻查《明太宗實錄》，永樂十一年不但沒有解除建文諸臣禁令的記錄，還載有大理寺左寺丞王高、右寺丞劉端因「縱奸惡外親」而遭棄市之事。[225]論三法司之事據《憲章錄》所述，是發生在永樂十三年（1415），然實錄中同樣未見記載。實錄既有成祖以「彼時其祿，自盡其心」不加追戮自殺殉臣的記載，此類性質相近又能彰顯成祖仁德的事件如屬實，怎會不予載錄？此外，這兩條資料本身亦自相矛盾，若永樂十一年已下令解除建文諸臣之禁，為何兩年後尚有整肅其親屬的行動？若上述二則記載屬實，陳瑛既已於永樂九年因罪伏誅，為何遲至兩年後才解禁，且仍持續進行整肅？如果陳瑛真是相關禁制與整肅的主導者，在他死後一切都應宣告終止才是，但事實並非如此。

　　縱使存在上述問題，屠叔方在奏議中對陳瑛的敘述，應該並不只是調和成祖和建文殉臣的策略，更是他對該段歷史的實際認知。因為在其收輯胡閏事蹟纂成的《英風紀異》中，便已將陳瑛描寫成強勢主導整肅行動的人物：

　　　　陳瑛曰：「不以叛逆處彼，則我輩何名？」舉朝大吏俱不答，
　　　　瑛遂決意泄忿。一日閣傳建文尚在，與諸遺臣為亂。瑛即密

224　〔明〕屠叔方，《建文朝野彙編》，卷20，〈建文定論〉，頁2b-3b。
225　《明太宗實錄》，卷136，永樂十一年正月辛丑條，頁1659。

奏：「方、黃諸家門生故吏，結為死黨，且號稱同志，以虛名惑眾者，尤可深慮，宜以謀反大逆下令捕之。正犯凌遲，妻子流二千里安置，房屋器物，盡沒入官，庶無後艱。」上惑焉，命瑛便宜行事，以是恣肆羅織，鈐壓刑、理二法司，革除諸臣匪惟戮其身，且戮其九族，又及其九族之外親，延至九族外親之外親、師友、交遊，但有隻字相通，即指為奸黨，蔓連十族，殆無孑遺，村里為墟，復延鄰邑，至今有誅十族之號，振古所無也，陳瑛其禍首哉！[226]

《英風紀異》一書如今雖已不傳，但因載入《建文朝野彙編》，而對後世相關記憶影響極大。特別是陳瑛「不以叛逆處彼，則我輩何名」之語，從此確立了其於永樂朝政治整肅中扮演的主謀與主導角色，更在清代被載入《明史》，而廣為後世所知。[227]正德朝以降野史中的「誅十族」之刑，在屠叔方的記述中亦變成陳瑛的傑作，且這項原本僅針對方孝孺的處置，在此更擴及「革除諸臣」。早在正德末年，《革除遺事》便已有陳瑛「怨建文帝及諸臣最深」，並屢進讒言、恣行羅織的說法，[228]而屠氏的記載不僅強化其在整肅過程中的主動性，更將之塑造成一個箭垛型人物。在其筆下，陳瑛不僅將對建文君臣的一己私

---

[226] 〔明〕屠叔方，《建文朝野彙編》，卷11，〈大理寺・少卿胡閏〉，頁6a-6b。顧憲成〈英風紀異序〉也引用書中「一日閒傳建文尚在，與諸逋臣為亂，瑛即密奏」的說法，稱陳瑛藉此「恣意羅織，蔓延無算」，並強調這些整肅行動「非文皇意也」。參見〔明〕顧憲成，《顧端文公集》，卷7，〈英風紀異序〉，頁2b。

[227] 《明史・陳瑛傳》：「胡閏之獄，所籍數百家，號冤聲徹天。兩列御史皆掩泣，瑛亦色慘，謂人曰：『不以叛逆處此輩，則吾等為無名。』於是諸忠臣無遺種矣」。此說結合《建文朝野彙編》中《英風紀異》對陳瑛整肅諸臣言論的記載，以及《留臺往牒》所述胡閏之子胡傳福死發成的經過，足見《建文朝野彙編》對後世相關記憶的影響。惟《明史》記載係摘取上述二書部分內容重新組成，與其原始敘述相較不僅突顯陳瑛的殘忍自私，更給予建文諸忠「無遺種矣」的悲慘結局。參見〔清〕張廷玉等撰，鄭天挺點校，《明史》，卷308，〈列傳・陳瑛〉，頁7910。《留臺往牒》的記載原文為：「胡閏全家縛發東市，縛至傳福，大哭，全家放聲大哭，兩列御史掩淚，陳瑛亦色慘，乃命饒死充軍。」參見〔明〕屠叔方，《建文朝野彙編》，卷11，〈大理寺・少卿胡閏〉，頁5a。

[228] 〔明〕許相卿，《革朝志》，卷10，〈外傳・陳瑛傳〉，頁4a-5a。

怨擴大為政治問題，更以此影響成祖和滿朝官員，在他們的縱容下完成自己公報私仇的整肅。屠叔方的說法在萬曆年間廣為知識分子所接受，如沈德符（1578-1642）《萬曆野獲編》便有如下敘述：

> 至（永樂）十年，浙江送至奸惡鄭公智外親宋濂之孫，請如法罪之。上曰：「濂，儒者，事皇考於開創有勞，其孫子雖奸惡之親，念濂當宥，可遣歸。」是時上心已悟奸黨株連之濫，俱出陳瑛羅織。瑛旋以罪誅死，故解網之仁如此。[229]

成祖遣歸宋濂之孫一事，在《明太宗實錄》中已有記載。[230]從其內容來看，成祖只是看在宋濂「事皇考於開創有勞」，才對其孫網開一面，是很明顯的特例。然而沈德符卻將之與一年前陳瑛以罪伏誅事進行連結，將成祖之舉理解為「已悟奸黨株連之濫，俱出陳瑛羅織」的「解網之仁」。沈氏對永樂初年整肅建文諸臣的描述，也有將責任皆歸於陳瑛的傾向：

> 永樂初，發教坊及浣衣局、配象奴、送軍營姦宿者，多黃子澄、練子寧、方孝孺、齊泰、卓敬親屬，而其他奸惡則稍輕矣。其逢迎上意，俱陳瑛一人，即赤族不枉也。[231]

透過上文可發現，當時將陳瑛塑造為整肅行動的主導者，亦能迎合時人的心理需求。萬曆年間，建文殉臣已由官方認定為忠臣並下令旌表，民間也有不少相關紀念活動，對殉臣的欽佩和同情皆深植人心。而將永樂朝政治整肅的責任從成祖轉至陳瑛，也等同為萬曆時人樹立了一個於回顧該段歷史時可供謾罵、憎恨的對象。陳瑛以罪誅死的結

---

[229] 〔明〕沈德符，《萬曆野獲編》，卷18，〈籍沒奸黨〉，頁455。
[230] 《明太宗實錄》，卷129，永樂十年六月癸亥條，頁1599。
[231] 〔明〕沈德符，《萬曆野獲編》，卷18，〈籍沒奸黨〉，頁455。

局，對沈德符等文人而言更是十足的報應，多少能安撫因殉臣悲慘命運而生的不平情緒。

此種將責任轉嫁至主事官員身上，以緩解成祖與建文諸臣之間衝突的觀點，也被萬曆時人用以理解實錄編造不實歷史、對建文君臣大肆醜詆的情況。如焦竑於《建文書法儗》序文中便將永樂朝重修《明太祖實錄》之諸多失實，歸咎於纂史的官員：

> 余嘗濫史局，觀金匱之藏，知洪武實錄累修於永樂間，當時舊史半從改竄，蓋一時翊戴之臣，貶損前人，自為己地。[232]

不只是焦竑，張朝瑞《忠節錄》也針對建文殉臣形象於實錄中遭到扭曲一事，痛批「文學柄用之臣欲自飾其非，為史肆以醜言詆之，是可恨也」。[233]其中又以楊士奇遭到的抨擊最為嚴厲，甚至被當成是「改竄舊史」的罪魁。這或許是因為楊氏於《明太祖實錄》三修時擔任總裁，在萬曆時人看來等於掌握了撰史方向的決定權，再加上實錄三次修纂他都有參與，寫出來的「歷史」卻是南轅北轍，如沈德符便曾對此予以「前後三史，皆曾握管，是非何所取裁？真是厚顏」的批評。[234]這種認知的出現，或許與晚明知識分子對史官將私人恩怨帶入實錄修纂的批判和反思有關，[235]當時文人以理解仁宗以降實錄不實問題的角度來看待洪武、永樂實錄的不實，似乎也是很自然的事。另一方面，就

---

[232] 〔明〕焦竑，〈建文書法儗序〉，收入〔明〕朱鷺，《建文書法儗》，頁3a。
[233] 〔明〕張朝瑞，《忠節錄》，卷6，〈考誤〉，頁4a。
[234] 〔明〕沈德符，《萬曆野獲編》，卷1，〈國初實錄〉，頁6。
[235] 如王世貞《史乘考誤》中便有「國史人恣而善蔽真」之評，並對《明憲宗實錄》和《明孝宗實錄》中閣臣劉翊評價互異的情況提出解釋：「蓋《憲》多劉吉所裁，《孝》則焦芳改筆。翊于人乃中人耳，吉有隙，芳有恩，故異辭也。」沈德符《萬曆野獲編》也曾批評張居正主導下《明穆宗實錄》的諸多偏頗。參見〔明〕王世貞撰，魏連科點校，《弇山堂別集》，卷20，〈史乘考誤一〉，頁361；卷25，〈史乘考誤六〉，頁449；〔明〕沈德符，《萬曆野獲編》，卷18，〈權臣述史〉，頁468。另外，謝貴安《明實錄研究》舉有不少史臣藉實錄修纂進行政爭的例子，以及明清時人對此之批評，可參看。

算知道兩朝實錄失實的問題涉及「靖難」，人們也無法輕易將之歸咎於成祖。[236]於是，當年曾為周是修、顏伯瑋、王叔英等人撰寫紀念詩文，並以「一門忠孝史官知」一句抒發扭曲歷史無奈的楊士奇，在萬曆時人眼中遂逐漸成為自行篡改歷史、扭曲諸忠形象的禍首。

明人解除建文朝相關禁制的渴望，是靖難歷史調和論述形成與發展的重要原因，故其內容往往會隨著各時期所欲衝破之禁制而改變。隆慶六年神宗即位詔中旌表建文殉臣的命令，以及萬曆十三年朝廷大規模釋放諸臣親屬戍邊後代的措施，在時人眼中代表了建文諸臣相關禁忌的全面解除，加上國史纂修計畫掀起的建文朝歷史書寫討論，遂使往後解禁倡議的努力方向，開始著重於建文帝地位的恢復。弘治以來，恢復建文帝歷史地位的倡議便在朝廷上屢遭挫敗，當時的士大夫其實也清楚箇中原因為何，[237]因此往往在私人著述或相關奏議中宣傳成祖與建文帝並非對立的認知，嘗試消除後者在前者及其子孫統治下的禁忌性。如焦竑〈建文書法儗序〉中便言道：

> 我高皇帝神武開基，非神武如成祖，莫之善述。「文皇天授，少帝何尤」，故昔之篤論矣。唯是諸臣殉義過激，致干嚴譴，有革除年號議，要非成祖本心。[238]

「文皇天授，少帝何尤」一語出自《建文遜國記》，原本是百姓對建文帝結局的不平之鳴，在此卻被焦竑轉為一種同時維護成祖和建文帝

---

[236] 事實上，早在弘治年間楊守陳題請纂修建文朝歷史的奏疏草稿中，已有「太宗靖內難，其後史臣不記建文君事」的敘述。嘉靖年間黃佐在編纂《翰林記》時，亦沿用此說。這似乎已有將建文朝史事湮沒之責由成祖轉嫁史臣的意味。參見〔明〕何喬新，《椒邱文集》，卷30，〈嘉議大夫吏部右侍郎兼詹事府丞諡文懿楊公墓誌銘〉，頁45a；〔明〕黃佐，《翰林記》（《景印文淵閣四庫全書》，第596冊，臺北：臺灣商務印書館，據國立故宮博物院藏本影印，1986），卷13，〈修實錄〉，頁5b。

[237] 如陸可教追述萬曆十六年王祖嫡請復建文年號未果一事時，即有「建文君事姑止毋議，蓋終以事關成祖云」之語。參見〔明〕陸可教，〈明故右春坊庶子兼翰林院侍讀師竹王公祖嫡行狀〉，收入〔明〕焦竑編，《國朝獻徵錄》，卷19，〈詹事府二〉，頁12b。

[238] 〔明〕焦竑，〈建文書法儗序〉，收入〔明〕朱鷺，《建文書法儗》，頁1b-2a。

的敘述。他也對建文年號遭「革除」一事提出解釋，認為是因「諸臣殉義過激」，才引發革除年號的聲浪，迫使成祖作此決定。萬曆二十三年楊天民請復建文年號的奏疏，也強調成祖和建文帝之間實互不相妨：

> 附錄既蒙改正，革除年號依然報罷，得非終惑于百世不遷之說，恐存建文即于成祖相妨，是大不然者。靖難之舉，順天應人，師不嫌于無名；永樂之勛，革命鼎新，功不殊于再造。固不以建文之位號有無為增損，亦猶漢之文帝號為太宗，雖前有惠帝不相碍。考成祖登極後，猶稱建文為少帝，其葬也以天子禮，臣以此知革除之復，正善體成祖之心也。[239]

文中所謂「惑于百世不遷之說，恐存建文即于成祖相妨」，指的應是像嘉靖朝禮部尚書夏言那樣的認知。楊氏之論與前述的朱鷺相近：既然成祖「靖難」順天應人、功同再造，建文帝位號存廢根本不會對其有影響。他還將成祖叔姪分別比作漢文帝（202 B.C.- 157 B.C.）和漢惠帝（210 B.C.-188 B.C.），欲以後二者並不相礙來論證前二者之間亦不存在衝突，甚至提到成祖登基後仍以帝王規格對待建文帝，以此推知恢復建文年號才是「善體成祖之心」。以上論點其實存在不少問題：首先，比起漢惠帝，建文帝的情況應更接近在陳平（?- 178B.C.）等人政變剷除諸呂後遭廢，並於迎立文帝後被殺的少帝劉弘（192 B.C.-180 B.C.）。劉弘被廢不但是漢文帝得以即位的主因，更代表其帝王身分遭到否定，而且他死後既無廟號，也無謚號，更無陵墓，與建文帝所受待遇如出一轍。故文帝惠帝之喻既不恰當，亦無法據以討論靖難戰爭造成的政權轉移。其次，成祖登基後於稱謂、葬儀方面仍以帝王規格對待建文帝的說法，也並非事實。畢竟其即位後所頒詔書及授意編纂的《奉天靖難記》，皆直稱建文帝名諱「允炆」，而實錄雖有以

---

[239] 《明神宗實錄》，卷289，萬曆二十三年九月乙酉條，頁5355。

天子禮葬建文帝的記載，但從後世連其墓址何在都不清楚來看，此說真實性亦頗值得懷疑。

萬曆年間，朝臣們為了說服皇帝恢復建文年號，透過各種論述來證明當年「革除」之舉並非成祖本意，甚至有些論者聲稱「革除」一事根本不存在，是因後世不明成祖聖心，才產生如此的莫須有禁忌。如余繼登〈修史疏〉對「革除」一事的理解，便頗耐人尋味：

> 臣嘗考閱實錄，思成祖所以改建文五〔四〕年為三十五年者，蓋緣即位之初，欲以子繼父為名，不欲以叔繼姪為名，故為是權宜之舉耳，非有明詔革除之也。乃後修史者不達聖祖之意，遂于建文元年以後書其年而削其號，並削其行事之跡。故此數年間獨紀靖難事，而不紀所靖之難為何事，若有所曲諱者。[240]

在余繼登看來，成祖將建文四年改為洪武三十五年，只是不願「以叔繼姪」的權宜之舉，然而洪熙、宣德年間楊士奇等纂修實錄者卻不明其用心，擅自將建文年號削除。不過，此類觀點與其說是嘗試解除政治禁忌的策略，或許更接近萬曆年間知識分子掌握《明實錄》相關內容後產生的看法。不只是余繼登，當時一些士人對成祖去建文年號的認知，已不同於過去的「革除」，他們根據《明太宗實錄》所載詔令與對建文朝的紀年方式，認為成祖是為繼太祖之統，才將其即位的建文四年改為洪武三十五年，但並未將此前三年亦易以洪武年號。如王世貞便以永樂初年敕令仍可見建文年號為據，認為成祖雖去建文帝之尊稱，卻未削其年號。[241]萬曆十六年申時行上報禮部對復建文年

---

240 〔明〕余繼登，《淡然軒集》，卷1，〈修史疏〉，頁3a-3b。從余氏「成祖所以改建文五年為三十五年」一語可知，他對建文帝統治時間的認知已不甚清楚，這可能與成祖將繫以建文年號的四年改為洪武紀年，將建文朝歷史掩蓋在洪武時間軸下的作法有關。

241 〔清〕王鴻緒，〈史例議下〉，收入劉承幹編，《明史例案》，卷3，頁18a。王世貞在《弇山堂別集》中謂靖難戰後建文帝被「革除帝號，建文四年仍為洪武三十五年」的敘述，也反映了此種認知。參見〔明〕王世貞撰，魏連科點校，《弇山堂別

號之請的覆議，亦言：「因成祖靖難之日，詔今年仍以洪武三十五年為紀，其建文年號相傳以為革除。及考靖難事蹟，亦稱少主，稱元年、二年、三年、四年，則是未嘗革除也，但不稱建文耳。」[242]但事實上，成祖去建文年號，本是想奪取建文帝承自太祖之統，並否定其政權合法性，明言「革除」反而等於承認其統治合法。此外，第一章已提過，《明太宗實錄》雖確如申時行等人所言，以元年、二年、三年、四年為建文帝改元至成祖登基的這段期間紀年，但永樂年間成書的《奉天靖難記》卻將建文四年全易以洪武年號，成祖本身態度如何應是昭然可見。總之，萬曆時知識分子嘗試以實錄修正野史誤說，卻也可能產生其他錯誤認知，稱成祖未革建文年號的論述便是一例。而此種認知，又對往後明末清初的知識分子有所影響。[243]

越是檢視朝臣的相關奏議，便越能發現，明代中葉以降的軼聞筆記和野史著作，對萬曆時人的靖難歷史認知影響甚深。如萬曆三十年七月禮部覆議別立建文帝廟，便以野史記載來論證建文帝對成祖的維護之心：

> 建文命將，輒戒曰：「毋使朕負殺叔父名。」此一念也，天地鬼神鑑之，成祖亦信之。故當金川不守，宮中變起之後，猶喪葬之以禮矣，而忍殄滅其祀乎？練子寧以不屈受誅，他日又曰：「使子寧而在，朕固當用之。」有罪之臣猶將錄用，而忍不祀其無罪之主乎？蓋建文諸臣謀削親王之權以激京師之怒，

集》，卷31，〈帝統〉，頁549。

[242] 《明神宗實錄》，卷159，萬曆十六年三月壬辰條，頁3693-3694。當然，萬曆時人並非皆以此種方式理解成祖去建文年號之舉，如七年後禮部再次覆議朝臣復建文年號的奏請，即謂「夫革除云者，欲後世不復知有建文耳」，這很明顯是承襲以往的觀點。參見《明神宗實錄》，卷289，萬曆二十三年九月乙酉條，頁5356。

[243] 如顧炎武〈革除辨〉一文，便是以《明太宗實錄》對建文朝的紀年方式為據，認為成祖並未革除建文年號。而他和王世貞的見解，更在清代為王鴻緒引用，論證「革除」之說實乃明代野史所傳誤說。參見〔清〕顧炎武，《顧亭林詩文集》（香港：中華書局香港分局，1976），《亭林文集》，卷1，〈革除辨〉，頁9-10；〔清〕王鴻緒，〈史例議下〉，收入劉承幹編，《明史例案》，卷3，頁17a-18b。

而在建文則恒有保全成祖之盛心；靖難諸臣欲甚建文之罪以彰
南伐之功，而在成祖則未有顯斥建文之明旨。彼時典禮既失，
奏聞相沿，遂成忌諱。不知天下，高皇之天下也；正朔，高皇
之正朔也。本自一家，原非兩敵。[244]

與余繼登之論相近，上文亦將政治禁忌的形成原因，歸至永樂朝臣對
帝意的違背，甚至認為此乃靖難諸臣「欲彰南伐之功」的私心所致。
建文帝誠將「毋使朕負殺叔父名」之說，已可見於嘉靖初姜清《姜氏
秘史》等書，這些塑造建文帝仁厚性格的敘述，在此成為強調其和成
祖之間富有親情、不欲相殘的證據。建文殉臣則扮演起「謀削藩權」
的角色，以其「有罪」和「猶將錄用」，反襯「無罪」之建文帝所
受待遇的不公與不合理。奏中「成祖未有顯斥建文之明旨」一語，顯
然是對特定記載的刻意忽略。《明太宗實錄》所載成祖即位詔，就有
批評建文帝「秉心不順，崇信姦回，改更成憲，戕害諸王，放黜師
保，委政宦豎，淫佚無度」之言，[245]如何能稱其「未有顯斥建文之明
旨」？

萬曆三十八年九月南京太常寺少卿劉曰梧請復建文年號、為建
文帝立祀的奏疏，亦將建文帝無謚號且未入太廟的缺典歸咎於成祖之
臣，並認為成祖以天子禮葬建文帝一事，即證明了前者對後者帝王身
分的肯定：

> 金川失守，俄傳建文君闔宮自焚，文皇帝出遺骸于煨爐，哭
> 曰：「孺子，何至于此？」旋用侍講王景言，葬以天子之禮，
> 夫非以其踐天子位耶？恨當時持祿保位者，不復議及祔祀、謚
> 號、山陵等禮，遂使千古名義沉淪湮鬱，垂二百餘年，大為一
> 代缺典，而非文皇帝之過也。夫生為君主，歿無謚號，既不得

[244] 《明神宗實錄》，卷374，萬曆三十年七月癸未條，頁7034。
[245] 《明太宗實錄》，卷10上，洪武三十五年七月壬午朔條，頁144-145。

入祔太廟，又不得別享專祀，封樹莫識，魂魄何依？此忠臣義士所為飲泣，而田夫野老所為吞聲也。[246]

成祖出建文帝屍並哭嘆其結局的說法，在《明太宗實錄》中已可見，[247]「田夫野老所為吞聲」則化用了野史流傳的建文帝出亡詩句。從劉氏的奏議中亦可看出其認知深受此前野史影響，他引以證明成祖和建文帝之間「尊尊親親之心」的論據，也是出自野史軼聞：

> 臣嘗閱別錄，載文皇帝入宮時，建文君幼子牽帝衣而泣曰：「兒子飢死了。」帝亦泣曰：「爾生在皇家，豈有餓死之理？」命宮人哺之。此語描寫文皇帝，乍見一體親愛意逼真，必非無稽。夫不忍于建文君幼子，則不忍于建文君無祀可知。且建文君每戒諸將曰：「毋輕犯皇叔，使後世有不韙之名。」其尊尊親親之心何如，文皇帝獨無是心乎？[248]

劉曰梧從兩方面來論證成祖對建文帝懷有的「親親之心」：其一是由他認為「必非無稽」的成祖育養建文帝幼子之說，推論其既不忍幼子受飢，必也不忍建文帝無祀；其二則由建文帝對成祖的維護，推論成祖亦有此心。成祖命宮人哺建文帝幼子的記載，應源自《皇明傳信錄》稱宣宗為建文帝之子的傳說，至鄭曉《皇明同姓諸王傳》中則僅將之視為未見史傳記載的「建文帝幼子」，[249]劉氏所引用的應為後

---

[246] 《明神宗實錄》，卷475，萬曆三十八年九月辛亥條，頁8967。

[247] 《明太宗實錄》，卷9下，洪武三十五年六月乙丑條，頁130。不過實錄為成祖安排的臺詞是：「果然若是癡騃耶！吾來為扶翼爾為善，爾竟不亮，而遽至此乎！」反不如「孺子，何至于此」一句親切。

[248] 《明神宗實錄》，卷475，萬曆三十八年九月辛亥條，頁8967-8968。

[249] 〔明〕鄭曉，《吾學編‧皇明同姓諸王傳》，卷3，〈建文少子〉，頁2b。此外，成祖從王景言以天子禮葬建文帝之說，以及建文帝詔諸將「無使朕負殺叔父之名」之說，也都可見於《吾學編》一書。前者載於《遜國臣記》，後者則載於《建文遜國記》。參見〔明〕鄭曉，《吾學編‧遜國臣記》，卷7，〈侍郎學士王景〉，頁2b；《吾學編‧建文遜國記》，頁27a。

者。雖說如此推論實在太過一廂情願，所引用的論據也不見得可靠，但這或許正反映劉曰梧對上述記載的深信，甚至為之感動。這類野史軼聞在萬曆年間的整合與傳布，為成祖和建文帝塑造出一種友好甚至親近的關係，其對調和論者的吸引力，或許不僅在於能作為論述上的利器，就一種理解靖難歷史的角度而言，它可能頗符合時人的心理需求。身為成祖及其子孫的臣民，若對與之立場相左的建文君臣抱持敬意、同情或懷念，多少會令人感到不妥，如果雙方之間的衝突能夠化解，進而共存共榮，期盼解除政治禁忌者自然就無需再背負這種不安的心態。

在萬曆年間知識分子用以調和建文帝與成祖衝突的論述中，形成於嘉靖時期的建文遜國說，成為一種極重要的論據，曾被許多朝臣引以說服神宗恢復建文帝的歷史地位。如萬曆二十三年禮部覆楊天民等人請復建文年號之議，即稱：「成祖之嗣服也，以戡亂；建文之出亡也，以遜國。其名正，其言順，何嫌何疑？」[250] 前述劉曰梧的奏疏中，亦強調成祖起兵與即位過程的正當性，認為根本不應存在什麼政治忌諱：

> 文皇帝遵祖訓起兵靖難，而建文君遂遜位焉。家庭禪受，非有易姓之禍也；鐘虡不移，非有社屋之動也。八百會盟，二士叩馬，亦何必囁嚅而諱言之？[251]

「八百會盟」即指周武王孟津之盟，「二士扣馬」則指伯夷、叔齊諫武王事。劉曰梧以禪讓來理解建文、永樂政權的更替，又分別以武王、夷齊看待成祖與建文殉臣的定位，這很明顯是承襲以往的調和論述。但建文遜國之說與武王夷齊之喻，原是兩種理解靖難歷史的不同角度，劉氏將之結合，反而使論述出現問題：若是家庭禪受，何需二士叩馬？若同孟津之盟，成祖與建文君臣的關係又怎可能平和？此種

---

[250] 《明神宗實錄》，卷289，萬曆二十三年九月乙酉條，頁5357。
[251] 《明神宗實錄》，卷475，萬曆三十八年九月辛亥條，頁8966。

譬喻矛盾之所以產生,或許正代表萬曆時人對靖難戰爭的性質仍多少存有懷疑,當時也確實有人提出「無難可靖」的看法,只是此種認知雖可能更接近歷史實情,卻於撫平歷史傷痕或衝破歷史禁忌毫無助益。

　　建文遜國說不僅能滿足民間希望其未死的心理,又能消解成祖與建文君臣的衝突,因而在萬曆年間廣為人們所接受。自嘉靖末鄭曉《建文遜國記》和《遜國臣記》始,便常見以「遜國」一詞代稱建文朝的情況,如朱國禎《湧幢小品》談及建文諸臣會試史料的湮沒時稱三楊「諱言遜國一節」,[252]焦竑回顧張朝瑞撰《忠節錄》的背景時也提到「京兆有表忠祠,祀遜國諸臣」之語,[253]多少反映了時人以「建文遜國」解讀靖難戰爭結局的情況。李贄《續藏書》也在《遜國臣記》的基礎上,為建文諸臣編立〈遜國名臣〉之卷,並描述傳說中隨建文帝出亡的程濟「以智術為忠,乃能致其主脫走,逍遙於物外,老送歸闕,還葬西山」,稱讚其「心之最忠,慮之最遠,所全最大也」。[254]

　　隨著此說於萬曆年間廣受歡迎,一些能為建文帝遜國結局埋下「伏筆」的傳說亦隨之而起。如朱鷺《建文書法儗》有一段建文帝回應群臣立太子之請的詔文,即向讀者預示建文帝未來將選擇「讓位成祖」之路:

> 堯、舜、夏禹皆黃帝之後,更相授受,本出一家,其事可萬世通行者。朕諸叔濟濟多賢,實秉德以陪;朕諸母弟,具有淳德,克裹理道。儻數年以後,幸而神人和協,朕於諸叔、諸弟中擇其出類者嗣位,庶於官天下之中,不失家天下之意。[255]

252　〔明〕朱國禎,《湧幢小品》,卷7,〈試錄〉,頁2a-2b。
253　〔明〕焦竑,〈中憲大夫南京鴻臚寺卿張公朝瑞墓表〉,收入〔明〕焦竑編,《國朝獻徵錄》,卷76,〈南京鴻臚寺〉,頁25a。
254　〔明〕李贄,《續藏書》,卷7,〈遜國名臣‧御史高公〉,頁133。
255　〔明〕朱鷺,《建文書法儗》,〈正編上〉,頁9a-9b。

朱鷺亦是建文遜國說的信奉者，無論這段文字是否引自此前文獻，都不難看出他將之載入書中的用意。詔文首先強調堯、舜、禹皆黃帝之後，將促成古時禪讓美事的君王變為「一家」，如此若建文帝讓位某個「出類」的叔王，等於再次實踐「可萬世通行」的禪讓授受。建文帝在此雖稱諸叔「濟濟多賢」，但書中的他正是因為感受到諸叔的威脅，才有止其臨葬和削藩等「始釁」之舉，遑論實際上諸王多以叔父之尊恣行不法，可見這番話根本是為使建文帝存有傳位叔王想法而創造的「劇情」，好讓其讓位燕王的結局順理成章。

靖難歷史調和論述在明代中葉便逐漸蓬勃發展，但在當時卻未能促成任何政治解禁。這不僅是由於其論據多半來自對相關歷史與史料的曲解，根本禁不起考驗，也因為論者雖強調成祖與建文殉臣互不相妨，實際上卻始終迴避殉臣平反將衝撞永樂政權合法性的根本問題。即使如此，這些調和論述的部分內容仍被隆慶、萬曆以降的士大夫承襲，繼續在恢復建文君臣地位的倡議中扮演要角，進而促成了重大突破。大體而言，萬曆年間朝臣所採取的調和論述，雖隨著旌表殉臣、寬赦遭株連者遺族等措施的實行，轉以化解成祖與建文帝衝突為主要方向，但在策略上實與明代中葉相去不遠。換言之，這些論述禁不起檢驗、迴避永樂政權合法性問題的情形依然存在。

不過，即使調和論述反映的認知未必符合事實，且無論其如何發展，平反建文君臣將對永樂政權合法性造成衝擊的問題，都無法實際獲得解決，但是當這些歷史認知被主政者信以為真時，相關政治禁制便有了鬆弛的可能。如神宗即位之初在閣臣主導下發布旌表殉臣的命令，以及萬曆十三年赦免諸臣戍邊外親，應該都是在這種情況下進行，畢竟一旦認為建文君臣對成祖及其子孫的統治並不存在威脅，便不會對破除禁忌存有顧慮。然而，神宗隨著年歲漸長，逐漸對此一問題有所意識，相關禁制解除的腳步也就此停滯不前。縱使建文帝的歷史地位問題，在萬曆年間不斷被提出來討論，卻始終未得到天子綸音的正面回應。上述情況固然與神宗的怠政有關，但調和論述始終無法

真正去除統治者的顧慮也是事實。

在嘉靖以降成祖歷史地位因政治局勢變動而越見提升的同時，民間長期以來對建文帝的同情和正面印象，也延續至萬曆朝，與時人對永樂盛世的懷念並存。顧起元（1565-1628）刊刻於萬曆四十六年（1618）的《客座贅語》，即描述了如下的歷史記憶：

> 父老嘗言：建文四年之中，值太祖朝紀法修明之後，朝廷又一切以惇大行之，治化幾等於三代。一時士大夫崇尚禮義，百姓樂利而重犯法，家給人足，外戶不闔，有得遺鈔於地，置屋檐而去者。及燕師至日，哭聲震天，而諸臣或死或遯，幾空朝署。蓋自古不幸失國之君，未有得臣民之心若此者矣。[256]

由以上敘述可知，於明代中葉被高度美化、道德化的建文時政記憶，不僅於萬曆時人心中獲得存續，更可能因為建文忠臣事蹟的廣泛宣傳而獲得強化。「諸臣或死或遯，幾空朝署」的認知，忽略了靖難戰後許多官員仍持續為永樂政權服務的事實，幾乎以死遁之臣概括所有建文朝臣，藉此證明建文帝的「得臣民之心」。此類記憶與對永樂盛世的懷舊情結並存，構成了明人面對靖難歷史時的矛盾心態。歷經近兩百年的經營，成祖一系君主的統治早已穩固，成祖本身更取得與太祖相當的地位，其統治時代亦在萬曆年間成為時人所懷念、嚮往的對象。在這種情況下，調和靖難歷史衝突的論述，將時人的現實處境和情感需求相結合，使之在接受成祖及其子孫統治事實、保持對其崇敬的同時，也能緬懷遭到取代的建文政權，追思建文帝的寬仁統治和殉臣的忠義事蹟。

當然，並不是所有人都在理解靖難歷史和選擇認同對象方面，面臨這種左右為難的窘境。就像有人認為建文年間其實「無難可靖」一

---

256 〔明〕顧起元撰，譚棣華等點校，《客座贅語》，卷1，〈革除〉，頁29。

般，也有人傾向站在成祖一方，從「誅奸臣，清君側」的角度來理解靖難戰爭。此種與官書論述基調相符的見解，在當時可能還具有一定比例的市場，如萬曆晚期問世的小說《承運傳》便採取了此種設定。

（三）《承運傳》：中興之主的光榮戰史

明代嘉靖、萬曆年間，是講史小說蓬勃發展、廣受歡迎的時期，[257]而在萬曆後期，出現了第一部談及靖難戰爭歷史的小說《承運傳》。該書作者不詳，主要描述成祖的龍興故事與軍事功業，從太祖誅殺胡惟庸（?-1380）、藍玉（?-1393）二黨，寫到成祖親征瓦剌、遷都北京。全書共四卷，每頁均分為上圖下文兩欄（見下頁圖3-2），開頭有一首〈古風短篇〉，末兩句「南都開基英烈書，北甸中興承運傳」實點出了該書主旨。[258]句中所謂「英烈書」指的是《英烈傳》，係嘉靖年間描述太祖開國故事的講史小說，此詩將「北甸中興」與「南都開基」相對，等於將成祖比作繼太祖之後的中興之主，甚至帶有二祖功業同等輝煌的意味。這與萬曆年間人們對成祖歷史地位與貢獻的認知，基本上是相符的。

該書在敘述上極力頌揚成祖，並將靖難戰爭期間與之對立的建文朝廷設定為故事中的反派陣營。有趣的是，書中建文帝的角色其實相當模糊，戲份極少，與成祖也無明顯衝突，後者在故事中所要打倒的，是原為顧命輔臣，之後卻獨攬朝政，被稱作「四黨」的四名「奸臣」──黃子澄、練子寧、鐵鉉和景清。建文帝被寫成未經事體的「孤弱之主」，甫登基大權便旁落至「四黨」之手，往後敗壞朝政、

---

[257] 陳大康《明代小說史》指出，自嘉靖元年《三國志通俗演義》刊刻出版後，通俗小說的創作和出版便蔚為風尚，往後《大宋演義中興英烈傳》、《唐書志傳》、《全漢志傳》、《南北宋志傳》等作品的陸續刊刻，也反映了嘉、萬以降讀者對講史小說的歡迎。所謂的講史小說，根據馬幼垣的定義，係指以歷史為核心的小說，此類作品藝術化地融合事實與想像，在人物及事件的描述上有創新的發揮，但不違背眾所皆知的事實。參見陳大康，《明代小說史》（上海：上海文藝出版社，2000），頁253-281；馬幼垣，《中國小說史集稿》（臺北：時報文化出版社，1987），頁77。

[258] 〔明〕佚名，《承運傳》（《古本小說集成》，第94冊，上海：上海古籍出版社，據日本內閣文庫藏明萬曆刻本影印，1990），〈古風短篇〉，總頁1。

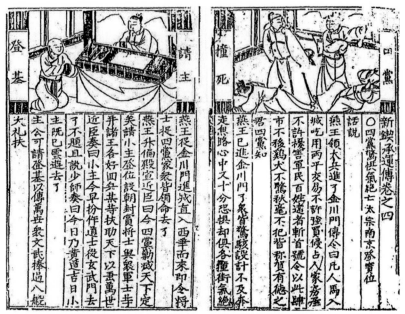

圖3-2　日本內閣文庫藏《承運傳》明萬曆刻本書影

欲加害燕王等事，皆為此四人一手策畫。為合理化成祖的即位，書中也採用「建文遜國」之說，描述燕軍攻下南京、燕王升殿欲「請小主登位」時，由近臣奏報「小主今早扮作道士，從玄武門去了」，再由姚廣孝奏請成祖登基，「以傳萬世」。[259]這種處理方式，很明顯是要淡化甚至消除建文帝和成祖在靖難戰爭期間的對立和衝突，將所有責任推到建文朝臣身上，降低成祖以叔代姪的負面形象。

　　在此同時，作者似乎也嘗試維護建文帝，故沒有像《奉天靖難記》那般，將他詆毀成無道昏君，反而降低其年齡並將之塑造為「孤弱之主」，此作法或許也與正德、嘉靖以降建文帝形象漸趨文弱的情況有關。《承運傳》一書所設定的「四黨」，分別是黃子澄、練

---

[259]〔明〕佚名，《承運傳》，卷4，〈四黨驚懼氣絕亡，太宗南京登寶位〉，總頁118。

子寧、鐵鉉和景清，這四人之中，後三人在正、嘉年間的私史中，都被描寫為南京城破後激烈抵抗成祖，因此慘遭酷刑而被凌虐至死的角色，黃子澄則是當年成祖欽定的「首惡」之一，被選上並不令人意外。但奇怪的是，另一名「首惡」齊泰，卻沒有被設定為「四黨」成員。這是否代表齊泰在萬曆時人的印象中有其特殊之處，或許值得再作探討。

另外，當初拒為成祖草詔而遭十族之誅的方孝孺，並沒有被寫入這部小說中，靖難戰爭的起因也從歷來知識分子所認知的削藩和改制，變為「四黨」亂政和其欲加害成祖的惡行。不只是方孝孺，多數建文朝臣皆未出現在故事中，僅由「四黨」代表整個反派陣營，待燕王攻下南京，四黨「撞街氣絕」（見上頁圖3-2）、諸將領命捉拿其家眾後，故事中有關靖難戰爭的劇情便告一段落，連如何處置四黨家眾亦未交代。[260]《承運傳》以戰爭過程的描述為主，故建文朝武將出場機會遠多於文官，但相對於「四黨」的奸惡形象，這些武將比較像是奉命行事、盡忠職守，與前者實有區隔，當中有些人在燕王「曉以大義」後選擇歸降，[261]也有些人因戰敗「無面目見小主」而自刎。[262]作

---

[260] 〔明〕佚名，《承運傳》，卷4，〈四黨驚懼氣絕亡，太宗南京登寶位〉，總頁117-118。

[261] 開國公常茂即是一例，他原於洪武二十四年去世，卻在故事中取代襲其爵位的弟弟常昇為建文朝廷效力，並於燕王攻南京前為被招降。另一名勳臣之後——魏國公徐輝祖，則被改名為徐昇，於成祖攻南京時死守鳳台門，卻被其繞道由金川門攻入，後與故事中的「兄弟」徐昂一同獲赦，仍封魏國公。當時開金川門者，也從谷王朱橞變為武定侯之子郭勝，然而武定侯郭英子嗣名字似乎皆以「金」為偏旁，故這個「郭勝」很可能也為作者杜撰。參見〔明〕佚名，《承運傳》，卷3，〈朱能大戰鳳凰山，郭勝承獻金川門〉，總頁112-115。

[262] 如小說中因燕軍計策而失真定府的耿炳文、在長江水戰敗於火攻的俞通源，都在戰敗後選擇自刎。耿炳文在《革除遺事》中是戰死於據守真定的戰役，然嘉靖末《遜國臣記》則記其成功守住真定，卻為黃子澄建議由李景隆取代，後於永樂二年遭鄭賜、陳瑛奏劾，懼而暴卒。嘉靖以降史籍多從《遜國臣記》之說，不過《承運傳》中的耿炳文則更接近《革除遺事》的描寫。而俞通源的歷史原型，應是於白溝河之役戰死的俞通淵，惟故事裡將其戲份拉至燕軍渡長江之時。參見〔明〕佚名，《承運傳》，卷2，〈耿炳文大戰常山，平保兒暗襲真定〉，總頁69；卷3，〈王真火焚連珠寨，綱昂大破俞通源〉，總頁106；〔明〕黃佐，《革除遺事》（辛巳本），卷5，〈死事列傳·耿炳文〉，頁2a；〔明〕鄭曉，《吾學編·遜國臣記》，卷4，〈長興侯耿炳文〉，頁4b-5a；〈越巂侯俞通淵〉，頁2a。

者之所以如此安排，或許是想將「四黨」塑造成純粹的反派集團，他們不需有任何理念或建設，只需扮演「專權亂國」、「欲圖天下」的角色，[263]作者忽略多數建文朝文臣，並維持武將的正面形象，可能也有意避免將太多建文朝臣牽扯進來，而傾向讓燕王和讀者的怒火都只集中於「四黨」身上。

全書四卷中有三卷是敘述有關靖難戰爭的劇情，第一卷描寫戰爭的發端，二、三卷談戰爭的經過與結束，由其篇幅比重不難看出，成祖「靖難」確實是該書最主要的內容。至於第四卷，則是敘述成祖親征瓦剌，最後以遷都北京做為結局，意謂著成祖的中興之路係在定都北京後完成，此正與嘉靖中期稱頌成祖「內靖外攘」偉業、視「靖難」和遷都同為其「創業守成之功」的歷史認知相合。和許多章回小說一樣，《承運傳》在每回末尾都有一首散場詩總結該回劇情，而這些詩句正是反映作者敘事立場的明鏡。如卷三有一回描述燕軍於長江水戰中獲勝，該回散場詩的上半部云「刀釤劍砍破南兵，天祐合該北將贏」，[264]強調燕王的軍隊不僅是正義之師，更是天命所歸的一方。另如卷一最後一回，燕王於盧溝橋河灘中發現了傳國玉璽，該回的散場詩即宣稱此乃成祖中興之路的起始：

> 國家將興真寶現，聖主中興瑞氣來；秦朝玉寶今日得，萬里江山自此開。[265]

《三寶太監西洋記通俗演義》中鄭和未能尋回的傳國玉璽，到了《承運傳》卻於成祖揭開靖難戰爭序幕時為其所得。如果說《西洋記》裡鄭和尋找玉璽的旅途象徵著權威與秩序的追求，那麼《承運傳》中成

263　〔明〕佚名，《承運傳》，卷1，〈馬后謫議立建文，綱昊幽州探地穴〉，總頁26。
264　〔明〕佚名，《承運傳》，卷3，〈王真火焚連珠寨，綱昊大破俞通源〉，總頁106。
265　〔明〕佚名，《承運傳》，卷1，〈小龍崗張玉射熊，盧溝橋王得寶〉，總頁39。標題的下句於「盧溝橋」後可能漏了「燕」字。

祖得到玉璽的情節則代表其成為權威與秩序的持有者，而隨之展開的靖難戰爭，便是他剷除奪權亂政者，讓此一權威與秩序重新降臨帝國的過程。在卷四的第一回，成祖終於將天下從「四黨」手中拯救出來，登上皇帝寶座，完成了其中興之路上的「內靖」功業，該回散場詩便如此總結靖難戰爭的過程：

> 一師干戈出北平，英雄拱手盡歸從；四方豪傑皆依順，大定南京賀太平。[266]

如同萬曆年間的許多知識分子，《承運傳》作者筆下的靖難戰爭，也是一場為天下重新帶來太平的中興之戰，故從燕王決意起兵開始，便不斷有優秀的將領和智士前往投效，在戰爭過程中也有一些建文朝廷的將領「棄暗投明」，在各方英傑齊心協力下，終將奸臣亂政的陰影驅離南京。綜觀全書，成祖的中興之路從北平出發，並在故事的最後又回到北平，而在結尾北平被升為北京的當刻，開頭〈古風短篇〉所謂的「北甸中興」才真正完成。

雖然《承運傳》的情節頗多憑空杜撰之處，對戰爭經過的減省和改編也不少，但仍蘊含些許早期野史軼聞的元素。如卷一描述太祖夜夢烏龍盤於殿前金柱、抱日升天而去，而隔日朱棣在殿上展現武藝的姿態則正與該夢相應。[267]以黑龍象徵燕王天命的敘述，在正德朝《庚巳編》記載的傳說中便已出現，此說雖不常見於後出文本，但從《承運傳》對該意象的運用來看，黑龍的形象或仍多少存在於嘉靖以降人們對靖難歷史或燕王的認知裡。另外，太祖夢龍入殿，並從隔日燕王表現知其所兆的情節，有點類似嘉靖初《建文皇帝事蹟備遺錄》的記

---

[266] 〔明〕佚名，《承運傳》，卷4，〈四黨驚懼氣絶亡，太宗南京登寶位〉，新編頁120。

[267] 〔明〕佚名，《承運傳》，卷1，〈文忠誅胡藍二黨，太祖夢烏龍入兆〉，新編頁6-7；〈太祖南京遷十王，紅巾變亂河南地〉，頁8。

載，只是後者所述之夢是黃、白二龍入殿搏擊，太祖更由此得知燕王「有奪嫡計」，[268]與《承運傳》描寫太祖因而對燕王青眼有加的劇情不同。

姚廣孝是故事中另一個重要的人物，他在正德年間的軼聞傳說中，雖仍以謀士形象出現，但已多少帶了點神祕色彩，而在《承運傳》裡，姚廣孝的角色已由軍師轉為術士，不但曾以法術大破紅巾軍，亦曾施法改變天候助燕軍渡過黃河。[269]書中姚廣孝與成祖的相識頗富戲劇性，燕王為求人才而建七星道場祝天求賢，當夜便夢到明月入兆，後在打獵時遇見姚廣孝，於其茅廬相談後將之請回軍中，頗有《三國演義》的味道。[270]有趣的是，連南京城破後迎降、後來成為成祖「文學侍從」之一的胡廣，也在書裡成了主動獻計協助燕軍渡過長江的智士型人物，其字「光大」甚至取代本名成為他在故事中的名字。[271]

雖然建文帝在《承運傳》中戲份極少，但與之有關的情節仍有耐人尋味之處。例如書裡敘述建文帝出生和懿文太子過世時的段落：

> 皇太子朱標於洪武二十三（年）生一子，取名建文。至二十四年，太子朱標得病薨，太祖、太后大泣，命葬於鍾山之下。[272]

據《明實錄》記載，建文帝生於洪武十年（1377）十一月，[273]故於洪

---

268 〔明〕大嶽山人，《建文皇帝事蹟備遺錄》，總頁219。
269 〔明〕佚名，《承運傳》，卷1，〈姚廣孝大破紅巾，飛天王襄江自刎〉，總頁17-20；卷2，〈少師祭風渡黃河，平保大燒中灣渡〉，總頁74-76。
270 〔明〕佚名，《承運傳》，卷2，〈綱昘建七星道場，燕王夢明月入兆〉，總頁52-53；〈燕王遊獵西山景，石巖射虎遇大賢〉，總頁54-58；〈燕王謁聘姚少師，茅菴奉茶講治道〉，總頁58-62。《承運傳》作者似乎有意為姚廣孝的形象加入些許《三國演義》中諸葛亮的意象，如卷三燕軍與建文朝將領俞通源水戰於長江之上，姚廣孝曾施法喚起西北風助長燕軍火燒俞軍戰船的攻勢，即與《三國演義》中「孔明借東風」的橋段頗為相似。參見〔明〕佚名，《承運傳》，卷3，〈王真火焚連珠寨，綱昘大破俞通源〉，總頁105-106。
271 〔明〕佚名，《承運傳》，卷3，〈胡光大獻策渡江，姚少師祭風助火〉，總頁102-104。
272 〔明〕佚名，《承運傳》，卷1，〈馬后謫議立建文，綱昘幽州探地穴〉，總頁22。
273 《明太祖實錄》，卷116，洪武十年十一月己卯條，1892。

武三十一年閏五月即位時，已近二十二歲，《承運傳》卻將其出生時間延後十三年，以符合「孤弱之主」的角色。更有趣的是，建文帝的名字竟從原本的「允炆」變成「建文」，這或許代表萬曆時一般人對建文帝的瞭解已相當有限，加上歷來多以年號代稱之，使年號在時人的歷史印象中遠較本名來得鮮明。另外，書中所述太祖和馬皇后崩逝的時間也與史實不同，其言太祖崩於洪武三十二年（1399），整整晚了一年，原較太祖早逝十七年的馬皇后，更「旦夕悲泣太祖，遂因成疾，不月而亦崩」。[274]太祖崩逝時間的錯誤可能反映了作者對洪武朝時間概念的混淆，前文提到孫羾侯謂革建文年號可能導致「孫蒙祖號」問題的想法，在此得到印證。不過馬皇后逝世時間移至太祖之後，則應是刻意為之，唯有營造出「孤兒寡婦」當朝的局面，才能讓之後的「奸臣專權」順理成章。故事中甚至將「四黨」輔佐建文帝設定成馬皇后的安排，藉此淡化太祖的責任與「識人不明」形象。[275]

書中敘述建文帝由黃子澄等人扶持登基的段落也很有趣，其謂新君「號為建文皇帝，仍稱洪武三十三年」，[276]代表「建文」一詞在故事中不僅成了幼主的名字，亦成為他的帝號，但卻再也不是他的年號。此一敘述如同在小說的世界裡重塑了歷史，使之變為萬曆年間許多文人所試圖證明的樣貌——「革除」一事根本不存在。不過，該書主要是站在成祖的立場，關注的是如何讓成祖對建文帝的態度不失厚道與忠愛，而非如其他調和論者般旨在恢復建文年號，故只需設定建文帝一開始就沒有自己的年號，而是沿用洪武紀年，便能解決這個問題。[277]

---

274 〔明〕佚名，《承運傳》，卷1，〈馬后謫議立建文，綱昴幽州探地穴〉，總頁24。

275 《承運傳》也採取了官書中太祖欲以燕王嗣位之說。不過該書將《奉天靖難記》中太祖要求皇后「慎勿言，恐泄而禍之也」的劇情，改為馬皇后為長子無天子之福而悲傷，而太祖「懊悔無極，不該泄機與后」，轉而表示將分封諸王，留朱標於東宮。換言之，該書將馬皇后設定為朱標成為太子、建文登上寶位的關鍵。參見〔明〕佚名，《承運傳》，卷1，〈太祖南京遷十王，紅巾變亂河南地〉，總頁9。

276 〔明〕佚名，《承運傳》，卷1，〈馬后謫議立建文，綱昴幽州探地穴〉，總頁24。

277 筆者認為《承運傳》將建文帝的年號變成其名諱甚至帝號，是為維護故事中成祖的形象，而非資訊缺乏而產生的誤解，原因在於萬曆時對恢復建文年號的討論相當多，朝廷奏議、時人筆記或私史著作中都可見，一個以靖難歷史為題材進行寫作的

作為明代第一部以靖難歷史為題材的小說，《承運傳》卻令人意外地將四位建文殉臣設定為故事中的大反派。劉倩在其論文〈「靖難」及其文學重寫〉中指出，萬曆朝是建文朝史實「撥亂反正」的關鍵時期，朝廷除旌表建文朝死節諸臣、恤錄其苗裔並建祠祭祀，皇帝還同意修史時將建文事蹟附於太祖之末，存其年號，因而斷定《承運傳》可能成書於更早的嘉靖年間。她還認為，萬曆時之所以刊出如此「不顧輿論」、「指忠為奸」的作品，或許與書商一味射利的心態有關，並引馬幼垣《中國小說史集稿》「講史小說家的觀點通常是保守的，他們的詮釋，也受到正史的左右」一語，試圖解釋該書內容的成因。[278] 劉倩雖注意到萬曆朝在政治解禁上的發展，卻忽略了當時人們在回顧該段歷史的矛盾心態，以及嘗試調和雙方的努力。《承運傳》採取的敘述立場，在當時不僅是最「政治正確」的，在很多方面也與時人所希望的「歷史」相符。如前所述，從萬曆中期開始，調和論者已逐漸將論述重心放在消解建文帝與成祖之間的衝突，這點也被充分反映於該書。

至於劉倩所稱的「指忠為奸」，應是欲正當化成祖起兵之舉、使其「創業守成之功」名符其實，而不得不採取的策略。唯有如《承運傳》或〈大明長陵神功聖德碑〉那樣，將當時局勢塑造成「奸臣亂政」、「禍機四發」，才能使燕王起兵「靖難」顯得正當且偉大。況且該書已將「奸臣」範疇縮小為四人，沒有「牽連」更多建文朝臣，殉臣中最負盛名的方孝孺亦不在其列。如此處理或許倒真有幾分市場考量，畢竟至萬曆年間，方氏的文集已多次刊刻出版，且在南直隸、浙江、四川等地都有專祠祭祀，相關紀念詩文更是多不勝數，可說是殉臣中最受尊崇的一位，即使當時有人將其師古改制視為建文政權覆亡的原因，也不曾否定方氏的道德與學識，故其正面形象在當時應頗深入人心。此外，《承運傳》也充滿對將才的欽佩與憐惜之情，故事

文人，不清楚此事的可能性應很低。
[278] 劉倩，〈「靖難」及其文學重寫〉，頁47-49。

裡雖沒有因不屈於成祖而遭整肅的文臣，卻有不少因戰敗無顏面主而選擇自盡的武將，無論是為燕王或建文朝廷殉身者，作者都曾表示惋惜與哀悼。如卷二耿炳文（1334-1404）於真定戰役中失城自刎，該回末尾的散場詩，即流露出對其結局的感嘆：

> 手拔鋃鋙自刎身，血流光溼錦袍紅；四十餘年魁偉將，今向常山一命傾。[279]

在作者看來，耿炳文等人對建文帝的忠誠，並無絲毫應受責備之處，只是這些將士不知其忠心早已淪為「四黨」擺布的棋子。在耿炳文自刎的前一回，總結白溝河戰役的散場詩更以「可憐立國安邦將，不辨賢愚血染沙」一句，點出作者的惋惜之情。[280]何況故事中的成祖原本也是建文朝廷的忠臣，最後是因建文帝離去，才接受姚廣孝之請即位為帝，為了塑造小說黑白對立的形式，勢必得有人「犧牲」，擔任「奸臣」一方。而在官方論述中被指為「奸黨」，並在萬曆時被認為有害社稷的黃子澄等人，[281]比起同樣效忠建文朝廷，卻從未主導朝政、僅僅奉命行事的武將，確實較為適合。此外，《承運傳》「重武輕文」的設定，或許也與當時國力不振、內外交迫，渴望兼具忠誠智勇將才的心態有關。

由於文筆和劇情俱無特出之處，又不像《忠賢奇秘錄》等文本被包裝成湮沒許久後重見天日的史料，《承運傳》對晚明建文朝歷史記憶的影響不大，如今也已難查知該書在當時傳播與閱讀的情況。然而作為歷史衍生創作，它無疑是對此前傳說、記憶與時局感觸的吸納和

---

[279] 〔明〕佚名，《承運傳》，卷2，〈耿炳文大戰常山，平保兒暗襲真定〉，總頁69。
[280] 〔明〕佚名，《承運傳》，卷2，〈燕王南征三舉義，幽州築壇拜少師〉，總頁67。
[281] 不過正如前文所述，萬曆年間遭到批判的建文朝臣，主要是推行削藩的齊泰、黃子澄，以及師古改制的方孝孺，鐵鉉、景清、練子寧等人並不在其中。《承運傳》選擇這三人，是否僅因為他們都曾與成祖爆發過激烈衝突，還是另有原因？齊泰又為何被略去不談？這些問題還有待進一步釐清。

再生。劉倩研究《承運傳》最重要的觀點，就是將萬曆年間帝國面臨的危機和人們對永樂盛世的懷念，視為影響該書創作的因素之一。[282] 在現實局勢的刺激下，當時人們記憶中的成祖功業，多有緬懷心態造成的溢美想像，不過萬曆年間對建文朝歷史議題的討論依舊熱絡，同時認同建文與永樂政權的人並不少見。調和論述之所以在當時受到歡迎，不只由於人們相信它能作為政治弛禁的理論依據，也因其能消解上述雙向認同的矛盾。即使是立場明顯偏向成祖的《承運傳》，亦存在不少調和性質的內容，可見當時對建文君臣的正面記憶確已深入人心，人們對相關歷史的認知，也的確受到現實環境與需求的影響。

第四節　知識、常識與故事的互動

萬曆年間，由於實錄內容的大量外流、國朝史寫作的蓬勃發展，加上商業及私人出版活動的興盛，人們對建文朝的歷史記憶，也在各種資訊流通交雜的情況下，展開充滿碰撞與競爭的互動過程。相較於統治者的不願承認，當時無論士民，多已肯定建文帝的帝王身分，及其在明代帝系譜表中應有的位置。這種認知在萬曆年間進入日用類書，成為一般大眾的歷史常識。萬曆晚期問世的《致身錄》一書，則有系統地連結建文出亡傳說與隱遁之臣事蹟，使後者全面轉為追隨建文帝浪跡天涯的「從亡之臣」。引人入勝的故事加上文本製造者的刻意經營，使該書在晚明引起熱烈討論，甚至影響了後續史籍的撰寫。此外，正德、嘉靖以降的歷史記憶，多源自地方史料和軼聞傳說，《致身錄》集其大成的從亡故事更是影響深遠，促使部分學者投入考證和辨偽工作，試圖遏止野史繼續傳播錯誤的歷史認知。知識、常識與故事三者之間的互動，構築起萬曆年間建文朝歷史記憶的複雜形態。

---

[282] 劉倩，〈「靖難」及其文學重寫〉，頁50-51。

（一）類書文本中的知識與常識

　　有關建文朝的歷史知識，在萬曆年間似乎有了更進一步的傳布。除了史料彙編型著作和大量國朝史文本的編纂、刊刻，當時一些相關資訊也被編進文人私纂的各種類書裡，甚至經由坊間日用類書的編排和呈現，成為市井百姓歷史常識的一部分。這些資訊正是編者所認可的「知識」或「常識」，而此種認可也隨著文本的刊刻、流通逐漸普遍。

　　日用類書，是一種將日常生活所需之常識，以分門別類的形式刊載，方便人們參照與應用的書籍。此類文本的編輯方式，主要源於早期的類書，相較於一般類書內容多為協助官員治事或文人創作，日用類書主要提供讀者生活上的常識，並於明萬曆年間發展出普及一般大眾的民間日用類書。[283]嚴格說來，此類文本在出版過程中，影響其內容呈現的群體，如編輯者、刊刻者，皆非士大夫之類的社會精英，在知識水準上有其限制，所提供的「知識」，也有很多不適於實際操作，或與現實情況有所出入者。[284]大體而言，日用類書的資訊，其實較傾向於當時社會大眾所接受、相信的「認知」，這也使此類文本成為觀察晚明市井小民對建文朝歷史認知一個不錯的切入點。

　　基本上，萬曆朝日用類書中對歷史知識的編排及其內容都大同小異，大多是在「人紀類」的卷目中以「歷朝君紀」、「歷朝臣紀」等形式呈現，前者介紹朝代更迭與帝系傳承，後者則表列歷代名臣。[285]

---

[283] 有關日用類書的淵源與演變，參見吳蕙芳，〈明清時期民間日用類書及其所反映之生活內涵〉（臺北：國立政治大學歷史研究所博士論文，2000），頁11-22。吳蕙芳在其研究中，主要以「民間日用類書」來指稱針對一般大眾而編纂的日用類書，以強調該類書籍的性質及其設定的讀者群。

[284] 如王正華研究日用類書的「諸夷門」，指出當時此類文本中的域外知識以想像成分居多，並與晚明「好奇」的文化相呼應，其內容比起「知識」更像是時人的普遍認知、生活常識。而日用類書「書畫門」提供的藝術知識與繪畫風格，更與上層文士的認知、傾向有所差距。參見王正華，〈生活、知識與文化商品：晚明福建版「日用類書」與其書畫門〉，《中央研究院近代史研究所集刊》，41（臺北，2003.9），頁5-8、36-44。

[285] 筆者對照《新鍥全補天下四民利用便觀五車拔錦》、《新刊翰苑廣記補訂四民捷用學海群玉》、《新刻天下民家便用萬錦全書》、《新刻鄴架新裁萬寶全書》四部日

書中呈現國朝帝系時，往往將「建文皇帝」排於「太祖高皇帝」後、「成祖文皇帝」前，[286]這種承認建文帝帝王身分，將之列為國朝君主的呈現方式，與朝廷遲遲不肯復其帝號的情況形成強烈對比。作為提供給一般大眾的歷史常識，此類訊息不僅反映當時社會上的普遍認知，更可能在不斷被刊印、複製的情況下，持續影響不熟悉國朝歷史的非文人群體。不過，日用類書中的相關資訊仍大致依循官方畫下的界線，如稱建文帝「己卯元年，在位四年，仍稱為洪武年號，共三十五年」（見圖3-3）。上述內容在晚明的日用類書中都可見到，所反映的正是建文年號終萬曆一朝都不曾恢復的狀況。

　　晚明許多日用類書皆是出版於福建建陽地區，[287]當地素以價格低廉的出版品聞名，出版商利用當地便宜的勞動力從事刻書工作，卻常因刻工對文字和相關知識掌握程度有限，而影響文本的內容與品質，導致內文難以辨識或多有錯漏贅字。[288]如《新鍥全補天下四民利用便觀五車拔錦》的〈大明紀〉部分，太祖御名即誤作「元隆」（見圖3-3）。另外如萬曆三十五年（1607）《新刊翰苑廣記補訂四民捷用學海群玉》，刻工受書中稱懿文太子「名標，早卒」的字樣誤導，以為太子名為「標早」，遂在介紹建文帝的段落中，將「標之子」刻為「標早之子」。[289]此類錯漏是否會影響讀者的認知，目前尚難釐清，

用類書，發現四書在「人紀」部分介紹歷代君臣時，不論列出的「名臣」或說明文字，都呈現高度一致，可見這類書對歷史常識的介紹往往因襲前書內容。

286 〔明〕佚名編，《新刻天下民家便用萬錦全書》（《域外漢籍珍本文庫》，第2輯，子部第12冊，重慶：西南師範大學出版社，據日本東京大學東洋文化研究所藏明萬曆刊本影印，2011），卷3，〈人紀類·明朝紀〉，頁26b。

287 根據吳蕙芳的研究，晚明至少有三十多種日用類書是出版自福建建陽地區的商業書坊，她亦已匯整各書名稱、藏地、版本和內容目錄。參見吳蕙芳，〈明清時期民間日用類書及其所反映之生活內涵〉，頁641-659。

288 王正華等學者已指出不少建陽出版物的品質問題，如用紙粗窳、刻版不佳、印刷低劣、內文漶漫不清、刊刻草率等。參見王正華，〈生活、知識與文化商品：晚明福建版「日用類書」與其書畫門〉，頁2。

289 〔明〕武緯子補訂，《新刊翰苑廣記補訂四民捷用學海群玉》（《域外漢籍珍本文庫》，第2輯，子部第12冊，重慶：西南師範大學出版社，據日本東京大學東洋文化研究所藏明萬曆三十五年潭陽熊氏種德堂序刊本影印，2011），卷3，〈人紀類·大明紀〉，頁27a。

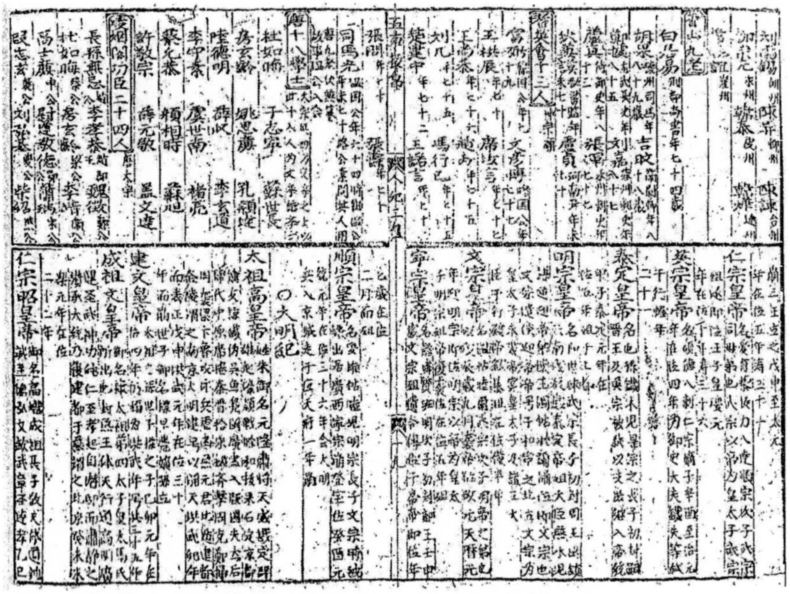

圖3-3　萬曆二十五年《新鍥全補天下四民利用便觀五車拔錦》書影

不過這些書中呈現的建文帝相關資訊，除了刊刻上的錯誤，還有過度簡略的問題。如此情況或許正反映時人對其所知有限，而這種資訊上的殘缺，又可能隨著日用類書的翻刻或內容相襲，一再被複製和延續。上述現象亦可能表示永樂以降對靖難歷史問題的壓抑，確實在某種程度上收致效果，除了嫻熟相關史料的學者，一般人對建文帝的認知已頗有限，很多資訊都不復存於大眾的記憶中。

　　最能凸顯日用類書中建文帝相關資訊缺漏問題的，就是對其名諱的失載，在此類文本對國朝君主的介紹中，建文帝是唯一一位未被提及名諱的皇帝。[290]這不免讓人聯想到前述《承運傳》中，以年號「建

---

[290] 至少筆者所查閱的《新鍥全補天下四民利用便觀五車拔錦》、《新刊翰苑廣記補訂四民捷用學海群玉》、《新刻天下民家便用萬錦全書》、《新刻鄴架新裁萬寶全書》四部日用類書，都是在備載明代歷任君主御名的情況之下，獨缺建文帝的名字。而從四部日用類書於「人紀」部分內容高度因襲的情況來看，其他日用類書應與此相差不遠。參見〔明〕佚名編，徐三有校，《新鍥全補天下四民利用便觀五車拔錦》（《域

文」取代建文帝本名「允炆」的設定。而無論是《承運傳》裡名諱、帝號皆為「建文」卻沒有年號的幼主，還是日用類書中「無名的建文皇帝」，其實都反映出，相較於明代其他擁有廟號、諡號的皇帝，唯一能用以稱呼建文帝的，似乎只剩遭到成祖「革除」，卻反而更受注意的年號。這可能也與《明太宗實錄》稱之「建文君」並為後出文本沿用的情況有關。換言之，官書在對建文帝的稱謂上，提供了一個人人皆可遵循的示範。宣德以降，人們對建文帝的稱呼多與其年號有關，如「建文君」、「建文帝」、「建文」、「革除君」等皆是，故長期下來，自已習慣用年號代稱這位失國之君。

如前所述，形成於嘉靖年間的建文遜國說，在萬曆朝已廣泛為人們所接受，不僅常見於當時士大夫的靖難歷史論述中，亦在萬曆晚期進入日用類書。如萬曆四十二年（1614）《新刻鄴架新財萬寶全書》便有「太祖龍興應天府三十五年，號洪武，內有建文君四春，避位出亡，因附祖」之說，並附註「建文君，皇太孫也，因成祖南來而避位，年號仍稱洪武」。[291]此處「年號仍稱洪武」的敘述，雖然較為模糊，可有不同的解讀空間，不像前述《承運傳》中明確地指稱建文帝沿用洪武紀年，但似乎仍頗易予人其在位四年本就承續太祖年號，而非遭成祖「革除」的印象。至於「因成祖南來而避位」的說法，則彷彿將成祖藉由靖難戰爭奪位的過程平和化，建文帝在這段描寫中甚至給人「主動退位」的感覺。足見同時維護建文帝和成祖兩方，形塑當代禪讓美事的建文遜國說，已然成為時人歷史常識的一部分。

外漢籍珍本文庫》，第2輯，子部第12冊，西南師範大學出版社，據日本東京大學東洋文化研究所藏明萬曆二十五年書林閩建雲齋刊本影印，2011），卷3，〈人紀門・大明紀〉，頁19b；〔明〕佚名編，《新刻天下民家便用萬錦全書》，卷3，〈人紀類・明朝紀〉，頁36b；〔明〕武緯子補訂，《新刊翰苑廣記補訂四民捷用學海群玉》，卷3，〈人紀類・大明紀〉，頁27a；〔明〕朱鼎臣編，《新刻鄴架新裁萬寶全書》（《域外漢籍珍本文庫》，第2輯，子部第12冊，重慶：西南師範大學出版社，據日本東京大學東洋文化研究所藏明萬曆四十二年序刊本影印，2011），卷3，〈人紀門・大明我朝〉，頁13b。

291 〔明〕朱鼎臣編，《新刻鄴架新裁萬寶全書》，卷3，〈人紀門・歷代君紀〉，頁2b。〈歷代君紀〉之「歷」誤作「曆」。

與萬曆朝的書寫或紀念活動不同，建文忠臣在當時的日用類書中並未佔據多少篇幅，即使是在書中介紹「歷代名臣」的段落，他們仍須與投降成祖的昔日同僚分享「名額」。查閱《新鍥全補天下四民利用便觀五車拔錦》、《新刊翰苑廣記補訂四民捷用學海群玉》、《新刻天下民家便用萬錦全書》、《新刻鄴架新裁萬寶全書》四書，所列建文「名臣」都是同一批人，推測其他日用類書應也差不多，分別是翰林侍講方孝孺、解縉、翰林修撰王叔英、吏部尚書茹瑺（?-1409）、兵部尚書齊大丘（泰）和翰林學士董倫（1324-1403）。[292]此名單其實頗耐人尋味，光是編者的選擇標準為何，就是個令人費解的問題。

　　當然，列入「歷代名臣」者未必都是「良臣」，如「太祖高皇帝」部分列有被視為「奸臣」的胡惟庸，「憲宗純皇帝」部分則列有萬安（1419-1489）。[293]不過就一般對「名臣」意涵的理解，選取標準應是在當時富有名氣，且對政局頗具影響者，然而在建文朝開列的名單中，真正符合這些條件的似乎不多。像茹瑺在建文年間和當權的黃子澄等人意見相左，甚至在舉才、操守上都有瑕疵，而數度遭到彈劾；[294]董倫雖頗受建文帝重視，但其敦睦親藩的建議也未被採納。[295]解縉的入選最令人感到不解，他在建文初年遭謫，後雖被召為翰林侍詔，但其影響力根本無法與主導削藩的齊泰、黃子澄，或是主持復古

---

[292] 〔明〕佚名編，徐三有校，《新鍥全補天下四民利用便觀五車拔錦》，卷3，〈人紀門‧歷朝臣紀〉，頁19b；〔明〕佚名編，《新刻天下民家便用萬錦全書》，卷3，〈人紀類‧歷代臣紀〉，頁5a；〔明〕武緯子補訂，《新刊翰苑廣記補訂四民捷用學海群玉》，卷3，〈人紀類‧歷代臣紀〉，頁21b；〔明〕朱鼎臣編，《新刻鄴架新裁萬寶全書》，卷3，〈人紀門‧古今名臣〉，頁12b。

[293] 〔明〕佚名編，徐三有校，《新鍥全補天下四民利用便觀五車拔錦》，卷3，〈人紀門‧歷朝臣紀〉，頁19b；〔明〕佚名編，《新刻天下民家便用萬錦全書》，卷3，〈人紀類‧代臣紀〉，頁5a；〔明〕武緯子補訂，《新刊翰苑廣記補訂四民捷用學海群玉》，卷3，〈人紀類‧歷代臣紀〉，頁21b；〔明〕朱鼎臣編，《新刻鄴架新裁萬寶全書》，卷3，〈人紀門‧古今名臣〉，頁12b。

[294] 〔明〕屠叔方，《建文朝野彙編》，卷1，〈遜國編年〉，洪武三十一年十二月二十八日條，頁23b-24a。

[295] 〔明〕焦竑，〈禮部右侍郎兼翰林院學士董倫傳〉，收入〔明〕焦竑編，《國朝獻徵錄》，卷35，〈禮部三〉，頁582b-583a。

改革的方孝孺相比。他真正的活躍時期應是永樂年間。[296]另外，在建文年間因主張削藩而獲重用，後被成祖打為「首惡」，並且在萬曆時被視為靖難禍首的齊、黃二人，前者名字被改為「大丘」，後者則根本沒上榜。這不免讓人聯想到《承運傳》將黃子澄列入「四黨」卻未將齊泰也含括其中的情況。此份名單究竟反映了什麼樣的「歷史常識」，其於日用類書內容一再複製、流通的過程中，又是否對時人的相關認知產生影響，或許值得再進一步探討。

除了日用類書，當時文人編輯的類書中，也能看到關於建文朝歷史的資訊。這些編者多非精熟相關史料、長於考證的學者，他們所彙整的「知識」可能來自官書、野史或軼聞傳說，而從此類著作對於歷史資訊的選取、編排和評論，都可略窺編者對該段過往的記憶。如劉葉在其編輯的《新鐫歷代名賢事類通考》中，認為陳瑛開了「誅十族」之先，顯然也將之視為整肅建文忠臣的主導者：

> 誅十族之號，振古所無，自陳瑛憑凶恣羅織于革除諸臣，赤其族，暨其外親，又並其外親外親、師友、交遊輩，悉指為奸黨，蔓連誅及。從古迄今，創倡十族之說，實自陳瑛始。[297]

劉葉對「誅十族」的認知，明顯受到《英風紀異》和《建文朝野彙編》等著作的影響。原本方孝孺遭誅十族之說自正德年間形成後，便廣為相關文本承襲並逐漸普遍。但在萬曆年間，以陳瑛主導整肅並將誅十族之刑擴及其他殉臣的認知，也開始進入人們的記憶中。

---

[296] 萬曆年間焦竑為解縉所寫的傳記中，建文朝部分僅以「八年，上（太祖）崩，奔喪，有劾其非詔旨，謫河州衛吏。建文中召入為翰林侍詔」一句帶過，至永樂朝後其才有較多參與機務的機會。參見〔明〕焦竑，〈學士解公縉傳〉，收入〔明〕焦竑編，《國朝獻徵錄》，卷12，〈內閣一〉，頁392b-393a。

[297] 〔明〕劉葉，《新鐫歷代名賢事類通考》（《四庫全書存目叢書補編》，第96冊，濟南：齊魯出版社，據南京圖書館藏明刻本影印，2001），卷1，〈開先門〉，頁16a。劉葉此書成書時間不詳，但從書中所記事件多發生在萬曆朝中期以前，對張居正的批判也相當嚴厲，故應是成於張氏尚未恢復名譽、獲得平反的萬曆年間。參見〔明〕劉葉，《新鐫歷代名賢事類通考》，卷8，〈舛戾門〉，頁70b-71a。

從劉葉書中對其所認可之「知識」的收編，不難發現他對影響靖難戰爭結局因素的認知，同時包括了「天命」和「人謀」兩個層面。如記成祖在戰爭期間曾多次遇險，卻皆全身而退，認為此即是「天命有意」之證，[298]並稱當時已有各種徵兆預示建文政權將為其所取代：

> 建文當覆，地震日赤無光，斧鉞旌旗沉水；永樂當興，兵刃條燁火光，金鐵弓弦皆響。一則預呈不祥之符，一則預著必勝之兆。[299]

上文中出現於兩方陣營的異象，皆可見於《奉天靖難記》和《明太宗實錄》。[300]此點亦顯示實錄等官書記載對於劉葉這類萬曆年間知識分子的歷史認知，確實已頗具影響。而劉葉對建文諸臣的批評，或許亦反映他將當朝重臣不足託付視為建文政權敗亡因素的認知。該書批判性最強的「舛戾門」，共收有十六條國朝人事，建文諸臣便在其中佔了六條，如稱齊泰、黃子澄「付托不效，社稷傾覆，不能死守」，面對朝廷危難甚至有藉徵兵潛逃、遠渡外域之心。[301]書中也批評方孝孺等人輔佐能力不足：

> 黃觀、方孝孺惟務集兵，不知選將，印紙數千宣諭，大類掩耳竊鈴，衹同兒戲，徒貽敵笑。二人德有餘而才智不足，正有餘而權變不足，可為平時之相，不堪任扶危濟傾之責。[302]

「印紙數千宣諭」是指《奉天靖難記》、《明太宗實錄》等書所載方

---

[298] 〔明〕劉葉，《新鐫歷代名賢事類通考》，卷4，〈感召門〉，頁39a。
[299] 〔明〕劉葉，《新鐫歷代名賢事類通考》，卷4，〈感召門〉，頁39b。
[300] 〔明〕佚名撰，王崇武注，《奉天靖難記注》，卷1，頁21-22；卷2，頁111-112；《明太宗實錄》，卷1，洪武三十一年閏五月乙酉條，頁7-8；卷6，二年四月乙卯條，頁62-63。
[301] 〔明〕劉葉，《新鐫歷代名賢事類通考》，卷8，〈舛戾門〉，頁70b。
[302] 〔明〕劉葉，《新鐫歷代名賢事類通考》，卷8，〈舛戾門〉，頁69b-70a。

孝孺將帶給燕王的休兵詔書複製數千份散於燕軍中，企圖動搖其軍心一事。[303]此事與同記於上述二書的方孝孺離間燕王父子計畫，都被劉葉批評「其待英雄也何淺，其為國謀也何疏」。[304]不過，和萬曆時的許多文人一樣，在批判的同時，劉葉仍肯定方孝孺等人之忠義，在「忠盡門」部分亦列有「方孝孺被執不屈，始終無乞宥之心；徐輝祖被縛不屈，始終無推戴之念」一條。[305]

對文人而言，類書編纂不只是一種知識收輯的活動，也經常是他們抒發自身對歷史或時政見解、感悟的媒介。如江旭奇編輯的《朱翼》一書，就有不少就歷史評論藉題發揮之處，從中可看出他對許多現實議題皆有所關懷，而建文年號未復、廟祀未立便是其中之一。書中有一段列舉歷史上改元頻繁的皇帝，以論證明其「帝王數改元多非令主」的觀點，不過江氏在該段末卻天外飛來一筆，提出「建文之革除，不若天順之改元也」的看法。[306]而該書在討論國朝廟制發展的段落之間，亦穿插了立建文祀典的倡議。[307]可見建文帝未能入廟享祀的問題，一直讓當時的知識分子心有不安。

日用類書提供給一般民眾的歷史常識，隨著內容的翻印、複製而千篇一律，書中建文朝資訊的殘缺與曖昧之處也由此延續。此類文本之編者又非嫻熟相關史料的學者，對該段歷史所知有限，而許多資訊在日用類書制式化的內容編排下亦無法呈現。不過，當某條資訊被收入日用類書時，代表其已是獲得編者甚至社會大眾認同的「基本常識」，而在文本傳的過程中，對這些「常識」的認同又可能被一再強化。日用類書中對建文帝「因成祖南來而避位」、「年號仍稱洪武」的記述，其實相當符合萬曆年間調和論述的基調，這或許不只是因為調和論述

---

303 〔明〕佚名撰，王崇武注，《奉天靖難記注》，卷3，頁318-319；《明太宗實錄》，卷8，洪武三十四年閏三月癸丑條，頁92。

304 〔明〕劉葉，《新鐫歷代名賢事類通考》，卷8，〈舜戾門〉，頁69a。

305 〔明〕劉葉，《新鐫歷代名賢事類通考》，卷3，〈忠盡門〉，頁29b。

306 〔明〕江旭奇，《朱翼》（《四庫全書存目叢書》，子部第206冊，臺南：莊嚴文化事業有限公司，據北京大學書館藏萬曆四十四年刻本影印，1995），頁101a。

307 〔明〕江旭奇，《朱翼》，頁128a。

在當時頗受歡迎，畢竟作為提供大眾生活常識的文本，其內容本就理應具備一定程度的「政治正確」。相形之下，文人編纂的類書則有較高的自由度，內容也更多樣、豐富。就有關建文朝歷史的部分來看，他們採擷「知識」的範疇，比起正德、嘉靖年間的筆記著作要來得廣闊，除了得益於萬曆年間史料匯編型著作的產生及熱烈的政治討論，實錄等官方記載也是此類「知識」的重要元素。不過在建文遜國說被廣泛接受的同時，以建文帝與成祖衝突關係為前提的建文出亡傳說，仍在時人記憶中佔有一席之地，並在地方化的過程中有了極大發展。

（二）地方建文出亡傳說的發展

正德、嘉靖以降，建文帝披緇出逃的說法便廣為人們所接受，在當時盛傳的野史軼聞中，建文帝可能的隱匿處遍及雲南、湖南、湖北、河南、廣西、貴州和四川等地，並在嘉靖年間建構出一條建文帝的出亡路線，甚至逐漸有了地方化的傾向，如廣西南寧府便以橫州寶華山的壽佛寺為中心，發展出當地特有的相關記憶，位於貴州金筑安撫司的羅永庵也有建文題壁詩的傳說。到了萬曆年間，雲南、江蘇等地也都各自發展出地方性的建文出亡故事，貴州、浙江等地的相關傳說更在原有基礎上進一步擴充，並透過旅居文人的記述或方志書寫而漸為時人所知。從現有文獻載錄的內容來看，這些故事大多仍相當簡略，有些甚至只是建文帝流亡之旅的片段插曲，不過對創造故事的家族、聚落或地區而言，他們與落難帝王的命運從此被連結在一起，進而為其發展尋得契機或更戲劇性的理由。

自正統五年僧人楊行祥假冒建文帝的案件後，民間有關建文帝未死於火的傳說，便逐漸以其剃髮披緇出亡的模式為主。嘉靖、萬曆年間地方上出現的相關傳說，大多是敘述其隱身某寺的故事；該案發生的地點廣西，更已經出現與當地歷史發展結合的建文帝隱遁記憶。此外，目前首見於正德六年《野記》一書的建文帝流亡詩，其「寥落東西四十秋」一句也隨著傳說的發展及人們的接受情況而改變，從鄭

曉《建文遜國記》、朱鷺《建文書法儗》等集成之作皆採「牢落西南四十秋」版本的情況來看，[308]嘉靖、萬曆時人似乎將西南地區視為建文帝最可能的隱遁地區，而這也是最能與實錄記載配合的版本。萬曆年間，實錄所載楊行祥於前往廣西前曾待過的雲南、貴州兩地，也發展出當地特有的建文帝流亡故事。如謝肇淛寫於萬曆晚期任職雲南期間，[309]結合地方文獻、民間記憶和親身見聞而成的《滇略》一書，對雲南武定府獅山龍隱庵便有如下記載：

> 獅山在武定城西五里許，峰截如削，壁立千仞，其巔平敞里許，有泉噴出，潴為小池，池旁羅漢松一株，大數十圍，雙柯鐵幹，世所罕見。巖半有菴曰「龍隱」，中祠建文皇帝。云帝自靖難師入，自髡以出，棲此山者四十餘年，始自白歸大內。今其像禪衣錫杖，淒然老衲狀也。[310]

作為多數建文帝出亡傳說源頭的楊行祥案發生於正統五年，距燕軍攻下南京僅三十八年；若將建文帝「回歸」時間延至《遵聞錄》等書敘述的成化朝，其「流亡」時間則將長達六十多年。因此故事中所謂的「四十餘年」，應該是受野史所傳建文帝流亡詩中「牢落西南四十秋」等句的影響。從以上記載可發現，萬曆晚期存於武定獅山的，除了這個已成當地記憶的故事，還有與之相配合的實物。「龍隱庵」之名將這座山腰上的小寺與建文帝的出亡傳說聯繫起來，庵中供奉的繪像則是延續此一記憶的媒介，它不只是祭祀活動中的紀念對象，更

---

308 〔明〕許相卿，《革朝志》，卷1，〈君紀〉，頁47a-47b；〔明〕鄭曉，《吾學編‧建文遜國記》，頁42b；〔明〕朱鷺，《建文書法儗》，〈正編下‧建文出亡不歸論〉，頁44a。

309 據《明實錄》記載，謝肇淛係於萬曆四十六年受命擔任雲南參政，天啓二年時陞任廣西按察使，故《滇略》應是寫於這段期間。參見《明神宗實錄》，卷572，萬曆四十六年七月甲寅條，頁10813；《明熹宗實錄》，卷6，天啓元年二月己未條，頁299。

310 〔明〕謝肇淛，《滇略》（《景印文淵閣四庫全書》，第494冊，臺北：臺灣商務印書館，據國立故宮博物院藏本影印，1986），卷2，〈勝略〉，頁27b。

成為強調傳說真實性的證物。透過祭祀，該寺便能維持與建文帝之間的連結，並使人們相信此種連結是來自其曾隱居該處的「歷史」；透過繪像，人們也能從中得知建文帝「當年的形貌」。當人們將建文帝設想成一個遭逢亡國之難，被迫改扮為僧、流落異地的君王時，沒有什麼比禪衣錫杖的「淒然老衲」形象更能符合他們的預期了。此外，《滇略》一書雖成於萬曆末，但武定獅山之說形成與流傳的時間顯然更早。萬曆士人江盈科（1553-1605）便曾以「武定獅山」為題，對其認知中建文帝的不幸遭遇表示同情：

> 閒來縱目萬山頭，懷古悲歌不自由。燕市兵威從此振，金陵王氣付東流。龍顏去國八千里，鶴髮還巢四十秋。往事不需論得失，楚弓原是楚人收。[311]

在歷經建文政權覆亡和成祖遷都北京等歷史發展後，靖難戰爭在後世記憶中似乎也象徵著南京和北京的競爭，以及兩地王氣的消長與轉移。江盈科是南直隸淮安府桃源縣人，南京地位為北京取代確實可能讓他頗有感觸。對靖難歷史發展和建文帝出亡的嘆息，很明顯是全詩的主題，同時也代表了武定獅山在江氏心中的主要印象，足見相關傳說對其影響之深。不過這首詩所傳達的，除了對建文帝的同情，還有化解其與永樂政權歷史衝突的期盼。建文帝從出亡到回歸，最後終老大內的過程，原本就是一個具有歷史和解意味的敘事結構，全詩尾聯「往事不需論得失，楚弓原是楚人收」，更強調即使政權替易，天下依舊掌於朱家子孫之手，靖難戰爭早已是陳年舊事，以往那些傷痛似乎也該隨著時間流逝逐漸撫平。

在武定獅山的建文帝傳說逐漸向外擴散的同時，當地建構和強化相關記憶的工程仍持續進行。如康熙二十八年（1689）《武定府志》

---

[311] 〔明〕江盈科，〈武定獅山〉，收入〔明〕劉文徵編，古永繼點校，《滇志》（昆明：雲南教育出版社，1991），卷28，〈藝文志〉，頁946。

介紹獅山「古蹟」時，提到了兩處謝肇淛並未介紹的景點——躍龍亭和禮斗臺。書中稱躍龍亭係萬曆時知府王懋武為紀念建文帝而建，又描述禮斗臺「懸崖萬仞，建文禮斗處也，有親筆書勒其上，為鳳賊磨盡，蒲團跡尚存」。[312]然而稍早天啟五年（1625）劉文徵（1555-1626）的《滇志》，並未載有禮斗臺，且雖提及王懋武建亭之事，卻未說明興建原因，[313]由此或可推測躍龍亭和禮斗臺等景觀，都是在建文帝出亡傳說於當地發展的過程中，被特意建立或予以附會，而成為擴充地方記憶的地標。這些新地標之設置或其故事的塑造，不但可以豐富相關傳說的內容，更能強化其可信度和引發共鳴的力量。此外，正德、嘉靖年間認為建文帝曾匿於黔國公沐晟處所的說法，至萬曆年間似乎又有新的情節加入，如王世貞為沐英（1344-1392）一族所作傳記中，便有「建文帝之自焚也，文皇帝意其由地道以出，或言匿晟所者，使使訶察無狀，乃獲免」的描述。[314]

至於貴州，透過陸深《蜀都雜抄》、鄭曉《吾學編》等文本記述而聲名遠播的羅永庵題壁詩，也引起不少文人士大夫的探訪興趣。郭子章於萬曆中任職貴州巡撫期間，即命定番知州查訪羅永庵，並將於當地之見聞載入其著《黔記》：

> 在羅榮寨五里許有白雲庵，即帝避難處也，豈誤「榮」為「永」，誤「寨」為「庵」邪？庵畔一井，周匝可二尺許，深

---

312 〔清〕王清賢、陳淳纂修，《（康熙）武定府志》（《續修四庫全書》，史部第715冊，上海：上海古籍出版社，據北京大學圖書館藏清康熙刻本影印，1997），卷3，〈古蹟〉，頁47b。

313 〔明〕劉文徵編，古永繼點校，《滇志》，卷3，〈地理志‧古蹟〉，頁139。康熙朝《武定府志》還收有劉懋武兩首〈獅子懷古〉詩，或可作為其為建文帝築躍龍亭的輔證，惟劉文徵《滇志》在收錄江盈科〈武定獅山〉詩的情況下卻未收劉懋武詩，也不免讓人對此二詩是否出自劉氏之手感到疑惑。參見〔清〕王清賢、陳淳纂修，《（康熙）武定府志》，卷4上，〈藝文‧詩‧七言律〉，頁11a。

314 〔明〕王世貞，《弇州續稿》，卷82，〈東甌黔寧東平三王世家〉，頁11a。正德年間祝允明《野記》已記有建文帝「在沐黔公府，後沐為奏還」的說法，但祝氏本人並不相信此說。參見〔明〕祝允明，《野記》，卷2，頁2a。

半之，傳帝所浚，井中水恆雨不溢，恆暘即千萬人飲之不涸，時有雙鯉出沒其間，久旱出則雨，淫雨去輒晴，其應不爽。庵後有洞，亦云白雲，外窄中廣，可坐可臥，有臺可置燈，又有隙遇天，光明內徹，乃帝修煉所。庵左右有杉數章，大者數圍，小者合抱，皆帝手植。前臨龍潛、金剛二寺，萬山朝拱，儼然居高臨卑。帝潛此數十年，豈無意哉！[315]

透過郭子章的記錄，可知嘉靖末文本中的羅永庵，在萬曆年間已有了不同的名字。無論是昔日陸深等人將地名誤作庵名，或只是單純改了名字，建文帝隱於該處的傳說都是其維持聲名的重要憑藉。而在嘉靖末至萬曆中的這段期間，當地也發展出不少反映建文帝「隱遁生活」的景點，其中又不乏具有神異色彩的描述，加上「萬山朝拱、居高臨卑」的地理形勢，似是頗合時人想像與期待的帝王龍潛之所。

除了金筑安撫司（萬曆二十五年改為廣順州）的白雲庵，萬曆年間在貴陽府西北一帶也出現建文帝隱居當地的傳說。馮時可《超然樓集》一書，便記有一則其遊覽永洪庵時聽聞自寺內僧眾的故事：

余以癸未遊黔西永洪菴，其菴在萬山深處，僧徒皆謂建文君曾駐此三十年，尚有墨迹，其後自滇而粵，不知所往。又云主初來時，兩比丘與，俱未幾即去。所謂兩比丘者，抑葉與程邪？初相從卒相散者，豈當時物色之急，不能終捍牧圉邪？[316]

馮氏約生於嘉靖中期，卒於天啟初年，故文中的癸未年應是萬曆十一年，這則資料後來也被屠叔方收入《建文朝野彙編》。[317]有趣的是，

---

[315] 〔明〕郭子章，《黔記》，卷32，〈帝王事紀·建文君〉，頁1b-2a。該書在卷五十五介紹寺觀時，亦有「羅永寺在金筑司，又名螺湧，建文君曾潛於此」的記載。參見〔明〕郭子章，《黔記》，卷55，〈方外列傳二·寺觀·定番州〉，「羅永寺」條，頁10a。

[316] 〔明〕馮時可，《超然樓集》，卷4，〈葉雪菴先生贊〉，頁34a-34b。

[317] 〔明〕屠叔方，《建文朝野彙編》，卷18，〈報國列傳·雪庵和尚〉，頁29a-29b。

朱國禎《湧幢小品》記述的永洪庵，是高僧月溪於宣德二年（1427）擇地而建，[318]距離一般認為建文帝「回歸」的正統五年只餘十三年，時間上根本不足以「駐此三十年」。此說明顯想將永洪庵放入嘉靖以降串連起來的出亡路線中，兩比丘隨建文帝至寺的敘述亦頗有與諸臣從亡之說相應的意味，故馮時可聽聞故事後，也不禁猜測此二人是否就是野史盛傳的程濟、葉希賢。

除了羅永庵、永洪庵這類長期棲身的處所，萬曆年間貴州也出現一些關於建文帝短暫居地的傳說。萬曆二十五年《貴州通志》便將威清衛指揮劉世爵祖廳「玩略堂」列為當地的「古蹟」之一，相傳建文帝出亡期間曾經宿於此，並書匾贈之。[319]就地理關係來看，威清衛與羅永庵所在的金筑安撫司（位於貴陽府城、威清衛西南方）之間隔著平壩衛，而平壩地區在明末亦產生相關的地方記憶，這或許正意謂著當時建文帝出亡傳說的地方化現象在該區域之興盛。

目前雖已難查考劉世爵家族發展至當時的情況，無法多作揣測，不過經由「玩略堂」故事的建構，將家族歷史與建文帝出亡傳說連繫起來，確實有助於形塑其先祖的「忠臣」形象，進而強化劉氏家族在地方上的聲望和影響力。劉氏祖廳被載入方志成為「古蹟」，意味著當時這則故事並不只是其家族內部傳承的記憶，更已成為在地知識分子甚至官方所認同的「歷史」。而建文帝「親筆寫就」的匾額，也不僅是證明傳說真實性的憑據，亦是劉氏家族於當地延續相關記憶、坐擁社會資本的憑據。

如第二章所提到的，早在正德、嘉靖年間，對建文帝隱遁地點的討論便已眾說紛紜，而江南地區也是當時文人傾向的答案之一。嘉靖年間，郎瑛《七修類稿》所載建文帝曾居錢塘縣東明寺的說法，至萬

---

[318] 〔明〕朱國禎，《湧幢小品》，卷28，〈馬房燈光〉，頁23b。
[319] 〔明〕王秉賢、許一德纂修，《（萬曆）貴州通志》（《日本藏中國罕見地方志叢刊》，第18冊，北京：書目文獻出版社，據日本尊經閣文庫藏明萬曆二十五年刻本影印，1991），卷5，〈威清衛‧古蹟〉，「玩略堂」條，頁16a。

曆年間又被收入《建文朝野彙編》而進一步流傳。[320]上述二書中，東明寺還只是建文帝展開「自川歷滇」流亡旅程前的一個暫時據點，但在往後的地方文獻裡，該寺作為「暫時居所」的性質似被有意無意地模糊。如萬曆三十七年《錢塘縣志》記東明山上「有東明寺深隱庵，俗傳建文帝隱此」，[321]又稱「東明寺在安溪大遮山前，建文為僧至此，有遺像」。[322]吳之鯨（？-1609）《武林梵志》也有同樣記載。[323]如此敘述雖未改動《七修類稿》等書的說法，卻很容易帶給讀者「建文帝一直居於該寺」的印象。透過《錢塘縣志》也可發現，萬曆年間當地人不僅已為他們認定的建文帝居所命名，更留有類似雲南獅山龍隱庵的遺像，這或許代表錢塘縣及作為該傳說中心的東明寺，已開始進一步建構其獨有的建文帝隱遁記憶。除了浙江，當時南直隸也出現建文帝短暫居留的「景點」。如修於崇禎晚期的《吳縣志》，便稱建文帝曾短暫停留於穹窿山的皇駕庵，而該處於萬曆年間「始顯其名」，[324]或可判斷此說就是在當時形成，並為吳縣文人所宣傳。

綜上所述，不難發現這些地方性的傳說，對建文帝和成祖關係的理解，與當時同樣盛行的建文遜國說迥然相異，而更偏向明代中葉野史所呈現的彼此對立。在此類故事中，建文帝與永樂政權放下衝突和仇恨，是遲至多年後前者表明身分，並由後者「迎」回京師、「供養」於大內時才發生。上述這些因建文帝避居傳說而發展出的「景點」，往往以其在避居期間留下的「墨跡」或「遺像」，作為證明傳說屬實的憑據。對一個躲避政治追殺的落難帝王而言，在避居地留下字跡詩文的行為或許太過高調，但對靖難歷史地景的經營者來說，此

---

320 〔明〕屠叔方，《建文朝野彙編》，卷19，〈建文傳疑〉，頁4a-4b。
321 〔明〕聶心湯等修，《（萬曆）錢塘縣志》（《叢書集成續編》，史部第48冊，上海：上海書店，據武林掌故叢編影印，1994），〈紀勝·山川一〉，頁29b
322 〔明〕聶心湯等修，《（萬曆）錢塘縣志》，〈紀制·寺〉，頁57a。
323 〔明〕吳之鯨撰，魏德良點校，《武林梵志》（杭州：杭州出版社，2006），卷4，「東明寺」條，頁84。
324 〔明〕牛若麟修，〔明〕王煥如纂，《（崇禎）吳縣志》，卷26，〈僧坊〉，「皇駕菴」條，頁59a。

種高調舉動顯然十分必要。由於地方官任職的迴避原則，加上晚明興盛的旅遊風氣，文人士大夫接觸此類「景點」的機會不少，也往往樂於成為當地故事的宣傳者。由於建文帝出亡傳說在嘉靖年間便已勾勒出基本輪廓，包括了大致的遷移路線、最後被迎回京師的結局以及程濟與「某御史」的從亡，地方上形塑的相關傳說也常刻意迎合、連結這些已為時人所熟悉的情節，藉此強調其真實性，進而突破地域上的限制，使之廣為一般知識分子所接受，從原本的地方記憶變成一種普遍的歷史認知。

萬曆年間各地建文帝出亡傳說的發展，除了涉及家族或地方歷史再塑的過程，也在當地建構出帝王落難的歷史現場，為今昔之間架起連結。無論這些「歷史現場」原本是否名勝，此類傳說都有助提升該地的知名度與重要性，賦予其靖難歷史地景的意義，進而取得更多地方上的資源和知識分子的關注。隨著傳說的發展，描述諸臣「從亡」的故事也逐漸增加，以往認知中的隱遁之臣，在時人記憶中亦和建文帝的流亡搭上線，甚至有些家族還刻意將先祖塑造為「從亡忠臣」，藉此在地方上取得更多影響力和社會資本。

（三）從隱遁諸臣到從亡諸臣

嘉靖、萬曆以降，認為建文帝離京是為避禍的出亡說，以及視此舉為禪讓的遜國說，便於時人記憶中微妙地並存著。對擁戴出亡傳說的信徒而言，雖值政權覆亡之際，但以建文帝堂堂大明之主的身分，有忠臣隨行似乎是再合理不過的事，這也促成後續從亡之臣傳說的探究和形塑。而時人眼中因不願效忠新政權故投身山林的隱遁諸臣，則被視為隨侍君側的絕佳人選。除了第二章提到的程濟，嘉靖年間還出現有御史隨建文帝出亡的說法。屠叔方《建文朝野彙編》便記有一個聽聞自楊循吉的相關故事：

> 建文之逸也，一御史隨之，君臣俱祝髮為僧。建文居山中不出，

御史時出應付，又不通佛經，止誦《周易》而已，得襯詩買米麥以供建文。後御史病死。或謂御史即雪庵和尚，非也。姜時川曾言其姓，惜乎失記。建文無從得食，故不得已而出。[325]

楊循吉逝於嘉靖二十三年（1544），表示此說最晚在嘉靖時便已形成。嘉靖初《姜氏秘史》引錄〈雪庵集引〉中雪庵和尚的生平，言其命僧徒誦《周易》而非佛經，[326]頗似楊氏描述的情節。「或謂御史即雪庵和尚」之說，可能就是由此聯想而來；又或者楊循吉所述的御史故事，原本就是在欲將之附會為雪庵和尚的情況下，根據其生平發衍而成。關於雪庵和尚的身分，在嘉靖年間有過不少討論，如較早的郁袞《革朝遺忠錄》記有「和尚當建文壬午翰林學士」一說，[327]後期的鄭曉《遜國臣記》等書，則稱雪庵和尚可能與監察御史葉希賢是同一人。[328]隨著嘉靖晚期相關敘述中葉希賢與雪庵和尚逐漸合併為一，萬曆時人對後者經歷的認知也開始由隱遁轉為從亡，程濟和葉希賢亦成為往後建文出亡傳說中最重要的兩位隨臣。如萬曆七年《栝蒼彙紀》已將葉希賢以「雪庵和尚」和「從亡之臣」的身分入傳：

> 葉希賢，號雪庵，由賢良監察南臺，冰蘗自勵。革除壬午六月，靖難兵起，家人驚潰相失，謂其已死，乃以衣冠發喪而葬。希賢已從嗣君抵蜀，隱姓名，祝髮為僧。至善慶里，杜景賢者賢之，迺與地，名松柏灘，建觀音寺。[329]

325 〔明〕屠叔方，《建文朝野彙編》，卷19，〈建文傳疑〉，頁5a。
326 〔明〕姜清，《姜氏秘史》，卷2，己卯元年春正月條，頁3a。就現有記載來看，姜清是較早將雪庵和尚落髮與靖難歷史進行連結者，這種連結在書中以暗示方式呈現，亦代表之前少有人作此聯想。參見劉瓊云，〈帝王還魂：明代建文帝流亡敘事的衍異〉，頁86-87。
327 〔明〕郁袞，《革朝遺忠錄》，卷下，〈雪庵和尚〉，頁33b。
328 〔明〕鄭曉，《吾學編‧遜國臣記》，卷6，〈雪庵和尚〉，頁4b。
329 〔明〕熊子臣、何鏜纂修，《栝蒼彙記》（《四庫全書存目叢書》，史部第193冊，臺南：莊嚴文化事業有限公司，據南京圖書館藏明萬曆七年刻本影印，1995），卷12，〈往哲紀‧松陽縣〉，「葉希賢」條，頁41a。《栝蒼彙紀》還提到葉希賢在

葉希賢與家人離散一說，在嘉靖時未見隻字，可能是隆慶、萬曆後才逐漸衍生出來的。[330]方志性質的《栝蒼彙紀》將之與〈雪庵集引〉中雪庵和尚至善慶里、杜景賢為其建廬的故事結合，亦顯示當時此類傳說已頗有發展。稍晚馮時可〈葉雪菴先生贊〉則稱葉氏在壬午時「與編修程濟從建文主出走」，隱居期間更「深居簡出，獨與一補鍋人還往，云當時同出亡者」。[331]與雪庵的交往，讓補鍋匠跟著被納入從亡之臣的群體，似乎反映了隱遁者逐漸轉變為從亡者的趨勢。值得注意的是，馮氏雖謂葉希賢同程濟隨建文帝出走，但對其於善慶里生活的記述，與嘉靖前期尚未視雪庵為從亡之臣時並無太大差別，亦未提及其與建文帝或程濟的互動。這或許代表在時人認知中，這些人未必始終都追隨於建文帝左右。

萬曆年間，開始有更多隱遁之臣加入從亡行列，部分地區也出現未見於此前文獻的從亡之臣。如萬曆四十六年《常州府志》所載「忠節」人物之一的吳肇：

萬曆初年也因神宗即位詔而得到恤錄，並被奉入其故里松陽縣的鄉賢祠。這顯示當地人們的相關記憶已深受各種建文帝出亡傳說影響，而視葉氏為隨君出亡的忠臣。參見〔明〕熊子臣、何鏜纂修，《栝蒼彙記》，卷12，〈往哲紀‧松陽縣〉，「葉希賢」條，頁41b；卷9，〈禋祀紀‧松陽縣〉，「鄉賢祠」條，頁14a。

[330] 在此必須說明的是，丁修真在其研究中指出，早在天順年間李賢所編的《大明一統志》中，已有松陽御史葉希賢隱遁至蜀的說法。不過丁氏所根據的實是清代刊行的版本，這點由其文中稱以《明一統志》可看出。而《大明一統志》在明代曾經過增補，在最早的天順五年本中，並未收載這條記載，葉希賢隱遁之蜀一說，應該是在萬曆年間《大明一統志》的新編本中才出現。事實上，根據戴彼得的考察，不只是葉希賢的故事，有關靖難戰爭的敘述，以及建文忠臣傳記與祠廟的記載，也都是在萬曆以後才加入該書。參見丁修真，〈士人交往、地方家族與建文傳說──以《致身錄》的出現為中心〉，頁70；〔明〕李賢等奉敕撰，《大明一統志》（臺北：文海出版社，據國立中央圖書館藏天順五年本影印，1965），卷44，〈處州府‧人物‧本朝〉，頁17a-17b；〔明〕李賢等奉敕撰，《明一統志》（《四庫全書珍本七集》，第87-100冊，臺北：臺灣商務印書館，據國立故宮博物院藏本影印，1977），卷44，〈處州府‧人物‧本朝〉，「劉璟」條，頁22b-23a；「葉希賢」條，頁23a；Peter Ditmanson, "Venerating the Martyrs of the 1402 Usurpation: History and Memory in the Mid and Late Ming Dynasty," p. 126.

[331] 〔明〕馮時可，《超然樓集》，卷4，〈葉雪菴先生贊〉，頁33a-34a。

吳肇，無錫人，洪武間拜御史。建文君嗣位，亦加眷注。見齊、黃削奪親藩太驟，常從容借漢事為喻，斥李景隆非周亞夫比。……隨建文君亡，泝楚入蜀至滇。[332]

吳肇的事蹟既未見於明代中葉的相關史籍，也未被收入往後建文朝歷史著作的忠臣譜系，只能算是地方性質的記憶。不過在之前正德年間的《常州府志續集》中，尚未出現吳肇的傳記，加上引文中謂其受建文帝眷注、見齊黃削奪太驟、斥李景隆難當抗燕之任等敘述，頗似後世刻意加諸的標榜之詞，故其事蹟很可能是在萬曆朝旌表建文忠臣的背景下，由其後人創造出來，藉以獲取社會聲望和恤錄之利。

　　前述蘇州黃氏冒稱黃子澄後裔並偽造文獻證明其身分，以及貴州威清衛指揮劉世爵宅被塑造成建文帝暫駐之所，這些對家族歷史的建構，應也與此類現實利益有關。從蘇州黃氏透過自身人際關係，請王世貞為其「血統」撰文背書，以及劉氏祖廳玩略堂被《貴州通志》列為古蹟等情況來看，他們似乎也積極宣傳其「家族歷史」，欲使之成為地方記憶甚至更普遍的共同記憶。而在地方家族將其歷史與建文帝出亡傳說連結的過程中，誕生了一部影響後世記憶甚深的著作，那就是出自蘇州吳江史氏的《致身錄》。[333]該書託名為該家族於明初之先祖──史仲彬（1366-1427）所作，記載二十二位隱遁之臣追隨建文帝流亡的故事，當中如程濟、葉希賢等人在嘉靖時便被視為從亡之臣，而該書主角史仲彬卻自此憑空冒出，一躍成為建文帝的親重臣僚之一。

　　該書首刊於萬曆四十七年（1619），以託名焦竑之序建構出這部

<hr>

[332] 〔明〕劉廣生修，〔明〕唐鶴徵纂，《（萬曆）常州府志》（《南京圖書館孤本善本叢刊‧明代孤本方志專輯》，北京：線裝書局，據明萬曆四十六年刻本影印，2003），卷14，〈人物‧忠節〉，「吳肇」條，頁114b。

[333] 目前研究《致身錄》最具成果者，應屬丁修真和劉瓊云。前者主要由《致身錄》創作背景與動機切入，探討吳江史氏創造該文本的條件、所欲達成之效益，及其推銷該書的手法。後者則試圖重建明末建文帝流亡記憶的醞釀過程，探尋《致身錄》等書打動人心的因素。參見丁修真，〈士人交往、地方家族與建文傳說──以《致身錄》的出現為中心〉，頁69-77；劉瓊云，〈帝王還魂：明代建文帝流亡敘事的衍異〉，頁61-117。

「國初遺書」的發現過程，並因此打響了知名度。文中描述焦氏於「萬曆戊辰年」與友人遊茅山，於某位道士的藏書中發現此書，並解釋了該書流落茅山的原因，聲稱「成、弘間史之裔嘗攜以遊，道士窺而竊之」，最後經焦氏整理、校閱而得以重見天日。[334]後世不少學者如錢謙益、潘耒（1646-1708）皆已撰文駁斥該序之偽，[335]但無論是《致身錄》問世後引發的熱烈討論，還是錢謙益等人的辨偽之舉，都顯示該書確實因為標榜焦竑的考校和推介，而廣受採信和重視。焦竑是萬曆年間著名的學者，曾於國史修纂期間奏請為建文帝立紀，也為朱鷺《建文書法儗》、張朝瑞《忠節錄》等著作寫過序，更曾考證過黃觀妻女投水的地點，在當時相關領域裡極具份量，若得其背書，將更能彰顯文本的可靠，故成為吳江史氏偽託序文的對象。

　　《致身錄》的內容，可說是集此前各種相關野史傳聞匯合而成，並將史仲彬的角色融入其中。該書以「東吳史仲彬」為自敘者，採編年體，時間由洪武三十一年敘述至洪熙元年，共十八條，第一至十一條記建文四年間史仲彬與建文帝的互動，第十二條記建文帝與從亡諸臣出逃的過程，第十三至十八條則描述此後史仲彬遍走海內訪主和君臣相見之事。在萬曆晚期隱遁諸臣形象漸轉為從亡諸臣之際，《致身錄》作為「新出史料」，對諸臣失載於以往文獻的姓名、身分有所「釐清」，並記有建文帝大致的遷徙路線和日期，故被許多關心該段「歷史」的文人奉若至寶，謂「出亡一節，得此錄始核，紛紛疑信，

---

334 〔明〕託名焦竑，〈致身錄敘〉，收入〔明〕託名史仲彬，《致身錄》（《中國野史集成》，第23冊，成都：巴蜀書社，據清學海類編集餘本影印，1993），總頁232。值得一提的是，「萬曆戊辰年」是個根本不存在的年份。此外，崇禎二年《致身錄》刊本於正文之前逐標有「東吳史仲彬自敘」、「不肖男晟謹藏」、「瑯琊焦竑校閱」等字樣，如此安排無非是想強調該書出自史仲彬且經焦竑考校的「事實」。參見〔明〕託名史仲彬，〔明〕史兆麟編訂，《致身錄》（上海：上海圖書館藏明崇禎二年史兆麟刻本），頁1a。本書寫作期間，承蒙中研院文哲所劉瓊云副研究員惠賜該藏本部分影像檔與內文抄錄，謹在此表示誠摯的謝意。

335 〔清〕錢謙益，《牧齋初學集》，卷22，〈致身錄考〉，頁6b-10b；〔清〕潘耒，《遂初堂文集》（《清代詩文集彙編》，第170冊，上海：上海古籍出版社，據清康熙刻本影印，2010），卷5，〈再與徐虹亭書〉，頁31a-34b。

可盡釋矣」，[336]為諸臣湮沒已久的姓名重見天日而歡欣鼓舞。

表3-3 《致身錄》所記從亡諸臣表

姓名	籍貫	官職	從亡時化名	從亡時任務
楊應能	河南開封府杞縣	吳王府教授		隨侍在側，左右不離
程濟	南直隸徽州府績溪縣	翰林院編修		
葉希賢	浙江處州府松陽縣	監察御史		
馮漼	浙江台州府黃巖縣	刑部司務	馮翁、馬翁、塞馬先生、馬二子	往來道路，運給衣食郭節亦提供居所
郭節	廣東廣州府連州	中書舍人	雪菴、雪和尚	
宋和	江西撫州府臨川縣	中書舍人	雲門僧、稽山主人、槎主	
趙天泰	陝西西安府三原縣	翰林院編修	衣葛翁、天肖子	
王之臣	湖廣襄陽府襄陽縣	欽天監正	老補鍋	
牛景先	浙江杭州府	所鎮撫	東湖樵、東湖主人	
廖平	湖廣襄陽府襄陽縣	兵部侍郎		提供住家，接待聖駕
王良	河南開封府祥符縣	浙江按察使		
鄭洽	浙江金華府浦江縣	翰林院侍詔		
王資	河南開封府杞縣	所鎮撫		
史仲彬	南直隸蘇州府吳江縣	徐王府賓輔		
梁良玉	浙江寧波府定海縣	中書舍人		
金焦	南直隸池州府貴池縣	刑部侍郎		
蔡運	江西南安府南康縣	四川布政使		
梁田玉	浙江寧波府定海縣	刑部郎中		
梁中節	浙江寧波府定海縣	中書舍人		
劉伸	河南開封府杞縣	所鎮撫		
周恕	南直隸蘇州府吳江縣	太監		
何洲	南直隸蘇州府吳江縣	太監		

* 灰色欄為萬曆中期以前相關史料尚未記載者。
黑色欄為與萬曆中期以前記載不同者，姓名為黑色欄者原非隱遁之臣。

　　筆者將《致身錄》中記載的從亡諸臣，對照《遜國臣記》、《建文書法儗》和《建文朝野彙編》等書，發現二十二位從亡者中，就有

---
[336] 〔明〕朱鷺，《建文書法儗》，〈正編下・建文出亡實錄〉，頁62a。

八位不見於以往記載的「新人」。當然，自明代中葉起流傳於燕軍駐金川門當晚逃走的四十餘名官員，其詳細資料和完整名單直至萬曆年間都還未補齊，[337]大有任《致身錄》發揮的空間，對相信該書內容的文人而言，上述官員的資訊空白，便因此獲得填補。不過《致身錄》對從亡諸臣人數的設定，主要應是根據嘉靖末《遜國臣記》所記，原載「出亡臣僚二十餘人事」卻因紙毀字爛而僅餘九人可辨識的《忠賢奇秘錄》。該書的「重見天日」似給予《致身錄》極大啟發，成為其創造「發現故事」的範例；[338]而其之「殘缺不全」，則提供後者就內容上進行發揮和提升「史料價值」的機會。《致身錄》不僅「復原」了前書中身分不詳者的資訊，亦將這些隱遁者都轉化為從亡之臣，除了為馮翁、補鍋匠等身分不明的隱遁者「重建」了各項資料，還將部分人物合併，如郭節與雪庵和尚、宋和與雲門僧等。有趣的是，此前記載中因聞帝崩而悲慟自盡的東湖樵夫，不但在書中取得名姓官職，還搖身一變成為從亡之臣的一員，與其同樣「起死回生」者還有自焚殉國的王良，以及靖難戰後死於整肅的王資和蔡運。

從《致身錄》對從亡諸臣的設定，可發現文本創造者對此前相關記載頗有掌握。如前述永洪庵傳說中與建文帝同行的兩位比丘，便在書裡「確立」了身分，一位是高岱《鴻猷錄》、薛應旂《憲章錄》等書所記正統時冒充建文帝的老僧楊應能，一位是此前已盛傳隨同帝出亡的葉希賢；另一位較早出現的從亡者程濟，可能由於身懷術法的形象，而被設定為道士。過去記載中用以代稱隱遁者之號，至此轉為負責「往來道

<hr />

337 《建文書法儗》談及南京城破前縋城隱去的官員時，彙整了其所知隱遁之臣中事蹟「較可言者」，認為他們皆在此列，然人數僅十八位，還不及四十人的一半。參見〔明〕朱鷺，《建文書法儗》，〈正編下〉，頁46a-48a。

338 錢謙益〈致身錄考〉舉出十項《致身錄》為偽作的理由，最後一項便提到「鄭端簡載梁田玉等九人，松陽人王詔得之治平寺轉藏上。彼云轉藏，此云道書，其傅會明矣」。清初學者潘檉章亦稱：「遜國諸書，真贗雜出，蓋作俑者，王詔之《奇秘錄》，而效尤者，史仲彬之《致身錄》。」參見〔清〕錢謙益，《牧齋初學集》，卷22，〈致身錄考〉，頁10a；〔清〕潘檉章，《國史考異》（《續修四庫全書》，史部第452冊，上海：上海古籍出版社，據北京圖書館藏清初刻本影印，1997），卷4，〈讓皇帝·十九〉，頁40a。

路，運給衣食」之臣的化名，使他們成為建文帝躲避朝廷羅網期間對外溝通、取得資源的媒介，如此安排也可見文本創造者對相關情節設想之細。《致身錄》將雪庵和尚的身分由當時許多人猜測的葉希賢轉為郭節，其實也解決前述相關傳說中葉希賢（雪庵和尚）雖稱從亡，卻仍有自己的隱居生活，並未一直隨侍帝側的問題，雪庵和尚居住的大竹縣（或為大足縣之誤，見第二章註176）善慶里，也變成另一個可供建文帝避難的據點。此外，書中安排鄭洽成為從亡之臣，還賦予其「接待聖駕」之任，亦將正德以降建文帝曾避居浦江鄭家的傳說，融入《致身錄》的故事裡。不過書中建文帝在江南最主要的暫居地，仍是史仲彬家（見表3-4），既可由皇帝頻繁造訪凸顯其對史氏的看重，又可以史仲彬非隨侍君側為由，不予交代建文帝的詳細行蹤，可謂相當巧妙的安排。

表3-4　《致身錄》所記建文帝行旅、遷居路線與日期表

日期		前往地點或居留處
建文四年（1402）	六月十三日	出亡
		與程濟等八人抵吳江，居清遠軒（改題水月觀）君臣齊聚史仲彬家
	八月十五日	往雲南，居永嘉寺
永樂二年（1404）	八月初九	至史仲彬家
	八月十三日	遊浙江杭州（23日）遊浙江台州府天台山、溫州府雁蕩山（39日）
	十月中	返雲南
永樂五年（1407）	五月前	遷居四川重慶府大竹縣善慶里，杜景賢為築室
	六至七月間	遷居雲南永昌府白龍山
永樂十八年（1420）	八月前	遷居雲南大理府浪穹縣某庵
永樂二十二年（1424）	七月	聞成祖崩，由雲南經湖廣下江南
	十一月	抵史仲彬家，居數日後往遊天台諸勝
洪熙元年（1425）	三月	復至史仲彬家，渡江欲往開封祥符

《致身錄》對以往野史中太祖遺留裝有度牒、剃刀秘匣的故事，以及建文帝由秘道出亡的傳說，都作了些許調整。如書中太祖遺匣為

一少監奉命收藏，建文帝本不知其存在，匣中除了留給建文帝的度牒外，還備有「應能」、「應賢」兩份度牒，成為楊應能、葉希賢剃度從亡的契機；遺匣內文復指示建文帝「從鬼門出」，後由一神樂觀道士王昇得太祖夢中授命，於鬼門外備船接應，遂能逃出宮外。[339]這些敘述不僅增添了《致身錄》故事的戲劇性和傳奇色彩，更為許多後出的相關著作所承襲，逐漸融入時人對建文帝出亡故事的認知中。此外，《致身錄》對建文帝出亡之描寫並不僅止於顛沛流離的層面，還有些許遊山玩水的成分，這也讓該段旅程減去幾分悲苦淒涼。嚴格說來，該書所列二十二位從亡臣僚中，真正隨侍於建文帝左右、寸步不離者，其實只有三人，而且還不包括該書的敘述者史仲彬。由於書中史仲彬隨侍君駕的機會有限，多數時候僅能透過和其他同僚互通訊息，或是與帝重聚後的談話，方能大致瞭解其出亡之狀況和遷移路線。此類情節上的部分留白，或許也是該部偽託之作的敘述策略，但人們仍對此段流亡過程的詳情，以及宣德至正統年間的情況充滿好奇，這也促使了後來託名程濟的《從亡隨筆》誕生。

當然，對創造《致身錄》文本的吳江史氏而言，該書的價值並不在於補完建文帝出亡「歷史」的大片空白，或是消除時人對相關傳說之疑慮，而在於透過建構史仲彬在建文朝廷及從亡過程中的角色，重新塑造家族歷史，及其於當代地方社會的地位與形象。根據明代中葉史仲彬曾孫史鑑所寫行狀，及當時吳中文人領袖吳寬所撰墓表，其於洪武至洪熙年間在吳江擔任糧長之職，「足跡不出里閈」，後來在宣德二年遭人誣陷，瘐死獄中。[340]然而《致身錄》中的史仲彬不僅成為建文忠臣之一，深受皇帝親信，還被賦予實際上不曾有過的功名，與解縉、黃鉞等人亦有交情。如書中描述史仲彬於建文帝即位不久便被禮請赴京，授予翰林院侍書之職，曾於朝廷更定官制時提出「安靜

---

[339] 〔明〕託名史仲彬，《致身錄》，頁5a-6b。
[340] 〔明〕史鑑，《西村集》，卷8，〈曾祖考清遠府君行狀〉，頁1a-2a；〔明〕吳寬，《家藏集》，卷70，〈清遠史府君墓表〉，頁12b-14a。

法祖」的建言，亦曾在燕王起兵後斥責勸帝讓位的尹昌隆（?-1417）
為「奸黨」，並推薦魏國公徐輝祖主持抗燕，得到皇帝「人臣之義，
當以仲彬為正」的稱許。[341]透過對建文帝和史仲彬互動的大量描寫，
一個忠誠且深受信賴的賢臣形象，便被鮮活地塑造出來，其對史仲彬
「朝廷重臣」身分的強調，一方面能強化文本的可信度，一方面也為
吳江史氏安上「建文忠臣之後」的光環。[342]

　　由於被塑造成湮沒已久的歷史文獻，加上著名學者的「背書」，
《致身錄》甫問世便造成極大迴響，認為該書不僅「證實」建文帝
的出走，也相當程度「填補」了該段「歷史」的空白，因而引起熱
烈的討論，後出文獻亦多所引用，如《建文書法擬》作者朱鷺便於
天啟元年據該書撰成〈建文出亡實錄〉附於正編之後，[343]清康熙八年
（1669）的《致身錄》刊本中更在書前以〈致身錄刻入諸書〉列出二
十五種採納其記載的文獻。[344]《致身錄》廣受歡迎的原因，不僅在於
其內容符合時人心理需求，進而產生共鳴與認同，也與文本製造者
——吳江史氏的刻意經營密不可分。

　　吳江、長洲、太倉皆屬蘇州府轄下，與同屬一府的吳縣和鄰近的
浙江嘉興府皆為明代中葉以降深受吳中文風影響的地區，與建文朝史
事相關的著作亦在當地流傳甚廣。從前述蘇州黃氏自稱黃子澄後裔、
吳肇任建文朝御史和從亡事蹟的建構，以及《致身錄》的創造皆在
蘇、常一帶來看，萬曆中晚期這些地區建構此類傳說的活動似乎頗為
盛行。而在《致身錄》較早流行的地區中，南京已成為紀念建文忠臣
的重鎮，松江府自恤錄方孝孺後裔開始，也積極投入建文忠臣的紀念

---

[341] 〔明〕託名史仲彬，《致身錄》，頁2a-2b。

[342] 劉瓊云在對《致身錄》一書的分析中指出，該書前三分之一的篇幅都用於羅列史仲
彬「在朝」的言行，呈現其與建文帝親密的互動，顯示作者試圖透過建文帝對史仲
彬的重視，樹立其作為《致身錄》敘事者發聲的可信度。參見劉瓊云，〈帝王還
魂：明代建文帝流亡敘事的衍異〉，頁92。

[343] 〔明〕朱鷺，《建文書法擬》，〈正編下・建文出亡實錄〉，頁59a-62a。

[344] 〔明〕託名史仲彬，〔清〕史在相編訂，《致身錄》（上海：上海圖書館藏清康熙
八年史在相刻本），〈致身錄刻入諸書〉，頁1a。本書寫作期間，承蒙中研院文哲
所劉瓊云副研究員惠賜該藏本部分影像檔，謹在此表示誠摯的謝意。

活動。劉瓊云在其研究中，便觀察到《致身錄》各版本刊刻地區之間的地緣關係（參見下章表4-2），並指出該書在晚明的刊行，已明顯可見宗族合作的情況，藉由持續出版、廣邀名人作序等方式鞏固該書價值，以駁斥當時學者的辨偽之詞。[345]透過宗族、同鄉、學友、姻親等人際網絡，這些陸續出版的刊本往往能請到具有份量的士人撰寫序、跋，如萬曆四十八年刊本之序，便是當時松江同知孫應崑的手筆。

吳江史氏之所以聯合鄰近宗族之力，持續刊刻《致身錄》並予以推廣，目前研究者多認為，這與當時其日漸衰微，渴望重拾往日榮景的心理有關，而萬曆年間恤錄建文忠臣苗裔的措施，則為他們提供了機會。[346]「忠臣後裔」身分可能帶來的諸多現實利益，促使其將明初時的先祖史仲彬塑造成建文忠臣的一員。藉由《致身錄》一書的傳播，吳江史氏在當地取得了文化上的聲望和發言權，而他們也持續利用此種聲望與權力，透過宗族力量擴展該書影響力，[347]逐漸讓建文帝結合遊覽與避難的旅程，以及史仲彬等「從亡諸臣」的故事，成為晚明以降建文朝歷史記憶的重要部分。不過在此同時，《致身錄》的廣為流傳，及其對晚明時人歷史記憶乃至政策的影響，也漸漸引來學者的辨偽和批評。至崇禎年間，吳江史氏和錢謙益等人對相關史事話語權的競爭，更是高潮迭起、火花四濺。而如此的論辯盛況，實與萬曆年間史家越發熱衷於考察此前官書、野史記載錯誤的情況息息相關。

（四）歷史知識與軼聞傳說的戰爭

不同於正德、嘉靖年間的尚奇、備遺心態，萬曆時從事建文朝歷史纂述的知識分子，面臨的是一個諸說雜陳的景況，如入五里霧般的認知處境，讓他們努力從這片混亂中剔除稗史謬說的雜質，試圖發掘歷史的真相。嘉靖中期以降的重史風氣，在萬曆年間由於實錄資

---

[345] 劉瓊云，〈帝王還魂：明代建文帝流亡敘事的衍異〉，頁69-71。
[346] 丁修真，〈士人交往、地方家族與建文傳說——以《致身錄》的出現為中心〉，頁69-77
[347] 丁修真，〈士人交往、地方家族與建文傳說——以《致身錄》的出現為中心〉，頁76。

料大量抄出，而更加興盛。當時對建文朝歷史的書寫，除了彙整此前史料集其大成的傾向，也有透過將史料相互比對來修正舊說的情況。實錄資料隨著流傳漸廣，逐漸成為當時私史作家用以對照早期野史、揪出記載錯誤的利器，即使是遭到大量篡改而嚴重失實的《明太祖實錄》、《明太宗實錄》，仍可能有些較客觀、中性的記載可供查照。當時不但有著名的學者從事史料考證和辨偽的工作，包括焦竑在內的許多文人亦相信，一旦將官史修纂完善，便能遏止野史持續氾濫或傳播不正確的歷史知識。雖然最後萬曆年間的正史纂修計畫無疾而終，但嫻熟史料的知識分子，仍未放棄掃除野史軼聞中誤導時人歷史認知的內容，歷史知識與軼聞傳說的戰爭也因而如火如荼地展開。

　　早在萬曆初年，就已出現為辨識野史諸說之誤而誕生的著作，那就是萬曆二年周藩宗室朱睦㮮編撰的《革除逸史》。作者在序中談及著書原因時，即對當時建文朝歷史記憶深受野史軼聞影響的現象頗為感嘆：

> 革除年間，史臣遠嫌，不紀建文之事，以致四年政令闕而不傳。自仁、宣以後，山林之士稍出逸文，談王事，於是有撰《靖難錄》者，有撰《革除錄》者。余嘗觀二錄，其辭或抑或揚，俱失太過。而《革除錄》失實尤多，如謂遜國君假髮緇遁去，又謂正統間自滇、雲歸，入居大內，以壽終，葬之西山，不封不樹；又撰偽詩三章，有「流落西南四十秋」之語，此皆好事者為之也。嗚呼！一倡群和，至今百餘年，疑者半，信者半，即海鹽、玉山、東莞，皆稱博雅之儒，而不能辨諸說之誤，可慨也已。[348]

朱睦㮮是成祖同母弟周王朱橚的子孫，對建文朝歷史的認知自然較傾向官方記載，書寫上也對其祖周王多所迴護。不過嚴格說來，萬曆

---

[348] 〔明〕朱睦㮮，《革除逸史》（《中國野史集成》，第23冊，成都：巴蜀書社，據清指海輯本影印，1993），〈革除逸史原序〉，頁1a-1b。

年間知識分子對實錄記載的重視確實勝過以往，朱氏就這方面而言倒也不算特例。其所稱「抑失太過」的《靖難錄》應是指《奉天靖難記》，其部分敘述確實過於誇張，而未被《明太宗實錄》沿用；至於遭批「失實尤多」的《革除錄》，其情節雖頗近於鄭曉的《建文遜國記》，但後者所述建文帝回歸時間是在天順朝，與其描述又不相符，故實難判斷其究竟所指何書。對傾向實錄記載的朱睦㮮來說，建文帝出亡及回歸的各種傳說竟在當時廣為人們傳信，就連鄭曉、姜清、陳建等相關重要著作的作者，都不辨其謬而多所徵引，更加深諸般誤說對後世的影響力，故於明代中葉的野史纂述潮後進行正本清源的工作，確實是相當重要的。

　　萬曆前期對建文朝歷史記載考證最力者，應屬王世貞。他曾撰文點出吳地黃氏為黃子澄後裔的證明文件存在許多問題，顯示其對建文朝歷史和諸忠後事的關心。而他在歷史書寫考證方面最突出的成果《史乘考誤》，共考證出十七條野史對建文朝史事記載的謬誤，包括前文曾提及的鐵鉉二女詩作、楊士奇奏張太后三事，以及建文帝回歸諸說的年齡問題。[349]王氏在考察建文帝出亡傳說時，還以「三楊皆其故臣，豈皆不能識，而僅一吳誠識之」之語，駁斥《野記》中建文帝返京後由太監吳誠確認身分的故事。[350]而當時野史所載三首建文帝流亡詩，除了最早的「牢落江湖四十秋」，後續兩首相傳題於羅永庵的詩作，都被王世貞認為「似不及前詩之悲切而自然」，況且以建文帝的處境，「必不作此等詩以取禍，亦必不肯出而就危地」，故無論是題詩或回歸，應皆為好事者附會之語。[351]

　　王世貞的考證對知識分子的後續討論影響頗深，如朱鷺在初撰《建文書法儗》時，便曾呼應王氏對建文帝回歸傳說的駁斥，提出

---

[349] 〔明〕王世貞撰，魏連科點校，《弇山堂別集》，卷21，〈史乘考誤二〉，頁387-390；卷22，〈史乘考誤三〉，頁393-411。
[350] 〔明〕王世貞撰，魏連科點校，《弇山堂別集》，卷21，〈史乘考誤二〉，頁389。
[351] 〔明〕王世貞撰，魏連科點校，《弇山堂別集》，卷21，〈史乘考誤二〉，頁389。

「建文出亡不歸」的論點，認為即使從建文帝本人的心態來看，其返歸京師、終老大內的情節都是不合理的：

> 正統紹年警備已寬，而雄心既冷，歸復何求？且業已讀愣嚴矣，猶戀戀歸骨歟？大抵盡出思慕建文之口，而附會者遂以相傳也。[352]

朱鷺最初對建文帝是否出走的態度，似乎也疑信參半，他雖傾向遜國之說，但書中「帝以崩聞」的曖昧敘述或也有執其兩端之意味，直到《致身錄》問世，才讓他完全「確定」了出亡說的真實性。朱氏和王世貞一樣，認為所謂的建文回歸說，無非是「思慕建文者」附會楊行祥案的想像產物，有識之士實不應為此所惑。不只是朱鷺，萬曆三十年（1602）張朝瑞《忠節錄》中對以往文獻所作的辨析，也深受王世貞考證成果的影響，如他對建文帝回歸傳說的辯證，亦從「僅一太監識之」及年齡問題立論。[353]張氏還反駁《閩中今古錄》謂建文時設左丞相齊泰、右丞相黃子澄，「故靖難後定其罪名」之說，[354]認為當時「齊以兵部尚書，黃以太常卿預機政」，根本無所謂重設丞相之事。[355]

　　不只王世貞在這場對抗野史狂瀾的戰爭中功勳卓著，其弟王世懋（1536-1588）也追隨兄長的腳步投入戰場。他在《窺天外乘》一書中，表示建文朝史事重建工作雖在民間努力下成果頗豐，然「有一二未真者，恐誤來世，不得不為之辯」，而宣宗為建文帝之子的傳說，便被他認為是箇中「最舛者」，且實乃「建文故臣不平靖難之舉者為之辭」：

---

[352] 〔明〕朱鷺，《建文書法儗》，〈正編下・建文出亡不歸論〉，頁45b。
[353] 〔明〕張朝瑞，《忠節錄》，卷6，〈考誤〉，頁1b-3a。
[354] 〔明〕黃溥，《閩中今古錄》，頁6a。
[355] 〔明〕張朝瑞，《忠節錄》，卷6，〈考誤〉，頁7b-8a。

蓋易代之際，頗多矯誣快心之語，而鄭端簡公不察，乃亦有
「餓殺孩兒」、「養於宮中」之說，名為存疑，而陰滋後世之
口，實不思英廟時所釋出高牆建庶人是何人，安得又執為兩端
之說？是當削而勿存者也。[356]

王世懋以建庶人之囚為據，直指成祖將建文帝幼子養於宮中之說與史實
的矛盾。雖然鄭曉《皇明同姓諸王傳》並不認為該幼子即為宣宗，[357]
但仍可明顯看出其記載是脫胎自宣宗為建文帝子的傳說。王氏此論亦
點出了正德、嘉靖以降野史諸說蔚為風行的原因，這類傳說的創生，
多為滿足同情建文者的心理，原本就極易引起時人的興趣與共鳴，纂
史者又基於備遺、存疑之心予以收載，不僅增強了可信度，還隨著能
見度的提升擴大了影響力。

　　另一個遭到王世懋反駁的「不得不辯」之說，是建文帝敕諸將勿
輕犯燕王的記載。王氏以齊、周、谷三王被繫，以及成祖曾於戰事中
遇險等例，反證此說之謬，並認為該說旨在塑造建文帝仁厚和成祖負
義的形象：

> 又曰成祖起兵，建文君敕諸將不得矢刃於燕邸，「使朕有殺叔
> 父名」，以故成祖得出入行間無憚。其說採入《吾學編》，至
> 今傳為實錄。此言外若愚建文君，內實頌其仁，而甚成祖之
> 忍，愚以為不然。建文君雖不失道，其待諸叔實嚴，即位未
> 幾，齊、周、谷三王皆被囚縶，豈有稱兵如燕邸，而諄諄乃以
> 殺叔為戒？且臨陣而斃之矢石，不乃有辭愈於擒而殺之乎？即
> 其君愚為此言，方、黃諸臣寧不強諫而易其辭也。至敘平安忠
> 勇，矛刃幾及成祖，則其言又自相矛盾矣。自古帝王之興，皆

---

356 〔明〕王世懋，《窺天外乘》，收入〔明〕沈節甫編，《紀錄彙編》，卷205，頁
6b-7a。
357 〔明〕鄭曉，《吾學編‧皇明同姓諸王傳》，卷3，〈建文少子〉，頁2b。

有天命，唐太宗數摧大敵，身經百戰，體無寸傷，亦豈有敕勿
傷之者？[358]

與明中葉以降的許多文人相同，王世懋也覺得「不殺叔父之令」實在
是個愚不可及的決策，而和採信此說者不同的是，王氏認為此令的
不切實際，正是其不可能屬實的關鍵。建文帝為何從原本坐擁有利
形勢者淪為敗亡的一方，在明代一直是廣受討論的問題，許多試圖對
此進行解釋的傳說也應運而生。隨著靖難史事與建文諸臣事蹟的逐步
重建，知識分子亦已瞭解到成祖這條「撥亂反正」的道路走得並不輕
鬆，故比起建文帝的「勿殺叔父」之令，王世懋顯然更為相信成祖懷
有天命的說法。其見解也影響到後來的朱國禎，使後者於《湧幢小
品》中提出同樣的疑慮。[359]而關於建文帝的敗亡因素，王世懋在書中
還提出了另外一種解釋：

> 大都廢興在天，其在人謀，則文武二途致之也。高皇帝櫛風沐
> 雨，與諸功臣起昆弟，晚節於文臣多所誅戮。建文君易之尊禮
> 文臣，與同密謀，而武臣皆失職。成祖少受中山王兵法，數練
> 兵出塞，為將士所服。諸老將內憤失職，而外憚成祖之英武，
> 以茲多不肯用命。至齊、黃所白用大將李景隆，又怯詐小人，
> 通文墨而好大言者，人心益憤，而國事遂去矣。故金川之役，
> 武臣迎降，文臣死節，詎非其效歟！[360]

---

[358] 〔明〕王世懋，《窺天外乘》，收入〔明〕沈節甫編，《紀錄彙編》，卷205，頁7a-
7b。

[359] 朱國禎主要是以史料中戰事激烈之描述，來駁斥建文帝下令「勿殺叔父」的說法：
「小說中謂文皇靖難，建文有令：『毋使朕負殺叔父名。』故文皇陣中諸將皆不敢
加害。然初用兵時固已削屬籍矣，其後建文或有此令以示親親之情，而軍中恐未必
然。……又所乘八駿，戰於鄭村壩，諸處皆中箭，為左右所拔，可見矢石交下，天
命所在，特不著玉體，亦豈南朝之令射馬不射人，而諸將及軍士揀擇而射，不敢一
矢加遺耶？況文皇是時雜諸將中，震盪出入，百死一生，謁陵痛哭，危險可知，而
朝廷易視中間，不無坐失機會，要之皆天意也。」參見〔明〕朱國禎，《湧幢小
品》，卷1，〈建文軍令〉，頁11b-12a。

[360] 〔明〕王世懋，《窺天外乘》，收入〔明〕沈節甫編，《紀錄彙編》，卷205，頁

建文朝廷重文輕武的傾向、成祖的武將特質，及其登基後重啟的重武局面和輝煌軍功，都已為當時的知識分子所注意，不過以此一觀點切入，論述建文敗亡、武臣迎降、文臣死難等歷史發展，似乎就是由王世懋開啟先聲。而由王世懋以上的討論，可發現他也認為嘉靖末集野史大成的《吾學編》，對萬曆時人歷史記憶存在諸多謬誤的現象頗有責任，即使諸說並非鄭曉所創，然其不辨簡中矯誣予以採用，才導致後世「傳為實錄」。

王世貞逝世於萬曆十八年（1590），其弟王世懋更於兩年前先行過世，他們對建文朝歷史辯偽的貢獻，成為日後國史纂修相關提案，以及《建文書法儗》、《建文朝野彙編》等著作的重要基礎。朱鷺於天啟元年據《致身錄》修改其書時，曾感嘆王世貞未及親見此「重要史料」的「出土」，[361]亦可見其考證是如何受到後續史家的重視。此後各家學者更持續考證相關史事，提出不少影響後世頗深的論述。如顧起元《客座贅語》，即於王世貞反對建文帝回歸傳說的論述基礎上，提出進一步的辯駁，甚至開始懷疑遜國之說的可靠性：

> 國朝壬午之事，建文皇帝遜位，自鄭海鹽、薛武進皆以為實然；至正統復出、移入京師大內云云，亦載於紀傳。然余考之，西山不封不樹之說，毫無髣髴，使當時果有之，於時禁網業已漸弛，於洪熙之後何所諱，而人遂不一志其處也？且以帝之遜為真邪？龍而魚服矣，鳳而鴻冥矣，何天不可摩而飛，何地不可鎬而葬，孝康之祀忽諸，又何所戀戀於京師一抔土也？弇州謂正統復出之說妄，直據史斷之，其言良為有見。[362]

鄭曉《建文遜國記》、薛應旂《憲章錄》皆採信遜國說，建文帝終老大

7b。
[361] 〔明〕朱鷺，《建文書法儗》，〈正編下·建文出亡實錄〉，頁61b-62a。
[362] 〔明〕顧起元撰，譚棣華等點校，《客座贅語》，卷1，〈壬午〉，頁28。

內和葬於西山之說亦載於《今言》和《遜國臣記》等書。[363]遜國說和回歸說透過對歷史的解讀和建構，使建文帝和永樂政權在敘事上達成和解，故廣為時人所接受。但在顧起元看來，此二說實有諸多不合理之處，而其他調和建文帝和成祖關係的論述，也同樣遭受顧氏質疑：

> 余嘗謂建文於靖難師起，手詔軍中「毋使萬世而下朕有殺叔父名」。及靖難師至，潛身遠遁，又毋使萬世而下成祖有放逐名，真可謂三以天下讓矣。是以成祖即大位之後，人言紛紜，不復詔天下大索者，或亦有以動其心也。如前所言，彼不見允熥等之賊死，建庶人等之禁錮乎？是其意果何為也，而為此迂遠之論哉！[364]

文中此類強調建文帝和成祖之間實存親親之心的看法，一旦對照建文帝兄弟、子嗣於靖難戰後遭受的待遇，便顯得不堪一擊，因此被顧起元批評為「迂遠之論」。對建文遜國說的質疑，也使顧氏開始探討「指馬后屍為建文帝」和「以天子禮葬之」等說的真實性：

> 余又疑靖難師至日，搜宮捕奸，爬梳亡遺，當時誰敢指后屍詭以為帝者？紀又載葬帝以天子禮，夫禮以天子，陵寢今在何地？既不為置陵守冢，又何云以天子葬乎？此兩說者姑以意逆之，存疑焉可也。[365]

在明中葉以降的建文帝出亡故事中，被冒指為帝的遺體身分，有皇后和太監二說，前一說法在晚明尤為常見；至於以天子禮葬建文帝的

---

[363] 〔明〕鄭曉，《吾學編‧遜國臣記》，卷8，〈太監吳亮〉，頁5b；《今言》，卷2，頁95。

[364] 〔明〕顧起元撰，譚棣華等點校，《客座贅語》，卷1，〈壬午〉，頁28-29。

[365] 〔明〕顧起元撰，譚棣華等點校，《客座贅語》，卷1，〈壬午〉，頁28。

記載，則是出自《明太宗實錄》。但對顧起元而言，無論從常理角度判斷，或由「建文無陵」等已知史實進行檢視，這些記載的真實性都惹人懷疑。顧氏的辨析對後世相關認知頗有影響，至清乾隆四十九年（1784）的《欽定續文獻通考》，還引用其對「西山不封不樹」、「指后屍詐以為帝」等說法的見解。[366]

萬曆晚期，《致身錄》一書的問世，對晚明建文朝的歷史記憶帶來了巨大影響，卻也引來一些負面聲音。沈德符是明代首位直斥《致身錄》為偽書的文人，他曾在《萬曆野獲編》中，對該書及其反映的諸臣從亡傳說，表示不以為然：

> 少帝自地道出也，蹤跡甚秘，以故文皇帝遣胡濙托訪張三豐為名，實疑其匿他方起事。至遣太監鄭和浮海，遍歷諸國，而終不得影響。則天位雖不終，而自全之智有足多者。當時，倘令故臣隨行，必立見敗露。近日此中乃有刻《致身錄》者，謂其先世曾為建文功臣，因侍從潛遁為僧，假稱師徒，遍歷海內，且幸其家數度。此時蘇、嘉二府逼近金陵，何以往來自由，又賡和篇什，徜徉山水，無一譏察者？況胡忠安公之出使也，自丁亥至丙申，遍行天下，凡十年而始報命。觀忠安傳中云：「窮鄉下邑，無不畢至。」胡為常州人，去此地僅三舍，且往來孔道也，豈建文君臣能羅公遠隱身法耶？所幸偽撰之人，不曉本朝典制，所稱官秩，皆國初所無。且妄創俚談，自呈敗缺。一時不讀書、不諳事之人，間為所惑；即名士輩，亦有明知其偽，而哀其乞憐，為之序論。真可駭恨！[367]

從沈德符對建文帝出亡及胡濙巡行天下、鄭和下西洋的敘述，可知他

---

[366] 〔清〕嵇璜等奉敕撰，《欽定續文獻通考》（《景印文淵閣四庫全書》，第626-631冊，臺北：臺灣商務印書館，據國立故宮博物院藏本影印，1986），卷199，〈帝系考一・帝號歷年〉，「恭閔惠皇帝」條，頁33b-34a。

[367] 〔明〕沈德符，《萬曆野獲編》，卷1，〈建文君出亡〉，頁10。

不僅相信出亡之說，且多少受到嘉靖末以降鄭曉等人對胡濙、鄭和記載的影響。但即使像沈氏這樣認同此說的文人，也無法相信《致身錄》的內容。他批評該書內容有太多不合理之處：若真有眾多朝臣從帝出亡，其又常往返蘇州、嘉興一帶，不太可能保持隱密的行跡，再加上該書作者並不熟悉國初官制，便在人物設定上露出馬腳。沈德符在評論中也點出一個有趣的現象，亦即有些人明知該書非實，卻仍「哀其乞憐，為之序論」，這固然與吳江史氏利用人際網絡進行宣傳的策略有關，但也涉及士大夫「寧存其事，以助風教」的心態。[368]不過可惜的是，沈德符之論並未激起太多迴響，此後將該書內容奉為史實者仍所在多有，這也促使明末清初學者持續投入考證，展開一場接一場與吳江史氏之間的攻防辯論。

小結

經歷了正德、嘉靖年間的私史纂述熱潮，萬曆時人回首過往歷史，面臨的是一個撲朔迷離、由真實與想像交織構築的圖景，各種彼此相左的論述在這個場域中並存，共同影響著世人的歷史記憶。萬曆年間有關建文朝的歷史認知亦是如此，禪讓、革命、奪權，尊親、敵對、和解，人們對靖難史事的理解、對建文帝與成祖關係的詮釋，在當時並非單一選項，只是各選項之間既非勢均力敵，亦非涇渭分明。嘉靖以降成祖地位的提升、時人對「永樂盛世」的懷念，以及為建文帝議謚立祀、解除相關禁制的政治訴求，使調和永樂與建文雙方的遜國說成為當時靖難歷史認知的主流。然而，當史家透過各種呈現靖難衝突面的史事來檢視「建文遜國」的論述時，此說似乎又顯得難以招架，從而引發些許質疑的聲音，而其他方向的靖難歷史認知，也相當

---

[368] 這種心態不僅導致明末士人對《致身錄》等著作多採「寧信其真」的態度，還一直延續至清代。在清人潘耒和徐釚對該書的討論中，後者便強調其「忠義美事，與其過而廢之，寧過而存之」的態度。參見〔清〕潘耒，《遂初堂文集》，卷5，〈與徐虹亭書〉，頁29b。

程度地滲入遜國說的架構中，與之融合。如萬曆年間的遜國說和回歸說，便在當時知識分子的認知中逐步合併，形成的新敘述嘗試將建文帝和永樂政權的和解過程進一步圓滿化，部分出亡說蘊含的衝突要素也能透過建文帝回歸故事加入遜國論述，強化其合理性，故頗能引起共鳴和贊同。

有趣的是，在萬曆時人傾向遜國論述的同時，其對靖難戰爭的認知又常帶有衝突的意象，這或許透露了明人在面對靖難歷史問題時的矛盾心態：他們的自我定位和政治認同，使之不得不以較「政治正確」的態度來理解明初那段不堪回首的歷史；而他們為靖難歷史建構「和解」意象的嘗試，似乎也反映了對撫平歷史傷痕、解除政治禁制，讓此一「和解」真正落實於當代的渴望。不過很遺憾地，無論萬曆年間對靖難歷史的調和論述有多契合民意，終究無法實際消解建文帝歷史地位對永樂政權合法性的威脅，因此復其年號、立其廟祀之奏請遲遲無法獲得統治者正面回應，也就成了意料中事。

除了政治與情感認同上的矛盾，萬曆年間的知識分子也在歷史真相與道德價值的抉擇間徘徊。無論是對靖難歷史地景的建構，還是對建文忠臣後裔的認證與宣傳，「真相」往往不是主事者最優先的考量，透過此類建置、行動或文本達到激勵忠節、裨益風教的實效，似乎才是當務之急。雖然在重史風氣的影響下，有不少學者持續投入正本清源、剔除稗史雜說的工作，但終究難以抵擋「寧存忠義美事」的聲浪洪流，一些在他們看來荒誕無稽的故事，仍因為迎合時人心理而持續受到關注和採信，甚至廣為流傳。即使是像王世貞這樣於歷史考誤方面貢獻甚大的學者，也可能基於「喜忠臣有後」的心態，而為自己根本不相信的「殉臣後裔」撰序背書。萬曆初年針對建文殉臣進行的旌表和寬赦，一方面促成了建文朝歷史書寫的再發展，一方面也為相關歷史記憶的形塑，投下了微妙的變數。

第四章
野火燎原：泰昌至南明政權
（1620-1662）

　　泰昌以降，明代的建文朝歷史記憶開始進入一個「逐漸失控」的時期：原本存在於相關政治決策與歷史論述中的限制，隨著帝國危機的加劇甚至秩序的崩解，開始慢慢消失；當內憂和外患的戰火持續在帝國境內延燒的同時，《致身錄》等偽託文本所引燃的星火，也在世人對建文朝的歷史記憶中形成燎原之勢。

　　在這段時期，崇陞建文君臣的措施，於國難當頭之際成為挽救局勢的可能之道，進而促成明末統治者的態度鬆動，乃至南明弘光時期的全面解禁。身處風雨飄搖時局下的明末士人，在緬懷與書寫建文朝歷史時，有了較以往更為迫切的「激勵忠義」動機，和越發犀利的時局批判。而與建文朝相關記憶的今昔對比，也讓當時的知識分子開始追溯、探討其間反差的成因，逐漸形成一種視「靖難」為帝國走向變異關鍵的認知，從而影響成祖的形象和評價。此外，「建文遜國」等調和靖難歷史衝突的論述，在崇禎以降逐漸失去魅力，隨著《致身錄》等文本的流行，以建文帝與成祖衝突關係為前提的出亡敘事，再度成為相關歷史記憶的主流。這些認知上的轉變，又對之後明遺民的歷史記憶產生影響。

　　原則上，本章討論的範圍包括甲申之變後建立的南明各政權，並以1662年永曆政權滅亡為限，但礙於史料限制和歷史演變的實際情況，對相關政治發展的敘述僅至1645年的隆武時期。而在歷史記憶的

部分，則以檢視甲申之變前，及確定是在南明政權控制下地區產生的文本為主。至於明遺民著作反映的相關認知，僅在第四節以「歷史憑弔」的角度略作介紹。

第一節　風雨飄搖下的官方崇陞

大體而言，明末朝廷對建文朝歷史議題的注目，是出於對救國之道的尋求，因此官方態度的轉變，與其對帝國現況的危機感密切相關。此外，萬曆年間朝廷旌表建文殉臣並寬赦其姻親遺族的措施，以及一度在神宗允准下進行的國史修纂，也使官方對建文朝歷史議題的限制大為放寬，為往後朝臣提出相關奏議開啟了一條較為順暢的通路。而隨著明末國勢日衰，內外交迫的危機越發嚴重，建文帝廟謚與殉臣恤錄等措施日漸成為朝廷激勵忠義、安撫人心的重要手段，相關歷史議題徹底擺脫政治陰影的日子彷彿也越來越近。由於泰昌朝只有短短一個月，於此方面未及有所突破，較明顯的政治進展須待到天啟以後才揭開序幕，茲以天啟朝、崇禎朝、南明政權三個時段進行敘述：

（一）天啟朝：曇花一現的關注

從萬曆朝開始，為建文帝立祀便成為備受朝臣關切的議題，和睿宗祔廟導致的廟制紊亂問題並列為禮制上的缺憾，而常於章奏中被一併提出。萬曆四十八年（1620）七月，神宗駕崩，八月其子光宗朱常洛（1582-1620）即位，卻旋即於九月崩逝，由十六歲的皇太子朱由校（1605-1627）嗣位，是為熹宗（1620-1627在位）。[1]隨著新君登極，

---

[1]　《明神宗實錄》，卷596，萬曆四十八年七月丙申條，頁11448；〔明〕葉向高等撰，《明光宗實錄》（臺北：中央研究院歷史語言研究所，據北平圖書館藏紅格鈔本微捲影印，1966），卷3，泰昌元年八月丙午朔條，頁55。光宗雖定隔年為泰昌元年，卻在一個月後崩逝，其子熹宗即位後，以隔年為天啟元年，改萬曆四十八年八月後為泰昌元年。參見《明光宗實錄》，卷3，頁53；卷8，泰昌元年九月甲戌條，頁212-213。

將先帝祔入太廟，祧遷問題再度浮上檯面，建文帝的廟諡、享祀也連帶受到關注。天啟元年，光宗祔廟，許多官員上疏請祧睿宗，如太常寺少卿李宗延（1563-1627）就「修明禮樂」提出十條奏議，當中便有讓建文帝和景泰帝入廟、祧廟宜祧睿宗之請，該疏熹宗雖以「禮樂大典，關係甚重」著禮部詳議具奏，但最後仍不了了之。[2]禮部儀制司主事劉宗周（1578-1645）也上奏反對祧遷憲宗，主張祧出睿宗，並希望恢復建文帝和景泰帝的年號、廟號，同樣未獲採納。[3]

　　朝臣欲祧遷睿宗，終止嘉靖以降廟制混亂、世數不足情況的努力終告失敗，[4]不過爭取建文帝應有地位和待遇的呼聲卻依舊持續。天啟元年十二月，南京戶科給事中歐陽調律請議建文廟祀，認為這是比起復年號、編國史更可行且迫切的措施。[5]熹宗的態度與先前面對李宗延奏議時相同，以「事情關係大典」，著令「禮部會同九卿、科道官看議來說」，便再無下文。[6]至天啟三年（1623）四月，戶科給事中羅尚忠（1584-1627）亦請復建文帝年號、廟祀，並提議表彰壬午死事諸臣，該疏最後被熹宗以「諸臣已經皇祖建祠表忠，不必紛紜陳奏」打了回票，未獲允行。[7]

2　《明熹宗實錄》，卷6，天啟元年二月庚戌條，頁286-287。

3　〔清〕黃宗羲撰，沈善洪主編，《黃宗羲全集》（杭州：浙江古籍出版社，2005），第1冊，《子劉子行狀》，卷上，頁213。雖然無法從劉宗周的傳記確定其上奏時間，但據《明史》記載，劉宗周於萬曆年間告歸，並在天啟元年四月鄒元標還朝後因其奏請而再獲召用，由此判斷，劉氏上奏應是發生在該年四月之後。參見〔清〕張廷玉等撰，鄭天挺點校，《明史》，卷255，〈列傳·劉宗周〉，頁6573-6574；卷243，〈列傳·鄒元標〉，頁6304。

4　即使不考慮非為君者入廟和無法顯示繼統次序的問題，在晚明知識分子眼中，當時的宗廟禮制仍多有不妥。嘉靖時世宗改訂廟制讓睿宗入祔，雖明言新制「既無昭穆，亦無世次」，但往後朝臣仍屢以「世數不足」為慮，請祧睿宗，足見當時不少人對世宗改制及其「只序倫理」的理念，都感到難以接受。惟終明之世，此一新制都未被改變，睿宗也一直祔享太廟直至明亡。參見張璉，〈明代嘉靖朝宗廟禮制變革與思想衝突之討論〉，頁29。

5　歐陽調律在奏疏中認為年號不著「猶謂怵於忌諱，知非得已」，然廟祀不舉卻是「牽於因仍，遂至尚成缺典也」。他又指出，相較於國史已經「另編建文五年以昭統系，無俟再計」，廟祀則是「不容不議者」，應儘快下議施行，「無使天下終謂聖明有缺典也」。參見《明熹宗實錄》，卷29，天啟二年十二月庚寅條，頁1484-1485。

6　《明熹宗實錄》，卷29，天啟二年十二月庚寅條，頁1485。

7　《明熹宗實錄》，卷33，天啟三年四月癸酉條，頁1704。吳德義在《建文史學編年

天啟初年曾兩度將請立建文廟祀的奏疏下禮部議，卻始終沒能議出結果、付諸實行，這或許表示廟制對熹宗朝廷而言，同樣是個難以處理的問題。自羅尚忠的奏疏開始，皇帝對類似提議的回應便趨於冷淡。天啟四年（1624）三月，南京戶科給事中歐陽調律再次上奏，這次不但請求建立廟祀，更將修建文實錄的議題搬上檯面：

> 臣備員南垣，數趨陵廟，及望東陵，爽若有失。夫建〔懿〕文太子廟貌宛然，歲九祭，而建文生為帝王，歿無諡號，既不得入祔太廟，又不得別享一祠，封墓莫識，魂魄安依？二祖列宗必有不安。至編年一事，成祖詔中原無降削位號之說，前此祇屬承訛。今即列建文年號於永樂之前，亦有嫌忌，而強附之洪武後，統系不明，乞敕廷議，毅然舉行，成一代之美。[8]

或許由於任職南京，容易接觸與建文朝歷史相關的景物，進而產生懷念和同情該政權的心理，歐陽調律對建文帝身為君王，卻未於禮制和記載上享有應得待遇的情況，感受頗深。而懿文太子在墓園規制和祭祀方面備受優遇，更與之形成強烈對比，[9]在在刺激歐陽氏對前者處

考》一書中，認為此事是在萬曆年間。其所根據的材料是清乾隆年間《青陽縣志》卷三〈選舉志〉中羅尚忠的傳記，然而傳中並未明確記載羅氏上疏的時間，故吳德義很可能僅是因傳中言羅氏乃「萬曆中進士」而作此判斷。該傳收錄羅氏奏疏中所謂「我皇上愍念方孝孺，准行贈恤」，應是指天啟二年熹宗下詔准方孝孺與練子寧一體恤錄之事，亦可作為此事發生在天啟而非萬曆年間的證據。參見吳德義，《建文史學編年考》，頁142；〔清〕段中律等纂修，《（乾隆）青陽縣志》（《中國方志叢書·華中地方·安徽省》，第650號，臺北：成文出版社，據清乾隆四十八年刊本影印，1985），卷3，〈選舉志·駿績〉，「羅尚忠」條，頁51a-52a。

[8] 《明熹宗實錄（梁本）》，卷40，天啟四年三月辛巳條，頁2313。中研院史語所校勘之《明熹宗實錄》，正文係據北平圖書館紅格抄本微卷影印，其中天啟四年部分因缺漏之故，以梁鴻志影印本《熹宗實錄》補上。惟梁本實乃節本，並非原書，故以下在引用時均作特作標註，謹供參考。

[9] 懿文太子以儲君身分薨逝，未曾當過天子，按理其墓不應稱「陵」，然明太祖卻葬之於自己陵寢──孝陵東側，相當於以孝陵為祖陵的「左昭一」位置，似欲在墓制上將其升至繼統之君的地位，以彌補現實中未能如此的遺憾。往後明人也多稱懿文太子墓為「東陵」，頗有視之為帝陵的意味。該墓的祭祀規模同樣超出應有待遇，顧起元便稱「孝陵大祭一歲止三舉，餘惟行香，而東陵大祭者九」，並猜測此為沿

境的不平感。但其奏議終以「不許」收場，[10]也結束天啟朝請復建文帝地位的聲浪。

與萬曆年間的情形類似，天啟朝在建文帝相關問題上並無具體進展，但於建文殉臣遺族的寬赦和恤錄方面，仍補足了些許過往的未盡之處。如天啟元年閏二月，朝廷從御史田生金之請，釋放齊泰、黃子澄仍在戍所的戚屬後裔，除其戍籍，其中光是齊泰遺族便有三十八家之多。[11]雖然在萬曆年間已進行過針對建文殉臣外親遺族的赦免，且規模頗大，成果亦豐，但由天啟元年這次豁免，便可看出前者的實施仍不夠全面。隔年五月，方孝孺第十世孫方忠奕以貢來京，伏闕上書，得熹宗下詔：「方孝孺忠節持著，既有遺胤，准與練子寧一體恤錄。」[12]這是繼萬曆三十七年松江府後，官方對方孝孺後裔進行的第二次恤錄。

值得留意的是，天啟六年（1626）正月，禮科都給事中彭汝楠（1579-1638）上疏，提出國朝官員議謚方面應遵守「必五年以內三品以上者，方准列名」的原則，至於年久官卑但「生平行業卓有建樹」者，或可酌取數人，由皇帝裁斷是否予謚。彭氏在疏中特別提及建文諸臣，將之舉為雖屢有題請卻不宜輕議的例子之一，認為這群人「叩

行洪武舊禮所致。除了太祖為子建墓致祭時的越制，沈德符亦曾對「東陵」之稱提供一種解釋：「按懿文園在孝陵之東，至今稱為東陵，想當日追崇尊號，必追上陵名，既經革除，遂不可考。而人之稱陵如故，則建文之澤，猶在人心也。」認為以懿文太子墓為陵，是延續建文帝追尊其父為興宗之舉，反映人們對建文德政的懷念。參見〔明〕顧起元，《客座贅語》，卷3，〈陵祭〉，頁70；〔明〕沈德符，《萬曆野獲編》，卷1，〈陵寢之祭〉，頁8-9。

10　《明熹宗實錄（梁本）》，卷40，天啓四年三月辛巳條，頁2313。

11　《明熹宗實錄》，卷7，天啓元年閏二月丙申條，頁350。

12　《明熹宗實錄》，卷22，天啓二年五月己亥條，頁1090。《明史‧熹宗本紀》對此事的記載是「錄方孝孺遺嗣，尋予祭葬及謚」，但《明熹宗實錄》並未提及祭葬和追謚之事，明末清初一些史籍和文人筆記談到追謚方孝孺，也多以南明弘光政權給予「文正」一謚為主。以方孝孺的知名度及其作為建文殉臣代表人物受到的尊崇，若天啓朝廷真予以祭葬、追謚，理應會有不少人對此大書特書，甚至可能成為後續官員奏請追謚其他殉臣的憑據，然而在明末相關史籍或筆記中，似乎找不到這樣的內容，故當時是否真有「尋予祭葬及謚」一事，或可存疑。參見〔清〕張廷玉等撰，鄭天挺點校，《明史》，卷22，〈本紀‧熹宗〉，頁300。

馬忠義，雖無損弔伐之盛，而迂闊紛更，其瑕瑜自不相掩」。[13]彭汝楠對建文諸臣的看法，很明顯是承襲萬曆年間肯定其忠卻也視之為「靖難」禍首的觀點。由此來看，建文諸臣不僅不符合此疏的列名標準，其毀譽參半的形象也不易取謐。該疏呈上後很快便獲得贊同，下禮部議，而聖旨中「建文諸臣，尤宜斟酌」一句，[14]也透露不願處理如此燙手山芋的意味。

　　綜上所述，朝廷官員為建文帝議謐立祀、表彰建文殉臣奏疏的上呈，及其得到正面回應的情況，主要集中在熹宗朝前期，特別是天啟元年至二年。之所以如此，除了此類問題本就不易處理，或許也跟此後閹黨逐漸取代東林黨掌握朝政有關。由於在移宮案中扮演要角，加上司禮監秉筆太監王安的協助與配合，天啟初年東林黨人在朝中佔主導地位，許多與之關係密切的文人也被召入朝中，躍居要職。[15]前述請復建文、景泰年號廟謐的劉宗周，即是因東林黨成員鄒元標（1551-1624）奏請方重獲任用；疾呼議建文廟祀的歐陽調律，本身就是該派的一分子；東林領袖顧憲成，更曾於萬曆年間為屠叔方匯集胡閨事蹟的《英風紀異》作序。東林士人的政治思想具有濃厚的經世精神和道德理想主義，嚮往聖王德治，又對明末敗壞的政治風氣多有批評，[16]如此特質讓他們亟欲改善現存體制的缺陷，也可能使之易於認同被賦予高度道德形象的建文君臣。然而隨著東林黨失勢，主政的閹黨對建文廟祀議題無甚關切，不但聖旨中反映的態度趨於冷淡，此類聲音也慢慢在朝中減少。

13　《明熹宗實錄》，卷67，天啟六年正月己巳條，頁3181-3182。
14　《明熹宗實錄》，卷67，天啟六年正月己巳條，頁3182。
15　《明史・趙南星傳》形容當時「東林勢盛，衆正盈朝」，高攀龍、楊漣、左光斗任職都察院，李騰芳、陳于廷身居吏部，魏大中、袁化中是科道官員，而鄭三俊、李邦華、孫居相、饒伸、王之寀等人也都身居要職，足見當時盛況。參見〔清〕張廷玉等撰，鄭天挺點校，《明史》，卷243，〈列傳・趙南星〉，頁6299-6300。
16　關於東林黨人的政治理念及其實踐情形，參見林麗月，〈明末東林運動新探〉（臺北：國立臺灣師範大學歷史研究所博士論文，1984），頁199-235。

（二）崇禎朝：危難中的決斷與遲疑

天啟七年（1627）八月，熹宗崩逝，其異母弟信王朱由檢（1611-1644）繼位，年號崇禎。[17]年輕的新君於該年十一月除去權傾朝野的魏忠賢（1568-1627），並逐步掃清閹黨勢力，開始其力挽狂瀾的中興之路。同年十二月，朝廷從建文殉臣練子寧後裔練一魁之請，恢復練子寧的官位，[18]看似反映皇帝對表彰建文諸臣的肯定態度，然而到了崇禎元年（1628）三月，另一位殉臣陳迪的七世孫陳孟瑞乞恩恤錄，崇禎帝卻以「事久」不予批准。[19]考慮到建文殉臣為數眾多，若後裔皆向朝廷請恤，恐將沒完沒了，加上當時大明國勢正處於江河日下、內外交迫的危境，崇禎帝視恤錄建文諸臣為陳年舊事不欲處理是可以理解的。不過對當時許多朝臣來說，帝國越是面臨危機，便越應藉由表彰、恤錄忠臣激勵士氣。該年九月丁丑，四川道御史梁子璠上疏請諡建文諸臣，即謂「方今廉恥盡喪，此正人心憒憒之際所賴，提以忠義，令之警悟」，並強調「今日最急者，莫如諸臣之諡；二百年來論定無纖介可疑者，亦莫如諸臣之諡」。[20]《崇禎長編》雖未交代崇禎帝的答覆，但從同月丁亥兵科給事中陳獻策請諡建文諸臣及鄒應龍、林潤、萬燝等人時，帝回以「建文已有旨，餘候公議行」來看，[21]之前很可能已下令部議建文諸臣諡，只是直至明帝國覆亡，都沒議出具體結果。

---

[17] 與建文帝、景泰帝的情況類似，崇禎帝廟號和諡號的擬定，已是大明帝國滅亡之後的事，而且隨著後續各政權對其態度之差異，其廟號和諡號也屢經更動。如南明弘光政權最初定以「思宗烈皇帝」，後改為「毅宗烈皇帝」，稍後的隆武政權復更定為「威宗烈皇帝」。而與之同時的清政權，先於順治二年給予崇禎帝「懷宗瑞皇帝」之諡，後又於順治十六年改為「莊烈愍皇帝」。故在本書論述過程中，對其之稱讟採取和建文帝、景泰帝同樣的方式，以年號稱之。參見鄭永昌，〈試論明清之際官方史料對崇禎帝評價的轉變問題〉，《史耘》，3/4（臺北，1998.9），頁60-72。

[18] 〔清〕汪楫，《崇禎長編》（臺北：中央研究院歷史語言研究所，1967），卷4，天啟七年十二月乙酉條，頁184。

[19] 〔清〕汪楫，《崇禎長編》，卷7，崇禎元年三月丙寅條，頁325。

[20] 〔清〕汪楫，《崇禎長編》，卷13，崇禎元年九月丁丑條，頁749。

[21] 〔清〕汪楫，《崇禎長編》，卷13，崇禎元年九月丁亥條，頁761。

在國勢頹危、政局昏暗的崇禎年間，士大夫對建文朝相關議題表現出高度關切，呼籲朝廷補足此前闕典的奏疏從未間斷。崇禎四年（1631）四月，皇帝因旱下詔求言，工部營繕司郎中李若愚遂於五月應詔上奏，請求為建文帝建立廟祀，並擇建文忠臣中較突出者配享。他在奏疏中將此次旱災，詮解為建文君臣闕典日久，逝者之靈不得告慰導致的結果：

> 昔鄭伯友，小國之大夫也，強死猶為厲於國，子產為之立後，遂不復作祟。妄意今日之災，或有類於此，則建文年號不可不復也，建文廟諡不可不補也，遜國諸死節臣不可不錄也。[22]

明末天災、戰亂頻繁，國家社會動盪不安，受到儒家天人感應和佛教因果報應等觀念的影響，許多人傾向將之歸於朝廷或世人失德積怨所種下的惡果。君主因災下詔求言，固然是由「修省人事，以息天怒」思維發展而來的政治慣例，但因此舉具有反思、改革自身施政的意味，故往往成為朝臣紛呈意見、將一己政治理念化為現實的良機。李若愚本身亦是對建文朝歷史問題相當關心的士人，曾於萬曆年間蒐集革除諸臣相關資訊，錄入私輯的《闡幽錄》一書；[23]如今適逢皇帝下詔求言，他便把握機會上奏，希望就此解決建文廟祀這個懸置多時的

---

22 〔清〕汪楫，《崇禎長編》，卷46，崇禎四年五月丁丑條，頁2736。關於李若愚上奏的時間，各家說法不一，清人汪楫《崇禎長編》記此事於崇禎四年五月丁丑，同樣編於清初的《崇禎實錄》則記為崇禎四年五月壬寅，然崇禎五年八月周鑣〈請恤建文死節諸臣疏〉，卻稱李若愚上奏是在崇禎四年四月。周鑣上奏時間雖和李氏較近，但考慮到《長編》、《實錄》均記為五月，且周氏所言四月可能是指崇禎帝下詔求言的時間，故此處暫從前二書之說。至於李氏上奏的確切日期已難考證何者為實，姑且並陳二說，附註於此。參見〔清〕佚名，《崇禎實錄》（臺北：中央研究院歷史語言研究所，1967），卷4，崇禎四年五月壬寅條，頁125；〔清〕汪楫，《崇禎長編》，卷62，崇禎五年八月己卯條，頁3581。

23 〔清〕汪楫，《崇禎長編》，卷46，崇禎四年五月丁丑條，頁2738。《闡幽錄》一書現已不存，亦無法判斷其為何種性質、收載哪些內容的文本，不過由萬曆二十六年成書之《建文朝野彙編》將之列入徵引書目可知，李若愚係於此前編成該書的。參見〔明〕屠叔方，《建文朝野彙編》，〈書目〉，頁2a。

問題。由於將建文帝奉入太廟的方案難以實行，李氏遂如以往許多朝臣那般，提出「別立一廟」的建議：

> 而廟諡大典，至今闕然，高皇帝在天之靈，闕然有餘憾矣。我皇上所以敬天尊祖者，靡有遺憾，今日之旱，無乃應是歟？大內郡不使設廟，宜於留都太廟官殿之側，建一世室，如祧廟制，世世供其祀，斯為情理兩安。惟皇上斷而行之，不特一時傳為曠典耶？奕世且共仰其深仁矣。……臣知高皇帝之靈實式憑之，皇天后土有不翕然共應乎？以此感格重玄，實勝於沉玉焚牲多多也。[24]

萬曆以來，朝臣另立廟室的建議，多是為了讓皇帝能較無顧慮予以批准的權宜之計，包括於其原葬處建陵廟、於懿文太子廟側別立一廟，以及李若愚於南京太廟之側立廟的構想，這類作法既不必考慮太廟中歷任皇帝神主的位序問題，又不會影響北京的宮城建制。何況有了世宗為其父建世室的先例，別立一廟似乎也算不上對祖制的重大違背。李若愚在奏疏中，努力想將此次旱災，與其立建文廟祀的提議進行聯繫，雖然崇禎帝認為其論不過是借題發揮，而給予「所奏係禮臣職掌，若愚不必借端條陳」的回應，[25]但還是將該疏下禮部議，[26]只是最後似乎並無結果。

諸臣議諡的久未定論，以及建文廟祀提案的遲遲不果，並沒有讓崇禎朝臣就此放棄。相反地，受到內憂外患日益嚴重的刺激，士人越發認為，透過表彰忠臣激發忠義氣節，方能令官員盡職、將士用命，挽救國家危亡。崇禎五年（1632）八月，南京禮部主事周鑣在其請恤建文諸忠的奏疏中，表示大明政局之所以搖搖欲墜，在內外戰事上連

---

[24] 〔清〕汪楫，《崇禎長編》，卷46，崇禎四年五月丁丑條，頁2737-2741。
[25] 〔清〕汪楫，《崇禎長編》，卷46，崇禎四年五月丁丑條，頁2741。
[26] 〔清〕佚名，《崇禎實錄》，卷4，崇禎四年五月壬寅條，頁125。

連失利，與當時士風敗壞、人心不復存忠義有很大的關係：

> 國家定鼎以來，死節之臣甚慘甚烈，一時爭先赴難，莫可勝
> 書，未有如建文時死事諸臣之盛者。……今天下士氣亦既喪
> 矣，……崔、魏之亂也，在廷莫敢一語，其所謂假子義孫，皆
> 紳衿冠帶、號為士大夫者，斯已足嘆矣。又如近者，內臣用而
> 中外若靡，言官逮而上下俱暗，登城失而大小官屬盡效偷生，
> 將使千秋百世而下，謂當盛明之世，既多俛首吞聲之士，復少
> 死綏赴義之臣，豈天之生才果有時而或缺歟？抑亦前者忠義之
> 報未伸，而風勵之道猶有所未善也。[27]

在晚明時人的記憶中，建文諸臣遭受的大規模整肅已變成一種爭先赴
難、表現忠義的自我抉擇，對照今日官員降賊偷生、朝廷內奸惡充
斥，令人不勝唏噓。周氏甚至搬出崇禎帝親手除掉的魏忠賢，希望藉
此激發皇帝挽救士風人心的決意。為了使「風勵之道」臻至完善，他
請求崇禎帝將其言下部會勘，為建文忠臣議諡，並令各地特祭諸臣祠
廟，諭示恤贈忠魂至意，以鼓舞天下忠節之氣。他相信只要世人知曉
忠臣雖死仍得其報，必將「精白一心，恪恭乃職，以事聖主」，皇帝
的乏才之嘆、外患之憂也將迎刃而解。疏中也再次提到「正史不早裁
定，則稗官野史益以緣飾附會」的問題，希望朝廷能著手修纂建文實
錄，並將諸臣事蹟錄於其內，如此「不獨鼓臣子忠義之心，並所以顯
高皇帝作人之化，此尤皇上續續之大典也」。[28]由於萬曆年間已有恤
錄建文忠臣之詔，議諡之事也已下部議，故崇禎帝接到此疏後，於八
月十三日批示：「奏內事情，向有屢旨，還著該部酌議具奏。」[29]不

---

27 〔清〕汪楫，《崇禎長編》，卷62，崇禎五年八月己卯條，頁3581-3584。
28 〔清〕汪楫，《崇禎長編》，卷62，崇禎五年八月己卯條，頁3585-3586。
29 〔明〕周鑣，《遜國忠紀》（《四庫全書存目叢書》，史部第117冊，臺南：莊嚴文
   化事業有限公司，據陝西省圖書館藏明崇禎刻本影印，1996），〈請恤建文死節諸
   忠疏〉，頁9a。

過這回周鑣的奏言似乎真的打動了皇帝，使其對議謚之事開始積極起來。根據《遜國忠紀》記載，崇禎帝曾於該年十月十二日下旨，強調「謚法有關風勵，依議詳諮確核，務協公評，不得徇私憑臆，致乖大典。其發單仍勒限報部，毋再稽延」，禮部也在皇帝要求下擬訂了些許相關辦法，欲將「遜國諸臣及歷年恤贈並名賢輟璞」刊刻成書，分送兩京各個部門查照，還定下一套表列備謚者的規格。[30]然而，在這一連串緊鑼密鼓的準備工作後，就再也沒有進一步的消息，彷彿隨著國勢日危，皇帝注意力轉移至其他事務，禮部對此一繁浩工程的積極態度也跟著減退。

若說崇禎帝確實曾經為了激勵忠義，而積極關注過建文殉臣謚典的進程，那麼他在處理建文帝廟謚問題時，則抱持著遲疑和矛盾的心態。崇禎十五年（1642）十月，駙馬都尉鞏永固奏請追尊建文帝謚號，後「下廷臣議之，不果行」。[31]在《崇禎長編》這寥寥數語背後，實蘊藏皇帝對建文帝相關問題的複雜心情。李清（1602-1683）《三垣筆記》對此記載如下：

> 鞏駙馬永固上疏請補建文謚，上與諸輔臣議，皆慫恿，吳甡更奏曰：「建文無過。」上曰：「不然。渠變祖法，戕親藩，皆過也。」又曰：「此事列聖皆未行，朕可行否？」既而曰：「畢竟是一家。」會兵事迫，遂已。[32]

尊謚制度除了表現對已故帝王的尊重，更有總結其一生功過的意義，故欲為建文議謚，必先對其所作所為進行整體評價。而崇禎帝與吳甡（1589-1670）等朝臣對建文帝看法相左，也反映了官方與一般士人

---

[30] 〔明〕周鑣，《遜國忠紀》，〈議謚咨〉，頁5a-6a。
[31] 〔清〕佚名，《崇禎實錄》，卷15，崇禎十五年十月戊午條，頁449。原文鞏永固誤作「鞏永圖」。
[32] 〔清〕李清，《三垣筆記》（北京：中華書局，1982），〈附識上〉，頁173。

之間的認知差異。崇禎帝所謂「渠變祖法，戕親藩」，向來被認為是導致成祖興兵「靖難」的因素，萬曆時欲為官書修纂參考的《建文書法儗》也將之視作建文帝執政期間的過失；然而吳甡「建文無過」一語，似乎表示在這些士大夫的理解中，無論削藩或改制都稱不上是失德失政之舉。崇禎帝「列聖皆未行，朕可行否」也透露了他對建文廟諡議題的不安：實行這種過往屢有提案卻從未獲得批准的措施，難道不會違背祖宗心意，成為動搖成祖一系統治合法性的因素？雖然崇禎帝的態度最終有所軟化，疑慮卻不曾消失，隨後的兵事之迫對他而言，或許正是一個暫且擱置此案的好藉口。

有趣的是，在明末另一位士人楊士聰的《玉堂薈記》中，崇禎帝反對追諡建文帝的理由卻是「建文無墓，何憑追復尊號」。[33]這個說法其實相當奇怪，畢竟建文帝有無陵墓與追諡毫無關係，以此作為理由未免太過薄弱。一些後出文本，如孫承澤（1593-1676）成於清順治十七年（1660）左右的《春明夢餘錄》，則稱鞏永固上疏是為將建文帝列入祀典，卻被崇禎帝以「建文無陵，從何處祭」一語駁回。[34]嚴格說來這個理由也頗牽強，畢竟自萬曆朝始，無論是奉入太廟、祔主懿文太子廟或別立世室，上呈相關奏議之官員所求的，不過是讓建文帝有一個安置神主以享帝王香火的處所，而未曾提及祭陵。換言之，若朝廷真有心於此，建文帝是否有陵應不會構成問題。雖然上述二說皆不及《三垣筆記》所載版本合理，然而「建文無陵」的說法，在明末清初卻相當流行，甚至曾引起一波對建文帝葬處的討論。而這波討論的詳細情況，將於本章第三節作進一步的探討。

崇禎帝將鞏永固疏「下廷臣議之」的決定，曾一度讓期盼建文帝取得諡號、廟享的官員歡欣鼓舞。禮科都給事中沈胤培旋即上疏，稱

---

[33] 〔清〕楊士聰，《玉堂薈記》（《四庫全書存目叢書》，子部第244冊，臺南：莊嚴文化事業有限公司，據北京圖書館藏清鈔本影印，1996），總頁564。

[34] 〔清〕孫承澤撰，王劍英點校，《春明夢餘錄》（北京：北京古籍出版社，1992），卷70，〈陵園〉，頁1358。原文將鞏永固之姓誤作「龔」。

頌崇禎帝的決定，並提出四項建議：

> 察觀實錄，令建文自為本紀，無溷附，以成萬世之信史，一可
> 議也；袪西山不封不樹之訛，而考尋成祖禮葬之蹟，因以表為
> 陵園，二可議也；倣恭仁康定之謚法，而斟酌於二字、四字之
> 間，三可議也；即園為寢，而春秋二享掌於南奉常，四可議
> 也。[35]

實錄、廟祀、謚號等議一旦獲准，將代表建文帝作為大明君主的身分
正式獲得官方承認，其與成祖一系帝王之間的芥蒂亦將就此消泯，從
而完全擺脫政治禁忌的陰影。沈胤培的四項建議即是由此而發，他強
調若將此四事貫徹實施，則「皇上之心盡，二祖列宗之心盡，而三百
年來臣民之心，亦無所不盡」。[36]四項建議中，也包括建文帝葬處的
問題。沈氏相信實錄中建文帝死於宮火、成祖葬以天子禮的記載，而
非出亡、回歸傳說中葬於西山的說法，他認為將成祖禮葬之處考察出
來，不僅可破除西山之說的訛誤，亦可將該處表為陵園，使祭陵成為
可能之事。至於「恭仁康定之謚法」，指的是成化十一年（1475）景
泰帝於被尊謚為「恭仁康定景皇帝」一事，[37]曾一度與建文帝同樣因皇
位之爭淪為政治敏感議題的景泰帝，其尊謚原則即可作為前者議謚的範
例。崇禎帝如何回應沈胤培呈上的奏疏，如今已不得而知，但該疏之命
運應與鞏永固疏大同小異。不到兩年後，李自成（1606-1645）便攻入北
京，崇禎帝於煤山自縊，這些奏議也再無於崇禎朝實現的機會。

　　大體而言，崇禎帝對建文朝相關議題的態度還算正面，雖然沒有
付諸實行，但無論是為建文帝議謚、立廟或修史的提案，皆曾下部酌

---

[35] 〔清〕孫承澤撰，王劍英點校，《春明夢餘錄》，卷70，〈陵園〉，頁1357-
1358。

[36] 〔清〕孫承澤撰，王劍英點校，《春明夢餘錄》，卷70，〈陵園〉，頁1358。

[37] 《明憲宗實錄》，卷148，成化十一年十二月己亥條，頁2718-2721。

議，而非一味否決或置之不理；他也曾一度基於重振士風的動機，積極關注過殉臣議諡的事宜。不過，由於建文殉臣已在萬曆年間獲得表彰和寬赦，與建文帝有關的議案卻從未獲准，這也使崇禎帝不得不對後者謹慎以待，故直至明帝國覆亡，建文帝都不曾擺脫政治禁忌的陰影。明末學者談遷在其筆記《棗林雜俎》中收有一則故事，頗能反映此現況帶給時人的戒慎與無奈：

> 吳人朱鷺白民，著《建文書法儗》，求姚太史希孟序，太史崇禎初方赴召，恐觸忌，遺金一鎰而別。[38]

《建文書法儗》初成於萬曆二十二年，最後一次增補則在天啟元年，直至近十載後的崇禎年間仍在請人作序，似乎不太合理；而崇禎初年朝廷陸續有復練子寧官和部議建文諸臣諡等作為，好像也很難從中看出建文朝私史著作涉及忌諱的可能性。故此說呈現的應非崇禎年間的政治氛圍，而是時人對崇禎帝處理建文廟諡問題時態度的理解。平心而論，作為成祖一系子孫，崇禎帝對建文帝的觀感雖然保守，卻算不上嚴厲；但對當時的知識分子來說，只要建文帝一天無法在國朝體制上享其應有的待遇，大明帝國便無法走出政治禁忌與歷史傷痛的陰霾，世人也不能毫無顧忌地談論與之有關的史事。不過，隨著帝國的瓦解，明成祖加諸歷任統治者及海內臣民的枷鎖似也有鬆動之象，旋即建立的南明政權，便在風雨飄搖中，毅然打破長久以來建文廟諡議題寸步未進的政治僵局。

（三）南明政權：激勵忠義，撫慰人心

崇禎十七年（1644）三月十九日，北京城破，崇禎帝自縊於煤山。五月，福王朱由崧（1607-1646）由鳳陽總督馬士英（1591-1646）

---

[38] 〔清〕談遷，《棗林雜俎》（《四庫全書存目叢書》，子部第113冊，臺南：莊嚴文化事業有限公司，據上海圖書館藏清鈔本影印，1996），〈智集・建文書法儗〉，頁22a。

等人擁立為監國，於南京即位，改次年為弘光元年，南明弘光政權就此建立。弘光帝所做的第一件事，便是謁祭太祖孝陵和懿文太子墓。[39]這是靖難戰爭以降二百多年來，君王親祭懿文太子的首例，此舉也讓期盼恢復建文帝地位的士大夫再度燃起希望。該年六月，太僕寺少卿萬元吉（1603-1646）奏請恢復懿文太子於建文年間追封、卻被成祖取消的帝王諡號，並請議纂修建文實錄，將死於靖難戰爭、壬午殉難及甲申變亂時的諸臣事蹟錄入官書，進行旌表崇祀，以勵士氣。[40]其議獲得弘光帝的嘉許，很快便付諸實行。[41]七月初三，弘光朝廷祇告天地、宗廟、社稷，頒布追諡詔書，恢復懿文太子夫婦的帝后稱號，並為建文帝后議定諡號，連景泰帝后之諡也一併改定。詔中寫道：

> 孝莫大於成先志，禮莫大於順人心。故列聖舊章雖非後人所敢變，而累朝缺典實惟繼體之善承。洪惟我懿文皇太子，開國元良，高皇塚嗣，夙著朝三之孝，未終與九之齡；建文君溫文成性，愷悌因心，位僅正於四年，德實隆乎三讓；景皇帝旰食宵衣，內安外攘，社稷傾而復定，日月蝕而重明。溯三朝之令，猷皆百王之聖軌，惟奕世拘牽乎祖制，遂徽稱久廢乎宗祊。然

39　李清《三垣筆記》即有福王監國後「首謁孝陵，避御路，自西門入，祭告隕泣。禮畢，問懿文太子陵」的記載，顧炎武《聖安本紀》亦載「福王自三山登陸，至孝陵，從西門入殯殿祭告。詣懿文太子寢園，展祀畢，從朝陽門進東華門，恭謁奉先殿」。二書中對懿文太子墓的稱謂分別是「陵」和「寢」，顯示作者已以帝王陵寢的規格看待其墓。參見〔清〕李清，《三垣筆記》，〈筆記下・弘光〉，頁93；〔清〕顧炎武，《聖安本紀》（《臺灣文獻叢刊》，第183種，臺北：臺灣銀行，1964），頁2。

40　〔清〕李清，《南渡錄》（《續修四庫全書》，史部第443冊，上海：上海古籍出版社，據浙江圖書館藏清抄本影印，2002），卷1，崇禎十七年六月壬戌條，頁35b-38a。該疏以「皇上從謁孝陵，徐問懿文太子園陵所在，親為展拜，臣隨諸臣莫不手額」一語開場，多少透露了當時關心建文朝歷史議題者對此的歡欣之情。

41　〔清〕李清，《南渡錄》，卷1，崇禎十七年六月壬戌條，頁38a。在萬元吉疏獲弘光帝讚許的隔日，禮部尚書顧錫疇即請備建文廟諡、景泰廟號及建文諸臣諡，弘光帝從之，遂詔以追尊諡號，播info中外。參見〔清〕李清《南渡錄》，卷1，崇禎十七年六月癸亥條，頁39a-39b。

建文崩逝之年，成祖業命葬以天子之禮；即景泰革除之日，英宗亦有「朕心不忍」之言。陵碑稱曰「朝廷」，昭皇帝已仰知志意；郕王尊為景帝，純皇帝固默有稟承。列宗屢議追崇，累代因循未果。今歷年滋久，寰宇之哥思愈深；而顯號弗彰，祖宗之怨恫奚慰？[42]

不管是恢復興宗帝號、尊上建文廟號或重定景泰謚號，其實都是「變列聖舊章」之舉，在屢受「祖制」拘牽的明代是相當嚴重的問題，故弘光君臣必須將這些措施包裝為補足列朝闕典的繼述之業，強調這些禮制上的變動都是為了承先志、順人心。與以往調和成祖和建文君臣的論述策略相似，弘光君臣列舉歷朝祖宗對建文、景泰二帝表示寬仁的措施，將之視為無意削奪或有心追崇的證據，只是由於累代因循，迄今未果。從「德實隆乎三讓」一語可看出，弘光朝廷係以「建文遜國」來理解靖難戰後政權改易的歷史，故尊建文帝為「惠宗讓皇帝」。[43]詔中亦下令將革除死事諸臣「分別重輕，並與恤謚」，認為如此一來「三百年鬱勃之人心，從茲丕暢；十五朝未竟之遺志，自此發皇」。[44]另外，根據李清《南渡錄》記載，當時禮部尚書顧錫疇還奏請恢復建文年號，同樣獲得弘光帝允准。不過，由於李清將萬曆年間神宗准留建文年號於正史一事，認知為建文年號的恢復，故對此有「不知萬曆時先題復矣」的批評。[45]

---

[42] 〈弘光追謚詔書〉，收入〔明〕錢士升，《皇明表忠紀》，頁1a-7a。詔中為建文帝所上尊謚「嗣天章道誠懿淵恭觀文揚武克仁篤孝讓皇帝」，廟號「惠宗」，其后馬氏則尊謚為「孝湣溫貞哲睿肅烈襄天弼聖讓皇后」。景泰帝也由成化朝所定的「恭仁康定景皇帝」改為「符天建道恭仁康定隆文布武顯德崇孝景皇帝」，廟號「代宗」，其后汪氏則為「孝淵肅懿貞惠安和輔天恭聖景皇后」。原本五字的謚號更改為十七字，和明代其他君王並無二致，也象徵景泰帝地位終於提升至與之同等的高度。

[43] 李清《南渡錄》稱弘光政權為建文、景泰帝后所擬定的謚號，皆出自禮部尚書顧錫疇之手。不過既然這些謚號得到弘光帝首肯，並透過詔書對外頒布，顧氏所定謚號蘊含的歷史評價，應可視為弘光君臣的共識。參見〔清〕李清，《南渡錄》，卷1，崇禎十七年七月己亥條，頁58a。

[44] 〈弘光追謚詔書〉，收入〔明〕錢士升，《皇明表忠紀》，頁6b-7a。

[45] 〔清〕李清，《南渡錄》，卷1，崇禎十七年七月己亥條，頁58a。

雖然追諡詔書中已有恤諡建文諸臣之旨，卻一度因為人遠事湮，加上禮部尚書顧錫疇他務纏身而停滯不前。所幸時任工科都給事中的李清旋即上疏請諡開國、靖難及正德、天啟慘死諸臣，得到皇帝「速復」之旨，由禮部侍郎管紹寧（?-1645）主持議諡，禮部主事張采（1596-1648）裁定贈官。[46]不同於崇禎時議諡多年仍無音訊的情況，弘光帝下令後不久，禮部便完成所有前置作業，於九月補諡遜國文臣七十五人、武臣十七人、女眷六人，分別追贈官職或夫人身分，並將死於建文政權覆亡前的朝臣，及靖難戰後自盡、遭整肅、隱遁或從亡的文武官員和婦女共一百四十三名，附祀於表忠祠。[47]這份名單匯整自明中葉以降的野史諸書，當中包括不少姓名、身分已難查考者，其所收從亡之臣更可見《致身錄》和《從亡隨筆》等偽書的影響，惟一些已於上述二書合併身分的隱遁者和從亡者，如馮翁與馮瀗、東湖樵夫和牛景先，又被分別附祀祠中。同時，朝廷亦從李清之議，褫奪靖難戰後迎附成祖的胡廣諡號，並給予多年來皆被視為整肅建文諸臣元兇的陳瑛「醜厲」之諡。[48]

在弘光帝「速復」的命令下，此次補諡與贈官工作僅花了兩個月便告完成，如此倉促自也免不了疏漏和過濫之處。主持作業的管紹寧，主要是以崇禎年間周鑣《遜國忠紀》作為列名和議諡標準，故未記入該書的殉臣，很可能就得不到補諡機會。[49]但比起遺漏，當時贈

---

[46] 〔清〕李清，《南渡錄》，卷2，崇禎十七年七月丙申條，頁13b。李清《三垣筆記》亦稱，建文諸臣贈官，「皆予與張儀曹采所定」。參見〔清〕李清，《三垣筆記》，〈筆記下·弘光〉，頁103。

[47] 〔清〕李清，《南渡錄》，卷3，崇禎十七年九月庚子條，頁17a-20a。該條目對諸臣或其女眷的贈諡、追封官位都有記載，可參看。黃宗羲《弘光實錄鈔》中的追諡日期是九月辛丑，與《南渡錄》差一天，由於無法確定何者為是，故在此並存二說。參見〔清〕黃宗羲，《弘光實錄鈔》（《續修四庫全書》，史部第367冊，上海：上海古籍出版社，據浙江圖書館藏清光緒三年傅氏長恩閣抄本影印，2002），卷2，崇禎十七年九月辛丑條，頁19a-21a。

[48] 〔清〕李清，《南渡錄》，卷3，崇禎十七年九月庚子條，頁20a。

[49] 如李清便曾在《三垣筆記》提及他所認為的一例遺珠：「管少宗伯紹寧諡建文諸忠，皆準《殉國忠紀》，周儀曹鑣所纂也。內左僉都御史司中不屈，成祖命以鐵帚掃其肉，死最烈，《殉國忠紀》內遺此一事，遂不得贈諡。」參見〔清〕李清，《三垣筆記》，〈筆記下·弘光〉，頁106。

諡錯誤與過濫的情況可能更為嚴重。黃宗羲（1610-1695）便曾予以如下評論：

> 革除之事，簡編雜出，錯誤甚多。《徵獻錄》載王艮北師薄都城，群臣多往迎附，艮獨閉門痛哭，與妻子訣曰：「食人之祿者，死人之事。吾不復生矣，安能顧若等？」遂自鴆死。然艮歿在建文三年，解縉之墓表可證也。此「文節」之諡，亦甚無謂。林右字公輔，以字行，王府教授，《三台文獻錄》可證也。此云左春坊大學士，所當改正。至於《致身錄》、《從亡隨筆》，皆偽書不足信，禮臣尚多從之。《致身錄》託名翰林史彬作，吳寬表史鑑之墓，書其曾祖彬未嘗出仕，皆偽不待辨矣。[50]

即使屢經學者駁斥，在鄉里和後代的刻意塑造下，王艮和史仲彬作為自殺殉臣或隨亡忠臣的形象，早已透過各種後出文獻廣泛流傳，在時人的歷史記憶中根深柢固，因而得以享有原本不應屬於他們的諡號和表彰。除了考證不力導致的錯誤，此一措施更受批判的是其議諡太濫的問題。當時參與工作的官員或許已留意到這點，卻基於激勵忠義、撫慰人心等現實考量，而採取「寧濫勿缺」的態度。[51]

在朝廷為建文帝后及殉難諸臣議諡後，弘光朝臣又將目光轉向建文帝的親屬。同年十月，李清復奏請恢復建文帝子嗣和兄弟的爵位，很快便獲得批准，付諸實行。建文帝被降為郡王、郡主的弟妹，以及下落不明的長子、廢為庶人的次子，「或復爵，或補封，皆予

---

[50] 〔清〕黃宗羲，《弘光實錄鈔》，卷2，崇禎十七年九月辛丑條，頁21b。

[51] 例如在議諡過程中多所建議的李清，面對事後「此案太濫，宜稍裁」的聲音，便曾予以「既予復奪，可施之諸忠耶」、「此案鬱勃已久，與其靳也，寧濫」的回應。參見〔清〕李清，《三垣筆記》，〈筆記下·弘光〉，頁103。

謚」。[52]由於當時太廟未建，奉先殿也未設建文帝靈位，[53]遂在李清等人的建議下，以建文帝后及其諸子附祭懿文太子，這是靖難戰後二百餘年來的頭一遭。惟僅歷經冬至、歲暮、春分的三次祭禮，弘光政權便告覆亡。[54]

　　追封、補謚建文忠臣的措施雖已在崇禎十七年九月執行，但後續似乎仍不斷有請謚相關人等的情況。如文人劉振曾據《明太宗實錄》等文本，主張建文帝得為嗣君，實因當年翰林學士劉三吾「立燕王，置秦、晉二王於何地」一語，故既然建文帝已上廟謚，劉三吾也應追謚。[55]此外，嚴震直後人亦曾至南京，欲以野史諸書謂嚴氏雖降成祖，卻於雲南見到建文帝後吞金自盡的記載，為其請謚。禮部侍郎管紹寧為此請所動，惟因嚴震直乃降臣，恐見尤輿論，故欲取久未補謚者數人一併予謚，為其掩疵。[56]當年嚴震直降於成祖後便於同年七月致仕，之後雖為成祖召遣巡行山西，卻於九月病逝澤州，[57]應無機會和建文帝在雲南相見，甚至為此自盡。然而這個充滿戲劇性的故事，自嘉靖以降便廣為流傳，[58]已然成為深入人心的歷史記憶。即使是長

---

[52] 〔清〕李清，《南渡錄》，卷3，崇禎十七年十月壬午條，頁50a-52b。追謚建文君臣後，群臣皆謂「大典備矣」，惟康采指出建文帝的兄弟子嗣「封爵未復，謚號猶懸」，認為追贈官謚方面「如普於諸臣，而靳於若主之弟若子，猶缺典也」。李清著疏上奏，即因此言。參見〔清〕李清，《三垣筆記》，〈筆記下·弘光〉，頁134。

[53] 成祖遷都北京後，南京郊、廟祭祀仍持續了一段時間，然而不僅規格不及北京，也漸出現淪為虛文、祭所破敗、儀制器物殘缺不全等問題。世宗即位後，開始歸併兩京祭禮，於嘉靖十三年罷南京太廟祭祀，其遺址「高築牆垣，謹司啟閉」，南京奉先殿則供奉如常。往後除了孝陵、奉先殿外，南京其餘壇廟亦不再整修，相關祭禮就此停止，直至明末。參見趙克生，〈試論明朝兩京祭禮的歸併〉，《南京社會科學》，2004：4，頁43-46。

[54] 〔清〕李清，《三垣筆記》，〈筆記下·弘光〉，頁134。

[55] 〔清〕李清，《三垣筆記》，〈筆記下·弘光〉，頁106。

[56] 〔清〕李清，《三垣筆記》，〈筆記中·補遺〉，頁91。

[57] 《明太宗實錄》，卷10下，洪武三十五年七月甲辰條，頁169；卷12下，洪武三十五年九月壬辰條，頁213；〔清〕張廷玉等撰，鄭天挺點校，《明史》，卷151，〈列傳·嚴震直〉，頁4175。

[58] 目前所見最早收載嚴震直自盡故事的文本，應是嘉靖中郎瑛的《七修類稿》。該書記載的建文帝相關傳說，多是整合自此前文本，當中也不乏已佚失的著作，如嚴震直之事便係引自今已不存的《日新里手鏡》。其謂嚴震直受命前往交趾時，於黔國公沐晟府內見到建文帝，後「思不言，恐禍及身；言之，不義也。一夕自縊死」。

期關切建文朝議題的李清，雖認為諡嚴震直確有過濫之嫌，[59]卻同樣是基於嚴氏為降臣的考量，而非清楚自盡之事不實。或許正因為諸如此類的請託和議論太多，加上追諡浮濫的批評如影隨形，弘光帝於崇禎十七年十二月下令，停止建文諸臣的贈諡事宜，以免滋生倖濫之事。[60]

崇禎朝耗時甚久的議諡工作，弘光朝卻只花了兩個月便告完成，這不只是因為後者處於北京淪陷、僅存之半壁江山亦岌岌可危的困境，而在急需激勵民心士氣的壓力下倉促行事，崇禎時官員積極度不足，以及議諡過程分工甚繁、各部討論及文書往來曠日費時也是重要原因。親歷兩朝議諡過程的李清，對此便深有所感：

> 祖宗法制多為牽制，如恤典疏請下吏部，選司核其銓除，功司核其功業，封司題與贈蔭。祭葬題於禮部，得請，以葬事移工部。至與諡，則詞臣擬二，兼作諡議呈禮部，禮部又呈閣，閣具揭請，上御點，下禮部，外人罕見者。南渡後，顧宗伯錫疇俱一手握定，後雖各還職掌，惟擬諡不由詞臣，請諡亦不藉閣揭，止部疏題請而已。然部疏奉旨，人得共見。而開國、殉難、慘死三案，累累數百，得以數月告竣者，亦緣轉折少也。但非祖宗其難其慎之意，恐滋徇濫。[61]

李清是南直隸揚州府興化縣人，一直相當關心建文君臣地位恢復的議題，他在崇禎年間也曾上疏請諡開國、靖難及正德、天啟慘死諸臣未

此故事至嘉靖末鄭曉《遜國臣記》，嚴氏的結局又變成「至雲南見建文君，悲愴吞金死」。這兩種說法對後世都頗有影響，如嚴氏後人請諡，根據的便是《遜國臣記》之說；崇禎年間小說《型世言》中對嚴震直之死的描寫，則較趨近於《日新里手鏡》。參見〔明〕郎瑛，《七修類稿》，卷12，〈建文君〉，頁185；〔明〕鄭曉，《吾學編·遜國臣記》，卷7，〈工部尚書嚴震直〉，頁1a-1b；〔明〕陸人龍著，覃君點校，《型世言》（北京：中華書局，1993），卷2，第8回，〈矢智終成智，盟忠自得忠〉，頁180。

59　〔清〕李清，《三垣筆記》，〈筆記中·補遺〉，頁91。
60　〔清〕李清，《南渡錄》，卷4，崇禎十七年十二月庚申條，頁7a。
61　〔清〕李清，《三垣筆記》，〈筆記下·弘光〉，頁99。

果，此次捲土重來，終於得償宿願。在他看來，弘光朝所以能順利完成議諡，事由專人裁定而少去許多轉折是箇中關鍵，但他也不否認當時的議諡過程遠不及崇禎年間嚴謹，徇濫的情況恐難避免。此外，李清在其筆記回憶請諡諸臣經過的文字，也反映了相關人員態度對議諡成敗的影響：

> 予請諡開國、靖難、慘死三案，格於崇禎時禮垣徐都諫耀，成於弘光時管少宗伯紹寧。耀與紹寧皆寡學，然耀恥下問，每與言三案，堅執不行。獨紹寧虛懷，初欲以諡建文諸忠一案，託予擬稿，予以各有司者力辭。及諡此案，後聞人議其稍濫，遂親過予寓，以諡開國及慘死兩案懇予擬稿，予嘉而允之。後諡惠宗諸子弟亦然，皆得報可。[62]

風雨飄搖中的弘光政權，將激發忠義視為救亡圖存的藥方，因而積極進行開國、靖難及正德、天啟慘死諸臣的追諡。由熱心相關事宜者再三奏請，加上主事官員通力合作，終使建文君臣徹底擺脫政治禁忌的陰影，於國朝歷史中取得應有地位。甚至在弘光元年（1645）二月，弘光帝正式下令修纂《惠宗實錄》，[63]建文朝歷史於官書中的空白終於有望填補。只是這一切的努力，仍舊無法扭轉弘光政權滅亡的命運，《惠宗實錄》也再無完成的一天。

　　雖然上述措施未能達到最主要的政治目的，但對關心建文朝議題的士人而言仍頗具意義。不僅李清對自己曾做出的貢獻引以為傲，許多知識分子亦對此一「遲來的正義」讚頌不已。顧炎武（1613-1682）即稱「海內望此典幾百餘年矣」，[64]魏禧（1624-1681）在聽聞追諡消息時，曾與人私下議論，謂「南都之立，天若為此一事設耳」，後來

62　〔清〕李清，《三垣筆記》〈筆記下・弘光〉，頁104。
63　〔清〕李清，《南渡錄》，卷4，弘光元年二月甲子條，頁62a-62b。
64　〔清〕顧炎武，《聖安本紀》，卷1，頁57。

為李清撰寫七十大壽序文時，更譽其「以一言釋三百年之憾」。[65]錢
謙益更在〈嘉興高氏家傳〉記有如此一說：

> 弘光皇帝南渡初，謁孝陵，告奠甫畢，即顧問懿文太子寢園享
> 祀云何，都人傳其語以相訝。及其即位，命修舉革除典祀，追
> 尊上祀，悉予遜國諸臣諡，優恤備至。北轅不歸，父老言之，
> 皆潸然出涕。或嘆曰：「孝惠帝再來也。」[66]

雖是形勢所迫，但弘光政權定都南京，對江南人民來說，恍若大明政
治中心闊別兩百餘年後的回歸。他們很自然便將面臨清人威脅的弘光
政權，與當年在南京與燕軍對峙的建文政權聯想在一起。即使前者政
局混亂、弊病叢生，[67]但追尊建文帝廟諡、恤諡建文諸臣等措施，皆
被視為德政。而弘光政權敗亡、皇帝被押送北京處死的結局，亦不免
勾起人們對靖難歷史的回憶。昔日建文君出走，今朝弘光帝就俘，兩
段相似的記憶隨著帝京淪陷和君王離去而重疊，引人唏噓。弘光政權
興修建文闕典之舉，也就成為其最令世人懷念的作為。

隨著清軍攻陷南京，弘光政權滅亡，為抵抗清人，延續明朝
命脈，杭州的潞王朱常淓（1608-1646）、撫州的益王朱慈炲（?-
1646）、福州的唐王朱聿鍵（1602-1646）、紹興的魯王朱以海（1618-
1662）以及桂林的靖江王朱亨嘉（1583-1646）等監國政權先後建立。
其中唐王由鄭芝龍（1604-1661）、黃道周（1585-1646）等人擁立為
帝，改元隆武。隆武帝即位後面臨的局勢頗為嚴峻，除了須抵禦清軍

---

65 〔清〕魏禧，《魏叔子文集》（《清代詩文集彙編》，第92冊，上海：上海古籍
出版社，據清易堂刻寧都三魏全集本影印，2010），卷11，〈李映碧先生七十壽
序〉，頁22a。

66 〔清〕錢謙益撰，〔清〕錢曾箋注，錢仲聯標校，《牧齋有學集》（上海：上海古
籍出版社，1996），卷37，〈嘉興高氏家傳〉，頁1287。

67 關於弘光朝廷的政爭情況，及其在吏治、財政方面的諸多問題，參見司徒琳（Lynn
A. Struve）著，李榮慶等譯，《南明史》（上海：上海古籍出版社，1992），頁
1-33。

勢如破竹的進攻，朝廷還一直籠罩在「政由鄭氏」的陰影下。[68]對現實的憤怒與挫敗感，及渴望忠臣義士挺身救亡的心情，讓他開始仿效弘光政權的做法，以建文忠臣作為激勵忠義的模範。

隆武二年（1646）五月，隆武帝下令追復建文年號，並「立忠臣方孝孺等祠」。[69]之前弘光政權雖也有朝臣請復年號獲准，但因李清等人認為此事已在萬曆朝完成，故不清楚當時是否曾確實執行；如今隆武朝廷追復建文年號，可說是朱明政權首次由官方對此問題明確表態。對先後經歷甲申之變和弘光政權滅亡這兩大巨變的南明士人和明遺民來說，朱聿鍵此一決策，很能引起他們的共鳴，甚至可能對其背後的意義逕行聯想與解讀。如黃宗羲《行朝錄》便稱隆武帝進行這兩項措施，是基於「國家元氣之削，由於靖難」，他甚至在立方孝孺祠的記載之後，加上「設姚廣孝像跪於階前」的敘述。[70]這些記載的問題在於，黃宗羲本人從來不曾到過福建，遑論參與隆武政權的運作與決策，其《行朝錄》一書對隆武時期的記載，主要是根據錢澄之（1612-1693）的《所知錄》。由於曾在隆武政權擔任延平府推官，後來又成為永曆朝廷的翰林院庶吉士，錢澄之對隆武、永曆政權的記載，被認為是相關文獻中最可靠者。[71]而在他的記述中，既未提及隆武帝恢復建文年號的動機，也未記載姚廣孝跪像之事。換言之，隆武政權設姚廣孝像跪於方祠一事，很有可能只是民間自行衍生出的傳

---

[68] 〔清〕吳偉業，《鹿樵紀聞》（南投：臺灣省文獻委員會，1995），卷中，〈唐王〉，頁53-54。

[69] 〔清〕錢澄之，《所知錄》（合肥：黃山書社，2006），卷1，〈隆武紀年〉，頁34。

[70] 〔清〕黃宗羲，《行朝錄》（《四庫禁燬書叢刊》，史部第44冊，北京：北京出版社，據北京圖書館藏清鈔本影印，2000），卷1，〈隆武紀年〉，隆武二年四月條，頁11a。

[71] 如黃宗羲曾如此評論明清鼎革之際所出的史籍作品：「桑海之交，紀事之書雜出，或傳聞之誤，或愛憎之口，多非事實。以余所見，惟《傳信錄》、《所知錄》、《劫灰錄》，庶幾與鄧光薦之《填海錄》，可考信不誣。」近人學者謝國楨也認為以錢澄之的身歷目睹，該書應為「記隆武、永曆兩朝最直接之資料，堪備南明史事之徵」。參見〔清〕黃宗羲撰，沈善洪主編，《黃宗羲全集》，第10冊，〈桐城方烈婦墓誌銘〉，頁473；謝國楨，《晚明史籍考》（上海：華東師範大學出版社，2011），頁523、525。

聞，而非確有其事。然而，或許是由於黃宗羲的學養名氣，或許是由於姚廣孝跪像一說將建文殉臣和靖難功臣「忠」、「奸」二分的意涵，頗能引起同樣感於「國家元氣削於靖難」者的共鳴，《行朝錄》的這則記載，也被後續的一些文本所引用，如吳偉業（1609-1671）的《鹿樵紀聞》。[72]

黃宗羲等人對隆武帝上述決策的解讀，其實深受其本身對靖難歷史的認知影響。將士風不振歸咎於永樂初年整肅的論點，在萬曆朝已時有所見，[73]到明末及甲申之變後又更加流行。如萬元吉於崇禎十七年奏請弘光帝編輯殉難諸臣事蹟時，有「靖難以正氣漸削，故釀為今日之獪猾之徒，屈膝拜位請官」之言；[74]遺民學者顧炎武亦曾感嘆「十族誅而臣節變」，謂「洪武、永樂之間，亦世道升降之一會矣」。[75]至於建文殉臣和靖難功臣「忠」、「奸」形象的符碼化，在明代中葉便已略見端倪，「奉白帽子成皇字」等野史傳說，不但為姚廣孝塑造出燕王起兵智囊的形象，也逐漸使他在後人記憶中成為挑起靖難戰爭的始作俑者。[76]明代士人身為帝國臣民，在面對靖難戰爭帶

---

[72] 〔清〕吳偉業，《鹿樵紀聞》，卷中，〈唐王〉，頁54。有趣的是，上述三種文本對隆武帝恢復建文年號、立方孝孺祠時間的記載都不一致。如《所知錄》所記時間為隆慶二年五月，《行朝錄》記該年四月，《鹿樵紀聞》則記為該年六月。

[73] 如萬曆二年嚴從簡撰《殊域周咨錄》即言：「建文時，節義之士相踵，視死如歸，至正統、景泰間，未五十年也。土木之難，未聞皎然死節如所謂南朝李侍郎者，豈亦建文末年摧抑太過，而士氣不無少措邪！」天啓初曾請復建文、景泰年號的學者劉宗周，於萬曆四十一年十月所上〈修正學以淑人心以培國家元氣疏〉，亦將明代節義之衰歸之靖難，其以土木之變少有死節者和萬曆年間朝政空轉為例說明士氣漸削的認知與寫作策略，皆為崇禎五年周鑣的奏疏所沿用。參見〔明〕嚴從簡撰，余思黎點校，《殊域周咨錄》（北京：中華書局，1993），卷18，〈韃靼〉，頁577；〔明〕劉宗周，《劉子全書》（《中華文史叢書》，第57冊，臺北：華文書局，1968），卷14，〈修正學以淑人心以培國家元氣疏〉，頁15b-16a。

[74] 〔清〕李清，《南渡錄》，卷1，崇禎十七年六月壬戌條，頁36a。

[75] 〔清〕顧炎武撰，黃汝成集釋，《日知錄集釋》（上海：上海古籍出版社，2006），卷18，〈書傳會選〉，頁1045。

[76] 最能反映這種認知的，便是姚廣孝舊識王賓在靖難後將之三拒於門外，並謂「和尚誤矣」的故事。此說早在嘉靖年間大嶽山人《建文皇帝事蹟備遺錄》、郎瑛《七修類稿》等文本中便有敘述，往後更為各類史籍筆記所收錄，流傳頗廣。然據王崇武考證，王賓與姚廣孝的友誼至永樂年間仍持續不輟，王氏曾作《永樂賑災記》鋪陳姚廣孝功德，於其歿後亦為作傳，契分甚篤。故謂此類傳說，不過是同情建文政權

來的種種負面影響時，不好直接批判國朝歷史中地位崇高的成祖，遂拿身為「教唆者」的姚廣孝開刀，亦在情理之中。[77]而「設姚廣孝跪像於方祠階前」的記載，等於在隆武帝建方孝孺祠的「褒忠」立意上，又添加了「懲奸」的宣告，這或許正是在歷經甲申之變及弘光政權滅亡的慘痛經歷後，知識分子們所渴望尋求的一種發洩。

隆武政權之所以能免於昔日歷任帝王的諸多顧慮，毅然恢復建文年號，或許也與皇帝本身的血統及經歷有關。隆武帝朱聿鍵是明太祖二十三子唐定王朱桱（1386-1415）的第八世孫，本身並不屬於成祖一系，故無須為其篡位之舉多作掩飾。此外，朱聿鍵少時便與父親朱器墭（?-1629）遭時為唐王的祖父朱碩熿（?-1632）監禁，其父後來更死於叔父毒殺；他由世孫繼任唐王僅四年，又被崇禎帝廢為庶人，因囚於鳳陽八年，直到崇禎十七年五月福王朱由崧在南京即位，進行大赦，他才被釋放。[78]因此，以皇太孫身分繼承大統、政權為叔父所奪、子嗣亦遭廢錮的建文帝，應讓隆武帝頗有同病相憐之感，進而對這位兩百年前的皇帝產生認同和投射心理。當時，隆武朝政多受鄭芝龍箝制，對外除了清軍步步進逼，魯王等監國政權也各有年號，不願奉其為帝。追復建文年號最直接的政治意義，便是承認建文帝的政統與歷史地位，而這或許也蘊含了隆武帝本身的願望——成為如今大明的正統之主。

隨著隆武二年八月鄭芝龍降清、隆武帝遭俘絕食而亡，南明政權便不曾再利用建文朝歷史作為號召忠義或撫恤人心的旗幟。除了甲申以前未就之闕典多已由弘光政權完成，餘下的建文實錄工程又太過龐

者怪罪姚氏的心理造成。參見〔明〕大嶽山人，《建文皇帝事蹟備遺錄》，總頁229；郎瑛，《七修類稿》，卷43，〈姚廣孝〉，頁149；王崇武，《明靖難史事考證稿》，頁40。

[77] 晚明時人對姚廣孝的批判態度其實已相當明顯，如徐樹丕《識小錄》便對姚廣孝於嘉靖年間撤出太廟配享一事額手稱慶，讚美世宗此舉為「卓哉聖識，有光於作述矣」。參見〔明〕徐樹丕，《識小錄》（《筆記小說大觀》，第40編，第3冊，臺北：新興出版社，1985），卷2，〈罷配享〉，總頁176-177。

[78] 〔清〕張廷玉等撰，鄭天挺點校，《明史》，卷118，〈列傳‧太祖諸子‧唐王桱〉，頁3607-3608。

大，後續政權領袖缺乏如隆武帝那般強烈的個人動機也是重要原因。審視天啟至隆武年間的這段過程，可發現國家危機實是明末以降官方崇陞建文君臣的最大動力。當時許多士大夫都相信，只要還予建文君臣應有的歷史公道，便能提振當時頹靡敗壞的人心士氣，進而挽救社稷免於傾圮的命運。統治者的態度，也從最初的不甚關切、心有所動卻仍存遲疑，到最後的欣然應允乃至積極辦理。這一系列的變化，不僅源自他們對於時局的感知與判斷，也往往受到士人鼓吹的影響。

南京的弘光政權應是最明顯的例證。作為在靖難戰爭及壬午整肅期間受禍甚慘、國都地位又為成祖褫奪的昔日京師，當地人比起成祖一系君王，立場上較傾向建文帝及其父懿文太子實屬自然，畢竟若非靖難戰爭，大明帝國的首都應該仍在南京。弘光帝抵達南京後，首謁孝陵和懿文太子墓，或許也有一種將政治中心回歸南京、撫平過去對當地人民傷害的宣告意味。此外，南京在萬曆年間已被逐步建構為壬午殉難的象徵地，各種被營造起來、訴說昔日血淚的地景，不但容易勾起當地人對相關歷史的記憶，也往往影響前往任職的外地官員。再者，甲申變後僅能控制南方的弘光政權，其朝中官員的組成，有極大比例是出自江南地區的士大夫。而江南，特別是南直隸地區，可說是建文朝歷史記憶的大本營，自明中葉開始便透過著述、祭祀等方式，將地方上的相關記憶加以延續和傳播，當地許多文人自幼便深受這些記憶薰陶，進而對建文君臣抱有相當程度的情感。曾於弘光朝廷參與追諡工作的幾位主要人物，如顧錫疇、管紹寧和李清，都是出身南直隸的士人。雖然他們擁有的歷史記憶未必符合史實，卻因他們的積極行動，而影響了官方決策的走向。對這些士人來說，崇陞建文君臣，補修國朝闕典，不僅是激發忠義、安撫人心的措施，更是伸張正義的表現。除了上疏朝廷，促成以上措施的實行，他們也積極投入相關的紀念與書寫活動，在為現實服務的動機之外，也抒發自身對時局的憂慮、哀悼與省思。

第二節　紀念、書寫、歷史檢視

　　本節所欲探討的，是明末至南明時期士人在建文朝歷史紀念和書寫上的幾個面向。明末內亂紛起，外患頻仍，朝中政爭激烈，社會動盪不安，對憂心時局的文人士大夫而言，紀念與書寫國朝忠臣，不僅是提振世道人心的手段，也帶有嚮往昔日忠臣爭先赴難、鼎鑊猶甘景況的心理。那麼，於萬曆時期被當地官員、士人形塑為壬午殉難紀念地的南京，在接下來的天啟、崇禎年間，其所承載的國初政權更替記憶，以及帶有歷史象徵或紀念意味的地景，是否仍能引起人們的共鳴？知識分子感懷國勢的心緒，如何反映在他們對建文朝歷史的書寫，以及壬午之際君臣叔姪關係的理解中？而《致身錄》等偽書的流行，又為這些認知與記憶的發展，投下什麼變數？以下將由這些問題出發，略窺當時士人相關歷史記憶對往日基礎的承襲與轉向。

（一）焦慮與彰顯：明末歷史記憶載體的補強

　　儀式、建築與文本，是歷史記憶的主要載體，也是延續歷史記憶的重要媒介。這些載體隨著時間的推移，經常會予以重整，加入新的記憶內容，以適應現實環境和需求的變易。而在明末官員、文人和地方人士再塑建文朝歷史記憶載體的過程中，似乎潛藏著些許對現實境況的焦慮感，促使他們嘗試修復或強化載體的功能，並增添新的記憶，以彰顯其所欲宣揚的訊息或意識形態。在此便以南京表忠祠的重建、壬午殉難紀念景點的增添、崇禎朝《寧海縣志》的編纂為例，探討此類記憶載體補強的背後焦慮和彰顯動機。

　　崇禎四年冬，南京禮部右侍郎錢士升往謁南京表忠祠，發現該祠竟已由於經年失修、缺乏管理，而呈現一片「周垣盡圮，羊豬外來，階城陵夷」的頹敗景象。基於「一代之綱常繫焉，曷為不飭」的想法，錢氏遂在南京工部右侍郎徐良彥、營繕司郎中吳之京等人的協助

之下，於隔年重修該祠，不但將損壞之處盡數修復，還增蓋兩廡，使之煥然一新。錢士升更考察出二十九名未入祠享祀的建文忠臣，將名單移送應天府，由知府詹士龍擇日奉主入祠，舉行祭禮。[79]就這樣，南京表忠祠作為壬午殉難記憶和建文忠臣形象的載體，其功能隨著重建和祭禮的執行有所恢復；應天府新增忠臣入祠，則使其被納入全國相關祠廟中等級最高者的紀念譜系，正式成為南京壬午殉難記憶的一部分。

　　錢士升的故鄉浙江嘉興，本就是建文朝相關著作豐富的地區，《遜國臣記》作者鄭曉、《建文朝野彙編》作者屠叔方，皆出身於此。他同時也是東林領袖顧憲成的門生，故不僅深受當地著作風氣與歷史記憶的薰陶，更承襲了師門富有道德主義的政治思想。在這類士人的認知中，集結全國各地建文忠臣共同祭祀的南京表忠祠，無疑是相關紀念最重要的場所。然而當錢氏懷著禮敬肅穆的心情謁祠時，看到的卻是表忠祠內的破敗景象。南京表忠祠於萬曆四年建成，崇禎五年動工重修，[80]時隔近六十年，中間也曾有過增補忠臣入祀的措施，天啟二年成書的《金陵選勝》更將之收入書中「祠廟」一類的景點，可見當時該祠仍受到地方士人一定程度的重視。官方是從何時開始怠忽對表忠祠的管理和維護，如今已難查知，而該祠的荒頹，或許也反映了相關祀典的廢弛。在該段期間，其破敗無疑會使參訪者卻步，即使位處京城百姓的生活空間中，亦再難發揮延續壬午殉難記憶的功能。對錢士升等關切建文朝歷史議題、目之為綱常所繫的士人而言，如此情況不僅令人感傷，也是一種反映世道人心的警訊。故重修南京表忠祠，也蘊含了重振綱常的願望。

　　雖然南京表忠祠一度因年久失修而頹敗，但當地士人個別的紀念活動其實仍有持續。出身南直隸鎮江府金壇縣的張明弼（1584-1652），

79　〔明〕錢士升，《皇明表忠紀》，〈附錄・重修表忠祠碑〉，頁1a-2a。
80　〔明〕錢士升，《皇明表忠紀》，〈凡例〉，頁2b：「表忠祠建于萬曆四年，重修于崇禎五年。」

在為同鄉周鑣《遜國忠紀》寫序時，自述「每上正學之墓，攀松拊柏，輒為長慟；遊黃公祠，觀血影石，即數日偃宿其下」。[81]張明弼聲稱其拜謁建文忠臣祠墓，懷想歷史、表達哀思的紀念之行，可能長達數日，這種敘述雖不乏誇張之嫌，但若將此種紀念視為明人遊覽當地風光的行程之一，停留數日也就不足為奇。畢竟，無論是方孝孺墓所在的聚寶山，還是忠節黃公祠位處的清溪桃葉渡，都是享譽已久的南京名勝。對晚明士人而言，分別結合上述兩處名勝的方墓和黃祠，比起肅穆祭祀建文諸臣的表忠祠顯然更具魅力，更能吸引各地文人持續到訪。甚至，透過現存景物連結歷史記憶，沉浸於昔日建文忠臣悲壯殉難情景的想像中，可能已經成為當時旅客前往此二地遊賞時的必經體驗。

事實上，萬曆晚期至天啟年間，其他座落於南京的壬午殉難紀念地標，也都進入了文人的旅遊清單。成於天啟二年的《金陵選勝》，係作者孫應嶽在南京諸多名勝中，挑選其所認定的「勝中之絕，象外之奇」匯編而成。[82]該書不僅收入了聚寶山、清溪、桃葉渡等旅遊勝地，[83]在介紹祠廟類景點的卷七，亦列有表忠祠、方孝孺祠、周是修祠和清溪桃葉渡的黃觀祠。[84]書中還設有「逸事」一卷，載錄南京的軼聞典故，其中一則便是描述居於當地的建文隱遁之臣事蹟。[85]其中，孫氏在介紹位於雨花臺的木末亭時，特別提到該亭「只尺楊忠襄、方正學二公祠，令人不覺淒涕」，[86]彷彿是向讀者推薦遊覽該地

---

81 〔明〕張明弼，〈遜國忠藎序〉，收入〔明〕周鑣，《遜國忠紀》，頁6a-6b。
82 〔明〕孫應嶽，《金陵選勝》，卷12，〈自述〉，頁49b。
83 〔明〕孫應嶽，《金陵選勝》，卷1，〈山川·聚寶山〉，頁6a；〈山川·青溪〉，頁13a；卷6，〈橋渡·桃葉渡〉，頁5a-5b。書中清溪地名作「青溪」。
84 〔明〕孫應嶽，《金陵選勝》，卷7，〈祠廟·表忠祠〉，頁7a-11a；〈祠廟·方正學祠〉，頁11a-11b；〈祠廟·周紀善祠〉，頁11b；〈祠廟·青谿忠節祠〉，頁11b-12a。
85 〔明〕孫應嶽，《金陵選勝》，卷12，〈逸事·建文故臣〉，頁35a-35b。孫應嶽將壬午殉難紀念地標與相關軼聞收入該書，應也與其對建文朝史事的興趣有關。他本身另撰有《表忠祠紀事》，其弟孫應崑也曾為萬曆四十八年〈致身錄〉刊本作序。此外，為《金陵選勝》作序的陳繼儒，也曾替萬曆年間屠叔方《建文朝野彙編》寫序，之後崇禎二年〈致身錄〉刊本的序文，亦是出自其手。
86 〔明〕孫應嶽，《金陵選勝》，卷4，〈臺榭·木末亭〉，頁9a-9b。

時的延伸景點甚至特殊的旅遊體驗。南宋時期拒降金兵而殉難的楊邦義（?-1229），以及壬午年間面對酷刑和族誅仍無所動搖的方孝孺，皆以悲壯的死亡表達對社稷和君主的忠誠，相隔近兩百年的英靈，就這麼在晚明雨花臺營造出的歷史記憶空間中遇合，以相似的處境與抉擇，感動無數前往攬勝的遊人墨客。

惟恐壬午死難者事蹟泯沒的焦慮，以及縱情於各種歷史名勝的樂趣，這兩種心態在晚明靖難歷史地景發展與建構的過程中持續交織。而張明弼〈遜國忠藂序〉提到的黃公祠血影石，其被「發現」乃至被移入祠內成為新景點的經過，似乎頗能反映這樣的現象。[87]崇禎時人吳桂森的《息齋筆記》，轉述了同時期另一位文人蕭之龍關於該石的記載：血影石原本是通濟橋上的一塊磚石，因其上特殊紋彩而被認為是「觀音大士影」，當地人經過時皆「相誡勿踐」，後來被一位任職於南京工部的官員送入鄰近的通濟庵供奉，寺僧遂在其上刻下「南無觀世音」等字樣，朝夕參拜。一夜，寺僧夢見黃觀之妻翁氏前來告知，該石之紋是她路過通濟橋時嘔血所致，並非大士之影，懇請寺僧將所刻之字去除。不久寺僧病逝，該石遂在當地人「不明真相」的情況下，被轉送至高座寺供奉。後來，翁夫人託夢之事逐漸為人所知，甚至有士人在石上刻下〈翁夫人小影贊〉以為紀念，使之成為繼方孝孺墓後，高座寺一帶另一處與靖難歷史相關的景點。崇禎四年十月，蕭之龍偶然在高座寺見到此石，並聽說了上述故事，他感嘆當時南京已有兩處同時紀念翁氏母女的黃觀祠，黃氏於故鄉貴池縣的專祠亦「廟貌如赫」，但卻少有人「能舉斯石」，「徒令夫人形影淒涼，淪落於僧舍」，於是「急鳴當道，為夫人一徙之」。蕭之龍的奔走與疾呼，很快便得到回應，血影石後來便由主導崇禎五年南京表忠祠重修的錢士升、徐良彥，以及崇禎初年被重新起用為南京御史的陳必謙，

---

[87] 關於血影石被發現的經過，劉瓊云在其關於清初戲曲《血影石》的研究中，已進行大致的梳理，對相關人等的資訊亦已有所考察。參見劉瓊云，〈宦官、俠妓和女夷：《血影石》中的邊緣人物與異域想像〉，頁100-106。

移入了位於清溪的黃公祠。[88]而血影石的傳說，也就逐漸成為往後建文朝歷史記憶的一部分，甚至被收入《明史》，持續影響清代的知識分子和地方百姓。[89]

　　除了在相近時間點從事表忠祠重修工作的錢士升、徐良彥，參與此次事件的其他人物，他們的投入也都並非偶然。向官員請願遷徙血影石的蕭之龍，原籍寧國府宣城縣，與建文殉臣之一的陳迪同鄉，而黃觀故里池州府貴池縣，雖未與之接壤，但至少同屬於南直隸，且二府相鄰，故蕭氏亦以「吾鄉池陽人」描述黃觀，將之視為同鄉。將蕭氏所述故事錄入筆記的吳桂森，其故鄉常州府無錫縣也在南直隸轄下，他和錢士升一樣，與東林領袖關係密切，曾隨顧憲成、高攀龍（1562-1626）講學東林。至於陳必謙，他本身就是東林黨成員，且和上述幾人同樣出身南直隸（蘇州府常熟縣人）。錢士升在其著作中，亦曾提及他在崇禎初年任官南京期間，和陳必謙、徐良彥之間的交遊。[90]總之，此次事件中的相關人等，除了蕭之龍是基於對「同鄉忠臣」的認同與崇敬之情，其他人幾乎都出身建文朝歷史記憶盛行的地區，或至少擁有共同的人際網絡和現實關懷。如前所述，東林士人的政治思想具有濃厚的道德理想主義，不僅自天啟年間便持續關心建

---

[88] 〔明〕吳桂森，《息齋筆記》（《續修四庫全書》，子部第1132冊，上海：上海古籍出版社，據北京圖書館藏明崇禎刻本影印，1997），卷下，頁67a-67b。錢士升《皇明表忠紀》中亦提及此事，並將主要功勞歸於時任南京工部右侍郎的徐良彥。由於《皇明表忠紀》成書於崇禎六年，故可知移石之事在此之前便已完成。不過微妙的是，雖然錢士升也參與了此次遷移血影石的工程，但他在《皇明表忠紀》中仍採信焦竑謂翁氏母女投水於通濟門外橋下，後葬於賽工橋側之說，顯然並未將清溪黃公祠所在地視為該石故事主角翁氏的殉難處。參見〔明〕錢士升，《皇明表忠紀》，卷3，〈死義列傳〉，「黃觀」條，頁2b-3a。

[89] 〔清〕張廷玉等撰，鄭天挺點校，《明史》，卷143，〈列傳・黃觀〉，頁4052。清人王士禎的筆記《池北偶談》尚有「黃侍中祠，在金陵青溪之側，祠中有夫人血影石」的記載，可見該祠及祠中血影石，至書成的康熙年間依舊存在。當時甚至發展出新的傳說：「有無賴子醉溺石側，石忽起擊之，立死。」足見黃觀夫婦事蹟和血影石傳說，仍持續影響清人的歷史記憶。參見〔清〕王士禎撰，靳新仁點校，《池北偶談》（北京：中華書局，1982），卷25，〈談異六〉，「血影石」條，頁609。

[90] 劉瓊云，〈宦官、俠妓和女夷：《血影石》中的邊緣人物與異域想像〉，頁102、104。

文君臣的相關議題，更將對建文忠臣的崇陞視為作振興世道人心的要務。崇禎初年，正是這群士人在歷經天啟年間的由盛轉衰、起而復罷後，再次獲得任用的時期。上一節提到，於崇禎四年藉皇帝亢旱求言之機請立建文廟祀的李若愚，本身即曾受過東林領袖趙南星（1550-1627）、顧憲成的賞識；[91]而崇禎五年請恤建文諸忠，並在崇禎六年（1633）完成《遜國忠紀》的周鑣，亦與東林士人交好。[92]換言之，這些朝臣奏請和南京各項相關工程的展開，之所以在崇禎初年接連出現，或許並不是巧合。

而原籍江西南昌府新建縣的徐良彥，在協助重建南京表忠祠、移血影石入黃公祠之前，便已表現出對建文殉臣紀念的關切。其於崇禎二年（1629）「發現」未見於此前記載的建文殉臣，並為其立祀、作記的過程，更是一段充滿神異色彩的故事。錢士升《皇明表忠紀》亦轉述了這則軼事：

> 己巳秋，良彥官大理，有神降于乩，詢其名，曰：「劉姓，諱固，字永貞。」詢其世，曰：「建文時人。」箕停有間，若欲秘其事。良彥謂：「先生其死難乎？」曰：「然，不幸罹景清之禍，瓜蔓之誅，世所未有。景清者，耿清也，譌為景。」又曰：「一門都收戮，獨有外甥存楊，僅離懷乳。」言之，聲亦吞。「余在南門能仁寺臨刑。」詢其齒爵。「官山東教諭，年三十八。」答如面談，莫不骨寒齒冷。……嗚呼！忠義之士死不為列星，必為仙為神，故卞壺死而爪長過背，先生之仙，故其所耳。良彥感其靈，哀其志，為之備紀其事云。[93]

91　〔清〕劉嗣孔修，〔清〕劉湘煃纂，《（乾隆）漢陽縣志》（《稀見中國地方志彙刊》，第36冊，北京，中國書店，據清乾隆十三年刻本影印，1992），卷20，〈鄉賢·明〉，「李若愚」條，頁18a。
92　〔清〕張廷玉等撰，鄭天挺點校，《明史》，卷274，〈列傳·周鑣〉，頁7032。
93　〔明〕錢士升，《皇明表忠紀》，卷2，〈殉難列傳〉，「劉固」條，頁24b-25a。

據錢士升所述，劉固的故事令時任南京大理寺卿的徐氏既震撼又感傷，故作〈幽忠紀〉記其事蹟。而錢氏本人也被此故事吸引，撰成〈幽忠續紀〉，並與徐良彥於能仁寺為其造龕設主，又移箚應天知府，讓其入祀南京表忠祠，[94]隨後更將其生平與降乩之事載入《皇明表忠紀》，使之正式成為「建文忠臣」群體的一員。在劉固受刑的南京能仁寺祭祀之，或許也有將該寺形塑為另一個壬午殉難歷史現場、紀念地標的意味。而不知是巧合，還是徐氏刻意編排，故事中使劉固遭株連的景清，就在鄰近該寺的聚寶山立有專祠。此外，靖難戰後遭到整肅的殉臣英魂，在成神後降乩顯靈，使其姓名事蹟被記述成書，這樣的故事未免太過離奇。徐良彥在其記中強調「忠義之士死不為列星，必為仙為神」，又舉東晉卞壼死蘇峻之亂後「盜發其墓，見壼鬚髮蒼白，面色如生，兩手皆拳，甲穿於手背」的傳說為例，[95]除了反映民間信仰將忠烈死難者神格化的思想，也頗有合理化劉固故事的意味。錢士升也引《易經》「精氣為物，游魂為變」之語，論證鬼神與俗世的互動，認為「忠義之氣，充塞天地」，為該故事的真實性和自己撰書之舉提供依據。[96]徐、錢二人的一連串努力，都蘊含了晚明士人對忠臣旌表、彰顯多有不足或遺漏的焦慮感。建文朝相關歷史因事涉禁忌，資料殘缺不全，永樂朝的政治整肅又牽涉極廣，無從得知完整的殉難者名單；然而在此同時，晚明士大夫卻想為所有因靖難鼎革而遭迫害的人們討回公道，方致力於補足各種「闕典」，並不斷於書寫和祭祀方面擴大「建文忠臣」的群體。如錢士升《皇明表忠紀》所錄忠臣便達兩百多位，遠超出萬曆年間所知的人數。

　　至於地方書寫的層面，刊刻於崇禎五年的《寧海縣志》，則充

94　〔明〕錢士升，《皇明表忠紀》，卷2，〈殉難列傳〉，「劉固」條，頁24b-25b。
95　此說在南朝宋《續晉陽秋》中已可見，宋朝《太平廣記》又加以引述，至晚明仍有顧起元《客座贅語》等筆記著作記載之。參見〔明〕顧起元，《客座贅語》，卷5，〈前紀異聞〉，頁140。值得注意的是，徐良彥引為例證的卞壼，正是南京表忠祠所在地全節坊紀念的「全節」人物，這樣的巧合，不知是否為徐氏寫作上的刻意安排？
96　〔明〕錢士升，《皇明表忠紀》，卷2，〈殉難列傳〉，「劉固」條，頁25b-26a。

分顯露方志藉由建文名臣標榜地方的編纂策略。該書卷七〈人物志〉共分兩部分，前半為三國時代至明代的鄉賢傳記，後半則是以方孝孺及其家族為主的〈方氏列傳〉。〈方氏列傳〉的編排好比方孝孺的「紀念專輯」，且與嘉靖四十年《遜志齋集》刊本的附錄內容頗為相似，不僅介紹方孝孺及其父方克勤（1326-1376）、其兄方孝聞（1351-1393）、其弟方孝友（1360-1402）的生平，在方孝孺傳記中亦羅列了歷任君王肯定殉臣忠義的言論和寬赦恤錄的措施，以及士大夫奏請祠祀方氏之議，[97] 卷末更收錄許多明中葉以降文人的弔祭詩文、相關紀念文本的書序和題請旌表議謚的奏疏，還有好幾篇描述方氏血脈得存並於萬曆年間獲得恤錄的文章。[98]

而前半部分收錄的鄉賢，除了嘉靖時已被載入建文朝歷史著作的盧原質（?-1402）、鄭公智（?-1407）、林嘉猷（?-1402）、石允常之外，還有因私藏方孝孺文集而遭整肅的章朴，以及並未見於過往文獻的「新人」張岵：

> （張岵）聞建文祚移，方孝孺禍慘，遂書於家九思堂「有君亡，臣豈有身」之句，自溺雙溪鬥岩潭而卒。《方遜志集》云：「與予交者，原望質而通，和而直，善士也。」郭士淵亦稱原望忠恕謙謙，有古君子風。兄弟五人皆坐方氏黨，編發邊衛。[99]

---

[97] 〔明〕宋奎光修，《（崇禎）寧海縣志》，卷7，〈人物志・方氏列傳〉，頁1a-10a。

[98] 這些篇章的種類和數量頗豐，很能反映方孝孺受明代士人景仰、同情的情況。如金賁亨〈台學源流傳〉介紹方孝孺生平、學術成就與思想，吳應賓〈書正學先生傳後〉、郭權〈褒忠錄序〉、楊守勤〈正學先生忠義遺編序〉是相關文本的序跋，吳時來〈正學先生祠碑〉、趙淵〈正學方先生祠堂記〉等文則是為寧海方孝孺祠寫作。描述方氏遺胤存續與恤錄的文章，有王士昌〈方先生後嗣歸宗記〉、王世貞兄弟〈跋正學先生後嗣記〉、馮斗如〈書魏縣尉保孤事〉及一篇不詳撰人、可能為志書編者所撰的〈遺胤備攷〉。相關奏疏則收有嘉靖時鄔良佐〈褒忠義以敦風化疏〉、萬曆朝陳längdu〈謚典未頒幽魂未妥疏〉和天啓時蘇茂相〈昭代第一慘忠疏〉。該卷所收祭悼詩文，亦有十三篇之多。參見〔明〕宋奎光修，《（崇禎）寧海縣志》，卷7，〈人物志・方氏列傳〉，頁10a-38a。

[99] 〔明〕宋奎光修，《（崇禎）寧海縣志》，卷7，〈人物志・國朝〉，「張岵」條，頁23a。

上文所引《遜志齋集》內文，出自該書收錄的〈娛靜樓記〉，文中所稱的原望，即是指張岵。[100]他在地方志書中的初次亮相，便同時籠罩在「建文忠臣」和「方孝孺友人」的光芒之下，這也為往後寧海張氏於入清後形塑家族歷史的活動，奠定了基礎。

在崇禎朝《寧海縣志》的其他卷目中，同樣可見與方孝孺相關的記載，如卷二〈建置志〉提及供奉方孝孺的正學先生祠和方氏祠堂，卷八〈人物志二〉受嘉靖年間章嶽〈方氏二烈女傳〉影響，記有方孝孺二女投河自盡的故事，卷十二〈流覽志〉更收載方孝孺父方克勤焚殺蛇群導致日後誅十族報應的傳說。[101]不過相關篇幅最多者，應屬卷九、卷十的〈藝文志〉，所錄方孝孺詩文多達十九篇，另有二十三篇後世文人的紀念篇章，其中也包括當時知縣、該志修纂者宋奎光的作品。[102]地方官員與其下與事者對方孝孺的重視程度，不言可喻。

作為建文忠臣群體的代表人物，方孝孺的任官經歷，以及他與成祖於朝中對辯、遭成祖處以酷刑、被誅十族等情節，都已進入明人對建文朝歷史的主流記憶，故萬曆年間李贄《續藏書》方有「孝孺死節後，至今百六十年，人皆歷歷能言」之語。[103]對寧海縣人而言，他是域內最重要的鄉賢，也是當地自我矜誇、凝聚認同甚至與外地較勁爭勝的招牌，連附近的臨海、黃巖等縣都不時藉刊書、撰文、傳述事蹟嘗試分享其榮光。[104]利用縣志這個對外宣傳的窗口以大量篇幅介紹

---

[100] 〔明〕方孝孺撰，徐光大點校，《遜志齋集》，卷16，〈娛靜樓記〉，頁545。文中張岵字作「元望」。

[101] 〔明〕宋奎光修，《（崇禎）寧海縣志》，卷2，〈建置志·祠廟〉，「正學先生祠」、「方氏祠堂」條，頁17b；卷8，〈人物志二·聞操〉，「方氏二女」條，頁15b；卷12，〈流覽志·紀異〉，「九蛇先兆」條，頁14a。

[102] 〔明〕宋奎光，〈謁方正學先生祠〉，收入〔明〕宋奎光修，《（崇禎）寧海縣志》，卷11，〈藝文志二〉，頁26b-27a。

[103] 〔明〕李贄，《續藏書》，卷5，〈遜國名臣·文學博士方公〉，頁86-87。

[104] 明人的鄉里認同大致上是以府為單位，如《遜志齋集》的天順朝刊本為臨海縣人趙洪所出，成化朝刊本為太平府人謝鐸和黃巖縣人黃孔昭所輯，嘉靖朝〈方氏二烈女傳〉的作者章嶽也是臨海縣人。而趙洪和黃孔昭皆曾在刊本序文中提過聽聞鄉人傳述方孝孺事蹟的經歷。這些在第一、二章皆曾談及，可參看。

之，不僅能達到上述目的，也能展現對方孝孺這個建文忠臣的重視，同時迎合鄉人及關心建文朝議題者的期待。此外，從明代中期開始，刊刻《遜志齋集》便被當地官員視為政績表現的一種，除了成化年間縣令郭紳將謝鐸、黃孔昭輯本刊於鄉里，正德、嘉靖時也都有台州知府主持或協助出版的刊本問世。崇禎十四年（1641），寧海知縣張紹謙又重新刊行《遜志齋集》。[105]新刊本的流通或可視為一種由寧海縣內向外擴散的紀念行動，該文本則是參與者投入紀念的憑據。不過其作為紀念物的效果，並非出自文本內容，而是方孝孺除了殉難事蹟之外，留給後世的唯一遺物。[106]

（二）史評與時評：明末的建文朝歷史纂述

　　承續萬曆年間的纂史風氣，天啟、崇禎年間的著書風氣依然興盛，在知識分子保存歷史、成一家之言的抱負底下，也帶有感於時局、反思國朝歷史發展的意味。透過這一連串的著述活動，可略窺當時建文朝歷史認知的變化情況，而此種變化又與人們對時局的感知息息相關。此一時期有不少相關專書問世，其寫作動機仍不外乎激勵忠義、建立書寫標準等理念，不過崇禎朝以後，這類著作受《致身錄》等偽託文本影響的情況也越發嚴重。

---

[105] 清末劉聲木《萇楚齋隨筆》曾統計方孝孺《遜志齋集》由明至清的刊刻次數，光是明代便有六種刊本，分別是天順七年臨海趙洪刊本、成化十六年謝鐸與黃孔昭輯本（授予寧海縣令郭紳刊刻）、正德十五年台州知府顧璘刊本、嘉靖四十年台州知府王可大刊本（即范惟一匯刊本）、崇禎十四年寧海縣令張紹謙刊本。參見〔清〕劉聲木撰，劉篤齡點校，《萇楚齋隨筆續筆三筆四筆五筆》（北京：中華書局，1998），《隨筆》，卷3，〈方孝孺遜志齋集刊本〉，頁46-47。

[106] 清末劉聲木曾談及《遜志齋集》於流傳上的有趣現象，稱其「固無人誦而習之者，然後人重其忠烈，幾於無人不知有方孝孺，無家不藏有《遜志齋集》」。其實不僅清末如此，明代的情況也與此類似，人們收藏《遜志齋集》多係以之作為紀念忠臣的憑藉，很少是為欣賞或習讀。成化時謝鐸「欲傳先生之文者，非徒為先生計也，為後之人慕先生之道德，欲盡求其功業而不可得者計也」的刊刻動機中，便可見此端倪。參見〔清〕劉聲木撰，劉篤齡點校，《萇楚齋隨筆續筆三筆四筆五筆・隨筆》，卷3，〈方孝孺遜志齋集刊本〉，頁46；〔明〕謝鐸，〈新刊遜志齋集後序〉，收入〔明〕方孝孺撰，徐光大點校，《遜志齋集》，〈附錄〉，頁898。

表4-1　天啓至南明時期建文朝及國朝史專書表（附作者及其籍貫）

成書時間	書名	作者	籍貫	備註
天啟二年前（-1622）	《明右史略》	馮復京	南直隸蘇州府常熟縣	未完稿
天啟三年前（-1623） 崇禎十三年（1640） 刊刻	《名山藏》	何喬遠	福建泉州府晉江縣	
天啟三年（1623）	《昭代名臣志抄》	吳孝章	浙江嘉興府嘉興縣	
天啟三年初稿成 順治四年後（1647-） 二稿成	《國榷》	談遷	浙江杭州府海寧縣	
天啟四年（1624）刊刻	《國朝典匯》	徐學聚	浙江金華府蘭溪縣	
天啟七年（1627） 崇禎五年（1632）刊刻	《西園見聞錄》	張萱	廣東惠州府博羅縣	
崇禎元年（1628）	《皇明史竊》	尹守衡	廣東廣州府東莞縣	
崇禎四年前（-1631）	《闡幽錄》	李若愚	湖廣漢陽府漢陽縣	已佚
崇禎五年前（-1632） 崇禎年間刊刻	《皇明史概》	朱國禎	浙江湖州府烏程縣	
崇禎五年刊刻	《皇明十六朝廣記》	陳龍可	福建泉州府晉江縣	
崇禎六年前（-1633）	《拊膝錄》	劉琳	不詳	
崇禎六年（1633）	《遜國忠紀》	周鑣	南直隸鎮江府金壇縣	
崇禎六年 曾於弘光年間刊刻	《皇明表忠紀》	錢士升	浙江嘉興府嘉善縣	
崇禎九年前（-1636）	《皇明世法錄》	陳仁錫	南直隸蘇州府長洲縣	
	《壬午書》			已佚
崇禎九年（1636）	《昭代芳摹》	徐昌治	浙江嘉興府海鹽縣	
崇禎九年刊刻	《皇明通紀法傳全錄》	陳建撰	廣東廣州府東莞縣	
		高汝栻訂	浙江杭州府錢塘縣	
		吳楨增刪	南直隸松江府華亭縣	
崇禎十年（1637）	《建文忠編》	陳公允	南直隸蘇州府長洲縣	已佚
崇禎十二年前（-1639）	《皇明史待》	陳繼儒	南直隸松江府華亭縣	已佚
崇禎十四年（1641）	《建文年譜》	趙世喆	山東萊州府	
崇禎十六年（1643）	《建文遜國之際月表》	劉廷巒	南直隸池州府貴池縣	
崇禎十七年（1644）	《國史惟疑》	黃景昉	福建泉州府晉江縣	
崇禎年間刊刻	《皇明通紀集要》	江旭奇	南直隸徽州府婺源縣	
	《明史紀事》	蔣棻	南直隸蘇州府常熟縣	

成書時間	書名	作者	籍貫	備註
崇禎末	《皇明通紀直解》	張嘉和	南直隸蘇州府	
南明弘光時期	《識大錄》	劉振	南直隸寧國府宣城縣	
	《遜國正氣紀》	曹參芳	南直隸池州府貴池縣	
	《讓皇帝本紀》	周遠令	不詳	已佚

資料來源：《明史》，卷97，〈藝文志二・史類十・雜史類〉，頁2382；〔清〕陳田，《明詩紀事・乙籤》，卷1，頁1a；〔清〕汪楫，《崇禎長編》，卷46，崇禎四年五月丁丑條，頁2738；吳德義，《建文史學編年考》，頁196-255。

備　註：《皇明史概》為《皇明大政紀》、《皇明大訓紀》、《皇明大事紀》、《皇明開國臣傳》、《皇明遜國臣傳》五部著作組成，均述及建文朝歷史，後世常視之為個別著作分開討論。

崇禎年間徽州人黃士良所纂《遜國神會錄》，其編排、內容均與《皇明表忠紀》雷同，應係據後者略加刪改後更名而成，故不列入表內。

　　天啟至崇禎初年，基本上算是一個過渡性的階段，當時問世的相關文本多為國朝史著作，對建文君臣和靖難歷史的評價也不盡相同。直至崇禎初年，部分史家對建文君臣和朝政的評價，仍受萬曆年間士大夫主流觀點的影響，對成祖持尊崇態度，對削藩政策和主導人齊泰、黃子澄則多所批評。如尹守衡成於崇禎元年的《皇明史竊》，便斥責二人「務徇邪謀，翦除骨肉，明明祖憲，朝改暮更」、「誤國之罪，上通于天」，[107]將他們視為導致建文政權敗亡的罪臣：

> 自古一統之君，繼世而亡者，惟秦、隋然。秦之暴，隋之侈，無怪也。建文君無一焉，何以亡？人曰：「齊黃誤之。」殆亦然也。使燕遂得二人耳，心之難可已乎！[108]

由這段評論來看，作者似乎認為只要將齊、黃二人交予燕王發落，即能平息靖難戰火，建文朝廷也就不致傾頹。如此想法自然是以燕王起兵是為救社稷的認知出發，不過比起萬曆時《建文書法儗》等著作，

---

[107] 〔明〕尹守衡，《皇明史竊》，卷2，〈靖難紀〉，頁29a。原書「暮」字誤植為「莫」。

[108] 〔明〕尹守衡，《皇明史竊》，卷3，〈革除紀〉，頁15b。

尹氏對建文帝的態度似乎較為寬鬆，傾向將過錯都歸於齊、黃二人，這又與嘉靖年間「成祖乃天授，建文君何尤」的觀點相近。這種見解雖然到萬曆時期便非主流論述的一部分，卻始終存在，持續影響明人對建文帝的形象認知與歷史評價，直至明末吳甡等輔臣與崇禎帝討論建文帝追諡問題時，仍有「建文無過」之語。

　　實錄內容外流和對野史氾濫問題的反思，導致從萬曆朝開始，史家書寫建文朝歷史時漸有了兼採官書和私史論點的傾向。此現象在天啟、崇禎年間仍舊持續，馮復京（1573-1622）《明右史略》未完稿、何喬遠《名山藏》、徐學聚《國朝典匯》、尹守衡《皇明史竊》、陳龍可《皇明十六朝廣匯記》等書均如是。[109]當然，如此書寫並不完全是為了釐清歷史真相，對成祖的尊崇與迴護也是重要考量，如《國朝典匯》、《皇明史概》等書便採取建文朝政與君臣事蹟本於野史、靖難戰爭過程以官書為據的記述原則。另外，由於對萬曆朝是否已復建文年號的認知存有歧異，當時著作書建文年號（如《國朝典匯》）、採洪武年號註建文年號（如《明右史略》稿），或僅稱元年、二年（如《名山藏》）的情況皆有。

　　值得注意的是，天啟至崇禎初年不少史籍都採信建文出亡說，如《國朝典匯》、《皇明史竊》等皆是，但似乎尚未引用《致身錄》等偽託著作。這或許與《致身錄》的影響力在天啟時尚未由南直隸進入浙江（見表4-2），崇禎初問世的著作又較少出自江南地區有關（見表4-1）。

　　崇禎六年，周鑣《遜國忠紀》、錢士升《皇明表忠紀》陸續問世，成為明末一連串建文朝歷史專著編纂活動的開端。二書付梓時間相近，又皆為建文諸臣傳記，卻採取了不同的編纂方式。《遜國忠紀》係分文武官職，按部書寫，「敘貴賤差等，幾以尊朝廷也」；[110]而《皇明表忠紀》則首列徐輝祖、梅殷二親臣，再按諸臣結局，分殉

---

[109] 吳德義，《建文史學編年考》，頁198-207、212。
[110] 〔明〕周鑣，《遜國忠紀》，〈遜國忠紀凡例〉，頁2a。

難、死義、死事、死戰、從亡、後死六類依序敘述，謂其「雖其趣則一，而死生殊途，後先異轍，以類而次，庶可以論其地而得其志之所存」，[111]與周鑣抱持的「雖有殊蹟，要無二心，故並書之」原則恰好相反。[112]

根據錢士升自序，崇禎四年重修南京表忠祠的經歷，及對現有相關著述的反思，便是《皇明表忠紀》的編纂動機。綜觀前人著述，「《遜國臣記》簡而多漏，《朝野彙編》博而寡裁，《忠節錄》核矣而取義未精，《拊膝錄》詳矣而魯魚或誤」，[113]使他決定為建文諸忠作一部完整且評述正確的傳記。《皇明表忠紀》共分七類忠臣，〈殉難列傳〉載死於整肅者，〈死義列傳〉載死於自殺者，〈死事列傳〉載抗燕而死者，〈死戰列傳〉載戰死將領，〈從亡列傳〉載隨建文帝出亡諸臣，〈隱遯列傳〉載未被歸為從亡者的隱遁之臣，〈後死列傳〉載歸降成祖後因故而死者。該書在諸臣傳後還設有〈三不忠〉之卷，記李景隆、茹瑺、陳瑛三人，對照前述諸忠事蹟，「流芳百世，遺臭萬年，合之而懲戒之義斯備焉」，[114]欲藉此激勵忠義之心表露無遺。

該書〈後死列傳〉所收錄者，如盛庸、平安、嚴震直等，被錢士升認為是曾盡心於建文帝，後雖投降成祖卻「斬袪之恥難忘，蠲釁之言不信」因而赴死者。[115]此標準與嘉靖年間《革朝志·死終列傳》的「於時未即引決，而知生之不若死之為安也，而卒死之」頗為類似，但所收人物卻不完全相同。稍早記載對上述三人的認知，也和錢氏略有出入：盛庸在嘉靖時被認為是遭陳瑛彈劾，於遭削爵後暴卒，在此則將其死解讀為自殺；[116]明代中葉時人對平安之死的認知，多謂其曾與成祖交戰，才會於永樂年間成祖問起他時畏而自盡，然錢氏卻在恐

---

[111] 〔明〕錢士升，《皇明表忠紀》，〈皇明表忠紀凡例〉，頁4a-4b。
[112] 〔明〕周鑣，《遜國忠紀》，〈遜國忠紀凡例〉，頁1a。
[113] 〔明〕錢士升，《皇明表忠紀》，〈皇明表忠紀序〉，頁3a。
[114] 〔明〕錢士升，《皇明表忠紀》，〈皇明表忠紀凡例〉，頁5a。
[115] 〔明〕錢士升，《皇明表忠紀》，卷8，〈後死列傳〉，頁1a。
[116] 〔明〕錢士升，《皇明表忠紀》，卷8，〈後死列傳〉，「盛庸」條，頁3b。

懼之外，凸顯其自盡動機中「慚」的成分；[117]在正德以前記載中，嚴震直還只是個致仕後重獲永樂朝廷起用的官員，但自嘉靖朝開始，卻以重逢故主後愧而自盡的形象進入時人記憶。錢士升因三人曾為「建文之戮力臣」而將其列入「表忠」之列，或許代表他認為此類盡心朝廷者，也是當時所欠缺，亟需鼓勵、培養的人才。

此一階段問世之著作最主要的共通點，就是深受萬曆末偽書《致身錄》的影響，後續纂成的各類建文朝歷史專書亦多如此。《遜國忠紀》對從亡之臣的敘述皆以該書為準，認為其為諸臣從亡之「歷史」提供了親身參與的真實見聞；[118]《皇明表忠紀》除參考《致身錄》，也取材於《扸膝錄》，以及衍生自《致身錄》的《從亡隨筆》。《昭代芳摹》對建文帝出亡故事的記載，亦多抄自《致身錄》。[119]趙世喆《建文年譜》和劉廷巒《建文遜國之際月表》這兩部編年按月記錄建文帝生平與行跡的著作，不但均以建文四年六月南京城破為界分卷，在記述建文帝出亡的下卷，更皆本於《致身錄》和《從亡隨筆》之說。

崇禎年間朝臣欲以表彰忠臣激勵士氣、挽救危局的呼告，也在此時明顯地反映於歷史著作上。《遜國忠紀》等建文忠臣傳記自不待言，以國朝史和建文帝事蹟為主題的文本如《昭代芳摹》和《建文遜國之際月表》，也多對建文君臣抱持同情，並以相當篇幅描寫壬午殉難的景況，肯定諸臣的忠義精神。比較特別的是崇禎十四年趙世喆的《建文年譜》，雖同樣具備上述特徵，卻也批評建文君臣的誤國失策，強調該政權的滅亡其來有自：

> 鄭端簡述父老言，謂建文無失德而文皇為天授，信也；然盡以亡國委之天而不其人事，則宜非也。建文之所以亡者，大抵臣躁愎而寡謀，君優柔而弗斷，兵興前後其失著，不可勝言。最

---

[117] 〔明〕錢士升，《皇明表忠紀》，卷8，〈後死列傳〉，「平安」條，頁5a。
[118] 〔明〕周鑣，《遜國忠紀》，〈遜國忠紀凡例〉，頁1b。
[119] 吳德義，《建文史學編年考》，頁229。

可感者，君臣慟哭之餘，既決策死守，復不講守禦之方，安坐深宮，使景隆開門延敵。嗚呼，是誠何心哉！成敗論人，英雄所恥；建文之敗，則理有固然。[120]

即使認同嘉靖以來「建文無失德」的說法，趙士喆仍認為亡國的責任須由建文君臣共同背負，性格缺陷使他們在靖難戰前和期間屢犯失誤，釀成大禍後也未以實際行動補救，敗亡收場是理所當然。趙氏此種認知應是鑑於崇禎朝廷面對內憂外患的諸多失當，其對建文朝政的批判，實源自對時局的不滿和憂心。這從他對建文朝廷生態的形容亦可略窺一二：

建文帝即位半載，行事不過數端，而識者已窺其末路。當是時，老臣、智士不主於削奪親藩者，僅僅有卓敬、高巍、董倫、康郁、韓宜可、楊邸、尹昌隆，而廟堂曾不一用。內齊、黃為心臂，外貴、暠為爪牙，跡之布於天下者，已若泥中之鬥獸，豈不悲哉？[121]

趙士喆所描述的建文朝廷，竟與崇禎朝廷有幾分類似。朝中少數具備智識才能的官員不受重用，而主導朝政的躁愎寡謀之臣彼此更組結成黨，勢力遍布海內，如烏雲般遮蔽了賢臣良策發揮的空間，自然無法抵擋來自北方的威脅。換言之，除了讚揚殉臣之忠，期望以此激發人心士氣，趙士喆等於又用了另一種方式，對大明面臨的困境作出批判。

然而，知識分子著書立傳以為激勵、警告的作用畢竟有限，最終仍無法阻止大明帝國的覆滅。隨著崇禎十七年北京城破，崇禎帝自縊

---

[120] 〔清〕趙士喆，《建文年譜》（《中國野史集成》，第23冊，成都：巴蜀書社，據民國二十三年東萊趙氏楹書叢刊本影印，1993），卷上，建文四月六月甲子條，頁32b。
[121] 〔清〕趙士喆，《建文年譜》，卷上，洪武三十一年冬十月條，頁19b。

煤山，史家對於建文朝歷史的書寫與認知又再產生轉變。曹參芳成書於南明弘光年間的《遜國正氣紀》，[122]將對國都與大半河山淪亡的悲痛、對皇帝自縊殉國的哀悼、對迎降臣子的憤恨，都投射在對建文朝歷史的檢視和書寫上。他認知中的建文帝同樣具有良好的道德形象，即位後也「獎用儒臣，愛民成俗」，但對諸王的不法卻裁抑無術，遭遇危機時也優柔寡斷、挽救不及，終至失國，[123]這與崇禎帝節儉勤政、力圖中興，卻未能有效緩解帝國內憂外患，最終釀成悲劇的情形，似乎頗有相通之處。然相較於甲申之變時崇禎帝自殺以殉社稷，在晚明時人普遍接受的歷史認知中，建文帝卻於靖難之變後潛遁山野，流落天涯四十年，如此對比讓曹參芳難以諒解後者的抉擇，認為「主辱臣死，忠也；君死社稷，義也」，建文帝「急欲苟全性命，故不恤隱忍受辱」的作法，不僅非君主所應為，更沒有為忠於他的臣子考慮。[124]以往野史由於同情建文帝而創造、逐漸成為世人記憶的出亡傳說，甲申之變後卻成為使其受到批判的原因之一，不啻為歷史發展的弔詭之處。曹氏的批判雖只屬個人之見，卻也反映了當時知識分子對該段歷史評價深受時局發展影響的情況。

甲申之變給知識分子帶來的震撼與傷痛，也鬆動了成祖高高在上的歷史地位。昔日被掩蓋於萬曆朝主流論述之下、批判成祖野心篡位的認知，開始逐漸抬頭。這類認知其實從來不曾於明人的歷史記憶中消失，因此才會有嘉靖朝《建文皇帝事蹟備遺錄》謂燕王「有奪嫡計」的敘述、萬曆時信天緣生〈姜氏秘史跋〉的「無難可靖」之論，及崇禎年間蔣棻《明史紀事》謂諸藩「削亦反，不削亦反」的觀點。[125]如

---

[122] 清代紀昀等人在乾隆年間將《遜國正氣紀》收入《四庫全書》時，已由書中稱弘光帝為「今上」、稱崇禎帝為「先帝」、稱建文帝為「讓皇帝」等跡象判斷其成書時間是在弘光朝。參見〔清〕紀昀等修，《欽定四庫全書總目》（臺北：臺灣商務印書館，1983），卷54，〈史部‧雜史類存目三‧遜國正氣紀〉，頁17a。

[123] 〔明〕曹參芳，《遜國正氣紀》（《明代傳記叢刊》，第63冊，臺北：明文書局，據國立中央圖書館藏本影印，1991），卷1，〈讓皇帝本紀〉，頁37b-38a。

[124] 〔明〕曹參芳，《遜國正氣紀》，卷2，〈讓皇帝外紀〉，頁14b。

[125] 〔明〕蔣棻，《明史紀事》（《中國野史集成》，第14冊，成都：巴蜀書社，據清初稿本影印，1993），〈削奪諸藩〉，總頁322。

今在帝國瓦解的情況下，過去那種粉飾建文帝與成祖關係、嘗試撫平歷史傷口、迎合成祖子孫臣民身分認同的靖難論述，逐漸無法讓親見帝京淪陷、山河變色的士人繼續忽視靖難歷史中的衝突層面。如《遜國正氣紀》便不再諱言燕王的謀反之心，謂「燕雖稱病，日操練兵馬，招致異人術士，密謀不軌」。[126]該書作者曹參芳對成祖的批判，其實也和他在檢討明亡因素過程中，頗為強調成祖歷史責任的情況有關。例如他認為明代屢有宦官亂政的問題，便是由於成祖破壞祖制重用宦官，此舉造成的遺害，實遠大於建文帝的「紛更祖制」。[127]此種批判成祖的論調，隨著往後明亡因素探討的持續進行，在之後明遺民的歷史書寫中又變得更加明顯。

（三）和諧與衝突：靖難歷史檢視中的君臣叔姪

天啟朝至南明時期，建文朝歷史記憶的發展，基本上是由萬曆朝尊崇成祖、具調和性質的論述，逐漸轉為感於時局、充滿批判性的認知。在此過程中，知識分子對建文帝、建文諸臣、成祖三方的關係與互動，也出現一些有趣的理解，以下便由幾個方面略作介紹。

天啟至崇禎初年的士人，大致上仍承襲此前調和成祖與建文帝關係的認知，畢竟該時期的相關著作，多出自活躍於萬曆朝的文人之手。而當時正由南直隸地區向外推廣的《致身錄》，亦逐漸在他們心中引起共鳴。耐人尋味的是，此種共鳴有時是在雙方對靖難戰爭本質認知相左的情況下產生。如錢龍錫（1579-1645）為崇禎二年《致身錄》刻本作序，即以「本朝家法，昆弟叔姪之間，忠厚相承」的角度，來理解所謂「成祖遣胡濙訪建文」之事：

> 竊慮文皇已正大統，必無仇建文帝之心，直以忠臣義士翼戴情深，不無防危制變之慮，而又不欲見利蠹生者賣帝以為奇貨。

---

[126] 〔明〕曹參芳，《遜國正氣紀》，卷1，〈讓皇帝本紀〉，頁8b。
[127] 〔明〕曹參芳，《遜國正氣紀》，卷2，〈讓皇帝外紀・從亡諸臣傳〉，頁33a-33b。

察忠安篤慎周摯，託以肺腑。忠安久歷湖湘間，必深知建文蹤
影，一以為防間，一以為調護。[128]

萬曆晚期沈德符《萬曆野獲編》曾以胡濙「遍行天下」、建文君臣恐
難避其耳目的觀點，質疑《致身錄》中謂其往返蘇州、嘉興一帶的情
節。錢氏序中謂胡濙「必深知建文蹤影」，或許也是針對沈氏之論提
出的辯護，並將此疑點轉為支持成祖叔姪並無仇怨的論據。該文甚至
指出，成祖尋訪建文帝非欲害之的最直接證據，在於其所派遣的是胡
濙，而非陳瑛：

> 文皇果欲致帝，不遣瑛而遣濙，何歟？先是靖難師起，建文帝
> 詔諭諸將「無使朕有殺叔父之名」，而金川不守，文皇從煨燼
> 中哭指后屍，葬以天子之禮，亦豈願有殺姪名者？[129]

此一看法很明顯是承襲自萬曆年間以野史記載為據調和成祖叔姪關係
的論述，認為若欲加害建文帝應遣陳瑛的論調，也反映後者在時人心
目中已變成專門加害建文君臣、意圖將之趕盡殺絕的角色。有趣的
是，錢龍錫的論點其實是對《致身錄》文本內容的選擇性認知，兩者
對相關歷史的理解甚至有著根本性的差異。該書描述的是一個以衝突
為前提的出亡故事，而非叔姪打從最初便相親揖讓的遜國故事，對照
「朝廷偵師密而嚴，有胡濙、鄭和數往來雲貴間」、「師顏色憔悴，
形容枯槁，蓋夏日患痢，因有戒嚴不能時時出山，供膳狼狽至此」等
敘述，[130]尤能體現與序中「調護」之說的矛盾。然而，正如第三章提
過的，調和成祖叔姪關係的建文遜國說，對明代士人終究有其吸引

---

[128] 〔明〕錢龍錫，〈史翰林致身錄序〉，收入〔明〕託名史仲彬，〔清〕史在相編訂，
《致身錄》（清康熙八年刻本），頁9a。
[129] 〔明〕錢龍錫，〈史翰林致身錄序〉，收入〔明〕託名史仲彬，〔清〕史在相編訂，
《致身錄》（清康熙八年刻本），頁9a。
[130] 〔明〕託名史仲彬，《致身錄》，頁10b-11a。

力。即使在崇禎晚期，「衝突」已再度成為靖難戰爭雙方關係的主流定位，仍有部分士大夫篤信遜國說，如錢謙益即是一例，甚至在降清後仍持此論。他在順治十五年（1658）為《建文年譜》新刻本作序，便稱成祖明知建文帝出亡在外，卻無意搜捕、除之後快，建文帝亦未利用其君王身分或民望聚眾起事、顛覆永樂政權，足可證叔姪二人成全彼此之心。錢氏序中還將胡濙訪張邋遢、鄭和下西洋及成祖釋放溥洽等故事皆引為論據，亦反映其相關認知受野史影響頗深。[131]

經過萬曆朝史家沉澱相關史料、建立符合當代意識形態論述的過程，晚明建文朝史籍對靖難戰爭的評價，比正德、嘉靖年間來得保守；而成祖的存在及其崇高地位，對明代士人詮解該段歷史的限制，至崇禎時仍明顯可見。如嘉靖年間《革朝志》等文本中劉璟告訴成祖「殿下百世後，逃不得一箇字，蓋謂『篡』云」的情節，雖為錢士升《皇明表忠紀》一書所承襲，但後者卻將原本的「篡」字改成了「逆」字，[132]劉璟對成祖起兵的評價頓時由「野心奪位」變為「對抗王師」，批判力道大幅降低。

曾於萬曆朝國史纂修期間任職史館的朱國禎，則在《皇明史概》中延續成祖對建文諸臣並無敵意的認知，替萬曆以降被視為「成祖功臣，建文罪首」的齊泰、黃子澄辯護：

> 北平兵起，顯以齊黃為主，名坐曰亂政、曰奸臣，且遵祖訓，訓兵待命，夫復何辭？然請以建文時勢籌之，上承高皇之重，下值親藩之彊，主父偃之策，迂緩何及于事？火在眉尖，非優容即削奪，不過兩端，抑事有未易言者。……二公受建文知遇，泰既親承顧命，黃亦先有成言，畫策自當如此。……臣則盡心焉、盡命焉，又盡族焉，道如是止矣。若輕著口角，有誤

[131] 〔清〕錢謙益撰，〔清〕錢曾箋注，錢仲聯標校，《牧齋有學集》，卷14，〈建文年譜序〉，頁683-685。
[132] 〔明〕錢士升，《皇明表忠紀》，卷3，〈死義列傳〉，「劉璟」條，頁23a。

國、失策、罪魁之語，此又與于陳瑛之甚者也，文皇亦且震怒矣。[133]

與晚明多數士人以削藩為非的見解不同，朱氏認為其他漸進方式能否及時解決諸藩威脅，實難斷言，而齊泰、黃子澄身為顧命之臣，受君知遇，理應盡心，作此決策也屬自然，何況在建文政權覆亡後，他們也以自己和親族的性命相殉，如此「盡心焉、盡命焉，又盡族焉」也應足夠。朱國禎還強調，若世人再持續加以「誤國」、「失策」、「罪魁」的罵名，實比當年陳瑛殘虐忠臣的行徑更過分，即使是成祖本人也不會容忍。類似的想法亦反映在周鑣《遜國忠記》於諸臣傳記的編選上，他不欲計較諸臣本身的功過是非，認為他們「既已九族、十族誅蔓屠磔，以殉其一身之義矣，雖有積愆，可以蕩除」，而他編書之目的則是要「取其足以愧近日之人畏死結舌者而已矣」，[134]實不需由太過嚴苛的標準看待這些人。

隨著崇禎年間褒忠思想的高漲，諸臣在政治上的評價不僅一度翻轉，其與成祖的關係也出現新的闡釋角度。崇禎五年，錢士升在重修南京表忠祠的碑記中指出，諸臣為建文帝殉死，是由成祖所「成全」：

> 臣士升竊惟諸臣之死，文皇死之也。藉令文皇不死諸臣，諸臣能獨生乎？夫諸臣之事建文君，固內參帷幄，外捍疆圉者也。主父之策不先，趙括之薦再誤，而且射鉤積釁，誅錯有名，諸臣不死，何以成諸臣？文皇不殺諸臣，何以成諸臣之死？故諸臣之死，文皇之死諸臣，必也。[135]

---

[133] 〔明〕朱國禎，《皇明史概》（《續修四庫全書》，史部第428-431冊，上海：上海古籍出版社，據明崇禎刻本影印，2002），《皇明遜國臣傳》，卷2，〈太常卿兼翰林院學士黃公〉，頁12b-13b。

[134] 〔明〕張明弼，〈遜國忠藏序〉，收入〔明〕周鑣，《遜國忠紀》，頁10a-10b。

[135] 〔明〕錢士升，《皇明表忠紀》，〈附錄·重修表忠祠碑〉，頁2a。

視殉臣死難為成祖成全其志的論點，在萬曆時王世貞為徐輝祖寫作的傳記中已可見端倪，傳中採取嘉靖以降史籍謂徐輝祖下獄後不屈而死的說法，並將之解釋為「文皇以死全公之志」。[136]錢士升則將成祖的這份「恩澤」，由其姻親徐輝祖擴及所有建文殉臣，而殺死諸臣的意義除了「志」的成全，還包括「名」的成就。文中強調，削藩之策釀成的大禍，主事諸臣難辭其咎，加上燕王起兵時又以「清君側」為名，除了以死負責外別無他途。壬午殉難是諸臣從「誤國」轉為「殉國」、從「罪魁」變成「英雄」的契機，「殉國忠臣」從此取代「誤國罪臣」成為他們在世人心目中的形象。而這一切在錢士升看來，都是成祖所就。此觀點應是對以往調和靖難歷史衝突論述的進一步延伸，錢氏的以下言論或可為證：

> 第十族夷參不無過懵，然皆陳瑛修隙成之，非文皇意也。何以明之？瑛召還在壬午，被誅在永樂九年，滅族之慘，亦復不減所號為奸惡者。夫帝何嗛于瑛而凶終至此？蓋重誅之餘，威殫勢極，還思始念，夫亦悔于厥心。觀其解黨禁、釋錢習禮，且曰：「諸臣盡忠於太祖，故盡忠於建文。」可知已矣。[137]

這段文字可說是對此前多種調和成祖與殉臣論述的綜合，也顯示了在基於國難而亟欲表彰建文諸臣的崇禎年間，與之處於敵對立場的成祖，仍是為其忠義形象背書的重要人物。錢氏之論對後續相關認知似乎頗有影響，南明時曹晟〈遜國正氣跋〉也可見類似說法：

> 故靖難時，雖親以藩派，聖如文皇，而不自遜服。其名「十族」，名「奸黨」，名「瓜蔓」，類不可勝舉。所以然者，皆

---

[136] 〔明〕王世貞，《弇州續稿》，卷69，〈魏國第一世嗣太子太傅徐公表忠傳〉，頁3a-4a。
[137] 〔明〕錢士升，《皇明表忠紀》，〈附錄‧重修表忠祠碑〉，頁2a-2b。

高皇帝生之，讓皇帝養之，文皇帝成之。故浩氣英風，勇貫今古，以成一代之盛也。[138]

明末時人對建文諸臣遭受的整肅屠戮，似並存著兩種不同的印象，一是「斷舌而餘聲，刳心而猶跳，枯皮犯乎法駕，鮮血沁乎御衣。忠骨義肉，一時恣象狗吞啖」的慘況，[139]一是上文所言的「一代之盛」。這或與當時知識分子感嘆忠節不存的情況有關，比起他們眼裡「士風敗壞」的當代，記憶中建文諸臣的「踴躍殉難」著實令人羨慕。崇禎年間錢士升《皇明表忠紀》和曹參芳《遜國正氣紀》等書，皆稱讚遜國之際忠臣義士之多，是此前任何朝代都無法相比的，字裡行間對這國初「盛況」的驕傲與嚮往表露無遺。[140]此種認知，也讓明末文人越發產生壬午殉難後，忠臣義士銳減的反差感。崇禎五年周鑣請恤建文諸忠，即稱「靖難」以降至土木之變，已見士氣漸喪之象，天啟朝魏忠賢掌政時期，更是「禮義愈微，風俗愈壞」。[141]類似的比較亦可見於當時的文學作品，如崇禎四至五年成書的小說集《型世言》，該書第一回的開場白便將建文殉臣與胡廣、解縉等投降成祖的官員，及正德時追隨寧王朱宸濠（?-1521）叛亂的李士實（?-1519）進行對比，認為靖難戰後殉臣家屬同樣富有氣節，方能讓忠臣無所顧慮，成就「臣死忠，子死孝，妻死夫」的悲壯美談。[142]

---

[138] 〔明〕曹晟，〈遜國正氣跋〉，收入曹參芳，《遜國正氣紀》，頁1b。

[139] 〔明〕張明弼，〈遜國忠藎序〉，收入〔明〕周鑣，《遜國忠紀》，頁5a-5b。

[140] 錢士升於《皇明表忠紀》中追溯商、漢、唐、宋等先朝死忠義士，稱「未有開創裁再傳，而忠節忼烈千古為盛如昭代遜國之際者也」。曹參芳《遜國正氣紀》也有類似說法，應是受錢氏之論影響。此外，周鑣在崇禎五年請恤建文諸忠的奏疏中，也謂「國家定鼎以來，死節之臣甚慘甚烈，一時爭先赴難，莫可勝書，未有如建文時死事諸臣之盛者」。參見〔明〕錢士升，《皇明表忠紀》，卷2，〈殉難列傳〉，頁1a；〔明〕曹參芳，《遜國正氣紀》，卷3，〈文忠列傳〉，頁1a-1b；〔清〕汪楫，《崇禎長編》，卷62，崇禎五年八月己卯條，頁3581。

[141] 〔清〕汪楫，《崇禎長編》，卷62，崇禎五年八月己卯條，頁3583。

[142] 〔明〕陸人龍著，覃君點校，《型世言》，卷1，第1回，〈烈士不背君，貞女不辱父〉，頁50-51。該回故事衍生自鐵鉉二女入教坊司終不受辱並得適士人的傳說，作者陸人龍在開場白中談到，忠臣作出殉死抉擇時，最大的顧慮就是「身家」，故家屬也必須與之同心。而胡廣和李士實等人在陸氏的認知中，便不如靖難戰後諸殉臣

胡廣、解縉等永樂名臣與同僚相約殉國，最後卻背約貪生的故事，在天順、成化年間便已形成，至明末仍持續流傳，並為《型世言》等通俗文學引用。此一記憶在明代的延續，實反映了長期以來知識分子對胡廣等人未殉社稷的不諒解。活躍於成祖統治期間、死後亦有不少正面評價的解縉等人尚且如此，於永樂時期獲罪的降臣更不待言。錢士升《皇明表忠紀》對其書中附設〈三不忠傳〉所收李景隆、茹瑺、陳瑛的認知，就頗耐人尋味。他聲稱將此三人列為「不忠」實是依循「文皇微意」，強調成祖早已看出他們在建文政權敗亡前便存有二心，故而「陽賞其功，陰疑其心」，最後更因深恨三人不忠而分別給予「闔門禁錮」、「父子戮辱」和「舉宗屠滅」的懲罰，以「為千古立炯戒」。[143]在錢氏筆下，成祖彷彿化成一個仲裁者，對建文諸臣的生命抉擇作出成全或懲處。這種認知，或可視為作者自身評價和願望在書中的投射。

　　此一時期，受到《致身錄》、《從亡隨筆》等文本的影響，知識分子對從亡諸臣的評價也有所提升，甚至出現凌駕於殉臣之上的情況。王廷宰為泰昌元年（1620）《致身錄》刻本撰寫的序文，似乎是此種見解的先聲：

> 建文君遜去，天下曉然知天命之所屬。……在廷諸臣至折頤刳腹，碎肢縻骨，雖有萬乘之威，不改匹夫之節、人臣之誼。……而行遯諸公獨相率變姓名，擁故君出走，混跡緇黃，聲幽影秘，斯開闢以來創建之奇事也。……建文君既全揖讓之衷，文皇又無慘葬骨肉之名，則諸公之所維持者大也。[144]

的「滿門忠烈」。
[143]〔明〕錢士升，《皇明表忠紀》，卷9，〈三不忠傳〉，頁1a-1b。
[144]〔明〕王廷宰，〈史公致身錄序〉，收入〔明〕託名史仲彬，〔清〕史在相編訂，《致身錄》（清康熙八年刻本），頁5b-6a。

方孝孺等殉臣的死難之舉忠則忠矣，卻無法挽救君王和社稷的敗亡，這種反思其實在萬曆年間便已有跡可循；[145]相形之下，晚明士人記憶中的從亡諸臣，卻保全了建文帝的性命，使其回歸大內終老的圓滿結局成為可能。比起殉臣的不屈抗顏與慘烈犧牲，在在凸顯國初政權轉移的歷史撕裂傷痕，從亡諸臣的存在，則為建文帝與成祖和諧關係的塑造提供了助力。故王廷宰序中方以「伯夷采薇，不救太白之懸；豫讓漆身，無補螫臺之戮」比喻建文殉臣，認為從亡諸臣的義舉與之相較更顯「卓異非常」。[146]為崇禎二年《致身錄》刻本作序的陳繼儒，也感佩從亡者「君亡與亡，君存與存，詭姓名，屏聲跡，歷萬里而不渝」的精神，並指出就「君與臣兩全」的角度而言，他們的成就實比「黃、練、方、鐵慷慨就死者」更難達到。[147]在王、陳二人看來，無論是勸阻燕王起兵未成被殺的俞逢辰，不願歸降而死於整肅的方孝孺、練子寧，還是野史中計畫刺殺成祖的景清，雖皆以一己生命抉擇表達了忠君的立場和道德高度，但對靖難戰爭導致的諸多悲劇毫無助益；反觀從亡諸臣追隨建文帝隱遁，不但護主周全，也使成祖免於殘害骨肉之名，貢獻其實更大。

　　往後，此類論述便常見於文人的相關書寫中，如周鑣《遜國忠記》即曾引據他人對從亡之臣「既不流殃於族屬，兼復全義於君臣，似於方、練諸公衷有較苦者」的看法，讚揚他們更勝殉臣的成就。[148]

---

[145] 如顧憲成〈英風紀異序〉以賓主對話形式進行的論述中，便設計了一段由「賓」所陳述、模擬胡閏等殉臣心境的論述：「公（胡閏）苦矣。若曰：『吾殺其身，以及其家，及其族，又及其外親，而無救於吾君也，吾何以謝高皇矣？』又若曰：『吾無救於吾君，而人猶然被之名曰忠烈也，曰乾坤正氣也，吾何以謝天下後世矣？』公滋苦矣。使公而睹是集（《英風紀異》），祇益其痛耳。」可見當時文人在回顧靖難歷史時，已注意到殉臣死難「無救於其君」的事實，也會透過將自身代入角色的方式，去想像殉臣於壬午年間的處境和心情。參見〔明〕顧憲成，《顧端文公集》，卷7，〈英風紀異序〉，頁2a。

[146] 〔明〕王廷宰，〈史公致身錄序〉，收入〔明〕託名史仲彬，〔清〕史在相編訂，《致身錄》（清康熙八年刻本），頁6a。

[147] 〔明〕陳繼儒，《晚香堂集》（《四庫禁燬書叢刊》，集部第66冊，北京：北京出版社，據明崇禎刻本影印，2000），卷3，〈史翰林致身錄序〉，頁16b。

[148] 〔明〕周鑣，《遜國忠紀》，〈遜國忠紀凡例〉，頁1b。

而在小說《型世言》中，作者陸人龍之兄陸雲龍也以「雨侯」之署名，於書中程濟隨建文帝出亡故事的文字之後，給予前者「一忠之尤」的評語。[149]

《致身錄》和《從亡隨筆》等書，為建文帝及從亡諸臣塑造出一種親密無間、互相扶持照護的關係，也讓明末的士大夫既羨慕又感慨。趙士喆《建文年譜》在記述建文帝出亡期間的段落，一律以「師」稱之，這不僅是對《致身錄》中帝謂諸臣「今後俱師弟稱呼，不拘禮數」情節的呼應，[150]也是作者嚮往此種君臣關係的心理抒發。他在書中將建文君臣的流亡之旅和孔子率七十二弟子周遊列國的故事相比擬，認為建文帝雖失其位，卻和孔子一樣，「為之疏附者有之，為之先後者有之，為之奔走、禦侮者有之」，並感嘆此種關係「豈末世君臣所敢望哉」：

> 古之於君師合以義者也，今之於君師合以利者也。義相均而利相遠。是以君臣重而師弟輕。居平無事，其臣甚賤，主甚尊，奴隸視臣，臣亦自甘為奴隸，一朝勢變，掉臂去之，不復顧戀。近以來，不復有師弟，而亦不復有君臣久矣。惟我太祖高皇帝神聖開天，褒死節，釋纍臣，舉逸民，興學校，培養士氣者四十餘年，爰及懿文尊師重道，兼之少帝崇古好賢，父子君臣藹然道義師友，故一時忠烈冠絕古今。[151]

明代君主對待臣下的殘忍刻酷，導致了君臣之間的距離與隔閡，劉宗周對此曾有「上積疑其臣而蓄以奴隸，下積畏其君而視同秦越」的描述。[152]而崇禎帝對臣下「一面用之，即一面疑之，疑之既久，猶復用

---

[149] 〔明〕陸人龍著，覃君點校，《型世言》，卷2，第8回，〈矢智終成智，盟忠自得忠〉，頁182。

[150] 〔明〕託名史仲彬，《致身錄》，頁7a。

[151] 〔清〕趙士喆，《建文年譜》，〈建文年譜序〉，頁5b。

[152] 〔清〕黃宗羲撰，沈善洪主編，《黃宗羲全集》，第1冊，《子劉子學言》，卷1，頁277。

之，厚其敗而後加以顯戮」的態度，[153]亦讓當時的士大夫為之心寒。《致身錄》等書呈現的君臣互動，或可理解為對政治實況的逆寫，透露當時士人的「自我角色意識」和對理想君臣關係的建構，也確實觸動了眾多讀者的心。[154]趙士喆之語等於由明代君主的政治性格切入，反思了忠節之氣不再的原因：若為君者皆待臣如此苛酷，為臣者自然不會竭力盡忠；相較之下，建文帝和其父懿文太子尊師重賢，方能贏得臣民之心，而在太祖培養士氣多年後，使忠烈「冠絕古今」。

待到甲申國變之時，士大夫對忠義氣節今昔反差的感受又更為強烈。眼見大明京師淪落，皇帝自縊殉國，情境與當年南京城破、建文焚宮之日何其相似，然而當時朝中官員竟「自死難二十餘人外，皆臣賊」。[155]如此景況讓許多知識分子備感失望、悲憤不已，越發嚮往欽羨建文諸臣死難之烈。同年萬元吉奏請弘光帝採輯殉難諸臣事蹟的疏文，便有「羨遜國之君臣何厚，愧此時之忠義多虧」之語。[156]明末清初理學家孫奇逢（1584-1675）也將壬午整肅與甲申變禍中諸臣殉死的情況兩相對比，感嘆崇禎末年忠義之氣早已摧折殆盡：

> 憶遜國時，文皇以叔代侄，勢成於相激，而一時靖節之臣，死者死，遁者遁，不下數百人；逆闖犯順，至尊龍馭，禍慘於黃巢，而殉義之臣，不及遜國一二。豈前此盡忠良，而後此盡頑冥與？蓋有所以作之也。遜國當高皇培植之日，人人思所以報高皇，況值國運初開，未經顛喪；嗣是而後，幾番璫禍，幾番摧折，人之云亡，邦國殄瘁。則甲申諸臣之死，其忠肝義膽出

---

[153] 〔清〕熊開元，《魚山剩稿》（《四庫禁燬書叢刊補編》，第75冊，北京：北京出版社，據清康熙尚友堂刻本影印，2005），卷2，〈上方禹修閣老〉，頁41a。

[154] 劉瓊云，〈帝王還魂：明代建文帝流亡敘事的衍異〉，頁97。

[155] 〔清〕計六奇撰，魏得良、任道斌點校，《明季北略》（北京：中華書局，1984），卷24，〈流寇大略〉，頁725。趙士喆撰於清順治三年（1646，即南明隆武二年）的〈甲申秋抄山僧問答〉一文，亦直斥北京淪陷時「文臣自閣部、詞林、卿寺、省臺以及郎署，自裁者僅二十人，竟無一罵賊而死」的情況。參見〔清〕趙士喆，《建文年譜》，〈附甲申秋抄山僧問答〉，頁1a。

[156] 〔清〕李清，《南渡錄》，卷1，崇禎十七年六月壬戌條，頁36a。

於摧折銷鑠之餘，視遜國時，其難與易為何如也！[157]

不同於強調明代士氣自靖難戰後斫喪的觀點，孫奇逢則注意到往後幾度宦官掌權造成的傷害，「幾番摧殘」一語似也暗示明代君主待其臣如奴隸的政治常態。

　　趙士喆和孫奇逢的上述言論，所呈現的記憶與認知有兩點頗耐人尋味：第一，自正德年間《備遺錄》和《革除遺事》等書將《立齋閒錄》中的政治受難者敘述轉為忠臣傳記開始，明人的歷史記憶便傾向將建文諸臣遭受的鼎鑊刑殺皆理解為他們自身的生命抉擇，忽略當中可能有不少人是在屈服於新政權後因整肅而死的情況；對於棄職遁逃的官員，人們也普遍將之視為不願侍奉新政權的忠義之士，完全不曾慮及其僅為逃避兵禍與整肅的可能性。同樣重要的是，當時投降成祖的官員也不在少數，當中蹇義、解縉、胡廣、楊士奇等人俱為後世熟知的永樂名臣。況且，明代中葉以降一些建文殉臣如周是修、王艮等人的傳記中，常以周遭同僚盡皆迎降的描寫來反襯其抉擇的「獨」與「忠」，這些敘述都被延續到明末，留心相關史事的知識分子對此應不陌生，但在他們的歷史記憶中，卻仍存有壬午之際「滿朝皆是忠臣」的印象。總之，為了凸顯與當代的差異，在明清之際士人的論述中，盛讚建文朝臣踴躍效死、「忠烈冠絕古今」的說法頗為常見。

　　第二，無論趙士喆稱太祖「培養士氣者四十餘年」之言，或孫奇逢「遜國當高皇培植之日」等語，皆源自長期以來視建文諸臣為「太祖高皇帝所培養之忠臣義士」的認知。但洪武朝折殺士人的手段並不少見，在要求官員廉潔盡職的同時，卻僅給予「薄俸」的待遇，而且用法嚴苛，任官者動輒得咎、慘遭刑戮的案例時有所見，空印、郭桓二案更是株連極廣、死者甚眾。連趙士喆也無法昧著良心稱頌太祖

---

[157] 〔清〕孫奇逢，《夏峯先生集》（《四庫禁燬書叢刊》，集部第118冊，北京：北京出版社，據清道光二十五年大梁書院刻本影印，2000），卷4，〈大難錄序〉，頁11a-11b。

「尊師重道，崇古好賢」，僅能歸之於未曾執政的懿文太子和在位不到四年的建文帝。換言之，「國運初開，未經斷喪」的認知，不過是延續以往藉推崇明初以批判當代的政治論述，難以經受檢驗。

明末各地建文忠臣紀念活動的開展，主要是由士大夫對時局的憂心及官紳標榜地方的動機交織而成。因此吾人可從這段時期，看到士人將相關紀念場所的運作維護和世道人心進行連結，並在其無法發揮功能時，產生綱常不振的焦慮感；而此種焦慮感又和晚明盛行的旅遊文化相結合，促進了壬午殉難歷史景點與參訪行程的發展。這段期間相關史籍反映的歷史記憶，比起以往其他時期，都更明顯展露與時局的共鳴，對建文君臣的評論，隨著明末帝國危機加劇而越發有「藉古諷今」的意味。假託從亡諸臣、描述建文君臣出亡的《致身錄》和《從亡隨筆》等書，不僅獲得崇禎以後史籍的廣泛採信，當中建文帝與成祖之間的衝突關係，也重新於時人的歷史認知中加重份量，連帶影響他們對靖難戰爭性質的理解。而《致身錄》對明末建文朝歷史書寫影響如此之深，實是創造該文本的吳江史氏積極宣傳之結果。

第三節　建文帝出亡故事的再塑與巡禮

建文帝出亡傳說的產生與發展，是源自民間對這位失國仁君的同情心理，其落髮為僧的說法，應係由正統年間的楊行祥案衍生而來。而嘉靖以降各地形成的建文帝隱遁傳說，則有為當地寺廟或家族之興起尋求解釋、提供助力的意味。《致身錄》文本的創造，是吳江史氏獲得官方恤錄、爭取地方聲望與資源的手段，故不惜傾宗族之力從事該書的刊刻與宣傳。自泰昌元年始，吳江史氏聯合鄰近縣內的旁支家族，展開了一系列推廣《致身錄》和形塑家族歷史的活動。崇禎時期另一偽書《從亡隨筆》的問世，更將前書建構的出亡故事塑造得更細緻、完整、動人。隨著此類故事的流行，建文帝墓址也成為時人熱衷討論的話題，幾個知名的建文隱遁處更出現新的「遺跡」，其所蘊

含的傳說亦融入地方歷史記憶，而被這些傳說吸引的文人，則開始投入相關地點的尋訪、考察和遊覽，並將當地見聞與資訊載入筆記、志書，使之突破區域限制，向外擴散，成為往後人們的共同記憶。

（一）硝煙四起：從亡故事的發展與討論

以久湮史料的姿態問世，加上建文帝出亡題材對時人的吸引力，還有吳江史氏的刻意宣傳，《致身錄》在明末，特別是崇禎以降廣為流行，成為許多史籍參照徵引的文本。而該書於記載上的些許問題和空白之處，也促成內容更完整的偽託文本《從亡隨筆》誕生。在此同時，學者與吳江史氏對該書真偽的辯論攻防戰也持續延燒，而且有越演越烈的趨勢。繼萬曆晚年的沈德符後，以淵博學識見重文壇的錢謙益，以及李清、潘檉章等人，都在此一時期加入戰局。於是，透過一連串的辯論、考證、徵引甚至衍生創作，《致身錄》講述的建文出亡、諸臣從亡故事，逐步構成明代建文朝歷史記憶中重要的一環。

自萬曆四十七年開始，吳江史氏即展開一系列刊印《致身錄》的活動，從該年到天啟二年連續四年都有新刊本問世，至明末已有八種刊本流通（見表4-2），甚至到了清康熙八年仍有史氏子孫重刊該書。除了凝聚宗族力量從事刊刻，並偽託名人序文以提升文獻價值，根據丁修真的研究，透過同鄉、學友、姻親等人際網絡進行宣傳，是吳江史氏推銷《致身錄》的重要手段。丁修真考察當時吳江史氏的交遊網絡，發現《建文朝野彙編》的作者屠叔方、曾為朱鷺《建文書法儗》作序的欽叔陽、吳中篆刻名家趙宦光（1559-1625）和工部郎中胡汝淳等人，都與史氏有姻親關係，並皆曾應邀為該書作序。另外，與泰昌元年本刊刻者史叔成交好的太僕寺卿李日華（1565-1635），及曾為《建文朝野彙編》寫序、原籍松江華亭的著名文士陳繼儒，也都基於和史氏族人的交情或對史仲彬故事的興趣，為該書寫序作跋。[158]甚

---

[158] 丁修真，〈士人交往、地方家族與建文傳說—以《致身錄》的出現為中心〉，頁74-75。丁修真在文中還提到另一位在明末《致身錄》留有序文的文人周宗建，認為他和

至，以撰寫序文、接觸文本為契機，這些名人也可能受到該書影響，將其內容融入自己的著作，成為另一種宣傳媒介，如《皇明闕典》作者趙宧光即是（見表4-3）。文人之間亦互相傳閱《致身錄》，以自身人際網絡影響更多知識分子和文本，如為萬曆四十八年刊本作序的孫應崑，即是在任官松江期間，自趙宧光處取得該書，進而影響其兄孫應嶽《金陵選勝》一書對南京表忠祠的介紹。[159]

表4-2　萬曆以降《致身錄》明刊本列表

刊刻時間	版本
萬曆四十七年（1619）	秣陵（南京）焦竑序刊本
萬曆四十八年（1620）	松江孫應崑序刊本
泰昌元年（1620）	松江王廷宰序刊本、吳江八世孫史叔成刊本
天啟元年（1621）	吳江九世孫史冊刊本
天啟二年（1622）	長洲九世孫史兆斗刊本
崇禎元年（1628）	嘉興譚貞默跋刊本
崇禎二年（1629）	九世孫史兆麟刊本
崇禎三年（1630）	太倉俞彥跋刊本
崇禎四年（1631）	嘉善錢士升序刊本
崇禎十七年（1644）	

資料來源：〔明〕託名史仲彬，〔清〕史在相編訂，《致身錄》，〈致身錄板行〉，頁4a。

　　即使《致身錄》在初次刊刻時，已有偽託著名學者焦竑所寫的序文作為宣傳工具，但只憑這篇後來被錢謙益批評為「蕪陋」的短文，[160]而

史氏皆為吳江人，應是基於同鄉關係為其作序。但清人潘耒在康熙朝已撰文指出，當時《致身錄》再版收錄的序文中，李維楨和周宗建之序皆未見於其文集，故應非二人手筆。參見〔清〕潘耒，《遂初堂文集》，卷5，〈再與徐虹亭書〉，頁33a。

[159] 孫應嶽在《金陵選勝》中介紹南京表忠祠所祀諸臣時提到：「近日余叔弟應崑丞松郡，從吳人趙宧光凡夫所得史翰林史仲彬《致身錄》，乃彬手錄藏之家者，載建文焚大內遁去始末甚悉，隨行共二十二人。」該段還將《致身錄》所載二十二人之姓名、籍貫、官職全部記入。參見〔明〕孫應嶽，《金陵選勝》，卷7，〈祠廟〉，「表忠祠」條，頁9a-10a。

[160] 〔清〕錢謙益，《牧齋初學集》，卷22，〈致身錄考〉，頁10a。

沒有其他有力證據支撐，似乎還是無法廣泛地使人信服，加上萬曆晚期已有沈德符在《萬曆野獲編》中對該書真實性投出了不信任票，這便促使吳江史氏嘗試製造更多「證據」，強化焦氏序文和《致身錄》本身的可信度。泰昌元年冬，史仲彬九世孫史冊在新版《致身錄》的跋文中，透過創造其個人對《致身錄》文本的「發現小史」，[161]為託名焦竑的〈致身錄序〉補充了若干細節：

> 冊髫時善記憶，王父蕪川公屬以輯譜，時授先世事行，知九世祖清遠公當革朝，著奇節，所自述則裂疏書意中，後稍粘出，戒不以示人語。未竟，而王父下世矣。詢之宗老，鮮有知者，譜成而不詳，冊之注念未有已也。……最後得所述于宗塾敗秩中，剝蝕至不堪讀，且悶且喜。二十年來搜別無剩詞、無餘力矣，而公之大節未有著也。歲己未，攜兒宗節就正澹園焦師，進冊榻前，以《致身錄》示。受而讀之，則向之疑而未敢據、缺而不及詳者，悉為豁然，遂請敘言，師即剌尾為詳得失始末。付梓未竟，焦師亦下世矣。[162]

這篇跋文設計了一個為先祖輯譜的背景，使聽聞先祖遺事進而搜尋相關資料等情節發展變得理所當然；而在查訪多年、四處搜輯文獻的最後，史冊終於在宗塾中「尋獲」了「剝蝕不能讀」的先祖遺述。如此一來，焦竑從道士藏書中「發現」的《致身錄》孤本，立刻多出「先祖遺聞」和「宗塾藏本」兩種證據支撐，不致被視為外界好事者的託名之作。而跋文中史冊與焦竑會面，向其請教該書疑缺問題並再請作序的情節，實質上是萬曆四十七年焦氏序刊本和史氏宗塾本的會面，

---

[161] 「發現小史」一詞借用自劉瓊云之語。參見劉瓊云，〈帝王還魂：明代建文帝流亡敘事的衍異〉，頁71。
[162] 〔明〕史冊，〈跋致身錄後〉，收入〔明〕託名史仲彬，〔明〕史兆麟編訂，《致身錄》（崇禎二年刻本），未編頁。

讓二者相互印證，焦、史雙方「發現」《致身錄》文本的故事也就這麼連結起來。史冊為了強調跋文中所述種種並非捏造，還在文末表示「冊非敢誣敢僭也，如是事如是言而已」，[163]亟欲斷絕後世懷疑的意圖表露無遺。

廣邀地方名人作序，是《致身錄》對外宣傳的重要手法，如泰昌元年由史冊作跋的刊本，就請到當時寓居華亭的著名詩人王廷宰作序。之後的崇禎二年刻本，則收有錢龍錫、陳繼儒、陳懿典、喬拱璧的序文，及陽明學者陶奭齡（1571-1640）的題詩。[164]當中除了原籍松江府華亭縣的錢龍錫是萬曆三十五年進士，崇禎初更擔任禮部尚書兼東閣大學士，陳懿典和喬拱璧也分別是萬曆二十年和萬曆三十五年進士，作為替《致身錄》背書的角色，可說是相當有份量。往後陸續出版的新刻本中，仍可見各方著名文人如李維楨（1547-1626）、文震孟（1574-1636）、張溥（1602-1641）等人所撰之序。不過，在這般盛大的陣容中，自也不乏如焦竑序那樣的偽託之作，其中最明顯的就是署名李維楨的序文。李維楨逝世於天啟六年，但在崇禎二年網羅多位名人手筆的刻本中卻仍未見其序，清初學者潘耒亦透過檢視李氏遺文，指出該序實屬偽託。[165]

崇禎年間，吳江史氏越發致力於加強《致身錄》文本的可信度，以及與之相應的家族史建構。在這類新造文本中，最重要的應屬託名史仲彬之子史晟所撰的〈致身錄跋〉。文中設計了史仲彬死前告誡其子不得將該書輕易示人、「雖今皇帝寬仁長厚，此節事自不可知，慮有赤族之禍，子孫言及此者，以不孝論」的囑咐，既呼應泰昌元年史

---

[163] 〔明〕史冊，〈跋致身錄後〉，收入〔明〕託名史仲彬，〔明〕史兆麟編訂，《致身錄》（崇禎二年刻本），未編頁。

[164] 劉瓊云，〈帝王還魂：明代建文帝流亡敘事的衍異〉，頁63。《致身錄》崇禎二年刻本所收陶奭齡之詩，亦收錄於其《賜曲園今是堂集》。參見〔明〕陶奭齡，《賜曲園今是堂集》（《四庫禁燬書叢刊》，集部第80冊，北京：北京出版社，據北京圖書館藏明崇禎刻本影印，2000），卷10，〈讀史清遠翁致身錄感而有述〉，頁33b。

[165] 〔清〕潘耒，《遂初堂文集》，卷5，〈再與徐虹亭書〉，頁33a。

冊跋文中史仲彬的「戒不以示人語」，也進一步合理化《致身錄》遲至萬曆晚期方始流傳的情況。該文還創造了宣德九年（1434）建文帝到訪，為史晟初生之孫命名的故事，將建文帝與吳江史氏的聯繫，延伸到更後面的世代：

> 至九年甲寅五月，兒婦患產，凡四日，家人惶惑無措，適老僕密言：「前道士在外。」晟急迎之入。方稽首于地，而耳間微聞已產男矣。師悲先君之亡，旋喜產男之慶，命名曰「文」，隨轉語曰：「我文也，而不終，將無疑耶？」適一《宋史》在案，命名曰「鑑」。師精于祿命，詳鑑子平曰：「是兒當貴。」晟曰：「不求貴，得識字成家足矣。」師曰：「即不貴，當以文名世。」師留五日，晟具衣十件並行糧，為會稽之遊，程濟從。至今又十一年，不知所之。時正統戊午五月望識。[166]

這位被建文帝斷言「即不貴，當以文名世」的史鑑，正是讓吳江史氏家族由糧長世家轉型為經術世家的關鍵人物。根據丁修真的研究，史鑑一方面持續此前家族對吳江水利與錢糧的經營，一方面也投身藝文學術，結交士人，累積文化資本，雖無功名在身，卻得到當時不少名士的佳評。史氏子弟參加科舉，亦是由其子開始。[167]此一轉型，也讓晚明吳江史氏在建構家族歷史時，拋棄先祖以糧長身分起家的過去，為己塑造「經學傳家」的形象，故《致身錄》方聲稱史仲彬家藏《儀禮》，並以「明經」而被建文帝禮請為侍書。[168]值得注意的是，崇禎二年的《致身錄》刻本中並無此跋文，顯示當時吳江史氏尚未將該書對家族史的建構，擴及身為家族轉型推手的史鑑；而成書於崇禎六年

---

[166] 〔明〕託名史晟，〈致身錄跋〉，轉引自倫明，〈建文遜國考疑〉，頁11。

[167] 丁修真，〈士人交往、地方家族與建文傳說——以《致身錄》的出現為中心〉，頁72-73。該文亦指出，史鑑對家族的經營與轉型，也為《致身錄》中對史仲彬「富於經術」形象的塑造埋下伏筆。

[168] 〔明〕託名史仲彬，《致身錄》，頁1a-1b。

前的《從亡隨筆》，則已有建文帝訪史晟並為史鑑命名的記載。[169]對照表4-2，或可判斷此文是於崇禎三年或四年本刊刻時創造。崇禎十四年趙士喆《建文年譜》也摘錄了〈致身錄跋〉中建文帝為史鑑命名的故事，還指出其明顯的紀年錯誤：該文稱此事發生於宣德九年，作跋時間則在正統三年，相隔僅四年，卻謂「至今又十一年」，雖然趙氏將之理解為後人「抄傳翻刻之譌」，[170]但換個角度來看，這或許亦是跋中所述盡皆虛構的證據之一。

除了上述手法，吳江史氏還發展出建文帝居史仲彬家期間為其堂題字的故事，藉此與《致身錄》中帝曾寓史家的敘述相呼應。明末談遷在《棗林雜俎》中便記有此說：

> 帝嘗寓吳江史翰林仲彬家，篆書小雅堂。史孫女適嘉善池灣沈氏，移榜去，懼禍，鏟其題識。[171]

靖難戰後建文朝史事的禁忌化，導致各種軼聞、遺物紛呈，將本就不甚清晰的建文朝歷史圖像弄得更加撲朔迷離、真假難辨。史家堂上一塊不見署名的匾額，便透過「懼禍，鏟其題識」這個在壬午整肅背景下極合情理的處置，與《致身錄》所述故事緊密連結，進而成為該故事僅存的「證物」。由此可見，隨著該書持續引起世人的討論和爭議，史氏家族也不斷發展出相關的傳說甚至遺物，來強調這個先祖從亡故事的真實性，在不斷深化其忠臣後裔形象的同時，也嘗試爭取更多支持者，以及在與辨偽學者論戰中的更多優勢。

事實證明，無論是久湮史料的包裝、名人序跋的加持或是相關證物的創造，史氏家族苦心經營的宣傳策略可謂大獲成功，《致身錄》

---

[169] 〔明〕託名程濟，《從亡隨筆》（《中國野史集成續編》，第17冊，成都：巴蜀書社，據明崇禎十七年遜國逸書本影印，1996），頁23a-23b。

[170] 〔清〕趙士喆，《建文年譜》，卷下，宣德九年夏條，頁40a-40b。

[171] 〔清〕談遷，《棗林雜俎》，〈智集・建文皇帝遺蹟〉，頁18a。

不僅在南直隸蘇松地區引起熱烈迴響，還有逐漸向外擴散的趨勢，至崇禎年間更開始被相關歷史著作廣泛引用。前述主導重修南京表忠祠、編纂《皇明表忠紀》的錢士升，在為崇禎四年刊本寫作的序文中提到，從亡諸臣姓名湮沒的多年遺憾，就因該書重見天日而盡解：

> 嘗讀遜國臣傳，至補鍋、雪菴諸人，求其姓氏不可得，輒掩卷嘆息，想見其人。又見野史載西內老佛事，鑿鑿可據，意四十年間牧圉之僕，必不僅一程編修。此段疑案，遂為胸中宿物。晚而得史翰林《致身錄》，且驚且喜。……嗟乎！諸公姓名湮沒二百三十餘年矣，而乃今從名山湮瀾之餘，忽現光采，或降神於乩，或示靈於夢，一段精氣，徹清虛，貫金石，久而不容泯滅如此。[172]

與萬曆晚期《致身錄》初現文壇時的情況相同，許多士人都認為長期以來建文帝出亡「史事」的諸多空白與疑問，終於由此獲得解答。如《皇明世法錄》作者陳仁錫（1581-1636）即謂此段出亡經歷中的好些細節，均賴「史公自敘《致身錄》知之」，[173]也有部分文人在讀後寫下抒懷的詩篇，如陶奭齡〈讀史清遠翁致身錄感而有述〉、劉孔和（1615-1645）〈題致身錄〉等。[174]崇禎中期以後多數國朝史著作，以及各種建文朝歷史專書，幾乎都會徵引《致身錄》的內容，地方志也可能受其影響，如成於崇禎十年（1637）的《嘉興縣志》便根據該書為史仲彬立傳。[175]清康熙八年的《致身錄》刊本甚至設有〈致身錄刻

---

[172] 該文亦收錄於錢士升於崇禎十七年所編《遜國逸書》。參見〔明〕錢士升輯，《遜國逸書四種》（《四庫全書存目叢書》，史部第55冊，臺南：莊嚴文化事業有限公司，據南京圖書館藏明崇禎刻本影印，1996），〈史翰林致身錄敘〉，頁1a-2a。

[173] 〔明〕陳仁錫，《陳太史無夢園初集》（《續修四庫全書》，集部第1381-1383冊，上海：上海古籍出版社，據明崇禎六年張一鳴刻本影印，2002），《駐集》，〈史侍書奇忠家祠記〉，頁10b。

[174] 劉詩後來被載於清人王士禎的筆記《池北偶談》。參見〔清〕王士禎，《池北偶談》，卷6，〈談獻二‧致身錄〉，頁124-125。

[175] 〔明〕羅炌修，〔明〕黃承昊纂，《（崇禎）嘉興縣志》（《日本藏中國罕見地方

入諸書〉，羅列二十五部採納該書內容的著作，當中明代所出文獻就佔了近三分之二（見表4-3）。[176]

表4-3　康熙八年本《致身錄・致身錄刻入諸書》所舉書名及其作者表

書名	作者	書名	作者
《神宗實錄》	屠中孚	《遜國正氣紀》	曹參芳
《嘉興府志》		《明紀》	
《建文書法儗》	朱鷺	《遜國逸書》	錢士升編
《續藏書》	李贄撰 陳仁錫評	《遜國二忠紀》	劉城
		《建文本紀》	陳三島
《皇明闕典》	趙宧光	《明史紀事本末》	谷應泰
《晚香堂集》	陳繼儒	《續英烈傳》	不詳
《表忠祠紀事》	孫應嶽	《學易編》	
《皇明史概》	朱國禎	《遜國遺忠錄》	
《從亡隨筆》	程濟（託名）		
《拊膝錄》	劉琳	*左　欄：崇禎朝（含）以前所出文本	
《遜國忠紀》	周鑣	右　欄：《遜國二忠紀》以上為南明所	
《皇明表忠紀》	錢士升	出文本，以下三部為清代所出	
《皇明世法錄》	陳仁錫	文本	
《嘉興縣志》	黃承昊等編	灰色欄：成書時間不明之文本	
《廣百川學海》	馮可賓		
《建文遜國之際月表》	劉廷鑾		

　　《致身錄》在江南地區的廣泛流行，加上各類專書的爭相引錄，使其內容很快便成為許多南方士人相關歷史記憶的一部分。天啟年間，南京科臣歐陽調律甚至上疏奏請為史仲彬議諡立祠，「附方、鐵諸忠之後」，促使錢謙益撰寫〈致身錄考〉一文，[177]以成化年間吳寬

　　志叢刊》，第27冊，北京：書目文獻出版社，據日本宮內省圖書寮藏明崇禎十年刻本影印，1991），卷14，〈人物志・節義〉，「史仲彬」條，頁53b。
[176] 〔明〕託名史仲彬，〔清〕史在相編訂，《致身錄》，〈致身錄刻入諸書〉，頁1a。
[177] 〔清〕錢謙益，《牧齋初學集》，卷22，〈致身錄考〉，頁7a。根據《明熹宗實

〈清遠史府君墓表〉和《致身錄》對照，提出後者十處「必無」敘述，證實《致身錄》確屬偽造。[178]錢氏還查閱史鑑《西村集》，認為集中既已為建文忠臣如姚善、周是修、黃觀等人立傳，可見當時已無避忌，若其祖史仲彬當年真有從亡之事，「何獨於己之祖則諱而沒其實乎」？[179]這篇鏗鏘有力的文章，也讓他正式踏入明末針對從亡偽書辯論攻防的戰場。值得一提的是，錢謙益在〈致身錄考〉中，還談到刊刻天啟二年《致身錄》刊本的史兆斗，曾到訪其府上請教該書真偽：

> 去年兆斗過余，問侍書真偽云何，余正告之曰：「偽也。」為具言其所以。兆斗色動，已而曰：「先生之言是也。」問其所秘藏本，則遜謝：「無有。」[180]

錢謙益這段記載透露了兩個有趣的訊息。首先，雖然不清楚史兆斗拜訪錢氏的確切年分，但無論是在史兆斗於天啟二年刊刻《致身錄》新版之前或之後，其實都頗奇怪。如果是在之前，那麼為何在獲得該書為偽的答案後，仍要進行刊刻？如果是在之後，既對該書真偽有所懷

錄》，歐陽調律是在萬曆四十八年七月至天啓四年三月擔任南京戶科給事中，之後就再也不曾擔任南京科臣，故其上奏時間應是在這段期間。而他兩度上奏與建文朝相關議題，分別是在天啓二年和四年，因此筆者研判其奏請為史仲彬議謚立祠，或許就是在天啓年間，甚至可能就是在上述兩次上奏中一同題請。參見《明光宗實錄》，卷2，萬曆四十八年七月己亥條，頁34；《明熹宗實錄》，卷29，天啓二年十二月庚寅條，頁1484-1485；《明熹宗實錄（梁本）》，卷40，天啓四年三月辛巳條，頁2313。

178 〔清〕錢謙益，《牧齋初學集》，卷22，〈致身錄考〉，頁7b-10b。此十件「必無」之事分別為：史仲彬從亡訪主事、從亡間歸領諸父老抗論治水諸使事、訪主二十年間遍走海內事、因從亡為仇家中傷死獄事、從亡諸臣晏坐記別題拂事、建文元年諫改官職及請誅徐增壽諸事、縛貪吏後返家而解縉等人為之餞行事、在家中與來訪縣丞對白事、史鑑為其曾祖史仲彬隱諱事、焦竑得書茅山並為之作序事。之後明遺民史家潘檉章根據史鑑所撰行狀，指出史仲彬確係死獄，但與「從亡」一事無涉，而是為人所誣陷致死獄中，從而糾正錢氏謂史仲彬未曾死獄之說。參見〔清〕潘檉章，《國史考異》，卷4，〈讓皇帝．十九〉，頁43b-44a。

179 〔清〕錢謙益，《牧齋初學集》，卷22，〈致身錄考〉，頁10a；〔清〕潘檉章，《松陵文獻》（《續修四庫全書》，史部第541冊，上海：上海古籍出版社，據復旦大學圖書館藏清康熙三十二年潘來刻本影印，2002），卷10，〈人物志十．隱逸．史鑑〉，頁6b。二文皆稱史鑑文集作「西邨集」。

180 〔清〕錢謙益，《牧齋初學集》，卷22，〈致身錄考〉，頁10b。

疑，為何不在刊刻之前就先請教？而且往後史氏家族刊行《致身錄》的活動仍持續進行，絲毫不受影響。因此，若史兆斗訪錢謙益之事不虛，其目的很可能並非查證《致身錄》之真偽，而是欲從對方口中聽到肯定的答案，讓這位見重士林的大學者也成為替該文本背書的名人之一，然而結果卻出其意料之外。倘若此確為史兆斗動機，或可假設其到訪是在《致身錄》天啟二年本刊刻之前，而其實際目的則是欲請錢謙益為該版寫序。其次，錢氏向史兆斗詢問秘藏本時，後者竟回答沒有，那麼之前史冊在泰昌元年跋中提到的「宗塾遺本」究竟是否存在？即使已「剝蝕至不堪讀」，但畢竟是家族內僅剩的孤本，實在沒道理將之丟棄。就算該殘本是由史家於吳江一系的史冊所取得，而非位於長洲的史兆斗一系，後者還是可以將此訊息告知錢氏，至少還能證明「宗塾遺本」的存在，但他並沒有這麼做。在錢謙益看來，史兆斗的反應已顯示了史氏家族刻意作偽的事實。

遺憾的是，往後《致身錄》受到的重視和採信，並沒有因為錢謙益的考證而減少。不僅為該書作序題詩的文人持續增加，還出現一部衍生自其內容的偽書《從亡隨筆》。為此錢謙益又撰寫了〈書致身錄考後〉一文，在考證《從亡隨筆》諸多謬誤的同時，亦再斥責《致身錄》之偽。他也指出《從亡隨筆》是由《致身錄》衍生而來：

> 陋哉！此又妄庸小人踵《致身錄》之偽而為之者也。……作《致身錄》者，涉獵革除野史，借從亡脫險之程濟，傅合時事，偽造彬與濟往還之跡，以欺天下，而又偽造濟此書，若將疏通證明之者，此其本懷也。……此二書者，不先不後，若期會而出。汲冢之古文，不聞發冢；江左之異書，誰秘帳中？《日記》出，而《致身錄》之偽，愈不可掩矣。甚矣作偽者之愚而可笑也。[181]

---

[181] 〔清〕錢謙益，《牧齋初學集》，卷22，〈書致身錄考後〉，頁11a-12a。

在錢氏看來，《從亡隨筆》根本是為證明《致身錄》所述屬實而偽造的文本，兩書問世的時間又近得像是約好了一般，要發掘一部湮沒許久的史料文獻是否真如此容易？其內容與《致身錄》配合得越好，就越發顯示出後者的偽託。錢謙益還在文中駁斥時人對這類偽書「寧可過而存之」的態度，認為此種作法將會損害成祖的歷史形象：

> 妄一男子欲薦撐其先祖，信筆排纘，儼然附方、鐵諸公之後，
> 猥云「過而存之」，吾恐革除之書且充棟宇，而其廟祀且遍閭
> 閻也。且少帝之事往矣，忠臣義士不可謂不多矣。若子之言，
> 其必人挾射天之矢，家畜吠堯之犬，使成祖無所容於天地而後
> 快與！今之君子，夫誰非戴天履地，服事成祖之聖子神孫者
> 歟？其亦弗思而已矣。[182]

這段論述不只透露錢氏對容許偽書存續可能引發更多偽託的憂心，也點出了明人在檢視靖難歷史時最大的心理矛盾：身為「成祖聖子神孫」的子民，無論是否涉及禁忌，抨擊君王父祖在當時都不會被視為妥當之事，遑論在明代地位崇高的成祖。也因此，一直以來才會不斷出現各種調和其與建文君臣的論述。不過隨著《致身錄》和《從亡隨筆》的問世，這種和諧的歷史認知又將逐漸於時人心中消退，因為上述二書所反映的，並非具調和性質的「遜國」之說，而是強調成祖叔姪衝突的「出亡」認知：故事中的建文君臣之所以顛沛流離，在旅途中不時與病痛、困頓與死亡相伴，都是成祖一手造成。即使最後劇情將會連接到建文帝回歸大內終老的圓滿結局，但仍只能算是他與成祖子孫的和解。對錢謙益來說，這些偽書描述的情節本是虛構，卻以「史料」的型態呈現，進而成為時人的歷史記憶，無疑是將莫須有的罪名加於成祖身上，使其無法為後世所諒解。

---

[182] 〔清〕錢謙益，《牧齋初學集》，卷22，〈書致身錄考後〉，頁13a。

雖然《致身錄》歷經多年宣傳，已經深入建文朝歷史纂述大本營──江南地區的人心，致使相關文本對其往往一面倒地採取支持態度，不過錢謙益豐富的學養，及其兩篇辨偽文章鞭辟入裡的論述，仍對明末的知識分子有所影響。如南明弘光年間促成並參與諸多涉及建文君臣事務的李清，即拜讀過錢氏之文。當弘光政權建立，欲褒錄遜國諸臣時，禮部因受到《致身錄》等文本的影響，將史仲彬列入，李清遂就《致身錄》與此前相關史籍記載互異之處提出「四誣」，又搬出錢謙益對照吳寬〈清遠史府君墓表〉和《致身錄》發現的多處出入，作為該書假託的證據。[183]由於李清據理力爭，史仲彬遂從弘光朝廷的恤錄名單中剔除。到了弘光元年二月，李清又請修纂建文、崇禎兩朝《實錄》，並強調正因建文朝未存官史，才讓《致身錄》等野史、偽書充斥世間，希望朝廷及早著手修纂《崇禎實錄》，既為甲申變亂的責任歸屬建立定論，也藉此杜絕往後的偽書氾濫問題。[184]

　　錢謙益等人與史氏家族對《致身錄》的辯論攻防，並沒有隨著南明諸政權的覆亡而告終，反而持續延燒至清代。面對錢氏有理有據且頗具影響的考證，史氏家族於入清之後又撰《鳴冤錄》進行辯護。不過該文本並未提出什麼能證明《致身錄》為真的憑據，反而是針對錢謙益於弘光政權亡後便歸降清廷一事大肆抨擊，不但指責其為小人，更聲稱贊同錢氏論點與之應和者亦皆小人，希望藉此「箝天下之口」。[185]這種手法似有為敵我雙方分別塑造「失節小人」和「忠臣遺胤」形象的意味，然而當時史氏家族亦已是清朝臣民，卻拿錢謙益降清一事攻擊之，以持續他們宣傳《致身錄》、營造忠臣後裔形象的事業，實頗予人諷刺之感。當時的遺民學者中，也有不少人撰文論證該

---

[183] 潘檉章在《國史考異》收錄了錢謙益和李清對《致身錄》的考證文字。李清所謂「四誣」，分別為王艮由「抱印赴火」的殉臣變為從亡之臣、建文帝啓太祖遺匣剃度出亡事不過是借野史記載而來、遭整肅而死的蔡運及多位隱遁之臣皆改從亡、雪庵和尚和河西傭等無名隱遁者不但出現名號且事蹟愈詳。參見〔清〕潘檉章，《國史考異》，卷4，〈讓皇帝‧十九〉，頁42b-44a。
[184] 〔清〕李清，《南渡錄》，卷4，弘光元年二月甲子條，頁62a-62b。
[185] 〔清〕潘耒，《遂初堂文集》，卷11，〈從亡客問〉，頁47b-48a。

書之偽，除了第一節提過的黃宗羲，潘檉章亦在其著《國史考異》裡對《致身錄》進行考辨，[186]查繼佐《罪惟錄》則針對《致身錄》與各種相關傳說，提出十六個不合理之處，當中部分見解與昔日沈德符、錢謙益的看法相同，或許正是受其影響。[187]

相較於《致身錄》，另一部偽託文本《從亡隨筆》就沒有引起這麼多的討論，但該書造成的影響和被徵引的情況卻猶有過之。這部書最晚於崇禎六年開始流傳，透過將敘事者變為傳說中隨侍君側的程濟，使《致身錄》所呈現的建文帝出亡故事進一步細緻化、完整化，不但填補了因史仲彬未隨聖駕而產生的記載空白，更將故事延續到了野史描述的最終結局——建文帝被迎入大內。《從亡隨筆》按年月敘事，詳細「記錄」了建文帝出亡期間的行蹤，並結合《致身錄》及多種野史傳說，建構出一套規模前所未見的流亡路線。書中建文帝的行跡遍及江蘇、浙江、湖廣、廣東、廣西、貴州、四川甚至陝西，期間多次寓居吳江史仲彬家、襄陽廖平家，亦曾棲身黔國公沐晟府，以及雲南永嘉寺、永昌府白龍山、大理府浪穹縣、四川重慶府善慶里等處（見表4-4）。

作為衍生之作，《從亡隨筆》修正了不少《致身錄》中太過離奇或與以往文獻記載差異過大之處。胡適曾將二書的內容互相對照，指出《從亡隨筆》不僅刪去前書神話色彩太重的情節，如太祖已定三人度牒之名、遺篋朱書有「應文從鬼門出」等指示、鬼門一擊即開、王昇因太祖託夢駕船來迎等，還將實為自焚殉國的王良從該書所列從亡諸臣的名單中刪去，易以吳學成、黃直二人，又根據嘉靖時《革朝志》等書中梁良用「壬午之變相率去，為舟工，死於水」的記載，[188]

---

186 〔清〕潘檉章，《國史考異》，卷4，〈讓皇帝・十九〉，頁40a-44a。

187 如與「豈不聞胡濙之出，又奚乎天台」類似的質疑在沈德符《萬曆野獲編》中已出現，而「亡名者必誣之以名」、「既疑仲彬匿帝，必大索，能哂而去之」等質疑則可見於錢氏考證文章。參見〔清〕查繼佐，《罪惟錄》，志卷32上，〈外志・列朝帝紀逸・建文逸記〉，頁18b-19a。

188 〔明〕許相卿，《革朝志》，卷6，〈死遁列傳・梁良用〉，頁7a。

將為帝駕船者由王昇改為梁良用，並給予後者投水自盡的結局。《致身錄》中對程濟籍貫的記載錯誤，在《從亡隨筆》一書中也獲得更正，由原本混淆自程通（1364-?）籍貫的徽州績溪改回西安朝邑。[189]

至於對建文帝回歸情節的描述，則綜合了《明英宗實錄》和野史諸書的記載，建構出融各家之說於一爐，卻又頗為獨特的故事：先是在宣德十年（1435），建文帝在從亡眾臣之一的何洲勸說下，有了歸返江南之心，並於正統改元時決意東下，惟因程濟兩度占卜為凶而作罷。到了正統五年，一名老僧楊應祥將建文帝「長樂宮中雲氣散」的題壁詩充為己作，並對發現此事者自稱「高皇帝之孫，懿文皇太子之子」，遭地方官員逮捕，建文帝也因與其同寓一寺而受累，與程濟被押至北京。起初建文帝不敢自承身分，但隨著楊氏冒充之事遭御史拆穿而被處死，其追隨者也面臨戍邊處分，為了逃過此劫，他向御史吐露實情，並以陳述宮中舊事通過宦官吳亮檢驗，最後被迎入大內奉養，人稱老佛。[190]

由於敘事者轉為隨侍君側的程濟，《從亡隨筆》便能較細膩地描寫建文君臣遭遇的艱辛困頓，和彼此之間互相關懷扶持的感情。書中的建文帝不僅曾齋祭方孝孺等殉臣，亦屢對從亡之臣的辭世表示哀悼，甚至將從亡死者的神主立於舍東，與之相伴。[191]該書中的流亡旅程，時時籠罩於死亡的陰影下，從亡諸臣隨著時光流逝或疾病困厄紛紛凋零，最後只剩程濟相伴左右，至建文帝回歸大內方結束使命。比起《致身錄》，《從亡隨筆》的故事更加感傷，但君臣之間的情感塑造也更加動人，[192]且終究走向了圓滿的結局，建文帝與永樂政權的衝

---

[189] 胡適，〈建文遜國傳說的演變——跋崇禎本遜國逸書殘本〉，頁20-21。

[190] 〔明〕託名程濟，《從亡隨筆》，頁23b-26b。另外，胡適在其關於崇禎本遜國逸書的討論中，認為《從亡隨筆》係錢士升所偽造。《中國野史集成續編》以錢士升為該書作者，或許即是採胡適之說。參見胡適，〈建文遜國傳說的演變——跋崇禎本遜國逸書殘本〉，頁23。

[191] 該書謂建文帝於永樂五年十二月祭諸殉臣，永樂十三年立從亡臣死者神主於浪穹居所之東，宣德六年十月又於鶴慶新建庵所旁立殉臣及從亡臣死者神主。參見〔明〕託名程濟，《從亡隨筆》，頁11a、14b。

[192] 劉瓊云在其研究中已提及《從亡隨筆》中建文君臣的互相救助，以及諸臣死後建文

突在正統朝獲得和解，靖難戰爭造成的創傷，亦透過英宗的「親親之誼」獲得彌補。

表4-4 《致身錄》、《從亡隨筆》、《建文年譜》所記建文帝行蹤表

年	月	前往地點或居留處		
		建文年譜	致身錄	從亡隨筆
建文四年 （1402）	六月	至吳江史仲彬家	出亡，經水月觀 至吳江史仲彬家	出亡，十九日抵吳江 居史仲彬家
	八月	啟程往雲南	往雲南，居永嘉寺	離吳江，由京口出發 經揚州、六合至襄陽
	九月	經鎮江、六合至襄陽		
	十月	由四川入雲南		往雲南，經四川善慶里
永樂元年 （1403）	正月	至雲南永嘉寺		至雲南，投永嘉寺
	三月	與眾弟子會於襄陽	齊聚襄陽廖平家 月底返雲南	
永樂二年 （1404）	正月	由雲南永嘉寺北行		自永嘉寺東行
	二月			至重慶
	三月			至襄陽，居西山
	六月			自西山往吳江
	八月	至吳江，居史仲彬家 遊杭州	至史仲彬家 遊杭州、天台、雁蕩	至史仲彬家 遊杭州
	九月	遊天台山、雁蕩山		至天台山
	十月		返雲南	
	十一月	南還		自台州返雲南
永樂三年 （1405）	春	往四川		
	二月	至重慶，居善慶里新庵		至重慶
永樂四年 （1406）	三月	往雲南		自重慶返雲南
	四月	至雲南，居沐晟家		居西平侯沐晟家
	五月	居白龍山舍		結茅白龍山
永樂五年 （1407）	五月前		遷居善慶里 杜景賢為築室	
	五月後		遷居白龍山	

帝的哀悼與紀念，並認為《致身錄》藉建文帝與史仲彬往來點出的君臣情義，至《從亡隨筆》則轉為「生人亡靈為伴」的覆疊意象，塑造出死生不相離棄的君臣關係。參見劉瓊云，〈帝王還魂：明代建文帝流亡敘事的衍異〉，頁99-101。

年	月	前往地點或居留處		
		建文年譜	致身錄	從亡隨筆
永樂七年（1409）	正月	啟程東遊		東行
	三月	至善慶里,再東下		至善慶里
	五月	至襄陽		至襄陽,後還雲南
永樂八年（1410）	春	南下		
	三月	還白龍庵		抵白龍庵
永樂九年（1411）	正月	有司毀白龍庵,西下		有司毀白龍庵,離開
	四月	定居浪穹		至浪穹,建庵
永樂十一年（1413）	五月	南遊至甸		南行至甸
	六月	還浪穹庵		還庵
永樂十三年（1415）	四月	東遊		出庵東下
	八月	遊衡山		遊衡山
	十月	還浪穹庵		還庵
永樂十五年（1417）	二月	築靜室於鶴慶山中		築靜室於鶴慶山中
	十一月	往衡山		東行,至衡山
永樂十六年（1418）	三月	自衡山返,居於貴州		自衡山返,至貴州
永樂十八年（1420）	秋前	還居浪穹		
	八月前		遷居雲南浪穹縣某庵	
	十月	登峨嵋山		入四川,遍遊諸勝
永樂十九年（1421）	正月	自浪穹往四川		登峨嵋山
	四月			再入四川
	七月	至廣東,遊海南		至廣東,遊海南諸勝
	冬	自海南返		自海南返
永樂二十年（1422）	正月	別居於淥泉		
	四月			避居鶴慶庵南四十里之淥泉
永樂二十一年（1423）	二月			遊湖廣諸勝,登章臺山
	三月	遊湖廣,登章臺山		
	六月	至漢陽		
	七月	遊大別山		留居大別山
永樂二十二年（1424）	二月			東下
	三月	東行,訪諸弟子		
	七月		聞成祖崩,由雲南經湖廣下江南	
	九月	史仲彬來訪,告知成祖		
	十月	崩事,與彬偕下江南		至吳江史仲彬家
	十一月	至吳江史仲彬家 遊杭州,自寧波渡海	抵史仲彬家,居數日後往遊天台諸勝	至寧波,渡蓮花洋
洪熙元年（1425）	正月	謁普陀山潮音洞觀音		謁大士於潮音洞
	三月		復至史仲彬家,渡江	
	五月	自福建至廣東,還淥泉	欲往開封祥符	自福建、廣東還山

年	月	前往地點或居留處		
		建文年譜	致身錄	從亡隨筆
宣德二年 （1427）	二月	移居鶴慶		移居鶴慶
	八月	前往四川		因雲南亂事入四川
	十月	至四川永慶寺		宿永慶寺
宣德三年 （1428）	五月			遊神女廟
	七月	遊黃牛磯		遊黃牛磯
	十月	自四川北游，至漢中		遊漢中，曾暫居廖平家
宣德四年 （1429）	春	南還		
	二月			至成都
	五月	還浪穹，因庵移居鶴慶		還浪穹
	六月	至鶴慶		至鶴慶山中
宣德六年 （1431）	正月	北遊		
	二月	至陝西		往陝西
	四月			至延安，遍覽諸勝
	五月	至延安		
	七月			東行至四川
	九月			至夔
	十二月	前往湖廣		
宣德七年 （1432）	正月	入湖廣，至公安		入湖廣，至公安
	五月	至武昌		至武昌
	八月	乘舟自九江東下		乘舟下九江
	九月	至浙江，遊吳山		遊吳山
	十月	至天台，居赤城觀		
	十一月			遊天台，留居赤城觀
宣德九年 （1434）	五月	自天台往吳江		入吳江，訪史仲彬子晟
	六月	訪史仲彬之子史晟 遊於會稽		入會稽
	八月	自會稽還，至夔州南下		還，至夔州，宿安福寺
	十月	還鶴慶之新庵		還山
宣德十年 （1435）	三月	自鶴慶往廣西		往粵西
	七月	至桂林		
正統元年 （1436）	秋	自廣西還鶴慶		
	八月	卜築浪穹		自粵西還雲南 卜新築於浪穹
正統二年 （1437）	三月	自鶴慶北遊，至漢中		入漢中
	五月	南返四川，登峨嵋山		遊峨嵋，避暑太白祠
	十一月	返浪穹庵		返浪穹
正統三年 （1438）	十一月	離開雲南，前往廣西		離開雲南，前往廣西
正統五年 （1440）	五月	自廣西東歸		遭械往京
	八月	至南京		至南京
	九月	至北京，迎入西內		至北京，迎入大內

＊灰色欄為與後出著作差異較明顯的記載。

由於被視為真實的歷史記載，明末知識分子開始整合《致身錄》和《從亡隨筆》的內容，試圖透過比對二書和考察相關史事，拼湊出建文帝出亡經歷的全貌，趙士喆的《建文年譜》便是此類工作的成品之一。對照上述三書記載的建文帝行蹤，可發現《從亡隨筆》作為隨侍建文帝者「留下」的「記錄」，相較於《致身錄》中多「聽聞」自其他從亡之臣的行程，實有大幅擴充，於細節上亦有所「修正」。《從亡隨筆》在建文帝行蹤的設計上，不僅更接近嘉靖時發展出的「自湖湘入蜀，自蜀入雲南，復遁閩，最後入廣西」路線，也延續了《致身錄》中建文帝遊覽浙江的行程，甚至在此基礎上，增加不少其於各地遊山玩水的情節，為這段顛沛流離的出亡過程，增添了幾分歡快的色彩。《致身錄》描述的建文帝之遊，主要集中於浙江，當中天台山更是書中所記兩次旅遊都曾前往的景點，或可反映建文帝對當地的喜愛；不過在《從亡隨筆》裡，天台山卻只是建文帝眾多遊覽地點的一處。而趙士喆《建文年譜》彙整出的建文帝行跡，大致上係根據《從亡隨筆》的記載，卻也參考《皇明表忠紀》等史籍和些許相關資料，以考察建文帝遷移的時間或動機。如正統三年建文帝離開雲南前往廣西的記載，《從亡隨筆》稱係恐遁去之徒洩露其蹤，《建文年譜》則將此事與當時爆發的麓川之役連結，認為躲避戰禍應也是其遷離原因。[193]該書亦彙集野史記載，整理出一份知曉建文帝出亡在外者的名單。[194]

---

[193] 〔清〕趙士喆，《建文年譜》，卷下，正統三年冬條，頁43b。麓川之役係因孟養宣慰使思任發起兵攻佔麓川宣慰司屬地而爆發，關於該戰役的詳細經過，可參見〔明〕高岱，《鴻猷錄》，卷9，〈麓川之役〉，頁13a-17a。

[194] 這份名單共有三十人，包括野史傳說中曾收留建文帝的沐晟和溥洽、尋訪建文帝的胡濙和鄭和、為雲庵和尚建屋的杜景賢、《致身錄》中在宮內目送建文帝離去的御史曾鳳韶、因太祖託夢而駕船迎帝的王昇、《從亡隨筆》中曾接待建文帝的廖平之弟、史仲彬之子史晟及建文帝所收弟子。有些人物是出自地方傳說，如池州人余得華據當地傳聞曾接待過建文帝，故亦被列入。還有些人係因趙士喆自己的推斷而被列入，如他根據《致身錄》「得知」曾鳳韶送帝出亡之事，便認為與其同列兩班的都御史景清和駙馬梅殷亦知此事。參見〔清〕趙士喆，《建文年譜》，卷下，永樂十四年冬條，頁22a-22b。

晚明時人對建文君臣遭遇和長期政治禁制的不平之情，也反映在
《從亡隨筆》的情節編排上。書中記述宣德二年建文帝與程濟前往四
川時在旅店中聽聞的旅客對話，便頗能反映此種心態：

> 一日旅次，聞兩人說靖難時事歷歷，一人氣若不平，師暗謂濟
> 曰：「忠義固在人心耳。」又述革除建文年號，稱洪武三十五
> 年之詔，一人曰：「孫蒙祖號可乎？是死而生也。」師暗謂濟
> 曰：「我生而死耳。」又說到齊、黃、方、胡輩死烈之慘，家
> 屬被累之多，師暗謂濟曰：「吾得罪於神明矣，此諸人皆為我
> 也。」因泣數行下。[195]

《從亡隨筆》在建文帝命從亡諸臣與之以師徒相稱的段落後，皆稱其
為「師」，此書寫方式承襲自《致身錄》，[196]也為後來《建文年譜》
等著作所採用。靖難戰爭以建文政權的覆亡告終，導致君主蒙塵、諸
臣殉難等悲劇，作為該政權統治證明的年號遭到革除，其本身更成為
往後兩百年間的政治禁忌，這些發展在明代歷史上留下一道傷痕，不
時激起人們心中的悲憤、感傷和不平。對成祖取代建文政權、革其年
號、誅其忠臣難以宣之於口的指責，就蘊藏在文中旅客的對話裡；建
文帝「忠義固在人心」之語，則可說是當時文人對建文朝歷史記憶發
展情況的感想。經官方多所強調而深植人心、特別凸顯「忠義」特質
的儒家道德觀，正是同情並尊崇建文君臣、批判永樂政權的認知與心
態，得以延續的動力。建文帝對諸殉臣的哀悼，或許也是該書作者嘗
試給予這些死難忠臣的一點慰藉。

　　《致身錄》和《從亡隨筆》描寫燕軍攻破南京後，建文君臣遠離
京師、流亡江湖的故事，對身處崇禎十七年甲申國變後動盪時代的士
人而言，彷彿是一種歷史的重演，內心產生的共鳴實更勝之前的崇禎

---

[195] 〔明〕託名程濟，《從亡隨筆》，頁20a-20b。
[196] 〔明〕託名程濟，《從亡隨筆》，頁3a；〔明〕託名史仲彬，《致身錄》，頁7a。

年間。就在這段期間，錢士升在山河變色的悲痛中，將《致身錄》、《從亡隨筆》、《拊膝錄》和《黃陳冤報錄》四書，合輯成《遜國逸書》。[197]當中署名「玉海子劉琳」的文本《拊膝錄》，最晚於崇禎六年已流傳，以記述建文諸臣事蹟為主，共分託名遁跡者、友道者、被赦後復自盡者、被赦隱居不仕者、遁世者、迎附成祖者、忠臣妻女不屈者七類人物。其中託名遁跡者部分，即參照《致身錄》、《從亡隨筆》等書。[198]至於《黃陳冤報錄》，因主要描寫永樂初年的政治整肅，於陳瑛構陷建文諸臣方面有不少著墨，故也被錢士升視為足以示戒的文本，可待「修國史者采焉」。[199]

　　由於從亡諸書中京師淪陷、御駕蒙塵的情節與甲申之變相似，頗易引起時人共鳴，近人學者胡適在對《遜國逸書》的初步研究中，甚至認為其編輯出版可能是國變之際南方書賈的投機牟利事業。[200]然錢氏之序作於崇禎十七年八月，故該書編輯的時間應也相差不遠，當時已是弘光政權逐步補足建文朝闕典的時期，先是萬元吉於六月請復懿文太子帝號、修建文實錄並附諸忠事蹟，後有弘光朝廷於七月追諡建文帝后，故錢士升編輯此書，應有基於建文實錄將修，預備國史採錄的用意，畢竟其內容包含建文帝的出亡與回歸、壬午殉難以及後續的整肅戒嚴，幾乎已涉及靖難戰後相關「史事」的所有重要面向。當然，該書的編輯確實存有迎合關切建文朝史事者喜好的成分（畢竟錢士升本

---

[197] 錢士升在該書序文中曾悲嘆道：「甲申據建文壬午凡二百四十二年，而滄桑之變，言之可痛。」參見〔明〕錢士升，〈遜國逸書四種序〉，轉引自胡適，〈建文遜國傳說的演變——跋崇禎本遜國逸書殘本〉，頁19。

[198] 周鑣《遜國忠紀》雖以《致身錄》為本，但也參照了《拊膝錄》。他在該書凡例中提到：「焦太史竑得《致身錄》於茅山，所不經識者又數人，近見劉玉海《拊膝錄》，更為詳核，迺知忠義不泯，終且發皇。」從周鑣此言，以及該書並未徵引《從亡隨筆》一書來看，周鑣似乎尚不知曉《拊膝錄》所參照的《從亡隨筆》存在，故謂《拊膝錄》較《致身錄》詳核。參見〔明〕周鑣，《遜國忠紀》，〈遜國忠紀凡例〉，頁2a。

[199] 錢士升序稱：「祝允明《野記》中有《黃陳冤報錄》，事極穢褻，而暴揚陳瑛中菁之醜，亦足示戒，并附於梓，俟修國史者采焉。」不過目前筆者所見的《野記》版本中，並無《黃陳冤報錄》的相關資訊。參見〔明〕錢士升，〈遜國逸書四種序〉，轉引自胡適，〈建文遜國傳說的演變——跋崇禎本遜國逸書殘本〉，頁19。

[200] 胡適，〈建文遜國傳說的演變——跋崇禎本遜國逸書殘本〉，頁19。

人也是其中之一），但無論是文本生產者或讀者，南明政權治下的士人關注此類議題，自有受時代影響的政治背景與心理需求，若純以書商射利角度看待該書的編輯與出版，或有過度淡化上述因素之嫌。

除了以史料型態問世的文本，當時也有描寫建文帝出亡故事的文學作品。如陸人龍成於崇禎四至五年的小說集《型世言》，第八回〈矢智終成智，盟忠自得忠〉即描寫程濟隨帝出亡的故事。故事中建文君臣的行跡包括湖廣黃州府、長沙府、四川重慶府善慶里、白龍山、成都府、劍州江油縣（嘉靖後改隸龍安府）、貴州金筑司、雲南府等地，情節上則匯集嘉靖以降有關程濟事蹟的記載，以及《致身錄》等書之說，不過所述從亡之臣僅有程濟一人，其他被《致身錄》歸為從亡者的諸臣則回歸萬曆中期以前人們記憶中的隱遁者身分，殉臣亦只提及高翔，似是呼應鄭曉《遜國臣記》等文本中高翔、程濟各欲為忠臣、智士的志願，該回標題也昭示二人終得其所。[201]該書所設建文出亡路線中未見《從亡隨筆》提的粵、桂、陝等地，對程濟結局的描寫亦無與《從亡隨筆》相似之處，或可判斷陸氏寫作時尚未得見該書，換言之，《從亡隨筆》成書時間應晚於《型世言》，最多與之相當。故事裡建文帝與程濟在顛沛流離中嘗盡世間冷暖，「或時寄居蕭寺，遭人厭薄；或時乞食村夫，遭他呵罵」，[202]君臣情誼卻無絲毫損減。如建文帝於黃州病倒時，勸程濟自行離去另圖發展，程濟便堅決表示不離不棄之心，[203]旅途中也曾遇隱遁之臣意欲追隨，建文帝以不願累其受苦、避免從者過多暴露行蹤而拒絕。[204]這些患難真情的

---

[201] 〔明〕陸人龍著，覃君點校，《型世言》，卷2，第8回，〈矢智終成智，盟忠自得忠〉，頁167-182。故事中還為高翔安排了於成祖登基日哭臨建文帝、與成祖對峙抗顏而死、被誅九族等情節，與以往記載中對方孝孺、練子寧等人的描述頗為類似，應是將高翔設定為故事中建文殉臣的代表人物。

[202] 〔明〕陸人龍著，覃君點校，《型世言》，卷2，第8回，〈矢智終成智，盟忠自得忠〉，頁179。

[203] 〔明〕陸人龍著，覃君點校，《型世言》，卷2，第8回，〈矢智終成智，盟忠自得忠〉，頁177。

[204] 〔明〕陸人龍著，覃君點校，《型世言》，卷2，第8回，〈矢智終成智，盟忠自得忠〉，頁178-179。

描寫，或許正為後來的《從亡隨筆》奠下基礎。

　　值得注意的是，《致身錄》、《從亡隨筆》所描述的建文帝出亡故事，係以其與成祖的衝突關係為前提，然而故事中的建文帝逃出南京後，雖時有哀嘆失國、心有不甘之語，卻未曾想過聚眾反攻興復，或前往依附當時在外抗燕勤王的官員，對熟知此類故事的文人來說，多少有些不合理。為了解決這個問題，《型世言》安排了一些情節，逐步打消建文帝流亡之初意圖興復的想法。如建文帝與程濟逃出南京後，討論接下來應如何行事的對話：

> 兩個商議，建文君主意道：「齊、黃二人在外徵兵，又蘇州知府姚善，寧波知府王璉，徽州知府陳彥回，俱各起兵，不若投他以圖恢復。」程編修道：「北兵入京，聖上出遜，上下人心解體，小人貪功害正，臣還慮此數人不免，如何能輔助聖上？不若且避向湖廣不被兵之處，徐圖機會。」[205]

在這段對話中，作者將其對建文諸臣事蹟的瞭解，轉化為故事中流亡君臣對局勢的掌握。從事後的發展來看，這些意圖勤王的官員確實都以失敗收場，故建文帝不往投靠是正確的選擇，由此亦可合理化以往相關傳說中，建文帝從未往投在外募兵勤王者的問題。

　　除了《型世言》之外，崇禎年間周楫的小說集《西湖二集》也收有與建文帝出亡有關的故事，即卷二十五的〈吳山頂上神仙〉。[206] 周氏對該篇故事情節的安排，頗能看出他對以往相關史料與傳說的掌握。他創造了一個名為冷謙的道士，作為推動建文帝出亡故事進行的關鍵人物，並描述此人在洪武末年「知殺運將臨，北方真武蕩魔天尊

---

[205] 〔明〕陸人龍著，覃君點校，《型世言》，卷2，第8回，〈矢智終成智，盟忠自得忠〉，頁176。

[206] 《西湖二集》作者署名為「周清原」，周楫則是近人學者陳美林考證出的本名。參見陳美林，〈《西湖二集》考證〉，收入〔明〕周楫撰，陳美林校注，《西湖二集》（臺北：三民書局，1998），頁1。

應運將登寶位，遂以道法傳授程濟」，[207]讓程濟取得在後續從亡旅途中保護君主的能力，甚至連《奉天靖難記》中「莫逐燕，逐燕自高飛，高飛上帝畿」的預言歌謠，都變成是冷謙所唱。[208]而以往程濟預言靖難兵起，及其往祭戰功碑而免於成祖整肅的傳說，都被寫進故事當中。[209]至於建文帝出亡的經過，該書採用內臣代替建文帝焚死的說法，以及《致身錄》中神樂觀道士受太祖託夢駕船迎接的情節，描述該道士「夜被洪武爺差校尉拿去，紅袍坐於殿上，大聲分付」，太祖還威脅他說：「若不聽朕言，朕砍汝萬段死矣。」[210]《西湖二集》所述從亡故事最突出之處，在於對程濟隨君出亡期間活躍程度的大幅加強。以往《型世言》、《從亡隨筆》等文本中的程濟，最多只能為建文帝分析局勢、占卜行動吉凶，而在《西湖二集》中，程濟卻經常以法術協助建文帝逢凶化吉，神通廣大。[211]最後故事是以建文帝回歸大內終老，程濟功成身退、不知所蹤作結，與《型世言》的安排大致相近，而這也是明末時人認知中，建文君臣流亡之旅的標準結局。

　　無論是包裝成從亡諸臣所記述的史料，還是明末文人的小說創作，上述這些具體描寫建文君臣出亡經歷的文本，作者往往憑藉自身想像力，揣摩建文帝當時的心境，創造了不少人性化的段落。如《致身錄》提到永樂五年史仲彬至白龍山謁建文帝，在後者問起「汝等帶得方物與我嘗否」時，獻上其所喜愛的金華火肉等六種料理，使帝「見之大喜」。[212]《型世言》也有描述建文帝思及出亡前後生活落

---

[207] 〔明〕周楫撰，陳美林校注，《西湖二集》，卷25，〈吳山頂上神仙〉，頁527。書中對成祖形象的描寫，也可明顯看出明中葉以降真武神協助成祖傳說的影響。
[208] 〔明〕周楫撰，陳美林校注，《西湖二集》，卷25，〈吳山頂上神仙〉，頁528-529。
[209] 〔明〕周楫撰，陳美林校注，《西湖二集》，卷25，〈吳山頂上神仙〉，頁528。
[210] 〔明〕周楫撰，陳美林校注，《西湖二集》，卷25，〈吳山頂上神仙〉，頁529。
[211] 書中對程濟護持建文帝的描述頗富趣味：「每遇險難，程濟便將法術隱遁而去。或追兵將至，便以符畫地變為江河，兵不能過；或變為樹林草木遮蔽，或以法術變幻建文之相，或老或小，使人認不出真形。或到深山遠野，無飯得吃，程濟就從空飛行，尋飯而來。永樂爺後知建文不曾焚死，遂差官密訪，程濟都豫先得知，用法遁去。」參見〔明〕周楫撰，陳美林校注，《西湖二集》，卷25，〈吳山頂上神仙〉，頁36a。
[212] 〔明〕託名史仲彬，《致身錄》，頁11a。

差，鬱鬱寡歡，[213]和對從亡臣屬耍脾氣的段落，謂其「終是皇帝生性，自在慣了，有些需索不得，不免不快，形之辭色」，而隨侍的程濟則「略不在意，越加小心」。[214]此類描寫既增添了故事的趣味性，也因貼近一般人的心理和生活經驗，而更能引起讀者共鳴，甚至加強「從亡記錄」的真實性。

（二）層累堆疊：建文「新」蹟與記憶變動

庶民創造的歷史記憶，向來有依託、訛誤、生活化的特色，[215]明代地方上對建文帝隱遁記憶的形塑往往亦是如此。這些記憶不僅在鄉里間流傳，更因知識分子的採信與書寫，逐漸進入建文朝歷史記憶的主流體系中。然而，這並不代表地方記憶以及承載記憶的「遺物」或景觀便就此定型；相反地，成為主流記憶的一部分意味著當地將能取得更多資源和機會，強化或擴充原有記憶，將之形塑成更契合主流、更符合時人想像的版本。泰昌至崇禎年間，幾個知名的建文帝隱遁處又發展出新的記憶與「遺跡」，這些新建置背後除了鄉人標榜地方的動機，士大夫緬懷歷史、保存古蹟乃至尊崇故君等心態也可能作用其中。

劉文徵成書於天啟五年的《滇志》，將野史中建文帝「牢落西南四十秋」的流亡詩以〈建文皇帝遊武定獅山詩〉之名收載，[216]似乎將該詩的創作背景與建文帝棲身武定獅山的傳說相互連結，這點其實在萬曆年間當地流傳建文帝「棲此山者四十餘年」的說法中，已可略見

---

[213] 書中為建文帝安排了這麼一段臺詞：「當日龍樓鳳閣，今日水宿山棲；當日弁冕袞衣，今日緇衣皂笠。憂愁之極，也不想珍羞百味，粉黛三千，但想起祖爺百戰，掙這天下，我又不曾像前代君王，荒淫暴虐，竟至一旦失了！雲水為僧，纔一念及，叫我如何消遣？」生動展現作者想像中失國之君對流落江湖的諸多不慣和不平。參見〔明〕陸人龍著，覃君點校，《型世言》，卷2，第8回，〈矢智終成智，盟忠自得忠〉，頁176。
[214] 〔明〕陸人龍著，覃君點校，《型世言》，卷2，第8回，〈矢智終成智，盟忠自得忠〉，頁177。
[215] 廖宜方，《唐代的歷史記憶》，頁294-298。
[216] 〔明〕劉文徵編，古永繼點校，《滇志》，卷18，〈藝文志・建文皇帝遊武定獅山詩〉，頁595。

端倪。劉文徵是雲南昆明人，由地緣因素產生的認同之情不僅使他相信建文帝流亡獅山之說的真實性，也使他傾向支持上述這首著名的流亡詩，是建文帝於當地停留期間所作。而將該詩冠以武定獅山之名，應也有標榜滇地山水的意味，替這個已頗負盛名的「建文遺蹟」錦上添花。不過值得注意的是，劉氏在此使用了「遊」一字，顯示在其認知中，武定獅山不再是建文帝隱居四十餘年的地方，而只是其旅途中一個暫時停留的處所，這或與當時建文出亡路線的重新整合有關。晚明《致身錄》等文本已建立起大致詳細的流亡路徑，並廣泛獲得採信，當中的認知也很可能對劉文徵這樣的士人產生影響。[217]

作為最早發展出建文帝隱居傳說的地區之一，廣西橫州寶華山壽佛寺在晚明不但享有盛名，還陸續有地方人士進行相應的建設，可說是歷史記憶帶動寺院發展的實例。而在此過程中，新的歷史記憶也可能由此產生。崇禎十年八月十五日，《徐霞客遊記》的作者徐弘祖（1587-1641）遊覽該寺，並記下一段在寺中的見聞：

> 其寺西向，寺門頗整，題額曰「萬山第一」，字甚古勁，初望之，余憶為建文君專題，及趨視之，乃萬曆末年里人施怡所立。蓋施怡建門而新其額第，書己名而並設建文之跡；後詢之僧，而知果建文手跡也。余謂：「宜表章之。」僧唯唯。[218]

在嘉靖年間王濟《君子堂日詢手鏡》中，建文帝於該寺的題字是「壽佛禪寺」，但在晚明徐弘祖和寺僧的記憶中，建文帝的「墨寶」卻變為「萬山第一」，還被做成匾額高掛寺門。那位在萬曆末年建門的施

---

[217] 據《明熹宗實錄》，原本已在萬曆末致仕的劉文徵，於天啓元年被起用為南京鴻臚寺卿，直到天啓四年才再度致仕。至少就現有文獻來看，天啓年間《致身錄》已出版四種刊本，並請到不少名人為其寫序，在江南地區頗為風行，該段時期任職南京的劉氏應有機會接觸該書，進而受其影響。參見《明熹宗實錄》，卷8，天啓元年三月甲子條，頁398；《明熹宗實錄（梁本）》，卷41，天啓四年四月丁未條，頁2341。

[218] 〔明〕徐弘祖撰，朱惠榮等譯注，《徐霞客遊記》（臺北：臺灣古籍出版社，2001），〈粵西遊日記二〉，頁1208。

怡，究竟是藉新匾之便將他人手跡「據為己有」，還是其立匾之功反遭作為該寺名聲來源的建文帝所奪，如今已不得而知。能確定的是，在事隔近二十年後的時人記憶中，該塊匾額已經成為建文帝曾駐寺中的證物，也是寺僧、鄉人、遊客懷想昔日君王流亡歷程的憑據。而在關注建文傳說的文人眼中，這些都是歷史的一部分，理應妥善保存並予以宣揚，使之不致湮沒。徐弘祖在遊記中還提到一個可供對照之例：

> 寺後岡上，見積磚累累，還問之，僧曰：「此里人楊姓者，將建建文帝廟，故庀材以待耳。」吁！施怡最新而掩其跡，此人追遠而創其祠，里闤之間，知愚之相去何天壤哉！[219]

從里人楊氏將立建文帝廟的消息來看，壽佛寺作為傳說中的建文帝避居地，是當地歷史記憶的重要內容。可以想見該廟建成後，又將成為寶華山上有關建文帝行跡的新景點，提供另一個紀念、憑弔建文帝的場所，不僅能為人們帶來回憶該段歷史的新體驗，也可能從中產生新的歷史記憶。徐弘祖主要是以保存歷史的角度看待此事，不過此舉除了他所謂的「追遠」意義，或許也有藉著建廟，強化寶華山作為建文居留地的形象與記憶，達到標榜地方效果的用意。事實上，前述施怡「建門而新其額第」的作法可能也是基於類似的動機，他在「書己名」的同時也確實「並設建文之跡」，但徐弘祖對其之評價卻和楊氏天差地遠。

晚明時期，許多傳說中的建文帝避居處都出現了新景點，除廣西壽佛寺，貴州廣順州白雲庵（原金筑司羅永庵）亦是如此。崇禎九年（1636），貴州巡撫胡平運於白雲庵建潛龍勝跡閣，奉建文帝像，並撰〈題建文帝閣碑記〉。[220]文中如此敘述其建閣的背景：

---

219 〔明〕徐弘祖撰，朱惠榮等譯注，《徐霞客遊記》，〈粵西遊日記二〉，頁1208。
220 徐弘祖在《徐霞客遊記》中也有記及此事。參見〔明〕徐弘祖撰，朱惠榮等譯注，《徐霞客遊記》，〈黔遊日記一〉，頁1707。

庵不甚廣，且湫隘蕪雜，益居荒僻，文人冠蓋不嘗遊憩焉。故
庵堂羅諸佛，居帝於側，非不知帝，土人不知禮也，然而非體
也。余至，惻然者久，謂眾僧曰：「帝為此庵開山之主，宜獨
皆一室，以長此香火。」而眾僧若未解。[221]

雖然羅永庵之名自嘉靖以降便因建文帝題壁詩的流傳逐漸深入人心，
但由於不曾好好整治，加上地處荒僻，平時少有遊人訪客，而當地人
對待建文帝遺像的態度亦缺乏敬意，與慕建文遺蹟之名而至、尊君之
心已根深柢固的官員、士子之間，頗有差距。即使在胡平運看來，寺
僧不知禮敬建文帝的情況實在太不成體統，他也只能以「帝為此庵開
山之主」為由，替其爭取專奉一室的權利。而胡平運的努力，則使建
文帝從原本與諸佛共享的僧樓梵唱中脫離，擁有了專屬的紀念區域。
不僅如此，當地還有許多涉及建文帝「昔日生活」的景點，與潛龍閣
共同構成來訪遊人撫今追昔的記憶空間。

崇禎十一年（1638）四月十八日，徐弘祖抵達白雲山，記下當地
諸多「建文遺蹟」，萬曆時郭子章《黔記》所載建文帝手植杉樹、不
盈不涸的水源皆在其中，但其細節已有不同：

> 有巨杉二株夾立磴旁，大合三人抱，西一株為火傷其頂，乃建
> 文君所手植也。再折而西半里，為白雲寺，則建文君所開山
> 也，前後架閣兩重。有泉一坎，在後閣前楹下，是為跪勺泉，
> 下北通閣下石竅，不盈不涸，取者必伏以勺，故名曰「跪」，
> 乃神龍所供建文君者。中通龍潭，時有雙金鯉出沒云。[222]

---

[221] 〔明〕胡平運，〈題建文帝閣碑記〉，收入〔清〕金臺修，〔清〕但明倫纂，
《（道光）廣順州志》（《中國地方志集成‧貴州府縣志輯》，第27冊，成都：巴
蜀書社，據清道光二十七年廣陽書院刻本影印，2006），卷11，〈藝文〉，頁3b。
志中胡平運名誤作「胡運平」。
[222] 〔明〕徐弘祖撰，朱惠榮等譯注，《徐霞客遊記》，〈黔遊日記一〉，頁1706。

建文帝手植杉樹的數目不同還在其次，二書中對水源的描寫差別就有些大了。從雙金鯉和「不盈不涸」等文字來看，跪勺泉應該就是《黔記》所說的庵畔之井，但除此之外兩者似乎再也沒有共通點。這些差異或許是因為胡平運或更早之前對白雲庵的整修改變了地景，也可能是原本承載相關傳說的景物被新者取代，導致結合場景形塑的記憶有所異動。但不管是哪個環節出現變化，舊有說法的大致輪廓仍被保留下來，以符合為印證文獻記載而來之士人的期待。然而固有傳說的維持，不代表其內容不能有所擴充。在萬曆至崇禎的這段期間，當地也「發現」了一些新的「建文遺蹟」，如《徐霞客遊記》所記載的流米洞：

> 由閣西再北上半里，為流米洞。洞懸山頂危崖間，其門南向，深僅丈餘，後有石龕，可傍為榻。其右有小穴，為米所從出，流以供帝者，而今無矣。左有峽高迸，而上透明窗，中架橫板，猶云建文帝所遺者，皆神其跡者所託也。[223]

相傳建文帝至洞中避難，飢寒交迫之際，石龕右側的小孔竟源源不絕地流出米來，助其度過難關。跪勺泉和流米洞的傳說，都有極濃厚的神異色彩，這些故事的塑造，除了涉及民間對建文帝的崇敬與同情，還有加強景點話題性的效果。存於白雲山的遺蹟大多相當生活化，頗能反映隱居者的日常點滴，只是其是否皆為建文帝所遺，連徐弘祖都抱持懷疑。[224]

從《徐霞客遊記》的記載可發現，受到建文帝隱遁貴州傳說的影響，崇禎年間當地人對一些地景的認知與記憶，也在附會建文傳說的情況下有所轉化。如崇禎十一年四月十四日徐弘祖離開貴陽府時經過的一座橋：

---

[223] 〔明〕徐弘祖撰，朱惠榮等譯注，《徐霞客遊記》，〈黔遊日記一〉，頁1706。
[224] 較徐弘祖稍早留下相關紀錄的胡平運，對流米洞的傳說也不以為然，表示：「其說荒唐不經，或欲神其事耳。」參見〔明〕胡平運，〈題建文帝閣碑記〉，收入〔清〕金臺修，〔清〕但明倫纂，《（道光）廣順州志》，卷11，〈藝文〉，頁3b。

遂出司南門，度西溪橋，西南向行。五里，有溪自西谷來，東
注入南大溪，有石樑跨其上，曰太子橋。此橋謂因建文帝得
名，然何以「太子」云也？[225]

「太子橋」之名及其與建文帝的淵源，應該是徐弘祖從當地人口中得
知，也因而產生該橋明明以君王得名，卻稱作「太子」的疑惑。據弘
治朝《貴州圖經新志》記載，位於貴陽府城西南五里處的那座橋，實
名「太慈」，「太子橋」只是當地百姓的訛稱。[226]然而隨著萬曆以降
建文帝流亡傳說在貴陽的發展，此訛稱也變得富有意義，成為對落難
帝王遺蹤當地的紀念，使該橋也承載起原本不存在的歷史記憶。此
外，徐氏由白雲山前往平壩衛途經唐帽山，憶及他從白雲庵僧處聽聞
「建文君先駐唐帽，後駐白雲」之說，[227]可見貴州也開始在區域內形
成一些對建文帝移居路線的說法，不但聽起來較為合理，亦能與主流
記憶中的遷徙故事相配合，甚至可避免坐擁相關傳說之地點彼此排
斥、競爭的問題。

透過《徐霞客遊記》的記述，可知徐弘祖對各地有關建文帝的傳
說都頗感興趣，除了雲南武定府未曾留下記錄，[228]西南地區其他兩
個著名景點他都親自到訪。不過《致身錄》謂建文帝隱於永昌府白龍
山、大理府浪穹縣某庵的說法，在《徐霞客遊記》中均未得見。徐弘
祖是南直隸常州府江陰縣人，身處《致身錄》流傳甚廣、蔚為風行的
地區，理應對該書所記建文帝的行跡略有掌握，但行至上述二地時既

---

225 〔明〕徐弘祖撰，朱惠榮等譯注，《徐霞客遊記》，〈黔遊日記一〉，頁1699。
226 〔明〕沈庠修，〔明〕趙瓚纂，《（弘治）貴州圖經新志》（《四庫全書存目叢
    書》，史部第199冊，臺南：莊嚴文化事業有限公司，據北京圖書館藏明刻本影印，
    1996），卷3，〈貴州宣慰使司下·關梁〉，「太慈橋」條，頁1b。
227 〔明〕徐弘祖撰，朱惠榮等譯注，《徐霞客遊記》，〈黔遊日記一〉，頁1725。
228 據《徐霞客遊記》，崇禎十一年十一月十一日，徐弘祖抵達雲南武定府後接下來的
    十九天都未留下日記。為該書作注的季會明，為補此十九日遊記之缺，曾詢問隨徐
    弘祖旅行的僕人，得知徐氏確實曾前往獅山遊覽，然詳細情況則不得而知。參見
    〔明〕徐弘祖撰，朱惠榮等譯注，《徐霞客遊記》，〈滇遊日記四〉，頁2185。

未留下遊覽探訪的記載，也不曾聽聞當地文士或鄉人提及相關傳說或景點。這或許表示創生於江南地區的《致身錄》，其內容尚未影響位處偏遠的永昌、浪穹等地的百姓記憶。

建文帝傳說的吸引力，不只作用於徐弘祖，談遷在其筆記《棗林雜俎》中，亦以〈建文皇帝遺蹟〉一文整理出當時幾處著名的「建文帝隱遁之所」，包括貴州金筑司羅永庵、湖廣衡州府華嚴寺、雲南武定府獅山龍隱庵、浙江杭州府東明寺等。建文帝寓居衡州華嚴寺的說法最晚在萬曆年間便已出現，朱鷺《建文書法儗》在列舉當代流行的建文出亡傳說時，便曾提及帝嘗寓居該寺並受知府囚辱，於看守王祐私為奏報時自稱「僧瓊俊」的故事。[229]至《棗林雜俎》時，華嚴寺中已出現相應的「景點」——建文岩，據傳是因建文帝寓居該寺時當岩而坐故得名，寺內還立了石碑，記有當年建文帝託請王祐的奏草。[230]

自金筑羅永庵題壁詩起，詩文也成為建文帝曾駐留某地的憑證，不僅建文流亡詩在晚明文人記載中逐漸增加，《從亡隨筆》亦記其遊衡山、峨嵋山、晴川樓、黃牛磯等地時，都曾作詩抒發失國與出亡之慨。[231]《棗林雜俎》所列「建文遺蹟」中，也有此種類型的傳說和「景點」。如浙江湖州府武康縣的證道寺，就出現了相傳為建文帝手書的題壁詩：

> 江湖遍覽此間停，終日觀瀾坐梵局；近水魚游千頃碧，長空鳶戾九霄青。聖賢道配乾坤德，日月光華草木馨；愧我遠來山寂處，誰言道有少微星？[232]

少微星在傳統天文體系裡，是三垣星官中太微垣的屬星，象徵士大

---

[229] 〔明〕朱鷺，《建文書法儗》，〈正編下‧建文出亡不歸論〉，頁44b。書中寺名作「華藥寺」。

[230] 〔清〕談遷，《棗林雜俎》，〈智集‧建文皇帝遺蹟〉，頁17b-18a。

[231] 〔明〕託名程濟，《從亡隨筆》，頁16a、17b、18b、21a。

[232] 〔清〕談遷，《棗林雜俎》，〈智集‧建文皇帝遺蹟〉，頁18a。

夫，在文學中也喻指賢士。由詩文內容及詩後題有「歲次辛亥孟夏梅口書」的字樣來看，[233]該詩作者理應是個姓梅的文人，甚至可能是遠道前來擔任閒職的官員。然而「江湖遍覽」、「梵局」乃至「少微星」等詞句和意象，卻引發後人無限聯想，將之與建文帝流落四海、興復不成，最後於佛門安身的記憶相互結合，終使該詩成為建文帝曾佇留當地的證據，勾起遊人墨客對其顛沛流離、復國無望境遇的想像和哀思，這比一個無名文人手跡所能激起的共鳴要強多了。

正統年間楊行祥案為後世建文出亡傳說帶來的影響之一，便是使剃度、隱身佛門等情節成為相關故事中的常見要素。晚明各地許多建文帝隱遁傳說提及的地點，往往都是寺院，崇禎年間錢士升《皇明表忠紀》引述的兩則說法，亦是如此。其一是建文帝曾匿跡杭州淨慈寺之說，相傳當年其剃度時，「髯不可剃，剃則刀捲其口」，故寺中所存遺像便「禿而髯」；其二是建文帝曾率徒眾藏於雲南府昆明縣的五華山，後因漸有疑者而遷至獅子山。這二說分別轉引自出身南直隸徽州府歙縣、崇禎初年擔任兵部右侍郎的畢懋康（1571-1644）和昆明士人王來儀（?-1647）的記載，[234]當中又以五華山之說特別值得探討。五華山很早以前便是昆明名勝，許多文人都曾在當地留下記遊詩文，然而直至天啟五年劉文徵的《滇志》，五華山都還沒與建文帝出亡傳說沾上邊。而且據王氏所述，萬曆以降便是著名「建文隱遁地點」的武定獅山，甚至只是建文帝判斷五華山不能再待後才前往之處。綜上所述，或可判斷此說是在天啟末至崇禎初，昆明人為標榜地方山水，為五華盛名錦上添花，並與武定獅山等外地名勝競爭，而塑造出來的。[235]

233 〔清〕談遷，《棗林雜俎》，〈智集．建文皇帝遺蹟〉，頁18a。

234 〔明〕錢士升，《皇明表忠紀》，卷6，〈從亡列傳〉，「楊應能」條，頁7b-8a。

235 五華山一說到了清初，又與其他相關傳說結合，發展出新的版本。馮甦刊刻於康熙四年的《滇考》一書，收錄了一則流傳於當地、脫胎自沐晟藏匿建文帝說法的故事：「父老又言，（建文帝）初至滇，游城中五華寺，坐磐石上良久。寺僧馳報沐晟，晟密使人覘知之，延之家居數日，送赴武定山中。」故事中「坐磐石良久」的敘述，與崇禎時出現的衡州華嚴寺建文岩傳說有些相似，或許就是移植自後者的情節。參見〔清〕馮甦，《滇考》（《景印文淵閣四庫全書》，第364冊，臺北：臺灣商務印書館，據國立故宮博物院藏本影印，1986），卷下，〈建文遯跡〉，頁54b。

除了上述地點，建文殉臣黃觀的故鄉南直隸池州府貴池縣，也出現建文帝逃至當地的傳說。趙士喆《建文年譜》便記載了這麼一則故事：

> 貴池吳生應箕道其鄉黃侍中事云：「爾時有二門生亦赴清池死。」又言建文君出亡貴池，有鄉人余得華者，夢神人語云：「明日有貴人過，當具酒饌以待。」質明，華候于門，君果然至，華肅以入，君不，一御酒肉，華作諺語曰：「皇帝老官喫些，也帶挈我。」君驚起而去。至今他人以為談柄。[236]

　　貴池縣地處建文朝歷史書寫活動盛行的南直隸，又是著名殉臣黃觀的故鄉，相關紀念從明代中葉至晚明持續不衰，實是醞釀地方相關記憶的極佳環境。吳應箕（1594-1645）是當地著名文人，其所述傳說並未見於萬曆四十年成書的《池州府志》，故可能是在這之後才形成的記憶。余得華由夢中神人預告建文帝行跡、命備酒菜以待的段落，頗似《致身錄》中王昇因太祖託夢而駕船迎帝的情節，不過故事中的建文帝似是孤身出亡，這或許表示此一地方記憶的形塑，並未受到《致身錄》及萬曆以降從亡傳說的影響。

　　有關建文帝的議題在明代長期被視為禁忌，這為建文出亡傳說和「遺蹟」的創造、依託提供不少方便。即使是由晚近時人塑造出來的故事，只需聲稱是恐涉忌諱而隱藏多年，就不易受到質疑。如徐弘祖在《徐霞客遊記》中對白雲山的描述，即是明顯例證：

> 白雲山初名螺擁山，以建文君望白雲而登，為開山之祖，遂以「白雲」名之。《一統志》有螺擁之名，謂山形如螺擁，而不載建文遺跡，時猶諱言之也。[237]

---

[236] 〔清〕趙士喆，《建文年譜》，卷上，建文四年九月條，頁36b。此說聞自錢士升。
[237] 〔明〕徐弘祖撰，朱惠榮等譯注，《徐霞客遊記》，〈黔遊日記一〉，頁1711。

徐氏查閱天順朝李賢的《大明一統志》，不見任何關於「建文遺蹟」的記載，便很自然地認為是「時猶諱言之」。隨著建文帝隱遁、寓居地點不斷增加，範圍不斷擴大，所留「題詩」、「墨寶」越來越多，人們也樂於帶著對建文朝歷史的種種記憶與懷想，探詢、遊覽這些「遺蹟」，進而結合自身親臨「歷史現場」的見聞與體驗，塑造出新的歷史記憶。

　　另外，橫州人楊氏欲在寶華山為建文帝另行建廟，以及貴州巡撫胡平運建潛龍閣奉帝，這些措施似乎顯示，在那些因建文帝避居傳說而聞名於世的寺院，開始出現其專屬的紀念空間，不再與其他佛像雜處，亦不再受佛門禮儀規制的影響。此現象或許與當地官員或士人將儒家意識型態帶入該場域的情況有關。對壽佛、白雲等寺而言，建文帝傳說帶來的名聲與香火固然重要，卻不應影響寺院的運作和規範；但另一方面，縱使建文帝曾以出家人的身分隱居寺內，他對後世的意義卻是世俗性的，且仍被當作世俗君王加以崇敬與懷念。其紀念空間的獨立，實是上述寺院與外來勢力協調折衷的結果，不失為一個有趣的現象。

（三）「建文無陵」？：建文帝埋骨之處的討論

　　明末有關建文帝的討論中，其墓葬所在是個備受關注的議題。尤其在崇禎帝謂「建文無陵」的說法出現後，士大夫的相關探討便更顯熱絡。隨著明代中葉建文帝出亡與回歸傳說的發展，出現了其死後「葬於西山」的說法，不僅嘉靖朝郎瑛《七修類稿》引述《革除編年》所載，謂帝「崩時欲諡為神宗，而朝廷不允，葬西山，銘曰『天下大法師之墓』」，[238]嘉靖末集野史大成的《建文遜國記》也有「葬西山，不封不樹」之語。[239]這些說法為後續許多文本承襲，成為多數士人所認知的「歷史」。萬曆以降，知識分子接觸實錄的機會漸多，

---

[238]〔明〕郎瑛，《七修類稿》，卷12，〈建文君〉，頁186。
[239]〔明〕鄭曉，《吾學編・建文遜國記》，頁42a-42b。

加上重史風氣越發盛行，《明太宗實錄》中成祖以天子禮葬建文帝的記載開始受到重視，與西山之說展開了長期對抗。

建文帝葬於西山之說是與其出亡和回歸故事相配合的，其背後的歷史和解意義對身為大明臣民的士大夫本就頗具吸引力。加上實錄雖言成祖以天子禮葬之，但兩百多年來無人知曉地點，若其葬真符天子之禮，又怎至如此？對實錄記載的懷疑，亦成為知識分子傾向相信野史的原因之一。如談遷在《國榷》一書中，便未採信建文帝由成祖葬於南京之說，指出「金陵故老，無能指建文帝葬處」，並認為之所以如此，「非其跡易湮也」，而是因為實錄中以天子禮葬建文帝的記載原本就並非事實。[240] 不過，同樣是有關建文帝葬於西山的記載，《革除編年》「銘曰『天下大法師之墓』」之說，和《建文遜國記》「不封不樹」之語，對建文帝有無墳塚墓碑的認知卻完全相反。而明末參與討論「建文無陵」之說的士人，多相信前者。建文帝葬於西山傳說的盛行，也吸引了不少文人前往探訪考察。崇禎八年（1635），劉侗、于奕正所撰《帝京景物略》已對當地傳說中的建文帝葬處有相當詳細的敘述：

> 黑龍潭，入金山口北八里。未入金山，有甃垣方門，中綠樹幽晻，望曖曖然。新黃覽者，景帝寢廟也。世宗謁陵畢，過此，特謁景帝，易黃覽焉。廟初碧瓦也。又北二里，一丘一碑，碑曰「天下大師之墓」。仁和郎瑛曰：「建文君墓也。」《通紀》稱建文自滇還京，迎入南內，號曰「老佛」，卒葬西山。[241]

上文中的景物描寫，就像是作者曾經親訪該地，以自身所見與文獻相

---

[240] 〔清〕談遷撰，張宗祥點校，《國榷》（北京：中華書局，1958），卷12，頁852。
[241] 〔明〕劉侗，《帝京景物略》（《四庫全書存目叢書》，史部第248冊，臺南：莊嚴文化事業有限公司，據天津圖書館藏明崇禎刻本影印，1996），卷5，〈黑龍潭〉，頁13b。

印證一般。巧的是，建文帝在西山的葬處，竟與和他遭遇相近的景泰帝距離不遠。《帝京景物略》的內容後來也被不少文人引用，如明末徐樹丕《識小錄》：

> 建文帝無陵，相傳天順間自出，迎至宮中，號老佛，葬西山，不封不樹。今西山有天下大師之墓，碑見在，見《帝京景物略》，甚詳。[242]

第一節提過的楊士聰《玉堂薈記》，其對建文帝葬處的認知可能也是來自該書：

> 建文帝以僧歸北，相傳葬之西山，不封不樹，非也。今葬處距景帝陵不遠，有石碑題曰「天下大師之墓」。「天下」二字用得絕奇，其碑不知何時所立。頃駙馬鞏永固疏請追謚皇帝，上謂輔臣曰：「建文無墓，何憑追復尊號？」遂止。未有舉此以對者，何也？[243]

在篤信西山之說的楊士聰看來，若當時輔臣據此以奏，或許便能消除崇禎帝「建文無墓」的錯誤認知，使建文帝得獲追謚。不過本章第一節也提到，緊接在鞏永固之後上奏的禮科都給事中沈胤培，其疏中便以《明太宗實錄》為據，請「祛西山不封不樹之訛，而考尋成祖禮葬之蹟」，故崇禎帝應不致於未曾聽聞西山之說，也不太可能予以採信，加上以「建文無墓」為由拒絕追謚實在太過牽強，故楊氏對這段史事的認知應有訛誤之處。

　　明末知識分子對建文帝葬處的興趣也反映在崇禎十六年談遷的《棗林雜俎》中，他在〈建文皇帝葬〉摘錄些許文獻對此之記載。當

---

[242] 〔明〕徐樹丕，《識小錄》，卷2，〈廟號陵號〉，總頁320。
[243] 〔清〕楊士聰，《玉堂薈記》，總頁564。

中最值得注意的，是王在晉（?-1643）《長安客話》謂建文帝葬於西山，且嘉靖十五年世宗聖駕嘗幸此的記載。[244]談遷本人在清順治十年（1653）至十三年（1656）間亦曾遊歷北京，寫下《北游錄》一書，當中也記有其造訪西山的見聞，對「天下大師之墓」的描述僅寥寥數語，而且不脫劉侗等人的記載，卻留下一段「大師有知，已無子圉、重耳之嫌，而睠顧宗國，松耶柏耶，非嘉桑再宿，所為解矣」的感慨之言。[245]在他看來，比起大明滅亡之痛，成祖「靖難」帶來的傷害與仇恨，似乎已經不算什麼；然而即使靖難戰爭、壬午殉難造成的歷史傷口隨著時間逐漸彌合，大明帝國卻已再難復興。

微妙的是，明末士人筆記中雖對建文帝葬處及其細節言之鑿鑿，但至清順治年間孫承澤卻在《春明夢餘錄》中寫道：

> 蓋建文之死，史謂葬以天子之禮，所葬之地，南中杳然也。又傳謂西山有天下大師之墓，在金山寺後，余在退谷幾經尋訪，又杳然也。崇禎上謂其無陵，信矣。[246]

「金山寺後」之說，在明末筆記中似乎尚未出現，談遷《北游錄》對西山地景的描述，也未包括傳說中的建文帝墓。究竟是當地景物在甲申國變後產生變化，還是劉侗等人其實根本不曾親見位於「景泰陵北二里」的天下大師之墓，而只是沿襲此前舊說？如今已很難判斷。在孫承澤考察前後，也有明遺民至西山訪謁建文帝墓，同樣未能找到墓碑和墳塚。從這點來看，至少清初之時，西山上已沒有足以支持「天下大師之墓」說法的地景存在。

《致身錄》的流行與建文帝出亡傳說的發展，基本上是相輔相

---

244 〔清〕談遷，《棗林雜俎》，〈智集・建文皇帝葬〉，頁18b。
245 〔清〕談遷撰，汪北平點校，《北游錄》（北京：中華書局，1960），〈遊西山記〉，頁254。
246 〔清〕孫承澤撰，王劍英點校，《春明夢餘錄》，卷70，〈陵園〉，頁1358。

成的。前者之創造，搭上了後者成為明中葉以降主流認知的順風車，在形塑家族歷史、重振家族聲望的動機之外，或許還有商業上的考量；後者作為主流歷史認知的地位，也因前者以史料型態問世而更加穩固。《型世言》和《從亡隨筆》對故事細節的添加和君臣關係的塑造，則反映了時人對該段「歷史」的諸多想像，並寄寓了對君臣親和理想的嚮往。地方上透過附會加諸「建文隱遁之處」周邊地景的記憶，既是強化當地傳說可信度的策略，亦是增加觀光資源與話題的良方。對前來探訪考察的文人來說，這類地景正是過往歷史的見證與遺留，相關建置的營造則具有保存歷史的意義。當中固然有些「欲神其蹟」的偽託成分，但也無傷大雅。而在鄉人標榜地方的嘗試和知識分子的鼓勵下，往後清代又有越來越多的「建文遺跡」問世，逐漸形成相關傳說百花齊放、百家爭鳴的熱鬧景象。

第四節　失國之臣的歷史憑弔

　　崇禎十七年的甲申之變，無論是在隨即陷入戰火與失序狀態的北方，還是處於南明政權統治下的南方，對知識分子造成的衝擊和傷痛都是難以估量的。昔日靖難戰爭與此一亡國悲劇的相似之處，以及明末以降將帝國衰敗溯源至壬午年間的歷史反省，都在當時眾多失國之臣的內心引發共鳴。本節分別由南明士人將甲申之變視為報應的認知，以及明遺民後續的歷史評判切入，探討亡國之痛對當時建文朝歷史記憶造成的影響。

（一）國難與果報：南明士人的另類亡國詮解

　　崇禎十七年，可說是讓明末士人刻骨銘心的國難之年。該年接連發生李自成攻入北京、崇禎帝自縊煤山、清兵入關等事件，大明半壁江山隨即盡歸清廷。而甲申年間京師淪陷、御駕蒙塵的悲劇，在時人看來仿如國初靖難戰爭的重演，只是此次亡國喪身的，已變為當年之

勝利者——燕王朱棣的子孫。如此諷刺的歷史發展，不禁讓人聯想到此即成祖以叔代姪報應的可能性。民間開始由輪迴果報的角度，解釋京師淪陷、山河變色的原因，彷彿若將之視作建文君臣對成祖子孫的復仇，便較易接受既成事實，減輕眼見社稷崩毀的痛苦。

這種觀點並非於甲申變後才憑空冒出，其形成與發展實源自於時人對靖難歷史創傷與政治禁忌的感知。拜明中葉以來累積的建文朝歷史纂述成果所賜，靖難戰爭之激烈、壬午整肅之慘酷，已在多數世人的記憶中留下印象；而作為被害者的建文君臣，對加諸其身的壓迫心存怨恨，在後世看來也就成為理所當然之事。另一方面，受限於政治因素，建文君臣長期未能在國朝歷史上取得應有地位及待遇，直至崇禎年間此問題仍未完全解決，這在明人認知中也是足以構成怨懟心理的因素。崇禎四年五月，李若愚應崇禎帝抗旱求言詔令上疏，便將該次旱災詮解為建文君臣闕典日久、死者不得告慰的結果，當中固然有藉題發揮、以之作為論述策略的成分，卻也反映出「建文君臣積怨已久」的認知。

對靖難歷史創傷與仇恨有所感觸的，並不僅限於嫻熟建文朝史事或國朝相關闕典的知識分子。一般平民多也能透過野史軼聞取得粗略的靖難歷史認知，又不如士大夫屢屢受限於「成祖聖子神孫之臣民」的身分認同，對這段歷史積怨的理解和態度甚至可能更加激進。在明末內亂紛起的動盪中，便有民變領袖自稱是意欲奪回政權的建文帝子孫，藉以爭取民眾的支持，建立起兵推翻政府的正當性。明遺民張怡（1608-1695）的《諛聞續筆》便有李自成曾以此種手法號召起事的記載：

> 賊好以術籠人，小民無知為所愚，既下太原，檄州郡云：「予祖建文帝之孽子也，避難易姓，今天命復集，還予故物。土地百姓，我之土地百姓也；文武諸臣，我之臣子也。各安職業，無得疑畏。」人雖知為偽，猶以為取名近正，愈東從之。[247]

---

[247] 〔明〕張怡，《諛聞續筆》，卷1。轉引自王崇武，《明靖難史事考證稿》，頁37。

冒充前朝皇帝遺胤以號召起事，原本就是歷來民變領袖的慣用手法，如元末紅巾軍領袖韓山童（?-1351），便曾自稱宋徽宗趙佶（1082-1135）八世孫。「人雖知為偽，猶以為取名近正」之語或許只是張怡自己的認知，畢竟建文帝出亡傳說發展多年，當中亦不乏於異鄉娶妻生子之說，[248] 不過此種解讀確實點出時人普遍同情建文帝、為其抱不平的心理。

　　而在崇禎十七年甲申之變後，這種原本被知識分子嗤之以鼻的宣傳言論，逐漸以另一種形式在他們心中生根、擴張。因山河破碎而滿懷痛苦的文人士子，透過將此一現實解讀為成祖靖難奪位的因果報應，給予心靈聊勝於無的慰藉。李清《三垣筆記》便記有一則謂齊泰、黃子澄因積怨已久將下凡為亂的預言：

> 崇禎初，吾邑子衿袁靖，遇禪僧毒鼓於某山下，指天象語曰：
> 「天遣齊、黃輩下界，不久將亂矣。」靖曰：「此皆建文故
> 忠，詎昔忠今亂者？」毒鼓曰：「彼積憤怨已久，一朝下降，
> 不為巨寇，必為叛臣，皆所不辭耳。」至甲申之變，乃驗。[249]

李清所記預言蘊含的命數觀，或許正能反映其鄉揚州興化士人，對北方情勢驟變、朝廷一夕覆滅的無措與無奈。「天遣齊、黃輩下界」之語，透露了一種視帝京淪陷、君王殉國悲劇為天意的認知，既是上天安排建文殉臣下凡，為兩百多年前的殺身、滅族、奪國之恨討回公道，加上諸臣怨憤積抑已久，一旦反撲，其勢必烈，永樂一系政權覆滅自然成為定數。

　　當時同在南直隸轄下的松江府，也出現類似的故事，只是這回不再是某位高僧揭示的預言，而是一個地方生員所作的預知夢。《三垣

---

[248] 如第二章曾提到，嘉靖時人李文鳳於筆記《月山叢談》中記有一則傳說，描述建文帝出走後，於廣西平樂府賀縣落腳，娶妻生子後來成為孝宗生母的紀氏。參見〔明〕李文鳳，《月山叢談》，轉引自王崇武，《明靖難史事考證稿》，頁36。
[249] 〔明〕李清，《三垣筆記》，〈附識補遺〉，頁245。

筆記》對此事之記載如下：

> 松江袁子衿燦若，丁丑袁進士定弟。先闖逆陷京師二年，夢至
> 一所，見歷代諸創業君會議，燦若問：「何議？」曰：「議革
> 命。」彷彿可識者，漢、明兩高帝而已。有頃，一人如帝者
> 狀，披髮伏地，嗚嗚愬枉。明高帝語之曰：「此事非吾所能
> 主，當往問建文皇帝。」燦若夢中驚疑，問一人曰：「代明者
> 李自成否？」其人曰：「卻又不是。」燦若蓋先二年言之，非
> 附會也。[250]

在明人關於夢的記載和討論中，預知夢是一種相當常見且已融入士人
文化的類型，[251]當時亦有不少知識分子由天人感應角度看待夢境的預
言性質。[252]在晚明社會中，記夢、述夢也常成為文人宗教信仰的實
踐，[253]故李清記載的袁燦若之夢固然離奇，但尚未脫離明人生命經驗

---

[250] 〔明〕李清，《三垣筆記》，〈附識補遺〉，頁245。

[251] 其中最常見的便是預示考取功名徵兆的「狀元夢」，明代不少士大夫留下有關此類
夢境的經驗記錄，而由嘉靖年間官至武英殿大學士的顧鼎臣與其孫顧祖訓編纂、後
由吳承恩等人陸續增補的《明狀元圖考》，尤能體現明代士人記錄狀元夢的文化。
書中透過圖文並列的方式，呈現明代歷朝歷科中舉者的狀元夢。有關《明狀元圖
考》的詳細內容及其所呈現的明代夢文化，可參見陳建守，〈《明狀元圖考》：明
代科舉考生的夢文化〉，《歷史教育》，13（臺北，2008.12），頁143-161。

[252] 此種觀點或可由前文曾提及的《黔記》作者郭子章之論為代表。他認為夢境可能具
有預言性，「往往預以告人，而及其吉凶、禍福、祥殃、休咎之應，且著也曉然，
若目睹其事，而無毫髮爽」。而這種性質之所以產生，則是「人與陰陽通氣，身
與乾坤並形，吉凶往復，儼相開通」的結果。參見〔明〕郭子章，〈馬儇紀夢〉，
收入〔清〕程應熊、姚文燮纂修，《（康熙）建寧府志》（《日本藏中國罕見地
方志叢刊續編》，第10冊，北京：北京圖書館出版社，據清康熙五年抄本影印，
2003），卷43，〈藝文三〉，總頁981。

[253] 如李孝悌和夏伯嘉的研究中，都曾提及明末清初文人冒襄受功過格影響而留下的神
異夢境紀錄。而何淑宜對晚明士紳劉錫玄宗教經驗書寫的研究，也指出其著作《圍
城夢卜》將天啟二年其於貴州遭遇圍城困境與其之前所作夢境相連結，突顯夢的預
言性質，以作為其宗教信仰的經驗談。參見李孝悌，〈儒生冒襄的宗教生活〉，收
於丘慧芬主編，《自由主義與人文傳統——林毓生先生七秩壽慶論文集》（臺北：
允晨文化出版社，2005），頁257-282；夏伯嘉，〈宗教信仰與夢文化——明清之
際天主教與佛教的比較探索〉，《中央研究院歷史語言研究所集刊》，76：2（臺
北，2005.9），頁209-247；何淑宜，〈時代危機與個人抉擇——以晚明士紳劉錫玄

與知識體系可解釋的範疇。在此夢境中，成祖靖難奪國加諸於建文帝的傷害，甚至嚴重到讓歷代開國君主「會議革命」，明太祖對自己一手打下的江山竟也不存絲毫留戀，反將帝國覆滅與否的決定權交給建文帝。而袁氏在夢中獲知代明者並非李自成的情節，其實已透露此一傳聞乃事後附會。因為在文中所謂「先闖逆陷京師二年」的時間點，明帝國除了面臨李自成等人掀起的內亂危機，還得抵禦關外清人的進逼，無論最後哪方取明而代之其實都不奇怪。然而歷代開國君主的會議卻顯示大明將亡於內部的「革命」，故袁燦若的問句也就假設代明者是李自成，答者則刻意以「卻又不是」一語製造懸念，這種敘述應是呼應李自成雖攻陷北京、建立大順政權，但最後取代明朝帝統者卻是清人的意外結局。因此或可推斷該說的形成時間，是在崇禎十七年五月清軍攻陷北京、李自成逃往西安之後。

　　李清記載的這則故事，在當時似乎流傳頗廣，甚至「與時俱進」，隨著局勢演變發展出新的版本。與李清時代相近的張怡，便在《諼聞續筆》中記下了該故事的「更新版」：

> 甲申秋，西曹袁公定之兄，染疫幾殆，昏瞶中，覺身在庭下，得風甚爽，漸乘之而上天。天半，見衰衣披髮跣面而號者，心知為先帝也，尾其後，至一所，曰「高帝行宮」。帝入，哭訴甚哀，高帝據案微笑曰：「當問建文耳。」出行許時，見一殿，則建文宮也。甫入，建文大怒，手劍擬之。帝奔出，因風飄揚，至太上行宮，老子在焉。帝哭訴如前，曰：「是不難，予令一人前往。」乃召宣聖，宣聖至，執禮頗恭。語之故，宣聖難之。老子笑曰：「必欲予往耶？」遂入。某立階下，時殿左別一小殿中，設巨案，堆冊籍甚多，介而持戈者守焉。某趨進拜曰：「是蘇、松、常劫籍耳。」請得閱其鄉松江之籍，諸

的宗教經驗為例〉，《新史學》，23：2（臺北，2012.6），頁65-75。

介而戈者不可，有一人曰：「無傷。」因取示之，見己無名，而所識及親戚列名者多，未及卒視，輒奪去。某因請曰：「揚州已經殺戮矣。」曰：「未也。」「留都若何？」曰：「明歲當有變，所傷頗少耳。」「四鎮無恙乎？」曰：「屍居耳。」「然則奈何？」曰：「真人起於江淮之間，二十年後，當自知之。」俄聞傳呼聲，遂驚寤，病亦癒。後言多驗，然今已踰二十年矣，又不驗，何也？此事李映碧曾記之，予採入雜記中，不甚詳，松江一士與袁君至戚，具述之如此。[254]

根據張怡自己的說法，這則故事其實就是李清所記載的袁燦若預言夢事，只是因為係從與當事人親近之士處聽聞，所以較李清版本精確、詳細。然而比較兩則記載，可發現其內容變化極大，幾乎已是另一個故事。當事人由袁定之弟改為其兄算是較不重要的改變，作夢時間由崇禎十五年變為崇禎十七年秋，則使該夢喪失原本預示甲申國變的功能，轉為「預言」弘光政權的滅亡，以及江北四鎮潰降、揚州慘遭屠戮、南京在錢謙益率領下開城投降等相關發展；至於「真人起於江淮之間」一說，或與弘光政權亡後陸續於東南各省成立的各監國政權有關，故這版故事應是形成於弘光元年五月南京陷落後。由於已非甲申之變的預言夢，李清版本中歷任開國君主討論革命的情節便跟著消失，改為失國喪身的崇禎帝向太祖哭訴。從太祖保留了「當問建文耳」一句可知，故事中視明帝國覆亡為靖難果報的觀點並沒有改變，只是從後續劇情來看，北京的淪亡和崇禎帝的自盡，仍然無法消解建文帝的心頭之恨。此處比較有趣的是宣宗的角色安排，故事中似乎將之設定為建文帝與永樂一系君主恩怨的調解者，不知是否與嘉靖年間謂宣宗實為建文帝之子的傳說有關？作為故事中唯一沒有實現的預言，相較於其他「預言」實是時局發展的反映，「真人起於江淮」之

---

[254] 〔明〕張怡，《諛聞續筆》，卷4。轉引自王崇武，《明靖難史事考證稿》，頁37-38。

說則透露了明遺民渴望收復河山、重建故國的祈願。

除以上所述，甲申之變後還發展出另一種由「士氣斫喪始自靖難」認知衍生而來的報應觀。趙士喆〈甲申秋抄山僧問答〉描述崇禎十七年九月，他在山中聞山僧阿含所誦感時詩，亦作二詩應和，同悼國難。當中一詩末聯「忽憶金川披剃事，興亡泡影那須論」，便將甲申之變與當年的靖難戰爭連結起來。阿含聽趙氏敘述壬午殉難之事，以及甲申死者寥寥的情況後，不禁興起「此皆成祖僇忠臣之報，姚少師所慮讀書種絕者，正謂此也」之嘆。[255] 趙士喆對此深表讚同，並以「更有報應之最奇者」，將這種報應觀作進一步闡釋：

> 天道茫茫，循環莫測，有順而報者，有逆而報者，有報之顯者，有報之隱者。其順而顯，人所知也；其逆而隱，則人所未必知也。天之所廢必者，若桀、紂，未有有德之君而遽亡者，獨建文帝以孝慈恭默、崇古右文者而亡其天下，千古扼腕，以為天道不可知。今我先帝復以勤儉英明、敬天法祖者亡其天下，此非報之最奇者手？使先帝之亡於荒淫昏懦，則人將以為理勢固然，而不復推求其故矣。[256]

現存最早記載「殺方孝孺而讀書種子絕」一說的文本，是正德晚期的《革除遺事》，[257] 往後便常見於相關著作。阿含之論將忠臣義士視同「讀書種子」，認為甲申死者甚少是成祖「僇忠臣」導致忠義氣節泯滅的結果，不啻為自作自受。而在趙士喆的論述中，崇禎帝的勤政節儉素為時人所稱，卻仍落得亡國喪身的下場，這與當時文人感嘆建文帝寬厚仁愛卻仍失其國的情況頗為類似，並將崇禎帝失國理解為成祖「靖難」的遲來報應，與張怡等人記載的袁生之夢，實是異曲同工。

---

255 〔清〕趙士喆，《建文年譜》，〈附甲申秋抄山僧問答〉，頁1a-1b。
256 〔清〕趙士喆，《建文年譜》，〈附甲申秋抄山僧問答〉，頁1b。
257 〔明〕黃在，《革除遺事》（庚辰本），卷4，〈魏澤〉，總頁632。

此外，當年成祖藉「靖難」奪位，逼得無數忠臣以身家殉國，而今其子孫統治的帝國崩毀，殉死者卻沒有幾人，如此結局也確實符合二人所說的「報應」。

上述這些以「報靖難之仇」作為民變號召或甲申國變原因的說法，其實反映了一個重要的事實：即使自明代中葉以來，調和成祖和建文君臣的歷史論述便不斷發展，甚至在萬曆年間一度成為主流，但靖難戰爭、壬午殉難的衝突性質及造成的創傷，卻始終不曾於明人的歷史記憶中消失。明人所認知的建文君臣之怨，也往往源自他們回首該段歷史時，基於同情、不平心理產生的怨念，王崇武在分析此類傳說時，即認為其形成原因是為了「平群情而饜人望」。[258]而弘光帝初抵南京時親謁懿文太子墓，之後又恢復其與太子妃的帝后稱號，並完成追謚建文君臣的工程，或許也有消弭此種怨念的動機在。另外，南明士人及明遺民如此看待甲申之變的起因，實與正德、嘉靖年間謂方孝孺十族之誅乃其父輩昔日焚殺數千蟒蛇報應的傳說，異曲同工。將亡國的歷史發展理解為因果報應，替不願面對的現實尋求一個較能接受的理由，應也是相關傳說形成的重要因素。有趣的是，齊、黃轉世之說所反映的報應觀念，並未隨著日後清政權統治的穩固和易代傷痛的消逝，而逐漸淡出人們的記憶，直至盛清時期的文學創作中，仍可窺見相關說法的影子。[259]

不過在此同時，失國之痛也開始刺激知識分子更進一步反思明朝的歷史，確實探討、釐清其滅亡原因。這些討論所反映的建文朝歷史記憶，已有擺脫成祖臣民身分束縛的跡象，不僅毫不留情地批判成祖，也較甲申之前的士人更能點出靖難戰爭的本質。

---

[258] 王崇武，《明靖難史事考證稿》，頁39。

[259] 如清乾隆年間劇作家董榕所作戲曲《芝龕記》中，有一段描述齊泰、黃子澄等人死後向天庭控告成祖，其發至教坊司的女眷，也因當年徐皇后已未諫言迴護，而向女判官控告之的情節。劇中女判官即表示，這些人「怨毒已深，出世必然倒行逆施」。參見〔清〕董榕撰，董耀焜重校，《芝龕記》（《傅惜華藏古典戲曲珍本叢刊》，第35-36冊，北京：學苑出版社，據清乾隆刻本影印，2010），卷3，第24齣，〈右判〉，頁21b-22b。

（二）兩百年同悲：明遺民的悼念行為與歷史反思

　　如前所述，甲申之變的悲劇，對身為大明臣民的許多知識分子而言，彷彿是兩百多年前靖難歷史一種具報應性質的重演。不同的是，此次奪取政權的不再是朱姓的皇室子孫，而是流寇，甚至是兼具「外姓」和「外族」兩種異質身分的清人，當時的士大夫難以再像建文、永樂政權交替時那般，以「楚弓原是楚人收」的觀點或「揖讓遜國」的論述自我安慰，容許自己在山河變色後的天地間繼續安身。然而，一些活過甲申變亂的士人，卻發現自己無法仿效記憶中爭先赴死的建文忠臣，義無反顧地走上殉國殉君的不歸路；隨著清政權統治逐漸鞏固，力圖興復的希望也越發渺茫，連保住有用之身以待來日的存活理由都不再站得住腳。在這種情況下，他們一方面背負著「未死」的心理壓力，[260]隨著時間流逝，忍受「節操恐漸銷磨」的焦慮和清政權功名利祿的誘惑，[261]一方面則對建文殉臣的慷慨赴難滿懷敬意。

　　明遺民對建文殉臣的悼念，也往往透露對江山易主的感慨。如顧炎武曾經造訪位於南京賽工橋東的黃侍中祠，留下讚頌黃觀及其妻女的詩篇：

> 侍中祠下水奔渾，有客悲歌叩郭門。古木夜交貞女冢，光風春返大夫魂。先朝侍從多忠節，當代科名一狀元。莫道河山今便

---

[260] 王汎森對明清之際不入城之士的研究，指出這群人在感情上潛伏著「罪」、「愧」、「悔」、「棄」等負面意識，故常採取一些自我批判或邊緣化的生存方式。雖然王德威、王成勉等學者認為，「遺民」的身分與行為在清初是種「流行」，當中不無互相標榜或突顯自身的動機，但不見得會與此種愧疚感的產生有所衝突。參見王汎森，〈清初士人的悔罪心態與消極行為〉，收入周質平等修，《國史浮海開新錄──余英時教授榮退論文集》（臺北：聯經出版社，2002），頁406-412、430-434；王成勉，〈再論明末士人的抉擇──近二十年的研究與創新〉，收入《全球化下明史研究之新視野論文集》（臺北：東吳大學歷史學系，2008），第1冊，頁233。

[261] 關於明遺民隨時間流逝逐步加深的「失節」焦慮，參見趙園，《明清之際的思想與言說》，頁52-58。

改，國於天地鎮長存。[262]

即使不像桃葉渡的黃公祠有血影石作為殉節現場的「地標」，黃侍
中祠仍然憑藉焦竑記文的「加持」，奠定其在晚明知識分子記憶中
「黃觀妻女埋玉處」的形象。從明中葉開始，無論是書寫事蹟或立祠
祭祀，黃觀及其妻女總是形影不離，在人們的記憶中一反死時分隔兩
地的結局，緊密地連繫在一起。而在顧炎武的詩中，亦是如此。該詩
末聯雖然提及大明河山改易的現實，但呈現的卻是一種正面的心境：
即便明祚不永，但只要黃觀的忠義事蹟持續流傳，其精神持續為世人
銘記，那麼他所效忠、所代表的大明帝國，也會長久留在人們的記憶
中。這對眼見興復無望的顧氏而言，或許也算是心理上的慰藉。

　　明遺民懷念故國故君的心情，使拜謁明代皇陵、祭祀明代帝王成
為他們的重要活動之一。[263]當時最常獲得遺民致悼的君主，是甲申之
變時殉身社稷的崇禎帝，其悲劇結局不僅容易引起臣民的同情，亦能
與謁祭者的失國之痛有所共鳴。在明代受限於政治因素而處於特殊地
位的建文帝和景泰帝，也同樣受到謁陵者的關注，[264]尤其是與崇禎帝
同遭政權傾覆之難，墓葬地點及型態又頗具爭議的建文帝，格外能引
起明遺民的共鳴和興趣。對前往拜謁建文帝葬處的士人而言，這類
活動還常帶有尋訪考察的意味。明末清初的著名學者屈大均（1630-
1696）便曾造訪野史中建文帝埋骨的西山，留下〈金山口恭謁天下大

<hr>

[262] 〔清〕顧炎武，《顧亭林詩文集・亭林詩集》，卷2，〈黃侍中祠〉，頁319-320。
[263] 李瑄曾歸納明遺民群體的一些特殊作為與生活樣態，祭祀明代帝王、拜謁明皇陵便
　　是其中之二。而前文提到的顧炎武，便是當時明遺民中最積極從事謁陵活動者。據
　　朱鴻統計，顧炎武曾六謁天壽山陵區，分別是在南明永曆十三年（清順治十六年，
　　1659）、永曆十四年（順治十七年，1660）、清康熙元年、康熙三年、康熙八年和
　　康熙十六年，後四次主要是拜謁崇禎帝攢宮。參見李瑄，《明遺民群體心態與文學
　　思想研究》（成都：巴蜀書社，2009），頁109；朱鴻，〈清代人士的明十三陵與
　　景帝陵情懷〉，收入《全球化下明史研究之新視野論文集》，第2冊，頁131-132。
　　顧氏往謁孝陵的次數也不遑多讓，並曾寫下〈恭謁孝陵〉、〈重謁孝陵〉、〈再謁
　　孝陵〉、〈孝陵圖〉和〈閏五月十日恭詣孝陵〉等描述謁孝陵情景的詩作。
[264] 明遺民謁陵活動中對建文、景泰二帝的特殊情懷，可參見朱鴻，〈清代人士的明十
　　三陵與景帝陵情懷〉，頁136-138。

師墓〉一詩：

> 讓帝飄零海嶠東，龍歸猶識未央宮；風雷豈敢疑周旦，禾黍何
> 當怨狡童。父老爭迎靈駕錫，山河如棄鼎湖弓；傷心陵墓無封
> 樹，秋草離離白露中。[265]

對照詩題和「傷心陵墓無封樹」的詩句，可發現「天下大法師之墓」和
「不封不樹」兩種性質截然不同的野史說法，已在屈大均的歷史記憶中
混淆為一。當然，詩題與詩句內容有所差異的情況，也可能代表屈氏雖
期望找到《七修類稿》等書記載的墓碑，卻終無所獲，導致其認知開始
偏向「不封不樹」之說。而從詩題「金山口」三字判斷，屈氏最後很可
能只根據劉侗《帝京景物略》等書對「天下大法師之墓」位置的敘述，
大致找了一處進行祭悼。在他看來，陵無封樹等於使後世失去憑弔的依
據，是何等淒涼的事。彷彿總有一天，建文帝與其失國、流亡的故事，
也會像不存任何痕跡的葬處般，自世人的記憶中湮沒。

　　這種對於「陵無封樹」、「不知葬處」景況的感傷之情，在梁份
（1641-1729）《帝陵圖說》中表現得更明顯：

> 畢永固嘗請祭建文矣，烈皇帝曰：「建文無陵，何處致祭？」
> 惠宗讓皇帝亦當代之主，君天下、子萬民者四年。四年太平天
> 子，曾無抔土封樹，莫知所葬地。[266]

《帝陵圖說》完稿於康熙四十三年（1704），書中對崇禎帝謂「建文
無陵」背景的描述，已與明末楊士聰《玉堂薈記》的說法有所差異，

---

[265] 〔清〕屈大均撰，歐初、王貴忱主編，《屈大均全集》（北京：人民文學出版社，
　　　1997），《翁山詩外》，卷9，〈金山口恭謁天下大師墓〉。
[266] 〔清〕梁份，《帝陵圖說》（《稀見明史史籍輯存》，第30冊，北京：線裝書局，
　　　據民國間烏絲欄抄本影印，2003），卷3，〈景皇帝陵〉，頁475。

而近於順治晚期孫承澤《春明夢餘錄》的記載，不僅較為合理，還反映了清初懷念建文帝者，對其墓位址不詳、無從憑弔的無奈心境。這種「有陵」卻無標示的狀況，實與「無陵」沒什麼不同。曾臨御四年的一朝天子，其陵非但沒有相應的規模，連所葬何處都無法釐清，這怎能不令梁份感到悲傷和不平？

相較於謁陵、祠祀等紀念活動的感傷，明遺民在書寫、檢視建文朝歷史之時，則展現出前所未見的批判力道。正如本章第一節所述，甲申之變除了瓦解大明帝國，似乎也逐漸破去知識分子作為「成祖聖子神孫臣民」的身分枷鎖。失國之痛刺激他們積極找尋致使社稷傾頹的原因，以往史家不敢批判的成祖，也就由於在位期間諸多影響帝國後續發展的決策，成為南明士人和明遺民的眾矢之的。

對成祖抱持的批判態度，讓當時的知識分子不再諱飾靖難戰爭的篡逆性質，將成祖與歷史上其他以宗室身分起兵謀反的人物，如周之管叔、蔡叔及漢之吳王劉濞（216 B.C.-154 B.C.）相比。清初著名理學家張履祥（1611-1674）便曾提出「燕王是成事之管蔡，管蔡是不成之燕王」的論點，[267]在點明靖難本質的同時，也揭示了歷史敘述成王敗寇的現實。而查繼佐定稿於康熙十一年（1672）後的《罪惟錄》，更稱「燕與子漢煦，雖成敗分，要是父子間相授受，兩不洗管蔡之名哉」。[268]成祖次子漢王朱高煦（1380-1426）曾於姪兒宣宗即位之初起兵謀反，欲法其父「靖難」故事，最後失敗，在明代官書和私人記載中都留下罵名。查繼佐一改明人歷史敘述中對這對父子「行徑類似，評價兩極」的態度，點出兩人作為本無二致的事實，倒頗有幾分謂「燕王是成事之漢煦，漢煦是不成之燕王」的意味。其「父子間相授受」之言，應是出自明代中葉以降野史謂成祖因高煦戰功而欲傳位之

---

[267] 〔清〕張履祥撰，陳祖武點校，《楊園先生全集》（北京：中華書局，2002），卷28，〈願學記三〉，頁779。
[268] 〔清〕查繼佐，《罪惟錄》，傳卷9上，〈抗運諸臣傳·方孝孺〉，頁6b。

的認知。[269]黃宗羲《明儒學案》在反駁前人批評方孝儒「得君而無救於其亡」的看法時，則謂「七國之反，漢高祖釀之；成祖之天下，高皇帝授之」，視靖難戰爭為太祖分封過當的後遺症，並稱「成祖之智勇十倍吳王濞，此不可以成敗而譽咎王室也」，將成祖與七國之亂時的吳王劉濞相比。[270]以漢之七國比喻建文初年諸藩的說法，早在《奉天靖難記》為黃子澄設計的臺詞中就已出現，[271]但以之評論靖難歷史，黃宗羲似乎是第一人。

由於對靖難戰爭的本質有所瞭解，又無須粉飾成祖篡逆之舉，明遺民便能較透徹地檢視以往官書和士人的靖難歷史論述，點出他們在評價與詮釋用字上的微妙之處。查繼佐在這方面的見解尤具代表性，他在《罪惟錄》中雖表示《明太宗實錄》等官書將「奸臣」之名加於建文諸臣，足令「千古寒心」，卻也明白為了維護政權合法性，如此宣稱、書寫實是成祖及其下重臣不得不然的選擇。[272]查氏對嘉靖晚期後逐漸普遍的「遜國」之說也有獨到的看法，認為這是史家「不得已」之下的粉飾之詞：

> 讓皇之謚，本自「遜國」二字來。此實錄之後，史家不得已，分例遜國，以與靖難埒。秉筆者不免說謊，數百世安之。卻遜與讓之義，猶然為出亡作解也。出亡無其實，則宜升毅廟之

---

[269] 這類說法在明中葉《革除遺事》、《鴻猷錄》等書中均已可見。參見〔明〕黃佐，《革除遺事》（庚辰本），卷6，〈尹昌隆〉，總頁639；〔明〕高岱，《鴻猷錄》，卷9，〈征漢庶人〉，頁9b。。

[270] 〔清〕黃宗羲撰，沈芝盈點校，《明儒學案》（北京：中華書局，1995），卷43，〈諸儒學案上一・文正方正學先生孝孺〉，頁1045。

[271] 〔明〕佚名撰，王崇武注，《奉天靖難記注》，卷1，頁13。王崇武進而認為，以七國喻諸藩、以吳王喻燕王之說，可能在靖難戰爭期間便已流傳，而成祖亦可能係因習聞此說，而將之書入《奉天靖難記》。參見王崇武，《明靖難史事考證稿》，頁101-102。另外，以管蔡比喻燕王的認知，也可能在建文年間便出現，宋端儀《立齋閒錄》中所收高巍贈鐵鉉之詩，即有「管蔡監殺同日叛，周公狼跋亦東征」之語。參見〔明〕高巍，〈鐵參政贈詩蒙索賡和・又贈〉，收入〔明〕宋端儀，《立齋閒錄》，卷2，〈革除錄〉，總頁623。

[272] 〔清〕查繼佐，《罪惟錄》，列傳卷20，〈荒節諸臣列傳・尹昌隆〉，頁23b。

諡，先為惠廟尊稱烈。[273]

　　建文帝的存在，就是成祖帝系政權合法性的最大障礙，此認知其實從未於明人的靖難歷史記憶中消失，只是明遺民能直接作出「建文帝而在，長陵何以置之」的結論，[274]明末以前的士大夫則必須設法調解雙方在政治上的水火不容。近人學者毛佩琦曾以查繼佐的上述論點為據，認為「遜國」一詞，係源自史官為了「禮法」、「書法」，在文字上巧為周旋，進而塗抹歷史事實的嘗試，是統治者用以聲稱自己執政合法性的藉口。[275]顯然查氏已經注意到「遜」、「讓」等詞彙的使用，是為了強調建文帝與成祖叔姪的「親親之誼」，以掩蓋在「靖難」導致的政權輪替下，君臣衝突、骨肉相殘的本質。在傾向相信建文帝焚死說的查繼佐眼中，[276]靖難戰爭和甲申之變並無多大差別，都是逆賊陷京師、天子殉社稷的悲劇，故主張弘光朝廷尊上崇禎帝的「毅宗烈皇帝」之號，其實應該屬於時代較前的建文帝。他還指出，萬曆以降的史家與士人多「以革朝為遜國」，雖然這不過是「事後權詞」，並非史實，但由成祖子孫所建立的弘光朝廷，也只能採取如此觀點，追尊建文帝「讓皇」之諡。[277]

　　天啟至崇禎初年，部分士人仍以建構成祖叔姪和諧關係的「遜國」觀點，來看待以雙方衝突為前提的「出亡」傳說。查繼佐之言，

---

[273] 〔清〕查繼佐，《罪惟錄》，志卷32上，〈外志‧列朝帝紀逸‧建文逸記〉，頁18b-19a。

[274] 〔清〕談遷，《國榷》，卷12，頁852。談遷在該段評論中，甚至以建文帝「其弟與子之不免，況其身乎」一句，來諷刺成祖「周公輔成王」的自我形象塑造。

[275] 毛佩琦，〈序〉，收入何歌勁，《建文帝之謎》，頁11。

[276] 查繼佐曾在《罪惟錄》中指出，建文帝出亡傳說的產生，是因「帝以仁柔，海內欲不忘之」，並就此類出亡傳說的一些情節提出質疑。如根據天順年間英宗釋放建文帝之子時有「憫此遺孤，特從寬貸」之語，認為倘若建文帝流亡多年後真於正統年間回歸大內，此時理應「倍加優典」，然而事實卻非如此。又如強調當年成祖所葬若真為皇后馬氏遺體，建文帝死後理應將其葬於該處，與后同穴，而非「葬西山，不封不樹」。參見〔清〕查繼佐，《罪惟錄》，帝紀卷2，〈惠宗帝記〉，頁21b-22a。

[277] 〔清〕查繼佐，《罪惟錄》，列傳卷20，〈荒節諸臣列傳‧尹昌隆〉，頁23b。

似乎為上述特殊現象提供了解釋。然而晚明知識分子即使在官方力量較難觸及的私人著述中，仍維持此種「政治正確」的論述，這就表示「遜國」一說並不完全是不得已之下編造的謊言，而是許多文人傾向相信或者希望相信的歷史認知。換言之，「遜國」之說不僅是統治者維持政權合法性的工具，也蘊含了明代士人緩解歷史衝突、彌合歷史創傷的祈願。

在明末清初知識分子的歷史反省中，許多對明代影響深遠，甚至是亡國因素的建置或現象，皆肇因於成祖之「靖難」。如顧炎武便認為成祖即位後的一些舉措，對明代的學術發展和士風傾向造成了非常負面的影響：

> 愚嘗謂自宋之末造以至明之初年，經術人材于斯為盛。自八股行而古學棄，《大全》出而經說亡，十族誅而臣節變。洪武、永樂之間，亦世道升降之一會矣。[278]

除了八股取士之制主要奠定於洪武，《五經四書性理大全》等典籍的編纂，以及針對建文諸臣的殘酷整肅，都是發生在永樂年間，顧氏此言很明顯是將成祖視為導致「經說亡」、「臣節變」的元凶。以上論述還透露了這麼一種認知：由於國初二祖的「開基定制」，明代學術和士人的性格、風骨，打從一開始就朝著不健全的方向發展。

在當時飽受遺民學者批評的，還有永樂朝政策對明代國防建置的破壞。成祖為了擺脫武力篡位的陰影，遷都北京，導致往後大明帝國持續籠罩在北方外患威脅的陰影下。黃宗羲《明夷待訪錄》即將甲申年京師的突然淪陷，歸咎於「建都失算，所以不可救也」。[279]而明代

---

278 〔清〕顧炎武，《日知錄》，卷18，〈書傳會選〉，頁1144。

279 黃宗羲還細數了遷都北京後面臨外患威脅的情況，以及為免京師毀於邊患，明帝國長期以來在各方面付出的巨大代價：「明都燕不過二百年，而英宗狩於土木，武宗困於陽和，景泰初京城受圍，嘉靖二十八年受圍，四十三年邊人闌入，崇禎間京城歲歲戒嚴。上下精神敝於寇至，日以失天下為事，而禮樂政教猶足觀乎？江南之民

邊患不斷的景況，又與當年成祖在靖難戰爭期間得兀良哈三衛兵力相助，事後將大寧讓予三衛作為犒賞的歷史發展有關，[280]加上他為了避免駐邊諸王仿效「靖難」奪位，將其紛紛內遷，遂形成永樂以降國都靠近前線，由天子守邊的局面。王夫之（1619-1692）在《讀通鑑論》一書談及唐代安西、北庭兩鎮的經營，使之免於吐蕃的威脅，便藉題發揮，指責將大寧當作「靖難」助兵的政治酬庸，是「永樂謀國之臣」因小利小惠「貽覆亡之禍」的錯誤決策。[281]這些認知，也只有清楚歷來北方邊境戰事，又曾見證崇禎二年清軍直逼京師的己巳之變、崇禎十七年闖軍攻陷京師的甲申之變，因而備受震撼的知識分子，才能深刻體認。

明遺民對於建文諸臣不同生命抉擇的理解與評價，也與他們自身的遭遇和心境息息相關。如張岱（1597-1684?）對與之境況相似的建文隱遁之臣，便予以「義衛志，智衛身，託方外之棄，跡下可見故主，無辱先人」的評價。[282]從政權轉易的角度來看，這些隱遁者基本上也能算是建文朝的遺民了，雖然其動機不見得單純是為故主盡忠，但自明中葉以來世人即樂於視之為忠臣，此種認知直至明亡都未曾改變。而由原本養尊處優的文人士大夫淪落草莽，以農耕、樵採、造舟等艱辛且溫飽不易的方式生存，終生窮困潦倒，這種反差帶來的痛苦和淒涼之感，張岱再清楚不過，[283]故頗能體會隱遁諸臣生命抉擇的困難

命竭於輸挽，大府之金錢靡於河道，皆郡燕之為害也。」參見〔清〕黃宗羲，《明夷待訪錄》（《續修四庫全書》，子部第945冊，上海：上海古籍出版社，據清道光刻本影印，2002），〈建都〉，頁22b-23b。

[280] 此事雖未見於《明太宗實錄》，但鄭曉《皇明四夷考》、嚴從簡《殊域周咨錄》、朱鷺《建文書法擬》、屠叔方《建文朝野彙編》等書皆有記載。參見〔明〕鄭曉，《吾學編・皇明四夷考》，上卷，〈兀良哈〉，頁16a-16b；〔明〕嚴從簡，《殊域周咨錄》，卷23，〈北狄・兀良哈〉，頁720；〔明〕朱鷺，《建文書法擬》，〈正編上〉，建文元年冬十月辛亥條，頁32a-32b；〔明〕屠叔方，《建文朝野彙編》，卷3，建文元年九月壬寅條，頁22b。

[281] 〔清〕王夫之，《讀通鑑論》（北京：中華書局，1975），卷24，〈二一〉，頁854。

[282] 〔清〕張岱，《石匱書》（《續修四庫全書》，史部第318-320冊，上海：上海古籍出版社，據南京圖書館藏稿本影印，2002），卷73，〈遜國諸臣列傳・遜國隱遁者九人〉，頁69b。

[283] 張岱於明亡前後的生活反差，在其〈自為墓誌銘〉一文表述得最為明顯：「少為紈袴

之處，而其所謂「可見故主，無辱先人」之語，應也是他對自己的安慰。張岱對從亡諸臣的評價，則與崇禎初年陳繼儒「君與臣兩全」的觀點相近，將他們的評價抬至多數殉臣之上：

> 人臣至社稷顛覆、萬不可為之時，乃能矢志從亡，左右君父，周流三十七年而卒脫虎口，其為力也亦不易矣。與夫無救於國，無救於君，復無救於身，而徒以死殉者，其相去不甚遠哉！此余敘死義而先從亡意也。[284]

隨著南明政權相繼敗亡，清政權日益鞏固，未曾選擇「殉死」一途的明遺民，對死節者的評價也有所保留。[285]在張岱看來，多數抗節與死義的殉臣抉擇，就現實層面而言，對社稷、君王乃至自身均毫無助益。這在某種程度上，應也是明遺民為自身抉擇提供解釋、引以自處慰藉的論述。不過即使如此，張氏仍對這些建文殉臣懷抱敬意，他看待諸忠之死的觀點與前述顧炎武詩作〈黃侍中祠〉頗有相通之處，都將他們的生命分為「肉體」和「精神」兩個層面，這點在其對比建文殉臣與李景隆、茹瑺等降臣時「忠臣殉國，非求生也，而終不死；賊臣市國，欲免死也，而終不生」的論述中明顯可見。[286]在此同時，甲

子弟，極愛繁華。好精舍，好美婢，好孌童，好鮮衣，好美食，好駿馬，好華燈，好煙火，好梨園，好鼓吹，好古董，好花鳥，兼以茶淫橘虐，書蠹詩魔。勞碌半生，皆成夢幻。年至五十，國破家亡，避跡山居。所存者，破床碎几，折鼎病琴，與殘書數帙，缺硯一方而已。布衣疏莨，常至斷炊。回首二十年前，真如隔世。」參見〔清〕張岱，《瑯嬛文集》（長沙：嶽麓書社，1985），卷5，〈自為墓誌銘〉，頁199。至於明亡之後其艱辛悽涼的生活，愧悔悲愴的心境，和對完成國史著作的執著，參見史景遷（Jonathan D. Spence）著，溫洽溢譯，《前朝夢憶：張岱的浮華與蒼涼》（桂林：廣西師範大學出版社，2010），頁157-197。

[284] 〔清〕張岱，《石匱書》，卷73，〈遜國諸臣列傳·程濟葉希賢楊應能牛景先史仲彬〉，頁28b-29a。

[285] 何冠彪曾檢視明遺民如黃宗羲、陳確、王夫之、顧炎武等人對無意義死節的批判，認為在清初的輿論中，不但不再以孤臣無謂犧牲為高義，亦不再以遺民不死為可議，而且帶有勉勵一己群體勇於面對現實、積極策劃未來的意味。參見何冠彪，〈論明遺民之出處〉，收入氏著，《明末清初學術思想研究》（臺北：臺灣學生書局，1991），頁53-59。

[286] 〔清〕張岱，《石匱書》，卷73，〈遜國諸臣列傳·李景隆茹瑺陳瑛〉，頁72b。

申之變時朝臣紛紛投降、「無一人罵賊而死」的難堪記憶，也讓明遺民在回顧靖難歷史時，對迎付成祖的官員越發難以諒解。查繼佐《罪惟錄》列傳卷二十〈荒節諸臣列傳〉，收錄的幾乎都是這類人物，蹇義、夏原吉、解縉、胡廣、金幼孜、楊士奇、楊榮等永樂名臣，皆在其列。

另外，因切身感受亡國之痛，而對建文帝失國歷史頗有共鳴、備添傷感的，並不只有明遺民，也包括一些投效清政權的士人。如弘光政權亡時降清的錢謙益，之所以願為參照《致身錄》、《從亡隨筆》等偽書撰成的《建文年譜》作序，或許就與這種心情有關。他在序中表示，面對此類文本，自己理應「援據史乘，抗辭駁正」，然「讀未終卷」便已「淚流臆而涕漬紙，欷歔煩醒，不能解免」。[287]明知是虛構的情節，卻仍勾起他對建文帝「遜國在外」記憶的哀思。錢氏降清後，仍不時表現出對故國的懷念，除了順治四年（1647）曾因涉嫌參與黃毓祺（1579-1648）反清案遭逮捕，他在去官閒居期間的著作，也暗寓了期盼大明興復的願望。[288]

明遺民對建文忠臣的哀思與評價，同時受到對自身「未死」抉擇的愧疚和開脫心理影響，而「莫道河山今便改，國於天地鎮長存」之說反映的「故國永留人心」概念，指涉的不僅是建文朝歷史記憶的延續，也包含祈願大明亦能以此種方式長存的希冀。只是建文帝葬處的「不封不樹」，難免予人往日歷史盡付荒煙蔓草、不留痕跡的感慨，進而在致悼遺民的心中，激起不平和悲傷的波瀾。亡國之痛在明遺民

---

[287] 〔清〕錢謙益撰，〔清〕錢曾箋注，錢仲聯標校，《牧齋有學集》，卷14，〈建文年譜序〉，頁685。

[288] 清人在檢視錢謙益《列朝詩集》等著作時，已注意到錢氏懷念故明、愧悔當年未選擇殉國的心境。如晚清周星譽便指出錢謙益在〈列朝詩集序〉中以「鴻朗」二字隱喻「大明」，又書「金鏡未墜，珠囊重理，鴻朗莊嚴，富有日新」之語，期盼當時尚存的南明政權復國中興，連其印皆曰「鴻朗錢齡，白頭蒙叟」，心懷故國之思表露無遺。周星譽將之解釋為錢氏「自悔不能早死」而欲以此「求諒於後世」，劉聲木則謂其「自知大節已虧，欲藉此以湔釋恥辱」，譏刺批判之意瀰於字間。參見〔清〕劉聲木撰，劉篤齡點校，《萇楚齋隨筆續筆三筆四筆五筆‧四筆》，卷2，〈論錢謙益〉，頁717。

檢視建文朝歷史的論述中，則轉化為力道強勁的批判，特別是一手改變大明帝國發展走向的成祖，更成為知識分子抨擊的主要對象。以往書寫受限於永樂政權合法性而產生的微妙之處，至此亦被點明，「建文帝而在，長陵何以置之」之論終於能為時人宣之於口。另外，明末以降《致身錄》等偽書與著名學者之間的論戰情況，也反映在明遺民對建文帝出亡故事的兩極看法上。如張岱便對《致身錄》、《從亡隨筆》等書深信不疑，還在其著作中多所引用；[289]而查繼佐不僅不相信從亡諸書的真實性，連建文帝未死於火而出逃多年的傳說都有所質疑。透過明末清初眾多學者的考察、著述與反省，建文朝的歷史記憶不僅獲得了延續，其論述亦逐漸擺脫政治禁制，大膽地評價靖難戰爭武裝奪權的本質，進而構成清代相關認知的基本內容。

小結

　　原本在明代關於建文朝歷史的諸多禁制，至此已經完全解除，靖難戰爭造成的歷史傷痕與仇恨似也有所彌合，但這卻是以大明帝國的崩解與淪亡為代價。亡國危機促使崇禎和南明朝廷逐漸將補足建文朝相關闕典當作提振士氣、力挽狂瀾的手段，卻始終過不了成祖地位與評價問題的關卡；只有南明時期的知識分子，方能在政府禁制趨於鬆散的情況下對此進行批判，而身處清朝統治時期的明遺民，則更無所顧慮，終使建文朝的歷史評述迎來全面解放的時代。同樣地，靖難歷史傷痛與仇恨看似撫平，實是被甲申之變後更強烈的創傷與國仇所掩蓋，加上建文帝後代重奪江山和齊黃諸臣轉世復仇等果報之說，作為替大明覆亡尋求解釋的產物，也在時人認知中逐漸抵銷國初政權改易與殺戮整肅的仇怨。這無疑是令人感嘆，卻也不得不然的發展。

---

[289] 如《石匱書》在程濟的傳記中將《從亡隨筆》列入其著作、為史仲彬立傳且內容多採《致身錄》之說等編排，都可看出張岱將二書視為史料的情況。參見〔清〕張岱，《石匱書》，卷73，〈遜國諸臣列傳·程濟葉希賢楊應能牛景先史仲彬〉，頁25a-29a。

而在明末清初的這段期間，建文帝出亡傳說的盛行，更持續於創造新的「建文遺蹟」，導致後世記憶中其活動範圍不斷擴大，遷徙路線也越趨繁複。至查繼佐於康熙十一年後完稿的《罪惟錄》中，已可見建文帝曾於福州與鄭和接觸，及其居廣東某寺時偶遇故臣的故事。[290]建文帝於民間有後的說法，自明末民變領袖的政治宣傳後，亦逐漸開始擴散各地，許多地區在入清之後亦出現建文帝落籍該處、繁衍後代之說，如《罪惟錄》便記有「建文帝攜一子至浦江鄭氏家，後又納一妾，生四子，冒姓曰陳、曰全，二仍朱姓」的說法。[291]總之，明中葉以降建文帝出亡傳說的發展，以及《致身錄》等書在明末的流行，都為日後清代地方形塑相關記憶，奠定了堅實的基礎。

---

[290] 〔清〕查繼佐，《罪惟錄》，志卷32上，〈外志·列朝帝紀逸·建文逸記〉，頁16b。由於該書至康熙十一年前已多次易稿，故難以判斷這些說法是否為清代才出現的產物。

[291] 〔清〕查繼佐，《罪惟錄》，志卷32，〈外志·列朝帝紀逸·建文逸記〉，頁16a。建文帝攜子至浦江鄭家的說法，在順治十一年談遷造訪當地時，尚未從鄭氏後人的口中聽聞，這表示此說很可能是在更晚的時期方才成形，已是屬於清人的歷史記憶。參見〔清〕談遷撰，汪北平點校，《北游錄》，頁53。

▌結論

　　靖難戰爭後，明成祖以新君之姿掌握了歷史的解釋權，並積極運用自身權力，嘗試將「過去」形塑為能支持自身政權合法性的樣貌，將建文朝的歷史真相從人們的記憶中永遠抹去。然而日後相關歷史的發展走向，卻使之成為以政治力量操控集體記憶的一個失敗例證。這不僅是因為儒家忠君思想在明代被以空前的力度強調，當時政治、社會與文化等層面，也都存在支持原有記憶存續，甚至創造新記憶的機制。

　　大體而言，建文朝歷史記憶在明代的發展，與靖難戰後兩百多年朝廷的相關寬赦、弛禁與崇陞是互相影響的。這些政治上的進展，為延續該段歷史記憶的媒介提供了生產和傳承的空間；而藉由此類媒介獲得補充、強化的記憶，又成為推動後續政治解禁的力量。在建文朝歷史記憶形塑的過程中，南方文人扮演了相當重要的角色，他們透過口傳、祭祀、撰寫詩文或編輯文集等方式保留對建文朝及同鄉忠臣的記憶，再透過筆記和史籍的寫作將這些記憶加以整理、匯合，使之跳脫地方記憶的範疇，逐漸成為建文朝歷史記憶的主流內容。其中，以建文諸臣的忠烈事蹟、建文帝的出亡傳說最受矚目，內容也最豐富。不過在此同時，永樂一系政權的合法性問題，以及明人對成祖的尊崇，又與這類懷念建文政權、認同建文君臣的記憶與情感有所衝突。為了消除此種衝突，進而解除相關禁忌、撫平歷史傷痕，調和成祖與建文君臣關係的各種論述也應運而生，構成建文朝歷史記憶的另一個重要層面。以下便就上述層面，進行較具體的總結。

官方論述的建構

　　明代官方的建文朝歷史論述，主要是為成祖的政權合法性服務，將原本屬於建文帝的「正統」地位與「賢君」形象搶奪過來。為了讓這套論述成為後世所認知的「歷史」，永樂政權透過抹殺建文朝固有記憶的各種載體，如年號、制度、文獻甚至忠於建文政權的官員，以及長期的文禁和政治整肅，為受成祖本人意志指導的官方論述營造一個不受任何威脅的存續與發展環境，並期待在如此環境下，世人對建文朝的原有記憶能逐漸消泯，進而為官方建構的新記憶所取代。

　　此一論述歷經永樂、洪熙、宣德三朝，藉由詔敕、政治宣傳品、讚頌篇章的書寫和傳布，以及實錄的編纂，逐步修飾、調整，最後隨著《明太宗實錄》的完成而定調。官方論述的調整不僅須因應現實情境與需求的變化，也涉及三朝君王對建文政權的態度差異，故《明太宗實錄》的修纂，既是對成祖的歷史總結，亦是一項消解此前論述矛盾、調和各君主對靖難歷史詮釋之差異，進而解決永樂政權合法性問題的任務。在這個過程中，一些偽造跡象過於明顯的情節被刪去，較誇張、不雅的用詞遭到修改，成祖對建文帝的態度也轉為厚道、溫和，告諭文書中的指責對象更由建文帝變為其臣，既與「誅奸臣，清君側」的號召相符，亦能展現其無意於皇位的初衷。大體而言，定調後的官方論述除了詆毀建文君臣，強調他們造成的社稷危機，也替成祖塑造相對於建文帝的「聖王」和「天命」形象，使其「靖難」和即位顯得名正言順。由於相關文獻皆由成祖角度書寫，故對建文朝歷史的敘述遂集中於靖難戰事的發展，建文朝政運作的情況除卻對新君昏庸無道、荒廢國事的描寫，幾乎可說是一片空白。而這種空白，有時也是一種為避免更多論述矛盾所採取的策略。即使如此，於宣德朝建構完成的官方論述中，仍可看到修改的痕跡及未能處理的矛盾。而且，無論成祖及其子孫如何包裝「靖難」的動機，都無法否定其以叔

代姪的事實。這也讓建文朝及建文君臣的歷史地位，逐漸成為朝廷不願討論的問題。在此同時，民間對建文朝的懷念與正向記憶，則隨著朝廷弛禁與寬赦措施的層層推進，逐漸從原本受到壓抑的狀態下浮上檯面，與官方論述分庭抗禮。

官方禁制的鬆弛

官方解除建文朝相關禁制的過程，大致可分為四階段。第一階段是永樂至天順年間，當時的弛禁與寬赦多為統治者基於特定政治需求的自發行動。永樂年間，成祖為了安撫人心、穩定政權，在整肅諸臣的同時也伴隨些許寬赦，將願歸附的建文舊臣或其親屬納入統治體系，後來甚至停止整肅，減緩社會上的恐怖氛圍。仁宗即位後，放歸許多遭到發配的建文殉臣遺族，這既與他本身對建文君臣抱持同情有關，亦蘊含整頓朝政、革新氣象的理念。仁、宣二帝在位期間，政治氛圍已有所緩和，原本嚴禁的殉臣詩文復重見天日，甚至出現零星的紀念活動。雖然朝廷態度於正統朝再趨保守，但在天順年間，藉奪門之變復位的英宗，下令釋放建文帝之子與兄弟遺屬，又將官方的寬宥範圍擴及建文帝本人的親族。此舉原只是英宗復辟後美化自身形象的政治演出，卻被視為相關議題解禁的契機，對往後朝臣恢復建文君臣地位的倡議，以及文人私纂建文朝歷史的活動，都有所激勵。

第二階段是弘治到隆慶年間，可說是晚明以降相關政治發展的醞釀期。當時民間對建文君臣的正面記憶，已凌駕於遭到篡改、扭曲的官方論述之上，朝中亦開始出現旌表建文殉臣、恢復建文帝號、修纂殉臣傳記等奏議，但不是下部酌議後不了了之，就是直接遭到皇帝否決，因此在建文朝相關議題的弛禁上並無任何具體進展。這顯示當時朝臣之間對相關議題的立場並非一致，雖有人視建文殉臣為足以激勵士節的忠義模範，或是期盼建文帝恢復地位，擺脫政治禁忌的桎梏，但站在成祖立場考慮、擔心危急永樂一系政權合法性的官員亦不在少數，而

皇帝態度的開放與否也影響了朝臣上奏的踴躍程度。換言之,欲鬆動相關禁制,只有在支持此類議案者掌握朝政的情況下,方有機會。

　　而在隆慶、萬曆之際,這樣的機會終於出現,新即位的神宗在內閣諸臣的主導下,發布旌表建文忠臣之令,使明代對建文朝議題的解禁邁入第三階段。神宗在位之初對此類議題態度較為開放,因而促成在宣德年間之基礎上,針對殉臣姻親遺族的大規模寬赦,但他後來逐漸察覺建文帝地位問題與永樂政統的衝突,加上其怠政情況日益嚴重,即使當時士大夫越發致力於褒揚殉臣、恢復建文帝地位等措施的推動,相關題請卻再也不曾獲准。不過,萬曆前期對建文忠臣的旌表、對殉臣遺裔的寬赦與恤錄,以及曾一度進行的國史修纂,都使當時的相關政治限制大為放寬,不僅影響民間的紀念活動與私史編纂,更為天啟以降的政治發展奠定基礎。

　　天啟至南明隆武年間,是明代政治解禁的最後階段。在這段時期,國家危機可謂明廷拋開政治顧慮、崇陞建文君臣的最大動力。統治者態度的變化,從天啟時的不甚關切、崇禎時的心有所動到南明時的積極辦理,正反映了當時朝廷危機感的逐漸增強。甲申之變可說是建文君臣地位全面恢復的關鍵,此前天啟至崇禎朝的具體作為,基本上仍未突破萬曆時旌表諸臣和寬赦、恤錄其遺族的範疇,而之後南明弘光政權的發展則突飛猛進,在短時間內陸續完成恢復建文帝號、尊上廟號諡號、復其親族爵位、補諡諸臣並追贈官職等措施,終使建文君臣徹底擺脫政治禁忌的陰影。只是《惠宗實錄》未及修成,建文帝祀典問題亦未解決,弘光政權便已滅亡,而隆武政權在恢復建文年號後不久也跟著瓦解。

　　雖然建文君臣在南明時期恢復了地位,但成祖的存在仍然導致了一些始終無法突破的侷限。萬曆年間,神宗即位詔透過將建文諸臣的「忠」與「罪」分開,讓官方在維持對其「有罪」判定的情況下旌表其忠,而往後的旌表與追諡,也都是在忽略「罪」的情況下進行。換言之,建文諸臣由始至終都沒有獲得官方的正式平反,因為永樂政

權的合法性即以此為據。諡建文帝為「讓皇帝」也與此類似,只有以「禪讓」理解靖難戰後的政權轉移,才能在建文帝獲得官方承認、恢復地位的同時,維持成祖一系帝王的統治正當性。這些問題與矛盾,都只有在明政權為其他政權取代之後,方有解決的可能。

民間記憶的存續媒介

民間建文朝歷史記憶賴以存續的媒介,包括了文本、繪像、儀式、建築與遺物,但這些媒介也可能是後世建構的產物,不見得是建文年間的遺存,亦未必能反映真實的歷史。不同媒介之間還可能彼此互相搭配、催生,進而對相關記憶有所強化或增補。而在這些媒介乘載的記憶當中,建文忠臣事蹟可說是內容最為豐富者。有關建文忠臣的紀念書寫,最初僅是針對未與成祖直接衝突的自殺殉臣,且在改元永樂前就已開始,參與者多為轉投成祖的建文朝臣,因與部分殉臣有交情而撰文,以供後人瞻仰、紀念。為避免觸犯禁忌,這類文本多只描述與靖難戰爭無涉的部分,也不明書傳主死因。隨著成祖去世後禁制漸解,後續書寫也嘗試保存當代記憶、挽救遭抹黑者的形象與歷史評價,除了稱頌殉臣的道德學養,亦開始凸顯以往諱言的忠義形象。自仁、宣二朝始,永樂時嚴禁的諸臣詩文逐漸重新傳布,文集的整理、出版也陸續展開。天順、成化以後,一些具有紀念性質的文本開始將民間口傳記憶形諸文字,建文殉臣留存在人們心中的主要形象,亦已轉變為對抗燕王的忠臣,正統以前較常強調的官場經歷、生平著述,反而淪為次要訊息。

個人性質的忠臣紀念活動,在洪熙朝進行對建文殉臣遺族的寬赦後,就逐漸展開,對殉臣著述的保存,及繪製肖像以供留念、祭祀的行為,也可能在宣德之前便已私下進行。當時一些紀念文字的寫作,應該亦是弔祭活動的副產品。雖然個別的弔祭行為多是基於私人動機,未必具有特定的社會關懷,但當時留下的活動記錄,卻隨著在

文人群體間的傳播和閱讀，強化了對殉臣忠節品行的認知與印象。日後地方官員在挑選具有嘉行懿德、能標舉為鄉里模範教化百姓的「鄉賢」時，建文諸臣就成為他們心目中的適任人選。

　　標榜鄉里人物、激發忠義之心，是明代建文忠臣紀念的主要動力。地方上定期、公開祭祀建文殉臣，約始自正統初年，且是以國家既定政策作為依據。明代自國初便將「忠臣烈士」列為國朝「應祀神祇」，令各地訪求上報，經認可後，由地方官員或遣官定期致祭。此一機制，使建文殉臣成為地方官員和社會精英崇獎教化的展示項目之一。成化年間，政治氛圍更為寬鬆，加上各地建置鄉賢祠的活動陸續展開，建文殉臣立祠入祀的情況亦慢慢增多。弘治年間孝宗令各地修建名宦鄉賢祠，以及嘉靖時世宗要求各地重視忠臣祭祀，也讓正德、嘉靖以降地方上的建文殉臣祭祀越趨普遍，被奉入名宦鄉賢祠者固然不少，在地方上建有專祠者亦所在多有。而在神宗下令旌表建文忠臣後，各地實施情況雖有差異，但確實對相關紀念的發展有所促進，南京表忠祠更是諸臣進入國家祀典體系的象徵。到了明末，建文忠臣越發成為士人心目中激勵士氣、挽救時局的最佳宣傳品，故旌表、崇祀的聲浪時有所起，進而促成南明弘光政權的補謚贈官之舉。

　　在建文忠臣事蹟書寫與紀念活動發展的過程中，其群體從原本遭受整肅的殉臣，逐漸加入戰死將士、隱遁之臣、從亡之臣等成員，不斷擴大。除了透過史料的累積與「發掘」新增的人物，也有些人原本是被排除於此一群體之外，卻由於後續文本對其生命抉擇的認知差異甚至結局的改寫，而被納入體系當中。但即使隨著「忠臣群體」逐步擴大，其成員展現的忠誠型態也越發多樣，死於整肅的殉臣仍是當中最受矚目者，也是後世談及建文忠臣時最直接的印象來源。而在明代中葉以降對殉臣事蹟的敘述中，充滿了對殘酷情節與血腥場面的描寫，這不僅與當時士民皆喜好記敘、閱讀腥羶題材的文學趣味有關，更牽涉到明代士人激進的道德主義，以及他們將「受虐」視為道德上自我完成途徑的傾向。

至於建文朝政運作情況的重建，最早是從為殉臣整理、傳述生平的活動開始。而在成化、弘治年間，則出現纂修建文朝歷史的倡議與嘗試。由於官修建文朝史始終無法付諸實行，故彌補官方論述諸多模糊、空白、失實之處，重拾失落歷史的任務，便轉由在野文人或士大夫執行。他們透過國初未被禁燬的官員文集、殘存的檔案資料、地方上的野史軼聞和殉臣生平，構築建文朝政的大致形貌，至嘉靖年間便已頗具成果。而從萬曆朝開始，由於實錄內容外流和對野史氾濫問題的反思，史家書寫建文朝歷史時漸漸有了兼採官書和私史論點的傾向，官書遂由原本不受信任又難以接觸的文本，變成知識分子檢驗私史說法的重要依據。另外，受到當時國史纂修計畫開展與中止的影響，史家也嘗試建立一套符合當代意識形態的歷史論述，開始檢討建文朝政，為其敗亡尋求解釋。這種傾向延續到天啟以降，隨著帝國危機的深化，逐漸轉化為一種與時局相結合的批判性論述。

　　在歷史記憶延續的過程中，同時作用著「記憶」與「遺忘」兩種機制。而構成後世認知的，往往是經過「遺忘」機制篩濾後剩下的少數記憶殘片；甚至，許多「記憶」的塑造，正是有賴對過去史實的「遺忘」。換言之，「遺忘」才是歷史記憶的常態。明代關切建文朝議題的知識分子，或許已經注意到這點，故而憂心於相關歷史的流失與湮沒，努力與之對抗。在他們積極蒐羅、保存的建文朝歷史資訊中，建文忠臣事蹟似乎是最受重視的一類。弘治以降請修建文實錄或為諸臣修史的奏議、地方上的祠祀建置與紀念活動，以及民間各種相關傳記的編纂，都透露出明代士人對「忠臣死事泯沒」的憂慮。而此種憂慮，又與他們對「士風日下」的感嘆或提振綱常的願望相連繫。

建文帝出亡傳說的發展

　　建文朝的歷史記憶自明代中葉以降，便不斷被加入富有戲劇性

或神異色彩的敘述，也開始出現一些被美化、圓滿化的情節。這些現象除了在建文諸臣殉難故事的改寫與延伸中頗為常見，建文帝出亡傳說應是最重要、影響後世記憶最深的例子。此類傳說的形成，主要是源自人們對建文帝的同情與懷念，以及對官書「焚死」之說的存疑。建文帝未死於火、出逃在外的說法，在永樂年間便已存在，而相關傳說的大致框架，則來自正統朝的楊行祥案。也因此，建文帝隱遁江南、湖湘等地的記憶，逐漸在與西南地區的競爭中居於下風，必須倚靠出亡路線的整合，方能存續於時人的主流記憶。這些故事約在正德年間透過文人筆記形諸文字，提及的隱遁處所多為相關史事的聯想產物，而且地點、範圍均有不斷擴大的趨勢。建文帝出亡路線曾在明代經歷兩次整合，一次是由嘉靖年間相關史籍大致建立起經楚入蜀、往來雲貴、自桂返京的路線，一次則是由晚明偽書《致身錄》、《從亡隨筆》串連此前相關傳說提及的各處地點，這類著作甚至為建文帝漫長的出亡經歷加入旅遊、覽勝的成分，為其塑造出苦中帶樂的流亡旅程。而在此類傳說發展的過程中，許多隱遁之臣亦逐漸轉化為從亡之臣，為建文帝提供照護與協助。

此類傳說原本是以成祖與建文帝的衝突關係為前提，但在嘉靖年間，出現將後者出亡理解為「遜國」的認知，並因其調和雙方關係的核心意涵而漸受歡迎，成為萬曆年間相關認知的主流。然而，隨著《致身錄》等書在晚明廣獲採信，成祖叔姪之間的衝突又再被凸顯，遜國一說亦在明末清初士人對靖難戰爭性質與歷史意義的反省中，失去原有的魅力。

建文帝從出亡到回歸的敘事結構，以及部分傳說對其在外娶妻生子、開枝散葉，甚至將宣宗、孝宗等君主塑造為其後代的描述，都反映了明人面對殘酷的歷史發展和不完全的政治弛禁，渴望替其討回公道的心態。相關故事於明代的流傳與發展，還有《致身錄》與《從亡隨筆》等偽託文本獲得的廣泛採信，都受到此種心態的刺激和推動。上述偽書不但在晚明造成轟動，入清後更為谷應泰（1620-1690）《明

史紀事本末》所引用，[1]甚至在清廷修纂《明史》期間引發爭論，[2]這固然與其包裝成出自從亡之臣手筆的「史料」有關，但還建文帝公道的期盼，也許才是最重要的因素。換言之，比起官方強調的焚死結局，此類文本所敘述的出亡與回歸，才是人們傾向或想要相信的「史實」。這種歷史認知，往往不是根據客觀事實進行的理性判斷，而是基於主觀意願作出的感性選擇。

歷史記憶發展的地緣因素

明代建文朝歷史記憶的形塑，與南方文人的努力密不可分。特別是南直隸、浙江、江西等地，作為許多建文朝臣的故鄉，又在靖難戰爭、壬午殉難及後續整肅期間屢受衝擊，不僅留下難以癒合的歷史傷痕，亦容易對建文政權產生懷念與認同的情感，甚至展開挽救該段失落歷史的嘗試。而明代政治與文學方面的南北競爭現象，南方士人在政治上受到的壓抑和排擠，以及南京明顯輕於北京的地位，對上述情況的感知和不滿，也可能成為刺激南方文人從事相關紀念與書寫，甚至影響其內容傾向的因素。自明代中葉起問世的建文朝專史著作，大多出自上述三地文人的手筆。建文忠臣事蹟的撰述反映知識分子對同鄉賢達的認同與標榜心態，掌故筆記寫作源自對軼聞傳說的興趣，地方相關記憶的保存則蘊含對故土的地域意識與歷史情懷，當地文人透

---

[1] 《明史紀事本末》一書所敘述的建文帝出亡路線，即是根據《從亡隨筆》的記載。參見〔清〕谷應泰，《明史紀事本末》（北京：中華書局，1977），卷17，〈建文遜國〉，頁279-290。

[2] 在清廷纂修《明史》時，建文朝和永樂朝都被劃歸編纂工作的第一期，並於康熙二十年六月之前完成大致草稿。其中，〈建文帝紀〉的初稿由徐嘉炎負責修纂，〈文皇本紀〉則由朱彝尊負責。當時不僅書寫對象彼此之間存在著差異與對立的關係，兩人在撰述時也採取了截然不同的立場，分別以明代野史諸書和《明太宗實錄》的記載為本，進而形成對建文帝結局的爭論。朱彝尊後來在回顧此事時，還特別將《致身錄》、《從亡隨筆》二書提出來批評，這或許表示與其爭論的徐嘉炎，對相關史事的認知頗受二書影響。參見〔清〕朱彝尊，《曝書亭集》，卷45，〈明史提綱跋〉，頁14b-15a。

過書寫、祭祀等方式，將這些記憶加以延續，連帶傳承對建文君臣的情感與認同，讓許多士大夫自幼便深受薰陶，進而影響日後的相關著作生產與政治發展。至於華南地區的福建和廣東，雖也有不少述及建文朝歷史的著作，但除了《革除遺事》作者黃佐頗受吳中文人群體寫作傾向與歷史關懷的影響，其他文本應是當地國朝史著述傳統下的產物。而相較於上述地區，西南各省流傳的相關記憶，則以建文帝的出亡傳說為主，對建文朝歷史發展和當地殉臣的記憶反而較為淡薄。而這些地區對建文帝出亡的記憶，也可能由於官員的遷徙流動，而與作為建文朝歷史記憶形塑主力的江南地區互相影響，廣西壽佛寺的傳說由地方記憶變為主流記憶，即是一例。

提到地緣因素，南京的重要性實不言可喻。這座城市是洪武、建文時的國都所在，是靖難戰前最能感受帝國氣象和建文帝施政情況的地區，於靖難戰後所受之衝擊和時代變動感也最強烈，時時提醒在此任官的士大夫，其與建文帝本人因靖難戰爭而喪失的應有地位。對昔日帝都氣象的懷念和想像，以及靖難戰爭帶來的歷史傷痕，亦可能使當地人在情感和立場上較傾向建文帝及其父懿文太子。萬曆年間，以表忠祠的建立為序幕，南京的官員和文人開始將當地塑造為壬午殉難的紀念之地，當中有些地點甚至與風景名勝結合，使建文殉臣的憑弔成為晚明旅遊文化中一種特殊的體驗，從而使相關記憶獲得強化與延續。以上這些因素，在弘光政權定都南京後便成為相關政治進展的重要推動力。

靖難歷史衝突的調和

調和成祖與建文君臣之間的關係，是明代建文朝歷史記憶與相關論述最重要的特色。無論是官方對建文朝議題的解禁，還是知識分子對靖難戰爭和壬午殉難的觀感，都因為成祖的存在而備受限制，這是終明一代都無法解決的問題。在建文朝歷史記憶發展的同時，成祖一

系政權的統治也趨於穩固，他本人更在其子孫的崇陞下，逐漸取得與太祖相當的地位。而永樂年間的文治武功及各種大規模建設，亦讓該時期成為後世記憶中的盛世，激發人們的諸多懷念與想像。為了衝破政治禁忌、撫平歷史傷痕，也為了迎合明代士人作為成祖子孫臣民的自我定位和政治認同，緩解靖難戰爭之衝突、調解成祖與建文君臣矛盾的論述，遂應運而生。

由於涉及上述現實與心理層面的需求，這些論述具有相當程度的功利性，其內容及調和對象，亦和當時政治弛禁或紀念活動的進展密切結合。弘治到嘉靖年間，是建文殉臣紀念與書寫活動開始蓬勃發展的時期，當時的相關論述，主要是調和成祖和殉臣的關係，許多文人致力於證明成祖對諸臣的肯定與寬宥，使之成為殉臣忠義形象及相關紀念、書寫活動的背書者，並把壬午殉難的悲劇歸咎於「窮治建文諸臣」的陳瑛。這些論述和嘉靖時形成的「建文遜國說」，都為萬曆時人所承襲並進一步發揮。然而當時雖發展出許多調和性質的論述，卻仍難促成對建文朝議題的政治解禁。這不僅由於此類論述多根據對相關歷史與史料的曲解，禁不起考驗，也因為其雖強調成祖與建文殉臣互不相妨，卻始終迴避為殉臣平反將衝撞永樂政權合法性的根本問題。萬曆前期的忠臣旌表和姻親遺屬釋放之所以能順利施行，除了神宗尚未留意此問題外，朝廷將諸臣「忠」與「罪」分開處理的策略亦是關鍵。

萬曆中期以後，隨著建文忠臣旌表、姻親遺族寬赦等進展，以及國史纂修計畫的開展與中輟，建文帝的地位問題和靖難戰爭的歷史意義，其重要性逐漸凌駕於諸臣，成為士大夫關注的焦點。為了恢復建文帝的歷史地位及應有待遇，也為了建立官方和民間都能接受的建文朝歷史論述，當時的官員與學者分別透過奏疏和史著，嘗試調和成祖叔姪的關係，其論述也從明中葉以降的野史軼聞中擷取了不少養分。雖然神宗對建文朝相關議題日漸冷淡，也完全沒有恢復建文帝地位的打算，但萬曆朝臣的熱情與相關嘗試並未因而止息，調和成祖與建文

帝衝突的論述也越發廣泛地被運用，甚至成為不少知識分子所相信的「史實」。

不過到了明末，各種調和靖難歷史衝突的論述逐漸喪失其魅力。知識分子在緬懷與書寫建文朝歷史時，開始摻入對時局的批判，以更犀利的眼光進行檢視，而壬午年間「忠臣死難之盛」的記憶更與他們眼中的現實形成強烈對比，刺激其追溯、探討中間反差的成因，逐漸形成視靖難戰爭為帝國走向變異關鍵的認知，進而影響成祖的歷史地位與形象。此外，隨著《致身錄》等文本的流行，以建文帝與成祖衝突關係為前提的出亡敘事，再度成為相關歷史記憶的主流，甲申國變帶來的創傷和歷史重演感，也讓滿懷失國之痛的文人士子，再難以「遜國」之說建構的和諧假象掩蓋靖難戰爭的衝突與篡奪本質。這些認知上的轉變，對之後明遺民的歷史記憶頗具影響。以往相關書寫受限於永樂政權合法性而產生的微妙之處，終於在這些以遺民自居的文人筆下被點明，「建文帝而在，長陵何以置之」之論也終於能為時人宣之於口，進而構成清代相關認知的基本內容。作為另一王朝的臣民，清人對建文朝與靖難歷史的論述，不再需要為成祖諱飾，那些用以調和、粉飾靖難戰爭雙方關係的說詞，也自此從人們的歷史認知中淡出。

此類論述的形成，也反映明人對該段歷史的認知，並非只有一種走向。對成祖一系帝王統治事實的接受，以及作為其臣民的身分認同，使成祖被視為兼具創業與守成功德的君主。在明人的認知中，他是影響帝國發展走向的重要人物；協助其取得皇位的靖難功臣，以及自建文朝廷轉而輔佐之的永樂名臣，在世人心目中的形象也因此而趨於複雜，呈現多樣的形態。對處在這種充滿矛盾、衝突的歷史認知場域裡，同時認同建文與永樂政權的明代士人而言，調和靖難歷史衝突的論述，實提供了一個讓他們得以適從、近乎皆大歡喜的方向。其被廣泛採信、運用，也就成為再自然不過的事。

明代建文朝歷史記憶的形成與發展，其實受到多種力量和因素的影響。由於政治力量的介入，在形塑相關記憶的場域中，產生了敘述

立場對立的兩大系統，一方是永樂一系政權建立的官方論述，一方是由時人固有記憶延伸發展出的民間記憶。此處使用的「民間」一詞，是相較於「官方」的概念，指涉範圍除了庶民記憶，還包括文人、士大夫群體的記憶。這兩大體系彼此競爭又相互影響，從而構成建文朝相關記憶的主要內容。當然，無論是官方論述或民間記憶，都是由多種相左的認知或說法，透過競爭、調和等方式整合成大致的整體。

就探尋歷史真相的角度而言，官方論述與民間記憶之間實為「互補不足」的關係。隨著洪熙、宣德以降相關禁制逐漸解除，民間記憶逐漸由潛在暗流浮上檯面，與官方論述競爭建文朝歷史的話語權，並試圖搶救逐漸湮沒的歷史，還形象遭到扭曲的建文政權一個公道。而到了萬曆以降，有感於野史氾濫、謬誤叢生的現況，官方記載又成為知識分子考證史實、修正野史訛誤的重要憑據。不過，在建文朝歷史記憶形塑的過程中，「真實」未必是最主要的考量，還牽涉到明人諸多複雜的心態，例如對建文君臣的同情與不平心理、撫平靖難歷史傷痕和解除相關政治禁忌的渴望，以及對建文和永樂政權皆存有認同所導致的矛盾。這些心態不僅使民間記憶產生許多悖離史實的內容，也往往是建構並影響相關記憶的論述者，在參酌、取捨官方論述與民間記憶，構成一己認知時的重要因素。而不管明人的建文朝歷史論述，是為了達成某些目的的策略，還是個人情感或認同之下的產物，其實都與他們的現實處境有關。

明人對建文朝歷史的認知，亦可能與他們對自身的認知相互影響。這點在地方相關記憶的形成與發展方面，有明顯的展現。特別是各地形成的建文帝隱遁傳說，常與當地或家族歷史的建構有關。無論是廣西壽佛寺、貴州羅永庵、雲南龍隱庵等地的相關傳說與「遺跡」，還是浦江鄭氏、威清劉氏、吳江史氏對其家族歷史和形象的再塑，都是以建文帝出亡傳說作為基礎。而在他們成功改寫自己的歷史後，又將之廣為宣傳，讓相關敘述跳脫家族或特定群體內部記憶的範疇，成為地方性乃至全國性的記憶。為了延續這些記憶和隨之建立的

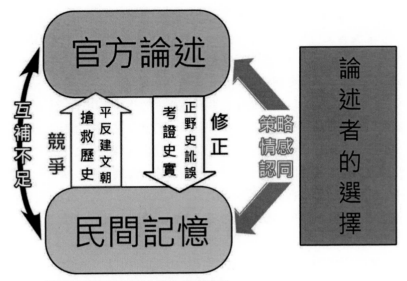

圖5-1　明代建文朝歷史記憶兩大體系互動關係圖

自我形象，他們除了持續進行宣傳，也往往會創造新的故事或「景
點」，來強化其所建構之「歷史」的真實性。此類現象在入清以後依
然存在，除了吳江史氏至康熙年間仍持續宣揚其「忠臣後裔」的形
象，更名為白雲庵的羅永庵亦以建文帝作為經營寺院的招牌，[3]《致身
錄》、《從亡隨筆》等書提及的建文帝隱遁地點，也開始被載入當地方
志中，甚至許多未見於明代相關文獻記載的地區，都陸續出現有關
建文帝的傳說。[4]換言之，地方、家族歷史與建文朝記憶的互動，在清

---

[3] 何歌勁對白雲山現況進行考察後指出，該山目前已是貴州的佛教名山，每年前往的
信徒與遊客達萬餘人。其與他處佛教名山最大的不同，在於它是以建文帝為中心推
展佛教文化，除了建構自建文帝開山立寺以來便是黔中佛教名山的歷史，當地人文
景觀亦是以此為核心營造出來。參見何歌勁，《建文帝之謎》，頁176-177。

[4] 管維良整理自清代方志的建文帝暫居地點，就有不少未見於明代記載者。如廣西潯
州府武宣縣的西竹寺、慶遠府宜山縣的仙人寺、雲南楚雄府廣通縣的寂照庵、雲南
府富民縣的靈芝寺皆是。文中還提到雲南府嵩明州有一個「得食村」，相傳就是因
建文帝在當地蒙農夫獻食、免於飢餓而得名。此例頗能反映建文帝出亡傳說在清代
地方歷史建構過程中扮演的角色。參見管維良，〈地方志是建文帝出亡的歷史見
證〉，頁83-85。

代甚至民國時期，仍處於方興未艾的狀態。

　　從現有史料來看，文人士大夫應是形塑明代建文朝歷史記憶最重要的一股力量。他們既是多數相關文獻的書寫者與閱讀者，亦是祭祀活動的推行者與參與者，更是紀念地景的宣傳者甚至建立者。由於文人群體在很大程度上掌握了這些記憶媒介的生產與運作，致使明代的建文朝歷史記憶在發展過程中，有不少與文人文化結合的情況。如相關地景與紀念活動與旅遊文化的結合，歷史解釋與夢文化的結合，以及記述內容中軼聞、傳奇成分反映的書寫和閱讀興趣，暴力、殘酷描寫所反映的道德激進主義和自虐性的自我實現。另一方面，受到永樂時官方禁燬政策的影響，修復建文朝歷史原貌的工程，不僅仍須仰賴已遭改寫的官書，也得從民間記憶中尋求資源，以填補史料大量毀滅後的記述空白，文人記憶與庶民記憶由此展開長期的交融與互動。文人透過記錄庶民記憶將之納入己方體系，或以現有記載修正箇中訛誤，而由此創造的新記憶亦可能透過其著作的傳播，成為庶民記憶的一部分。[5]

　　若由「促成記憶延續的機制」這個角度進行檢視，可發現明代建文朝歷史記憶的延續與發展，既有其「特殊性」，也有其「一般性」。明人在討論當代一些政治或社會問題（如邊患、士風等）時，常將靖

---

[5]　當然，如此現象並非於政治禁忌下發展起來的建文朝歷史記憶所獨有。陳學霖在其研究北京建城傳說的著作中，即利用美國學者雷斐德（Robert Redfoeld）的「大傳統」（Great Tradition）、「小傳統」（Little Tradition）理論，協助分析相關傳說的發展。大傳統是由社會中的少數上層人士或知識、文化精英創造，小傳統則由多數欠缺知識、文化素養的農民百姓，在日常生活中逐步發展形成，這兩種傳統之間有著彼此依存、相互交流的關係。陳氏指出，這種現象在中國或西方的文化體系中都能見到，而他所研究的民俗傳說，其滋生與流傳便是大小傳統相互依存、交流之下的產物。廖宜方研究唐代歷史記憶時，也借用了此理論，將經史正典、地志圖經的記載視為「大傳統」，土著庶民的歷史記憶歸為「小傳統」。他認為這兩者經由交雜互動，逐漸難辨彼此，而擔負記憶傳承與形塑任務的士人則依違其間，沒有固定立場，有時以經典圖志校正庶民記憶之誤，有時亦以庶民記憶填補文獻記載的不足。參見陳學霖，《劉伯溫與哪吒城：北京建城的傳說》（臺北：東大圖書公司，1996），頁4；廖宜方《唐代的歷史記憶》，頁291-303。關於雷斐德對「大傳統」與「小傳統」的討論，詳見Robert Redfoeld, *Peasant Society and Culture: An Anthropological Approach to Civilization* (Chicago: University of Chicago Press, 1956).

難戰爭視為導致現況的關鍵，用以解釋靖難戰後的明帝國，為何逐步變為當代的樣貌。如此現象不僅強化了後世的相關認知，也對知識分子探討該段歷史的活動有所刺激。這樣的現象，就是源自於建文朝在明代歷史進程中的特殊地位。而建文朝歷史的書寫活動，則既有靖難戰爭帶來的特殊歷史因素，也無法自外於明代政治、社會、文化等層面發展的大背景。政治因素導致官方記載不實，以及野史氾濫造成的書寫與認知謬誤，其實並非建文朝所獨有，而是整段明代歷史的共同問題。只是建文朝由於涉及成祖統治合法性的問題，官書記載的空白與扭曲遠較其他時期嚴重，也給了野史較多的想像和渲染空間。因此，投入該段歷史寫作與討論者，既可能是為了在政治禁忌下搶救失落和遭到篡改的歷史，也可能僅將其視為國朝史書寫的諸多問題之一，力圖改正。

對紀念儀式和筆記文本等記憶媒介的檢視結果，也顯示建文朝歷史記憶在明代發展的特殊性，不宜被過度強調。明中葉以降有關建文忠臣記憶的發展，尤其是地方上對其原鄉諸臣的記憶，其實頗得力於明代的忠臣旌表機制，以及由此深化的忠君、褒忠思想。但若以明代忠臣旌表的整體情況來看，建文忠臣不過是其中一類，他們在地方上獲得祭祀、事蹟載入方志的理由，往往是因為其忠君行為有助於教化百姓，又能作為標榜地方的招牌，這與其他時代或其他類型忠臣被書寫、紀念的情況並無二致。而在已有突出鄉賢人物可供標榜的地區（如擁文天祥自重的江西吉安府），建文忠臣亦不一定受到重視。另外，明人筆記雖是延續建文朝歷史記憶的重要媒介，但除了《野記》之外，述及建文朝的軼聞、傳說，在此類文本中，多只佔了少許篇幅，僅有零星的記載。換言之，在明代士人為保存地方記憶或蒐羅奇聞軼事而寫作的筆記文本中，建文朝相關資訊只是諸多歷史典故軼聞的一小部分，從篇幅比重也看不出時人對其有特別關注。

由於建文朝歷史記憶的面向眾多，筆者個人的能力也極其有限，因此仍有許多尚未解決或釐清的問題，有待日後研究。例如靖難功

臣、建文殉臣與投降成祖者在該段記憶中的互動情況。明代對靖難功臣事蹟的書寫與讚頌，直至萬曆年間依然可見。在地方上，靖難功臣、建文殉臣與降臣可能都在鄉賢祠等紀念空間，或地方志的人物傳記中佔有席位。雖然本書已提到楊士奇等降臣試圖維護成祖與殉臣雙方的努力，以及成化、弘治以降文人以殉臣忠烈反襯降臣貪生的譏刺筆法，但靖難功臣與降臣形象的變化，其於地方志書和祀典方面的待遇，這些問題都有待進一步探討。此外，本書為避免涉及清代歷史記憶的層面，僅以一小節的篇幅介紹明遺民對建文君臣的懷念與歷史檢討，其實在他們的書寫中，也記有不少新出現的地方記憶與傳說，而他們對建文朝的記憶與認知，對後來《明史》的編纂亦頗具影響。但上述議題畢竟已超出明代的範疇，故只能以本書簡略的敘述為起頭，以待後續研究。

▍後記

　　本書修改自我的碩士論文〈明代的建文朝歷史記憶〉。能夠獲得母系師長與遴選委員的肯定，接受「郭廷以先生獎學金」的獎助，以系上專刊的形式出版學位論文，對我而言是極大的榮譽，也具有非常重要的意義。畢竟，這部論文不僅是我完成碩士班學業的成果與證明，更乘載了我在師大歷史系求學過程中，種種美好的記憶。

　　我在2005年9月進入師大歷史系就讀，在結束四年的大學生涯後，又繼續在系上的碩士班學習，用了將近三年半的時間完成學位論文，於2013年1月畢業。這長達七年半的歲月，是我生命中極為充實、愉快的一段時光。特別是就讀碩士班期間，由於父母的支持，我不必為了生活費奔波苦惱，得以全心投入學問的鑽研，參與感興趣的學術活動、選修或旁聽不同學校的課程，並心無旁騖地專注於學位論文的寫作。在這過程當中，我結識了不少志同道合的學友，也曾承蒙諸多師長的指點與提攜。系上的師長們，都是自大學時期起便一直指導、照顧、關心著我的長輩；即使是進入碩士班後未能再追隨學習的老師，平時在校內巧遇時，也總會停下腳步，問候我的狀況並給予勉勵。對此，我真的非常感激，並一再且深刻地體認到，自己是多麼幸運的人。

　　謹將本書獻給每一位，在這段美好的日子裡，給予我幫助、鼓勵與提攜的人。感謝我的父母，對大學畢業後仍執意升學、期望朝學術研究邁進的我，在各方面給予無盡且無條件的支持。感謝我的指導教授，一路走來惠予我最多關照的朱鴻老師，在給予我自由發揮空間的同時，亦以踏實嚴謹的學風引導我，沒有老師的指點與督促，就不會有這部論文的產生。感謝系上師長們從不間斷的關懷、指導與鼓勵，

林麗月老師、葉高樹老師、陳登武老師、陳健文老師、蔡淵洯老師、吳志鏗老師，諸位師長帶給我的不只是知識或學業上的成長，還有許許多多溫暖的回憶。感謝我的兩位口試委員——吳振漢老師與劉瓊云老師，兩位老師不僅在論文寫作期間惠賜諸多建議甚至資料，在我升上博士班之後仍不時給予我關照和幫助。感謝在論文寫作期間對我多所提點、教導我各種相關知識與概念的師長們，司徒琳老師、汪榮祖老師、吳德義老師、范宜如老師，拜讀老師們的大作、向老師們當面請教，這些經驗對我論文寫作的方向與思考問題的觀點，均有莫大啟發。也感謝在這段充實愉快的旅途中，與我一同切磋、相互砥礪的學友們，吳景傑學長、黃麗君學姊、鹿智鈞學長、蔡松穎學長、蕭琪學姊、許秀孟學姊、劉世珣學姊、游志泓、曾双秀、陳捷亞、謝仁晏，與各位學友的交流和彼此勉勵，是我寫作論文期間重要的動力與助力。

　　最後，再次感謝我的母系，賜予我這份機會與榮幸，以系上專刊的名義出版我的碩士論文。修改期間，承蒙劉瓊云老師、戴彼得教授惠賜諸多建議與資料，以及學友李見喜先生熱心指出稿中的錯處，讓拙文得以更臻完善。也感謝系上和出版社秀威資訊，對我緩慢的修改進度多所包容。特別感謝本書編輯鄭伊庭小姐，為編務工作付出的諸多心力，以及在修改過程中惠予的各項幫助。

何幸真

2019年12月17日

▌徵引書目

一、古籍史料

（一）官書、詔令、正史

〔晉〕陳壽撰，〔南朝宋〕裴松之注，《三國志》，北京：中華書局，1959。

〔明〕胡廣等撰，《明太祖實錄》，臺北：中央研究院歷史語言研究所，據北平圖書館藏紅格鈔本微捲影印，1966。

〔明〕楊士奇等撰，《明太宗實錄》，臺北：中央研究院歷史語言研究所，據北平圖書館藏紅格鈔本微捲影印，1966。

〔明〕楊士奇等撰，《明仁宗實錄》，臺北：中央研究院歷史語言研究所，據北平圖書館藏紅格鈔本微捲影印，1966。

〔明〕楊士奇等撰，《明宣宗實錄》，臺北：中央研究院歷史語言研究所，據北平圖書館藏紅格鈔本微捲影印，1966。

〔明〕陳文等撰，《明英宗實錄》，臺北：中央研究院歷史語言研究所，據北平圖書館藏紅格鈔本微捲影印，1966。

〔明〕劉吉等撰，《明憲宗實錄》，臺北：中央研究院歷史語言研究所，據北平圖書館藏紅格鈔本微捲影印，1966。

〔明〕李東陽等撰，《明孝宗實錄》，臺北：中央研究院歷史語言研究所，據北平圖書館藏紅格鈔本微捲影印，1966。

〔明〕費宏等撰，《明武宗實錄》，臺北：中央研究院歷史語言研究所，據北平圖書館藏紅格鈔本微捲影印，1966。

〔明〕張居正等撰，《明世宗實錄》，臺北：中央研究院歷史語言研究所，據北平圖書館藏紅格鈔本微捲影印，1966。

〔明〕張居正等撰，《明穆宗實錄》，臺北：中央研究院歷史語言研究所，據北平圖書館藏紅格鈔本微捲影印，1966。

〔明〕顧秉謙等撰，《明神宗實錄》，臺北：中央研究院歷史語言研究所，據北平圖書館藏紅格鈔本微捲影印，1966。

〔明〕葉向高等撰，《明光宗實錄》，臺北：中央研究院歷史語言研究所，據北平圖書館藏紅格鈔本微捲影印，1966。

〔明〕溫體仁等撰，《明熹宗實錄》，臺北：中央研究院歷史語言研究所，據北平圖書館藏紅格鈔本微捲影印，1966。

〔明〕明太祖御撰，《皇明祖訓》，收入《四庫全書存目叢書》，史部第264冊，臺南：莊嚴文化事業有限公司，據北京圖書館藏明洪武禮部刻本影印，1996。

〔明〕孔貞運輯，《皇明詔制》，北京：北京大學圖書館藏明崇禎七年（1634）胡正言刻本。

〔明〕申時行等修，〔明〕趙用賢等纂，《（萬曆）大明會典》，收入《續修四庫全書》，史部第789-792冊，上海：上海古籍出版社，據明萬曆內府刻本影印，1995。

〔明〕李賢等奉敕撰，《大明一統志》，臺北：文海出版社，據國立中央圖書館藏天順五年（1461）本影印，1965。

〔明〕李賢等奉敕撰，《明一統志》，收入《四庫全書珍本七集》，第87-100冊，臺北：臺灣商務印書館，據國立故宮博物院藏本影印，1977。

〔明〕俞汝楫編，《禮部志稿》，收入《景印文淵閣四庫全書》，第598冊，臺北：臺灣商務印書館，據國立故宮博物院藏本影印，1986。

〔清〕張廷玉等撰，鄭天挺點校，《明史》，北京：中華書局，1974。

〔清〕嵇璜等奉敕編，《欽定續文獻通考》，收入《景印文淵閣四庫全書》，第626-631冊，臺北：臺灣商務印書館，據國立故宮博物院藏本影印，1986。

〔清〕紀昀等奉敕編，《欽定四庫全書總目》，臺北：臺灣商務印書館，1983。

（二）地方志

〔明〕郭子章，《黔記》，收入《北京圖書館古籍珍本叢刊》，第43冊，北京：書目文獻出版社，據明萬曆刻本影印，1990。

〔明〕熊子臣、何鏜纂修，《栝蒼彙記》，收入《四庫全書存目叢書》，史部第193冊，臺南：莊嚴文化事業有限公司，據南京圖書館藏明萬曆七年（1579）刻本影印，1995。

〔明〕劉文徵編，古永繼點校，《滇志》，昆明：雲南教育出版社，1991。

〔明〕謝肇淛，《滇略》，收入《景印文淵閣四庫全書》，第494冊，臺北：臺灣商務印書館，據國立故宮博物院藏本影印，1986。

〔明〕沈庠修，〔明〕趙瓚纂，《（弘治）貴州圖經新志》，收入《四庫全書存目叢書》，史部第199冊，臺南：莊嚴文化事業有限公司，據北京圖書館藏明刻本影印，1996。

〔明〕周季鳳編，《（正德）雲南志》，收入《天一閣明代方志選刊續編》，第70

冊，上海：上海書店，據天一閣藏明正德五年（1510）刻本影印，1990。

〔明〕韓邦靖纂修，《（正德）朝邑縣志》，收入《中國方志叢書‧華北地方‧陝西省》，第540號，臺北：成文出版社，據明正德十四年（1519）刊本影印，1989。

〔明〕嚴嵩纂修，《（正德）袁州府志》，收入《天一閣明代方志選刊》，第37冊，上海：上海古籍書店，據天一閣藏明正德九年（1514）刻本影印，1982。

〔明〕方瑜纂輯，《（嘉靖）南寧府志》，收入《日本藏中國罕見地方志叢刊》，第22冊，北京：書目文獻出版社，據日本內閣文庫藏明嘉靖四十三年（1564）刻本影印，1990。

〔明〕王崇纂修，《（嘉靖）池州府志》，收入《天一閣明代方志選刊》，第32冊，上海：上海古籍書店，據天一閣藏明嘉靖二十四年（1545）刻本影印，1982。

〔明〕朱麟等修，〔明〕黃紹文等纂，《（嘉靖）廣德州志》，收入《中國方志叢書‧華中地方‧安徽省》，第706號，臺北：成文出版社，據明嘉靖十五年（1536）刊本影印，1985。

〔明〕李默、錢照等纂，《（嘉靖）寧國府志》，《天一閣明代方志選刊》，第8冊，臺北：新文豐出版社，據寧波天一閣藏明刻本影印，1985。

〔明〕周斯盛等修，《（嘉靖）山西通志》，臺北：漢學研究中心，據日本國會圖書館藏明嘉靖四十二年（1563）刊本影印，1990。

〔明〕胡宗憲修，〔明〕薛應旂等纂，《（嘉靖）浙江通志》，收入《天一閣明代方志選刊續編》，第24-26冊，上海：上海書店，據明嘉靖刻本影印，1990。

〔明〕徐顥修，〔明〕楊鈞、陳德文纂，《（嘉靖）臨江府志》，收入《天一閣明代方志選刊續編》，第49冊，上海：上海書店，據明嘉靖刊本影印，1990。

〔明〕梁明翰修，〔明〕傅學禮纂，《（嘉靖）慶陽府志》，臺北：漢學研究中心，據日本國會圖書館藏明嘉靖三十六年（1557）刊本影印，1990。

〔明〕梅守德、任子龍修，《（嘉靖）徐州志》，收入《中國方志叢書‧華中地方‧江蘇省》，第430號，臺北，成文出版社，據明嘉靖刊本影印，1983。

〔明〕陳德文纂修，《（嘉靖）袁州府志》，收入《天一閣明代方志選刊續編》，第49冊，上海：上海書店，據明嘉靖刊本影印，1990。

〔明〕陸釴等纂修，《（嘉靖）山東通志》，收入《天一閣明代方志選刊續編》，第51-52冊，上海：上海書店，據明嘉靖刊本影印，1990。

〔明〕趙廷瑞纂修，《（嘉靖）陝西通志》，收入《華東師範大學圖書館藏稀見方志叢刊》，第5冊，北京：北京圖書館出版社，據明嘉靖二十一年（1542）刻本影印，2005。

〔明〕劉天授修，〔明〕李魁、李愷等纂，《（嘉靖）龍溪縣志》，收入《天一閣藏明代方志選刊》，第32冊，臺北：新文豐出版社，據寧波天一閣藏明刻本影印，1985。

〔明〕潘庭楠修，《（嘉靖）鄧州志》，收入《天一閣藏明代方志選刊》，第14冊，臺北：新文豐出版社，據寧波天一閣藏明嘉靖刻本影印，1985。

〔明〕管大勳修，〔明〕劉松纂，《（隆慶）臨江府志》，收入《天一閣明代方志選刊》，第35冊，上海：上海古籍書店，據天一閣藏明隆慶六年（1572）刻本影印，1982。

〔明〕王耒賢、許一德纂修，《（萬曆）貴州通志》，收入《日本藏中國罕見地方志叢刊》，第18冊，北京：書目文獻出版社，據日本尊經閣文庫藏明萬曆二十五年（1597）刻本影印，1991。

〔明〕余之楨修，〔明〕王時槐纂，《（萬曆）吉安府志》，臺北：漢學研究中心，據日本內閣文庫藏明萬曆十三年（1585）刻本影印，1990。

〔明〕李思恭等修，〔明〕丁紹軾等纂，《（萬曆）池州府志》，收入《中國方志叢書・華中地方・安徽省》，第635號，臺北：成文出版社，據明萬曆四十年（1612）刊本影印，1985。

〔明〕李得陽等修，《（萬曆）廣德州志》，臺北：漢學研究中心，據日本國會圖書館藏明萬曆四十年刊本影印，1990。

〔明〕汪文璧等修，《（萬曆）湯溪縣志》，臺北：漢學研究中心，據日本內閣文庫藏明萬曆三十二年（1604）序刊本影印，1990。

〔明〕汪宗伊、程嗣功修，〔明〕陳舜仁等纂，《（萬曆）應天府志》，收入《稀見中國地方志彙刊》，第10冊，北京：中國書店，據明萬曆五年（1577）刻增修本影印，1992。

〔明〕袁應祺等修，〔明〕牟汝忠等纂，《（萬曆）黃巖縣志》，收入《天一閣明代方志選刊》，第18冊，上海：上海古籍書店，據天一閣藏明萬曆七年刻本影印，1981。

〔明〕陳俊等修，〔明〕沈懋學等纂，《（萬曆）寧國府志》，收入《稀見中國地方志彙刊》，第23冊，北京：中國書店，據明萬曆五年刊本影印，1992。

〔明〕陳善等修，《（萬曆）杭州府志》，收入《中國方志叢書・華中地方・浙江省》，第524號，臺北：成文出版社，據明萬曆七年刊本影印，1983。

〔明〕虞懷忠、郭棐等纂修，《（萬曆）四川總志》，收入《四庫全書存目叢書》，史部第199冊，臺南：莊嚴文化事業有限公司，據北京圖書館藏明萬曆刻本影印，1995。

〔明〕劉廣生修，〔明〕唐鶴徵纂，《（萬曆）常州府志》，收入《南京圖書館孤本善本叢刊・明代孤本方志專輯》，北京：線裝書局，據明萬曆四十六年（1618）刻本影印，2003。

〔明〕顧震宇纂修，《（萬曆）仙居縣志》，收入《叢書集成續編》，第231冊，臺北：新文豐出版社，據仙居叢書本影印，1989。

〔明〕牛若麟修,〔明〕王煥如纂,《(崇禎)吳縣志》,收入《天一閣明代方志選刊續編》,第15-19冊,上海:上海書店,據明崇禎刊本影印,1990。

〔明〕宋奎光修,《(崇禎)寧海縣志》,收入《中國方志叢書‧華中地方‧浙江省》,第503號,臺北:成文出版社,據明崇禎五年(1632)刊本影印,1983

〔明〕羅炌修,〔明〕黃承昊纂,《(崇禎)嘉興縣志》,收入《日本藏中國罕見地方志叢刊》,第27冊,北京:書目文獻出版社,據日本宮內省圖書寮藏明崇禎十年(1637)刻本影印,1991。

〔清〕王斗樞修,〔清〕張畢宿纂,《(康熙)當塗縣志》,收入《孤本舊方志選編》,第17-18冊,北京:線裝書局,2004。

〔清〕王克生、黃國瑞等纂修,《(康熙)鄱陽縣志》,收入《中國方志叢書‧華中地方‧江西省》,第932號,臺北:成文出版社,據清康熙二十二年(1683)刊本影印,1989。

〔清〕王清賢、陳淳纂修,《(康熙)武定府志》,收入《續修四庫全書》,史部第715冊,上海:上海古籍出版社,據北京大學圖書館藏清康熙刻本影印,1997。

〔清〕佟世燕修,〔清〕戴務楠纂,《(康熙)江寧縣志》,收入《稀見中國地方志彙刊》,第10冊,北京:中國書店,據清康熙二十二年刻本影印,1992。

〔清〕程應熊、姚文爕纂修,《(康熙)建寧府志》,收入《日本藏中國罕見地方志叢刊續編》,第6-10冊,北京:北京圖書館出版社,據清康熙五年(1666)抄本影印,2003。

〔清〕朱樟纂修,《(雍正)澤州府志》,收入《新修方志叢刊》,第93冊,臺北:臺灣學生書局,據清雍正十三年(1735)刊本影印,1968。

〔清〕段中律等纂修,《(乾隆)青陽縣志》,收入《中國方志叢書‧華中地方‧安徽省》,第650號,臺北:成文出版社,據清乾隆四十八年(1783)刊本影印,1985。

〔清〕劉嗣孔修,〔清〕劉湘煃纂,《(乾隆)漢陽縣志》,收入《稀見中國地方志彙刊》,第36冊,北京,中國書店,據清乾隆十三年(1748)刻本影印,1992。

〔清〕劉權之修,〔清〕張士範等纂,《(乾隆)池州府志》,收入《中國方志叢書‧華中地方‧安徽省》,第636號,臺北:成文出版社,據清乾隆四十三年(1778)刊本影印,1985。

〔清〕嵩山修,〔清〕謝香開、張熙先纂,《(嘉慶)東昌府志》,收入《中國地方志集成‧山東府縣志輯》,第87-88冊,南京:鳳凰出版社,據清嘉慶十三年(1808)刻本影印,2004。

〔清〕王贈芳等修,〔清〕成瓘等纂,《(道光)濟南府志》,收入《新修方志叢刊》,第81冊,臺北:臺灣學生書局,據清道光二十年(1840)刊本影印,1968。

〔清〕金臺修,〔清〕但明倫纂,《(道光)廣順州志》,收入《中國地方志集成‧

貴州府縣志輯》，第27冊，成都：巴蜀書社，據清道光二十七年（1847）廣陽書院刻本影印，2006。

〔清〕邵子彝修，〔清〕魯琪光等纂，《（同治）建昌府志》，收入《中國方志叢書‧華中地方‧江西省》，第831號，臺北：成文出版社，據日本國會圖書館藏清同治十一年（1872）刊本影印，1989。

（三）私史、筆記

〔晉〕孔晁注，《逸周書》，收入《景印文淵閣四庫全書》，第370冊，臺北：臺灣商務印書館，據國立故宮博物院藏本影印，1983。

〔明〕大嶽山人，《建文皇帝事蹟備遺錄》，收入《中國野史集成》，第23冊，成都：巴蜀書社，據明抄本影印，1993。

〔明〕尹守衡，《皇明史竊》，收入《續修四庫全書》，史部第316-317冊，上海：上海古籍出版社，據中國科學院圖書館藏明崇禎刻本影印，2002。

〔明〕王士性撰，周振鶴點校，《廣志繹》，北京：中華書局，2006。

〔明〕王圻，《續文獻通考》，收入《四庫全書存目叢書》，子部第185-189冊，臺南：莊嚴文化事業有限公司，據中國科學院圖書館藏明萬曆三十一年（1603）刻本影印，1995。

〔明〕王俊華，《洪武京城圖志》，收入《北京圖書館古籍珍本叢刊》，第24冊，北京：書目文獻出版社，據清抄本影印，1988。

〔明〕王濟，《君子堂日詢手鏡》，收入《明代基本史料叢刊‧邊疆卷》，第58冊，北京：線裝書局，2005。

〔明〕王鏊，《守溪筆記》，收入《筆記小說大觀》，第17編，第2冊，臺北：新興書局，1977。

〔明〕王鏊，《震澤紀聞》，臺北：國家圖書館藏明嘉靖三十年（1551）刊本。

〔明〕朱國禎，《皇明史概》，收入《續修四庫全書》，史部第428-431冊，上海：上海古籍出版社，據明崇禎刻本影印，2002。

〔明〕朱國禎，《湧幢小品》，收入《四庫全書存目叢書》，子部第106冊，臺南：莊嚴文化事業有限公司，據遼寧大學圖書館藏明天啟二年（1622）刻本影印，1995。

〔明〕朱睦㮮，《革除逸史》，收入《中國野史集成正編》，第23冊，成都：巴蜀書社，據清道光二十三年（1843）錢熙祚指海本影印，1993。

〔明〕朱鷺，《建文書法擬》，收入《中國野史集成續編》，第16冊，成都：巴蜀書社，據明刊本影印，2000。

〔明〕何良俊，《四友齋叢說》，北京：中華書局，1959。

〔明〕佚名，《皇明傳信錄》，臺北：中央研究院傅斯年圖書館藏明國朝典故十行藍絲欄抄本。

〔明〕佚名,《黃陳冤報錄》,收入《中國野史集成續編》,第17冊,成都:巴蜀書社,據崇禎十七年(1644)遜國逸書輯本影印,2000。

〔明〕佚名撰,王崇武注,《奉天靖難記注》,臺北:臺聯國風出版社,1975。

〔明〕吳桂森,《息齋筆記》,收入《續修四庫全書》,子部第1132冊,上海:上海古籍出版社,據北京圖書館藏明崇禎刻本影印,1997。

〔明〕宋端儀,《立齋閒錄》,收入《四庫全書存目叢書》,子部第239冊,臺南:莊嚴文化事業有限公司,據遼寧省圖書館藏明抄本影印,1995。

〔明〕李贄,《續藏書》,臺北:臺灣學生書局,1974。

〔明〕沈節甫編,《紀錄彙編》,臺北:臺灣商務印書館,據上海涵芬樓明萬曆刻本影印,1969。

〔明〕沈德符,《萬曆野獲編》,北京:中華書局,1959。

〔明〕周鑣,《遜國忠紀》,收入《四庫全書存目叢書》,史部第117冊,臺南:莊嚴文化事業有限公司,據陝西省圖書館藏明崇禎刻本影印,1996。

〔明〕姚履旋編,《遜志齋外紀》,收入《四庫全書存目叢書》,史部第85冊,臺南:莊嚴文化事業有限公司,據浙江圖書館藏明萬曆刻清康熙增補本影印,1995。

〔明〕姜清,《姜氏秘史》,收入《中國野史集成正編》,第23冊,成都:巴蜀書社,據清光緒二十一年(1895)豫章叢書本影印,1993。

〔明〕姜清,《姜氏秘史》,臺北:國家圖書館藏明舊鈔本。

〔明〕皇甫錄,《皇明紀略》,收入《四庫全書存目叢書》,子部第240冊,臺南:莊嚴文化事業有限公司,據明刻歷代小史本影印,1995。

〔明〕郁袞,《革朝遺忠錄》,臺北:國家圖書館藏明刻本。

〔明〕郎瑛,《七修類稿》,上海:上海書店,2009。

〔明〕孫應嶽,《金陵選勝》,收入《故宮珍本叢刊》,第270冊,海口:海南出版社,2001。

〔明〕徐弘祖撰,朱惠榮等譯注,《徐霞客遊記》,臺北:臺灣古籍出版社,2001。

〔明〕徐紘,《皇明名臣琬琰錄》,收入《明代傳記叢刊》,第43-44冊,臺北:明文書局,據明刊本影印,1991。

〔明〕徐禎卿,《翦勝野聞》,收入《四庫全書存目叢書》,子部第240冊,臺南:莊嚴文化事業有限公司,據北京圖書館分館藏明刻本影印,1995。

〔明〕徐德英,〈革除建文皇帝紀〉,收入《中國野史集成》,第23冊,成都:巴蜀書社,據清然脂百一編六種本影印,1993。

〔明〕徐樹丕,《識小錄》,收入《筆記小說大觀》,第40編,第3冊,臺北:新興出版社,1985。

〔明〕祝允明,《野記》,收入《四庫全書存目叢書》,子部第240冊,臺南:莊嚴

文化事業有限公司，據南京圖書館藏明毛文燁刻本影印，1995。

〔明〕託名史仲彬，《致身錄》，收入《中國野史集成正編》，第23冊，成都：巴蜀書社，據清學海類編集餘本影印，1993。

〔明〕託名史仲彬，〔明〕史兆麟編訂，《致身錄》，上海：上海圖書館藏明崇禎二年（1629）史兆麟刻本。

〔明〕託名史仲彬，〔清〕史在相編訂，《致身錄》，上海：上海圖書館藏清康熙八年（1669）史在相刻本。

〔明〕託名程濟，《從亡隨筆》，收入《中國野史集成續編》，第17冊，成都：巴蜀書社，據明崇禎十七年遜國逸書本影印，1996。

〔明〕高岱，《鴻猷錄》，收入《四庫全書存目叢書》，史部第91冊，臺南：莊嚴文化事業有限公司，據南京圖書館藏明嘉靖四十四年（1565）高思誠刻本影印，1996。

〔明〕屠叔方，《建文朝野匯編》，收入《中國野史集成續編》，第16冊，成都：巴蜀書社，據明萬曆刻本影印，2000。

〔明〕張芹，《備遺錄》，收入《中國野史集成正編》，第23冊，成都：巴蜀書社，據借月山房彙抄本影印，1993。

〔明〕張朝瑞，《忠節錄》，收入《四庫全書存目叢書》，史部第97冊，臺南：莊嚴文化事業有限公司，據北京圖書館藏明萬曆刻本影印，1995。

〔明〕張瀚，《松窗夢語》，北京：中華書局，1985。

〔明〕曹參芳，《遜國正氣紀》，收入《明代傳記叢刊》，第63冊，臺北：明文書局，據國立中央圖書館藏本影印，1991。

〔明〕許有穀，《皇明忠義存襃什》，收入《四庫全書存目叢書》，史部第115冊，臺南：莊嚴文化事業有限公司，據天一閣文物保管所藏明崇禎刻本影印，1995。

〔明〕許相卿，《革朝志》，收入《中國野史集成續編》，第16冊，成都：巴蜀書社，據清四庫全書本影印，2000。

〔明〕陳子龍輯，《皇明經世文編》，北京：中華書局，1962。

〔明〕陳建撰，錢茂偉點校，《皇明通紀》，北京：中華書局，2008。

〔明〕陸深，《蜀都雜抄》，臺北：國家圖書館藏明萬曆間繡水沈氏尚白齋刊本。

〔明〕陸粲，《庚巳編》，北京：中華書局，1987。

〔明〕焦竑編，《國朝獻徵錄》，收入《四庫全書存目叢書》，史部第100-106冊，臺南：莊嚴文化事業有限公司，據中國史學叢書影印明萬曆四十四年（1616）徐象橒曼山館刻本影印，1995。

〔明〕黃佐，《革除遺事》，收入《中國野史集成正編》，第22冊，成都：巴蜀書社，據北京首都圖書館藏明嘉靖吳郡袁氏嘉趣堂刻金聲玉振集本影印，1993。

〔明〕黃佐，《革除遺事》，收入《續修四庫全書》，史部第432冊，上海：上海古籍出版社，據北京圖書館藏明抄本影印，1995。

〔明〕黃佐，《翰林記》，收入《景印文淵閣四庫全書》，第596冊，臺北：臺灣商務印書館，據國立故宮博物院藏本影印，1986。

〔明〕黃溥，《閒中今古錄》，收入《明清史料叢書續編》，第12冊，北京：國家圖書館出版社，據清光緒九年（1883）刻本影印，2009。

〔明〕葉盛，《水東日記》，北京：中華書局，1980。

〔明〕過庭訓編，《明分省人物考》，臺北：明文出版社，1991。

〔明〕雷禮，《國朝列卿記》，臺北：文海出版社，據明萬曆間刊本影印，1984。

〔明〕趙善政，《賓退錄》，長沙：商務出版社，1936。

〔明〕劉侗，《帝京景物略》，收入《四庫全書存目叢書》，史部第248冊，臺南：莊嚴文化事業有限公司，據天津圖書館藏明崇禎刻本影印，1996。

〔明〕練縷編，《崇祀實紀》，臺北：國家圖書館藏明萬曆辛亥（1611）練綺刊清雍正間修補本。

〔明〕蔣棻，《明史紀事》，收入《中國野史集成》，第14冊，成都：巴蜀書社，據清初稿本影印，1993。

〔明〕鄧士龍編，許大齡、王天有點校，《國朝典故》，北京：北京大學出版社，1993。

〔明〕鄭曉，《今言》，北京：中華書局，1984。

〔明〕鄭曉，《吾學編》，收入《北京圖書館古籍珍本叢刊》，第12冊，北京：書目文獻出版社，據明隆慶元年（1567）鄭履淳刻本影印，1988。

〔明〕錢士升，《皇明表忠紀》，收入《四庫全書存目叢書》，史部第110冊，臺南：莊嚴文化事業有限公司，據北京圖書館藏明崇禎刊本影印，1996。

〔明〕錢士升輯，《遜國逸書四種》，收入《四庫全書存目叢書》，史部第55冊，臺南：莊嚴文化事業有限公司，據南京圖書館藏明崇禎刻本影印，1996。

〔明〕譚希思，《皇明大政纂要》，收入《四庫全書存目叢書》，史部第14-15冊，臺南：莊嚴文化事業有限公司，據山西省圖書館藏清光緒二十一年（1895）湖南思賢書局刻本影印，1995。

〔明〕嚴從簡撰，余思黎點校，《殊域周咨錄》，北京：中華書局，1993。

〔明〕顧起元撰，譚棣華等點校，《客座贅語》，北京：中華書局，1987。

〔清〕王士禎，《池北偶談》，北京：中華書局，1982。

〔清〕王夫之，《讀通鑑論》，北京：中華書局，1975。

〔清〕佚名，《崇禎實錄》，臺北：中央研究院歷史語言研究所，1967。

〔清〕吳偉業，《鹿樵紀聞》，南投：臺灣省文獻委員會，1995。

〔清〕李清，《三垣筆記》，北京：中華書局，1982。

〔清〕李清，《南渡錄》，收入《續修四庫全書》，史部第443冊，上海：上海古籍出版社，據浙江圖書館藏清抄本影印，2002。

〔清〕汪楫，《崇禎長編》，臺北：中央研究院歷史語言研究所，1967。

〔清〕谷應泰，《明史紀事本末》，北京：中華書局，1977。

〔清〕查繼佐，《罪惟錄》，收入《四部叢刊》，第14-16冊，臺北：臺灣商務印書館，據上海涵芬樓影印吳興劉氏嘉業堂藏手稿本重印，1981。

〔清〕計六奇撰，魏得良、任道斌點校，《明季北略》，北京：中華書局，1984。

〔清〕孫承澤撰，王劍英點校，《春明夢餘錄》，北京：北京古籍出版社，1992。

〔清〕張岱，《石匱書》，收入《續修四庫全書》，史部第318-320冊，上海：上海古籍出版社，據南京圖書館藏稿本影印，2002。

〔清〕梁份，《帝陵圖說》，《稀見明史籍輯存》，第30冊，北京：線裝書局，據民國間烏絲欄抄本影印，2003。

〔清〕陳田，《明詩紀事》，收入《續修四庫全書》，第1710-1712冊，上海：上海古籍出版社，據清刻本影印，2002。

〔清〕馮甦，《滇考》，收入《景印文淵閣四庫全書》，第364冊，臺北：臺灣商務印書館，據國立故宮博物院藏本影印，1986。

〔清〕黃宗羲，《弘光實錄鈔》，收入《續修四庫全書》，史部第367冊，上海：上海古籍出版社，據浙江圖書館藏清光緒三年（1877）傅氏長恩閣抄本影印，2002。

〔清〕楊士聰，《玉堂薈記》，收入《四庫全書存目叢書》，子部第244冊，臺南：莊嚴文化事業有限公司，據北京圖書館藏清鈔本影印，1996。

〔清〕趙士喆，《建文年譜》，收入《中國野史集成》，第23冊，成都：巴蜀書社，據民國二十三年（1934）東萊趙氏楹書叢刊本影印，1993。

〔清〕劉聲木撰，劉篤齡點校，《萇楚齋隨筆續筆三筆四筆五筆》，北京：中華書局，1998。

〔清〕潘檉章，《國史考異》，收入《續修四庫全書》，史部第452冊，上海：上海古籍出版社，據北京圖書館藏清初刻本影印，1997。

〔清〕談遷，《棗林雜俎》，收入《四庫全書存目叢書》，子部第113冊，臺南：莊嚴文化事業有限公司，據上海圖書館藏清鈔本影印，1996。

〔清〕談遷撰，汪北平點校，《北游錄》，北京：中華書局，1960。

〔清〕談遷撰，張宗祥點校，《國榷》，北京：中華書局，1958。

〔清〕錢澄之，《所知錄》，合肥：黃山書社，2006。

〔清〕顧炎武，《聖安本紀》，收入《臺灣文獻叢刊》，第183種，臺北：臺灣銀行，1964。

〔清〕顧炎武撰，黃汝成集釋，《日知錄集釋》，上海：上海古籍出版社，2006。

〔民國〕劉承幹編，《明史例案》，臺北：世界書局，據民國三年（1914）吳興嘉業堂刊本影印，1961。

（四）詩文集

〔明〕方孝孺撰，徐光大點校，《遜志齋集》，寧波：寧波出版社，2000。

〔明〕王世貞，《弇州四部稿》，收入《景印文淵閣四庫全書》，第1279-1281冊，臺北：臺灣商務印書館，據國立故宮博物院藏本影印，1986。

〔明〕王世貞，《弇州續稿》，收入《景印文淵閣四庫全書》，第1282-1284冊，臺北：臺灣商務印書館，據國立故宮博物院藏本影印，1986。

〔明〕王世貞撰，魏連科點校，《弇山堂別集》，北京：中華書局，1985。

〔明〕史鑑，《西村集》，收入《景印文淵閣四庫全書》，第1259冊，臺北：臺灣商務印書館，據國立故宮博物院藏本影印，1986。

〔明〕何喬新，《椒邱文集》，收入《景印文淵閣四庫全書》，第1249冊，臺北：臺灣商務印書館，據國立故宮博物院藏本影印，1986。

〔明〕余繼登，《淡然軒集》，收入《景印文淵閣四庫全書》，第1291冊，臺北：臺灣商務印書館，據國立故宮博物院藏本影印，1986。

〔明〕吳寬，《家藏集》，收入《景印文淵閣四庫全書》，第1255冊，臺北：臺灣商務印書館，據國立故宮博物院藏本影印，1986。

〔明〕李夢陽，《空同集》，收入《景印文淵閣四庫全書》，第1262冊，臺北：臺灣商務印書館，據國立故宮博物院藏本影印，1986。

〔明〕李賢，《古穰集》，收入《景印文淵閣四庫全書》，第1244冊，臺北：臺灣商務印書館，據國立故宮博物院藏本影印，1986。

〔明〕沈鯉，《亦玉堂稿》，收入《景印文淵閣四庫全書》，第1288冊，臺北：臺灣商務印書館，據國立故宮博物院藏本影印，1986。

〔明〕周是修，《芻蕘集》，收入《景印文淵閣四庫全書》，第1236冊，臺北：臺灣商務印書館，據國立故宮博物院藏本影印，1986。

〔明〕周瑛，《翠渠摘稿》，收入《景印文淵閣四庫全書》，第1254冊，臺北：臺灣商務印書館，據國立故宮博物院藏本影印，1986。

〔明〕金幼孜，《金文靖公集》，臺北：國家圖書館藏明成化四年（1468）新淦金氏家刊本。

〔明〕陳仁錫，《陳太史無夢園初集》，收入《續修四庫全書》，集部第1381-1383冊，上海：上海古籍出版社，據明崇禎六年（1633）張一鳴刻本影印，2002。

〔明〕陳繼儒，《晚香堂集》，收入《四庫禁燬書叢刊》，集部第66冊，北京：北京出版社，據明崇禎刻本影印，2000。

〔明〕陶奭齡，《賜曲園今是堂集》，收入《四庫禁燬書叢刊》，集部第80冊，北京：北京出版社，據北京圖書館藏明崇禎刻本影印，2000。

〔明〕曾同亨，《泉湖山房稿》，東京：高橋情報，據日本內閣文庫藏明刊本影印，

1991。

〔明〕湯顯祖撰，徐朔方箋校，《湯顯祖集》，上海：上海古籍出版社，2015。

〔明〕焦竑撰，李劍雄點校，《澹園集》，北京：中華書局，1999。

〔明〕馮時可，《超然樓集》，東京：高橋情報，據日本內閣文庫藏明萬曆二十五年鄭汝璧序刊本影印，1993。

〔明〕馮琦，《北海集》，臺北：國家圖書館藏明萬曆末年雲間林氏刊本。

〔明〕黃佐，《泰泉集》，收入《廣州大典》，第56輯，集部第7冊，廣州：廣州出版社，據廣東省立中山圖書館藏本影印，2015。

〔明〕楊士奇，《東里續集》，收入《景印文淵閣四庫全書》，第1238-1239冊，臺北：臺灣商務印書館，據國立故宮博物院藏本影印，1986。

〔明〕楊士奇撰，劉伯涵、朱海點校，《東里文集》，北京：中華書局，1998。

〔明〕楊榮，《兩京類稿》，臺北：國家圖書館藏明正統十三年（1448）建安楊氏家刊本。

〔明〕葉向高撰，福建省文史研究館編，《蒼霞草全集》，揚州：江蘇廣陵古籍刻印社，據福建師範大學圖書館藏明天啟刊本影印，1994。

〔明〕董應舉，《崇相集》，收入《四庫禁燬書叢刊》，第102-103冊，北京：北京出版社，據北京大學圖書館藏明崇禎刻本影印，2000。

〔明〕劉宗周，《劉子全書》，收入《中華文史叢書》，第57冊，臺北：華文書局，1968。

〔明〕錢琦，《錢臨江集》，臺北：漢學研究中心，據明萬曆二十三年（1595）刊本影印，1990。

〔明〕謝肇淛撰，江中柱點校，《小草齋集》，福州：福建人民出版社，2009。

〔明〕顧憲成，《顧端文公集》，臺北：國家圖書館藏明崇禎年間無錫顧氏家刊本。

〔明〕龔詡，《野古集》，收入《景印文淵閣四庫全書》，第1236冊，臺北：臺灣商務印書館，據國立故宮博物院藏本影印，1986。

〔清〕朱彝尊，《曝書亭集》，收入《景印文淵閣四庫全書》，第1317-1318冊，臺北：臺灣商務印書館，據國立故宮博物院藏本影印，1986。

〔清〕汪森，《粵西文載》，收入《景印文淵閣四庫全書》，第1465-1467冊，臺北：臺灣商務印書館，據國立故宮博物院藏本影印，1986。

〔清〕屈大均撰，歐初、王貴忱主編，《屈大均全集》，北京：人民文學出版社，1997。

〔清〕孫奇逢，《夏峯先生集》，收入《四庫禁燬書叢刊》，集部第118冊，北京：北京出版社，據清道光二十五年（1845）大梁書院刻本影印，2000。

〔清〕張岱，《嫏嬛文集》，長沙：嶽麓書社，1985。

〔清〕張履祥撰，陳祖武點校，《楊園先生全集》，北京：中華書局，2002。

〔清〕黃宗羲,《明夷待訪錄》,收入《續修四庫全書》,子部第945冊,上海:上海古籍出版社,據清道光刻本影印,2002。

〔清〕黃宗羲撰,沈芝盈點校,《明儒學案》,北京:中華書局,1995。

〔清〕黃宗羲撰,沈善洪主編,《黃宗羲全集》,杭州:浙江古籍出版社,2005。

〔清〕熊開元,《魚山剩稿》,收入《四庫禁燬書叢刊補編》,第75冊,北京:北京出版社,據清康熙尚友堂刻本影印,2005。

〔清〕潘耒,《遂初堂文集》,收入《清代詩文集彙編》,第170冊,上海:上海古籍出版社,據清康熙刻本影印,2010。

〔清〕錢謙益,《列朝詩集》,收入《四庫禁燬書叢刊》,集部第95-97冊,北京:北京出版社,據中國科學院圖書館藏清順治九年(1652)毛氏汲古閣刻本影印,2000。

〔清〕錢謙益,《牧齋初學集》,收入《四庫禁燬書叢刊》,集部第114冊,北京:北京出版社,據明崇禎瞿式耜刻本影印,2000。

〔清〕錢謙益撰,〔清〕錢曾箋注,錢仲聯標校,《牧齋有學集》,上海:上海古籍出版社,1996。

〔清〕魏禧,《魏叔子文集》,收入《清代詩文集彙編》,第92冊,上海:上海古籍出版社,據清易堂刻寧都三魏全集本影印,2010。

〔清〕顧炎武,《顧亭林詩文集》,香港:中華書局香港分局,1976。

(五)小說、戲曲

〔明〕佚名,《承運傳》,收入《古本小說集成》,第94冊,上海:上海古籍出版社,據日本內閣文庫藏明萬曆刻本影印,1990。

〔明〕周楫撰,陳美林校注,《西湖二集》,臺北:三民書局,1998。

〔明〕陸人龍著,覃君點校,《型世言》,北京:中華書局,1993。

〔明〕羅懋登,《三寶太監西洋記通俗演義》,上海:上海古籍出版社,1985。

〔清〕董榕撰,董耀焜重校,《芝龕記》,收入《傅惜華藏古典戲曲珍本叢刊》,第35-36冊,北京:學苑出版社,據清乾隆刻本影印,2010。

(六)類書、日用類書

〔明〕江旭奇,《朱翼》,收入《四庫全書存目叢書》,子部第206冊,臺南:莊嚴文化事業有限公司,據北京大學圖書館藏萬曆四十四年刻本影印,1995。

〔明〕佚名編,《新刻天下民家便用萬錦全書》,收入《域外漢籍珍本文庫》,第2輯,子部第12冊,重慶:西南師範大學出版社,據日本東京大學東洋文化研究所藏明萬曆刊本影印,2011。

〔明〕佚名編,徐三有校,《新鍥全補天下四民利用便觀五車拔錦》,收入《域外漢

籍珍本文庫》，第2輯，子部第12冊，重慶：西南師範大學出版社，據日本東京
大學東洋文化研究所藏明萬曆二十五年書林閩建雲齋刊本影印，2011。

〔明〕武緯子補訂，《新刊翰苑廣記補訂四民捷用學海群玉》，收入《域外漢籍珍本
文庫》，第2輯，子部第12冊，重慶：西南師範大學出版社，據日本東京大學東
洋文化研究所藏明萬曆三十五年（1607）潭陽熊氏種德堂序刊本影印，2011。

〔明〕朱鼎臣編，《新刻鄴架新裁萬寶全書》，收入《域外漢籍珍本文庫》，第2
輯，子部第12冊，重慶：西南師範大學出版社，據日本東京大學東洋文化研究所
藏明萬曆四十二年（1614）序刊本影印，2011。

〔明〕劉葉，《新鐫歷代名賢事類通考》，收入《四庫全書存目叢書補編》，第96
冊，濟南：齊魯出版社，據南京圖書館藏明刻本影印，2001。

二、今人論著

（一）中文專書

王崇武，《明靖難史事考證稿》，臺北：臺聯國風出版社，1975。

王璦玲，《晚明清初戲曲之審美構思與其藝術呈現》，臺北：中央研究院中國文哲研
究所，2005。

史景遷（Jonathan D. Spence）著，溫洽溢譯，《前朝夢憶：張岱的浮華與蒼涼》，桂
林：廣西師範大學出版社，2010。

司徒琳（Lynn A. Struve）著，李榮慶等譯，《南明史》，上海：上海古籍出版社，
1992。

皮耶・諾哈（Pierre Nora）編，戴麗娟節譯，《記憶所繫之處》，臺北：行人文化實驗
室，2012。

朱鴻，《明成祖與永樂政治》，臺北：國立臺灣師範大學歷史研究所，1988。

牟復禮（Frederick W. Mote）、崔瑞德（Denis Twitchett）主編，張書生等譯，《劍橋中
國明代史》，北京：中國社會科學院出版社，1992。

衣若蘭，《史學與性別：《明史・列女傳》與明代女性史之建構》，太原：山西教育
出版社，2011。

何冠彪，《明末清初學術思想研究》，臺北：臺灣學生書局，1991。

何歌勁，《建文帝之謎》，長沙：湖南人民出版社，2006。

吳德義，《建文史學編年考》，天津：天津教育出版社，2009。

吳德義，《政局變遷與歷史敘事：明代建文史編撰研究》，北京：中國社會科學出版
社，2013。

巫仁恕，《激變良民：傳統中國城市群眾集體行動之分析》，北京：北京大學出版

社，2011。

李瑄，《明遺民群體心態與文學思想研究》，成都：巴蜀書社，2009。

周質平等編，《國史浮海開新錄——余英時教授榮退論文集》，臺北：聯經出版社，
2002。

孟森，《明史講義》，南京：江蘇文藝出版社，2008。

阿斯特莉特・埃爾（Astird Erll）、馮亞琳主編，余傳玲等譯，《文化記憶理論讀
本》，北京：北京大學出版社，2012。

保羅・康納頓（Paul Connerton）著，納日碧力戈譯，《社會如何記憶》，上海：上海
人民出版社，2000。

倉修良，《中國史學史簡編》，哈爾濱：黑龍江人民出版社，1983。

馬幼垣，《中國小說史集稿》，臺北：時報文化出版社，1987。

馬渭源，《破解六百年第一謎案：建文帝最終出亡福建寧德！？》，南京：東南大學
出版社，2010。

高彥頤（Dorothy Ko）著，苗廷威譯，《纏足：「金蓮崇拜」盛極而衰的演變》，南
京：江蘇人民出版社，2009。

高春緞，《黃佐的生平及其史學（一四九〇－一五六六）》，高雄：文化出版社，
1992。

商傳，《永樂皇帝》，北京：北京出版社，1989。

莫里斯・哈布瓦赫（Maurice Halbwachs）著，畢然、郭金華譯，《論集體記憶》，上
海：上海人民出版社，2002。

陳大康，《明代小說史》，上海：上海文藝出版社，2000。

陳萬鼐，《明惠帝出亡考證》，高雄：百成書店，1960。

陳學霖，《明初的人物、史事與傳說》，北京：北京大學出版社，2010。

陳學霖，《劉伯溫與哪吒城：北京建城的傳說》，臺北：東大圖書公司，1996。

費絲言，《由典範到規範——從明代貞節烈女的辨識與流傳看貞節觀念的嚴格化》，
臺北：臺大出版委員會，1998。

黃瓊慧，《世變中的記憶與編寫——以丁耀亢為例的考察》，臺北：大安出版社，
2009。

楊豔秋，《明代史學探研》，北京：人民出版社，2005。

廖宜方，《唐代的歷史記憶》，臺北：國立臺灣大學出版中心，2011。

廖瑞銘，《明代野史的發展與特色》，臺北：花木蘭出版社，2009。

趙園，《制度・言論・心態——《明清之際士大夫研究》續編》，北京：北京大學出
版社，2006。

趙園，《明清之際士大夫研究》，北京：北京大學出版社，1999。

趙園，《明清之際的思想與言說》，香港：三聯書店，2008。

蕭阿勤，《回歸現實：臺灣一九七〇年代的戰後世代與文化政治變遷》，臺北：中央研究院社會學研究所，2010。

錢茂偉，《明代史學的進程》，北京：社會科學文獻出版社，2003。

謝貴安，《明實錄研究》，武漢：湖北人民出版社，2003。

簡錦松，《明代文學批評研究》，臺北：臺灣學生書局，1989。

Arthur F. Wright編，中央研究院中美人文社會科學合作委員會譯，《中國歷史人物論集》，臺北：正中書局，1973。

Mike Crang著，王志弘等譯，《文化地理學》，臺北：巨流出版社，2003。

吳德義，〈明代建文史學研究〉，天津：南開大學博士學位論文，2007。

吳蕙芳，〈明清時期民間日用類書及其所反映之生活內涵〉，臺北：國立政治大學歷史研究所博士論文，2000。

李見喜，〈明建文帝正統地位恢復研究〉，武漢：華中師範大學碩士學位論文，2016。

李雅雯，〈近代護生戒殺思想之發展與實踐〉，臺北：國立臺灣師範大學中國文學研究所博士論文，2008。

林家維，〈明代王直（1379-1462）研究〉，臺北：國立臺灣師範大學歷史學系碩士論文，2017。

林麗月，〈明末東林運動新探〉，臺北：國立臺灣師範大學歷史研究所博士論文，1984。

范子靖，〈追尋「靖難」前後的文學與歷史──以建文臣子別集為中心〉，上海：上海復旦大學碩士學位論文，2017。

范宜如，《明代中期吳中文壇研究──一個地域文學的考察》，臺北：國立臺灣師範大學國文研究所博士論文，2001。

索潔，〈靖難事件與文學研究〉，重慶：西南大學碩士學位論文，2009。

曾繁全，〈明代江西士大夫群體──以永樂至景泰時期為中心〉，上海：華東師範大學碩士學位論文，2010。

劉倩，〈「靖難」及其文學重寫〉，北京：中國社會科學院研究生院博士學位論文，2003。

蔡家琳，〈典型在夙昔：明清時期文天祥忠節典範的形塑與流傳〉，臺北：國立臺灣師範大學歷史學系碩士論文，2009。

蔡淑芬，〈明末清初江南的放生活動〉，臺北：國立臺灣師範大學歷史研究所碩士論文，2004。

簡碩成，〈鄭曉《吾學編》之研究〉，桃園：中央大學歷史研究所碩士論文，2005。

（二）中文論文

丁修真，〈士人交往、地方家族與建文傳說——以《致身錄》的出現為中心〉，《史林》，2011：3，頁69-77。

丁修真，〈明代中期建文故事的整合與傳播——以黃佐《革除遺事》為中心〉，《安徽史學》，2012：6，頁63-69。

毛佩琦，〈建文新政和永樂「繼統」〉，《中國史研究》，1982：2，頁36-49。

牛建強，〈試論明代建文帝歷史冤案的反正過程——以明中後期建文朝史籍纂修為視角〉，《史學月刊》，1996：2，頁32-38轉25。

王正華，〈生活、知識與文化商品：晚明福建版「日用類書」與其書畫門〉，《中央研究院近代史研究所集刊》，41（臺北，2003.9），頁1-85。

王成勉，〈再論明末士人的抉擇——近二十年的研究與創新〉，收入《全球化下明史研究之新視野論文集》，臺北：東吳大學歷史學系，2008，第1冊，頁231-242。

王汎森，〈歷史記憶與歷史——中國近世史事為例〉，《當代》，91（臺北，1993.11），頁40-49。

王明珂，〈誰的歷史：自傳、傳記與口述歷史的社會記憶本質〉，《思與言》，34：3（臺北，1996.9），頁147-183。

王家範、程念祺，〈論明初對洪武政治的批評——方孝孺的政治理想與建文帝的政策改革〉，《史林》，1994：3，頁5-7轉33。

王璦玲，〈記憶與敘事：清初劇作家之前朝意識與其易代感懷之戲劇轉化〉，《中國文哲研究集刊》，24（臺北，2004.4），頁39-103

石守謙，〈古蹟·史料·記憶·危機〉，《當代》，92（臺北，1993.12），頁10-19。

向燕南，〈引導歷史向善——方孝孺的正統論及其史學影響〉，《齊魯學刊》，2004：1，頁89-93。

朱鴻，〈三「楊」開泰？：明英宗正統初期的內閣政治〉，收入林麗月主編，《近代國家的應變與圖新》，臺北：唐山出版社，2001，頁1-27。

朱鴻，〈心慊慊而乖違——論明宣宗從「好聖孫」到「好」聖孫的轉變〉，《鴻禧文物》，3（臺北，1998.3），頁93-112。

朱鴻，〈由南京到北京——明初定都問題的探討〉，《師大學報》，33（臺北，1988.6），頁259-282。

朱鴻，〈朱棣——身兼「祖」、「宗」的皇帝〉，《鴻禧文物》，1（臺北，1998.2），頁145-161。

朱鴻，〈明仁宣時期的懲治貪贓〉，收入《第一屆兩岸明史學術研討會論文集》，上冊，臺北：中國明代研究學會，1996，未標頁。

朱鴻，〈明永樂朝皇太子首度監國之研究〉，《國立臺灣師範大學歷史學報》，12

（臺北，1984.6），頁85-113。

朱鴻，〈明惠帝的用人與政策〉，《國立臺灣師範大學歷史學報》，13（臺北，1985.6），頁67-91。

朱鴻，〈清代人士的明十三陵與景帝陵情懷〉，收入《全球化下明史研究之新視野論文集》，臺北：東吳大學歷史學系，2008，第2冊，頁117-139。

朱鴻，〈奪國之後──六百年前大明帝國的政治公案〉，《歷史月刊》，119（臺北，2004.8），頁102-109。

何幸真，〈英廟「盛德」：明天順朝君臣對「建文問題」之態度〉，《明代研究》，16（臺北，2011.6），頁1-28。

何淑宜，〈時代危機與個人抉擇──以晚明士紳劉錫玄的宗教經驗為例〉，《新史學》，23：2（臺北，2012.6），頁57-106。

余云華，〈建文帝圓寂青海樂都瞿曇寺考〉，《廣西師範學院學報（哲學社會科學版）》，30：1（桂林，2009.1），頁9-14。

吳振漢，〈宋端儀《立齋閒錄》研析〉，《國立中央大學人文學報》，27（桃園，2003.6），頁1-23。

吳振漢，〈明代中葉私修國史之風探析〉，《史匯》，6（桃園，2002.8），頁1-21。

吳智和，〈何良俊的史學〉，《明史研究專刊》，8（宜蘭，1985.12），頁1-98。

吳德義，〈《姜氏秘史》考辨及其史料價值〉，《故宮博物院院刊》，2010：3，頁47-52。

吳德義，〈明成祖遣臣尋找建文帝下落諸說之由來〉，《史學月刊》，2010：5，頁131-133。

吳德義，〈試論建文史學〉，《西北師大學報（社會科學版）》，47：2（蘭州，2010.3），頁36-42。

吳緝華，〈明代建文帝在傳統皇位上的問題〉，《大陸雜誌》，19：1（臺北，1959），頁14-17。

李孝悌，〈儒生冒襄的宗教生活〉，收於丘慧芬主編，《自由主義與人文傳統──林毓生先生七秩壽慶論文集》，臺北：允晨文化出版社，2005，頁257-282

束有春、闇小強，〈亦帝亦僧亦為仙，半史半野半相疑──明代建文帝的傳說及其歷史民俗〉，《東南文化》，1998：3，頁92-97。

孟森，〈建文遜國事考〉，《北平圖書館館刊》，5：6（北平，1931.12），頁1-11。

林麗月，〈俎豆宮牆──鄉賢祠與明清的基層社會〉，收入黃寬重主編，《中國史新論‧基層社會分冊》，臺北：聯經出版社，2009，頁327-372。

邸曉平、胡璟，〈明代中葉吳中文人集團研究回顧〉，《北京科技大學學報》，2003：4，頁34-38。

侯健，〈三寶太監西洋通俗演義──一個方法的實驗〉，《中外文學》，2：1（臺

北，1973.6），頁8-26。

姜勝利，〈明代野史述略〉，《南開大學學報》，1987：2，頁37-44。

胡適，〈建文遜國傳說的演變──跋崇禎本遜國佚書殘本〉，《中央研究院歷史語言研究所集刊》，1：1（廣州，1928.10），頁19-23。

胡曉真，〈離亂杭州──戰爭記憶與杭州記事文學〉，《中國文哲研究集刊》，36（臺北，2010.3），頁45-78。

徐泓，〈民國六十年間的明史研究：以政治、社會、經濟史為主（中）〉，《明代研究》，13（2009），頁187-232。

倫明，〈建文遜國考疑〉，《輔仁學誌》，3：2（北平，1932.7），頁1-61。

夏伯嘉，〈宗教信仰與夢文化──明清之際天主教與佛教的比較探索〉，《中央研究院歷史語言研究所集刊》，76：2（臺北，2005.9），頁209-247。

孫衛國，〈王世貞《史乘考誤》對《明實錄》之辨證及其影響〉，《成大歷史學報》，29（臺南，2005.6），頁81-120。

晁中辰〈建文帝「遜國」新證〉，《安徽史學》，1995：1，頁16-19。

商傳，〈《讓氏家譜》與建文帝出亡考〉，收入《第十屆明史國際學術討論會論文集》，北京：人民日報出版社，2005，頁526-534。

張奕善，〈明成祖政治權力中心北移的研究〉，《國立臺灣大學歷史學報》，10/11（臺北，1984.12），頁243-357。

張哲郎，〈從明代皇帝之即位詔及遺詔論明代政權之轉移（下）〉，《國立政治大學歷史學報》，15（臺北，1998.5），頁1-27。

張璉，〈明代嘉靖朝宗廟禮制變革與思想衝突之討論〉，《國立政治大學歷史學報》，24（臺北，2005.11），頁1-38。

陳建守，〈《明狀元圖考》：明代科舉考生的夢文化〉，《歷史教育》，13（臺北，2008.12），頁143-161。

陳寒鳴、賈志剛，〈方孝孺與明初金華朱學的終結〉，《滄州師範專科學校學報》，15：3（滄州，1999.9），頁19-23。

陶懋炳，〈李贄史論新探〉，《史學史研究》，1985：1，頁39-46。

黃全安、蒙潘孫，〈明代建文帝駐足廣西橫縣寶華山有關史實考據〉，《廣西地方志》，2003：6，頁42-45。

黃克武，〈「文化想像與族國建構」〉，《思與言》，34：3（臺北，1996.9），頁a3-a8。

黃彰健，〈讀明刊《毓慶勳懿集》所載明太祖與武定侯郭英敕書〉，《中央研究院歷史語言研究所集刊》，34下（臺北，1963），頁617-625。

楊森林、楊尉，〈建文帝圓寂青海樂都瞿曇寺考〉，《青海社會科學》，2010：5，頁197-202。

廖小菁，〈何仙姑與七郎婆——廣東何氏宗族的女性祖先崇拜與歷史敘事〉，《新史學》，26：4（臺北，2015.12），頁127-183。

管維良，〈地方志是建文帝出亡的歷史見證〉，《重慶師院學報（哲學社會科學版）》，2001：2，頁81-85轉95。

趙中男，〈明宣宗的政治核心集團及其形成〉，《北方論叢》，1991：1，頁12-16。

趙克生，〈明代地方廟學中的鄉賢祠與名宦祠〉，《中國社會科學院研究生院學報》，2005：1，頁118-123轉144。

趙克生，〈試論明朝兩京祭禮的歸併〉，《南京社會科學》，2004：4，頁43-46。

劉瓊云，〈宦官、俠妓和女夷：《血影石》中的邊緣人物與異域想像〉，《政大中文學報》，24（臺北，2015.12），頁89-128。

劉瓊云，〈帝王還魂：明代建文帝流亡敘事的衍異〉，《新史學》，23：4（臺北，2012.12），頁61-117。

劉瓊云，〈清初《千忠錄》裡的身體、聲情與忠臣記憶〉，《戲劇研究》，17（臺北，2016.1），頁1-40。

潘忠泉、李怡，〈明代建文朝史纂修的開山之作：《革除錄》〉，《圖書館論壇》，27：1（廣州，2007.2），頁162-164。

鄭永昌，〈試論明清之際官方史料對崇禎帝評價的轉變問題〉，《史耘》，3/4（臺北，1998.9），頁57-84。

鄭克晟，〈明代贛西重賦與江南士大夫〉，收入《第二屆明清史國際學術討論會論文集》（天津：天津人民出版社，1993），頁247-261。

鄭利華，〈明代中葉吳中士人集團及其文化特徵〉，《上海大學學報（社會科學版）》，1997：2，頁99-103。

樸人，〈明惠帝為讓姓始祖考疑〉，《大陸雜誌》，22：12（臺北，1961），頁8轉23。

蕭阿勤，〈集體記憶理論的檢討：解剖者、拯救者，與一種民主觀點〉，《思與言》，35：1（臺北，1997.3），頁247-296。

錢茂偉，〈論晚明當代史的編撰〉，《史學史研究》，1994：2，頁59-66。

錢茂偉，〈論鄭曉《吾學編》〉，《浙江學刊》，1996：1，頁86-89。

錢茂偉，〈鄭曉生平著述考略〉，《歷史文獻研究》，新2（北京，1990），頁309-322。

濱島敦俊著，吳大昕譯，〈明代中後期江南士大夫的鄉居和城居——從「民望」到「鄉紳」〉，《明代研究》，11（臺北，2008.12），頁59-94。

謝貴安，〈試論明實錄對建文帝的態度及其變化〉，《北京聯合大學學報（人文社會科學版）》，29（北京，2010.8），頁30-37。

嚴志雄，〈體物、記憶與遺民情境——屈大均一六五九年詠梅詩探究〉，《中國文哲研究集刊》，21（臺北，2002.9），頁43-87。

（三）外文專書

川越泰博，《明代建文朝史の研究》，東京：汲古書院，1997。

Assmann, Jan. *Religion and Cultural Memory: Ten Studies.* Stanford, Calif.: Stanford University Press, 2006.

Dardess, John. *A Ming Society: T'ai-ho County, Kiangsi, Fourteenth to Seventeen Centuries.* Berkerly & Los Angeles & London: University of California Press, 1996.

Redfoeld, Robert. *Peasant Society and Culture: An Anthropological Approach to Civilization.* Chicago: University of Chicago Press, 1956.

Schudson, Michael. *Watergate in American Memory: How We Remember, Forget, and Reconstruct the Past.* New York: Basoc Books, 1992.

Winter, Jay. *Remembering War: The Great War between Memory and History in the Twentieth Century.* New Haven: Yale University Press, 2006.

（四）外文論文

阪倉篤秀，〈建文帝の政策〉，《人文論究》，27：3/4（大阪，1978.3），頁1-21。

鈴木正，〈建文帝出亡說考証〉，《史観》，65/66/67（東京，1962.12），頁160-181。

鈴木正，〈続建文帝出亡說考証〉，《史観》，68（東京，1963.3），頁50-69。

Assmann, Jan. "Communicative and Cultural Memory," in Astrid Erll and Ansgar Nünning eds. *Cultural Memory Studies.* Berlin; New York: Walter de Gruyter, 2008, pp.109-118.

Carlitz, Katherine. "Shrines, Governing-Class Identity, and the Cult of Widow Fidelity in Mid-Ming Jiangnan," *The Journal of Asian Studies,* 56:3 (1997.8), pp. 612-640.

Chan, Hok-lan. "Legitimating Usurpation: Historical Revisions under the Ming Yongle Emperor (r.1402-1424)," in Philip Yuen-sang Leung ed. *The Legitimation of New Orders: Case Studies in World History.* Hong Kong: The Chinese University Press, 2007, pp. 121-129.

Ditmanson, Peter. "Death in Fidelity: Mid- and Late-Ming Reconstructions of Fang Xiaoru," *Ming Studies,* 1 (2001), pp. 114-143.

Ditmanson, Peter. "Venerating the Martyrs of the 1402 Usurpation: History and Memory in the Mid and Late Ming Dynasty," *T'oung Pao,* 93 (2007), pp. 110-158.

Erll, Astrid. "The Invention of Cultural Memory: A Short History of Memory Studies," *Memory in Culture* (New York: Palgrave Macmillan, 2011), pp.13-37.

Schwartz, Barry. "The Reconstruction of Abraham Lincoln, 1865-1920," in David Middleton and Derek Edwards eds., *Collective Remembering.* London: Sage, 1990, pp. 81-107.

1.《立齋閒錄》，弘治十四年（1501）以前，46人

黃子澄	齊泰	陳迪	黃觀	練子寧	方孝孺	鄒瑾	胡閏	侯泰	暴昭
陳繼之	張紞	毛泰	董庸	曾鳳韶	高翔	王度	宋徵	巨敬	牛景先
卓敬	鐵鉉	平安	茅大方	胡子昭	宋忠	鄭恕	陳彥回	姚善	廖鏞
葉惠仲	周璿	謝昇	高不危	盧原質	景清	戴德彝	張昺	葛誠	盧振
徐輝祖	周是修	王叔英	顏伯瑋	龔泰	高巍				

收錄標準：靖難戰後的政治受難者（榜列奸臣者）
粗體字欄：《皇明名臣琬琰錄》未列者
黑底欄：《備遺錄》未列者

2.《皇明名臣琬琰錄》，弘治十八年（1505），41人

黃子澄	陳迪	黃觀	練子寧	方孝孺	鄒瑾	胡閏	侯泰	暴昭	陳繼之
張紞	毛泰	董庸	曾鳳韶	高翔	王度	宋徵	巨敬	鐵鉉	茅大方
胡子昭	宋忠	鄭恕	陳彥回	姚善	廖鏞	葉惠仲	周璿	謝昇	高不危
盧原質	景清	戴德彝	周是修	王叔英	顏伯瑋	龔泰	高巍	郭任	盧迥
魏冕									

收錄標準：靖難戰後的政治受難者
灰底欄：《立齋閒錄》未列者

附錄二
正德、嘉靖年間建文朝專史著作中被記入列傳的建文諸臣名單

1.《備遺錄》：正德十一年（1516），70人

黃子澄	齊泰	方孝孺	練子寧	黃觀	陳迪	卓敬	戴德彝	龔泰	廖昇
陳性善	胡閏	宋徵	王叔英	鐵鉉	侯泰	巨敬	甘霖	鄒瑾	魏冕
景清	陳繼之	張紞	曾鳳韶	茅大芳	胡子昭	黃鉞	韓永	王度	高翔
王艮	廖鏞	王良	程本立	陳彥回	石撰	程通	周是修	顏伯瑋	高巍
張昺	王省	姚善	葛誠	俞逢辰	林嘉猷	王璉	鄭恕	鄭華	程濟
謝貴	宋忠	馬宣	朱鑑	徐輝祖	黃彥清	劉政	彭二	盧原質	葉惠仲
牛景先	周璿	謝昇	郭任	盧迴	毛泰	黃魁	暴昭	董庸	盧振

收錄標準：「錄諸先生之忠於所事而以死之者也」，補充《立齋閒錄》未詳者
灰底欄：弘治時著作未錄者；王艮在《革除遺事》自「忠臣群」中除名，改入列傳

2.《革除遺事》辛巳本：正德十六年（1521），93人

董倫	沐春	王紳	王艮	高遜志	錢芹	宋懌			
方孝孺	黃子澄	齊泰	張紞	陳迪	侯泰	練子寧	胡閏	郭任	盧迴
暴昭	毛泰	黃觀	戴德彝	宋徵	韓永	巨敬	葛誠	王叔英	周是修
盧振	顏伯瑋	陳繼之	張昺	鐵鉉	卓敬	謝昇	龔泰	董庸	曾鳳韶
王度	高翔	魏冕	鄒瑾	茅大芳	陳彥回	鄭恕	姚善	胡子昭	周璿
葉惠仲	高不危	廖鏞	宋忠	徐輝祖	黃魁	黃彥清	耿炳文	高巍	馬宣
朱鑑	盧原質	黃鉞	景清	王省	牛景先	劉政	平安	羅義	樓璉
王鈍	鄭賜	黃福	尹昌隆	李景隆	茹瑺	張智			
謝貴	彭聚	林嘉猷	程通	廖昇	王良	程本立	甘霖	陳性善	劉有年
鄭居貞	魏澤	王稱	唐愚士	薛嵓	陳瑛	張顯宗	李友直	胡廣	

收錄標準：(1) 列傳－「敷展謨猷，式遏亂略」（死於靖難戰爭結束前的建文朝臣），
　　　　　　　7人
　　　　　(2) 死難列傳－「爝抗太陽，自掇熄滅」，47人
　　　　　(3) 死事列傳－「食人之祿，當死其事」，13人
　　　　　(4) 外傳－「保身者流，冠倫魁能」（迎降成祖者），7人
謝貴以下為嘉靖朝《金聲玉振集》輯本未收，僅見於萬曆朝《國朝典故》輯本者，19人
灰底欄：前列著作未收錄者
黑底欄：《立齋閒錄》收錄，但《備遺錄》剔除者

3.《革朝遺忠錄》：嘉靖四年（1525）以後，159人

齊泰	黃子澄	陳迪	鐵鉉	侯泰	景清	茅大芳	郭任	盧迴	卓敬
胡子昭	練子寧	胡閏	方孝孺	盧原質	戴德彝	陳繼之	高翔	王度	甘霖
林嘉猷	鄭公智	謝貴	張昺	葛誠	程通	黃希范	姚善	陳彥回	葉惠仲
鄭恕	張紞	黃觀	陳性善	廖昇	鄒瑾	魏冕	王叔英	樓璉	冀泰
黃鉞	曾鳳韶	高巍	周是修	王良	程本立	顏伯瑋	唐子清	黃謙	鄭華
鄭居貞	王省	劉政	陳思賢	徐輝祖	梅殷	廖鏞	俞通淵	宋忠	馬宣
曾濬	朱鑑	彭聚	孫泰	卜萬	宋瑄	耿炳文	莊德	楚智	劉貞
彭與明	周縉	程濟	王梒	董倫	王艮	雪庵和尚	王璡	平安	孫狗皮
高賢寧	王彬	毛泰	黃魁	暴昭	黃彥清	宋徵	韓永	周璿	謝昇
牛景先	巨敬	董庸	高不危	盧振	潘忠	楊松	李堅	寧忠	吳高
徐覷	陳暉	吳傑	馬溥	徐真	崇剛	俞瑱	劉遂	何清	程暹
俞琪	趙滸	胡原	李英	張傑	蘇瓚	唐禮	鄧戩	陳鵬	朱榮
花英	鄭琦	王恭	詹忠	賈榮	詹璟	薛鵬	林帖木兒	丁良	朱彬
孫成	王貴	陶銘	胡觀	孫霖	袁宇	房昭	葛進	何福	
沐春	王紳	唐愚士	錢芹	宋慥	李景隆	王鈍	鄭賜	黃福	尹昌隆
茹瑺	羅義	薛嵓	陳瑛	張顯宗	李友直	胡廣	劉有年	徐安	吳亮

收錄標準：(1) 靖難首誅2人　　　　　　　　　(7) 勳戚抱節坐廢戮3人
　　　　　(2) 朝官臨難守節披禍20人　　　　(8) 將帥沒於王事12人
　　　　　(3) 外僚臨難守節披禍9人　　　　　(9) 外官抱節免禍者13人
　　　　　(4) 朝官抱節自死13人　　　　　　(10) 內外官伏節死義13人
　　　　　(5) 外僚抱節自死6人，坐累死者1人　(11) 將帥獻愾敗蹟後事無考44人
　　　　　(6) 教職貢士抱節自死3人　　　　　　（潘忠以下）
附錄：內外臣士宦官履歷有所關係者20人（沐春以下）
灰底欄：前列著作未收錄者
粗體字欄：附於他人傳記，未單獨立傳者
備註：就成書先後而言，《革朝遺忠錄》應早於嘉靖二十一年的《革朝志》，因為後
　　　者已補上不少前者未察出之資料，如「將帥獻愾敗蹟後事無考者」中崇剛等
　　　六人的資料，以及侯泰的籍貫等。

4.《革朝志》，嘉靖二十一年（1542），161人

方孝孺	**胡子昭**	**鄭居貞**	**葉惠仲**	**林嘉猷**	**盧原質**	**魏澤**	陳迪	卓敬	練子寧
景清	黃觀	王叔英	程本立	王艮	周是修	廖昇	鄒瑾	魏冕	曾鳳韶
高翔	陳繼之	茅大芳	戴德彝	暴昭	冀泰	甘霖	郭任	侯泰	韓永
胡閏	程通	葛誠	龍鐔	俞逢辰	齊泰	黃子澄	楊任	高不危	謝昇
周璿	巨敬	盧迥	宋徵	盧振	毛泰	黃魁	董庸	鐵鉉	姚善
王良	王彬	崇剛	陳彥回	鄭華	顏伯瑋	**唐子清**	**黃謙**	鄭恕	陳性善
陳思賢	**吳性原**	**陳應宗**	**林鈺**	**鄒君默**	**曾廷瑞**	**呂賢**	王省	**王禎**	黃彥清
蔡運	石撰	張昺	謝貴	馬宣	朱鑑	曾濬	彭聚	孫泰	**宋忠**
俞瑱	莊德	**楚智**	**皂旗張**	俞通淵	宋瑄	廖鏞	**瞿能**	黃鉞	高巍
劉璟	徐輝祖	鄒朴	東湖樵夫	劉政	牛景先	彭與明	周縉	石允常	葉希賢
河西傭	**馮翁**	補鍋匠	程濟	高賢寧	王稌	何申	郭良	梁中節	梁良用
梁田玉	梁良玉	宋和	郭節	何洲	王度	張紞	樓璉	王璉	劉貞
卜萬	吳高	梅殷	李堅	寧忠	耿炳文	潘忠	**楊松**	董倫	徐宗實
沐春	錢芹	王紳	高遜志	唐愚士	宋懌				
李景隆	陳瑄	陳瑛	茹瑺	胡廣	楊士奇	楊榮	楊溥	解縉	蹇義
夏原吉	黃福	**王景彰**	尹昌隆	張顯宗	王鈍	李友直	**李貫**	羅義	薛嵓
劉有年	徐安	平安	**孫狗皮**	吳亮					

收錄標準：(1) 死難：「難作而死於中、死於外者」，48人

「五忠」　(2) 死事：「任事不幸而以身自靖者」，40人

　　　　　(3) 死志：「不與難、不與事而其心必不苟生而死者」，8人

　　　　　(4) 死遁：「義不變面易口，而甘流離屏遠、艱迹苦身之死而不貳者」，19人

　　　　　(5) 死終：「于時未即引決，而知生之不若死之為安也，而卒死之」，3人

　　　　　(6) 傳疑：12人

　　　　　(7) 名臣：6人（沐春以下）

　　　　　(8) 外傳：其他不符五忠標準的相關官員，25人（李景隆以下）

灰底欄：前列著作未收錄者

粗體字欄：附於他人傳記，未單獨立傳者

5.《吾學編‧建文遜國臣記》，嘉靖四十五年（1566）以前，174人

徐輝祖	方孝孺	齊泰	黃子澄	張昺	湯宗	葛誠	俞逢辰	鐵鉉	張紞
陳迪	侯泰	暴昭	謝貴	彭二	馬宣	朱鑑	卜萬	廖鏞	孫岳
瞿能	宋忠	俞瑱	彭聚	孫泰	莊德	陳質	楚智	皂旗張	王資
崇剛	趙諒	宋瑄	張倫	曾濬	楊本	倪諒	周拱元	黃觀	毛泰
卓敬	盧迥	郭任	黃魁	陳植	徐垔	胡子昭	練子寧	景清	茅大芳
陳性善	胡閏	盧原質	廖昇	鄒瑾	劉端	彭與明	戴德彝	常昇	俞通淵
梅殷	耿炳文	耿璿	李堅	吳傑	盛庸	吳高	耿瓛	劉貞	趙清
楊文	徐覬	王叔英	王艮	程濟	周是修	陳繼之	韓永	黃鉞	龔泰
曾鳳韶	董庸	葉希賢	魏冕	王度	甘霖	高翔	王彬	鄭公智	韓郁
高巍	錢芹	巨敬	黃彥清	宋徵	劉伯完	王良	鄭居貞	程本立	胡子義
林嘉猷	葉惠仲	王璉	姚善	徐安	黃希范	孫鎮	陳彥回	劉璟	程通
蔡運	顏伯瑋	鄭恕	徐讓	劉亨	衛健	陳思賢	王省	唐子清	鄭華
周縉	黃謙	盧振	牛景先	周璿	謝昇	龔詡	儲福	松江同知	劉政
高賢寧	梁田玉	梁良玉	何申	宋和	郭節	梁良用	何洲	郭良	雪庵和尚
河西傭	補鍋匠	馮翁	東湖樵夫	王鈍	嚴震直	王景	董倫	薛嵓	高遜志
張顯宗	王達	唐愚士	樓璉	宋懌	李得成	尹昌隆	王紳	葉砥	劉有年
魏澤	羅義	平安	寧忠	潘忠	袁宇	楊松	馬溥	陳暉	房昭
唐禮	孫狗皮	葛進	吳亮						

灰底欄：前列著作未收錄者

收錄情況：編排上不再特別凸顯「忠臣」，呈現建文朝臣不同的經歷、遭遇與抉擇

備註：王景即《革朝志》之王景彰。

浙江				
姓名	官職	籍貫	靖難後遭遇	統計
方孝孺	翰林文學博士	台州府寧海縣	不屈死	不屈死：2人（6%）
盧原質	太常寺少卿	台州府寧海縣	整肅死	遭整肅死：9人（28%）
林嘉猷	陝西按察僉事	台州府寧海縣	整肅死	自殺：5人（16%）
鄭公智	監察御史	台州府寧海縣	整肅死	兵敗就戮：2人（6%）
石允常	常州同知	台州府寧海縣	隱遁	戰死：1人（3%）
葉惠仲	南昌知府	台州府臨海縣	整肅死	隱遁、不仕：7人（22%）
鄭華	東平州判官	台州府臨海縣	戰死	罷歸、遭謫戍：1人（3%）
東湖樵夫	無	台州府臨海縣	自殺	獲成祖續用：2人（6%）
王叔英	翰林修撰	台州府黃巖縣	自殺	死因與靖難無關：3人（9%）
徐垔	兵部侍郎	台州府黃巖縣	不仕	總計：32人（1人不確定）
鄭恕	蕭縣知縣	台州府仙居縣	兵敗就戮	
盧迥	戶部侍郎	台州府仙居縣	整肅死	
戴德彝	左拾遺	寧波府奉化縣	整肅死	
梁田玉	郎中	寧波府定海縣	隱遁	
梁良玉	中書舍人	寧波府定海縣	隱遁	
梁中節	不詳	寧波府定海縣	隱遁	
梁良用	不詳	寧波府定海縣	隱遁	
徐安	濟南知府	寧波府鄞縣	遭謫庶	
宋懌	翰林侍書	金華府浦江縣	與靖難無關	
龔泰	戶科都給事中	金華府義烏縣	自殺	
王紳	國子博士	金華府義烏縣	與靖難無關	

浙江				
姓名	官職	籍貫	靖難後遭遇	統計
王稌	無	金華府義烏縣	隱遁	
葉砥	按察僉事	紹興府上虞縣	整肅死	
陳性善	副都御史	紹興府山陰縣	自殺	
唐愚士	翰林侍讀	紹興府山陰縣	與靖難無關	
程本立	江西按察副使	嘉興府崇德縣	自殺	
楊任	袁州知府	嘉興府	整肅死	
王景	禮部侍郎	處州府松陽縣	獲續用	
劉璟	谷王府長史	處州府青田縣	整肅死	
卓敬	戶部侍郎	溫州府瑞安縣	不屈死	
嚴震直	工部尚書	湖州府烏程縣	獲續用	
楊本	錦衣衛鎮撫	河南開封／浙江處州	兵敗就戮	

南直隸				
姓名	官職	籍貫	靖難後遭遇	統計
齊泰	兵部尚書	應天府溧水縣	不屈死	不屈死：5人（14%）
魏澤	寧海典史	應天府溧水縣	與靖難無關	遭整肅死：5人（14%）
徐輝祖	魏國公	鳳陽府	獲赦免	自殺：4人（11%）
耿璿	駙馬都尉	鳳陽府	整肅死	戰死：1人（3%）
耿瓛	後軍都督僉事	鳳陽府	整肅死	為迎降者所殺：1人（3%）
趙清	後軍都督僉事	鳳陽府	獲續用	燕王起兵時被殺：1人（3%）
吳高	江陰侯	鳳陽府定遠縣	遭謫戍	隱遁、不仕：2人（6%）
趙諒	留守右衛指揮僉事	鳳陽府懷遠縣	遭廢	罷歸、遭謫戍：3人（9%）
常昇	開國公	鳳陽府懷遠縣	與靖難無關	獲成祖赦免：4人（11%）
袁宇	左軍都督	鳳陽府壽州	獲赦免	獲成祖續用：5人（14%）
馬溥	都督僉事	鳳陽府壽州	獲赦免	死因與靖難無關：4人（11%）
陳植	兵部侍郎	廬州府廬江縣	為迎降者所殺	總計：35人（2人不確定）
吳傑	安陸侯	廬州府合肥縣	與靖難無關	
劉貞	左軍都督	廬州府合肥縣	獲續用	
徐覬	都督僉事	廬州府合肥縣	獲續用	

南直隸				
姓名	官職	籍貫	靖難後遭遇	統計
孫鎮	衛輝知府	廬州府合肥縣	遭謫戍	
廖鏞	散騎舍人	廬州府無為州巢縣	整肅死	
俞通淵	越雋侯	廬州府無為州巢縣	戰死	
錢芹	行軍斷事	蘇州府吳縣	與靖難無關	
黃鉞	戶科給事中	蘇州府常熟縣	自殺	
龔翊	金川門守卒	蘇州府崑山縣	隱遁	
劉政	舉人	蘇州府	自殺	
王達	翰林侍講學士	常州府無錫縣	獲續用	
儲福	燕山衛卒	常州府無錫縣新安	自殺	
高遜志	太常寺右少卿	徐州府蕭縣	獲續用	
孫狗皮	北平都指揮使	徐州府	獲赦免	
陳迪	禮部尚書	寧國府宣城縣	不屈死	
茅大芳	右副都御史	揚州府泰州	不屈死	
程通	遼王府左長史	徽州府績溪縣	整肅死	
郭任	戶部侍郎	鎮江府丹徒縣	不屈死	
甘霖	監察御史	安慶府懷寧縣	不屈死	
黃觀	禮部右侍中	池州府貴池縣	自殺	
何洲	不詳	淮安府海州	隱遁	
鄭居貞	河南試左參政	南直隸徽州／福建	整肅死	
俞逢辰	燕王府教授	南陽／寧國／宣城	燕王起兵時被殺	

江西				
姓名	官職	籍貫	靖難後遭遇	統計
曾鳳韶	監察御史	吉安府廬陵縣	自殺	不屈死：2人（11%）
顏伯瑋	沛縣知縣	吉安府廬陵縣	自殺	遭整肅死：3人（17%）
劉有年	太平知府	吉安府廬陵縣	遭謫庶	自殺：8人（44%）
劉亨	武進縣丞	吉安府廬陵縣	罷歸	隱遁、不仕：1人（6%）
王艮	翰林修撰	吉安府吉水縣	戰爭期間病死	罷歸、遭謫戍：2人（11%） 獲成祖續用：1人（6%）
王省	濟陽教諭	吉安府吉水縣	自殺	死因與靖難無關：1人（6%）
王禎	蘷州通判	吉安府吉水縣	自殺	總計：18人
周是修	衡王府紀善	吉安府泰和縣	自殺	
尹昌隆	監察御史	吉安府泰和縣	獲續用	
鄒瑾	大理寺丞	吉安府永豐縣	自殺	
魏冕	監察御史	吉安府永豐縣	自殺	
鄒朴	秦王府長史	吉安府永豐縣	自殺	
彭與明	大理寺丞	吉安府萬安縣	隱遁	
練子寧	副都御史	臨江府新淦縣	不屈死	
黃子澄	太常寺卿	袁州府分宜縣	不屈死	
胡閏	大理寺左少卿	饒州府鄱陽縣	整肅死	
劉端	大理寺丞	南昌府南昌縣	整肅死	
蔡運	賓州知州	南安府南康縣	整肅死	

北直隸				
姓名	官職	籍貫	靖難後遭遇	統計
平安	右軍都督僉事	真定府藁城縣	獲續用	整肅死：1人（33%）
李得成	尚寶司丞	保定府淶水縣	獲續用	獲續用：2人（67%）
侯泰	刑部尚書	順德府南和縣	整肅死	總計：3人

山東				
姓名	官職	籍貫	靖難後遭遇	統計
高賢寧	太學生	濟南府濟陽縣	隱遁	不屈死：1人（20%）
王彬	監察御史	兗州府東平州	不屈死	整肅死：1人（20%）
王璡	寧波知府	青州府日照縣	獲赦免	隱遁、不仕：1人（20%）
周璿	不詳	青州府諸城縣	整肅死	罷歸、遭謫戍：1人（20%）
董倫	禮部侍郎	東昌府恩縣	被迫致仕	獲赦免：1人（20%） 總計：5人

山西				
姓名	官職	籍貫	靖難後遭遇	統計
石撰	寧王府左長史	太原府平定州	不屈死	不屈死：3人（75%）
張昺	北平左布政使	澤州	不屈死	自殺：1人（25%）
高巍	前參軍斷事	遼州	自殺	總計：4人
暴昭	刑部侍郎	不詳	不屈死	

陝西				
姓名	官職	籍貫	靖難後遭遇	統計
張紞	吏部尚書	西安府富平縣	被迫致仕後 自殺	不屈死：4人（67%）
高翔	監察御史	西安府朝邑縣	不屈死	隱遁、不仕：1人（17%）
程濟	岳池縣教諭	西安府朝邑縣	隱遁	罷歸、遭謫戍：1人（17%）
景清	左僉都御史	慶陽府真寧縣	不屈死	總計：6人（1人不確定）
巨敬	戶部主事	平涼府	不屈死	
韓永	兵科給事中	陝西西安／ 山西孚山	不屈死	

湖廣				
姓名	官職	籍貫	結局	統計
姚善	蘇州知府	德安府安陸縣	自殺	自殺：2人（50%）
廖昇	太常寺少卿	襄陽府襄陽縣	自殺	罷歸、遭謫戍：1人（25%）
周繻	北平永清縣典史	武昌府	遭謫戍	死因不明：1人（25%） 總計：4人
周拱元	鏽衣衛所鎮撫	辰州府沅州	靖難後死 原因不明	

河南				
姓名	官職	籍貫	靖難後遭遇	統計
王鈍	戶部尚書	開封府太康縣	獲續用	不屈死：1人（17%）
王良	浙江按察使	開封府祥符縣	自殺	整肅死：1人（17%）
薛嵓	大理寺少卿	河南府閿鄉縣	遭謫戍	自殺：1人（17%） 兵敗就戮：1人（17%）
鐵鉉	兵部尚書	南陽府鄧州	不屈死	罷歸、遭謫戍：1人（17%）
梅殷	駙馬都尉	歸德府夏邑縣	整肅死	獲續用：1人（17%）
李堅	駙馬都衛	懷慶府武陟縣	兵敗就戮	總計：6人

四川				
姓名	官職	籍貫	靖難後遭遇	統計
胡子昭	刑部侍郎	嘉定州榮縣	整肅死	整肅死：1人（50%）
胡子義	山東按察僉事	嘉定州榮縣	隱遁	隱遁：1人（50%） 總計：2人

福建				
姓名	官職	籍貫	靖難後遭遇	統計
楊文	右軍都督僉事	福州府	獲赦免	不屈死：2人（20%）
陳繼之	戶科給事中	興化府莆田縣	不屈死	整肅死：6人（60%）
陳彥回	徽州知府	興化府莆田縣	不屈死	遭謫戍：1人（10%）
張顯宗	國子監祭酒	汀州府寧化縣	遭謫戍	獲赦免：1人（10%）
吳性原	無	漳州府	整肅死	總計：10人
陳應宗	無	漳州府	整肅死	
林鈺	無	漳州府	整肅死	
鄒君默	無	漳州府	整肅死	
曾廷瑞	無	漳州府	整肅死	
呂賢	無	漳州府	整肅死	

廣東				
姓名	官職	籍貫	靖難後遭遇	統計
王度	監察御史	惠州府歸善縣	先遭謫後整肅死	整肅死：2人（100%） 總計：2人
陳思賢	漳州府學教授	高州府茂名縣	整肅死	

籍貫不詳			
姓名	官職	靖難後遭遇	統計
盛庸	歷城侯	獲續用	不屈死：11人（20%） 遭整肅死：8人（14%） 兵敗就戮：3人（5%） 戰死：9人（16%） 燕王起兵時被殺：3人（5%） 起兵初遭陷害死：1人（2%） 靖難後死，原因不明：2人（4%） 憂病死：1人（2%） 隱遁、不仕：9人（16%） 獲成祖赦免：2人（4%） 獲成祖續用：2人（4%） 死因與靖難無關：1人（2%） 不詳：4人（7%） 總計：56人
毛泰	吏部左侍郎	不屈死	
黃魁	禮部侍郎	不屈死	
郭節	中書舍人	隱遁	
宋和	中書舍人	隱遁	
何申	中書舍人	聞金川不守憂病死	
宋徵	宗人府經歷	整肅死	
韓郁	監察御史	不詳	
董庸	監察御史	整肅死	
湯宗	按察僉事	整肅死	
劉伯完	欽天監副	隱遁	
葛誠	燕王府長史	燕王起兵時被殺	
徐讓	山西布政司理問	戰死	
黃希范	徽州知府	整肅死	
不詳	松江同知	整肅死	
衛健	孝義縣丞	戰死	
唐子清	沛縣主簿	不屈死	
黃謙	沛縣典史	不屈死	
吳亮	太監	與靖難無關	
陳質	中軍府都督	不屈死	
孫岳	都督	整肅死	
寧忠	都督	兵敗被擒，下場不詳	
潘忠	都督	兵敗被擒，下場不詳	
楊松	都督	兵敗被擒，下場不詳	
宋瑄	府軍右衛指揮使	戰死	
宋忠	錦衣衛指揮使	兵敗就戮	
彭聚	北平都指揮使	戰死	
莊得	北平都指揮使	戰死	
謝貴	北平都指揮使	燕王起兵時被殺	
彭二	北平都指揮使	燕王起兵時被殺	
馬宣	北平都指揮使	兵敗就戮	
朱鑑	北平都指揮使	兵敗就戮	

籍貫不詳			
姓名	官職	靖難後遭遇	統計
房昭	大同都指揮使	獲續用	
瞿能	四川都指揮使	戰死	
張倫	河北諸衛指揮使	靖難後死，原因不明	
崇剛	揚州衛指揮使	不屈死	
孫泰	都指揮使	戰死	
楚智	都指揮使	不屈死	
唐禮	都指揮使	兵敗遁走	
葛進	都指揮使	獲赦免	
俞瑱	都指揮使	不屈死	
皂旗張	都指揮使	戰死	
王資	指揮使	整肅死	
卜萬	大寧守將	燕王起兵初遭陷害死	
曾濬	薊州衛鎮撫	不屈死	
倪諒	燕山左護衛千戶	靖難後死，原因不明	
羅義	清遠衛卒	獲赦免	
黃彥清	國子監博士	戰死	
高不危	不詳	整肅死	
盧振	不詳	不屈死	
謝昇	不詳	不屈死	
牛景先	不詳	隱遁後死	
郭良	不詳	隱遁	
馮翊	不詳	隱遁	
河西傭	不詳	隱遁	
補鍋匠	不詳	隱遁	

	不屈而死	整肅致死	自殺	戰死	兵敗就戮	起兵時死	隱遁不仕	罷歸謫戍	赦免續用	其他	合計
浙江	2	9	5	2	1	0	7	1	2	3	32
南直隸	5	5	4	1	0	1	2	3	9	5	35
江西	2	3	8	0	0	0	1	2	1	1	18
北直隸	0	1	0	0	0	0	0	0	2	0	3
四川	0	1	0	0	0	0	1	0	0	0	2
山東	1	1	0	0	0	0	1	1	1	0	5
山西	3	0	1	0	0	0	0	0	0	0	4
陝西	4	0	0	0	0	0	1	1	0	0	6
湖廣	0	0	2	0	0	0	0	1	0	1	4
河南	1	1	1	0	1	0	0	1	1	0	6
福建	2	6	0	0	0	0	0	1	1	0	10
廣東	0	2	0	0	0	0	0	0	0	0	2
不詳	11	8	0	3	9	3	9	0	4	9	56
合計	31	37	21	6	11	4	22	11	21	19	183

史地傳記類　PC0723　國立臺灣師範大學歷史研究所專刊42

殤魂何歸
——明代的建文朝歷史記憶

作　　　者／何幸真
責任編輯／鄭伊庭
圖文排版／莊皓云
封面設計／葉力安

發 行 人／宋政坤
法律顧問／毛國樑　律師
出　　　版／國立臺灣師範大學歷史學系、秀威資訊科技股份有限公司
印製發行／秀威資訊科技股份有限公司
　　　　　114台北市內湖區瑞光路76巷65號1樓
　　　　　電話：+886-2-2796-3638　傳真：+886-2-2796-1377
　　　　　http://www.showwe.com.tw
劃撥帳號／19563868　戶名：秀威資訊科技股份有限公司
　　　　　讀者服務信箱：service@showwe.com.tw
展售門市／國家書店（松江門市）
　　　　　104台北市中山區松江路209號1樓
　　　　　電話：+886-2-2518-0207　傳真：+886-2-2518-0778
網路訂購／秀威網路書店：https://store.showwe.tw
　　　　　國家網路書店：https://www.govbooks.com.tw

2020年3月　BOD一版
定價：620元
版權所有　翻印必究
本書如有缺頁、破損或裝訂錯誤，請寄回更換

國家圖書館出版品預行編目

殤魂何歸：明代的建文朝歷史記憶 / 何幸真著. -- 一版.
  -- 臺北市：秀威資訊科技, 2020.03
    面；　公分. -- (史地傳記類)
BOD版
ISBN 978-986-326-786-7(平裝)

  1.明史

626.01   109002108

讀者回函卡

感謝您購買本書，為提升服務品質，請填妥以下資料，將讀者回函卡直接寄回或傳真本公司，收到您的寶貴意見後，我們會收藏記錄及檢討，謝謝！如您需要了解本公司最新出版書目、購書優惠或企劃活動，歡迎您上網查詢或下載相關資料：http:// www.showwe.com.tw

您購買的書名：_____

出生日期：_____年_____月_____日

學歷：□高中 (含) 以下　　□大專　　□研究所 (含) 以上

職業：□製造業　□金融業　□資訊業　□軍警　□傳播業　□自由業
　　　□服務業　□公務員　□教職　　□學生　□家管　　□其它_____

購書地點：□網路書店　□實體書店　□書展　□郵購　□贈閱　□其他

您從何得知本書的消息？

　□網路書店　□實體書店　□網路搜尋　□電子報　□書訊　□雜誌
　□傳播媒體　□親友推薦　□網站推薦　□部落格　□其他_____

您對本書的評價：（請填代號　1.非常滿意　2.滿意　3.尚可　4.再改進）

　封面設計____　版面編排____　內容____　文／譯筆____　價格____

讀完書後您覺得：

　□很有收穫　□有收穫　□收穫不多　□沒收穫

對我們的建議：_____

_____

_____

_____

11466
台北市內湖區瑞光路 76 巷 65 號 1 樓
秀威資訊科技股份有限公司 收
BOD 數位出版事業部

....

（請沿線對折寄回，謝謝！）

姓　　名：＿＿＿＿＿＿＿＿＿　年齡：＿＿＿＿　性別：□女　□男

郵遞區號：□□□□□

地　　址：＿＿＿＿＿＿＿＿＿＿＿＿＿＿＿＿＿＿＿＿＿＿

聯絡電話：(日) ＿＿＿＿＿＿＿＿＿＿　(夜) ＿＿＿＿＿＿＿＿＿＿

E-mail：＿＿＿＿＿＿＿＿＿＿＿＿＿＿＿＿＿＿＿＿＿